부다페스트

부다페스트

화려한 영광과 찬란한 시련의 헝가리 역사

빅터 세베스티엔 | 박수철 옮김

까치

BUDAPEST : Between East and West
by Victor Sebestyen

Copyright © 2022 Victor Sebestyen
Korean Translation copyright © 2024 by Kachi Publishing Co., Ltd.
All rights reserved.

Korean edition is published by arrangement with Orion Publishing Group through Duran Kim Agency.

이 책의 한국어판 저작권은 듀란킴 에이전시를 통해서 Orion Publishing Group 와의 독점계약으로 (주)까치글방에 있습니다. 저작권법에 의하여 한국 내에서 보호를 받는 저작물이므로 무단 전재와 무단 복제를 금합니다.

역자 박수철(朴秀哲)

고려대학교 서양사학과를 졸업했으며, 현재 번역 에이전시 엔터스코리아에서 출판기획 및 전문 번역가로 활동하고 있다. 옮긴 책으로는 『합스부르크, 세계를 지배하다』, 『빛의 시대, 중세』, 『메트로폴리스』, 『맥락으로 읽는 새로운 한국사』, 『역사를 바꾼 위대한 장군들』, 『합리적 보수를 찾습니다』, 『문자의 역사』, 『언어의 역사』, 『미국의 아킬레스건』, 『사담 후세인 평전』, 『불가능한 변화는 없다』, 『시카고학파』, 『사진으로 기록된 20세기 전쟁사』, 『신뢰의 힘』, 『죽음을 다시 쓴다』, 『하우스 스캔들』, 『대통령은 없다』 등 다수가 있다.

편집, 교정 _ 김미현(金美炫)

부다페스트 : 화려한 영광과 찬란한 시련의 헝가리 역사

저자 / 빅터 세베스티엔
역자 / 박수철
발행처 / 까치글방
발행인 / 박후영
주소 / 서울시 용산구 서빙고로 67, 파크타워 103동 1003호
전화 / 02 · 735 · 8998, 736 · 7768
팩시밀리 / 02 · 723 · 4591
홈페이지 / www.kachibooks.co.kr
전자우편 / kachibooks@gmail.com
등록번호 / 1-528
등록일 / 1977. 8. 5
초판 1쇄 발행일 / 2024. 9. 30
     2쇄 발행일 / 2025. 9. 30
값 / 뒤표지에 쓰여 있음
ISBN 978-89-7291-856-1 93920

제시카에게 이 책을 바친다.

차례

서론 013
프롤로그 021

제1부   마자르인

제1장   아퀸쿰 · 037
제2장   마자르인 · 046
제3장   몽골족의 침공 · 069
제4장   까마귀왕 · 075
제5장   제국의 역습 · 098
제6장   부둔, 튀르크인의 도시 · 109
제7장   전리품 분배 · 120
제8장   부다 탈환 · 129

제2부   합스부르크 왕가

제9장   바로크, 우울과 영광 · 143
제10장   언어, 진실, 논리 · 167
제11장   교량 건설자 · 183

제12장   대홍수 · 196

제13장   3월 15일 · 209

제14장   혁명 전쟁 · 230

제15장   복수극 · 247

제16장   유다페스트 · 256

제17장   시시 황후 · 270

제18장   이중 군주국, 패배 속의 승리 · 285

제19장   부다페스트의 탄생 · 303

제20장   카페 문화 · 318

제21장   헝가리의 유대인 집단 학살 · 331

제22장   비자유 민주주의 · 343

제23장   자국의 정당성 · 353

제3부   세계대전

제24장   종말의 시작 · 365

제25장   레닌의 제자 · 381

제26장　해군 없는 제독 · 392

제27장　히틀러와 함께 행진을 · 412

제28장　드러난 광기 · 425

제29장　부다페스트 포위전 · 440

제30장　해방 · 465

제31장　철의 장막 · 481

제32장　공포의 집 · 498

제33장　또다시, 혁명 · 511

제34장　진압된 혁명 · 529

제35장　군영에서 가장 즐거운 막사 · 536

제36장　마지막 의식 · 551

결론　559

주　565

참고 문헌　577

감사의 말　580

화보 출처　583

인명 색인　584

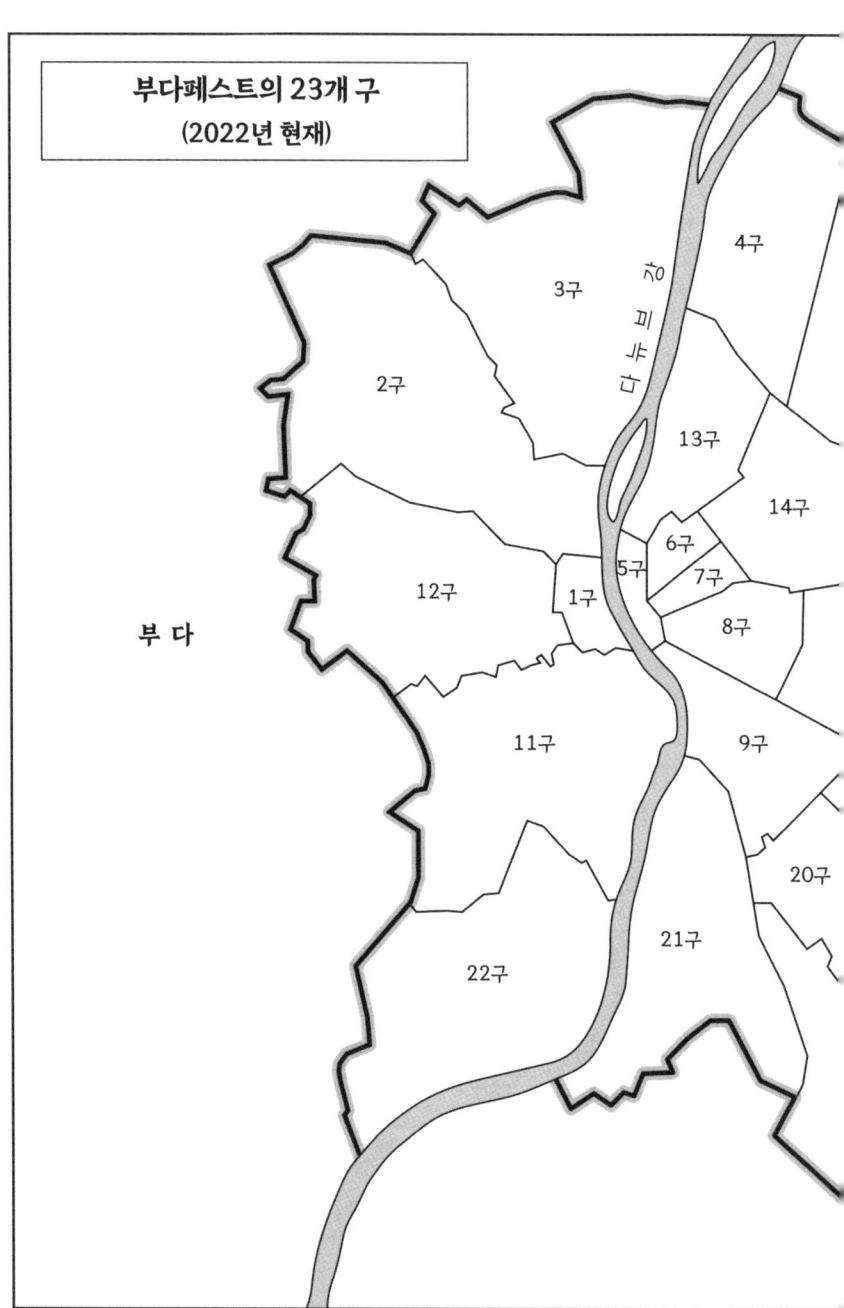

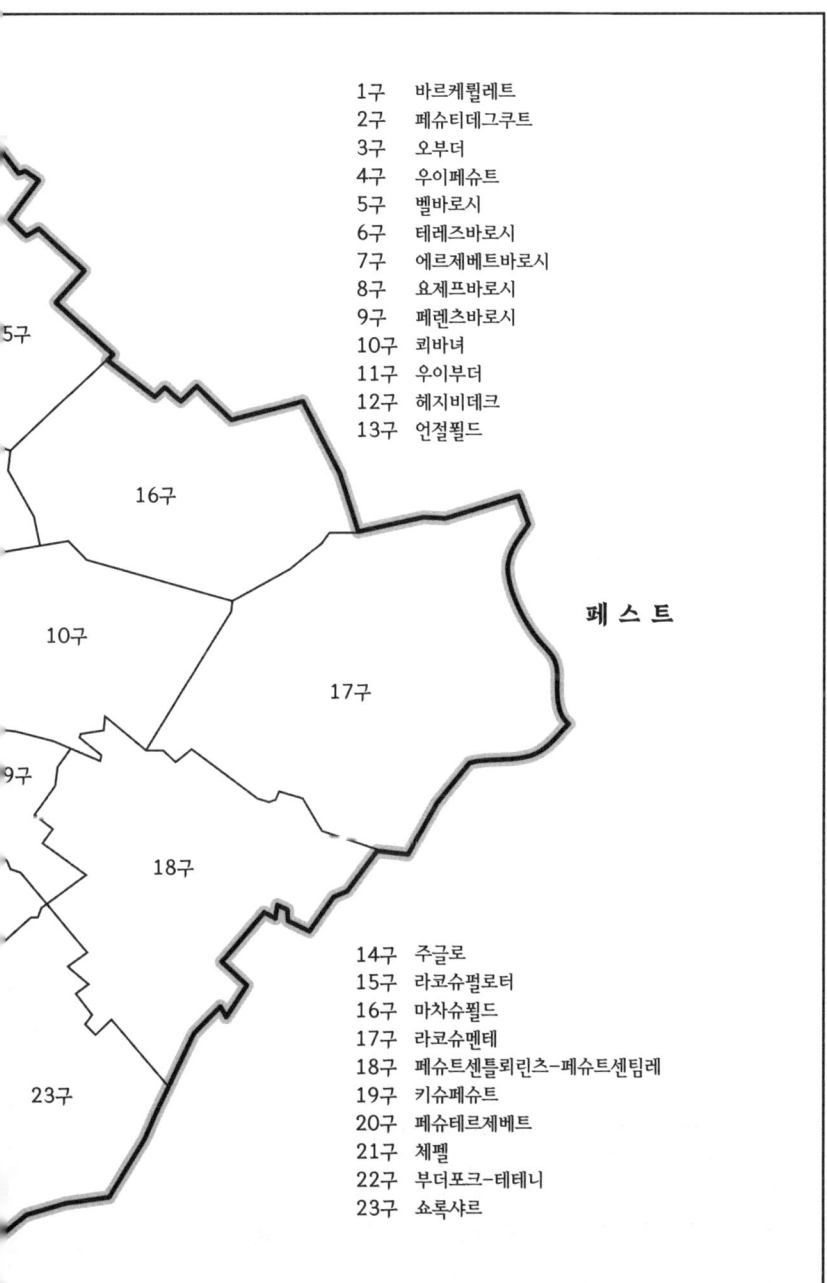

일러두기
*   이 책은 헝가리어 인명표기 원칙에 따라 헝가리인의 이름을 성-이름순으로 표기했다. 다만 헝가리를 떠난 인물들의 경우 그들이 정착한 국가의 표기법을 따랐다.
**   헝가리 지명은 최대한 헝가리식 표기법을 따랐으나, 두너 강, 부더, 페슈트 등의 지명은 이미 굳어진 표현을 존중해 다뉴브 강, 부다, 페스트로 표기했다.

서론

내 마음속에서 쏟아져 나왔을 때
다뉴브 강은 과거와 현재와 미래를 아울렀고
그 물결은 지혜롭고, 사납고, 광대했다…….

— 요제프 어틸러

빈 회의가 막바지로 치닫고 있던 1815년 봄, 오스트리아 외무부 장관 클레멘스 폰 메테르니히는 어느 젊은 영국인 손님을 마차에 태워 빈의 동쪽 변두리로 데려갔다. 두 사람이 마차에서 내릴 때, 합스부르크 제국의 저명한 정치가인 메테르니히는 헝가리 쪽으로 뻗은 길을 가리키며 단언했다. "저기가 유럽이 끝나는 곳입니다. [헝가리는] 동양입니다."

그로부터 반세기 뒤, 링컨 대통령 정부의 국무부 장관 윌리엄 헨리 수어드는 임기를 마치고 곧바로 세계 일주에 나섰다. 1869년 여름, 그는 흑해에서 배를 타고 출발해 발칸 반도를 거쳐 다뉴브 강(헝가리어식으로는 두너 강이다/역주)을 거슬러 올라오는 낯선 경로를 통해 페스트[*]

---

[*] 이 시점에 부다페스트는 아직 통합된 도시가 아니라 2개의 소도시인 부다와 페스트였다. 앞으로 살펴보겠지만, 부다와 페스트를 잇는 최초의 다리는 1849년에야 개통되었다.

에 도착했다. 지금도 그렇듯이, 당시에도 방문객들은 대부분 서쪽에서 온 사람들이었다. 그는 풍경을 보고는 깜짝 놀라 일기에 다음과 같이 썼다. "유럽 문명과 아시아 문명의 차이는 정말 극명하다. 부다-페스트는 내륙의 지방 도시이지만……이곳 항구의 증기선 총 톤수는 카이로나 알렉산드리아, 콘스탄티노플보다 크다. 우리는 그런 장면을 목격하리라고 짐작하지 못했다.……우리가 여기서 처음으로 동양을 뒤로 하고 서양 문명을 맞이하리라는 기분이 든다."[1]

헝가리와 부다페스트의 이런 특성은 19세기와 마찬가지로 21세기에도 변함없다. 오늘날의 헝가리인들이 누차 지적하듯이, 헝가리와 그 수도는 역사를 통틀어 서유럽의 의미심장한 부분이면서 동시에 서유럽에서 동떨어져 있는 곳이기도 했다. 2016년 4월 15일 아침, 부다페스트에서 가장 웅장한 광장 가운데 하나에서 10년 넘게 헝가리 총리로 재직 중인 오르반 빅토르는 호전적인 느낌이 다분한 연설을 선보였다. 그는 환호하는 군중에게 "역사 내내 우리 헝가리인들은, 대개의 경우 홀로 동양과 서양 사이의 다리 역할을 맡았고, 그 결과 고통을 당했습니다. 우리는 동양의 침략자들이 초래한 위기와 파괴 행위로부터 서양의 기독교 문명을 여러 차례 구했습니다"라고 말했다. 헝가리적 맥락에서 오르반의 이 발언은 평범한 논평이었다. 수사적 표현이라기보다 사실 그대로의 진술이었다. 좌우를 막론하고 대다수의 헝가리인은 이 발언을 예나 지금이나 부다페스트 사람들의 가슴에 와닿는 독자적 민족으로서의 지위에 대한 뿌리 깊은 관념을 드러내는 자명한 견해로 여길 것이다.

부다페스트는 활기차고 북적한 유럽의 여느 도시와 비슷하지만, 소

리가 다르다. 독특하고 희귀한 언어 때문이다. 핀우그리아어파에 속하는 마자르어의 원류는 카자흐스탄의 대초원 지대이다(혹은 그렇게 추정되어왔다). 마자르어, 즉 헝가리어는 여느 유럽어와 다르다. 외국인들이 부다페스트의 카페나 지하철에서 현지인들이 주고받는 대화의 한 토막을 우연히 엿듣게 된다면 그 의미를 짐작하기가 무척 힘들 것이다. 1840년대에 활동한 헝가리의 국민 시인 페퇴피 샨도르는 "우리는 외로운 민족이다"라고 썼다. 그리고 그것은 지금도 마찬가지이다.

부다페스트가 왜 예로부터 항상 중요했는지는 지도를 대충 훑기만 해도 알 수 있다. 부다페스트는 유럽의 기하학적 중심에 가깝다. 이곳은 여러 지역의, 여러 문명의 교차로에 자리 잡고 있으며, 고대의 여러 통상로의 교차점에 위치해 있다. 산이 점점 완만한 언덕으로 바뀌는 곳에서는 장대한 다뉴브 강과 광활한 평원이 펼쳐진다. 지중해의 라틴인들과 알프스 산맥의 독일인들, 그리고 슬라브인들이 여기서 만난다. 이곳은 로마 가톨릭 교회 문화와 북유럽 개신교회 문화와 그리스 정교회 문화(비잔티움 문화)의 중심지이기도 하다.

부다페스트는 편리한 교통로를 끼고 있다는 유리한 전략적 위치 때문에 헝가리의 수도가 되었고, 여러 측면에서 다뉴브 강 지역의 중심으로 기능했다. 오늘날의 부다페스트는 여러 번의 이의 제기와 수정을 거친 의도적 계획을 통해 성장했으며, 기획에 따라서 설계되고 건설된 도시이다. 그러나 부다페스트의 가장 눈에 띄는 흔적들은 전쟁과 혁명과 홍수 같은 강제적인 힘이 남긴 것들이다. 여러 시기에 걸쳐 헝가리 왕국과 헝가리 공화국의 행정 중심지였던 부다는 총 13번이나 포위되었고, 5번이나 완전히 파괴되었다. 침략자들이 나타났다가 사라졌고, 제국들이 부다를 정복해 수백 년이나 수십 년 동안 점령하며 약간의 발자취를 남겼다. 허물어져가는 소련식 "5개년 계획" 아파트 건물 옆에는 잘 보존된 모자이크를 갖춘 로마의 목욕탕 유적이 남아 있다. 그러나 변두리에서 희미해질지언정 부다페스트에는 위엄이 있다. 신랄하고 익숙한 방식의 아름다움이 있다. 이 점을 여러분에게 보여주고 싶다. 위대한 시인 조지 시르테스(헝가리 난민 출신의 영국 시인/역주)의 표현대로 부다페스트는 "시간 때문에, 역사의 사나운 분위기 탓에 겸손해진" 도시이다.

월리스 심프슨(영국 국왕 에드워드 8세의 부인/역주), 시어도어 루스벨트, 베니토 무솔리니, 한스 크리스티안 안데르센, 위대한 테너 루치아노 파바로티, 최초의 우주인 유리 가가린 등은 모두 부다페스트의 최고 장점은 위치라는 데 동의했다. 소설가 에벌린 워는 "부다페스트의 다뉴브 강은 그 물줄기를 따라 가장 아름다운 도시 경관 중 하나를 선사한다"라고 말했다. 부다페스트는 내가 태어난 곳이다. 그러니 부다페스트의 아름다움과 매력에 대해 객관적인 척하지 않겠다. 앞으로 보여주겠지만, 그 매력의 이면에는 많은 어둠과 잔인함이 도사리고 있다.

내가 태어난 이후로 거의 내내, 부다페스트는 페퇴피의 표현대로 서양으로부터 단절된, 불행히도 냉전 시기에 철의 장막 뒤에 자리 잡은 "외로운" 곳이었다. 그 도시는 소련이라는 전제적 제국의 식민지였다. 1989년에야 막을 내린 소련 점령기의 물리적 흔적은 부다페스트의 스카이라인 여기저기에 흩어져 있다. 몇몇 공공건물에는 아직 총탄 구멍이 남아 있는데, 이는 방문객과 현지인 모두에게 현대 부다페스트 역사의 결정적인 순간인 정신적 상처를 상기시키고자 의도적으로 보존된 흔적이다. 그 상처란 바로 1956년 혁명이다. 내가 부다페스트를 떠날 수밖에 없었던 원인 역시 바로 그 사건이었다.

실패한 그 비극적 봉기 직후 부모님과 형과 누나가 난민 신분으로 헝가리를 탈출했을 때, 나는 아직 갓난아이였다. 나는 20대 초반이 되어서야 부다페스트로 돌아올 수 있었다. 그때까지 우리 가족 중 누구에게도 귀국이 허용되지 않았다. 부다페스트를 둘러싼 어린 시절의 기억은 하나도 남아 있지 않다. 그러나 나는 일찌감치 헝가리 민족 공동의 기억에 푹 빠져들었다.

부모님은 삶의 평화를 깨트린 역사의 끔찍한 방향 전환에, 두 차례의 세계대전, 파시즘, 나치 독일에 의한 점령, 소련의 공산주의 등이 빚어낸 비참한 결과에 몸서리를 쳤다. 그러나 두 분의 망명 생활이 온전히 행복한 것도 아니었다. 식탁에 앉아 있을 때면 부모님은 그리움에 사무친 심정으로 부다페스트 이야기를 꺼냈다. 마치 체호프가 쓴 희곡의 등장인물들이 한숨을 지으며 "모스크바"라는 이름을 꺼내듯이. 어머니는 하루 종일 카페에서 이야기꽃을 피웠던 일을 말하곤 했다. 카페는 확실히 합스부르크 왕가 치하 중유럽 최고이자 아마 가장 오래 남을 발명품일 것이다. 아버지는 음악과 버르토크 벨러(20세기 헝가리의 작곡가/역주)와 코다이 졸탄(20세기 헝가리의 작곡가/역주)에 대해, 그리고 다뉴브 강 옆의 분위기 좋은 바로크 양식의 음악당인 비거도에서 보낸 저녁에 대해 이야기했다. 최근 누나는 스키를 타며 보낸 겨울날을 이야기한다. 부다 언덕의 우리 집 현관 거의 바로 앞에서 부다페스트 도심 쪽으로 내려가는 일종의 스키 주로走路는 신중함과 실력을 갖춘 사람이라면 혼잡한 출근 시간 전 동틀녘에 그럭저럭 탈 수 있는 코스였다. 형은 어릴 적 1956년 혁명 시기에 봉기에 나선 사람들이 탈취한 소련군 전차의 포탑 위에 앉아 있었던 모험담을 꺼낸다.

1970년대 후반부터 나는 가끔 방문객 자격으로 부다페스트를 방문하기 시작했다. 헝가리에 남아 있는 먼 친척들을 만나기 위해서였다. 이후 1980년대에는 소련의 붕괴 사태를 취재하는 언론인 자격으로 1년에 몇 번 부다페스트로 출장을 떠났다. 그 무렵부터 나는 그 도시를 깊숙이 알아가기 시작했다.

부다페스트는 중동부 유럽에서 기자로 활동하기 가장 수월한 곳이었다. 사람들은 비교적 자유롭게 말했고, 감시는 거의 없었다. 음식과 포도주는 당시 소련 세력권으로 불린 지역의 다른 어느 곳보다 훌륭했다. 부다페스트는 군영에서 가장 즐거운 막사였다. 이 책은 1956년 혁명 50주년을 기념하는 내 첫 번째 책의 자료조사를 위해 여러 달 머물렀던 때를 비롯해 부다페스트를 수십 차례 방문한 결과물이다. 이 책에는 현지인 수십 명이 알려준 정보가 실려 있다. 부다페스트의 좋았던 시절과 나빴던 시절, 그곳의 풍경과 소리, 그 도시와 그곳 사람들의 초상이 담겨 있다. 이 책은 이야기를 현재로, 부다페스트 사람들이 또다시 정체성과 씨름하는 오늘날로, 유럽인이면서 동시에 유럽과 분리될 방법을 고민하는 현재로 끌고 올 것이다. 이 책은 부다페스트의 문학과 음악과 역사와 요리와 정치를, 그리고 부다페스트가 종종 유다페스트Judapest로 불릴 때 유대인 주민들이 맡았던 필수적인 역할을 살펴볼 것이다. 나는 제1차 세계대전 이전 수십 년 동안 부다페스트가 누린 상승세를, 20세기의 대혼란에 빠져들어 겪은 철저한 파멸을, 그리고 유럽 각국의 수도 가운데 런던과 파리와 로마 다음으로 많은 관광객을 끌어들이는 곳으로 탈바꿈한 21세기의 이례적인 부활을 다룰 것이다.

내가 들려줄 이야기를 관통하는 주제는, 역사적, 문화적, 정치적, 정서적 측면에서 부다페스트의 무게중심과 헝가리인들이 느끼는 무게중심이 동양과 서양 사이를 어떻게 오갔는가이다. 헝가리는 양극단의 나라이다. 헝가리가 겪은 승리와 이따금의 패배로 점철된 투쟁, 그리고 그로 인한 변화는 번번이 폭력적이었다. 그 밖의 변화는 비교적 평화롭게 진행되었지만, 가령 1980년대에 일어난 소련식 공산주의의 몰락 같은 사례에서 알 수 있듯이, 그 평화적인 변화의 반향도 의미심장했다. 오늘날, 헝가리는 역사적으로 의외의 영향력을 행사한 경우가 많은 소국이다. 부다페스트에서 시작된 사건이 세계적 의의를 지닌 것으로 판명된 순간들이 자주 있었다. 이 책은 그 사연과 이유를 밝히려는 시도이다.

2022년 3월 런던에서
빅터 세베스티엔

프롤로그

모든 국가에는 충성심과 자부심을 품고 바라보는 성도聖都가 있다.

— 요커이 모르

그 강의 생명은 끊임없이 이어진다. 그 따뜻하고 찬란하고 생기 있는 그림은 활기를 돋운다. 부다페스트! 이 단어가 바로 지금 차근차근 나아가고……미래에 중요해질 사상을 가리킨다. 그것은 성장하는 민족 앞에 펼쳐질 미래이다. — 하인리히 오퍼 폰 블로비츠, 「타임스The Times」, 1894년

1896년 1월 1일 오전 5시부터 자정까지, 부다페스트에 있는 모든 교회의 종은 그 도시의 역사상 가장 성대한 잔치의 개막을 알리기 위해서 매시간 정각마다 울렸다. 그날은 족장인 아르파드 휘하의 마자르 부족들이 카자흐스탄 대초원에서 카르파티아 분지로 쳐들어와 훗날의 헝가리 땅을 차지한 지 1,000년이 되었음을 알리는 국가 기념 행사였다. 정부 관계자들과 재계 대표들, 건축가들과 예술가들과 장인들은 15년 전부터 헝가리와 그 수도인 부다페스트의 급속한 번영과 자신감을 반영하고자 기획된 1,000주년 행사를 준비해왔다.

도시 곳곳이 과시적이면서도 세련된 대형 사업의 건설 현장으로 탈

바꿈하며 현대 부다페스트의 외관과 양식을 받아들였다. 다뉴브 강에는 1,000주년을 축하하는 의미로 2개의 다리가 설치되었다. "웅장하고 넓은 길"이라는 뜻의 너지쾨루트의 마지막 구간이 완공되었고, 이곳은 다뉴브 강 동쪽 지역인 페스트에 자리 잡은 북적이는 시내의 새로운 중심이 되었다. 더 오래되고 조용한 다뉴브 강 서쪽의 왕성王城도 대규모의 고전 양식으로 증축되었다.

유럽 대륙 최초의 지하 전철도 축하 행사에 맞춰 개통되었다. 그 지하철은 다뉴브 강 옆의 구도심에서부터 부다페스트의 동쪽 경계까지 운행될 예정이었다. 부다페스트의 동쪽 가장자리에 새로 조성된 시민 공원에는 도심에서 가장 우아한 건물이자 비례가 완벽한 분리파 양식의 응용미술 전시관이 들어섰다. 가장 토속적인 건물도 눈에 띄었다. 인공 호수 기슭에 트란실바니아 양식의 완전한 중세풍 성인 버이더후녀드가 재건된 것이다. 몇 년 전에는 부다페스트의 중심 대로에서 불과 몇 미터 떨어진 곳에 부다페스트 가극장이 문을 연 바 있었다. 구스타프 말러가 2년 동안 음악 감독으로 일하며 논란을 일으킨 뒤 떠난 곳이었다.

1896년, 웅장한 대법원 청사가 완공되었다. 세계 최대 규모의 입법부 중 하나인 헝가리 국회의사당은 아직 건설 중이었다(헝가리는 유럽에서 참정권의 범위가 가장 좁은 나라 중 하나였는데, 헝가리 국회의원들은 그런 조건에서 선출되었고, 심지어 비밀투표를 거치지도 않았다). 1,000주년 축하 행사에 참석한 어느 영국인 손님이 무뚝뚝하게 말했듯이, 당시 부다페스트에서는 "때때로 규모와 기능 간의 불균형이 보였다." 가령 1년 전에는 얼파르 이그나츠가 설계한 거대한 건축물, 저돌적이면서도 인상적인 분위기의 증권거래소가 개장했는데(얼파르 이그나츠의 손길은 당시 지어진 공공건물 10여 채에서 찾아볼 수 있다), 이 건물은 그 무렵 유럽에서, 아니 아마 세계에서 가장 큰 증권거래소였을 것이다. 그러나 크기가 더 작은 런던과 베를린과 파리의 증권거래소에 비해 거래량은 몹시 적었고, 심지어 합스부르크 제국의 또다른 수도인 빈의 증권거래소보다도 적었다.*1

합스부르크 제국 시절의 부다페스트를 연구한 역사가 루카치 야노시가 말했듯이, 부다페스트 도처에서 "진보"와 미래에 대한 믿음이 묻어났고, "국민적 자부심"이 "떠들썩하게 분출되었다." 원대한 청사진 때문에 단순한 세부 사항을 놓치는 경우도 종종 있었다. 1,000주년의 공식적인 시점은 부분적으로 민족 신화에서 비롯되었다. 그 누구도 이른바 "정복"의 정확한 시점을 전적으로 장담하지 못했기 때문이다.

1862년, 내무부 장관 트레포르트 아고슈톤은 이와 관련해 학술원에 의견을 구했다. 소속 역사가들은 열띤 논쟁에 휩싸였지만, 정확한 시점에는 합의하지 못했다. 전문가들은 정복의 시점을 888년과 900년 사이의 "어느 때"로 추정할 뿐 징획히게 짚지 못했다. 마자르인의 이주는 하나의 사건이 아니라 여러 해에 걸쳐 벌어진 과정이었다. 편의상 그들은 결국 1,000주년의 시점이 1895년이라는 데에 합의했고, 덕분에 1895

---

* 부다페스트 증권거래소 건물은 제2차 세계대전 이후 폐쇄되었고, 얼마 뒤 헝가리 국영 텔레비전 방송국으로 바뀌었다. 얼파르의 작품은 그 시절에는 어울렸으나, 당대의 어느 비평가는 그의 작품을 둘러싸고 종종 언급되는 점을 거론했다. "그의 양식을 이루는 요소들은 이상하게도 낙관적이었고(헝가리인의 국민성은 낙관론이 아니라 비관론으로 기우는 경향이 있기 때문에 이상하다는 뜻이다)⋯⋯헝가리인의 전능한 힘을 둘러싼 근시안적인 느낌으로 [가득했다.]"

프롤로그

년에 대규모 축하 행사가 거행되도록 계획을 세울 수 있었다. 그러나 계획 중이던 공공사업과 이미 발의된 다양한 대형 행사는 1893년 시점에도 일정에 뒤처지고 있었으므로, 1,000주년 기념 연도는 결국 1896년으로 연기되었다.* 원래 계획보다 공사 일정이 늦어지자 담당 위원회는 마자르인들이 카르파티아 분지를 가로지른 공식적인 연도를 896년이라고 선언했다. 이런 식으로 역사가 만들어지는 경우는 흔하다.[2]

당초 계획은 부다페스트에서 만국박람회와 상설 전국박람회 같은 각종 행사를 1년 내내 개최하는 것이었다. 그러다 결국에는 규모가 축소되었음에도 여전히 어마어마했다. 1896년 내내 치과의사들과 재단사들과 속기사들, 지질학자들과 예술사가들의 1,000주년 기념 국제 회의를 위시한 여러 국제 회의가 열렸다. 헝가리 전역의 도심에서 언론인 회의, 광산업자 회의, 평화 회의 등이 잇따랐다.

  규모가 가장 큰 행사는 부다페스트의 시민 공원에서 개최된 1,000주년 박람회였다. 4,850제곱미터의 부지에 들어선 234채의 가설 건물을 이용해서 헝가리의 역사 유물과 예술품 및 발명품 1만4,000점(1851년 런던 대박람회나 1878년 파리 만국박람회의 모든 전시물만큼 많은 양이었다)을 선보인 이 박람회는, 그해 5월 2일에 황제 프란츠 요제프와 "시시"라는 애칭으로 불린 황후 엘리자베트가 참석한 가운데 과시적이고 성대한 의식을 거쳐 개막했다. 프란츠 요제프는 헝가리에서 결코 인기

---

*   가장 웅장한 건축 공사는 시민 공원 옆 영웅 광장의 1,000주년 기념비였다. 이 거대한 예술품은, 전사 아르파드 왕자를 중심으로 양쪽에 7명의 마자르 부족장들이 말을 타고 있는 모습의 조각상들이 서 있다. 이 기념비는 1929년에야 완성되었고, 원래 예산보다 12배의 비용이 들었다.

있는 인물이 아니었던 반면, 엘리자베트는 널리 알려졌듯이 헝가리의 자치를 지지했기 때문에 많은 사랑을 받았다. 지난 10년 동안 그녀는 빈의 왕실보다 부다페스트에서 더 많은 시간을 보냈다. 21세기에도 헝가리의 대다수 도심에는 "에르제베트"라는 이름의 거리나 대로나 광장이 있고, 부다페스트에도 몇 군데 있다.

가장 중요한 대공들과 대공비들이 군주인 프란츠 요제프를 수행했다. 프란츠 요제프의 며느리이자 고故 루돌프 황태자의 부인인 스테파니 대공비는 당시 부다페스트에 처음 등장한 코닥의 상자형 카메라로 매력적인 사진 여러 장을 찍으며 개장식의 이모저모를 담음으로써 이튿날 언론에 대서특필되었다. 총리인 반피 데죄 백작의 부인이 불참한 사실도 언론의 주목을 끌었다. 소문에 따르면 그녀는 이탈리아 북부의 호수에서 긴 여행을 즐기고 있었기 때문에 불참한 것이었지만, 실상은 그와 달랐다. 그녀는 귀족 태생이었는데도 정규 교사였고, 결혼 전에 이미 교편을 잡고 있었다. 고위 귀족들은 그런 사람이 헝가리 "총리의 부인"으로서 그런 행사에 참석하는 일을 "용납할 수 없었고", 따라서 그녀는 집에 머무를 수밖에 없었다. 당시 헝가리는 여러 측면에서 현대적인 국가였고 신규 차입 자금을 통해서 나라 전체가 탈바꿈하고 있었지만(1,000주년 박람회는 바로 그런 변화를 보여줄 의도로 기획되었다), 권력과 신분을 둘러싼 오래된 관념은 남아 있었다. 헝가리는 여전히 계급을 크게 의식하는, 몇 개의 층으로 나뉜 사회였다. 귀족들은 이후 수십 년 뒤까지 주도권을 놓지 않았다.*

---

* 자유주의 성향의 일간지 「페슈티 너플로*Pesti Napló*」가 실상을 폭로했다. "귀족들은 총리에게 보낸 편지에서 양자택일을 촉구했다. 백작 부인이……잘되거나

황제는 박람회장에 2시간 넘게 머물렀고, 여유로워 보였다. 평소 뻣뻣하고 지나칠 정도로 격식을 차리던 그였지만, 이날은 모든 사람과 온화하게 한담을 나누었다. 헝가리의 역사를 담은 어느 전시관에는 지난 세기 헝가리 대평원에서의 농촌 생활을 보여주는 오두막과 농가 여러 채가 복원되어 있었다. 그 앞에는 턱수염이 난 농부가 서 있었다. 프란츠 요제프는 그에게 다가가 물었다. "여기 살고 있소?" 그러자 농부는 이렇게 대답했다. "아닙니다. 감사합니다. 폐하. 1,000주년을 기리기 위해서 여기 있을 뿐입니다. 끝나면 집으로 돌아갈 수 있습니다."[3]

1주일 뒤인 5월 9일, 황제 부부는 1,000주년을 대비해 장엄한 분위기로 특별히 개조된 대관식 교회인 성 이슈트반 대성당에서 찬송가 "테 데움"을 불렀다. 빈의 왕실 사람들 대부분이 헝가리의 고위 귀족들, 재계 대표들과 함께 미사에 참석했다. 미사는 헝가리 대주교인 버서리 콜로시가 집전했다. 대주교가 "일찍이 어머니다운 섬세한 손길로 마자르인들과 그들이 회모하는 왕을 단단히 결속시키는 귀중한 유대를 맺어준" 일을 헝가리 국민을 대표해 황후에게 감사의 말을 전할 때, 그녀는 억지로 눈물을 참았다. 헝가리가 오스트리아와 싸웠던 약 50년 전에 권좌를 계승한 노령의 황제조차 감격했다.

프란츠 요제프와 시시는 헝가리에 한 달 넘게 머물렀다. 공식 축하 행사의 정점은 프란츠 요제프의 헝가리 국왕 즉위 기념일인 6월 8일 월요일이었다. 그날은 햇빛이 찬란한 날이었다. 당대의 한 목격자는 다

1,000주년이 잘되거나 둘 중 하나였다." 결국 반피 백작 부인은 헝가리 각지에서 찾아온 약 600만 명의 관람객들과 마찬가지로 홍보나 요란스러운 선전 없이 박람회장을 방문했다.

음과 같이 회상했다. "두 사람은 주최자들과 마찬가지로 상황 판단력이 있었다. 프란츠 요제프는 흰색 헝가리 경기병 제복을 입었다. 병약하고 아름답고 수심에 잠긴, 그리고 모든 헝가리인들로부터 사랑받는 엘리자베트는 행진이 이어지는 긴 하루 동안 미소를 잃지 않았다. 그날은 왕성에서 울려 퍼지는 의식용 대포의 굉음으로 시작되었다. 녹색 바지를 입은 전령들이 은나팔을 불고 있었다."

황제와 황후는 부다의 왕성에서 시작해 다뉴브 강을 건너 페스트로 향하는 행렬의 선두에서 마차에 올라탔다. 18세기 중엽 마리아 테레지아 황후 시절에 수정 조각을 이어붙여 만든 대형 사륜마차였다. 그들의 뒤를 헝가리의 옛 지방 행정 단위 소속의 기병대가 따라갔는데, 일부 기병들은 17세기의 화려한 군복을 입고 있었다.「타임스」의 빈 특파원은 그 모든 화려한 구경거리에서 느낀 흥분을 간신히 억눌렀다. "거의 2시간에 걸쳐 다뉴브 강을 건넌 행렬을 수놓은 갖가지 색깔의 제복과 의상 수백 벌에 대해 완전하다고 할 만한 설명을 제시하려는 시도는 가망이 없는 짓일 것이다."

그러나 국왕 겸 황제의 일행이 징엄한 의식의 일환으로 아직 공사 중인 국회의사당에 도착했을 때 난감한 상황이 벌어졌다. 행사 관계자들이 헝가리 최초의 기독교 왕인 성 이슈트반의 왕관(약 900년 전의 성유물聖遺物로 여겨졌다)을 상징적으로 프란츠 요제프의 머리에 씌우려고 가져왔을 때였다. 그 왕관은 원래 철제 상자에 담겨 있었는데, 세월이 너무 흐른 나머지 자물쇠와 걸쇠에 녹이 슬어 "왕관"의 고결한 "수호자들" 중 그 누구도 상자를 열 수 없었다. 왕실 사람들은 서둘러 자물쇠 수리공을 불러왔다. 그러나 그는 수많은 군중이 지켜보는 가운데 자물쇠를 고치기에 앞서 연미복을 차려입어야 했다.

　황제와 황후는 한낮의 뜨거운 태양 아래에 참을성 있게 앉아 있었지만, 그곳에 모인 수많은 구경꾼들은 웅성거리기 시작했다. 이윽고 해괴한 낭설이 나돌았다. 어떤 사람들은 성 이슈트반 왕관이 사라졌다고 외쳤다. 또 어떤 사람들은 황후에게 불길한 일이 벌어졌다고 말했다. 기마경찰이 국회의사당 광장 주변을 에워쌌다. 마침내 연미복으로 갈아입은 자물쇠 수리공이 도착했지만, 그는 상자를 부수어 열었다. 잠시 험악한 분위기가 연출되었지만, 의식은 예정대로 진행되었다. 과거에 부다페스트에서는 대규모 군중이 공격적으로 돌변하는 경우가 잦았다. 그리고 이는 앞으로도 마찬가지일 터였다.[4]

　그다음 주에는 부다페스트에서 잔치가 벌어졌다. 이전에는 "피의 들판"으로 알려진 처형장이었으나 당시에는 쾌적한 공원이 된 베르메죄에서 정부가 모든 참석자에게 음식과 포도주를 무료로 제공했다. 사람들은 여기저기서 소고기를 꼬챙이에 꽂아 구워 먹고, 병을 따서 술을 마셨다. 하루에 5,500리터의 포도주와 6만4,000개의 소시지가 소비되었다.

　당국은 1,000주년 축하 행사를 대성공으로 평가했지만, 선견지명이 있는 여러 관찰자들은 비참한 결말을 감지하고 향후의 문제를 우려했다. 19세기에서 20세기로 넘어갈 무렵 부다페스트에서의 삶을 지혜롭게 관찰한 사람들 중 한 명인 소설가 크루디 줄러는 1,000주년을 부다페스트가 "그 미덕을 잃어버린" 결정적인 순간으로 여겼다. "헝가리의 위대함을 향한 오만한 칭송은 효력을 다했다." 그는 노황제가 한 마을을 방문한 일에 대해서 썼다.

그곳은 한때 작은 집들과 수수한 시민들로 이루어져 있었다. 손수건을 흔드는, 젊고, 낙천적이고, 애국심 있는 여자들이 있었고, 아득한 옛날의 고요한 분위기가 감도는 곳이었다.……그러나 1,000주년에 이르러 페스트는 겸손의 가면을 벗어던졌다. 해마다 페스트는 보석이 박힌 장신구를 점점 많이 썼다. 수수한 사람들은 상스러워졌고, 검소한 사람들은 도박에 빠졌다. 엄격한 수녀원에서 자란 여자들은 가슴의 풍만함을 자랑하기 시작했다. 페스트는 충실함을 잃었다. 도시라는 세련된 고급 매춘부는 순진한 시절에 의지했던 젊은 군주의 위업을 잊어버렸다. 그녀는 차츰 커지는 자신의 매력을 의식하게 되었다. 말괄량이 같으면서도 품격 있는, 새로운 면을 찾아냈다. 한때 인기 없고 소극적이었던 그녀는 이제 본인의 진가를 깨닫기 시작했다. 검소한 노신사는 까다로운 창녀로 전락한 페스트가 더는 자신을 사랑하지 않는다는 사실을 알고 동요했다.[5]

19세기에 베를린과 부다페스트는 유럽에서 가장 급속도로 성장하는 도시였고, 1,000주년을 맞은 1896년부터 제1차 세계대전까지는 **부다페스트**가 가장 빨리 성장하는 도시의 지위를 누렸다. 1867년, 부다와 페스트—아직 서로 분리되어 있었다—의 인구는 도합 27만6,000명이었다. 1913년에 이 숫자는 거의 4배인 93만3,000명으로 늘어났다. 당시 부다페스트는 유럽에서 여섯 번째로 큰 도시였다.* 성장 속도는 눈부셨고, 부다페스트 사람들과 그들의 생활방식은 철저하게 바뀌었다. 그

---

* 1808년에 시행된 인구조사에 의하면 19세기 초엽 부다페스트의 인구는 7만9,000명 정도였다.

무렵 부다페스트는 합스부르크 제국의 도시보다는 파리와 더 비슷한 곳으로 보이도록 계획되었고, 오늘날의 부다페스트를 형성했다. 1,000주년 전후의 부다페스트는 헝가리 태생의 작가 아서 쾨슬러가 합스부르크 제국을 둘러싼 향수라는 주제로 슈테판 츠바이크(20세기 오스트리아의 작가로 『어제의 세계 *Die Welt von Gestern*』라는 유명한 책을 썼다/역주)를 의도적으로 잘못 인용하면서 자주 말했듯이, "그제의 세계였다."

좀더 정확히 말하자면, 부다페스트의 절반이 그랬다. 도시의 더 오래되고 조용한 부분에서는 훨씬 이전부터 그랬던 듯하기 때문이다. 소수의 부유한 가문들—지치 가문, 오데스칼키 가문, 에스테르하지 가문, 팔라비치니 가문—이 여전히 부다 언덕에서 다뉴브 강을 굽어보는 유서 깊은 포도원을 소유했고, 이는 제1차 세계대전이 발발할 때까지 흔히 볼 수 있는 모습이었다. 그러나 1860년대부터 새로운 농업 인구가 부다페스트로 몰려왔다. 더 나은 삶을 찾아나선 시골 출신의 농민들이 대거 흘러들어온 것이다. 이는 19세기 중엽에 산업혁명의 여파로 서유럽의 많은 지역에서도 벌어진 현상이었지만, 호황기, 황금기를 맞은 부다페스트에서는 더욱 도드라졌다. 급격히 성장하는 산업 부문으로 유입된 헝가리 방방곡곡의 농민들은 훗날 국가적 혁명을 일으키고 의미심장한 역사를 만들어낼 새로운 프롤레타리아 계급을 형성했다. 이후 엄청난 수의 농민들은 부다페스트 순환도로 안쪽의 새로운 부르주아 계급을 위한 아파트 건물 공사장에서 일하고, 점점 넓어지는 부다페스트 남쪽과 동쪽 교외의 노동계급 거주 구역에서 저가 공동주택을 짓게 되었다.[6]

도시가 거주자들의 성격을 반영한다면, 부다페스트는 아마 극적인 장소일 것이다. 부다페스트에서 태어났지만 미국으로 망명해 언론인과 역사가로서 빛나는 경력을 쌓은 케이티 마튼은 이렇게 썼다. "무엇보다 그곳은 무대 장치를 닮았다. 가파른 언덕 위에 부다가 자리를 잡고 있다. 다뉴브 강으로 쏟아지는 들쭉날쭉한 절벽에 왕성과 성채가 얼기설기 새겨져 있다.……반대편의 평지에 있는 페스트는, 사업과 상업과 지성, 대화와 예술, 음악과 밤 문화와 연관된 곳이다. 마자르인의 영혼을 발견하고자 애쓰는 로마네스크 양식과 고딕 양식, 비잔티움 양식의 환상적인 혼합물들이 파리와 빈의 뻔뻔한 모조품인 거리들을 마주한다."

1896년, 부다페스트는 세계에서 가장 큰 제분업 도시였다(당시 제분업으로 부다페스트에 필적할 만한 도시는 미니애폴리스밖에 없었다). 헝가리의 넓은 평원과 발칸 반도의 평원 지대에서 재배된 밀이 부다페스트의 여러 제분소에서 밀가루로 바뀌었다. 곡물 상인으로 사업을 시작해 성공을 거둔 많은 기업가들은 제분소를 운영하다가 나중에 사업을 다각화했다. 부다페스트는 다뉴브 강에서 가장 북적이는 항구였다. 헝가리의 하천 운송회사(대부분 국유화된 상태였다)인 MFTR은 이미 30년도 더 전에 오스트리아의 국영 하천 운송회사를 제치고 번창하고 있었다. 1920년대에는 매일 흰색 외륜선을 타고 부다페스트에서 출발해 빈으로 향하는 즐거운 야간 여행이 뜨거운 인기를 누렸다. 두 도시를 오가는 기차는 속도가 빨랐다. 2022년 기준으로 부다페스트에서 빈까지 기차로 3시간 35분이 걸리는데, 1896년에 이미 4시간 15분밖에 소요되지 않았다.

부다페스트의 금융업도 농업과 공업 생산량의 성장세를 따라잡았다. 1900년, 부다페스트는 중동부 유럽의 금융 중심지로 발돋움했다. 오스트리아-헝가리 이중 군주국을 만들어낸 "대타협"이 이루어진 해인 1867년부터 1914년까지, 헝가리의 은행 수는 11개에서 160개로 증가했고, 총 자본은 5배가 되었다. 그중 헝가리 제일상업은행과 헝가리 신용은행 같은 몇몇 은행들은, 유럽과 헝가리의 유명 건축가들이 설계한 부다페스트 번화가의 궁궐 같은 본사 사옥들이 보여주듯이, 규모와 명성의 측면에서 빈과 독일의 대형 은행들과 어깨를 나란히 했다. 볼리언데르 가문, 버흐르먼 가문, 허트버니도이치, 초린 가문 등 당대 은행의 소유주들은 유럽 굴지의 갑부가 되었다.

소기업에서부터 베이시 먼프레드 같은 대기업에 이르기까지 헝가리 제조업 부문의 60퍼센트가 부다페스트를 근거지로 삼았다. 부다페스트 바로 북쪽, 다뉴브 강의 체펠 섬에 조성된 베이시 먼프레드의 방대한 공장 단지에서는 5,000명이 넘는 노동자들이 일했다. 그 공장 단지는 스페인과 멕시코와 영국으로 군수품을 수출했는데, 얼마 지나지 않아 그 세 나라의 군대가 오스트리아-헝가리 제국과의 전쟁에서 그 군수품을 사용하게 되었다.

전례 없는 호황이 계속되지 않으리라고 예측하는 사람은 드물었다. 노벨상 수상자인 물리학자로 나중에 파시즘을 피해 부다페스트를 탈출한 뒤, 최초의 핵폭탄을 설계하고 제작하는 맨해튼 계획에 참여한 레오 실라르드의 어머니인 테클러 실라르드는 결혼식 날인 1897년 4월 25일에 본인이 느낀 기분과 "우리 모두가 느끼는 끝없는 낙관론"을 묘사했다. "그 도시는 비약적으로 성장하고 있었다. 마치 내가 진보하는 것 같았다.······나의 발전 같았다." 그러나 선견지명을 갖춘 일부 사람들은 변화의 속도를 더 경계했고, 이후의 결과가 어찌 될지 고민했다. 1900년, 크루디 줄러는 사랑하는 부다페스트에 관한 글을 남겼다. "사람들은 날마다 태양을 향해 솟구치는 탑으로 덮인 궁전을 지었다. 밤에는 끝없는 매장 의식이 이어지는 듯했다. 그 도시의 부서진 부분…… 오래된 사람들과 오래된 집들의, 오래된 거리들과 오래된 풍습들의 매장 의식 말이다."[7]

낙관론과 확신은 이후 한 세대도 지나지 않아서 자취를 감추었다. 1,000주년 기념 연도 당시의 헝가리는 불과 25년 뒤보다 국토가 거의 3배나 컸고, 인구는 약 50퍼센트나 많았다. 오늘날의 크로아티아와 슬로바키아 영토의 대부분과 루마니아 영토의 3분의 1과 세르비아 영토의 많은 부분이 당시 대★헝가리에 속했다. 아드리아 해에 있는 헝가리의 분주한 항구에서는 자국 상선들이 분주하게 움직였다. 이후 제1차 세계대전이라는 재난이 헝가리를 강타했고, 슈테판 츠바이크가 말하는 "어제의 세계"가 막을 내렸다. 헝가리는 그 충격에서 결코 회복하지 못했다.

제1부

마자르인

제1장

아퀸쿰

> 변화하는 제국이 흥망성쇠를 거치는 과거를 되돌아보면 미래도 예견할 수 있다.
> ― 마르쿠스 아우렐리우스, 『명상록 Ta eis heauton』

1994년 여름, 부다의 주요 거리 중 하나인 다뉴브 강 옆의 중심가 지하에서 약 3만 년 전 구석기 시대의 것으로 추정되는 여인과 아이의 발자국 화석 한 쌍이 발견되었다. 도로를 파헤치던 어느 도급업자가 발굴한 그 화석은 아득히 먼 과거를 둘러싼 뜨거운 토론과 관심을 불러일으켰다. 45년간의 공산주의 체제하에서 교육을 받은 사람들, 그리고 민족주의 우파 정권에서 자란 그 이전 세대의 사람들이 생각하는 헝가리 역사의 출발점은 카자흐스탄의 대초원 지대에서 기원한 유목민족인 마자르 부족이 서쪽으로 배회하다가 다뉴브 강 분지에 정착하기 시작한 9세기였다. 그들은 9세기 이전까지 다뉴브 강 분지가 거의 비어 있던 미개척지였다고 배웠다. 부다페스트의 석조 건축물이나 기념물은 지금까지 늘 정치적인 성격을 띠었다. 마자르인의 "정복" 이전의 삶이 새로 발견될 때마다 헝가리인은 과연 누구인지, 언제 어디에서 등장했는지를 둘러싸고 문화 전쟁이 시작되었다. 여러 해에 걸쳐 많은 고고학자들이 3,000년 넘게 거슬러 올라가는 금화와 도구와 무기를 찾아내며 다뉴브 강을 따라 형성된 청동기 문화를 발견했다. 기원전 8세기부터 기원전 5세기까지 중앙아시아에서 기원한 유목민족인 스키타이인들은 오늘날의 부다페스트에 임시 촌락을 만들었다. 스키타이인들로부터 파생된 부족 중 하나가 판논인들Pannons이었다.

1990년대 중반에 최초의 반영구적 정착지의 증거가 발견되었다. 기원전 550년경에 에라비시라고 알려진 켈트 부족이 오늘날의 부다 북쪽 구역에 있는 겔레르트 언덕에 세운 보루가 바로 그것이다. 그 보루에서는 다뉴브 강 일대를 굽어볼 수 있었다. 에라비시인들이나 그들의 언어에 관해서 알려진 바는 거의 없다. 그러나 그들은 목욕에 적격인 광천지 위에 소규모 정착지를 세우고는, 이곳을 따뜻한 물이라는 뜻의 "아크-이크Ak-Ik"* 라고 불렀던 것으로 추정된다. 부다페스트는 언제나 온천 도시였다. 더 동쪽에 있는 땅, 즉 다뉴브 강 건너편 땅인 오늘날의 페스트는 사르마티아인들의 차지였다. 다뉴브 강은 건너기 힘든 자연 경계였다. 그러나 사르마티아인들은 그곳에 영구적인 정착지를 세우지 않았다.[1]

1세기 초엽, 로마의 초대 황제인 아우구스투스의 군단이 에라비시인을 손쉽게 정복해 지배했다. 50년경에 대규모의 로마 군이 도착했고,

---

* 이 명칭은 에라비시인들이 정착지를 가리킬 때 썼으리라고 로마인들이 여겼을 수 있는 명칭이다. 정착지를 뜻하는 라틴어와 무척 비슷하기 때문이다. 그러나 최근의 몇 가지 증거에 의하면 아크-이크는 사실 켈트어 명칭일지도 모른다. 로마 지배하의 부다에 대한 개괄적 설명은 다음과 같은 귀중한 책에 담긴 원저자의 연구 결과를 많이 참고했다. *Blue Guide: Budapest* by Annabel Barber (Blue Guides, 2018).

제국의 최신 속주인 판노니아 지역을 순찰할 목적으로 방어용 보루를 다뉴브 강을 따라 일렬로 짓기 시작했다. 당시 기병대가 주둔해 있던 최초의 군영 가운데 하나가 냉천과 온천 때문에 아퀸쿰(라틴어 aqua는 물을 뜻한다/역주)이라는 이름으로 불렸는데, 오늘날에도 부다 언덕 아래쪽에는 냉천과 온천이 있다. 90년경, 로마인들은 정착지를 강화하여 군단이 머물 중요한 군영을 짓기 시작했다. 아퀸쿰은 북쪽과 동쪽 "야만인들"의 습격을 막기 위한 주력군인 아디우트릭스 제2군단의 본거지였다. 군영에서 1킬로미터쯤 떨어진 곳에 민간인들, 즉 군대에 물건을 조달하고 용역을 제공하는 온갖 상인들과 장인들, 그리고 다수의 노예들이 살았다. 이 도시의 규모는 점점 커졌다.

106년에 트라야누스 황제는 판노니아 속주의 이름을 판노니아 인페리오르로 바꾸고 아퀸쿰을 새로운 수도로 삼았다. 아퀸쿰 저 멀리 서쪽의 땅은 판노니아 수페리오르라고 불렸는데, 그곳의 주요 도심은 빈도보나(오늘날의 빈)였다. 총독을 위해서 가로 세로 120미터의 거대한 정방형 궁전이 다뉴브 강의 하중도河中島인 오늘날의 오부더 섬에 세워졌다. 그 궁전에 가장 먼저 거처한 전직 집정관은 106년부터 108년까지 아퀸쿰에서 총독으로 재직한 푸블리우스 아일리우스 하드리아누스였다. 아퀸쿰을 떠나고 나서 10년 뒤 그는 황제가 되었다. 애석하게도 그 궁전은 옛 모습이 하나도 남아 있지 않은데, 이는 동유럽 제국 초창기인 1940년대 후반에 러시아인들이 그 궁전터 위에 조선소의 콘크리트 기초를 깔아버렸기 때문이다. 현존하는 도면과 몇 점의 모자이크와 모형에 비춰볼 때, 틀림없이 그 궁전은 특별한 건물이었을 것이다.[2]

병력은 이후 수십 년 동안 차츰 늘어나 이윽고 1개 군단이 추가되었다. 결국 3세기까지 그곳에는 총 4개 군단이 배치되었다. 점점 잦아지는 야만인들의 습격을 격퇴하기 위해서였다. 마르쿠스 아우렐리우스 황제는 아퀸쿰의 군사용 보루에 자주 머물렀다. 이와 관련한 최고의 증거는 그가 167년에 전선에서 책략을 짜는 대신 아퀸쿰에 머물며 『명상록』을 쓰기 시작했다는 사실이다. 확실히 그는 아퀸쿰에서 『명상록』의 일부분을 집필했다. 아마 역사의식이 있는 헝가리인들에게 무척 적합한 다음의 격언도 그때 남겼을 것이다. "변화하는 제국이 흥망성쇠를 거치는 과거를 되돌아보면 미래도 예견할 수 있다."*

중심 구역을 로마의 유명한 건축가들이 설계한 아퀸쿰은 대규모 정착지로 발전했다. 이 도시는 다뉴브 강의 중요한 항구이자 대규모 하천 운송의 중심지가 되었다. 로마의 콜로세움보다 좌석 수가 훨씬 적기는 했지만(콜로세움은 8만 명을 수용할 수 있었다), 이곳에는 콜로세움보다 면적이 더 넓고 1만2,000명 정도를 수용할 수 있는 거대한 원형 경기장도 있었다. 이 경기장에는 사자와 제물용 짐승을 가둬두는 우리와 당시로서는 최첨단 시설이었던 급수 장치가 있었는데, 이로써 로마인 관객들이 무척 좋아한, 모형 선박이 등장하는 모의 해전을 연출할 때 원형 경기장 안을 물로 가득 채울 수 있었다.**

---

* 마르쿠스 아우렐리우스는 총 1년 이상 아퀸쿰에 머물렀고, 죽기 전 10여 년 동안 대부분 로마가 아닌 곳에 있었다. 그는 그 기간 동안 다뉴브 강 주변의 여러 국경 요새에서 다양한 "야만인" 부족들—마르코마니족과 콰디족과 이아지게스족, 그리고 훗날 제국을 집어삼킬 다른 부족들—에 맞서 싸웠고, 180년에 빈도보나에서 세상을 떠나기 직전 아퀸쿰에 머물렀다.
** 로마인들이 떠난 뒤 아퀸쿰은 요새로 바뀌어 중세 초기에 여러 부족들에게 사용되었다. 12세기부터 아퀸쿰은 흙으로 덮이기 시작했고, 그 거대한 흙더미는 키라이 돔브(왕의 언덕)라고 불렸다. 19세기 말엽, 근처에 있는 오부더의 직물 공장의 노

170년경, 아퀸쿰에 안토니누스 역병이라는 재난이 닥쳤다. 로마 제국 도처에서 수십만 명이 이름 모를 세계적 유행병(천연두의 변종으로 추정된다)으로 목숨을 잃었다. 세 차례에 걸친 확산기에 다수의 희생자들을 치료한 그리스의 의사 갈레노스에 따르면 문제의 역병은 "기침 발작을 일으키고, 허파와 다른 장기들을 손상하며 몸을 먹어치웠다." 그 세계적 유행병은 아퀸쿰에 큰 타격을 입혔다. 아마 아퀸쿰 주둔 군단 병사들의 무려 4분의 1이 사망했을 것이다. 그러나 지원군이 우선적으로 파견된 곳은 아퀸쿰 수비대였다. 적들의 지속적인 침입과 본토와의 근접성 때문에, 이곳이 전략적 요충지로 여겨졌기 때문이다.[3]

유능하고 의욕적인 남자들에게 출세의 발판으로 여겨진 판노니아는 의미심장한 정치적 영향력이 있는 곳이었다. 로마 제국이 내전으로 사분오열한 이른바 "다섯 황제의 해"인 193년, 판노니아의 군단들은 원로원 의원 셉티미우스 세베루스를 황제로 추대하여 정치적 공백을 메웠다. 황제가 된 셉티미우스 세베루스는 이후 18년의 치세 동안 제국에 새로운 번영과 어느 정도의 안정을 선사했다.

셉티미우스 세베루스는 황세로 등극하기 10년 전쯤에 판노니아의 총독이었다. 황제가 된 이듬해인 194년, 그는 판노니아 속주의 지지자들에 대한 보답으로 아퀸쿰을 콜로니아colonia, 즉 식민시로 승격했다. 그것은 단순한 지위 상승을 넘어서는 의미가 있는 조치였다. 이제 그곳은 주요 속주의 수도가 되었고, 그곳의 켈트족 출신 주민들이 점점 더 완전한 로마 시민으로 탈바꿈하게 되었다. 그다음 세기에 아퀸쿰은 급속도로 번창했다. 군사 기지에서 몇 킬로미터 떨어진, 다뉴브 강 양쪽

동자들을 위한 주택이 이곳에 지어졌다. 발굴은 1930년대에 비로소 시작되었다.

기슭에 자리 잡은 민간 구역이 빠르게 성장했다. 전성기에 아퀸쿰의 인구는 로마의 기준으로도 많은 약 4만 명이었다. 주민들은 대부분 퇴역 군인과 그 가족, 그리고 로마화된 켈트족들이었다. 당시의 아퀸쿰은 헝가리 최초의 본격적인 도시였다. 아퀸쿰의 인구가 다시 4만 명이 되려면 약 1,500년을 기다려야 했다.

오늘날 부다페스트에는 로마 지배하의 부다를 상기시키는 흔적이 많이 남아 있다.* 부다페스트의 교통 요지 중 하나인 플로리안 광장의 버스 종점과 도로와 지하도가 복잡하게 뒤얽힌 입체 교차로 사이에는, 훗날 오스만 제국이나 합스부르크 제국 사람들이 지은 그 어느 것만큼이나 인상적이었을 듯한 거대한 온천 목욕탕 단지의 유적이 남아 있다. 또한 이곳에는 음악 도시의 흔적도 남아 있다. 고고학자들은 1990년대에 그 목욕탕 단지 인근에서 화려하게 장식된 석관을 발견했다. 석관의 주인은 아일리아 사비나로, 아퀸쿰 군영에서 근무하는 물 오르간 수석 연주자의 부인이자 아퀸쿰에서 가장 중요한 음악가 중 한 사람이었다. 그 석관에는 다음과 같은 감동적인 글귀가 새겨져 있었다. "사랑스럽고 충실한 아내 사비나가 이 돌 안에 있다. 예술 분야에서 탁월한 그녀만이 자신의 남편을 능가했다. 그녀의 목소리는 달콤했고, 그녀의 손가락은 악기의 현을 켰다. 그러나 그녀는 병들었고, 별안간 목숨을 빼앗겼다. 그녀는 30년을 살았고, 유감스럽게도 5년을 덜 살았다.……그녀는 여전히 살아 있다. 물 오르간 연주자들 사이에서 여왕 같은 인물

---

* 발굴이 시작된 19세기 말엽까지 아무도 아퀸쿰에 많은 관심을 쏟지 않은 것 같다. 나중에 아퀸쿰 박물관의 건축에 쓰일 석재와 석관의 대부분은 부다에서 생선 요리로 유명한 식당인 프린드트 선술집의 협실에 수십 년간 쌓여 있었다.

이었다. 이 비문을 읽는 모든 이들이 행복하기를 바란다. 아일리아 사비나여, 신들이 그대를 지켜주기를, 그대가 경건한 목소리로 그대에게 작별을 고하기를 바란다. 물 오르간 연주자 겸 제2보조군단의 급료 수령자인 티투스 아일리우스 유스투스가 부인을 위해서 이 기념물을 세웠다."* 프란츠 리스트(헝가리의 작곡가, 헝가리식 이름은 리스트 페렌츠이다/역주)와 코다이 졸탄은 확실히 아일리아 사비나의 실력을 제대로 평가했을 것이다.[4]

총 48명의 총독과 전직 집정관이 아퀸쿰을 통치했는데, 그들 대다수가 황제의 친척이었다. 그중 가장 성공을 거둔 인물은 셉티미우스 세베루스와 사돈지간인 카이우스 셉티미우스 카스티누스였다. 그는 209년부터 211년까지 판노니아 총독으로 있다가 제국의 최고위 집정관으로서 열광적인 환영을 받으며 로마로 돌아왔다. 카시우스 디오는 사정이 달랐다. 그는 226년부터 228년까지 판노니아에서의 총독 임기를 마치고 로마로 돌아와 제국의 중요한 역사서를 집필했는데, 그 역사서에 자신이 아퀸쿰에서 겪은 고난에 관한 내용도 담았다. 카시우스 디오는 지중해 기후에 익숙한 사람이었고, 그 북쪽 변경 속주의 가혹한 기후나 거친 군대 생활을 결코 받아들이지 못했다. 그는 "나 같은 환경에서 성장한 사람에게 다뉴브 강이 겨울에 꽁꽁 얼어붙으리라고 여기는 것은 범상치 않은 일"이었다.

다른 총독들은 훨씬 더 불운해서 아퀸쿰에서 죽음을 맞이했다. 판노니아의 평민 집안에서 태어난 아일리우스 트리키아누스는 군대에서

---

* 이 라틴어 번역문은 다음에서 발췌했다. *Blue Guide: Budapest* by Annabel Barber (Blue Guides, 2018).

두각을 나타냈고, 217년에 판노니아 인페리오르의 총독 자리에 올랐다. 그는 마크리누스 황제의 절친한 친구였다. 군사 정변이 일어나 마크리누스가 살해되자, 후임 황제인 엘라가발루스는 트리키아누스를 죽이도록 지시했다. 트리키아누스의 이름이 새겨진 표석에서는 그의 이름이 지워졌다.[5]

  금과 은을 비롯한 각종 보석 소장품이 발견된 최근의 발굴 작업에 비춰볼 때, 아퀸쿰의 일부 주민들은 무척 부유했고 다른 많은 주민들도 꽤 유복했음이 틀림없다. 210년경의 것으로 추정되는 14개의 특이한 은제 유물, 즉 세우소 보물Sevso Treasure이 1970년대 후반에 발견되었는데, 몇몇 은 조각은 부다에 있는 어느 주점의 비품 사이에 섞여 있었다. 세우소 보물은 아퀸쿰을 둘러싼 역사의 새로운 장이 열릴 수 있다는 증거였다. 그 보물 중에는 식탁에서 음식을 먹는 사람들의 모습을 정교하게 새겨넣은 커다란 은제 접시도 있는데, 그 접시에는 다음과 같은 글귀가 적혀 있다. "세우소여, 부디 이 그릇들이 그대와 함께 오랫동안 남기를, 또 그대의 자손들을 잘 대접하기를." 4세기 중엽쯤에 세우소라는 인물은 아퀸쿰 인근에 저택을 가지고 있었다. 증거에 의하면 세우소는 기독교인이었고, 그의 가문은 적어도 3대 조상 때부터 기독교 집안이었던 것으로 보인다. 기독교는 3세기 초엽부터 판노니아에서 급속도로 전파되기 시작했다. 원형 경기장에서의 검투사 시합이 금지된 260년경에는 바실리카 양식의 교회당이 세워졌다.

  4세기에 판노니아에서 로마의 힘이 차츰 약해졌다. 아퀸쿰은 운이 다하기 시작했고, 인구도 줄어들었다. 동쪽과 북쪽의 여러 부족 출신 침략자들은 제국을 끝까지 지킬 수 있는 로마인들의 능력과 결의를 조금씩 갉아먹었다. 4세기 말엽에 이르러, 아퀸쿰의 군사 구역과 민간 구역은 방치되다시피 했다. 좋은 장비를 갖춘 4개의 군단 대신 200명의 병력만이 남았고, 민간인의 수도 채 2,000명이 되지 않았다. 437년에 훈족이 아퀸쿰을 약탈했고, 아퀸쿰의 대다수 건물들이 무너졌다. 이후에도 여러 차례 되풀이 될 일이었지만, 부다페스트는 이때 처음으로 파괴되었다.[6]

제2장

마자르인

> 오, 주여. 헝가리인들의 화살로부터 우리를 구하소서.
> — 10세기 독일과 롬바르디아의 시편집에 수록된 공통 기도문

10세기 초엽의 50여 년 동안, 마자르인들은 유럽의 재난으로 여겨졌다. 마자르인들은 900년부터 950년까지 수십 차례에 걸쳐 독일 땅과 이탈리아 북부와 프랑스 중남부로, 심지어 피레네 산맥 너머의 스페인으로, 저 남쪽 멀리의 코르도바로 쳐들어가 주변의 모든 것을 마구 짓밟으며 약탈과 방화와 살인을 일삼았다. 오늘날의 브레멘과 바젤, 오를레앙과 오트란토를 약탈했다고 알려져 있는 그들은 발트 해와 지중해 연안의 군벌 군주들에게 고용된 용병들이었다. 그들은 이탈리아의 왕 베렌가리우스와 바이에른의 아르눌프를 위해서 싸우다가 그들에 맞서 싸우기도 했다. 그리고 처음에는 비잔티움 제국 통치자들을 위해, 나중에는 그들에 맞서 싸웠다.

중세 프랑스의 무훈시 『롤랑의 노래 La Chanson de Roland』는 마자르인들을 이슬람교를 믿는 사라센인들과 더불어 지나가는 곳마다 핏자국을 남기는 "사탄의 족속"으로 묘사한다. 중세 초기의 다른 연대기들은 마

자르인들을 훈족과 동일시한다. 물론 훈족이 마자르인만큼 거칠기는 했지만, 이들은 전혀 별개의 부족이었다. 오랫동안 이어진 구비전승에 따르면, 마자르인들은 "소름이 끼칠 정도로 잔인하고" 무서움과 두려움을 퍼트리는 "스키타이 출신의 피에 굶주린 식인 괴물들"이었다.

여기서 926년 봄에 벌어진 어느 극악무도한 사건에 대한 기록을 살펴볼 필요가 있다. 그것이 마자르인들이 언급된, 현존하는 최초의 기록이기 때문이다. 마자르인들은 오늘날의 스위스 북동부의 도시 장크트갈렌 대수도원을 공격해 수도원 건물을 완전히 부수고, 수도사와 수녀 수십 명을 살해했다. 희생자 중에는 10년 전에 수녀가 된 여성 귀족인 비보라다도 있었다. 불행 중 다행으로 그녀는 마자르인들이 쳐들어온 926년 5월 1일이나 2일 직전에 자신의 귀중한 초벌 원고 모음집을 안전한 곳에 옮겨놓았다. 이후 마자르인 비적떼가 무방비 상태의 수도원에 들이닥쳐 도끼로 그녀의 사지를 절단했지만, 비보라다의 거룩한 책들은 무사했다. 1047년에 교황 클레멘스 2세가 비보라다를 성인의 반열에 올리면서, 오늘날 그녀는 도서관의 수호성인으로 통한다.* 수도사인 에케하르트 2세의 연대기에는 "이교도 야만인들이……번개처럼" 바이에른과 슈바벤 지역을 "돌파한" 과정이 기록되어 있다. "맹렬한 공격이 날이 갈수록 더해갔다.……칼을 빼든 야만인들은 사람들을 셀 수 없을 만큼 많이 죽이고 집을 모조리 불태우면서 콘스탄츠 호 인근을 재난의 위기로 몰아갔다."[1]

---

* 그녀는 가톨릭 교회에 의해 성인으로 추대된 최초의 여성이기도 했다. 970-1000년경에 작성된 것으로 추정되는 에케하르트 2세의 연대기는 재건된 장크트갈렌 대수도원에 『성聖 비보라다의 생애 *Vita Sanctae Wiboradae*』라는 책으로 보관되어 있었다.

거의 비슷한 시기에, 비적 무리가 오늘날의 로렌 지역을 습격했다. 프륌 대수도원의 원장인 레기노는 마자르인들의 기원을 기록으로 남겼는데, 그에 따르면 마자르인들은 "스키타이의 평원에서 쳐들어오는 페체네그족이었다." 그는 프륌 대수도원의 수도사들이 공격을 당한 일과 "막아낼 도리가 없어 보이는" 마자르인들의 "끝에 뿔이 달린 화살"을 언급했다. "이 마자르인들은 사람이 아니라 마치 들짐승처럼 살고 있다." 1세기 동안, 독일과 이탈리아와 프랑스와 스페인 지역의 수도원에서 수도사들은 다음과 같은 기도를 일상적으로 올렸다. "오, 주여. 헝가리인들의 화살로부터 우리를 구하소서."

반면 10세기의 수도사인 에케하르트는 마자르인들의 성격과 행실의 다른 면을 보여주는 기록을 남겼다. 그 기록은 오늘날 장크트갈렌 대수도원에 보존되어 있다. 비보라다가 살해된 뒤 그 대수도원이 두 번째로 습격을 당했을 당시 살아남은 수도사 중 한 사람인 헤리발트에 따르면, 마자르인들은 외모는 사나웠지만 행동은 당시의 다른 전사들보다 더 나쁘지는 않았다. 그들은 헤리발트를 포함한 몇몇 수도사들이 아직 부서지지 않은 수도원 건물 안뜰에서 열린 잔치에 참석할 수 있도록 허락했다. 헤리발트가 이후 몇 년 동안 여러 번 말했듯이, 마자르인들은 "절반만 익힌 고깃덩어리를 이빨로 뜯어 먹었다.……그들은 수도원의 포도주를 많이 마셨다." 또한 "살점이 뜯긴 뼈를 재미 삼아 서로" 던지며 놀았고, "힘차게 노래를 불렀다.……두목 앞에서 춤을 추고 격투를 벌이며 왕성한 원기를 표출했다." 용케 습격을 피한 수도사들과 탁발수도사들이 장크트갈렌 대수도원으로 돌아와 헤리발트에게 그동안 목격한 바를 캐물었다. 그러자 헤리발트는 놀라운 일을 털어놓았다. "그들은 굉장했습니다. 저는 우리 수도원에서 그토록 유쾌한 사람들을 본 적이 없습니다. 그들은 떠나기 전에 많은 음식과 술을 나눠줬습니다." 그러고 나서 헤리발트는 시끄럽고 왁자지껄하고 술을 많이 마시면서도 솔직하고 쾌활한 남자들의 무리를, 역사를 통틀어 헝가리 서사 문학에서 흔히 등장하는 유형의 무리를 묘사했다. 때로는 사악하고 때로는 유쾌한 마자르인들의 두 가지 성격은 아마 모두 진실이었을 것이다. 프랑스의 역사가인 페르낭 브로델은 다음과 같이 말했다. "중세 후기까지 모든 국가들은 탐욕스러운 짐승들의 조상임을 자처했다.……유럽의 지도에 기원후 1000년 이전만큼 하얀 얼룩이 많이 나타난 적은 없었다."[2]

로마인들이 떠난 뒤, 한때 번창했던 판노니아 속주는 자립해야 했다. 판노니아의 패권을 둘러싼 장기간의 투쟁이 400년 넘게 이어졌다. 7세기의 어느 연대기 작가는 "말 등 위에서의 피비린내 나는 소규모 전투가 잇달아 벌어졌고, 한 무리는 다음 무리와 거의 다름없었다"라며 낙담했다. 아퀸쿰으로 불리던 로마의 요새는 폐허로 전락했고, 훈족의 침략으로 거의 잿더미가 되어버린 민간 구역은 나무 오두막이 모여 있는 촌락으로 바뀌었다. 다뉴브 강 건너편, 그러니까 오늘날의 페스트에 해당하는 곳에 들어선 건물 몇 채짜리 거주지는 작은 마을보다도 규모가 보잘것없었다. 다뉴브 강은 "거칠고 호락호락하지 않았다." 그때는 지금보다 유속이 더 빨랐기 때문에 건너기가 힘들었다. 로마인들이 떠나면서 기독교인들도 사라졌다. 기독교인들은 안식처를 찾아 서쪽으로 떠나거나, 혹은 정착할 땅을 두고 서로 줄기차게 싸우는 이교

부족들에게 살해되었다. 바야흐로 대大이주의 시대였다. 여러 부족이 잇달아 중앙아시아에서 서쪽으로 대거 몰려왔다. 그 부족들과 그들의 조상들이 현대 유럽을 형성했다.

훈족은 약 50년간 그 지역에서 주요 세력으로 군림하다가 수에비족, 반달족, 고트족, 서고트족, 헤룰리족, 사르마티아족 등에게 쫓겨났다. 7세기부터 100년이 채 되지 않는 기간 동안, 게피다이족이 그 지역의 대부분을 지배한 것으로 보이지만, 그들 역시 결국 유라시아의 평원에서 서진한 아바르족에게 자리를 내주었다. 그 여러 부족들은 하나같이 물리적 흔적을 많이 남기지 않았다. 5세기부터 10세기까지 오늘날의 부다페스트에는 석조 건물이 세워지지 않았다. 그러나 아바르족은 유라시아의 평원으로부터 내구력 있고 유용한 무엇인가를 가지고 왔다. 즉, 그들은 말을 타는 데 필요한 철제 등자를 도입함으로써 전쟁에 혁신을 불러일으킨 부족이었다.

등자는 쉽게 퍼질 수 있는 물건이었다. 카롤루스 마그누스의 군대는 9세기 초엽에 아바르족을 물리치기 위해 그 새로운 발명품의 사용법을 배웠다. 고대 로마인 정착지의 유적을 포함한 다뉴브 강 만곡부 인근 지역은 프랑크인의 제국에 합병되었다. 몇 세대에 걸쳐 여러 부족 사람들이 다른 부족 사람들과 결혼했다. 몇 세기 동안 주도 세력도 몇 번 바뀌었지만, 가장 믿을 만한 증거에 따르면 유전학적으로는 정확히 확인되지 않아도 대체로 "슬라브인의" 땅에서 여러 민족이 결혼을 통해 뒤섞인 듯하다. 오늘날의 헝가리에 해당하는 지역 전체에 아마 7만5,000명 이상이 살았을 것이고, 오늘날의 부다페스트에 해당하는 곳에 있었던 다뉴브 강 주변의 정착지에는 1,500명 미만이 살았을 것이다.[3]

850년대쯤에 마자르족으로 알려진 부족민들이 카르파티아 분지로 들어오기 시작했다. 그들의 초기 역사, 즉 그들이 유럽에 나타나기 전의 역사에 관한 명확한 기록은 거의 없다. 많은 내용이 신화와 전설 속에 감춰져 있다. 우리가 알고 있는 것은, 그들의 뿌리가 핀우그리아 민족이며, 그들이 카자흐스탄의 동부 대초원 지대에서 기원했다는 사실이다. 기원전 제1천년기에, 그들은 우그리아 부족들의 주류와 결별한 뒤 남서쪽으로 대거 이동하기 시작했다. 그 과정이 얼마나 오랫동안 진행되었는지는 아무도 확실히 모르지만(수십 년일 수도 수백 년일 수도 있다), 그들은 교역로에서 다른 민족들과 마주쳤다. 기원전 1000년경에 튀르크족 여행자들은 "운가르족" 또는 "오노구르족"이라는 유목민과 만난 일을 상술했다(튀르크계나 불가르계의 어느 언어로 "오노구르"는 10개의 화살을 뜻한다). "그들은 튀르크 종족이고, 그들의 왕은 1만 명의 기병들과 함께 말을 타고 다닌다.……그들은 가죽 천막을 가지고 있고, 풀과 풀이 무성한 꼴밭을 찾아 움직인다.……이 운가르인들은 해와 달을 숭배한다." 그들은 일부다처제를 따랐고, 과부는 죽은 남편의 가상 나이 많은 형제와 재혼하는 것이 풍습이었다.

훗날의 아라비아의 구비전승에 의하면 다른 상인들도 마자르인의 관례 중 하나를 언급했다. 그 이야기에는 당시의 마자르인들이 거래할 수 있었던 상품에 대한 유용한 지식이 담겨 있다.

남자가 여자에게 구애하는 결혼의 경우 지참금은 대략 남자가 소유한 재산인 가축에 따라서 정하는 것이 관습이다. 함께 앉아 지참금을 정할 때, 여자의 아버지는 사위의 아버지를 자신의 집으로 데려오고, 그가 여우의 뱃가죽, 검은담비, 흰담비, 회색 다람쥐, 갈색 족제비 따위의 가죽……그리고 금란金襴 같은 온갖 것 중 무엇을 가지고 있든 간에, 그 모든 가죽을 털옷 10벌 분량이 되도록 모아 양탄자 안에 접어넣고 사위의 아버지가 타고 온 말에 묶은 뒤 서둘러 사위의 아버지를 집으로 돌려보낸다. 그런 다음, 두 사람이 합의한 여자의 지참금에 필요한, 이를테면 동물과 돈과 물건 같은 모든 것이 그(여자의 아버지)에게 전달된다. 그리고 바로 그때 여자는 남자의 집으로 보내진다.4

마자르인들은 수십 년 동안 여러 튀르크계 부족들과 슬라브인들과 알라니인들과 함께 돈 강과 흑해와 다뉴브 강 사이의 광활한 지역에서 목초지를 찾아 돌아다녔다. 당시 마자르인들은 그 지역을 "두 강 사이의 땅"이라는 뜻인 "에텔쾨즈Etelköz"로 불렀다.

9세기 말엽, 이유는 알 수 없지만(오래된 한 기록에 의하면 그들이 페체네그족이 이끈 적군 동맹에 졌기 때문이고, 또다른 기록에 의하면 거의 무방비 상태인 땅을 차지할 기회를 잡을 수 있었기 때문이다), 마자르인들은 카르파티아 산맥을 넘어 다뉴브 강 분지의 땅을 차지하려고 군사를 일으켰다.

이 시기는 대부분의 출판물에서 헝가리의 역사가 출발하는 시점이다. 21세기의 학교에서 그 출발점과 관련한 수업들은 이전까지 마치 아무도 그곳에 살지 않았다는 식으로 가르친다. 그보다 더 이른 시기의 모든 내용은 신화로 여겨진다.* 슬라브족과 게르만족의 역사 서술에서

---

* 그 신화는 무척 다채롭다. 내가 가장 좋아하는 신화는 꿈에서 헝가리(헝가리어로는 "머저로르사그Magyarország")를 발견하리라고 예견되었다는 내용의 신화이다. 마자르 부족을 이끌고 카르파티아 산맥을 넘은 우두머리 전사 아르파드의 할

한결같이 표현되는 침략이든, 아니면 헝가리의 역사가들이 늘 완곡하게 서술하는 "국토 획득"이든 간에, 마자르인들이 다뉴브 강 분지의 땅을 차지한 것은 여러 세기 동안 논쟁의 대상이었고, 2020년대까지도 논쟁이 이어지고 있다. "정복"이라는 단어는 지금까지 늘 헝가리인들이 그들의 것이라고 단호하게 주장해온, 다툼의 여지가 있는 영토를 둘러싼 정통성과 깊은 관련이 있다.

동맹을 맺어 하나로 뭉친 7개의 마자르 부족들이 감행한 침략은 군사적으로 손쉬운 임무였다. 마자르인들은 경이로울 만큼 효율적인 전투 군대를 이루었고, 서쪽으로 이동하는 동안 유능한 장수들 휘하에서 철석 같은 기강을 확립했다. 감탄할 만한 그들 기병 중에는 여성 기병도 있었다. 2009년, 고고학자들은 장식이 달린 여성 기병용 청동 재갈을 발견했다. 따라서 여성도 초기의 마자르인 기습부대에 가담했다고 볼 수 있다.*

마자르인들은 압도적으로 우월한 화력을 보유하고 있었다. 100명 단위로 구성된 각 부대는 매우 빠르고 정확하게 화살을 사방으로 발사

머니인 에메셰 공주는 거대한 독수리 투룰이 신의 명령에 따라서 자신을 임신시키는 꿈을 꿨다. 투룰은 그녀가 임신한 아들과 그 후손들이 저 멀리 떨어진 땅들을 지배할 것이라고 말했다. 나중에 그녀는 아들의 이름을 알모시(헝가리어로 알롬álom은 꿈이라는 뜻이다)로 지었다. 어른이 된 알모시는 백성들을 이끌고 약속의 땅으로 향할 준비를 시작했다. 투룰은 그들이 목적지에 닿을 때까지 길잡이가 되어주었다. 알모시는 약속의 땅으로 향하던 도중에 죽었다. 오늘날 부다페스트에서 가장 높은 지점 중 하나인 왕성 꼭대기에서는 독수리상이 다뉴브 강을 굽어보고 있다.

* 이러한 성평등은 기독교로 개종하는 과정에서 끝난 듯하다. 헝가리 여성들은 그때 이후로 지금까지 성평등이 복원되지 않았다고 말하는데, 전적으로 농담은 아니다.

할 수 있었다. 철제 등자 덕택에 안장에서 몸을 90도로 쉽게 회전할 수 있었기 때문이다. 이들은 여러 차례의 습격 경험과 비범한 기동성을 발판으로 적들을 혼란에 빠트리는 위장 퇴각 전술을 개발했다. 마자르인들은 그 전술에 속아서 방향 감각을 잃고 도망치는 적들을 쉽게 처치할 수 있었다. 한 기록은 이와 관련해서 "행실이 거칠고 머리를 빡빡 깎은 전사들의 날카롭고 무서운 함성 때문에 소름이 끼쳤다"라고 전하고 있다.[5]

마자르인들은 일단 동프랑크인들과 동맹을 맺었고, 제국의 주변부에 머물렀다. 그러나 890년대에 프랑크인 군벌 중 한 사람이 죽자 마음을 고쳐먹었다. 마자르인들은 카르파티아 분지의 땅 전체를 차지할 기회를 놓치지 않았다.

  마자르 부족들은 다뉴브 강을 따라서 이동하는 동안 아퀸쿰의 유적과 그 주변 온천들의 지리적 중요성을 알아차렸다. 7개의 부족 중 5개가 그곳에 정착했고, 주요 족장 가운데 우두머리 전사인 아르파드를 비롯한 2명의 족장이 그 주위에 군영을 세웠다. 아노니무스의 저서로 추정되는 헝가리 최초의 연대기인 『헝가리인의 사적 *Gesta Hungarorum*』은 (아노니무스라는 서명은 12세기 중엽에 "P라고 불리는 선생"이 남긴 것이지만, 이후 서명의 주인공은 부다의 사제장인 페테르로 드러났다), 아르파드 휘하의 군사들에 관해 이렇게 말했다.

  [그들은] 다뉴브 강 중류의 큰 섬에 이르렀다. 그들은 근처에 군영을 차렸고, 우두머리인 아르파드와 휘하의 귀족들이 나중에 도착했다. 그들

은 그곳의 넉넉함과 풍요로움, 그리고 다뉴브 강의 강물이라는 혜택에 기뻐했다.……그들은 그 섬을 앞으로 영원히 우두머리의 섬으로 삼고 모든 귀족들에게 저택과 장원을 마련해주기로 결정했다.……[그는] 장인들을 채용해 족장들을 위한 호화로운 집을 짓도록 시켰다.……또한 그는 모든 말을 그곳으로 몰고 와서 방목하라고 명령했다. 체펠이라고 불리는 영리한 쿠만인이 마부들을 감독하는 일을 맡았다. 그 섬은 그 관리관의 본거지였기 때문에 오늘날까지 체펠이라는 이름으로 불린다. 우두머리인 아르파드와 휘하의 귀족들과 남녀 하인들은 4월부터 10월까지 체펠 섬에서 평화롭고 굳건하게 머물렀다.

현재 체펠 섬에는 드넓은 공장 단지와 허름한 아파트 건물 몇 동이 들어서 있다.

주요 족장 중 한 사람이자 성례(聖禮) 책임자인 쿠르산은 오부더의 아퀸쿰에 있는 옛 로마 군 경계 지대에 자리를 잡았다. 그는 원형 경기장과 부속 건물들을 사용했는데, 그것들은 중세 후기까지 쿠르산의 궁전으로 불렸다. 쿠르산이 죽자 아르파드는 권력과 공동 족장들의 재산을 독차지하고, 근거지도 오부더로 옮겼다. 연대기에 따르면 아르파드는 907년에 세상을 떠났고, 그의 무덤 위에는 "하얀 교회"가 세워졌다. 하지만 역대 고고학자들의 노력에도 불구하고, 그의 무덤이 있었던 자리는 아직 발견되지 않았다.[6]

마자르인들은 원주민인 슬라브인들보다 수적으로 훨씬 많았다. 정확한 수치를 확보할 수는 없지만, 가장 믿을 만한 증거에 의하면 마자르인 25만 명 내지 30만 명이 카르파티아 산맥을 넘었다고 한다. 아르파드와 나머지 우두머리 전사들이 앞장섰고, "민간인들"이 그 뒤를 따랐다. 그 많은 수 덕택에 마자르인들은 대초원 지대의 다른 기마인들, 즉 서쪽으로 쳐들어와 땅을 차지했으나 원주민의 생활방식에 흡수되어버린 사람들과 차별화될 수 있었다. 이미 그곳에 정착해 있던 아바르인과 불가르인, 프랑크인은 당연히, 혹은 어쩔 수 없이 마자르어를 써야 했다. 훗날 아서 쾨슬러가 말했듯이, 바로 그 때문에 "독일어와 슬라브어의 바다에 언어의 섬이 생겨났다." 이것은 21세기의 부다페스트를 찾는 관광객들이 분명히 느끼는 사실이다.

마자르 부족들의 대부분은 다뉴브 강과 티서 강 주변의 지역에 정착했지만, 일부 부족들은 서유럽까지 원정을 떠나 그곳에서 50년 동안 약탈과 강탈로 악명을 떨쳤다. 대다수 헝가리 역사가들은 너그럽게도 그 50년을 "모험의 시대"나 "방랑의 세월"이라고 부른다. 마자르족 군사령관들은 금이나 은을 바치는 지역에는 종종 인정을 베풀 준비가 되어 있었지만, 금은을 바치지 않거나 주민들이 용병으로 자원하지 않는 지역에는 토벌대를 보내고는 했다. 오늘날의 롬바르디아는 마자르족 침략자들에게 정기적으로 공물을 바친 첫 번째 지역이었다. 899년, 병력이 5,000명이었다고 하는 어느 마자르족 군대가 병력이 더 적은 베렌가리우스 1세의 군대를 쳐부수고 베렌가리우스 1세를 인질로 잡았다. 베렌가리우스 1세는 금 30킬로그램으로 추정되는 거액의 몸값을 내고 풀려났다. "이교도 마자르인들"의 습격을 종식하고자 신성 로마 제국의 오토 대제가 주도한 기독교 군주들의 동맹이 결성될 때까지, 그 비슷한 공격이 오늘날의 독일과 로렌 지역을 끈질기게 엄습했다. 955년 8월 10일, 마자르인들은 아우크스부르크 인근에서 벌어진 레히펠트 전투에서 결정적인 패배를 맛보았다. 마자르 부족들의 서열 3위 족장인 불추(허르커라는 칭호로 불렸다)와 아르파드 왕조의 지도급 인사인 렐 공작이 레겐스부르크에서 일반 범죄자 신분으로 교수형에 처해졌다. 단 7명의 생존자가 헝가리로 돌아왔지만, 그들은 싸움터에서 전우들과 생사를 함께하는 대신에 자기들만 살아남았다는 이유로 동포들에게 비난을 받았다.

그 충격적인 패배는 헝가리와 유럽 전체에 중대한 영향을 미쳤다. 마자르인들은 서쪽으로의 침공을 중단했고, 이후 30년이 채 흐르기도 전에 유목민의 생활방식을 포기하고 한곳에 정착하는 농민과 목축민으로 변신했다. 아르파드의 증손자인 게저 대공(재위 972-997)의 치세에, 헝가리는 동양과 서양 사이에서, 로마와 비잔티움 사이에서 서양의 문화적 방식과 로마 가톨릭교를 받아들였다.[7]

게저 대공이 스스로 로마 가톨릭교에 귀의하고 백성들을 개종시키려고 결정한 것은 정치적 행위이자 세속적 선택이었다. 그는 973년에 세례를 받았지만, 죽을 때까지 본질적으로는 이교도였다. 마자르인들을 개종시키는 데에는 큰 희생이 따랐다. 대부분 강제로 개종시켜야 했기 때문이다. 저항하는 무속인 수십 명이 고문을 당하고 살해되었다. 마자르인들에게 충성을 맹세했던 여러 페체네그 부족들 중 하나의 우두머리인 토논조버는 전통적인 방식을 고수하려는 자들 사이에서 신망이 있었다. 마자르인들은 그를 산 채로 땅속에 묻어버렸고, 그의 씨족 전체에게 기독교로 개종하지 않으면 토논조버처럼 생매장하겠다고 협박했다.

게저 대공은 이교도식 이름인 버이크로 불린 자신의 아들이 기독교인으로 성장하도록 했다. 그는 세례식에서 아들의 이름을 스테파노(헝가리어로는 이슈트반)로 바꿨다. 훗날 그의 아들은 강제로가 아니라 진정으로, 열렬하고 신앙심 깊은 사람이 되었다.* 죽기 직전에 게저 대공은 훗날 신성 로마 제국의 황제 하인리히 2세로 등극할 젊은 바이에른 공작의 누이인 기젤라와 자신의 아들 이슈트반의 결혼을 주선했다. 이 결혼은 이전에는 "야만스러웠으나" 이제는 기독교화된 땅에서 벌어진 뜻밖의 사건이었다. 두 사람은 996년에 결혼식을 올렸고, 게저는 이듬해에 세상을 떠났다.

이슈트반은 곧바로 왕위 계승을 위해서 싸워야 했다. 그것은 아르파드 왕가 내부에서 이후 3세기에 걸쳐 일어날 여러 차례의 투쟁 중 첫 사례였다. 그의 경쟁자는 아르파드의 조카의 아들이자 쇼모지 공작인 코파니였다. 코파니는 벌러톤 호 남쪽을 다스리고 있었다. 그는 아직 개종하지 않았고, 종래의 부족 풍습과 신앙을 되찾고 싶어했다. 아울러 그는 씨족의 최연장자에게 상속권을 부여하는 가문의 오래된 규정 때문에 더 유리한 고지를 차지하고 있었다. 그러나 이슈트반은 자신들이 기독교로 개종함으로써 옛 규칙들이 새롭게 바뀌었으며, 앞으로는 국가와 종교 사이에 연관성이 있어야 한다는 견해를 근거로 왕위를 주장했다. 로마 가톨릭 교회는 장자 상속권을 선호했다.

그것은 원칙을 위한 싸움이자 미래를 위한 싸움이었다. 헝가리 서부

---

* 이슈트반의 출생 연도는 확실히 알려지지 않았고, 967년이나 969년 등 여러 연도가 제시되고 있다. 975년은 가장 그럴싸하지 않지만, 가능성이 있는 연도이다. 그가 세례를 받은 연도도 불분명하다.

의 베스프렘에서 결정적인 전투가 벌어졌다. 이슈트반의 부인인 기젤라의 친척들에게 충성하는 바이에른의 군대가 이슈트반을 지지했다. 바이에른의 군대는 코파니의 군대를 격파했고, 기사들은 전투가 끝난 뒤 족장인 코파니를 찾아내 살해했다. 이슈트반의 명령에 따라서 그의 경쟁자인 코파니는 몸이 네 갈래로 찢겼고, 네 부분으로 나뉜 그의 시체는 부다의 성문을 비롯한 요새 도시 네 곳의 성문에 못박혔다. 잠재적 반역자들에게 보내는 경고의 의미였다. 이슈트반은 개종 과업에 박차를 가하기 위해서 여러 독일인 선교사들과 수도사들을 헝가리로 초청했다. 이슈트반이 개종 과업의 책임자로 임명한 크베어푸르트의 브루노에 의하면, 개종은 "힘과 사랑으로" 이루어졌다. 이슈트반의 궁정은 독일인 군인들로 가득했다. 이후 14세기까지 헝가리의 모든 군주는 바이에른의 기사들을 개인 경호원으로 삼았다.[8]

1000년의 성탄절에(어떤 기록에 따르면 1001년 1월 1일에) 이슈트반은 자신의 치세를 족장이라는 전통적인 칭호와 구별하기 위해, 그리고 자신의 영토를 다른 종류의 기독교 국가로 차별화하기 위해 헝가리 국왕을 자처했다. 그는 참된 신각자였다. 이슈트반보다 더 눈부신 업적을 쌓고 더 용감했던 후계자들도 있지만, 그는 여전히 헝가리 건국의 상징이다. 그의 이름은 오늘날의 부다페스트 곳곳에서 살아 숨을 쉰다. 부다페스트의 대성당에서, 부다페스트의 중앙 광장 중 하나에서, 부다페스트의 수많은 거리와 어느 대형 쇼핑몰에서 말이다.

이슈트반은 죽은 지 약 반세기 뒤인 1083년에 성인의 반열에 올랐다. 그는 헝가리가 동쪽이 아니라 서쪽을 향해 나아가도록 이끌었다. 물론 헝가리를 비잔티움 제국의 세력권으로 이끌어 발칸 반도의 여러 지역처럼 동방 정교회의 일원이 되도록 이끌었을 수도 있었지만(실제로 당시 이슈트반은 일찍이 그의 아버지처럼 콘스탄티노폴리스 측으로부터 여러 번 제안을 받았다), 그는 로마 가톨릭교 세계와 동맹을 맺기로 결심했고, 교황 실베스테르 2세가 축성한 왕관을 교황 특사가 씌워주는 방식의 대관식을 고집했다. 훗날 라틴어는 헝가리의 공용어와 법률어가 되어 19세기까지 쓰였다.

이슈트반은 궁정을 부다에서 다뉴브 강 북서쪽으로 45킬로미터 떨어진 에스테르곰으로 옮겼다가 다시 헝가리 중부의 세케슈페헤르바르로 옮겼는데, 나중에 세케슈페헤르바르는 중유럽의 중요한 순례지로 탈바꿈했다.

궁정이 옮겨간 뒤에도 부다는 경비가 삼엄한 요새였다. 이슈트반은 주로 봄과 가을에 단기간 부다 성에 머물렀다. 1년에 두 번씩, 그는 부다에서 친히 소송을 심리했다. 그러나 소도시인 부다의 주민은 1,500명에 불과했고, 다뉴브 강 맞은편 평지의 나무 오두막 정착지(훗날 페스트로 불리게 될 곳)에는 그보다 더 적은 수의 사람들이 살고 있었다.

제2천년기에 헝가리 땅에서는 여러 차례 혁명이 일어났다. 이슈트반 왕을 헝가리의 모든 혁명가 중 최초의, 그리고 가장 성공한 혁명가로 일컬어도 무리가 아닐 정도였다. 그는 통일된 국가에서 왕권을 집권화했다. 당시 왕권의 집권화는 잉글랜드의 색슨족과 데인족 왕들, 프랑스의 카페 왕조 사람들도 시도했으나 실패한 과업이었다. 그는 마자르인들의 오래된 부족 관습을 철폐하고 씨족장들의 권력을 제한했다. 또한 당시 서유럽에서 흔했던 봉건제의 한 형태를 도입했고, 다양한 방식을 이용해서 마자르인들을 기독교인으로 탈바꿈시켰다. 헝가리는 점차 유럽의 중심에 위치한 꽤 크고 비교적 번영하는 강국이 되어갔다. 그가 주조한 새 은화 디나르dinar는 얼마 지나지 않아 유럽에서 호평을 얻었다. 예나 지금이나 한 국가의 통화에 대한 평판은 그 국가의 상대적인 성공을 가늠하는 척도이다.[9]

그러나 본인도 인정했듯이 이슈트반은 슬픈 말년을 보냈고, 자신의 유산을 두고 고민했다. 1031년, 그의 사랑하는 아들 임레가 사냥 도중 사고로 목숨을 잃으면서 왕위 계승을 둘러싼 심각한 논쟁에 불이 붙었다. 임레를 제외한 남성 상속자가 없었고 여성은 군주가 될 수 없었기 때문에, 아르파드 가문의 남성 최연장자가 후계자로 지명되어야 했다. 적임자는 바로 이슈트반의 사촌인 버줄이었지만, 이슈트반은 버줄을 싫어했다. 버줄은 부족의 전통을 고수하려는 인물이었고, 널리 알려진 바에 따르면 진실한 기독교 신자가 아니라 겉으로만 기독교인 척하는 사람이었다. 결국 이슈트반은 베네치아 총독의 아들인 오르셰올로 페테르를 후계자로 지명했다. 엄격히 말해서, 그것은 합법적인 조치였다. 왕은 후계자를 지명할 수 있었다. 그러나 상속자는 당연히 통치 왕가의 남성이야 한다는 인식이 있었다. 버줄은 법정추정 상속자를 참칭했고, 마자르 부족의 몇몇 유력자들의 지지를 받아 반란을 준비하기 시작했다. 이슈트반이 선수를 쳤다. 그것도 무자비하게. 이슈트반은 버줄의 두 눈을 멀게 하고, 녹인 납을 버줄의 양쪽 귀에 쏟아붓도록 했다. 버줄의 세 아들은 영원한 망명길에 올랐다. 1034년부터 이슈트반은 칩거하며 기도에 집중했고, 1038년에 눈을 감았다.

이슈트반이 성인의 반열에 오른 날이자 헝가리의 국경일인 8월 20일이 되면 이슈트반의 오른손(이라고 생각되는 것)의 미라가 담긴 관이 그의 이름을 딴 부다페스트 중심부의 바실리카식 교회당 주변에서 엄숙한 행렬을 따라서 운반된다.* 미사를 앞두고 진행되는 그 꺼림칙한 축하 행사는 공산주의자들이 종교를 억압하려고 했던 엄혹한 시절에도 열렸다. 하지만 이슈트반과 연관된 가장 신성한 유물은 바짝 말라버린 오른손이 아니다. 부다페스트에서 가장 인기 높은 구경거리 중 하나이자, 헝가리의 모든 초등학교 학생들이 평생 한 번은 봐야 하는 유물로 여겨지는 것은 바로 성 이슈트반 왕관이다. 성 이슈트반 왕관은 오랫동안 왕의 정통성을 나타내는 핵심적인 상징이었고, 여러 세기 동안 숭배의 대상이었다. 헝가리 국왕의 정통성을 인정하는 수단은, 다른 무엇도 아닌 그 왕관이 등장하는 대관식이었다. 성 이슈트반 왕관은 마자르인의 고대사 가운데 아주 많은 부분과 마찬가지로 신화 속에 감춰져 있다.

　오늘날 부다페스트의 국회의사당에 전시되어 있는 그 왕관은 이슈트반 왕이 실제로 썼던 왕관이 아니다. 원래의 왕관은 그가 세상을 떠난 직후에 잃어버렸거나 도둑맞았다. 이 원래 왕관의 행방과 관련해서는 여러 가지 설이 있다. 먼저 1044년에 신성 로마 제국 황제인 하인리히 3세에게 충성하는 군인들이 원래의 왕관을 발견했고, 하인리히 3세가 그것을 로마 교황청에 반환했다는 설이 있다. 지금 국회의사당에 전시 중인 왕관의 하반부, 즉 "그리스 양식 부분"은 이슈트반 왕이 죽

---

* 그의 오른손을 제외한 나머지 부위는 중세의 모든 헝가리 왕들이 묻힌, 세케슈페헤르바르의 왕실 예배당 밑의 무덤 속에 있다. 1988년, 남편과 함께 묻히도록 파사우에서 운구해온 기젤라 왕비의 유해(추정)가 그의 무덤으로 이장되었다.

은 지 약 40년 뒤인 1074년에 제작된 것으로, 비잔티움 제국의 황제인 미하일 7세가 헝가리 왕인 게저 1세에게 보낸 선물이었다. "라틴 양식 부분"인 왕관의 상반부는 아마 12세기 말엽의 어느 시점에 예전에 잃어버린 원래의 왕관을 대신하려고 헝가리에서 제작되었을 것이다. 하반부와 상반부는 1330년경에 왕관 꼭대기에 있는 금 십자가를 지탱할 단단한 기부를 만들기 위해서 하나로 합쳐졌다.*

몇 세기에 걸친 일련의 극적인 사건과 모험 와중에 또다시 분실되었다가 발견된 성 이슈트반 왕관은 제2차 세계대전 막바지에 헝가리의 파시스트들에 의해서 오스트리아로 옮겨졌다. 그들이 왕관을 오스트리아로 가져간 목적은 암시장에 내다 팔기 위해서였다는 설과 공산주의자들의 손에 들어가지 않도록 막기 위해서였다는 설이 있다. 어느 쪽이든, 그 왕관은 1945년에 빈에 주둔 중이던 미국 육군의 차지가 되었다. 이후 미국인들은 보안을 위해서 왕관을 포트 녹스(미국 켄터키 주에 있는 미 육군 기지/역주)에 보관하고 있다가 1978년에 정중한 의식을 거쳐 헝가리에 반환했다. 이후 공산주의 정권은 국가의 위신을 높이고자 성 이슈트반 왕관과 이슈트반 혹은 그의 직계 후계자들의 것으로 추정되는 나머지 상징물을 부다페스트 국립 박물관 내부의 커다란 감실龕室

---

* 부다페스트 대학교의 역사학 교수들인 벤더 칼만과 퓌게디 에리크가 헝가리의 성 이슈트반 왕관을 주제로 쓴 『마자르인의 왕관 이야기*A magyar korona regénye*』라는 탁월한 저서가 있다. 두 사람은 지금 전시 중인 그 왕권의 상징물이 신화라고 한다면 어떻게 이슈트반의 왕관으로 불릴 수 있는가라는 당연한 질문에 다음과 같은 격조 있는 답변을 내놓았다. "몇 세기에 걸친 이 믿음은 무너트릴 수 없는 것으로 드러났다.……역사가들은 이 경우 하나의 물건으로서 그것이 이슈트반의 왕관인지 아닌지가 중요하지 않고, 그것에 대한 흔들리지 않는 믿음이 핵심이라는 점을 인정할 수밖에 없다."

에 안치하고 주변에 무장 경호원들을 배치했다. 2000년, 오르반 빅토르 정부는 건국 1,000주년을 기념하기 위해 매우 엄숙하면서도 화려한 분위기 속에서 그 대관식용 장식품들을 국회의사당으로 모두 이전했다. 헝가리가 공화국이라는 점을 고려할 때 국회의사당은 대관식용 장식품들을 옮겨놓기에 이상한 장소로 보였지만, 헝가리적 맥락에서는 설득력 있는 조치였다. 역사적으로 그토록 오랜 기간 다른 세력에 지배당한 민족의 처지에서, 성 이슈트반 왕관은 언제나 왕위가 아니라 독립과 자유의 상징이었다. 더구나 그 대관식용 장식품들은 감동적인 분위기 속에서 당당하고 화려한 모습으로 전시되어 있다.

　이슈트반은 혼돈을 끝내고 질서와 안정을 불러왔고, 법전을 도입했다. 당연히 그는 헝가리 역사에서 가장 존경받는 인물 중 한 사람이다. 그는 주목할 만한 문학적 유산도 남겼다. 바로 1015년경에 이슈트반이 아들 임레와 훗날의 통치자들을 도덕적 왕정의 길로 이끌고자 집필한 책인 『권고*Intelmek könyve*』이다. 비록 후손들이 항상 그 책에 담긴 이슈트반의 통찰을 본보기로 삼았던 것은 아니더라도, 『권고』는 흥미진진한 책이다. 어느 대목에서 그는 이렇게 썼다. "이주자들은 크게 이롭다. 그들은 다른 언어와 풍습을, 다른 솜씨와 무기를 가지고 온다. 그 모든 것은 이 나라를 더욱 빛나게 하고, 우리의 적들을 놀라게 한다. 그러므로 아들아, 새로운 이주자들을 만나고 그들을 친절하게 대우해라. 그러면 그들은 다른 곳이 아니라 너와 함께 있기를 좋아할 것이다. 단 하나의 언어와 단 하나의 풍습을 지닌 나라는 허약하고 연약하다.……만일 네가 이 아버지가 이룩한 모든 것을 부숴버리면, 거둬들인 모든 것을 써버리면, 제국은 필시 병을 앓을 것이다."[10]

❖ ❖ ❖

아르파드 왕가는 이슈트반이 무덤에 묻히기 전부터 위기에 휩싸였다. 오르셰올로 페테르가 왕위에 올랐지만, 그와 왕위를 다투다가 고문을 당하고 두 눈이 멀어버린 버줄의 가문은 왕위 계승권을 포기하지 않았다. 페테르는 왕위에 오른 지 2년도 지나지 않아서 왕위 요구자인 버줄의 사촌 중 한 사람인 어버 샤무엘에 의해서 축출되었다. 그러나 어버는 궁정 사람들의 미움을 산 인물이었다. 결국 페테르는 황제 하인리히 3세가 이끄는 독일인 군대의 도움으로 다시 권좌로 돌아왔다. 이로써 페테르 왕은 하인리히의 봉신으로 전락했고, 그것이 장차 중요한 요소로 작용하게 되었다. 어버는 두 눈이 머는 벌을 받은 뒤 독일인 기사들이 내려친 도끼에 사지가 절단되어 죽었다. 페테르의 두 번째 치세는 첫 번째보다 더 운이 좋지 못했다. 1046년, 그는 다시 쫓겨났다.* 페테르를 쫓아낸 궁정 관리들과 한 무리의 영주들은 버줄의 망명한 아들 중 한 명인 버줄 언드라시를 불러들여 왕으로 삼았다.

22명의 군주를 배출한 아르파드 왕조는 향후 약 300년 동안 이어졌다. 하지만 중유럽에서 여러모로 더 중요한 나라가 되고, 영토가 넓어지고, 귀족들의 부가 급격하게 늘어나도 헝가리는 좀처럼 안정적이고 하나로 통합된 나라 같아 보이지 않았다. 치명적인 결과를 불러오는 왕가의 세력 다툼이 반복되었다. 언드라시는 14년간 권좌를 지키며 왕권의 집권화를 모색했지만, 그것은 그의 능력 밖의 과제였다. 언드라시는 동생인 벨러의 군대에 대적하다가 전사했고, 벨러는 형인 언드라

---

* 놀라울 것도 없이, 오르셰올로 페테르는 두 눈이 뽑힌 뒤 출생지인 베네치아로 송환되었다.

시에 이어 왕위에 올랐다가 나중에 또 왕위를 빼앗겼다(그래도 두 눈은 무사했다). 이후 39년 동안 헝가리에서는 여섯 번이나 통치자가 바뀌었다. 3명의 왕이 비명횡사했고, 그중 1명은 달아난 뒤 목숨을 건지기 위해서 왕위를 포기했다. 또 1명은 두 번 권좌에서 축출되었고, 두 번 권좌로 복귀했다. 왕족들의 싸움은 아홉 번이나 바이에른인과 체코인과 폴란드인 같은 외국인 군대의 개입을 초래했다. 헝가리는 두 번에 걸쳐 독일의 속국이 되었다. 법과 질서가 철저히 파괴되었고, 이교도의 반란이 두 차례 일어난 뒤 무자비하게 진압되었다. 헝가리 왕국은 수십 년 동안 여러 부분으로 갈라져 있었다.[11]

한편, 12세기부터 헝가리 왕국은 주로 교묘한 결혼 전 계약을 통해서 대규모 영토를 얻었다. 그중 한 곳인 달마티아 지방의 영토는 헝가리가 아드리아 해로 진출할 수 있는 교두보가 되었다. 12세기 중엽부터는 금광상과 은광상, 그리고 다른 귀중한 광물의 주요 광상이 발견되어 곧장 왕실 금고로 들어갈 이익을 창출했다. 나머지 모든 이익을 차치하더라도, 국왕을 위해서 싸우는 일은 왕위 요구자와 그 지지자들에게 잠재적으로 가치 있는 과업이었다. 중세 헝가리의 부는 사실상 그 풍부한 광물 매장량의 결과였다. 중세를 연구하는 학자들의 추산에 의하면, 1420년경 이전에 당대인들이 알고 있던 세계의 모든 금광상 가운데 최소 40퍼센트가 헝가리에 있었고, 헝가리는 유럽의 금 수요량의 약 4분의 3을 공급했다. 그리고 유럽에서 채굴된 모든 은의 약 4분의 1이 헝가리에서 나온 것이었다.[12]

아르파드 왕조에는 의식이 깨어 있고 현명한 왕 2명이 있었다. 그중 더 훌륭한 왕은 칼만(재위 1095–1116)이었다. 남아 있는 저작들에 비춰볼 때, 그는 매우 지적이고 미래지향적인 인물이었다. 그는 "마녀라는 것은 없으므로" 마녀재판을 금지하는 법을 제정했고, 최초로 유대인들이 헝가리에서 합법적으로 살 수 있도록 허락했다.* 칼만과 그의 가장 유능한 후계자인 벨러 3세(재위 1172-1196)는 농노에 대한 귀족의 생사여탈권을 제한하고, 군벌이 왕령지에서 마음대로 약탈을 일삼지 못하도록 하려고 했다. 그러나 봉건 시대 유럽의 다른 곳처럼, 헝가리에서도 왕권은 겉보기만큼 절대적이지 않았다. 잉글랜드 왕과 영주들이 대헌장을 통해 권력 분립을 둘러싼 타협점을 찾고 영주들의 권리를 법으로 보장하고 7년 뒤, 헝가리의 고위 귀족들은 언드라시 2세에게 비슷한 헌장에 서명하라고 강요했다. 그러나 1222년의 금인칙서金印勅書(인장에 금박이 입혀져 있었기 때문에 이렇게 불렸다)에는 잉글랜드의 대헌장이 보장하는 것보다 귀족에게 훨씬 더 폭넓은 권리가 담겨 있었다. 귀족들은 금인칙서에 규정된 권리 대부분을 19세기 중엽까지 보유했다. 그것은 헝가리의 미래에 엄청난 영향을 미쳤다. 귀족들은 모든 종류의 세금을 면제받았고, 잉글랜드나 프랑스의 귀족들과 달리 원하지 않으면 "대외 전쟁"에 군대를 동원할 필요도 없었디. 왕실의 재정에 난 큰 구멍은 농민들로부터 거둔 세수로 메워졌다. 귀족들에게는 군주가 "불법적으로 행동하면" 무력으로 저항할 권리도 있었다. 적법성은 귀족들이

---

* 로마 시대의 아퀸쿰에는 유대인들이 조금 살았고, 어떤 기록에 따르면 마자르인들이 판노니아를 정복한 시기에도 부다에 소수의 유대인들이 있었다. 그러나 칼만이 거주를 허락한 사람들은 중세 헝가리에서 처음으로 알려진 유대인들이었다. 유대인들은 여러 규제를 따라야 했다. 공공장소에서 옷에 특유의 표지를 달아야 했고, 기독교인과의 결혼이 금지되었다. 그러나 중세 헝가리의 유대인들은 대체로 독일이나 프랑스나 잉글랜드의 유대인들보다 더 나은 대우를 받았다.

판단했다. 왕은 화폐 가치를 떨어트리는 행위를 할 수 없었다. 부다와 헝가리의 다른 2개의 도심에 거주하는 소수의 유대인은 재산을 소유할 수 없었고, 과도한 세금을 내야 했다. 금인칙서에는 "평민"에 관한 단어가 하나도 등장하지 않았다(대헌장도 마찬가지였다). 금인칙서에서는 "자유인"이나 "국민"만 언급되었는데, 그 두 단어는 오로지 귀족만 가리켰다.[13]

중세 초기의 상당 기간 동안 부다는 성과 작은 촌락으로 이루어져 있었다. 그 작은 정착지에는 독일인 대지주들과 그들의 하인들, 가족들이, 또 소수의 장인과 상인들, 그리고 오부더에서 가장 오래된 구역인 변두리에서만 살도록 허용된 일부 유대인들이 거주했다. 부다는 활기 없고 궁벽한 곳이었다. 왕들은 부다의 요새를 지속적으로 방문해 소송을 심리했지만, 부다는 수도가 아니었다. 이슈트반의 치세 초반부터 부다는 왕실 소재지가 아니었다. 부다에는 성을 제외하면 중요한 건물이 없었다. 하지만 성에는 부다의 사제장이 살았고, 그는 왕의 총애를 얻는 경우 사실상 헝가리의 재상으로 자처할 수 있는 고위 인사였다. 금인칙서가 체결되고 1년 뒤, 부다에는 다뉴브 강의 여러 구역에서 관세를 부과할 권리를 비롯한 인근 다뉴브 강 양안에서의 독점 어업권이 부여되었다. 부다는 점점 번창하고 인구가 늘었고, 적당한 규모의 중세 도시로 성장했다. 언드라시 2세는 부다를 좋아하게 되었다. 1230년에 그는 궁정을 부다로 옮겼고, 부다는 다시 왕실 소재지가 되었다. 이제 부다는 헝가리에서 대단한 영향력을 행사하는 곳, 유럽 전체에서도 중요한 곳으로 발돋움했다. 그러다가 1241년에 대참사가 벌어졌다.

제3장

몽골족의 침공

우리 눈앞에서 역사의 흐름 속에 지나간 모든 민족 가운데 헝가리인만큼 불운한 민족은 없었다.……자연은 부질없이 그 강인하고 수려하고 영리한 사람들을 낳았다.
— 볼테르

천국은 우리에게 그 평화를 내려주지만, 헝가리 왕은 예외이다.
— 윌리엄 셰익스피어, 『자에는 자로 Measure for Measure』 1막 2장

"형성된 지 350년이 흐른 올해, 헝가리 왕국은 타타르인들에게 섬멸되었다." 이것은 바이에른의 베네딕토회 대수도원장인 니더알타이히의 헤르만이 간단히 언급한 사실이다. 헝가리인 친척들이 있었던 그는 1241년 4월에 소식을 듣자마자 수도원의 연보에 이렇게 기록했다. 엄밀히 말해서 아직은 헝가리의 주군인 황제 프리드리히 2세도 거의 비슷한 시기에 잉글랜드 왕 헨리 3세에게 서신을 보냈다. "그 소중한 왕국 전체가 인구가 격감하고, 유린되고, 불모의 황무지로 전락했습니다." 오늘날에도 헝가리의 역사서에서는 이때가 "유린"의 시기로 기록되어 있다. 당대의 연대기 작가들과 목격자들과 군주들은 침략자들을

"타타르인"으로 불렸지만, 그 침략자들은 스스로를 몽골인으로 일컬었다.

공포에 사로잡힌 유럽 도처에서 황금군단으로 알려진 몽골 군대는 역사상 가장 빛나는 성공을 거둔 군대 중 하나로, 칭기즈 칸의 영도하에 중국과 북인도와 중앙아시아를 거침없이 짓밟았다. 1227년에 칭기즈 칸이 세상을 떠나자 이번에는 그의 아들 오고타이가 몽골 군을 계속 서진시켰다. 그는 사령관인 바투에게 러시아의 대평원 지대와 오늘날의 우크라이나와 폴란드를 점령하고 동유럽까지 진출하도록, 그리고 당대인들이 알고 있던 세계 전체를 장악하도록 명령했다. 그 위협의 의미를 이해한 헝가리의 왕 벨러 4세는 유럽의 다른 군주들과 교황에게 그들의 이익을 위해서라도 침략자들을 격퇴해달라 호소했지만, 아무런 응답을 듣지 못했다. 1241년 봄, 바투가 이끄는 군대의 선발대가 헝가리 동부에 이르렀다. 헝가리인들과 독일 용병들로 이루어진 벨러 4세의 군대는 수적으로 몽골 군보다 많았지만, 4월 11일에 셔요 강 근처의 모히에서 벌어진 전투에서 완패했다. 벨러 4세와 휘하의 젊은 기사들 몇몇은 운 좋게 달아났지만, 헝가리의 주요 군사 지도자들은 학살되었다.

바투의 군대 절반이 벨러 4세를 추격했다. 몽골인들이 볼 때 통치자가 살아 있으면 그 영토는 아직 정복한 것이 아니었다. 벨러 4세는 빈 인근의 클로스터노이부르크 수도원에서 거의 잡힐 뻔했지만, 다시 달아났다. 몽골인들은 그의 흔적을 따라 오스트리아 남부, 슬로베니아, 크로아티아를 거쳐 달마티아 지방의 섬 도시인 트로기르에 도착해서 그곳을 봉쇄하고 포위했다. 벨러 4세는 다시 "기독교 세계를 위협하는 이교도 야만인들"에 맞서 싸우도록 도와달라고 간곡히 부탁했다. 하지만 그에게 돌아온 것은 황제와 교황, 프랑스의 루이 9세를 비롯한 다른 기독교 군주들의 위로 몇 마디뿐이었다.[1]

바투의 나머지 병력은 다뉴브 강을 건너 벨러 4세가 비교적 허술하게 방어하도록 해놓은 왕실 소재지로 진격했다. 몽골인들에게는 정교한 공성기가 있었지만, 쓸 일이 없었다. 그들은 유럽에서 중국인의 발명품인 화약을 최초로 사용한 군대였지만, 페스트와 부다를 빼앗을 때에는 거의 쓰지 않았다. 그들의 주요 공격법(말을 탄 채 적들에게 화살을 퍼부으며 한꺼번에 돌진해 속도를 최대화하는 방식)은 그 옛날 카르파티아 분지로 진격해온 마자르인들의 전략과 유사했다. 일찍이 그 공격법은 방어가 견고한 도시를 상대할 때에도 효과적인 것으로 드러났다. 그동안 아무도 몽골인들의 공격을 오랫동안 저지하지 못했다. 부다를 겨냥한 공격은 1241년 4월 16일에 시작되어 몇 시간 만에 끝났다. 당시 헝가리인들이 남긴 기록은 하나도 전해지지 않는다. 그러나 고위 성직자인 스팔라토(오늘날의 크로아티아의 도시인 스플리트)의 터마시는 나중에 목격자들이 전해준 것으로 추정되는 기록을 남겼다.

타타르인의 군대는 부다 일대에 군영을 차린 뒤 줄기차게 화살을 퍼붓고 창을 수없이 던지며 그 소도시를 사방에서 공격하기 시작했다.…… 불운한 헝가리인들은 온 힘을 쏟아부어 대적했다. 발석차와 석궁을 마구 쏘아댔고, 적진으로 창과 화살을 퍼부었으며, 투석기로 돌을 많이 던졌다. 그러나 타타르인들의 치명적인 화살은 표적을 정확하게 맞혔고, 방어하는 적군들을 확실히 죽였다. 흉갑도 방패도 갑옷도 타타르

몽골족의 침공

인들이 쏘아대는 화살을 견디지 못했다.……부다에 들이닥치는 파멸의 그림자는 너무나도 컸다.……신의 복수의 칼이 기독교인의 핏속에서 마음껏 나뒹굴었을 때……다뉴브 강은 인간의 피로 붉게 물들었다. 야만스러운 죽음이 충분해져 부다에서 물러날 때 타타르인들은 온갖 방식으로 불을 질렀고, 탐욕스러운 불꽃은 적들의 눈앞에서 모든 것을 삼켜버렸다.[*2]

부다는 거의 잿더미가 되었다. 21세기에도 고고학자들은 재와 탄화목으로 이루어진 30센티미터 두께의 지층과 마주치는데, 그 지층은 13세기에 페스트의 몇몇 정착촌이 있던 자리에서 발견되고는 한다. 그 정착촌들이 파괴된 시기는 방사성 탄소 연대 측정법으로 정확하게 밝혀졌다.

헝가리 전체가 몽골인들의 공격에 노출되었고, 서유럽의 상당 부분에 그들의 손길이 닿았다. 그러나 갑자기, 그리고 뜻밖에도, 몽골인들이 방향을 바꾸었다. 그들은 전리품을 수레에 싣고 노예로 삼은 사람들을 데리고 동쪽으로 돌아갔다. 헝가리인들은 몽골인들의 퇴각 속도에 어리둥절했다. 퇴각하는 이유도 몰랐다. 얼마 지나지 않아서 그들은 오고타이 칸이 사망했다는 소식을 들었다. 바투는 몽골 제국의 수도인 카라코룸으로 돌아갔고, 이후 30여 년 동안 후계자 자리를 둘러싼 격렬한 다툼이 몽골 제국을 내전으로 몰아갔다. 덕분에 서양은 위

---

[*] 스팔라토의 터마시는 사망자 수를 심하게 과장했다. "10만 명 이상의 병력이 하루 만에 그리 크지 않은 곳에서 끔찍한 죽음을 맞이했다." 더 정확한 수치는 약 1만 명으로, 그중 대다수는 벨러 4세가 자신의 주요 요새를 지키도록 한 군대 소속이었다.

기를 넘길 수 있었다.

벨러 4세는 황폐한 땅으로, 절망적일 만큼 궁핍하고 인구가 격감한 땅으로 돌아왔다. 부다가 파괴되는 가운데 용케 살아남은 이탈리아 출신의 성직자 토레마조레의 로제르의 눈에는 "온통 폐허와 시체와 황무지"만 보였다. 중세학자인 죄르피 죄르지는 1980년대에 쓴 글에서 헝가리가 1세기 반 동안 몽골족의 침략으로부터 회복하지 못했다고 말했다. 그는 헝가리 동부와 중부의 저지대에 자리 잡은 정착촌의 60퍼센트가량이 파괴되었다고 추산했다. 생존자들은 이후 오랫동안 굶주림과 질병에 시달렸다. 수많은 경작지와 목초지가 황폐해져서 추수를 하지 못했기 때문에 비극은 더욱 참혹해졌다. 몽골인들이 점령하지 않은 곳이 일부 있었던 트란실바니아와 헝가리의 서부 지역은 그나마 형편이 나았다(인구 감소율이 20퍼센트 미만이었다). 그 시기를 연구하는 역사가 대다수의 추정에 의하면, 1240년의 헝가리 인구 200만 명 중 절반 정도가 몽골족의 침략에 따른 직접적인 희생자들이었다.

이후 28년의 치세 동안 벨러 4세는 유럽의 다른 군주들과 역대 교황들과 귀족 가문들에게 수많은 서신을 보내서 서양 세계가 헝가리의 곤경에 무관심하다며 불만을 늘어놓았다. 그는 1253년 교황 인노켄티우스 4세에게 보낸 서신에서, "여태껏 우리는 그저 말만 들었습니다.······ 심각한 고통을 당하는 동안 우리는 유럽의 그 어느 기독교인 통치자나 나라로부터 도움을 받은 적이 없습니다"라고 말했다. 그의 말에 담긴 생각은 헝가리 역사 내내 변함없이 이어진 주제였다. 16세기에 튀르크인들이 헝가리를 점령했을 때, 19세기에 오스트리아인들이 독립 운동을 탄압했을 때, 20세기에 소련이 혁명을 잔인하게 진압했을 때에도 이

주제는 반향을 일으켰다. 시인 페퇴피 샨도르는 헝가리인 특유의 비관적 느낌을 풍기며 이렇게 말했다. "우리는 이 세상의 모든 민족 가운데 가장 고독한 민족이다." 2020년대에 많은 헝가리 정치인들도 페퇴피 샨도르와 비슷한 발언으로 공감을 얻었다. 위험에 빠져 있고 스스로를 지킬 수 없다는 느낌, 쓸쓸한 민족이라는 관념이 헝가리인들 마음 깊숙한 곳에 자리 잡고 있다.[3]

제4장

까마귀왕

우리 선조들이 벌인 섬뜩한 전쟁이
기억의 눈앞에서 평화 속으로 녹아들었네.
총체적 해결, 과거의 잘못을 줄이는 것이
지금 우리가 해야 할 일, 쉽지 않은 일이라네.

— 요제프 어틸러, 「다뉴브 강 기슭에서」, 1936년

헝가리는 몽골족의 침략을 견디고 머지않아 다시 번창했지만, 이전과는 전혀 다른 나라가 되었다. 벨러 4세는 부다 성과 성 주변의 거주지를 재건했고, 이후 약 시반세기에 이르는 치세 동안 몽골인들의 재공격을 막기 위해서 다뉴브 강 강변과 헝가리 동부 지방에 요새 촌락을 잇달아 세웠다. 그는 왕실을 다시 일으켰고, 유력 귀족 가문들과 화해했다(그 명문가 중 일부는 몽골인들의 침략에 따른 토지 피해를 비교적 덜 입어 왕만큼 부유했다). 하지만 해묵은 습관은 좀처럼 사라지지 않았다. 아르파드 왕가의 내분이 재발하여 머지않아 자멸을 불러온 것이다.

치세의 마지막 10년 동안, 벨러 4세는 서둘러 왕위에 오르려는 아들이자 상속자인 이슈트반을 상대로 일련의 전쟁을 벌였다. 음모와 전투

와 살인을 통해서 권좌에 오른 이슈트반, 즉 이슈트반 5세는 채 2년도 통치하지 못하고 의문의 질병으로 세상을 떠났다. 오늘날의 몇몇 연구자들은 그가 독살되었다고 본다.

아르파드 왕가 사람들의 과도한 행위 때문에 부다의 왕실은 유럽 곳곳에서 평판이 나빠졌다. 그중에서 가장 부패하고 폭력적인 인물은 이슈트반 5세의 아들인 라슬로 4세였다. 그의 일생은 끊임없는 추문과 음모, 그리고 자기 가족이나 헝가리에서 가장 부유한 세도가들을 상대로 벌인 유혈 복수극으로 점철되었다. 라슬로 4세는 아들을 낳기도 전에 부인인 앙주의 이사벨라 공주를 수녀원에 감금해버렸고, 훗날 그녀가 그곳에서 생을 마치도록 했다. 어느 당대인의 기록에 따르면 이후 라슬로 4세는 "사치와 나태와 방탕"에 빠져 살았다.[1]

그에게는 헝가리 동쪽 변경에 사는 이교도 부족인 쿠만족 출신의 애인이 여럿 있었다. 궁정은 충격에 휩싸였다. 사생활에 전혀 흠이 없지는 않은 유럽의 다른 몇몇 군주들조차 분노했다. 교황청은 라슬로 4세에게 성무 금지령을 내렸다. 부다 주재 교황 특사인 펠쇠의 필리포에 의하면, 라슬로 4세는 교황에게 보낸 서신에서 "타타르인의 군도軍刀로 에스테르곰 대주교와 다른 모든 주교들과 로마의 무리 전체의 목을 베어버리겠소"라고 협박했다. 라슬로 4세는 부다 왕성에서 어전 회의가 열리는 가운데 고위 성직자들과 몇몇 유력 고관들 앞에서 쿠만족 첩들 가운데 한 사람과 성관계를 맺기도 했다. 조신들도 더는 참을 수 없었다. 1290년 겨울, 유력자들 중 한 사람이 고용한 자객 2명이 라슬로 4세를 살해했다.

라슬로 4세가 상속자 없이 사망하자, 이후 약 15년에 걸쳐 무정부 상태가 이어졌다. 여러 군벌들이, 그리고 이해관계가 걸린 영역과 유서 깊은 토지를 보유한 기득권 세력인 영주들이 갈가리 찢어진 나라를 두고 서로 싸웠다. 아르파드 왕가의 마지막 통치자들 중 누구도 중앙집중식 권력을 재확립하지 못했다. 그리고 1301년에 언드라시 3세가 갓난아기인 딸만 남겨둔 채 세상을 떠났을 때, 왕조도 함께 숨을 거두었다.* 에스테르곰 대주교이자 헝가리 수석 대주교후首席主敎侯(주교이면서 영지를 소유하고 그 주권을 가진 사람/역주)인 터마시 2세는 "헝가리에 속하는 것을 가지려고 잇따라 죽이고 죽는 외국인들"을 거론했다. 마침내 라슬로 4세의 누이인 나폴리의 마리아의 손자인 앙주 카로이 로베르트가 결정적인 승리를 거두었다. 그는 1308년 말에 카로이 1세라는 이름으로 헝가리 국왕이 되었다. 이후 225년 동안 일부는 저 멀리 떨어진 지역 출신이었고 또 일부는 대헝가리의 국경 안에서 생활하는 경우가 드물었던 외국 군주들이 헝가리를 통치했다. 그중에는 앙주 가문의 나폴리인 4명, 룩셈부르크 가문 사람 1명, 합스부르크 가문 사람 2명, 폴란드와 보헤미아 출신인 야기에우워 가문 사람 3명이 있었다. 헝가리 현지에서 태어난 왕은 1명뿐이었다. 바로 마티아스 코르비누스라는 이름으로 헝가리를 통치한 후녀디 마차시였다. 그는 심지어 이슈트반 1세를 넘어 헝가리인들이 가장 존경하는 군주가 되었다.[2]

1350년대에 헝가리 북부와 트란실바니아에서 엄청난 양의 금과 은이

---

* 헝가리에는 중세 프랑스의 살리카 법 같은 법이 있었다. 따라서 여성은 통치할 수 없었지만, 아들이 성인이 되기 전에 섭정할 수는 있었다. 이 법은 18세기 합스부르크 제국의 마리아 테레지아를 헝가리 국왕으로 추대하고자 헌법을 개정할 때까지 존재했다.

발견되었다. 그중 매장량이 풍부한 한 광산은 부다에서 60킬로미터가 채 되지 않는 곳에 있는 에스테르곰 근처의 다뉴브 강변에 있었다. 금광과 은광이 발견되자 헝가리 역사에서 그야말로 황금기가 열렸다. 서로 다투는 군벌들과 여기저기서 난동을 부리는 용병부대들이 줄기차게 벌이는 내전의 혼돈에서 벗어나, 중앙집권 국가의 토대가 마련되었고, 법과 질서가 회복되었으며, 경제가 급격히 살아나고 인구가 급증했다. 1400년경, 헝가리 인구는 중세 후기를 기준으로 볼 때 많은 편인 약 350만 명이었다. 그 규모와 위치 때문에, 동양과 서양 사이의 교역을 연결하는 역할 때문에, 그리고 교통 중심지인 다뉴브 강 덕택에, 헝가리의 중요성은 커져갔다. 15세기 초엽, 금 채광 차지借地 계약과 과세를 통해서 헝가리 왕이 거둬들이는 수입은 잉글랜드 왕이 얻는 수입의 최소 2배였고, 프랑스 군주의 수입과 비슷했다. 교회를 비롯한 대지주들은 엄청나게 부유해졌다.

부다에는 성과 궁정을 빼고 자랑할 만한 것이 별로 없었다. 부다는 파리나 런던이나 이탈리아의 도시국가에 비해 작았다. 1400년에 부다에는 아마 8,000명 정도가 거주한 것으로 보이는데, 대부분 왕과 관료들에, 또는 점점 분주해지는 다뉴브 강의 항구에 기대어 사는 사람들이었을 것이다. 더 풍요로운 환경에 익숙한, 파리에서 건너온 어느 프랑스인 방문객은 부다를 "성의 누벽과 총안이 있는 흙벽에 가려진 2층 석조 가옥들의 촌스러운 소도시"로 묘사했다. 부다의 지평선 위로는 두 교회의 첨탑이 솟아 있었다. 그중 하나는 훗날 마차시 성당으로 이름이 바뀐 성모 마리아 대성당(2020년대인 지금까지 일부분이 원래 모습대로 남아 있다)으로, 궁정 관리들이 예배를 드리는 곳이었다. 다른 하나는 16세기에 파괴된 성녀 마리아 막달레나 성당으로, 부다 현지의 주민들이 다녔다. 부다는 주로 독일인들, 헝가리인 장인들과 하인들과 상인들, 그리고 소수의 유대인으로 이루어진 다채로운 공동체였다.[3]

  카로이 1세는 인기는 별로 없었지만, 매우 유능했다. 무엇보다 그는 헝가리 영토를 슬그머니 확장하고 유럽 각국의 궁정에서 헝가리의 영향력을 은밀히 강화한 사람이었다. 네 번 결혼하고 네 번 사별했는데, 첫 번째 부인은 갈리시아 출신의 러시아 공주, 두 번째는 보헤미아 출신의 룩셈부르크 가문의 공주, 세 번째는 보헤미아의 얀 왕의 누이였고, 네 번째는 폴란드의 왕 브와디스와프 1세의 딸인 엘주비에타였다. 카로이 1세의 가문은 엘주비에타와의 결혼을 통해서 폴란드 왕위를 주장할 수 있게 되었고, 헝가리 왕국과 폴란드 왕국이 통합하여 발트 해와 아드리아 해에 이르는 중유럽의 대제국을 형성할 가능성을 제시했다. 그가 맺은 동맹관계에 힘입어 헝가리는 유럽 주요국의 대다수 수도에서 영향력을 행사했다.

  이전 왕조 시절에 자행된 무절제한 행동에 비할 바는 아니더라도, 카로이 1세의 궁정에도 심각한 추문이 있었다. 그 중대한 추문은 테니슨(19세기 영국의 계관시인/역주)의 동시대인이자 종종 그에 비견되는 시인 어러니 야노시가 남긴 헝가리 문학의 위대한 작품 중 하나를 통해서 전해지는데, 바로 이름난 미인이자 엘주비에타 왕비의 시녀인 자치 클라러에 관한 담시譚詩이다. 이야기에 따르면 그녀는 왕비의 남동생이자 훗날의 폴란드 왕인 카지미에시에게 겁탈을 당했다고 한다. 그녀의 아버지이자 헝가리에서 가장 막강한 귀족 중 한 사람인 펠리치안은 딸의 복수를 하기 위해서 왕족들이 점심을 먹는 성 안쪽의 넓은 식당으로 뛰

어들어갔다. 그는 칼을 뽑아 왕비의 손가락 4개를 잘라버렸고, 현장에서 호위병들에게 살해되었다.*4

카로이 1세의 후임인 러요시 1세는 헝가리 역사책에서 유일하게 "대왕"으로 불리는 헝가리 군주이다. 40년에 이르는 치세(1342-1382)의 대부분을 전쟁으로 보낸 그는, 영토 확장의 측면에서만 판단하면 대왕으로 불리기에 충분하다. 치세 막바지에 러요시 1세는 일시적으로나마 두브로브니크에서 피우메에 이르는 달마티아 전역과 왈라키아, 오늘날의 루마니아, 보스니아, 세르비아, 북부 불가리아 등지까지 뻗은 영토를 확보하기도 했다. 당시 헝가리는 발칸 반도의 지배자였다. 아드리아 해 연안에서 벌어진 일련의 전투 이후 한동안은 베네치아인들조차 러요시 1세를 종주宗主로 인정했다. 러요시 1세는 "그 어떤 적도 헝가리 땅을 짓밟지 못했다"라고 말했다. 그는 팽창한 제국을 지키는 일에 도움을 받기 위해서 다수의 외국인(발칸 반도에서 기원했으나 헝가리인들에 의해 기독교로 개종했으며 맹렬한 투사들로 널리 알려진 튀르크계

---

* 이 시는 예나 지금이나 사랑받고, 헝가리인들이 학교에서 즐겁게 배우는 작품이다.

> 그대 손가락에 피가 흐르네요.
> 허나 헛되지는 않군요.
> 왕녀님, 무엇을 원하시나요?
> 무엇을 마땅히 바라시나요?
> 내 집게손가락으로는
> 그의 어여쁘고 어린 딸을
> 내 잃어버린 엄지손가락으로는
> 그의 장남의 잔인한 죽음을.
> 피가 철철 흐르는
> 내 나머지 두 손가락으로는
> 그의 집안사람 모두의 목숨을.

집단인 세케이인들)을, 그리고 동쪽의 침략자들을 저지할 요새를 짓기 위해서 주로 작센 지방에서 트란실바니아로 건너온 수천 명의 독일인을 불러들였다. 이들은 장차 헝가리의 여러 지역에서 중요한 공동체를 이루게 될 터였다.

1360년, 러요시 대왕은 헝가리에서 유대인을 모조리 추방해버렸다. 그것은 중세 기독교 세계에서 드문 일이 아니었다. 70년 전에는 에드워드 1세가 잉글랜드의 모든 유대인을 추방해 프랑스로 피신하려던 유대인 수백 명이 배가 난파되어 익사한 일이 있었다. 14세기에는 유대인들이 종종 흑사병의 원인으로 지목되었기 때문에 중유럽 곳곳에서 반유대주의(정확히는 평소보다 훨씬 더 심한 폭력)의 물결이 거세게 일었다. 한때 유대인의 정착이 허용되었던 헝가리의 몇몇 지역에서도 무자비한 집단 학살이 흔히 자행되었다. 꽤 큰 규모의 유대인 공동체가 형성되어 있었고 유대교 예배당도 2개 자리 잡고 있었던 오부더에서도 유대인 집단 학살이 벌어졌다. 애초에 러요시 1세는 향후의 세금을 면제받는 대신 일시불로 거액의 세금을 내면 헝가리인과 동등한 법적 권리를 부여하여 그들을 보호해주겠다는 조건을 내세우며 유대인들을 기독교로 개종시키려고 했다. 그러나 제안에 호응하는 유대인들은 매우 드물었다. 게다가 헝가리 성직자들도 유대인과의 거래에 반대했기 때문에, 러요시 1세는 추방령을 내렸다. 헝가리에 살고 있던 유대인 대부분은 오스트리아나 보헤미아나 폴란드로 떠났고, 흑사병이 중유럽을 계속 휩쓰는 바람에 그들은 그 세 나라에서도 박해를 당했다.

그러나 10년도 지나지 않아 러요시 1세와 귀족들의 재정 상태가 나빠지기 시작했다. 다른 나라들에서도 그랬듯이, 유대인들은 쓸모 있는 대금업자들이자 꼭 필요한 세수원이었다. 러요시 1세는 내쫓았던 모든 유대인의 귀국을 종용했다. 그는 다른 곳은 몰라도 최소한 오부더에는 유대인들이 돌아오기를 바랐다. 결국 대다수 유대인들이 돌아왔고, 어느 역사가가 말했듯이 "헝가리의 궁핍한 왕들은 황금알을 낳는 거위들을 잘 보살폈다." 러요시 1세는 유대인 박해와 개종 시도를 중단했다. 그리고 공평무사를 서약하는 "유대인 법관"이라는 직책을 도입했다. 그러나 생기고 나서 100년 동안 유대인과 기독교인 간의 분쟁을 재판하는 귀족들의 차지였던 그 직책은 유대인에 대한 약간의 공정함을 보장하거나 보장하는 듯 보이도록 하라는 왕의 명령에 따랐다. 1371년, 러요시 1세는 왕국 전체를 담당하고 왕실 법관과 동등한 권한과 지위를 지닌 초대 "유대인 법관"을 지명했다.[5]

그러나 헝가리는 실존적 도전에 직면했고, 그것은 유럽의 강국이라는 지위를 흔드는 차원의 문제가 아니었다. 문제의 진원지는 또다시 동양이었다. 이번에 도전장을 내민 상대는 오스만튀르크인들이었다. 지난 4세기에 걸쳐 중앙아시아와 중동 지역의 대부분을, 그리고 북아프리카의 상당 부분을 차지한 그들은 이제 비잔티움 제국을 무너트릴 기세였다. 헝가리는 튀르크인들의 최종 목표인 유럽 정복에 이를 수 있는 직접적인 길목에 있었다. 그들은 발칸 반도를 여러 차례 공격했고, 그 휘청대는 정교회 국가의 수도인 콘스탄티노폴리스를 빼앗기 위해서 몇 차례 시도했다. 1453년 여름 장기간의 포위전 이후, 튀르크인들은 마침내 콘스탄티노폴리스를 점령했다. 콘스탄티노폴리스가 함락되자 유럽은 충격과 공포에 휩싸였다. 보스포루스 해협에서 아주 멀리 떨어진 스칸디나비아 지역에도 두려움이 팽배했다. 덴마크와 노르웨이의 왕인 크리스티안 1세는 "저 당당한 튀르크인은 「요한계시록」에 나오는 바다에서 솟아나는 짐승이다"라고 말했다. 콘스탄티노폴리스는 무자비한 시대상을 감안해도 잔인하게 약탈당했다. 노인들이 살해되었고, 여자들 수천 명이 겁탈을 당했다. 유서 깊은 교회들도 훼손되었다.

유럽의 군주들은 오스만 군대의 포위전을 이끈 술탄 메흐메드 2세가 "로마의 술탄"이라는 칭호를 선택했다는 사실에 위협을 느꼈다. 그것은 신성 로마 제국에 대한 직접적인 으름장이었다. 메흐메드 2세는 수도를 아드리아노폴리스(에디르네)에서 예언자 무함마드가 세계의 중심이라고 일컬었던 콘스탄티노폴리스로 옮겼다. 메흐메드 2세는 그 도시가 유럽과 비잔티움 제국의 신비한 분위기를 통해 풍기는 모든 의미를 고려해서 콘스탄티노폴리스라는 이름을 유지했다. 그가 로마 제국에 대한 권리를 주장하고자 발칸 반도 전역에 군대를 더 많이 파견하는 것, 그리고 이슬람교를 전 세계에 전파해야 하는 오스만 제국의 사명을 정당화하기 위해서 유럽을 장악하는 일은 시간문제로 보였다. 한때 "피에 굶주린 이교도 스키타이인들"과 "미개한 야만인들"이었던 헝가리인들은 이제 그리스도의 군사들로 거듭났다. 콘스탄티노폴리스가 함락된 지 2개월 뒤, 교황 비오 2세는 헝가리를 "기독교의 보루와 방패"로 불렀다. 프랑스 왕 샤를 7세는 헝가리를 "방패, 성채, 바위"라고 일컬었다.[6]

이후 70년 동안 헝가리는 점령되지 않았고, 유럽을 향한 오스만 군의 진격도 중단되었다. 대체로 그것은 불가사의한 인물이자 걸출한 군사령관인 후녀디 야노시의 노력 덕택이었다. 후녀디 야노시는 자국에서는 영웅 대접을 받지만 외국에는 거의 알려지지 않은 인물이다. 그는 헝가리의 지그몬드 왕(신성 로마 제국의 황제인 지기스문트와 동일 인물/역주)의 요청으로 왈라키아에서 트란실바니아로 이주한 소小귀족 가문 출신이었는데(원래의 가문 이름은 버이크였다), 그의 가문은 마자르식 성씨인 후녀디를 쓰기로 했다. 대대로 수행한 군역에 대한 보상으로 지그몬드 왕이 하사한 버이더후녀드 성城에서 따온 성씨였다.* 전혀 입증된 바는 없지만, 후녀디 야노시(1407년생)가 지그몬드의 사생아였다는 설이 있다. 그 소문은 후녀디 야노시의 비약적인 출세와 그가 헝가리 최대의 지주로서 쌓은 막대한 부를 설명해줄 것이다. 그러나 장군으로서 보여준 명백한 천부적 재능과 병사들을 상대로 고취한 희망과 낙관론도 그의 출세와 부를 설명해준다. 후녀디는 크로아티아에서, 보헤미아인들에 맞선 체코 전쟁에서, 그리고 베네치아인들을 상대한 달마티아에서 헝가리 군을 이끌고 여러 군사 행동을 펼쳤다. 그는 튀르크인들이 유럽으로 진격하기 시작했을 때(처음에는 진격 속도가 느렸다), 그들에 대적한 전쟁에서 이름을 떨치기도 했다.

콘스탄티노폴리스가 함락된 뒤, 튀르크인들은 발칸 반도로 대거 쇄도했다. 초반에 그들은 모든 저항을 압도했다. 또다시 헝가리인들은 동양의 침략자들을 홀로 무찔러야 한다며 불평했다. 다른 나라의 기독교 군주들과 교황은 헝가리 방어 작전을 돕기 위해서 비교적 적은 액수의 자금을 모으고 군대는 소집하지 않았다. 후녀디는 서둘러 직업군인을 모집해 훈련을 시키고 튀르크인들의 진군을 격퇴할 전략을 짰다.

---

* 버이더후녀드 성은 1896년의 1,000주년 박람회를 대비해 부다페스트에 지어진 복제품인 트란실바니아 성의 원본이다.

1456년, 난도르페헤르바르(오늘날의 세르비아 수도인 베오그라드/역주) 전투에서 헝가리 군은 술탄의 정예부대인 예니체리가 포함된 오스만 군보다 수적으로 크게 열세였음에도 불구하고 적군을 궁지로 몰아넣는 결정적인 승리를 거두었다.

헝가리의 민간전승에는 후녀디에 관한 전설과 서사시가 수없이 많다. 오늘날에도 루마니아와 세르비아와 크로아티아의 일부 지방에서는 그가 발칸 반도에서 이룩한 업적이 칭송되고 있다. 비잔티움 제국을 다룬 그리스인 역사가인 두카스는 후녀디를 고전 시대의 전설에 나오는 아킬레우스와 헥토르에 비유했다. 그러나 후녀디는 실리적인 인물이었고, 지그몬드가 죽은 뒤 권력과 토지와 직함을 더 많이 끌어모았다. 1454년, 라슬로 5세는 일부 토지에 대한 증여 증서에서 이렇게 말했다. "남들이 외부인의 도움과 자기 조상의 법적 권리에 힘입어 이루는 것을······[후녀디는] 자신의 땀과 미덕과 재능과 노력으로 얻는다." 후녀디에게는 난도르페헤르바르 총사령관과 트란실바니아 공작 같은 직함뿐 아니라 헝가리의 다른 어느 유력자보다 많은 권한을 지닌, 헝가리 총독이라는 새로 마련된 직함도 부여되었다. 승리를 거둘 때마다 그는 왕에게서 선물을 하사받았다. 최전성기에 그는 230만 헥타르 이상의 토지, 28채의 성, 57개의 소도시, 약 1,000개의 촌락을 보유했다. 그리고 난도르페헤르바르 전투에서 대승을 거두고 나서 불과 몇 개월 뒤에 권력이 정점에 이르렀을 때, 군영에서 발생한 역병에 걸려 숨졌다. 라슬로 5세도 얼마 지나지 않아 세상을 떠나자, 헝가리는 다시 잇따른 내전에 빠져들었다.[7]

헝가리의 대다수 지역에서, 그리고 유럽 각국의 여러 왕실에서 후녀디의 죽음을 진심으로 애도했다. 그러나 헝가리의 한 무리 유력 귀족들은 이전부터 늘 그를 "개자식"으로, 벼락출세한 자로 여겼고, 그가 축적한 권력과 부에 분개했다. 후녀디 생전에 궁정에는 이미 후녀디 반대파가 형성되었다. 열여섯 살 먹은 왕 라슬로 5세도 이 반대파에 가담했다. 그는 후녀디의 두 아들을 잠재적인 경쟁자로 생각했다. 후녀디가 죽었을 때 스물다섯 살이던 그의 아들 라슬로는 일찌감치 군인으로서의 능력을 입증했다. 그때 동생인 마차시의 나이는 열다섯이었다. 라슬로 5세는 후녀디의 두 아들과 그들의 참모들을 체포한 뒤 사형을 선고했다. 형인 후녀디 라슬로는 1457년 3월에 부다의 중앙 광장에서 참수되었다. 그러나 마차시와 그의 외숙부인 실라지 미하이, 그리고 참모 2명은 빈에서 투옥되었다가 나중에 프라하로 이감되었다.

그리고 불과 몇 주일 뒤, 그 어린 왕인 라슬로 5세가 역병으로 사망했다. 이제 모든 상황이 급변했다. 왕위를 이을 남성 상속자가 없었고, 궁정의 양대 파벌은 일시적인 휴전에 합의했다. 마차시와 그의 외숙부 실라지는 석방되었다. 마차시의 어머니인 에르제베트와 실라지는 음모와 뇌물과 협박을 통해서 마차시를 권좌에 올리려고 했지만, 정작 그에게 기회가 주어진 것은 후녀디라는 가문의 이름이 풍기는 매력 덕분이었다. 마차시는 1458년 가을에 프라하 성에서 왕위에 올랐고, 실라지가 5년 동안 섭정을 맡았다. 소년에 가까운 그 젊은이는 재빨리 성장했다. 훗날 그는 부전자전을 입증했다. 그는 돈으로 살 수 있는 최고 수준의 교육을 받았다. 역사와 고전에 푹 빠졌고, 6개의 언어를 유창하게 구사했으며, 지도자로서의 명백하고 천부적인 재능을 보여주었다.

얼마 지나지 않아서 그는 정치인으로서, 외교가로서, 지도자로서 아버지를 훌쩍 뛰어넘었다. 냉혹하면서도 관대할 수 있는, 복수심에 불타면서도 너그러울 수 있는 진정한 르네상스 군주였다. 그에게는 주군을 철인왕의 본보기로 제시하는 방법을 아는 인재들을 거느릴 지성이 있었다. 헝가리 역사를 연구한 사람들 가운데 가장 명석한 인물 중 한 명인 폴 렌드바이에 따르면, "그는 헝가리 역사상 가장 세계주의적인 통치자였다."[8]

그 젊은 군주는 1년 만에 자신이 극도로 무자비할 수도 있음을 보여주었다. 외숙부인 실라지가 반대파와 함께 합스부르크 가문의 신성 로마 제국 황제 프리드리히 3세를 헝가리 왕으로 옹립하려 했다고 주장하며 그를 섭정직에서 내쫓은 것이다. 마차시의 주장은 일부분 진실이었다. 아직 10대였어도 그는 이미 절대군주로서 통치했다. 그의 우선 과제는 영주들의 권력을 축소하고 국가를 중앙집권화하는 것이었다. 그와 비슷한 시기에 프랑스와 잉글랜드와 스페인에서 진행되고 있던 국가 건설 과정과 유사했다. 1463년, 마차시는 자신의 스물다섯 번째 생일을 즈음하여 대관식을 다시 치렀다. 왕위에 대한 자신의 권리를 강화하기 위함이었다. 장소는 형인 후녀디 라슬로가 참수된 부다의 바로 그 중앙 광장이었다. 그는 스스로를 마티아스 1세 코르비누스로 칭했다. 그것은 진짜가 아니라 날조한 칭호였지만, 이미 굳어진 이름이다. 헝가리에서 가장 흔히 쓰이는 1,000포린트 지폐에는 어딘가를 쳐다보는 마차시의 창백한 얼굴이 실려 있다. 오늘날의 부다페스트에는 후녀디 가문의 문장紋章에 등장하는 까마귀에서 착안해 "코르비누스"라는 이름을 붙인 거리와 명품점, 아파트, 고급 호텔이 있다. 궁정 역사가인 안토니오 본피니는 코르비누스라는 이름에 따라붙을 가짜 계보를 만들어내고는, 까마귀의 도움을 받아서 갈리아의 거인(유피테르의 후손)과 싸웠다고 전해지는 로마 공화정 시기의 기사로 추정되는 발레리우스 코르비누스라는 인물을 마차시의 조상으로 삼았다. 어느 당대인에 따르면, 그것은 벼락출세한 사람을 "합스부르크 가문이나 야기에우워 가문의 일원 같은 적자嫡子"로 만들기 위한 시도였고, 효과가 있었다.

마차시는 국내외에 자신의 이미지를 각인했고, 치세 막바지에는 유럽의 초강대국을 통치했다. 헝가리는 튀르크인들의 팽창주의적 야심에 맞서는 강력한 방파제 역할을 맡을 만큼 큰 국가였거나, 혹은 그렇게 보였다.

혹자는 그를 냉소주의자라고 부를지도 모른다. 그러나 그는 최고의 현실주의자였고, 자기 집안의 십자군 전통을 저버렸다. 몇몇 역대 교황에게는 뼈아픈 일이었지만, 마차시는 튀르크인들과 화해하는 수밖에 없다는 결론에 이르렀다. 콘스탄티노폴리스의 함락으로 힘의 균형이 돌이킬 수 없을 만큼 바뀐 상황이었다. 그는 튀르크인들을 발칸 반도에 묶어둔 뒤 유리한 고지에서 대재상부大宰相府, 즉 오스만 제국의 조정과 협상하고자 했다. 그는 유럽의 다른 강국들이 튀르크인들을 격퇴할 군대를 보내지 않으면, 그리고 교황이 필요한 자금을 모으지 않으면, 헝가리인들이 굳이 싸울 이유가 없다고 주장했다. 그보다는 차라리 튀르크인들과 더불어 사는 법을 배우는 편이 나았다.*

---

* 마차시는 종교적으로 몹시 편협한 당대에 종교적 관용을 공개적으로 주장하는 경우가 많았다. 이는 기독교회가 마차시에게 실망하게 되는 또다른 이유였다. 종종 그가 무신론자라는 주장이 제기되었지만, 십중팔구 과장이었다. 당시의 여러

마차시는 유대인들의 은인이었다. 비록 자기 잇속을 차리는 것이 목적이었어도 유대인들에게 비교적 관대했다. 그는 "유대인 법관"의 역할을 확대했고, 1476년에는 위신이 상당히 높은 부다 유대인 지사라는 직책을 신설했다. 부다 유대인 지사는 궁정에 거처를 두었고(이 부분은 당시 중부 유럽에서 전례가 없었다), 자신의 판결을 집행할 소규모 민병대를 거느렸으며, 반항하거나 불평하는 자들을 가둘 수 있는 개인 감옥도 있었다. 마차시는 어릴 적부터 알고 지낸 부유한 상인 야콥 멘델을 부다 유대인 지사에 임명했다. 부다 유대인 지사라는 직책은 마차시에게 실질적인 이익을 안겨주는 자리였고, 마차시는 주로 그 부분에 매력을 느꼈다. 유대인 지사의 역할은 부다의 유대인 공동체가 왕에게 내야 하는 세금을 산정하는 것이었기 때문에, 마차시의 치세 동안 세금의 액수는 엄청나게 늘어났다. 마차시는 다른 유대인들에게도 우호적이었고, 히브리어에도 관심이 있었다. 그는 도미니크회 탁발수도사이면서 『탈무드*Talmud*』 전문가로도 유명한 학자 페터 니그리를 부다의 궁정에서 지내도록 초빙하기도 했다.

마차시는 반反유대인 성향의 폭력을 깅경하게 진압했다. 그러나 예전부터 빈발해온 반유대인 성향의 폭력은 나중에 그가 세상을 떠났을 때 재발하여 헝가리에 거주하는 유대인들의 삶을 과거로 회귀시켰다. 멘델이 사망한 이듬해인 1495년에 부다에서 유대인 집단 학살이 일어났다. 폭도들은 유대인 구역을 샅샅이 뒤지고, 창문을 깨고, 가옥을 불

통치자들처럼 마차시는 주로 점성술을 믿었고, 몇몇 궁정 점성술사를 채용하기도 했다. 다만 그는 종교에 매우 냉소적이었다. 언젠가 그는 일곱 살배기 아이를 대주교로 임명했는데, 단지 그렇게 할 수 있다는 점을 보여주기 위함이었다.

태우고, 무고한 사람들을 죽였다. 현장에 있던 본피니는 질겁했고, 사태를 다음과 같이 묘사했다. "시간이 갈수록 군중의 수가 불어났다. 그들은 문과 창문을 부쉈고, [유대인들의] 소유물을, 금과 은을, 접시와 비단옷을 모조리 훔쳤다. 잘사는 유대인들의 하인들도 약탈에 가담하기 시작했다."

마차시가 당대인들 사이에서 명성을 떨친 비결에는 외교와 통치 외에 다른 업적도 있었다. 그가 주관하는 부다의 궁정에는 지적인 분위기가 흘러넘쳤다. 르네상스 시대 이탈리아의, 특히 피렌체의 예술과 과학과 문화는 이탈리아 밖의 어느 곳보다 헝가리의 수도에서 그 진가를 제대로 인정받았다. 그리스어와 라틴어 서적 약 2,500권과 총 6,000여 점의 저작을 소장한 것으로 추정되는 왕립 도서관은 당대에 알려진 대형 도서관 중 하나로 마차시의 멈출 줄 모르는 지적 열망과 과시욕을 드러낸다. 당시 헝가리 왕립 도서관보다 큰 것은 로마의 교황청 도서관 밖에 없었을 것이다. 곳곳의 방문객들이 이곳을 구경하려고 찾아왔다. 마차시는 당대의 홍보 기술에 통달한 인물이었다. 그는 유럽의 저명한 지식인들을 부다로 초빙해 후한 착수금을 지급했고, 그들은 입을 모아서 마차시의 명석한 두뇌와 매력을 찬양했다. 1472년, 마차시는 부다에 인쇄소를 차리도록 헤스 언드라시에게 자금을 대주었다. 헤스 언드라시는 잉글랜드에서 캑스턴(15세기 영국의 인쇄업자/역주)이 첫 번째 책을 출판하기 5년 전에 부다의 인쇄소에서 헝가리 역사책을 찍어냈다.[*]

---

[*] 왕립 도서관은 중세 세계의 불가사의 중 하나로, 마차시에게 불멸의 명성을 선사한 유산이다. 부다가 튀르크인들에게 점령된 뒤 왕립 도서관의 소장품들은 여기

부다는 파리나 런던이나 피렌체에 비해 작았지만(기껏해야 1만 명이 살고 있었을 뿐이다), 마차시 시절의 부다는 파리와 런던과 피렌체만큼 국제적인 도시였다. 도서 수집가로서 마차시를 보좌하고 그의 도서관을 채울 책을 찾아 유럽 곳곳을 돌아다녔던 본피니는 "이탈리아 문화의 대가들이 군인의 거친 삶에 익숙한 귀족들 근처에 살고 있다. 스위스 대사들이 튀르크 귀족들을 손님으로 맞이한다"라고 썼다.

마차시는 열두 살에 처음 결혼했다. 상대는 동갑인 세르비아 공주였다. 그녀는 결혼식을 올리고 몇 개월 뒤, 신방을 차리기도 전에 사망했다. 그의 두 번째 부인은 보헤미아의 통치 가문 출신이었는데, 출산 도중 숨졌고 아이도 죽었다. 마차시는 1476년에 나폴리 공주이자 안목과 감수성을 갖춘, 교양 있는 여자인 아라곤의 베아트리체를 세 번째 부인으로 맞이했다. 그녀는 이탈리아의 화가와 음악가, 건축가들로 구성된 수행단과 함께 부다로 왔다. 마차시는 이미 궁정을 호사스럽게 꾸미는 데 거액을 썼지만, 베아트리체가 부다에 도착한 뒤에는 그 금액이 많은 사람들이 볼 때 무모할 정도로 늘어났다. 소도시와 농가에서 거둔 세금으로 마련된 자금이었다. 결혼 축하연에서는 983개 접시 분량의 24가지 코스 요리가 제공되었다.* 당대의 어느 헝가리 귀족은 이렇

저기 흩어졌는데, 이후 세월이 흘러 일부 서적이 콘스탄티노폴리스에서, 또 몇 권이 베네치아에서 나타났다. 그러고 나서 몇 세기 뒤 저지대국가, 프랑스, 잉글랜드 등지에서도 발견되었다. 그렇게 발견된 책들을 헝가리로 가져오기 위해서 엄청난 노력이 쏟아졌지만, 소재가 확인된 책은 수십 권에 불과했으며, 반환 작업 또한 물리적으로 불가능한 것으로 드러났다. 21세기에 들어서는 흩어진 장서를 디지털 방식으로 다시 한곳에 모으려는 작업이 시작되었다.

* 마차시와 베아트리체는 결혼할 때 유대인들의 호위를 받으며 부다에 들어섰다. 지사인 야콥 멘델이 말에 탄 유대인 24명과 걸어가는 유대인 100명으로 구성된

게 불평했다. "과시의 측면에서……부다의 궁정은 로마인들의 사치에 크게 뒤지지 않았다." 마차시 시절, 부다의 르네상스적 광휘는 그곳에 있는 많은 외국인들의 존재감에 좌우되었다. 현지의 헝가리인들은 자국의 궁정에서 구경꾼으로, 그것도 시샘하는 구경꾼으로 전락했다.

그러나 마차시가 중시하는 대상인 외국인 손님들은 깊은 인상을 받았다. 본피니의 글을 읽어보자.

베아트리체 왕비가 온 뒤로 왕은 그때까지 이곳 헝가리에 알려지지 않았던 예술을 들여왔고, 큰 비용을 들여서 이름 높은 예술가들을 궁정에 초대했다. 그는 거액을 주고 이탈리아 출신의 화가, 조각가, 판각가, 목수, 금세공인, 석공, 건설업자를 고용했다. 독일과 프랑스 출신의 가수들은 왕실 예배당의 예식 수준을 높였다. 그는 이탈리아와 프랑스와 시칠리아 방식으로 치즈를 만드는 전문 농업인들과 원예 장식가들, 과일 재배자들을 궁정으로 불러들였다. 관악기 연주자들과 치터(현악기의 일종/역주) 연주자들과 그 밖의 음악가들뿐 아니라 왕비가 특히 좋아하는 배우들과 어릿광대들도 불러들였다. 그의 궁정은 시인들과 웅변가들과 언어학자들도 끌어들였다. 마차시는 이 모든 예술을 아낌없이 사랑하고 지원했다. 그는 헝가리를 제2의 이탈리아로 만들고자 애썼다. 그러나 헝가리인들은 그의 과도한 사치를 책망했고, 주권자가 생각 없이 돈을 써대며 논다고, 다른 용도에 써야 할 세금을 쓸데없는 일에

호위대를 이끌었는데, 다들 화려한 복장이었다. 부다의 유대인 공동체는 마차시와 베아트리체에게, 커다란 수사슴 2마리와 멘델의 칼 끝에 매달려 있는, 은 10파운드가 들어있는 자루 1개를 비롯한 선물을 바쳤다.

낭비한다고……예로부터 내려오는 습속과 관습을 무시한다고, 이탈리아와 스페인의 세속적 쾌락과 타락한 풍습으로 바꾼다고 날마다 비난했다. 하지만 여느 예술의 후원자와 재능의 지원자가 그렇듯이 왕도 차츰 문화를 이 나라에 도입하려고 애썼다. 그는 상급 및 하급 귀족들이 교양 있는 방식으로 살도록 독려했고, 그들이 각자의 재산에 따라서 호화로운 건물을 짓고, 자치 도시의 주민들처럼 살도록, 또한 그들이 지나치게 경멸하는 이방인들을 더 공손히 대하도록 요구했다. 그는 모든 사람이 왕인 자신을 본보기 삼도록 채찍질했다.[9]

문화적 열정은 결코 부다 왕성의 그 유명한 청동문 너머 저 멀리로 퍼져나가지 않았다. 귀족 가운데 다수가 고전 시대의 저작의 찬란함에 눈을 뜨기는커녕 글쓰기 능력조차 없었다. 마차시의 치세가 막을 내린 지 1년 뒤인 1491년, 중요한 공직에 있는 3명의 헝가리 영주들은 헝가리 왕위 계승 순위가 상세히 기술된 중요한 국제 협정인 프레스부르크 조약에 서명도 하지 못했다. 헝가리의 르네상스는 대각성 운동이었지만, 국왕 중심의 하향식 운동이라는 한계 때문에 그 매력이 덜했다.*

궁정 여러 사람들의 분개에도 불구하고, 마차시는 새 궁전을 고딕 양식으로 짓기 위해서 15년 동안 이탈리아의 키멘티 카미차를 수석 건축

---

* 이를 계기로 페퇴피 샨도르는 중세 서정시를 개작해 근대 초 헝가리 귀족을 풍자했다.

읽을 줄 모르지
쓸 줄 모르지.
나는야 자랑스러운 헝가리 귀족
그리고 항상 옳지.

가로 삼았다. 카미차는 신축 궁전의 남쪽 익벽翼壁을 꾸미기 위해서, 우르비노의 궁전에 있는 공중정원을 본뜬 공중정원을 설계했다. 중앙 안뜰에는 피렌체풍 외부 장식이 적용되었다. 그는 이탈리아 최고의 화가들에게 작품(레오나르도 다 빈치가 그린 성모 마리아, 산드로 보티첼리의 작품 1점, 그리고 안드레아 만테냐와 필리포 리피의 그림들)을 의뢰하거나 구입했다.

그렇게 완성된 궁전은 호사스러운 걸작이었다. 외국 외교관들은 그 궁전의 웅장한 입구, 알현실, 동상, 대리석 분수, 특이한 공중정원을 두고 이야기꽃을 피웠다. 1483년에 교황 특사는 식스토 4세에게 보낸 서신에서 부다에 있는 "금과 진주와 보석"의 막대한 양을 거론했다. "색실로 짠 태피스트리와 섬세하게 만든 금그릇과 은그릇이 너무 많아 50명을 동원해도 가져갈 수 없을 듯합니다.……590개 이상의 사발, 300개의 큰 잔, 셀 수 없을 만큼 많은 대접이 [있었습니다.] 어림잡기도 힘듭니다. 저는 너무 많은……값비싼 그릇과 이렇게 눈부신 방을 봤기 때문에 전성기의 솔로몬이 더 대단했으리라고 생각하지 않습니다."

본피니도 감격에 젖었다. "널찍한 식당과 매우 호화로운 방, 어디에나 아주 다채로운 상징으로 장식한 금빛 천장이 있다. 어느 곳이든 바닥은 격자 무늬와 벌레 먹은 자국 무늬이고, 타일을 붙인 곳도 많다. 여기저기 온탕과 냉탕이 있다." 안뜰에는 마차시와 그의 아버지, 그리고 형의 거대한 입상이 서 있었다. "투구를 쓰고 창과 방패에 기댄 채 생각에 잠긴 마차시가 있고, 오른쪽에는 아버지가, 왼쪽에는 다소 슬퍼 보이는 형 라슬로가 보인다."

또다른 대사는 대리석 수영장 안의 청동 분수를 묘사했다. 그 분수위에는 투구를 쓰고 띠를 두른 아테나 여신이 우뚝 서 있었다. 그는 알현실로 이어지는 자주색 대리석 재질의 대형 쌍계단도 묘사했는데, 쌍계단의 밑바닥에는 2개의 커다란 청동 촛대가 서 있었다. 쌍계단의 꼭대기에서 방문객들은 청동 재질의 커다란 문을 지나갔고, 그 문의 장식용 판자는 헤라클레스의 12과업으로 치장되어 있었다. 위층의 방들은 멋진 별 그림으로 꾸며져 있었다. 중앙 식당에서 그는 천장을 경탄의 눈길로 쳐다보았다. "[황도 12궁이라고] 표시된 천구의 열두 별자리로 이루어진 장식을 올려다보면 놀라지 않을 수가 없다."

본피니는 웅장한 정원이 어떻게 관리되는지 설명했다.

왕성의 우물을 채우는 물은, 약 11킬로미터 떨어진 곳에서 타르를 칠한 본관과 납으로 만든 지관을 거쳐 흘러온다. 성 아래쪽에는 쾌적한 땅이 있다. 그는 여기에 대리석 저택을 짓도록 했다. 정원 쪽에는 지붕으로 덮인 저택의 현관이 보인다. 정원에 빽빽이 심어진 나무들이 미로를 이루고 있다. 새장에는 국내외의 온갖 새들이 있다. 정원에는 관목 숲과 정지의 갖가지 나무들이 있다. 기둥이 달린 회랑, 넓은 방과 잔디밭, 자갈길과 양어지養魚池가 있다. 위층과 다락 위로 작은 탑이 솟아 있고, 식당의 한쪽 벽에는 거울이 있다. 이보다 더 즐겁고 아름다운 것은 상상할 수 없다. 그 저택의 지붕은 도금된 은으로 덮여 있다.

바지선을 타고 1시간쯤 다뉴브 강을 거슬러 올라가면, 비셰그라드에 있는 왕의 여름 궁전이 나왔다. 그곳 역시 동화에 나오는 곳 같았다. 그 궁전은 동서로 다뉴브 강의 만곡부가 보이는 절묘한 위치에 자리 잡고 있었다. 당시의 한 역사가는 여름 궁전을 분수들과 고대 그리스와 로마의 조각상들이 여기저기 서 있는 넓은 안뜰과 그 주변에 배치된 약 350개의 방으로 이루어진 사치스럽고 과시적인 건물 단지로 묘사했다. 훗날 에스테르곰 대주교와 헝가리 수석 대주교후 자리에 앉게 되는 올러흐 미클로시에 따르면, 여름 궁전 안뜰은 "달콤한 향기를 뿜어내는 라임나무 조각으로 마감한……넓고 멋진 포도주 저장실 위에 설치된 공중정원처럼……왕 4명과 수행원들을 위한 공간이 충분했다." 안뜰의 핵심은 양각으로 꾸민 뮤즈 여신들과 꼭대기에 선 큐피드 조각상이 있는 멋진 붉은 대리석 분수였다. 축하연이 열릴 때면 분수에서 포도주가 흘러나왔다. 포도주는 "영리하게도 궁전보다 높은 언덕 기슭에 설치한 관으로 쏟아부었다."

여름 궁전에 대한 올러흐의 설명은 오랫동안 역사가들에 의해서 "망명자의 환상"으로 치부되었다(그는 헝가리를 침공한 오스만 군을 피해서 달아난 전력이 있었다). 그러나 1940년대에 이르러 고고학자들이 여름 궁전이 있었던 자리 근처에서 발굴을 시작하자, 올러흐의 설명이 그리 과장은 아니었으리라고 추정할 만한 유물이 발견되었다. 고고학자들은 예술가인 조반니 달마타가 콰트로첸토 양식(15세기 르네상스를 꽃피

---

* 1526년 이후 튀르크인들은 마차시의 여름 궁전을 점령하고 파괴했다. 그들은 거의 아무것도 남기지 않았다. 어느 역사가가 말했듯이, 근처의 소도시가 불타 없어졌을 때 "그 궁전은 자연으로 돌아갔다." 16세기 말엽에 어느 독일인 여행자는 "벽 사이에서 풀을 뜯는 염소들"을 목격했다. 1세기 반 뒤, 독일인 정착민들이 다시 비셰그라드에서 살기 시작했다. 그들은 여름 궁전에 남아 있는 모든 것을 없애 버렸고, 궁전 여기저기 흩어져 있는 잡석으로 집을 지었다. 1890년대에 키쇼로시의 인근 교회에서 마차시의 방패와 까마귀 문장으로 장식된 석회암 덩어리가 발견되었다.

운 이탈리아 미술/역주)으로 만든 작품으로 추정되는, 깨졌으나 알아볼 수는 있는 멋진 팔각형의 붉은 대리석 분수의 파편을 찾아냈다. 분수 벽의 장식용 사각판은 보헤미아의 사자, 트란실바니아의 소도시 비스트리차(마차시의 출생지)의 문장, 그리고 익숙한 제재인 까마귀로 장식되어 있었다. 모든 것이 사치스러웠고, 모든 것이 마차시다웠다. 고고학자들은 분수의 꼭대기에서 머리 없는 헤라클레스의 조각상도 발견했다.

  1490년에 마차시가 세상을 떠난 뒤 30년 동안, 부다에는 어떤 변화나 개선도 없었다. 마차시 시절의 명성에 이끌려 몇몇 인문주의 학자들과 예술가들이 부다로 찾아왔지만, 그들은 일하려고 온 사람들이 아니라 관광객들에 불과했다. 올러흐에 의하면 부다에는 "지루한 잔잔함이 감돌았다."

제5장

제국의 역습

> 헝가리는 마차시가 펼친 군사 행동 이후 지금까지 전투에서 여러 차례 승리했지만, 전쟁에서는 단 한 번도 이기지 못했다. 우리는 15세기부터 내내 지기만 했다.……요컨대 여러 장군들이 거둔 성공은 우리가 패배한 끝없는 전쟁의 과정에서 생긴 전투에서의 승리였다.
> — 쉬치 예뇌, 『유럽의 세 역사적 지역 Vázlat Európa három történeti régiójáról』, 1978년

빈에서 상한 무화과를 먹고 탈이 나서 죽은 마차시에게는 법정 상속자가 없었다. 그는 6일 동안 고통을 겪다가 죽었는데, 음모에 의한 타살은 아닌 듯하다. 당시 사람들은 모두 마차시와 그의 오랜 연인인 에델푀크 버르버러 사이에 야노시라는 사생아가 있다는 사실을 알고 있었다. 마차시는 아들인 야노시에게 되도록 최고 수준의 가정 교사들을 붙여주었다. 왕비로서는 분통이 터지는 일이었지만, 야노시를 부다의 궁정으로 데려와서 궁정에서 오랫동안 살게 하기도 했다. 마차시는 아들에게 재산과 토지와 칭호를 아낌없이 선물했고, 그를 "코르비누스" 왕조의 상속자로 내세웠다. 그러나 기존의 영주 세력이 볼 때, 후녀디 가문 사람들은 여전히 태생이 천한 외부인들이었다. 열여덟 살에 아버

지를 여읜 야노시에게는 지지자들이 거의 없었고(특히 계모인 베아트리체는 더더욱 지지자가 아니었다), 궁정의 주류 파벌은 익숙한 통치 가문 쪽으로 눈길을 돌렸다. 그들은 마차시와 함께 보헤미아의 공동 왕이었던 브와디스와프 야기에우워에게 헝가리 왕위를 권했다. 한편, 야노시는 조용히 발칸 반도로 떠나고 왕위에 대한 모든 권리를 포기하면 원래 가지고 있던 땅 대부분을 계속 보유할 수 있으며 보스니아 왕이라는 칭호도 얻을 수 있다는 조건을 받아들였다.

과거에 마차시가 중앙집권화와 국민국가 건설을 위해서 기울였던 온갖 노력은 이후 30년 동안 물거품이 되었다. 헝가리는 서로 싸우는 군벌들이 통치하는 나라로 돌아갔다. 야심만만한 술탄인 술레이만 1세의 통솔하에 다시 서쪽으로 침공하려고 군대를 재건 중이던 튀르크인들의 위협이 점점 커지고 있는 상황에서 말이다. 튀르크인들은 적절한 공격 시점을 노리며 때를 기다리고 있었다.

그런데 헝가리에는 과거의 후녀디처럼 튀르크인들을 물리칠 전략을 갖춘, 훈련이 잘되어 있고 의지가 결연한 전사가 없었다. 부다 궁정의 신하들은 튀르크인들의 위협을 무시하기로 마음먹은 것처럼 보였다. 그들은 마치 내일이 없다는 듯 흥청망청 즐겼다. 결국 그중 여러 신하들이 내일을 맞이하지 못했다. 어느 부다 주재 외국 대사는 "때때로 걷잡을 수 없게 되는, 흥청대고 떠들썩한 잔치"와 이슬람교도들에 대한 조롱을 자주 언급했다.

1501년, 메디나에서 건너온 사절은 본국의 군주에게 다음과 같이 보고했다.

제국의 역습

헝가리 국왕께서 수많은 군중과 더불어 참석한 부다의 성체축일 행렬에서 저는 흥미로운 광경을 목격했습니다. 예언에 의하면 무함마드의 관이 산산이 부서지면 이슬람교의 교리가 사라질 것이라고 합니다. 그들은 예언에 따라서 저희 집 앞에 무함마드의 모스크를 세웠습니다. 그 모스크에는 술탄 폐하와 여러 태수의 허수아비들에 에워싸인 관이 있었습니다. 헝가리 국왕과 행렬이 모스크에 도착하자 사람들은 모스크 안에, 관에, 그리고 주변에 있는 "튀르크인들"에게 불꽃을 내던졌습니다. 헝가리인 무리는 불이 미처 집어삼키지 못한 것을 막대기와 돌로 모조리 부숴 산산조각 냈고, 심지어 이빨로 물어뜯기도 했습니다.[1]

헝가리 귀족들이 논쟁만 벌이며 튀르크인들의 침공에 대처할 전술에 합의하지 못하자 다른 나라의 군주들은 격분했다. 당시 유럽에서 가장 강력한 통치자로, 독일과 오스트리아, 스페인과 네덜란드, 그리고 이탈리아의 땅 대부분을 지배한 신성 로마 제국의 황제 카를 5세를 찾아간 어느 외국 사절은 이렇게 보고했다.

헝가리인들을 하나로 합치면, 그들은 그들 나라의 풍요로움에 힘입어 모든 적에 맞서서 헝가리를 지킬 수 있을 것이라고들 합니다. 그러나 그들은 세계에서 최악의 부류입니다. 모두가 자신의 이익만을 추구하고, 수완이 좋은 사람은 공공의 재산으로 떵떵거리며 삽니다. 그들은 다른 나라에 대한 존경심이 전혀 없습니다.……마치 모두가 형제인 양 함께 잔치를 벌이지만 알고 보면 서로 싸웁니다. 두세 사람을 뇌물로 매수하면 이기지 못할 만큼 힘든 재판이 없습니다. 그들은 오만하고 거만합니다. 지휘하지도 못하고 복종하지도 못하지만, 조언을 받아들이려고 하지도 않습니다. 잔치와 음모로 시간을 보내느라 일은 거의 하지 않습니다.[2]

결국 오스만 군이 세르비아로 이동한 뒤인 1514년에 교황 레오 10세와 에스테르곰 대주교 버코츠 터마시는 튀르크인들에 대한 성전聖戰을 선포했고, 유럽의 대다수 국가들에서 튀르크인들의 진군을 저지하기 위한 군자금이 마련되었다. 헝가리의 러요시 2세는 4만 명으로 알려진 군대를 동원했다. 도저 죄르지라는 하급 귀족 출신의 노련한 군인이 주로 전쟁 경험이 일천한 농민들로 구성된 그 군대를 이끌었는데, 나중에는 여기에 복음주의 성향의 많은 사제와 탁발수도사들도 합류했다. 헝가리의 영주들 대부분은 성전에 호응하지 않았다. 그들은 수확기에 농노들의 노동력을 활용할 수 없다는 점에 분개했으며, 농민군이 헝가리 곳곳을 돌아다니게 되리라고 예상했다. 그들의 우려는 적중했다.

어전 회의를 구성하는 대다수 귀족은 성전이 제대로 시작되기도 전에 싱진을 철회하도록 에스테르곰 대주교와 교황을 압박했다. 그러나 도저의 군대는 해산을 거부했고, 이교도들에 맞선 성전은 헝가리 역사상 최대의 농민 반란으로 변질되었다.

예로부터 때때로 농민들의 소요가 일어나기는 했지만, 헝가리의 봉건제는 뿌리가 매우 깊었다. 서유럽 대부분의 지역에서 농노제가 거의 자취를 감춘 16세기에도 헝가리에는 농노제가 확고하게 남아 있었다. 도저는 숙련된 군인이었고, 명목상으로는 반란의 지도자였다. 하지만 그들을 부추긴 것은 혁명적 성향의 사제들이었다. 가톨릭 교리에 따르면 그들은 반란군의 영혼이 영원한 파멸의 구렁텅이에 빠지도록 이끈 셈이었다. 그 사제들 중 가장 유명한 인물은 열렬한 설교자인 메사로시 뢰린츠였다. 도저의 군대는 몇 개월 동안 무자비한 전투와 방화와 약탈을 일삼은 끝에 대헝가리 평원을, 그리고 헝가리 남동부와 트란실바니아의 소도시 몇 개를 장악했다. 반란군은 테메슈바르(오늘날의 루마니아의 도시인 티미쇼아라)를 몇 개월이나 포위했지만, 끝내 점령하지 못했다. 그때가 반란군의 전성기였다. 1514년 가을, 도저의 군대는 결국 트란실바니아의 공작인 서포여이 야노시가 이끄는 군대에 격퇴되었다.

권력을 마음껏 행사할 수 있는 상태로 돌아온 세도가들은 사악한 복수에 나섰다. 도저는 사슬에 묶인 채 부다로 끌려와서 불타오르는 화형용 기둥 위의 옥좌에 농민들의 "왕"으로서 앉혀졌다. 그의 머리에는 시뻘겋게 달아오른 왕관이 씌워졌다. 도저의 대표적인 지지자 몇 명은 불에 구워지는 그의 살을 강제로 먹은 뒤 처형되었다. 에스테르곰 대주교가 말했듯이, 그것은 "자연율을 파괴하고" 싶어할지도 모르는 자들을 향한 경고였다. 반란에 가담한 메사로시 뢰린츠 같은 몇몇 사제들은 교수형을 당했다.

도저가 일으킨 반란의 직접적인 결과는 19세기까지 지속되었다. 지주들과 신사계급은 "불충을 벌하기 위해서" 농민들을 가혹하게 대했다. 농민들은 "영구적인 예속 상태"에 놓였다. 그들은 이주할 권리를 박탈당하고, 모든 법적 권리를 행사하지 못하게 되었으며, 토지소유권을 부정당했다. 게다가 반란으로 초래된 손해를 배상하기 위해서 매년 플로린 금화 1개, 닭 12마리, 거위 2마리를 세금으로 내야 했다. 지주들

에게는 매주 1일의 무급 노동을 요구할 권리가 부여되었다. 헝가리에서 농노제는 1848년까지 이어졌다.³

머지않아 "대제"로 불릴 술레이만은 몇 년에 걸쳐 전면적인 침공을 준비했다. 물론 헝가리도 매우 중요했지만, 그것은 술레이만의 주요 목표(그가 기독교 세계의 세속적 지도자들로 여기는 합스부르크 왕가 사람들의 본거지인 빈을 빼앗는 것)에 도달하는 과정 중의 한 단계였다. 당시 헝가리인들은 오스만 군에 대적할 준비가 전혀 되어 있지 않았고, 나중에도 마찬가지였다. 다른 어느 군대도 헝가리를 도우러 오지 않았다. 러요시 2세의 부인인 외스터라이히의 마리아(남편보다 훨씬 더 총명하고 의지가 굳은 인물이었다)가 신성 로마 제국 황제인 카를 5세의 여동생이었는데도 도움의 손길을 받지 못했다.*

1525년부터 튀르크인들은 별다른 저항 없이 발칸 반도를 휩쓸었고, 한때 후녀디 야노시가 차지했던 세르비아, 보스니아, 북부 불가리아 등지의 영토 대부분을 되찾았다. 러요시 2세는 역사상 최강의 군사령관 중 한 사람을 상대해야 하는 상황에서 소규모 군대조차 소집하지 못했다. 1526년 8월 29일의 모하치 전투는 헝가리에게 재난이자 참사였다. 헝가리인들은 훨씬 우수한 무기와 장비를 갖춘 데다가 수적으로 4배 많은 노련한 군인들로 구성된 직업군에 맞서야 했다. 그들이 동원한 군대는 급조한, 서툴게 통솔되고 훈련이 부실한 2만5,000명이었다. 헝가리 군에는 대포가 거의 없었다. 반면 오스만 군은 대포와 능숙한

---

* 마리아와 카를 5세의 관계는 헝가리 왕위에 대한 합스부르크 가문의 권리를 강화하는 발판이 되었다.

제국의 역습

포수로 명성이 자자했다. 기술적으로, 또 전술적으로, 튀르크인들은 헝가리인들을 훨씬 능가했다. 러요시 2세 휘하의 귀족 중 한 사람이 보낸 약 1만5,000명의 증원군이 며칠 내로 도착할 예정이었지만, 러요시 2세는 공격이 최선의 방어라고 생각했다. 그날 오후 3시경, 헝가리인들이 적진으로 돌진했다. 전투는 겨우 1시간 만에 끝났다. 헝가리인들이 남긴 기록에 따르면, 가장 이름 높은 기사들과 고관들 대부분과 몇몇 주교들이, 그리고 주로 폴란드인과 체코인과 독일인 용병들로 구성된 1만5,000명의 병력이 전사했다. 러요시 2세는 완전 무장 상태로 싸움터에서 달아났지만, 갑자기 큰비가 쏟아지는 바람에 타고 있던 말이 쓰러지면서 첼레 강의 빠른 물살에 휩쓸려 죽고 말았다.*

당시 오스만 군에 종군한 역사가인 이븐 케말은 이렇게 기록했다. "대군이 한칼에 두 동강 나버리는 모습을 보고 자신의 처지가 절망적이라고 느낀 그 불쌍한 왕은 싸움터에서 달아났다.……마지막 순간까지 희망을 버리지 못한 채, 모든 부하에게 버림받은 채……그 항전자는 무장 상태로 황급히 말을 타고 강으로 뛰어들었고, 그렇게 물이나 불에 목숨을 빼앗긴 자들의 수가 늘어났다."[4]

술레이만 술탄은 상세한 전쟁 일지를 썼지만, 모하치 전투가 끝난 뒤인 8월 31일에 적은 일지 내용은 간단명료했다. "[전투 후] 포로 2,000명을 학살……비가 억수처럼 내림." 9월 2일의 일지에는 다음과 같이 적었다. "모하치에서 휴식. 헝가리 보병 2만 명과 기병 4,000명을 매장."

---

* 그 참혹한 전투 직후 음모론이 피어올랐다. 달아나던 러요시 2세가 그의 처남이자 합스부르크 제국 황제인 페르디난트에게 왕위를 바치려는 귀족들에게 살해되었다는 소문이 퍼진 것이다. 꽤 그럴듯한 이야기이지만, 입증된 바는 없다.

하지만 이것은 과장이다. 그가 언급한 수치가 정확하다면 헝가리 군이 전멸한 셈인데, 실제로는 그렇지 않았다. 술레이만은 헝가리의 주력군이 나타날 것을 예상하고 며칠간 전투 현장에 머물렀지만, 예상은 빗나갔다. 그는 오스만 제국의 주적 중 하나로 과거에 튀르크인들을 격파한 전력이 있는, "한때 위대하고 부유했던 이 나라"가 그렇게 비교적 소규모 군대로 자신을 상대할 수 있는지 믿지 못했다.

사흘 뒤 술탄이 이끄는 오스만 군의 선발대가 부다에 당도했다. 마리아 왕비는 아군의 패배 소식을 듣고 짐을 싸서 부다를 떠나 재무 대신, 베스프렘의 주교, 교황 특사, 왕성 사령관 등과 함께 포조니(오늘날의 슬로바키아 수도인 브라티슬라바)로 피신했다. 부다의 주민들은 두려움에 휩싸였고, 상대적으로 형편이 나은 사람들은 대부분 부다를 떠났거나 떠나려고 했다. 이븐 케말은 이렇게 썼다. "부둔*에는 술탄의 자비에 운명을 맡기려는 신분이 낮은 사람들만 남았다."

 술탄이 수도인 부다의 성문에 당도하자 "남아 있던 불쌍한 사람들"이 벌을 피할 수 있을까 하는 마음으로 열쇠를 들고 나타났다. 술레이만은 마차시 왕의 궁전으로 들어갔다. 그곳은 한동안 그대로 보존되었지만, 부다의 다른 곳들은 술탄의 군사들에게 약탈을 당했다. 싸움에 지친 군사들이 부다를 불태우기 시작하자, 술레이만은 그들의 만행을 중단시키려고 했다. 그의 전쟁 일지에 나오듯이, 술레이만은 만행을 명령하지 않았고, 그것을 막기 위해서 할 수 있는 일이 별로 없었다. 9월 14일에 그는 다음과 같이 썼다. "술탄인 내가 조치를 취했으나 부다에

---

* 부다를 일컫는다.

서 불이 났다. 대재상이 서둘러 막으려 하지만 소용이 없다."

술레이만은 그다음 주에 궁전을 돌아다니며 그곳의 보물들을 평가하고 조각상에 감탄하며 도서관에 소장된 책 몇 권을 대충 훑어보았다. 그는 교양 있는 사람이었고, 그곳의 진가를 알았다. 그는 궁전의 버려진 방 몇 개를 경외의 눈길로 바라보며 어느 장군에게 말했다. "이 방들이 이스탄불에 있다면 우리 궁전일 것이오."[5]

튀르크인들은 9월 21일에 부다를 떠나기 시작했다. 예니체리 부대원들은 옮길 수 있는 거의 모든 것을 가지고 떠났고, 술탄은 가장 중요하고 좋은 물건 몇 개를 챙겼다. 훗날 튀르크인 여행자인 에우리야 첼레비는 이렇게 기록했다. "술레이만은 러요시 왕의 보물들을 가죽 상자 7개에 담도록 했고, 여러 가지 군수품, 희귀하고 아름다운 물건들, 보석으로 장식된 옥좌, 보석이 박힌 수백 개의 덧창과 문, 반짝반짝 빛나는 청동 및 금박 천사상, 옛 왕들의 조각상, 화려한 촛대와 그 비슷한 몇 개의 물건 등……배로 콘스탄티노폴리스까지 운반되었다."

궁전의 나뭇가지 모양 촛대는 한때 성 소피아 대성당이었던 모스크를 장식하기 위해서 콘스탄티노폴리스로 되돌아갔다. 후녀디가 1456년에 난도르페헤르바르에서 튀르크인들로부터 빼앗아 전리품으로 가지고 있었던 커다란 대포 2문도 콘스탄티노폴리스로 향했다. 이븐 케말은 오스만 군이 부다를 완전히 발가벗겼다고 썼다. "그 호화로움에 힘입어 꽃과 과일이 가득한 정원을 닮은 그 왕의 궁전은 모든 귀중품을 빼앗겼다. 마지막 하나까지 모든 물건이 탈취되어 매우 조심스럽게 배에 실려 난도르페헤르바르로 운반되었다. 그 저주받은 왕의 궁전 앞에는 거대한 대포 2문과 경이로운 솜씨로 만들어진 조각상 3개가 있었다.……[그 대포와 조각상 모두] 영광스러운 전리품으로 빼앗겼고, 다른 작은 짐들과 함께 배에 실렸다."[6]

헤라클레스와 아폴론과 아르테미스의 조각상들은 다뉴브 강을 따라서 동쪽으로 운반되었다. 재상 이브라힘은 그 조각상들을 콘스탄티노폴리스에 있는 전차 경기장 안의 대좌臺座 위에 올려놓았다. 독실한 이슬람교도들은 깜짝 놀랐다. 이교도 신들의 형상을 전시하는 일은 전통적인 이슬람교도들이 볼 때 이단이었다. 일부 이슬람교도들은 그 모든 과시적이고 우상숭배적인 행위를 문제 삼으며 요란스럽게 불만을 터트렸다. 그러나 술레이만은 이브라힘의 편에 섰다. 당시의 유명한 시인인 시가니가 반대의 뜻을 담은 몇 편의 풍자시를 쓰자, 술탄은 그를 당나귀에 태워 콘스탄티노폴리스 곳곳을 돌아다니게 하고 나서 목을 졸라 죽이도록 했다.

명성이 자자한 코르비누스 도서관의 장서는 여기저기 흩어졌다. 그중 다수의 책이 마차시가 세상을 떠난 직후 강탈되었다. 베아트리체 왕비가 조금 가져갔고, 러요시 2세의 부인인 마리아 왕비도 모하치 전투 이후 피신하면서 또 조금 가지고 갔다. 올러즈 미클로시는 튀르크인들이 장식용 은제 죔쇠를 떼어낸 뒤 나머지 책들을 가져갔다고 생각했다. 그는 모하치 전투가 벌어지기 며칠 전에 부다에서 다른 곳으로 피신할 때, 과거에 보았던 도서관의 모습을 묘사했다. 그곳은 굉장한 구경거리였다. "천장이 둥근 방 2개……그중 하나는 마차시 왕이 매우 신중하게, 그리고 부지런히 모아둔 그리스어 두루마리로 가득 차 있었다.……다른 방에는 라틴어 사본이 있었다. 각 사본은 색을 칠하고 금빛을 수놓은 비단으로 표지를 만들어 제본했다.……대부분의 두루마리는 비단으로 덧씌운 파피루스 고문서였고, 보석으로 만든 장식용 못과 은박 죔쇠가 달려 있었다." 그는 모하치 전투가 끝난 뒤 "그들[튀르크인들]이 일부 책을 찢었고, 나머지 책은 거기 붙어 있는 은을 떼어내어 다른 용도로 써버린 뒤 여기저기 흩어버렸다……"라고 탄식했다.[7]

제6장

부둔, 튀르크인의 도시

우리 앞의 안개, 우리 뒤의 안개, 그리고 우리 밑의 가라앉은 나라.

— 바비츠 미하이

부다페스트를 방문할 때마다 내가 가장 먼저 찾아가는 장소는, 다뉴브 강의 부다 쪽에 위치한 로저돔브(장미 언덕)의 중간쯤에 있는 오래된 자갈 포장도로의 조용하고 외딴 구역이다. 그곳에는 16세기의 이슬람 탁발수도승이자 성인인 궐 바바의 우아한 흰색 영묘가 있다. 그는 예니체리 부대원들의 영적인 행복을 챙기는 벡타시 종단宗團의 수도승들을 감독하는 지리에 있었고, 술레이만 대제의 총신이기도 했다. 부다페스트의 고급 주택가 중 한 곳인 그 구역 주변에는 앙카라 거리, 모스크 거리, 튀르크 거리, 궐 바바 거리 등이 있는데 아침나절에 가보면 보통은 아무도 없다. 추위가 가신 4월에 그 우아한 석묘는 제비꽃 향기에 둘러싸인다. 한 달쯤 지나면 로저돔브에 장미가 핀다. 대부분 궐 바바가 부다로 가져왔다고 하는 분홍색 다마스쿠스 장미이다. 정말로 그가 가져온 장미인지 아닌지는 모르지만, 다마스쿠스 장미와 그 향기는 커피는 물론이고 목욕탕과 파프리카와 더불어 튀르크인들이 부다를 150년 동안 점령했다는 사실을 보여주는 얼마 남지 않은 물리적 흔적이다. 헝가리를 정복한 다른 제국의 지배자들(이를테면 히틀러의 나치 당원들이나 스탈린의 인민위원들)이 부다페스트에 자취를 남긴 방식을 고려하면 나쁘지 않은 유산이다. 로저돔브의 벤치에 앉아 다뉴브 강 일대를 바라보는 것은 역사가가 한가로이 빈둥대며 생각에 잠길 수 있는 유익한 기회이다.*

튀르크인들은 부다를 맹공격하고 궁전을 약탈한 뒤 일단 물러났다. 대신에 그들은 헝가리에서 가장 부유한 지주 중 한 사람인 서포여이 야노시를 앞잡이 통치자로 임명했다. 서포여이는 명목상으로는 독자적이지만 실제로는 술탄에게 충성을 서약하고, 문제를 일으키지 않겠다고 약속한 일종의 부왕副王이었다. 술레이만은 콘스탄티노폴리스로 돌아갔고, 오스만 군도 유럽 정복이라는 목표에 도달하기 위한 다음 단계인 빈 공격을 준비하기 위해서 세르비아와 난도르페헤르바르 인근 지역으로 물러났다. 하지만 1529년에 약 10만 명의 병력과 최신식 대포와 장비를 동원한 그들의 공격은 50일간 이어진 통한의 포위전 끝에 저지되고 말았다.

서유럽은 안도의 한숨을 내쉴 수 있었다. 그런데 헝가리는, 특히 부다는 그럴 수 없었다. 1540년, 튀르크인들이 대거 돌아와 부다에 무혈입성했다. 그들은 부다에 머물면서 난공불락의 요새를 만들기 시작했

---

* 1541년 귈 바바의 사망 이후 얼마 지나지 않아 술탄 술레이만의 기부로 그의 영묘가 조성되었다. 귈 바바의 영묘는 지금도 튀르키예 정부가 헝가리에 지불하는 교부금으로 완벽하게 관리된다. 그곳은 가장 북쪽에 있는 이슬람교도들의 순례지이다.

다. 그 뒤로 부다는 1세기 반 동안 오스만 제국에 점령되었다. 에우리야 첼레비의 기록에 따르면 부다에 입성한 예니체리 부대원들은 "일곱 낮과 일곱 밤에 걸쳐 승전 축하연을 열었다." 1541년 9월, 술레이만도 승리의 행진을 지켜보고, 또 그 얼마 전까지 마차시 성당이었던 뷔위크야미(대大모스크)에서 개최될 추수감사 의식에 참석하기 위해서 귈 바바를 옆에 낀 채 부둔으로 돌아왔다.

14년 전 부다가 약탈을 당한 뒤 독일인 주민들과 헝가리인 장인들 대부분은 각자 재물과 재산을 챙겨 도망쳤다. 가난한 사람들만이 부다에 남았다. 이후 부다에는 소수의 이슬람교도들과 세르비아인들과 그리스인들, 또 그 밖의 정교회 신자들이 새로 들어와 살았다. 부다의 유대인들은 원래 모하치 전투 이후 떠났지만, 나중에 갈리시아와 그 근처 합스부르크 가문의 영지 출신 유대인들과 함께 돌아왔다. 이 무렵 마차시가 겨우 수십 년 전에 자신의 "뛰어넘을 수 없는 위업"이라고 불렀던 곳에는 거의 아무것도 남지 않았다. 그의 궁전에 있던 책과 장식물과 사치스러운 물건들은 사라졌다. 벽은 장식이 벗겨졌고, 회반죽과 도료는 부스러져 가루가 되었다. 이제 그곳은 궁정이 아니라 막사였다. 튀르크인들은 그곳을 일부러 궁전이 아니라 성이라고 불렀다.[1]

원래 함부르크 출신이지만 쉴 새 없이 유럽 도처를 돌아다니던 여행자 겸 모험가인 페터 람베크는 17세기 초엽에 몇 주일간 부다를 방문했고, 마차시의 궁전에 남은 것을 둘러본 뒤 마음이 무척 무거워졌다. 그는 그 궁전을 세계의 불가사의 중 하나로 여기는 옛 기록을 읽은 적이 있었다. 하지만 현장에는 그곳이 과거에 어땠는지를 짐작하게 하는 부분이 많지 않았다.

부다의 궁전에는 안뜰이 몇 개 있고, 그중 하나에는 헝가리 왕들의 문장이 새겨진, 놋쇠로 만든 커다란 수반水盤이 떠받치는 아름다운 분수가 있다.……오른편에는 반암斑岩 재질의 난간과 난간동자欄干童子가 달린 계단이 있다. 식당은 엄청나게 크고, 창문은, 벽난로 선반이 그렇듯이, 기묘하게 조각되고 잘 만들어진 붉은 대리석 재질의 문설주와 균형을 이룬다. 앞에서 말한 식당 끝에는 고상한 정방형 방이 있다.

그러나 궁전의 나머지 부분은 폐허로 전락해 황량했다.

부다는 만약 술레이만 대제가 저승에서 되돌아오면 그곳을 세상에서 가장 우아한 도시로 여긴다는 견해를 철회할 만큼 엉망이었다. 탁월한 저자들이 쓴 1,000권 이상의 희귀하고 훌륭한 서적을 소장하고 있어 이 세계의 영광으로 일컬어졌던 그 유명한 도서관에 대해 말하자면……지금은 너무나 안타까운 곳, 과거의 평판이나 명성이 너무나 무색해진 곳이 아닐 수 없다. 남아 있는 몇 권의 책조차 좀이 쓸고 먼지에 뒤덮이고 쥐가 갉아먹은 나머지 거의 혹은 아예 쓸모가 없기 때문이다.[2]

부다의 성벽 쪽으로 다가가는 방문객들은 일단 감동을 느꼈을 것이다. 얼핏 보기에 부다는 다뉴브 강 기슭에 우아하게 자리를 잡은, 모스크의 뾰족탑과 비잔티움 양식의 돔이 보이는 아름답고 낭만적인 곳이었을 것이다. 그러나 좀더 가까이 다가가서 보면 그곳은 무너지고 있었다. 튀르크인들은 부둔의 겉모습에 무관심했고, 그것을 가꾸는 데에 쓸 돈도 없었다. 그들이 볼 때 헝가리라는 점령지는 오스만 제국의 진정한 일원이 아니었다. 헝가리는 그저 군사 점령지였다. 그들이 세금과 공물을 통해서 등쳐먹을 수 있는 이교도들의 지역일 뿐이었다. 기존의 교회는 이슬람 양식의 뾰족탑이 추가되어 모스크로 변신했고, 원래의 온천 위에 지어진 목욕탕에서는 비잔티움 양식의 돔이 지붕 역할을 맡았다.*

 목욕탕 관리는 튀르크인들이 진지하게 생각하는 얼마 되지 않는 공공 서비스였다. 목욕탕은 위생적 기능뿐 아니라 종교적, 심미적 기능도 수행했고, 지금까지 부다의 기반 시설과 매력의 중요한 부분으로 남아 있다. 튀르크인들은 15개의 목욕탕을 지었다. 그중 대부분이 1540년대 이후 꾸준히 쓰였고, 5개는 2000년대에도 운영되었다.**

 당국의 나머지 업무는 모두 중단되었다. 한때 비교적 효율적이었던 화재 감시 업무도 마찬가지였다. 걸핏하면 불이 났다. 1578년, 화약고가 폭발하는 바람에 대규모 화재가 발생하여 부다의 대다수 구역이 심각한 피해를 입었다. 그 무렵 방문객들은 부다의 거리에서 매장되지 않

---

* 부다 곳곳에 온천이 있다. 겔레르트 언덕 지하에는 온천이 12개나 있다. 겔레르트 언덕은 오스만 시절에는 전투 도중 기도를 드리기 위해서 싸움을 멈췄다가 전사한 보스니아의 전쟁 영웅의 이름을 따 게르즈 엘리아스 언덕으로 불렸다. 튀르크인들은 그 온천들을 "처녀들의 욕실atchik ilidja"이라고 불렀고, 처녀들을 훔쳐볼 수 없도록 온천 수원지 주변에 구조물을 설치했다. 그 구조물은 1686년에 합스부르크 제국군이 부다를 빼앗았을 때 포격으로 파괴되었지만, 몇 세기에 걸쳐 재건되어 2020년대에도 남아 있다.

** 부다와 유럽의 다른 지역에 있는 "튀르크식 목욕탕"은 튀르키예 현지나 레반트 지방이나 북아프리카에서 눈에 띄는 전통적인 목욕탕과 동일하지 않다. 구조가 전혀 다르다. 튀르크식에서는 목욕탕의 한가운데 공간은 한증막이 아니라 차가운 물부터 매우 뜨거운 물이 담긴 욕조 몇 개로 이루어진 넓은 방이다. 부다페스트 최초의 오스만식 목욕탕으로 지금도 가동 중인 루더시 목욕탕이 가장 좋은 사례이다.

부둔, 튀르크인의 도시

은 채 방치된 시체들을 목격했다고 전했다. 부다는 명목상으로는 어느 정도 자치권이 있었다. 여전히 의회와 행정 당국이 있었다. 그러나 의회와 행정 당국은 튀르크인들의 명령을 집행할 뿐이었다. 작센 출신의 한스 데른슈밤은 1580년대에 집으로 보낸 편지에서 이렇게 말했다. "가옥들이 하나씩 무너지고, 비와 눈을 막아주는 몇 개의 거처 말고는 새 건물이 전혀 지어지지 않아요. 돌이나 진흙이나 나무로 벽을 즉석에서 만들어 강당이나 큰 방을 여러 개의 작은 방으로 나눕니다. 지하 저장실은 쓰레기로 가득합니다.……집은 있는데 주인은 없습니다."[3]

튀르크인들은 기독교와 기독교인을 경멸했지만, 관용을 베풀었다. 개신교도들과 가톨릭교도들은 조각상들이 모조리 철거된 성녀 마리아 막달레나 성당을 함께 이용했지만, 튀르크인들은 신교와 구교 간의 복잡미묘한 상황을 이해하지 못하거나 당시 기독교 세계의 심각한 분열상에 신경을 쓰지 않았다. 21세기의 서양인들 가운데 수니파와 시아파의 차이를 알거나 거기에 관심을 두는 사람이 드물 듯이, 그 무렵의 튀르크인들은 프로테스탄트 개혁을 잘 알지 못했다. 루터파 신자들과 가톨릭교도들이 1580년대에 성녀 마리아 막달레나 성당의 사용권을 두고 다퉜을 때, 부다의 태수begler beyi는 오른쪽 회중석에는 가톨릭교도들이, 왼쪽 회중석에는 개신교도들이 앉도록 했다.

기독교인들과 이슬람교도들은 그런대로 사이좋게 살았다(헝가리인 주민 대부분은 오랫동안 부다에 남아 있었다). 시장에서 기독교인 상인들은 돼지고기와 포도주를 팔았고, 튀르크인들은 양고기와 셔벗과 커피를 팔았다. 특히 커피는 처음에는 값이 비쌌지만 이슬람교를 믿지 않는 "이교도들"이 금세 좋아하게 된 몇 가지 상품 중 하나였다. 훗날 부다페스트의 문화에서 더없이 중요해지는 중유럽의 카페는 그렇게 탄생했다.

  수요가 너무 적은 탓에 모든 상품의 거래가 대체로 위축되었다. 부다 언덕의 포도밭들이 못쓰게 되어버리자, 그곳 주민들은 16세기부터 많이 재배된 작물인 옥수수 등의 다양한 채소 재배법을 배웠다. 그러나 핵심적인 문제는 부다의 인구가 150년간의 오스만 점령기에 계속 감소했다는 사실에 있었다. 출생률이 급감했고, 주민들은 여러 세대에 걸쳐 더 나은 삶을 위해서 합스부르크령 헝가리 왕국이나 트란실바니아로 떠났다. 인구는 모하치 전투 직후 급감했고, 이후에도 꾸준히 감소했다. 헝가리 전체로 볼 때, 세금을 내는 튀르크인 가구 수는 1577년의 5만8,742가구에서 1663년의 1만2,527가구로 감소했다. 1620년대의 어느 시점에 부둔의 독일인과 헝가리인 주민은 2,000명을 크게 넘어서지 않았다. 헝가리 주둔 튀르크 군의 병력은 발칸 반도에서의 군사 작전에 따라 증감을 되풀이했지만, 평균은 약 4,000명이었다. 부다에 거주하는 튀르크인 관리들과 상인들과 장인들은 1,000명을 넘지 않았다. 군 사령관과 행정 장관과 최고책임자의 역할을 합쳐놓은 태수를 제외하고 가장 중요한 튀르크인 관리는 징세관인 데프테르defter였다. 헝가리를 점령한 동안 세월이 흐르면서 튀르크인들은 융통성을 발휘하는 요령을 배웠다. 그들은 가장 서쪽에 있고 가장 형편이 좋은 유럽 땅의 식민지를 파괴하고 싶어하지 않았고, 오히려 그로부터 이득을 얻기를 바랐다. 그들은 현지의 관습과 풍습을 뒤엎는 데에는 관심이 없었다.

  오스만 제국의 통치 덕분에 큰 이익을 챙긴 집단이 하나 있었다. 튀르크인들의 헝가리 점령은 유대인들에게 이득이 되었다. 많은 유대인들이 여전히 유대인 집단 학살이 자행되는 합스부르크 제국의 영토에서, 혹은 칼뱅파가 득세하고 유대인들이 헝가리에서만큼이나 괄시를 당하는 트란실바니아에서 탈출하려고 했다. 많은 유대인 가족들이 훨씬 더 멀리 떨어진, 그리고 상황이 한층 더 열악한 발칸 반도에서 건너왔다. 1580년대에 유대인들은 부다의 "헝가리인" 인구의 20퍼센트 정도를 차지했다. 1680년대에 부다에 있는 유대인은 1,000명이 넘었다. 튀르크인들은 유대인들에게 종교의 자유(17세기 중엽 부다에는 유대교 예배당이 3개 있었다)와 공동체 형성의 자유, 그리고 어느 정도의 법적 자치권을 허용했다. 하지만 그들은 높은 세금을, 즉 과거에 기독교인 통치자들이 부과했던 것보다 훨씬 높은 세금을 요구했고, 유대인을 상업에 이용했다. 유대인들은 다뉴브 강을 따라 제국 영토를 가로질러 부다의 동쪽으로 펼쳐진 수익성 높은 교역로를 누볐다. 부다의 태수는 유대인들이 기독교 신자인 헝가리인들에게 부당한 대우를 받은 사건에서 종종 유대인 편에 서서 개입했다. 유대인들은 부다를 탈환하려는 합스부르크 왕가의 산발적 시도에 맞서 부다의 방어 태세를 지원하는 방식으로 튀르크인들에게 보답하고는 했다. 그리고 오스트리아인들이 결국 부다를 수복했을 때, 큰 대가를 치르게 되었다.[4]

유럽의 식민지 영토를 통치할 때 튀르크인들은 고위 관리들을 절대로 한 장소에 장기간 머물도록 하지 않았다(중동 지역에서는 그렇게까지 하지는 않았다). 그들의 관심사는 종주권을 유지하고 엄청난 세금을 공물로 거둬들이는 것뿐이었다. 전체적으로, 관리들은 지위가 높을수록 헝가리에서 보내는 시간이 더 짧았다. 그 주된 목적은 관리들과 현지인들간의 개인적 관계가 강화되는 일을 예방하는 것이었다. 1세기 반의 점령기 동안 부다에는 최고위직인 태수가 총 99명 파견되었다.

오스만 통치기 초반 수십 년 동안, 태수는 궁전 아래쪽의 정원에 있는 허름한 저택에 살았다. 1580년대에 외교 사절로서 부다를 방문한 보헤미아의 어느 귀족은 다음과 같이 상세히 말했다. 금요일마다 "태수는 행렬과 함께 모스크로 향했다.……행렬의 선두에는 예니체리 부대원 수백 명이 있었고, 그 뒤를 시파히, 즉 튀르크 기병들이 따랐다. 마지막에는 화려한 금빛 옷을 입은 태수가 나타났다.……그가 약 2시간쯤 모스크에 머물고 나면 다시 똑같은 순서로 행진이 시작되었다."

세월이 흘러 1610년경부터 태수들은 성 안에 있는 옛 프란치스코회의 성 요한 수도원에 약간 고급스러운 거처를 마련했다. 그러나 무스타파 모스크와 목욕탕 단지, 그리고 이스탄불의 술레이마니예 모스크를 설계한 이름 높은 건축가인 미마르 시난이 부다 왕성 언덕의 남서쪽에 지은 이슬람교 신학교 같은 소수의 공공건물을 제외하면, 부다의 풍경은 안쓰러웠다. 1650년대에 독일 황제의 특사는 아래와 같이 그 광경을 묘사했다.

왕실의 소재지인 헝가리의 수도는 이제 폐허가 되어버렸다. 그곳에는 튀르크인들이 말을 둘 곳으로만 쓰고 전혀 돌보지 않은 바람에 여기저기 장대로 받쳐둔 여러 채의 가옥과 저택이 서 있었다. 그곳에서는 어디서나 빗물이 들어올 수 있다.……그들은 쥐나 도마뱀이나 족제비나 전갈이 집 안에 들어와 살아도 신경 쓰지 않는다.……그들은 순례자의 임시 거처인 양 집을 쓴다. 그저 서리와 열기와 바람과 눈으로부터 몸을 보호하면 된다. 황제가 다른 곳으로 옮기라고 명령하면 그들은 곧장 그렇게 할 것이다. 고귀한 영주들은 집을 멋진 정원으로 에워싼다. 정원에는 목욕탕이 있다.……그 외에는 아무것도 짓지 않고, 집이 완전히 허물어지도록 놔둔다."5

그러나 그들은 부다의 요새 역할은 유지했다. 요새로서의 부다의 주요 기능은 오스만 제국의 발칸 반도 영토를 지키는 것이었다. 부다는 장기간 평화가 이어지는 동안에도 전투태세를 갖추고 있었다. 에우리야 첼레비는 이렇게 기록했다.

빈 문(부다 왕성 북쪽 끝의 문. 헝가리어로는 베치 커푸Bécsi kapu/역주)에는 철문 몇 개가 있다. 철문 사이의 공간은 둥근 지붕처럼 휘어 있어 하늘이 보이지 않는다. 7월에 거기 있으면 기분이 상쾌해진다. 각 철문은 50보씩 떨어져 있다. 성벽에는 수천 개의 갖가지 무기들이 놓여 있고, 성을 지키는 무장 군인들은 언제라도 싸울 준비가 되어 있다. 각 철문의 둥근 천장에는 쇠창살이 교묘하게 설치되어 있고, 쇠창살 밑에는 미늘창과 창이 달려 있다. 그리고 쇠창살은 전투가 벌어질 때 적군을 내려찍을 수 있도록 사슬에 걸려 있다. 창은 적군 몇 명의 몸을 꿰뚫고 입

---

* 부다의 태수 중 흔적을 남긴 인물은 거의 없다. 예외이자 가장 유명한 인물은 1566-1578년에 무려 12년 동안 부다 태수직을 맡은 소콜루 무스타파이다. 어느 모로 보나 그는 비교적 자비로운 태수였다. 둥그스름한 체격으로 유명한 그는 부다에 모스크 6채와 목욕탕 12개를 지었다. 부다의 마지막 태수인 압두라만은 합스부르크 제국군에 맞서서 부다를 지키다가 사망했다. 어느 오스트리아인 장군이 "용맹한 적의 명복을 빌고자" 만들어준 작은 기념 현판이 오늘날에도 서 있다.

구를 막을 수 있다.

1578년에 부다의 많은 구역에 큰 피해를 입힌 화재의 원인은 프리시 궁전에서 일어난 폭발이었다. 13세기의 지그몬드 왕 시절까지 거슬러 올라가는 옛 왕성의 심장부로서, 한때 당당한 외관을 자랑했던 그 건물은 일찍이 대형 무기고 및 화약고로 바뀌었다. 폭풍우가 몰아치던 어느 여름, 벼락이 내리치면서 거대한 폭발을 일으켰다. 수많은 석재가 저 멀리 날아갔고, 다뉴브 강의 부교, 다뉴브 강 항구의 건선거乾船渠 대부분, 성의 많은 부분을 부숴버렸다.

오스만 점령기와 (그보다 훨씬 더 짧은) 소련식 일당독재국가의 통치기는 종종 비교의 대상이 되곤 한다. 어떤 측면에서 그 두 기간은 유사했다. 그러나 간헐적인 맹공격을 별도로 하면, 튀르크인들은 상대적 관용과 문화적 다양성을 갖춘 제도를 운영했다. 태수들이 허용한 자유는 400년 뒤의 공산독재 체제의 당수들이 감히 상상할 수 없던 수준이었을 것이다.[6]

제7장

전리품 분배

뽐내기 좋아하는 저 독일인들에게 쫓겨다니네,
이교도인 튀르크인들에게 잡힐 뻔했네.
바라건대 아름다운 부다에 다시 살 수 있다면.
저 헝가리 귀족들이라면 지긋지긋하지.
저들은 우리 조국을 버림받고 사악한 곳으로 만들었지.
바라건대 아름다운 부다에 다시 살 수 있다면.

— 보르네미서 페테르

모하치 전투 이후에 옛 헝가리는 세 부분(오스만 제국령 헝가리, 트란실바니아, 합스부르크령 헝가리 왕국/역주)으로 쪼개졌다. 튀르크인들은 부다와 다뉴브 강 하류 방향의 다른 요새 도시들과 트란스다뉴비아(헝가리어로는 두난툴/역주)를 직접 통치했다(헝가리 중남부의 드넓은 땅인 트란스다뉴비아에는 그들이 발칸 반도를 거쳐 이스탄불까지 거침없이 돌아갈 길이 나 있었다). 오늘날의 헝가리보다 훨씬 더 넓었던 트란실바니아는 반+독립적인 지역이었지만, 튀르크인들은 최종 권한, 해마다 많은 양의 돈과 물품을 공물로 요구했다. 그리고 요구 조건이 충족되면 트란실바니아 사람들의 자치를 허용했다. 세 번째 부분인 이른바 합스부르크령 헝가리 왕국은, 서부 헝가리의 대부분과 슬라보니아, 크로아티아의 약 3분의 2, 슬로바키아, 그리고 고대 도시인 데브레첸을 포함한 동부 헝가리의 일부분으로 이루어져 있었고, 인구는 총 120만 명이었다.

150년간의 점령기 동안 튀르크인들이 통치하는 지역들에서는 인구가 비참할 정도로 감소해 농촌이 황무지로 변하고 농민의 생활방식이 무너졌다. 과거에 기름진 농토가 펼쳐져 있던 지역인 쇼모지 주의 경우, 1571년에 1만1,200가구가 있었는데 1671년에는 106가구만 남았다. 17세기에 헝가리는 대규모 유행병과 천연두에 시달렸다. 다뉴브 강과 또 하나의 주요 하천인 티서 강의 홍수 조절과 배수를 소홀히 하는 바람에 수십 년 전까지 농토였던 곳에 방대한 늪지대와 습지대가 생겼다. 헝가리는 말라리아를 비롯한 질병의 온상이 되었다. 게다가 많은 지주들의 격분에도 불구하고 튀르크인들은 오스만 제국의 다른 영토에서 노예로 부리기 위해 헝가리의 농노들을 집단적으로 납치했다. 1596년, 페스트 근처의 서볼치 주에서 약 1만 명의 농민들이 납치된 뒤 남쪽으로 끌려가 중동에서 노예로 전락했다. 10년 뒤, 그 비슷한 숫자의 농민들이 부다에서 100킬로미터 떨어진 쇼프론에서 납치되었다. 이후 세르비아인과 그리스인과 루마니아 동부 출신의 왈라키아인 무리가 헝가리 농민들이 대거 납치된 일부 지역으로 들어와 자리를 잡았다. 1526년의 모하치 전투 직후, 가장 부유한 귀족들은 대부분의 지역을 튀르크인들에게 점령당한 헝가리를 떠나버렸고 비교적 형편이 좋지 않은 귀족들만이 그대로 머물러 있었다. 가톨릭교를 믿은 지주 일레슈하지 이슈트반은 폐허로 변한 저택에 남아 "주님이 [이번에]······나를 살려주시지 않았다면 오래 전에 이 지긋지긋한 세상을 떠날 수 있었을 텐데. 하느님의 은총 속에 죽어 이 참사를 겪지 않은 사람들은 행복하다"라고 썼다.[1]

합스부르크령 헝가리 왕국의 사람들 대다수도 삶이 고달프기는 마찬가지였다. 당대의 한 역사가가 남긴 기록에 따르면 "합스부르크 제국의 용병들과 그들의 적인 튀르크인들이 국경 지대에서 진격과 후퇴를 거듭하며 주변을 초토화했듯이" 합스부르크 제국 치하에서도 오스만 제국 치하에서도 생존은 투쟁이었다. 어느 측면에서 볼 때, 합스부르크령 헝가리 왕국은 부다보다 사정이 더 나빴다. 부다의 튀르크인들은 최소한 종교의 자유를 허용했다. 그곳에서는 모든 기독교인이 이교도였지만, "책의 사람들people of the book(『코란』에서 말하는 이교도, 즉 기독교인과 유대인/역주)"로서 용인되었다. 그러나 헝가리는 16세기와 17세기에 유럽 기독교 세계를 갈라놓은 종교 전쟁의 주된 싸움터 중 한 곳이 되었다. 프로테스탄트 개혁은 예배에서 라틴어가 아닌 자국어를 쓴다는 전례典禮상의 이유로, 그리고 명백한 영적인 이유로 헝가리에서 눈부신 속도로 세력을 얻었다. 헝가리에서의 프로테스탄트 개혁은 특히 합스부르크 제국이나 오스만 제국 같은 외세의 지배를 향한 적개심의 표현이었다. 1600년경, 헝가리 인구의 4분의 3 이상이 이런저런 개혁주의 교파를 선택했다. 합스부르크령 헝가리 왕국에서는 주로 루터파가, 트란실바니아에서는 원조元祖만큼 엄격하지는 않은 칼뱅파의 한 형태가 선택되었다. 트란실바니아의 소도시 콜로주바르(오늘날의 루마니아의 도시인 클루지)에는 제네바에 이어 세계에서 두 번째로 칼뱅파 대학교가 생겼다.

 황제 카를 5세의 말에 따르면, 합스부르크 왕가는 "믿음의 창끝"으로, 이에 따라 참된 교회를 위한 싸움, 즉 반反프로테스탄트 개혁을 주도했다. 오스트리아인들과 신성 로마 제국의 시각에서 보자면, 교황의 영도하에서(그리고 물론 합스부르크 왕가 치하에서) 기독교 세계가 단결하는 일은 튀르크인들에 맞선 성전보다 더 중요했다.

 헝가리인들은 이단자들일 뿐 아니라 제국에 저항하는 반역자들이었고, 제자리로 돌아가야 할 사람들이었다. 그 말썽꾼들을 다시 가톨릭교 신자로 개종시키는 일을 맡은 고위 성직자 파즈마니 페테르는 "헝가리인을 처음에는 노예로, 나중에는 거지로, 끝내는 로마가톨릭교 신자로 만들었다"며 자랑했다. 헝가리인들의 저항을 진압하는 일을 책임진 군인은 유명한 이탈리아인 용병이자 신성 로마 제국의 장군인 라이몬도 몬테쿠콜리였다. 그는 헝가리인을 몹시 싫어했다. "이 배은망덕하고, 고집 세고, 자꾸 대드는 자들을 설득해 분수를 지키도록 하기는 불가능하다. 관용을 베풀어 끌어안거나 법으로 다스릴 수도 없다. 두려움을 모르는 민족을 두려워해야 한다. 따라서 그 민족의 의지는 쇠망치로 때려 부수고, 그 민족이 제자리를 엄격히 지키도록 만들어야 한다.……반항적인 말의 사나움은 명주실로 다스릴 수 없고, 쇠로 만든 재갈로만 다스릴 수 있다.……이 헝가리인 반역자들과 도적들은 비열하다." 이것은 오스트리아의 합스부르크 왕가 사람들 대부분과 제국의회의 모든 구성원이 공감하는 의견이었다.[2]

 헝가리의 토지 대부분을 소유하고 있으며 가장 부유하기도 한 유력자들은 모두 튀르크인 치하의 헝가리를 저버리고 합스부르크 왕가와 운명을 함께했다. 그들은 황제에 대한 충성심과 가톨릭교 신앙을 지킨 대가로 제국의 더 호사스러운 직함을 얻었고, 기존의 봉건 특권을 유지했다. 황제는 그 부자들 가운데 약 60명을 백작에 임명하고 몇 명에게는 "세습 공작"이라는 칭호를 내렸는데, 그 결과 팔피, 나더슈지, 에스테르하지, 베셸레니, 포르가치, 차키 같은 유력 가문이 생겼다. 그 새로운 상류층은 혁명이라는 매우 짧은 막간을 빼고는 20세기까지 헝가리의 주류 세력을 이루었다. 그들은 세금을 내지 않았고, 농노를 계속 소유했으며, 그중 일부는 헝가리 분열기에 재산을 엄청나게 불렸다. 황제는 그 귀족들에게 로봇robot, 즉 강제 노동을 늘리도록 주장할 권리를 부여했다. 마차시 시절, 강제 노동은 1년에 52일로 제한되었다. 1550년에는 1주일에 2일이었다. 1570년에 이르자 강제 노동은 합스부르크령 헝가리 왕국의 여러 지역에서 1주일에 3일로 늘어나 오스만 점령기의 막바지까지 이어졌다. 농민들은 궁핍해졌고, 1580년대부터 1690년대까지 수십 년간 기근이 끊이지 않았다. 여전히 가톨릭교를 믿었으나 합스부르크 왕가를 싫어하는 합스부르크령 헝가리 왕국의 몇몇 귀족 중 한 사람인 페트뢰치 이슈트반은 이렇게 썼다. "소중한 조국과 국민의 비통한 황혼을 지켜보는 우리 두 눈은 눈물로 가득하다. 여태까지 이 세상에 사랑하는 우리 나라를 무너트릴 만큼 강한 나라는 없었기 때문이다.……깨닫기 바란다. 진정한 헝가리인들이여, 독일인들이 종교와 무관하게 헝가리인의 나라를 증오한다는 사실을 믿도록 하라."

　몇몇 이방인들은 유명한 헝가리 귀족들의 과시적 화려함에 충격을 느꼈다. 1650년대에 합스부르크령 헝가리 왕국의 수도인 포조니를 방문한 어느 스웨덴인이 합스부르크 왕가에 극단적인 충성을 바치는 에스테르하지 미클로시 백작이 주최한 잔치에 초대되었다. 에스테르하지 미클로시 백작은 뉘른베르크의 판각가인 토비아스 자이틀러가 만든 커다란 은주전자를 자랑삼아 보여주었다. 스웨덴인은 이를 둘러싼 역설을 이야기했다(그 은주전자에는 에스테르하지 일족이 마자르족 부족장인 외르시, 아르파드, 후노르 등과 혈연이자 아담의 후손들인 것처럼 묘사되어 있었다). "헝가리인 4명 중 3명은 합스부르크 왕가 사람들과 오스트리아인들을 불구대천의 원수로 여기는 지경에 이르렀다. 이 독특하고 별난 국민들은 독일인을 향한 믿기 힘들 정도의 증오심을 품고 있고, 독자적인 왕을 선출하기를 바란다. 헝가리인들은 황제의 군인들이 튀르크인들만큼 극악무도한 짓을 많이 저질렀다고 불평했다. 헝가리인들이 볼 때 기독교인으로 자처하는 자들이 그랬으니 더 괘씸했다."[3]

그 당시에 애국자이자 군인이자 지도자이자 애호가이자 정치인으로서 유명하고, 결국에는 시인으로서 가장 큰 영향력을 행사한 즈리니 미클로시(1620-1664)라는 걸출한 인물이 있었다. 그는 크로아티아의 반 Bán(총독)이자 튀르크인들에 맞서서 싸운 용맹하고 대담한 장군이기도 했다. 즈리니는 합스부르크 왕가를 싫어했을 뿐 아니라 자신과 같은 부류의 많은 사람들도 싫어했다. 그는 "우리는 서로 미워하는 게으른 주정뱅이들이다.······헝가리인만큼 귀족 칭호를 그토록 자랑하는 국민, 그리고 하느님이 지켜보셨듯이, 자신의 고귀함을 유지하고 증명하기 위해서 그토록 애쓰는 국민은 없다"라고 말하곤 했다. 하지만 그는 튀르크인들을 훨씬 더 혐오했고, 오스만 점령기가 종식되기 전에는 헝가리가 다시 독립국으로 돌아갈 가망이 없다고 확신했다. 많은 사람들이 헝가리에서 일어나는 전쟁과 혁명과 국가적 사건의 촉매제는 항상

시詩였다고 말한다. 이런 맥락에서 멋진 분위기를 자아내는 즈리니의 서사시「시게트 포위전」은 상징적이다. 술레이만 1세의 예니체리 부대원들에 맞선 1566년 시게트 포위전에서는 즈리니의 증조부가 전사했는데, 이 시에는 즈리니의 재치와 성격이 많이 드러나 있다.

> 그 옛날 나는 젊은 마음으로
> 달콤한 사랑의 시를 만나 기뻐하고
> 비올라의 치명적인 잔인함에 맞서 싸웠노라.
> 허나, 이제 더 요란하고 군인다운 시를 노래하리라.
> 무기와 병사들을, 튀르크인들의 힘을
> 술탄과 용감하게 맞선 그를 노래하리라.
> 온 유럽에서 사람들의 심장을 떨게 한
> 위대한 통치자 술레이만의 무력의 격노를 기다리며.

분열된 헝가리의 한 부분인 트란실바니아는 헝가리 주권의 본거지였다. 트란실바니아의 역대 통치자들은 오스만 제국의 대재상부에 폐를 끼치지 않고 공물을 제때 바치는 한, 독자성을 유지할 수 있었다. 그들은 합스부르크령 헝가리 왕국과도 분리되어 있었고, 합스부르크령 헝가리 왕국과 통합하기를 꺼렸을 뿐만 아니라 부다와 오스만 군이 길을 막고 있어서 합스부르크 군이 트란실바니아 공국에 쳐들어오지 못한다는 사실에 만족했다. 어쨌든 튀르크인들은 트란실바니아와 합스부르크령 헝가리 왕국이 절대 통일되지 않을 것이라고 주장했다. 1570년대에 발칸 반도를 담당하는 술탄의 부왕인 대大무프티는 트란실바니아 공작이자 트란실바니아 최대의 지주인 바토리 이슈트반에게 이렇게 말했다. "우리는 절대로 당신들이 헝가리와 통일하도록 놔두지 않을 것이오. 트란실바니아는 술레이만 술탄께서 만들어내신 것이고, 막강한 술탄의 재산이오.……우리는 우리의 것을 다른 누구에게 주지 않소."*4

트란실바니아 사람들은 당시 유럽에서는 이례적으로 용인된 종교의 자유를 결사적으로 지켰다. 트란실바니아에서는 칼뱅파가 작은 차이로 과반이 되었지만 가톨릭교도들도 많았고, 루터파 작센인들과 세케이인들도 다수 있었으며, 트란실바니아 동부에는 정교회를 믿는 왈라키아계 루마니아인들도 많았다. 1568년, "모든 이는 자기가 원하는 신앙을 지켜야 한다.……마을 사람들은 그들이 매력을 느끼게 설교하는 사람을 둘 수 있어야 한다.……신앙은 하느님의 선물이기 때문이다"라고 선언하는 법이 국회를 통과했다.

---

* 바토리의 머리에는 다른 생각이 담겨 있었을 것이다. 그는 폴란드 국왕이 되었고, 늘 가족 간의 다툼으로 골머리를 앓았다. 바토리 가문은 당시 유럽에서 가장 연줄이 좋은 가문 중 하나로, 수많은 종실宗室과 관계를 맺고 있었다. 그러나 슬쩟하면 추문이 터졌다. 지그몬드는 문란한 성적 방탕과 비이성적 폭력으로 유명했다. 나중에 공작이 되었지만, 다섯 번이나 공작 작위를 잃었다. 바토리가 내린 가장 교활한 결정 중 하나는, 그의 사촌누이이자 역사상 가장 많은 사람을 죽인 여성 연쇄 살인마임이 분명한 에르제베트를 처리하는 방식에 대한 결정일 것이다. 그녀는 16세기 중엽에 30년 동안 하녀 수십 명(어떤 기록에 의하면 수백 명)을 고문하고 살해했다고 한다. 에르제베트의 활동 무대는 트란실바니아였고, 전설에 의하면 그녀는 희생자들의 피로 목욕을 했다고 한다. 에르제베트의 만행에 대한 고발이 쏟아졌지만, 그녀는 『고타 연감Almanach de Gotha』(1763년에 처음 발간된 유럽의 왕족과 귀족의 인명록/역주)에 수록된 여러 가문과 연관되어 있었기 때문에 처벌을 받지 않다가 마침내 체포되어 재판을 받고 유죄를 선고받았다. 그녀는 부다에서 75킬로미터 떨어진 곳에 있는 자신의 성에 감금된 채 말년을 보내야 했다.

헝가리 농촌의 관점에서 보면, 16세기부터 17세기 말엽까지는 대체로 비극의 시기였다. 비극은 농촌의 신사계급, 특히 개신교를 믿는 신사계급에게도 찾아왔고, 그들 중 다수가 소농으로 전락했다. 그들이 비극을 이겨내고 원래 자리로 돌아오기까지 100년이 넘게 걸렸다. 1717년 1월에 헝가리를 거쳐, 남편이 오스만 제국 주재 영국 대사로 있는 이스탄불로 향하던 메리 워틀리 몬터규 부인은 여동생에게 편지를 썼다.

우리는 이틀 내내 세계에서 제일 멋진 평원을 지나며 [코마롬]과 부다……사이를 오갔어. 그 평원은 마치 포장된 듯 평평하고 비옥하지만, 대부분 버려진 채 놀고 있고, 튀르크인과 황제 간의 오랜 전쟁 탓에, 또 개신교에 대한 야만스러운 박해로 일어난 더 무자비한 내전 탓에 못 쓰게 되었어.……사실, 그 왕국의 한때 번창했던 모습을 되새기고, 지금은 사람이 거의 살지 않는, 그토록 고귀한 곳을 보면서 헝가리 땅을 돌아다니는 것보다 더 울적한 일은 없을 거야.[5]

제8장

부다 탈환

> 어머니의 자궁 속 아이조차 살려두지 않았다.……붙잡힌 사람들은 모두 죽어야 했다. 나는 그곳에서 벌어진 일에, 들짐승보다 인간이 인간에게 훨씬 더 잔인해질 수 있다는 사실에 망연자실했다.
>
> — 요한 디츠(브란덴부르크 부대 소속 군의관)

1560년대부터 합스부르크 왕가는 튀르크인들의 손아귀에서 부다를 "해방하려고" 몇 차례 시도했다. 그러나 전력을 다해 접근한 적은 한 번도 없었고, 그 모든 시도는 상당한 군사적 중요성을 띤 행보라기보다는 보여주기에 가까웠다. 1602년 신성 로마 제국 황제의 군대가 일시적으로 페스트를 점령했지만, 그 무렵의 페스트는 소수의 목조 건물로 이루어진 거의 무방비 상태의 촌락으로, 성이 있는 부다와 달리 방어가 견고한 근거지가 아니었다. 오스트리아인들은 몇 주일 만에 페스트에서 다시 쫓겨났다. 1683년, 돌파구가 마련되었다. 튀르크인들의 교만함 탓에 생긴 기회였다. 술레이만 대제는 1529년에 빈을 점령하는 데에 실패했다. 술레이만과 그의 직계 후계자들은 현실적으로 헝가리와 오스트리아의 국경이 유럽 내에서 오스만 제국의 손길이 닿을 수 있는 가장 서쪽일 가능성이 크리라는 사실을 받아들였다. 이후 오스만 제국과 합스부르크 제국 간의 소규모 충돌이 있었지만, 본질적으로 그것은 가끔 몇몇 장소에서만 뜨겁게 타오르는 오랜 냉전이었다.

1683년, "사냥꾼" 메흐메드 4세는 1세기 반 동안의 교착 상태를 뒤로한 채 빈을 점령하고자 최신식 공성 장비를 갖춘 10만 명 이상의 대군을 급파했다. 그는 "위대한" 조상의 업적에 맞먹거나 그것을 뛰어넘으려는 포부를 품었다. 그러나 오스만 군은 폴란드의 왕 얀 3세 소비에스키가 이끄는 눈부신 방어전에 고전하다가 격퇴되었고, 결국 헝가리에 있는, 방어가 견고한 근거지들로 물러났다. 그것은 오스만 제국이 추구한 팽창의 종료점이자 오랫동안 서서히 진행된 쇠퇴의 출발점이었다. 교황 인노켄티우스 11세의 부추김에 고무된 신성 로마 제국 황제 레오폴트 1세는 기회를 포착했고, 휘하의 군사 고문들은 그것을 본인들의 이익을 챙기고 부다를 탈환할 기회로 삼았다. 하지만 그들이 일으킨 군대는 강군強軍 근처에도 가지 못했다. 1684년의 부다 포위전은 최소 6,000명을 희생시키고 주변의 작물과 농촌을 망쳐놓은, 통탄할 만한 실패작이었다. 합스부르크 군은 후퇴했지만, 곧바로 재공격을 계획했다.

그로부터 2년 뒤, 황제와 교황청은 노련한 장군이자 튀르크인들과의 전투에서 단 한 번도 패배한 적 없다고 주장 가능한 인물인 로트링겐 공작 카를의 지휘하에 재공격에 나서도록 5만 명의 병력을 모았다. 교황은 성전을 통해 유럽 도처의 기독교인들의 땅에서 이교도들을 몰아내겠다고 선포했다. 군대는 주로 황제의 병사들로, 즉 오스트리아 부대, 바이에른 부대, 브란덴부르크 부대, 작센 부대, 슈바벤 부대와 이탈리아, 스페인, 프랑스, 스웨덴, 스코틀랜드, 잉글랜드 출신의 자원자들과 용병들로 구성되었다. 그 군사 행동을 가장 적절히 설명한 기록 중 하나인 잉글랜드의 사략선私掠船 선장 제이콥 리처즈의 『부다 포위전 일지 A Journal of the Siege of Buda』에 의하면, 자원자들에는 귀족들과 직업군인들, 그리고 "교황 인노켄티우스의 명령에 따라서, 혹은 모험심때문에, 군인으로서의 평판을 얻거나 최신 병법을 터득하고자 지원한" 일반인들이 포함되어 있었다. 자원자 중에는 잉글랜드의 왕 제임스 2세의 열여섯 살 먹은 사생아인 제임스 피츠제임스도 있었다. 그는 아버지의 부름을 받고 파리에서의 학업을 중단하고 참전했다.* 헝가리인들은 헝가리를 "해방하기" 위한 그 군사 행동에 많이 참가하지 않았다. 로트링겐 공작 휘하의 군대에는 헝가리인이 채 8,000명이 되지 않았고, 그중 다수가 합스부르크 왕가와 동맹을 맺은 귀족들이나 용병들이었다. 그 군대는 "헝가리인들"이 주도하는 해방군이 아니었다.[1]

부다의 방어력에 대해서는 현실적인 판단을 내리고 있었지만(오스만의 대재상 아바자 시야부스는 부다 성이 "난공불락이고, 난공불락인 것으로 드러날 것이다"라고 주장했나), 1686년 봄에 부다에서 북서쪽으로 70킬로미터 정도 떨어진 파르카니(오늘날의 슈투로보)에 집결한 군대에는 낙관적인 분위기가 흐르고 있었다. 여러 개의 너벅선 소함대가 다뉴브 강을 따라 천천히 이동하고 군인들이 다뉴브 강의 양쪽 기슭을 따라 진군했다. 당시 침공군은 압도적인 무기와 장비를 갖추고 있었다. 제이콥 리처즈의 기록에 의하면 대포와 박격포 188문, 56만 킬로그램 상

---

* 그 청년은 부다 포위전 기간에 몇 차례 무훈을 세웠고, 이듬해에 아버지인 제임스 2세는 그를 베릭 공작에 임명했다.

당의 화약, 300킬로그램 상당의 도화선, 2만5,000킬로그램 상당의 납, 포탄 11만2,000발, 수류탄 5만4,000개, 막대한 양의 식량과 의약품 등등이 있었다. 거기에 잉글랜드와 프랑스와 스페인 출신 용병 1만5,000명이 합세한 뒤 침공군은 1686년 6월 초순에 부다의 성벽 앞에 당도했고, 페스트에 본 군영을 설치했다.[2]

부다를 지키는 오스만 군 병력은 불과 1만2,000명이었다(1년 전에는 약 1만5,000명이었다). 부둔의 제99대 태수이자 술탄이 신임하는 알바니아인 혈통의 매우 노련한 군사령관, 68세의 아브디 압두라만이 그들을 이끌었다. 부다의 튀르크인들은 당분간 원병이 오지는 않으리라는 사실을 알고 있었지만, 매우 효율적인 방어 시설을 갖추고 있었다. 게다가 오랜 포위전을 견딜 만큼 자신들이 물자를 충분히 비축하고 있다고 확신했다. 부다에는 1,000명 내지 1,200명의 유대인들이 살고 있었고, 그들은 부다를 통치하는 튀르크인들의 가장 열렬한 지지자들이었다. 1600년대 초엽에 빈에서 모든 유대인이 추방되었고, 합스부르크 제국의 대다수 지역에서 유대인의 토지 소유가 금지되었으며, 툭하면 집단학살을 겪어야 했기 때문이다. 그들은 오스트리아 제국이 부다를 다시 장악하면 어떤 일이 벌어질지 알고 있었다.

 부다 포위전이 끝난 직후, 오스만 제국의 역사가인 무스타파 나이마는 부다 왕성이 요새로서 지닌 강점이 "인간의 노력이 아니라 그곳의 자연적 특성에 있다"고 썼다. 부다 왕성은 주변 골짜기보다 45-55미터 높은 고원에 서 있었다. 그 언덕은 동쪽과 서쪽 경사면이 가팔랐다. 동쪽에 있는 다뉴브 강도 천혜의 방어 수단이 되어주었다. 과거에 부다 왕성을 포위했던 사람들은 거의 예외 없이 북쪽과 남쪽에서 성벽으로 접근하려고 했다. 따라서 튀르크인들은 북쪽 구역, 즉 구식이지만 쓸모 있게 지어진 빈 문과 에스테르곰 망루 사이의 방비를 강화했다. 그들은 폭 20미터, 깊이 11미터의 깊은 수로로 이어지는, 누벽을 갖춘 3개의 성벽을 나란히 쌓았다. 요새의 남쪽에 있는 옛 왕궁은 내부의 건물들이 영리하게 배치되어 있었고, 서로 떨어진 안뜰과 외벽 여러 개가 일종의 미로를 이뤄 하나씩 방어할 수 있었다. 이러한 튀르크인들의 방어선을 뚫을 수 있었던 비결은 압도적인 병력 규모였다. 특히 부다 왕성에 대한 마지막 공격이 시작되기 직전에, 트란실바니아 군 1만2,000명이 합스부르크 군에 합류하기로 결정한 뒤에는 병력 차이가 더 커졌다. 트란실바니아 군이 가담함에 따라서 합스부르크 군의 총 병력은 약 7만5,000명에 이르렀다.[3]

포위전은 78일간 이어졌다. 78일 가운데 75일에 걸쳐 부다 왕성을 겨냥한 대대적인 포격이 이루어졌고, 그 싸움에서 살아남은 어느 헝가리인에 의하면 옛날에 마차시가 지었던 궁전의 남아 있는 부분은 "벽돌 하나하나가 낱낱이 파괴되었다." 6월 16일, 리처즈는 "바이에른인들이 성을 몹시 맹렬하게 공격했다.……그리고 포탄을 몇 발 쐈고, 그 때문에 다시 큰불이 났다"라고 적었다. 6월 18일에는 "성 주변의 거주지에 포탄 여러 발이 떨어졌고, 사람들이 많이 죽었다.……그 도시의 몇 군데에서 불길이 타오르는 모습이 보였다." 7월 22일에는 박격포에서 발사된 포탄 하나가 화약 수천 킬로그램이 보관된 그 도시의 주요 무기고 중 하나에 정확히 떨어졌다. "1시간 내내 부다 주변의 땅이 흔들렸다." 폭발로 강물을 짓누르는 압력 때문에 다뉴브 강이 흘러넘쳤고, 강기슭의 오스만 군 병사들은 "그들을 덮쳐오는 물결을 피해 달아났다. 하늘은 커다란 돌로 가득했고, 반대쪽 강기슭에도 돌이 빗발치듯 쏟아졌다." 거대한 폭발로 다뉴브 강에 설치된 잔교梭橋의 많은 부분이 튀르크인 군인들 수백 명과 함께 공중으로 날아갔다. 마차시의 옛 궁전은 연이은 포격으로 산산이 부서져 잡석 무더기로 변해버렸고, 그곳에 남아 있던 것들도 모조리 불탔다.

이튿날인 7월 23일, 로트링겐 공작은 절체절명에 이른 부다 태수에게 부다를 포기하지 않으면 "남자와 여자와 아이를 모조리 칼로 베어버리겠다"는 전갈을 보냈다. 그러나 태수는 아랑곳하지 않았고, 부다에 대한 포격은 계속되었다. 7월 31일에 로트링겐 공작의 부관참모가 다시 최후의 통첩을 전달했다. 부관 중 한 사람이 나중에 남긴 기록에 따르면 "튀르크인들은 부관참모를 성대한 의식으로 맞이했다.……[그리고] 양탄자로 장식한 목조 숙소에서 밥과 구운 어린 암탉 고기와 커피를 곁들인 빵과자를 대접했다. 태수는 자신과 부하들은 부다와 함께 죽을 각오가 되어 있다고 말했다. 그는 레오폴트 황제에게 헝가리의 다른 소도시는 몰라도 부다는 절대로 넘겨주지 않으려고 했다. 그러자 부관참모는 자신은 강화 조건을 협상하려고 온 것이 아니라 항복을 받으려고 왔다고 답했다. 태수는 아무런 대답 없이 어깨만 으쓱거렸다." 태수에게는 아직 멀쩡한 화약고 2개가 있었다.[4]

포위전은 1개월 더 이어졌고, 쉬운 승리로 끝나지도 않았다. 9월 2일 월요일 오후 3시, 중포가 포격을 멈추고 소형포 6문이 불을 뿜으며 공격 신호를 알렸다. 그것은 부다의 요새를 향한 최후의 공격이었다. 리처즈는 일지에 다음과 같이 적었다. "성의 북서쪽 벽이 뚫렸다. 피비린내 나는 살육이 벌어졌다. 튀르크인들을 몰아낸 우리 병사들은 전력을 다해서 성 안쪽으로 들어갔고, 나이와 남녀를 가리지 않고 마주치는 모든 사람을 칼로 베었다. 온통 피살자들의 시체만 보였다."

성의 북쪽 벽에서 싸운 어느 합스부르크 군 지휘관은 다음과 같이 상황을 묘사했다.

공격은 극도로 격렬하고 잔인했다. 튀르크인들은 준비가 되지 않은 상태였다고 한다. 같은 날에 적의 침입을 알리는 경고음이 두 번 들려 반격 태세를 갖추었으나 적들이 공격하지 않았기 때문이었다. 세 번째 경고음이 울렸을 때 그들은 이번에도 적들이 오지 않을 것이라고 여겼다. 그래도 두 번째 성벽을 지키던 자들은 거의 1시간 동안 버티고 있었고, 외팅겐 대령이 우익 종대와 함께 드디어 가파른 경사면을 올라갔을 때에는 에스테르곰 망루와 연결된 성벽에 뚫린 구멍에 이르렀다. 예니체리 부대원들의 일제사격을 뚫고 진격하던 선봉대는 피를 흘리고 죽었다. 2선의 장병들이 두 번째와 세 번째 성벽을 지키는 적군 측면에 공격을 가했다. 적군은 진지를 버리고 참호 뒤로 후퇴했다.

퓌르스텐베르크 중령은 브란덴부르크 부대원들과 함께였다.

[그들은] 첫 번째 성벽 뒤로 흐르는 깊은 해자를 건넜고, 에스테르곰 망루와 시야부스 사령관의 망루 사이에 뚫린 구멍에서 방어선을 돌파했다.……카를 공작은 누대에서 지켜보고 있었다. 그는……증원군을 차

례로 보냈다. 가장 훌륭한 군인들이 성벽에서 죽어갔다. 중앙 종대의 선두에 서 있던 미셸 다스티 중령은 총알 2발을 맞았고, 창에 몇 번 찔려 상처를 입었다. 브란덴부르크 부대의 프리슈 대령은 전사했다.……헝가리인 대령인 팔피 페렌츠는 머리에 심각한 부상을 입었다. 북쪽 성벽에서 포위전의 결과가 나왔다. 튀르크인들은 허겁지겁 달아났다. 그중 다수가 다뉴브 강 기슭으로 몰려갔고, 강물로 뛰어들거나……성벽 위에서 뛰어내렸다.

압두라만과 호위병들은 동쪽 누벽으로 물러났다. 리처즈는 이렇게 기록했다. "도망을 치다가 그의 용기에 감동한 여러 명이 합세했고, 그 소규모 인원은 엄청난 수적 열세에도 불구하고 외젠 드 크로이 원수 휘하의 군인들을 상대로 전투를 벌였다. 많은 병사가 달아났고, 백발의 태수에게 피신하도록 설득했다. 하지만 그는 피신하거나 항복하지 않았고, 대신 무함마드에게 도움을 간청하려고 하늘을 향해 외치며 흠잡을 데 없는 모범을 보였다. 그는 전사를 택했다. 나중에 그의 시신은 하얀 망토로 덮였다. 그의 손에는 아직 칼이 쥐어져 있었다."

압두라만이 사망한 뒤 리처즈는 "튀르크인들은 더는 압박을 이길 수 없다. 그들은 스스로 파멸을 예감하듯이 혼란에 빠진 채 탁 트인 땅에 쓰러진다. 군인들이 격정을 마음껏 뿜어낼 때 무장한 사람들과 무장하지 않은 사람들 모두가 쓰러진다. 거리는 야만스러운 피로 잠기고, 그 소도시는 살육으로 더럽혀진다"라고 썼다.[5]

해질녘이 되자 성 주변의 거주지 전체가 화염에 휩싸였다. 부다에 불을 지른 것이 자포자기한 오스만 군인지 아니면 합스부르크 군인지는 불분명하다. 브란덴부르크 부대 소속 군의관인 요한 디츠는 다음과 같이 썼다. "무척 많은 사람들이 목숨과 재산이나 자유를 대가로 내놓아야 했다. 어머니의 자궁 속 아이조차 살려두지 않았다.……붙잡힌 사람들은 모두 죽어야 했다. 나는 그곳에서 벌어진 일에, 들짐승보다 인간이 인간에게 훨씬 더 잔인해질 수 있다는 사실에 망연자실했다." 또다른 목격자이자 이탈리아 출신의 직업군인인 파올로 아메리기는 "섬뜩한 광경이었다.……약탈로도 분노를 억누를 수 없는 자들은 포로들의 팔다리를 잘랐고, 그들을 불 옆에 묶어두었으며, 눈과 내장을 도려냈고, 예의상 내가 여기서 거론할 수 없는 짓을 저질렀다"고 털어놓았다. 튀르크인 포로 수백 명이 고문을 당하고 살해되었고, 그들의 살가죽은 벗겨져 건조된 뒤 독일의 약제상에게 팔렸다. 그 말린 살가죽으로 만든 분말은 종기와 통풍과 남성 발기부전의 치료제로 인기가 높았다.[6]

유대인들은 최악의 상황을 맞았다. 특히 튀르크인들을 지원한 대가를 톡톡히 치렀다. 헝가리계 유대인 연대기 작가인 슈출호프 이자크의 기록에 의하면 합스부르크 군이 부다를 공격하기 시작했을 때 부다의 유대인들은 공포에 떨었다. 그도 수십 명의 유대인 동포들과 함께 유대교 예배당으로 피신했다.

모두가 절망에 빠져 슬퍼하고 눈물을 흘리고, 살려달라며 울부짖었다. 통곡하는 소리가 하늘을 찌를 듯했다.……우리 영혼은 한 번도 들어본 적 없는 고통을 겪었다.……엄청난 고통 속에서도 나는 성구함聖句函과 기도서인 「시온 카푸이트」를 붙잡은 채 아내와 아들 심손이 안식하기를 눈물로 빌었다.……그 난리통에 살상 무기, 소화기小火器를 든 군인들이 수없이 들이닥쳤다. 날이 구부러진 칼을 지닌 헝가리인 경기병들도 마찬가지였다. 그들은 우리 예배당에서 이스라엘의 아들과 딸의 무고한 피를 뿌리며 제물을 바쳤다. 살인, 약탈, 강탈, 절멸……그 모든 것이 우리에게 닥쳤다.

포위전이 막을 내린 직후 부다의 전체 유대인 가운데 살아남은 자들은 절반에도 미치지 못했다. 그들은 포로가 되어 사슬에 묶였고, 감옥에서 너무 지독하게 다루어진 나머지 몇 주일 뒤에는 200여 명으로 줄어들었다. 생존자들은 결국 유럽 도처의 유대교 신자들이 모금한 거액의 몸값과 과거에 빈에서 가족과 함께 쫓겨났던 은행가인 자무엘 오펜하이머가 내놓은 거금에 힘입어 풀려났다.[7]

나중에 로트링겐의 카를은 포위전이 끝난 뒤 성벽 밑에서 4,000구의 시체가 발견되고 6,000명이 포로가 되었다고 말했다. 합스부르크 군은 500명이 전사하고 400명이 부상했다. 기독교 세계는 환호했지만, 전쟁은 아직 끝나지 않았다. 합스부르크 군은 헝가리의 나머지 지역을 수복하기 위해서 다뉴브 강을 따라 남쪽으로 향했다. 그로부터 튀르크인들이 헝가리 땅에서 완전히 떠나기까지는 20년이 더 걸렸다. 요새와 소도시를 하나하나 탈환해야 했기 때문이다. 그 과정에서 국토는 유린되고 사람들은 심각한 피해를 입었다. 그때까지 합스부르크 군 소속 군의관으로 복무한 요한 디츠는 부다 주변을 이렇게 묘사했다.

---

* 메흐메드 술탄도 튀르크인들이 부다에서 당한 패배의 여파에서 무사하지 못했다. 포위전이 끝나고 몇 달 후 그는 동생인 훗날의 술레이만 2세의 궁정 쿠데타로 폐위되었다. "사냥꾼" 메흐메드는 톱카프에 유폐되었고, 5년 뒤 세상을 떠났다.

들판은 튀르크인들뿐 아니라 근왕병과 그 동맹군 때문에도 망가졌다.……주변 48킬로미터 안에 멀쩡한 마을이나 소도시가 없다. 촌락은 약탈을 당하고, 부서지고, 망가지고, 불탔다. 자기 집에서 쫓겨난 사람들은 동굴에서 살거나 유랑민 무리에 가담했다.……이제 더는 들판을 일구지 않기 때문에 식량을 구할 수 없을 때가 많다. 사람들은 열매나 뿌리를 먹고, 튀르크인들이 부다까지 몰고 왔다가 버리고 간 말과 노새와 낙타의 살점을 잘라내어 먹는다. 굶주림에 지친 넝마 차림의 사람들이 살아남기 위해 죽은 짐승들을 재료로 만든 음식을 길가에서 기다리고 있다.……그렇지 않았다면 아름다웠을 헝가리 국토가 망가지고 못 쓰게 되었다.

헝가리인들은 겁에 질린 채 지켜보았다. 그들에게는 오스만 군과 합스부르크 군이 똑같았다. 오스만 군이나 합스부르크 군이나 골칫거리일 뿐이었다.[8]

제2부

합스부르크 왕가

제9장

바로크, 우울과 영광

> 또다시 헝가리 국민의 오랜 상처가 드러난다. 모두 과부들과 고아들과 무력하고 딱한 사람들을 위해서 일어나 무기를 들어라.……헝가리 국민의 명예를 더럽히고 그대들의 소금과 빵을 빼앗은, 저 무자비한 제국에 맞서서 무기를 들어라.
>
> — 공작 라코치 페렌츠 2세, 「대국민 호소문」, 1703년 5월 6일

1686년 튀르크인들에게 해방된 헝가리에는 독립이나 자유가 찾아오지 않았다. 헝가리 왕위를 요구하는 합스부르크 왕가의 점령기 초반은 오스만 점령기만큼 가혹했고, 많은 사람들이 어느 부분에서는 더 가혹하다고 느꼈다. 대다수의 제국주의자들처럼 오스트리아인들 역시 분할 통치하는 방법을 알고 있었다. 어떤 집단들은 피식민지인이라는 지위를 받아들여 넉넉한 보상과 기회를 얻었다. 반면 어떤 집단들은 나름의 질서 관념을 확립하고 가톨릭적 정통성을 다시 강요하기로 마음먹은, 그리고 점점 절대주의적 성격이 짙어진 합스부르크 제국 치하에서 모든 것을 잃어버렸다. 반프로테스탄트 개혁 운동은 특히 헝가리에서 잔인하게 진행되었고, 17세기 서유럽에서 종교 전쟁이 막을 내린 뒤에도

오랫동안 지속되었다. 대체로 합스부르크 왕가를 지지하는 편이었던 역사가 섹퓌 줄러는 다음과 같이 썼다. "헝가리 땅은 지난 몇 세기에 걸쳐 언제든 선동될 수 있는 곳이었다.……헝가리인들은 깨달았다.……[헝가리인들의] 적들은 헝가리 땅에서 안전하고 특별한 위치에 자리 잡고 있었고, 자신들 또한 그곳에 놓여 있었다. 헝가리인의 독립보다 더 심각한 타락은 상상할 수 없다. 서유럽과 중유럽의 다른 어느 민족도 그 비슷한 것을 겪을 필요가 없었다."

헝가리인들은 튀르크인들에 대적한 "해방군"을 위해서 무거운 세금을 내야 했다. 오스트리아인들은 세금 총액을 총비용의 약 60퍼센트로 추산했지만, 당시의 헝가리인들에 따르면 그것은 총비용의 75퍼센트 이상이었다. 귀족들은 면세 대상이었기 때문에 세금은 대개 상인들과 농민들이 부담해야 했다. 게다가 욕심 많기로 악명 높은 해방군은 물건도 약탈했다. 합스부르크 점령기 초반의 30년 동안 헝가리에는 대다수가 용병인 약 5만 명의 군인들이 흔히 농촌과 몇몇 소도시의 민가를 숙소로 삼았다. 궁정백宮庭伯(황제에게 전권을 위임받은 일종의 부왕을 의미하는 헝가리 특유의 칭호)인 에스테르하지 팔이 인정했듯이, 그 대가는 혹독했다. 그는 황제 레오폴트 1세에게 "헝가리가 150년 동안 튀르크인들에게 치렀던 만큼을 첫 2년 만에 제국군에 치렀습니다"라고 아뢰었다.[1]

튀르크인들이 발칸 반도로 퇴각할 때, 몇몇 용병 장군들은 새로운 식민지 주인들을 향한 "불충"으로 인식되는 헝가리인들의 모든 행위에 지독한 보복을 가하며 공포정치를 펼쳤다. 가장 악명 높은 사람은 대를 이어 합스부르크 왕가를 섬긴 나폴리의 유서 깊은 가문 출신인 안토니오 카라파 장군이었다. 그는 "전쟁총감"이라는 직함을 무기로 정교한 고문 장치(여기에는 그가 부하 군인들과 함께 어디를 가든 소지했던 휴대용 "고문대"도 포함되었다)를 사용하여 숨겨진 귀중품에 관한 정보를 캐내며 헝가리 남동부의 소도시들에서 막대한 양의 돈과 식량을 강탈했다. 페스트에서 남쪽으로 80킬로미터쯤 떨어진 에페리에시라는 소도시(오늘날의 프레쇼프)의 시장 광장에서는 주민 20명을 공개적으로 고문해 돈을 감췄다는 자백을 받아낸 뒤 그들을 목매달아 죽이고 시신을 네 갈래로 찢어버리도록 했고, 그들의 재산을 모조리 몰수했다.

종교적 관용은 찾아볼 수 없었다. 헝가리 문제와 관련한 황제의 수석보좌관이자 추기경인 레오폴트 칼 폰 콜로니치는 헝가리를 가톨릭 제국의 귀감으로 삼을 만한 곳으로 만들고 싶어했다. 그는 카라파 장군의 열정적인 도움을 받아서 인민 재판을 열었고, 수백 명의 루터파와 칼뱅파 목사들을 장기 수감형이나 사형에 처했다. 1700년대 초엽의 어느 개신교 사제는 "여러 '해방된' 헝가리인들은 튀르크인들의 귀환을 고대했다"라고 썼다.

콜로니치는 헝가리인으로 태어났지만, 헝가리를 독일화하려는 합스부르크 왕가의 목적에 이바지했다. 그는 오스만 점령기 이전의 원래 소유주들에게 사유지를 반환하는 것을 공식 목표로 삼은 위원회를 설치했다. 그러나 실제로 그 땅들은 제국의 충성스러운 지지자들에게 넘어갔다. 소유권 확증 서류가 없어진 경우가 많았고, 원래 주인들은 관련 법적 절차를 진행하는 데에 필요한 터무니없이 비싼 수수료를 지불할 수 없었기 때문이다. 콜로니치는 "사람들의 동요를 부추기는 헝가리인들의 피는……대대로 내려오는 그들의 왕에 대한 신뢰와 애정을 보장하기 위해서 독일인들의 피와 섞여야 한다"라고 말했다. 독일인들은 원래 주인인 헝가리인들이 되찾을 길이 막힌 사유지에 정착했다.[2]

성이 없어진 부다는 향후 몇 세대 동안 이전의 중요성을 회복하지 못했다. 오스트리아인들이 옛 오스만 제국령 헝가리에서 권력을 휘두르는 동안 부다는 활기 없는 외딴곳에 불과했다. 튀르크인들이 떠난 뒤 75년 동안 부다는 합스부르크 왕가의 궁정 소재지가 아니었다. 빈에 있는 권력자들의 시각에서 볼 때 부다는 중요하지 않은 소도시였다. 합스부르크 왕가의 절대주의 통치기 초반, 헝가리인 조신들 가운데 가장 영향력 있는 인물 중 하나인 팔피 야노시 백작이 무미건조하게 언급했듯이, 오스트리아인들이 프레스부르크라고 부른 도시, 그러니까 빈에서 마차로 몇 시간 걸리거나 너벅선을 타고 다뉴브 강을 따라 즐겁고 짧게 여행하면 닿을 수 있는 포조니가 헝가리의 수도가 되었고, "다뉴브 강 중류 지역은 쇠락해 따분한 시골로 변했다." 오스만 점령기가 끝나고 25년이 흐른 시점에 부다의 인구는 1만2,000명, 페스트의 인구는 4,000명이었다. 그 두 소도시는 넓고 제멋대로인 다뉴브 강에 의해서 나뉘어 있었고, 서둘러 조립되었다가 해체되는 부교를 통해 1년 중 반년 조금 넘는 기간에만 서로 연결되었다.* 합스부르크 제국 시절의 헝가리 왕국을 전문적으로 연구한 루카치 야노시는 이렇게 설명했다. "생긴 지 5세기가 흘렀지만, 페스트는 아직 동양적 분위기가 절반쯤 섞인 강변 마을 이상도 이하도 아니었다. 부다는 작은 가옥과 포도밭이

---

* 이는 19세기 중엽까지 부다페스트 인근 지역에서 다뉴브 강이 12월부터 3월까지의 상당 기간 어김없이 꽁꽁 얼어붙었기 때문이다. 게다가 이르면 11월, 늦으면 4월까지 종종 커다란 부빙浮氷이 목격되기도 했다.

모여 있는 몇 개의 덩어리로 이루어져 있었다." 폴란드의 갈리시아나 동쪽의 보헤미아 같은 합스부르크 제국의 다른 왕령지에서 건너오는 사람들이 점점 늘어났지만, 18세기 내내 두 소도시의 주민들 대다수는 독일어를 구사했다. 헝가리인의 자의식은 느릿느릿 되살아났다.[3]

한 점령군에게서 해방된 이후, 많은 헝가리인들이 또다른 점령군으로부터 해방되기 위해 애썼다. 부다 포위전이 막을 내리고 나서 한 세대 동안, 헝가리인들은 합스부르크 제국의 통치에 맞서 여러 번 반란을 일으켰다. 그러나 부다와 페스트는 그 투쟁과 거리를 두었고, 덕분에 유혈 사태와 오스트리아인들의 보복을 피할 수 있었다. 레오폴트 1세의 군대는 주로 저지대국가, 이탈리아, 스페인 등지의 용병들로 이루어져 있었지만, 당대의 거의 모든 헝가리 역사서를 읽어보면 알 수 있듯이, 헝가리인 대부분은 그 용병들을 독일인으로 여겼다. 모든 봉기는 무자비하고 쉽게 진압되었다. 그러나 예외가 하나 있었다. 바로 반항적이면서 비범한 반역자인 트란실바니아 공작 라코치 페렌츠 2세(1676–1735)가 이끈 독립 전쟁이었다(그의 특이한 인생은 헝가리의 영웅적 패배를 둘러싼 전형적인 이야기였다). 부다페스트 소재 헝가리 국립 미술관의 가장 중요한 위치에는 마니오키 아담이 그린 라코치 페렌츠 2세의 생생하고 경탄할 만한 초상화가 걸려 있는데, 그 작품은 런던 소재 월리스 컬렉션 박물관에 소장된 프란스 할스의 작품 「웃고 있는 기사」를 연상시킨다. 그림 속 라코치 페렌츠 2세는 콧수염이 나 있는, 잘생긴 입 아래로 미소를 머금고 있다. 그토록 엄청난 규모의 과업에 나서면서도 실패는 전혀 생각할 수 없다는 듯 자신감 있고, 대담하고, 당당하다.

그는 아름다운 아내 자롤타의 도움을 받아 간수로 변장해 감옥에서 극적으로 탈출했고, 카드 도박에서 돈을 잃고 따기를 되풀이하다가 거액을 손에 쥐었다. 여러 여자들과 연애했고, 칼뱅파가 과반수인 트란실바니아에서 가톨릭교를 고수하면서도 관용을 베풀며 공국을 다스려 칼뱅파 신자들과 가톨릭교 신자들 모두에게서 존경을 받았다. 이 모든 일은, 라코치 페렌츠 2세가 20대 때 유럽의 강대국 중 하나에 맞선 소규모 농민 반란을 이끌기 전에 벌어졌다.

일찍이 헝가리 동부와 트란실바니아의 개신교 귀족들은 합스부르크 왕가에 맞선 반란을 이끌어달라고 라코치 페렌츠 2세에게 여러 차례 요청한 바 있었다. 그는 이 제안들을 뿌리쳤다. 몇 년이 흘러 1703년에 스물일곱 살이 된 라코치 페렌츠 2세의 인내심이 폭발했다. 콜로니치 추기경의 옹졸한 태도 때문이었다. 또한 그의 통렬한 수기인 『고백록 *Confessio Peccatoris*』에 따르면 왕을 선출할 수 있는 헝가리 귀족들의 헌법적 권리를 무시하고 합스부르크 왕가의 세습 군주제를 고집하는 황제의 강경한 태도 때문이기도 했다. 라코치 페렌츠 2세는 "헝가리 젊은 이들 가슴속에 있는 자유를 위한 갈망 때문에……그리고 헝가리 국민은 비굴한 두려움으로 이끌 수 없는 사람들이지만 부성애의 명에는 기꺼이 받아들일 사람들이기도 하다는 사실을 오스트리아 왕가의 왕들에게 가르쳐주기 위해서" 자신이 투쟁을 이끌어야 한다고, 또 그것이 하느님의 뜻이라고 썼다. 나중에는 순진한 판단으로 밝혀졌지만, 그는 유럽의 다른 열강들로부터 도움과 자금을 받을 수 있으면 승산이 있다고 생각했다.[4]

당대의 모든 평가에 따르면, 그는 헝가리어, 라틴어, 그리스어, 독일어, 프랑스어, 이탈리아어, 튀르크어 등으로 즉석에서 연설할 수 있는 매력적인 웅변가였다. 그는 1703년 5월에 발표한 「대국민 호소문」에서 다음과 같이 말했다. "또다시 헝가리 국민의 오랜 상처가 드러난다. 모두 과부들과 고아들과 무력하고 딱한 사람들을 위해서 일어나 무기를 들어라.……헝가리 국민의 명예를 더럽히고 그대들의 소금과 빵을 빼앗은, 저 무자비한 제국에 맞서서 무기를 들어라." 휘하의 군인들은 그에게 절대적으로 충성했고, 본거지인 트란실바니아 사람들은 그를 지지했다. 그는 국제적 감각을 갖춘 헝가리인이었다. 실제로 루이 14세의 베르사유 궁전을 자주 방문하기도 했다. 프랑스인들은 한동안 그가 일으킨 반란을 지원했지만, 태양왕 루이 14세는 오스트리아인들과의 평화적인 사태 해결을 모색하는 편이 낫겠다는 판단이 서자 등을 돌렸다. 드 생시몽 공작은 프랑스 궁정 생활에 대한 회고록에 "헝가리의 라코치 공작은 훌륭한 사람이다. 그는 현명하고 겸손하고 사려 깊다.……재치가 아주 뛰어나지는 않지만, 흔치 않은 위엄이 있다.……거만하지 않고, 원칙적이고, 충직하고, 너그럽다"라고 썼다. 그러나 한 가지는 분명해졌다. 온갖 재능에도 불구하고, 라코치는 훌륭한 군사 지도자기 이니었다. 그는 전략적 감각이 부실했고, 종종 자신의 도박벽을 전술에 활용했다. 그는 노련한 직업군인 장군들에게 상대가 되지 못했다. 하지만 8년 동안 대규모의 합스부르크 군을 저지했고, 헝가리의 동부와 남부에서 벌어진 전투에서 몇 차례의 산발적 승리를 거두기도 했다. 그러나 결국 1710년 가을과 겨울에 이르자 더 많은 물자와 전문성을 앞세운 합스부르크 군이 그의 군대를 사정없이 격파하기 시작했다.

라코치는 무엇이 잘못되었는지 확실히 알고 있었고, 나중에 그것을 솔직히 털어놓았다.

우리를 끝까지 지지하면서 우리를 따라오려고 적들에게 점령된 지역을 스스로 떠난 귀족들과 아주 많은 수의 군인 가족들이 설상가상의 어려움을 안겨주었다. 겨울이 맹위를 떨치고 엄청난 양의 눈이 대지를 뒤덮는 바람에 말을 타는 사람들도 도로만 이용할 수 있었다. 농사용 수레에 짐을 실은 피난민 무리가 음식을 구하려고, 또 산악과……늪지대에서 안전한 곳을 찾아 이 마을 저 마을을 떠돌았다. 군인들은 가족을 살리고 먹이기 위해서 깃발을 버렸다. 사람들과 피난민들의 애처로운 한탄이 내 귓가에 울렸다. 거의 맨발인 군인들은 추위 때문에 어쩔 수 없이 탈영했다. 어떤 이들은 무기를, 다른 이들은 말을 가져갔고, 다들 급료를 챙겼다. 그들은 내게 정당한 불만을 털어놓았다. 그들이 단념한 까닭은 불충이나 반감 때문이 아니라 상황이 견딜 수 없을 만큼 나빠졌기 때문이다. 여기까지 이르는 동안 내게 충성을 다한 사람들의 비참한 운명 때문에 걱정스러웠고 슬퍼졌다.

라코치의 부관들은 싸움을 포기하자고 애원했다. 그는 마지못해 오스트리아인들과의 협상을 수용했지만, 독립 전쟁의 종식을 의미하는 서트마르 평화 조약(1711년 4월)에는 서명하지 않았다. 몇 년에 걸친 독립 전쟁 기간 동안 군인 약 8만 명이 전사했고, 민간인 약 40만 명이 굶주림이나 전염병으로 목숨을 잃었다. 그의 지지자들 대다수는 서트마르 평화 조약의 조건에 동의했고, 조약이 체결되기 불과 2주일 전에 즉위한 신임 황제 카를 6세에게 충성을 서약했다. 반면 도저히 조약에 서명할 수 없었던 라코치는 자진해서 망명길에 올랐다. 그가 일단 향한 곳은 프랑스였다. 루이 14세는 처음에는 라코치를 반겼지만, 곧바로 프랑스가 합스부르크 제국과 새로운 동맹을 맺게 되자 냉담한 태도로 돌변했다.

이후 라코치는 오스만 제국의 술탄 아흐메드 3세의 망명 제의를 받아들였다. 이스탄불에서도 그는 처음에는 환대와 존경을 받다가 얼마 뒤부터는 그곳에 머무르는 것이 불편해졌다. 회고록에 따르면, 라코치는 마르마라 해의 외딴곳에 있는 작은 어촌인 테키르다에서 인생의 마지막 15년을, 외롭지만 "스스로에 진실하게", 쓸쓸한 망명 생활로 보냈다.[5] 몇 세기 동안 이어진 합스부르크 왕가의 통치기에는 헝가리인들이 간헐적으로 반란을 일으키고 수십 년간 소극적으로 저항하다가 결국 체념에 이르는 과정이 하나의 양식처럼 자리를 잡았다. 헝가리는 오스트리아인들에게 중요한 곳이었다. 그들의 다민족 제국은 유럽 도처에 산재한 여러 왕국과 지방으로 구성되어 있었지만 그중에서 헝가리가 가장 큰 덩어리였고, 빈 궁정이 전쟁을 치르려면 헝가리에서 나오는 세금과 헝가리 군인들이 필요했다.

---

* 라코치라는 이름은 아마 헝가리의 역사적 인물 가운데 시시 황후 다음으로 많은 거리와 조각상에 붙어 있을 것이다. 부다페스트에서 가장 긴 거리 중 하나인 라코치 대로는 다뉴브 강 인근의 도심에서 시작해서 가장 인상적이고 그만큼 요란한 몇몇 구역을 거쳐 남쪽 끝 교외까지 이어져 있다. 라코치는 인품이 호탕한 만큼 단점의 폐해도 컸다. 그는 평소 병적일 만큼 아내에게 충실하지 못했고, 첫아이가 태어난 날 밤에 아내가 아니라 애인과 함께 있었다. 그는 오랜 망명 생활을 보내는 동안 만성적인 자금난에 시달린 나머지 파리 토박이인 친구에게 말라케 부두의 트란실바니아 호텔에 불법 도박장을 열도록 의뢰했고, 덕분에 여러 해 동안 빚지지 않고 살 수 있었다.

합스부르크 왕가는 헝가리에 새로운 귀족 사회를 만들어냈지만, 기존의 봉건제와 귀족의 특권은 그대로 두었다. 적절한 정치적 감각이 돋보이는 그 조치는, 제국에 대한 강력한 지지층을 확보하는 데 일조하는 타협이자 헝가리의 정세를 평정하는 "분할 통치" 정책의 필수적인 요소이기도 했다. 그러나 긴 안목에서 보면, 그 조치는 헝가리의 발전을 대대로 가로막았다. 농노제는 서유럽에서는 자취를 감췄지만, 헝가리에서는 러시아와 동부 발칸 반도처럼 19세기 중엽까지 토지를 둘러싼 생활방식으로 남아 있었다. 헝가리는 농업혁명의 영향을 받지 않았다. 헝가리에는, 처음에는 무역국을, 나중에는 "세계의 공장"을 만들어낸 주역인 잉글랜드의 상인이나 전문직업인 같은 점점 번창하는 중산층이 없었다. 그리고 헝가리에서는 중산층이 혁명을 일으켜 권력의 동역학을 바꿔버리는 프랑스의 상황을 상상하기도 힘들었다.

합스부르크 왕가는 기본적으로 새로운 귀족들을 임명했는데, 그 귀족들 대부분은 가톨릭교로 다시 개종하고 제국에 충성하는 자들이었다. 그들은 나중에 헝가리 현지의 문제를 처리했고, 반란을 부추기지도 않았다. 1690년대부터 제1차 세계대전이 끝날 때까지 헝가리의 토지 대부분을 차지하고 모든 권력을 휘두르며 앞으로 우리가 살펴볼 이야기에서 여러 번 등장할, 그 귀족계급 중에서 가장 유명한 가문들(페슈테티치 가문, 언드라시 가문, 오데스칼키 가문, 반피 가문, 팔라비치니 가문, 버차니 가문, 에스테르하지 가문, 차키 가문)이 합스부르크 왕가에 의해서 탄생했다. 그 새로운 귀족들은 농노에 대한 무제한적 권력을 보유했고, 갖가지 세금, 심지어 통행료와 물품세까지 면제받았다. 그러나 아마 가장 해로운 부분은, 사유지를 개별 지주가 소유하는 것이 아니라 대대로 가문에 묶어두는, 그리고 사유지를 상속만 할 수 있고 매각은 할 수 없는 케케묵은 토지보유제였을 것이다. 결국 가장 힘 있고 부유한 극소수의 지주들만 토지를 담보로 돈을 빌릴 수 있게 함으로써 결과적으로 농업 근대화에 필요한 투자를 가로막는다는 점에서, 그 제도는 미래에 심각한 영향을 미쳤다. 헝가리의 농업은 중세에 머물며 쇠퇴했다.[6]

대략 1780년대부터는 상황이 바뀌기 시작했지만, 18세기를 거의 통틀어 주요 유력자 중 부다에 저택이 있는 사람들은 드물었다. 그들은 주로 빈 궁정 근처에서 살았고, 국회(당시에는 귀족으로만 구성된 "의회"였다)가 열릴 때에는 포조니, 즉 프레스부르크에 머물렀다. 헝가리 곳곳에 흩어져 있는 사유지는 잠시 방문하는 곳 정도였는데, 당시 그들의 사유지를 모두 합친 면적은 21세기에 그들의 후손들이 소유하고 있는 토지 총면적의 3배였다. 그들 중 일부는 상상할 수 없을 정도로 재산이 많았다. 헝가리 서부 지역, 정확히는 부다에서 약 75킬로미터 떨어진 곳에 있는 에스테르하지 가문의 궁전 중 하나를 방문한 어느 잉글랜드인은 그 호화로움에 깜짝 놀랐고, 그만큼 오싹해졌다.

우리 잉글랜드의 몇몇 귀족들의 화려함은 대단하다. 따라서 내가 에스테르하지 가문의 호화로움을 거론하는 것을 여행자의 방종으로 의심하는 사람들이 있을까 걱정이 된다. 주변 4.8킬로미터 이내에, 에스테르하지는 같은 크기의 궁전 3개를 가지고 있다.……잉글랜드는 웅장한 성과 사치스러운 저택으로 유명하다. 그러나 우리는 에스테르하지 가문의 궁전 같은 것을……손님들로 가득한 360개의 방, 하이든이라는

바로크, 우울과 영광

사람이 지휘하는 연주회, 이탈리아 예술가들이 공연하는 가극, 여러 명의 들뜬 손님들로 더욱 빛나는 정원, 대기실에 가득 모인 화려한 차림의 많은 수행원들, 고귀한 주인들의 호위병들이 지키는 문 같은 것을 전혀 모른다. 그 궁전은 유럽에 있는 모든 왕실 궁전의 절반보다 더 장엄할 것이다. 내가 알기로 그런 곳은, 지나간 시대의 값비싼 화려함이라는 고상한 관념을 심어주는 베르사유 궁전밖에 없다.

에스테르하지 가문은 합스부르크 왕가의 덕을 톡톡히 보았다. 그들에게는 약 40만5,000헥타르의 토지, 100개 이상의 촌락, 40개의 소도시, 30개의 성이나 궁전이 있었다.

빈 궁정은 바로크 양식에 따라 귀족들을 신중하고 엄격하게 분류했다(그것은 건축 양식과도 많은 부분 일치했다). 우선, 108명의 "고위 귀족들", 즉 국회의 상원 의원들이 있었다. 그들이 지지하지 않으면 국회에서 그 어떤 법안도 통과될 수 없었다. 그 108명은 (에스테르하지 공작을 포함한) 2명의 공작, 82명의 백작, 24명의 남작으로 구성되었고, 그들의 땅을 합치면 헝가리 땅의 절반 이상이었다. 최상위의 가문 대부분은 지난 120년 동안 적어도 두 번 개종했고, 고마운 오스트리아 제국 덕분에 새로이 탄생할 수 있었다. 프로테스탄트 개혁 기간에 개신교도였던 옛 귀족 가운데 일부는 토지와 작위를 그대로 유지했고, 오스트리아인들과 교회가 제시하는 다양한 유인책에 이끌려 다시 굳건한 가톨릭교 신자들이 되었다. 18세기에는 더 많은 사람들이 귀족 작위를 받았다. 즉, 헝가리를 좀처럼 방문하지 않아도 헝가리에 본인의 토지가 있는 249명의 "외국인" 유력자들과 160명의 백작들과 남작들이 헝가리 귀족 명단에 수록되었다.

그다음으로는 2만5,000명 내지 3만 명 정도의 베네 포세시오나티bene possessionati(지주계급 혹은 토착신사계급으로 볼 수 있다/역주), 즉 유력자들과 소귀족 사이의 신분(귀족 칭호인 de나 von에 해당한다)을 누리며 1,000헥타르 이상의 토지를 가진 사람들이 있었다. 그 밑은 약 37만5,000명의 이른바 "샌들 차림의 귀족들"이었다. 그들은 말 그대로 진창에 빠져 있었다. 그들 대부분은 18세기 내내 몹시 힘든 시간을 보냈다. 시골에 땅뙈기를 가지고 있거나 다 쓰러져가는 저택만 소유했을 것이다. 그러나 그들은 귀족의 칭호와 특권은 보유했다. 엄밀히 말해서 법적으로 모든 귀족은 동등했지만, 어떤 귀족은 다른 귀족보다 훨씬 더 동등했다. 밭 몇 뙈기를 임대해주는, 비교적 잘사는 농민들보다 못사는 귀족들도 많았다. 그들의 삶은 에스테르하지 가문과 언드라시 가문의 삶과 전혀 달랐을 뿐 아니라 농민들이나 자치 도시 주민들의 삶과도 달랐다. 헝가리는 유럽에서 귀족이 가장 많은 나라였는데, 거의 모든 외국과 달리 전체 인구에서 귀족이 차지하는 비중이 상당했다.

헝가리의 평민 대 귀속의 비율은 외국과 큰 차이가 있었다. 그 차이는 1930년대까지 지속되었다. 대략 18세기 말엽에 보헤미아는 "평민" 대 귀족의 비율이 828 대 1, 오스트리아는 350 대 1, 롬바르디아와 베네토는 300 대 1, 폴란드는 190 대 1이었다. 그런데 헝가리는 16대 1이었고, 외국인을 제외하면 8 대 1이었다.[7]

나티오 홍가리카natio Hungarica, 즉 귀족만이 국민이라는 개념은 계급적 전제일 뿐 아니라 사실상의 법이기도 했다. 농노에게는 여전히 농촌을 떠날 권리가 없었고, 대다수의 농노는 자신이 사는 마을을 떠나려면 허락을 구해야 했다. 부다나 페스트에 거주하는 시민과 상인 대부분도 토지 소유권을 거의 가지지 못했다. 오직 귀족에게만 인신보호청원의 권리habeas corpus가 있었고, 따라서 법적 군주 외의 그 누구에게도 종속된 존재가 아니었다. 평민은 자의적으로 체포되어 장기간 구금될 수 있었고, 실제로 종종 그랬다. 페스트를 방문해 이곳저곳 둘러보고 충격을 받은 어느 스코틀랜드인은 귀국 후 이렇게 썼다. "칼을 차고 다니고, 교회의 앞좌석에 앉고, 말을 타고 거리를 내달릴 수 있는 사람들은 귀족들이다. 그들에게만 어떤 정치적 특권이 있다. 그렇다면 무엇이 나라인가? 누가 국민인가? 그 권리는 누구의 것인가? 아직 성숙하지 못한 다른 나라들처럼, 이 나라에서 국민은, 아, 귀족들과 성직자들의 거대한 집단일 뿐이다.……공동체의 생산적인 부분인 시민들과 농민들에게는 권리가 거의 없거나 아예 없다.……공무에 개입할 수 없고, 국가의 모든 짐을 고분고분 져야 한다."

　헝가리 인구의 대다수를 차지하는 "평민들"이 주로 억울해하는 사항은 바로 모든 귀족이 누리는 면세 혜택이었다. 18세기로 접어들 무렵에 활동한 초창기의 경제 개혁가 중 한 사람인 베르제비치 게르게이는 다음과 같이 간추려 설명했다. "귀족계급은 전체 토지의 5분의 4를 소유하고도 세금을 전혀 내지 않는다. 나머지……[625만 명에 이르는] 주민들은 정치적 권리를 가지지 못한 채 모든 공적 부담을 져야 한다." 극도로 과격한 견해와 거리가 먼 합리적인 의견이었음에도, 그는 농노제를 비판했다는 이유로 반역자로 고발되었고, 선동 혐의로 체포되어 투옥될 것이라는 위협을 받았다.

베르제비치처럼 합스부르크 왕가를 비판한 작가 쉬치 예뇌는 오스트리아 궁정과 헝가리 귀족계급의 위선을 지적했다. "왕가는 헝가리 '사람들'을 위해서 최선을 다하고 싶은데 오직 반란 때문에 그렇게 하지 못했다고 공언했다. 그것은 거짓말이었다. 귀족들은 '헝가리 국민'의 끊임없는 고통을 언급했지만, 머지않아 그들의 말은 음흉한 거짓말로 드러났다. 귀족들이 거론하는 국민이란 오로지 그들 자신뿐이었고……그들은 고통을 거의 겪지 않았기 때문이다."[8]

헝가리를 방문한 사람들은 헝가리의 귀족계급과 신사계급 가문이 보여준 환대와 예의범절에 종종 매료되었지만, 곧바로 분노와 폭력과 혁명의 물결이 몰아칠 그 나라의 문제를 분명히 간파했다. 대담한 모험가이자 끊임없이 이야깃거리 기사를 쏟아낸 저술가인 줄리아 파도는 인기 있는 여행기 중 하나에서 "마자르인의 고질적인 죄업은 허영심이다"라고 썼다.

마자르인들은 그들의 나라를, 그들의 자유를, 그들의 오랜 역사를, 그리고 무엇보다 그들의 특권을 자랑스러워한다. 요컨대 그들은 고귀한 혈통과 기나긴 계보와 명백한 소작 장부가 있으면 자기보다 우월한 사람을 절대 인정하지 않고 자신과 동등한 사람을 좀처럼 인정하지 않는다. 분명히 말하건대, 아마 유럽 전체에 헝가리의 귀족계급처럼 심하게 궁핍해진 귀족계급은 없을 것이다.……헝가리에는 사실상 파산하지 않은 귀족이 20명도 되지 않는다.……헝가리 귀족들은 과시와 사치와 허식에 모든 것을 바친다. 따라서 언제나 지출이 수입을 초과한다. 그 유력자들 가운데 매우 명석한 사람이 내게 "잉글랜드와의 통상 조약이라는 발상은 현재로서는 기껏해야 거품입니다. 그것이 실현되려면 아직 우리가 감당해야 할 일이 많습니다"라고 말했다. 마자르인들은 아직 상인이 되는 법을 배우지 못했다. 귀족들에 관해 말하자면 괜히 머리를 굴리고 계산하고 기다리기보다는 일정한 기간에 소파에 조용히 앉아서 우리 물건을 처분하는 편이 낫다. 그들은 하나같이 설령 50퍼센트의 손실이 나도 기꺼이 **현금**으로 대금을 치를 고분고분한 자들이다.

헝가리 여인과 사랑에 빠져 결혼한 뒤 페스트에 정착해 헝가리 시민이 된 잉글랜드 출신의 한 여행가도 통렬하게 꼬집었다.

잉글랜드의 그 어느 급진론자도 헝가리의 자유주의자들보다 세금에 대해 더 많은 불평을 늘어놓지 않는다. 하지만 헝가리의 자유주의자들이 그런 혹평 속에 귀족계급의 특권을 너무 기묘하게 담아버리기 때문에, 그들의 반론에서 원칙 같은 것을 찾아내기는 어려울 것이다. 사실, 그들은 권리와 특전을 명확히 구분하지 않는다. 일부 헝가리인들은 어리석은 허영심으로 본인들의 **자아**와 **영혼**을 이야기하는데, 그런 발언 때문에 외국인이 그들의 훌륭함에 감탄하며 좋은 인상을 받기는커녕 그들의 불의에 역겨움만 느낄 것이라는 점을 모른다. 엎친 데 덮친 격으로, 본인들이 오스트리아에 당하는 억압을 소리 높여 말하는 자들이 이따금 그런 악담을 퍼붓는다. 그들은 자신들에게 **예속된** 사람들의 반항과 불순종에 대한 불평을 잇달아 내뱉으며 오래 떠들어댄 끝에 잉글랜드인의 공감을 불러일으킨다. 귀족계급의 세금 면제는……심각한 영향을 미친다. 부역을 맡은 농노들이 모든 공적 비용을 떠안고 있다. 최근까지 소귀족들은 자치 도시의 주민들처럼 세금과 통행료와 관세를 내기보다는 비교적 가난하게 사는 편을 택했다.……그들은 본인들이 누리는 자유를 특권으로 여겼다.[9]

모든 계급의 헝가리인들이 마지못해 존경하는 듯 보인 합스부르크 왕가의 군주는 1740년부터 1780년까지 재위한 마리아 테레지아 황후였다. 치세가 시작될 때, 마리아 테레지아는 예전에 그녀의 가문에게 큰 은혜를 입었던 헝가리 귀족들의 충직한 지지를 바탕으로 헝가리 왕위에 오를 수 있었다. 그들은 은혜를 갚았고, 마리아 테레지아는 그것을 절대 잊지 않았다. 헝가리의 세도가들이 그녀를 부친인 카를 6세의 상속자로 승인하지 않았다면 마리아 테레지아는 왕위를 계승할 수 없었을지 모른다. 그들은 합스부르크 왕가의 관습법을 변경해 여성의 왕위 계승을 허용하도록 하는 이른바 국사 조칙을 수용했지만, 이상하게도 그녀는 헝가리 사도 왕Apostolic Majesty이라는 공식 칭호를 유지했다.

불과 아홉 달 뒤 오스트리아 왕위 계승 전쟁으로 번진 다툼이 시작되었을 때, 오스트리아의 수치스러운 패배로 끝날 듯한 프로이센과의 전투를 이어나가기 위해서는 마리아 테레지아에게 병력과 무기와 자금이 더 필요했다. 1741년 9월 11일에 포조니(프레스부르크)에서 열린 국회에 모습을 드러낸 그 젊은 군주는 헝가리인들에게 도움을 간청했다.* 보좌관들은 그녀에게 국회에 참석하지 말라고 충고했다. 그곳에

---

* 이 장면은 중기 바로크 양식의 회화 몇 점에 등장한다. 그중 하나가 부다페스트의 왕성 화랑에 소장되어 있는데, 역사적으로 부정확한 묘사가 있기는 해도 인상적인 작품이다. 그 작품에서 마리아 테레지아는 대단한 미인으로 그려져 있다. 그

서 헝가리인들이 거병해 무슨 짓을 할지, 누구에게 칼끝을 겨누기로 할지 장담할 수 없다고 판단했기 때문이다. 하지만 그녀의 치세에 종종 그랬듯이, 시기와 현장을 선택하는 마리아 테레지아의 감각은 탁월했다. 그녀는 완벽한 라틴어로 다음과 같이 선언했다(그로부터 거의 100년 뒤까지 헝가리 국회에서는 라틴어로만 발언할 수 있었다). "헝가리인의 용기와 충성심에 호소합니다.……나는 가여운 여인입니다. 전 세계로부터 버림받은 여왕입니다. 헝가리 왕국, 우리 자신, 우리 아이들, 그리고 우리 왕위의 운명이 위태롭습니다. 모두가 우리를 저버렸으니 이제 우리의 유일한 희망은 헝가리인들의 충절과 무력과 굳건한 용기입니다." 국회에 참석한 세도가들은 칼을 뽑아들고 우레와 같은 박수갈채를 보냈고, 그녀가 원하는 자금과 무기와 군대 소집과 관련한 방안을 모두 통과시켰다.

그녀의 치세에 헝가리는 평화와 안정과 번영을 누렸다. 헝가리인들은 당분간 합스부르크 왕가의 절대왕정을 수용했다. 마리아 테레지아는 세도가들에게 작위를 내리고 그들을 빈 궁정에 묶어두는 합스부르크 왕가의 정책을 유지했다. 18세기 팔피 가문의 일원이 지적했듯이 "비겁함과 더불어 싸구려 장식품과 방탕함과 빚 때문에 그들은 반항하지 못했다." 마리아 테레지아는 "나는 선량한 헝가리인이다"라고 자주 말했지만, 그녀는 40년간의 치세 동안 딱 네 차례 부다와 페스트를 방문했을 뿐이다. 치세 막바지에 그녀는 "헝가리는 우리 왕위를 지켜준 고마운 나라이다.……내 마음은 그곳 사람들을 향한 감사함으로 가

사건을 묘사한 여러 다른 작품에서 그렇듯이, 그녀는 갓난 아들이자 미래의 황제 요제프 2세를 품에 안은 채 연설하고 있다.

득 차 있다"라고 썼다. 그러나 한편으로는 헝가리의 신사계급 때문에, 특히 봉건제를 둘러싼 가장 해묵은 관념에 집착하는 그들의 태도 때문에 분통이 터질 때도 종종 있었다. 1764년, 그녀는 농노제를 폐지하도록 세도가들을 설득했다. 그러나 헝가리 국회의 의원 가운데 단 한 사람도 그녀의 제안에 찬성하지 않았다. 당시 마리아 테레지아는 일기에 "몇몇 귀족들을 위하다가 하느님의 천벌을 받고 싶지는 않다"라고 썼지만, 이후 권좌를 지키는 14년 동안 농노제를 폐지하려는 노력을 기울이지는 않았다.[10]

마리아 테레지아는 정치적 계산이 빠른 걸출한 통치자였고, 유능한 보좌관을 등용할 줄 아는 탁월한 재능의 소유자였다. 그러나 그녀는 모순 덩어리이기도 했다. 그녀는 신앙심이 매우 깊은, "고칠 수 없을 정도로 편협한 가톨릭교도"였지만, 때와 장소에 따라서는 실리적인 태도를 보였다. 이따금 일어난 박해를 제외하면, 그녀는 전체적으로 개신교도에게 관용을 베풀었다. 그리고 유대인을 루터파와 칼뱅파 신자보다 더 관대하게 대우하면서 유대인에게는 "관용세"를 도입했다. 유대인은 매년 1인당 2플로린(2020년 현재 1,100파운드에 해당하는 거액이다)을 세금으로 내면 유대교를 신봉할 수 있었다. 그러나 관용세를 부과해도 집단 학살이 일상적으로 벌어지는 저 멀리 동쪽에서, 예를 들면 폴란드와 발트 해 국가들에서 이주해오는 많은 유대인을 막지는 못했다. 마리아 테레지아의 치세 막바지에 부다와 페스트에는 약 1만5,000명의 유대인이 살고 있었을 것으로 추정된다.*

---

* 그녀가 세상을 떠나고 3년 뒤인 1783년에는 부다에 최초의 유대 코셔 음식을 판매하는 식당이 생겼다.

마리아 테레지아는 매우 똑똑했지만, 문화적 안목이 그리 넓지는 않았다. 과학이나 문학이나 예술에는 무관심했으나 역사에는 해박했다. 그녀가 갖춘 다방면의 교양에는 설명할 수 없는 격차가 있었다. 그녀는 뚜렷한 빈 사투리 억양의 독일어를 구사했다. 프랑스어가 오스트리아 궁정의 언어였는데도 희한하게 그녀의 프랑스어 실력은 평범한 수준이었다. 그녀는 또한 근대화의 기수이면서, 철저하게 보수적인 몇몇 가치에 집착하기도 했다. 볼테르가 묘사했듯이, 그녀는 독실하고 어머니다웠으며, 바로크 양식의 대조적인 특징들인 "시대정신……신비주의와 비애감과 찬란함이 뒤섞인 것"을 지니고 있었다.11

마리아 테레지아의 치세 말기에도 부다는 여전히 활기 없는 소도시였다. 페스트는 성장하기 시작했지만 아직 오스트리아 제국의 변두리에 불과했다. 부다와 페스트는 명백히 2개의 소도시였다. 양쪽의 인구를 합치면 6만5,000명이었지만, 그 두 도시는 서로 성격이 달랐다. 양쪽의 주민 대부분은 반대쪽으로 건너가지 않았다. 반대쪽으로 건너가는 것은 까다로운 일이었다. 그 무렵 부다와 페스트 사이의 다뉴브 강은 폭이 1킬로미터를 조금 넘었고, 21세기 초엽보다는 유속이 훨씬 더 빨랐다. 튀르크인들이 물러간 뒤, 다뉴브 강에는 양쪽 강기슭에 결박된 튼튼하고 굵은 밧줄에 의해 앞뒤로 왔다갔다 하는 나룻배인 "가설교"가 생겼다. 하지만 그 나룻배는 5월 초순에서 10월 중순에 이르는 반년 동안만 운행되었다. 1767년, 마리아 테레지아는 왕실의 자금으로 다뉴브 강 양쪽에 정박한 40척의 배 위에 길쭉한 판자를 깔아 부교를 설치하는 공사 비용을 지원했다.

그 부교는 여러 해 동안 부다와 페스트의 명물이었다. 다뉴브 강의 한쪽, 그러니까 페스트 쪽에는 프라하의 어느 다리에서 블타바 강에 던져져 순교한 14세기 보헤미아의 성 얀 네포무츠키의 석상이 있었다. 외국인 방문객들은 종종 부다와 페스트를 잇는 부교가 대단하다거나 배 위의 판자가 밑으로 처지는 경우가 많아서 부교를 건너기가 겁난다는 식의 글을 남겼다. 실제로 해마다 부교가 끊어져 사람들이 강물에 빠지는 사고가 몇 번씩 일어났다. 그 부교도 겨울에는 해체되었다. 다뉴브 강이 꽁꽁 얼면(1830년대까지 다뉴브 강은 거의 매년 얼어붙었다), 마차와 짐마차가 건널 수 있었고, 파수꾼들은 얼음의 상태를 감시하는 대가로 급료를 받았다. 그러나 얼음 위로 다뉴브 강을 안전하게 건널 수 있는 기간은 1년에 채 두 달이 되지 않았다.

마리아 테레지아의 치세에 찾아온 상대적 평화와 안정에 힘입어 부다와 페스트는 차츰 번창하고, 생활 조건도 서서히 향상되었다. 공공 서비스도 원활하게 운영되기 시작했다. 1770년대부터 부다와 페스트의 대다수 지역에 상수도가 설치되었다(처음에는 목관이, 나중에는 납관이 쓰였다). 1752년, 부다에 처음으로 소인消印이 도입되었고, 1762년에는 마차시 성당 맞은편에 부다 최초의 우체국이 개설되었다. 1780년대에는 부다에서 음악학교, 수의과 대학, 식물원 등이 문을 열었다. 1730년대에는 페스트에 석조 건물이 드물었다. 대부분의 건물은 진흙을 이겨서 만든 초가집이었다. 그러나 1765년에는 페스트의 건물 총 1,146채 중 453채가 석조 건물이었다. 1790년에는 총 2,250채 건물 가운데 4분의 3 정도가 석조 건물이었다.

그러나 상업은 활발해지지 않았다. 사업을 시작하는 데 필수적인 신용대출도 없었다. 헝가리 귀족들은 모두 영국의 신사계급이 17세기의 어느 시점에 내던져버린, 상업과 무역에 대한 경멸을 품고 있었다. 부다와 페스트의 몇몇 금융업자, 제조업자, 거상, 부유한 장인들은 하나같이 비마자르인 가문 출신이었는데, 사실 당시 부다와 페스트 주민의 과반수가 비마자르인 가문 출신이었다. 가장 이른 시기에 건너온 비마자르인 가문은, 부다 포위전이 끝나고 나서 얼마 지나지 않은 시점에 기회를 잡아 오스만 제국을 탈출해서 페스트로 건너온 뒤 사업을 일으킨 여러 그리스인 가문들이었다. 1730년대쯤부터 이름을 마자르어식으로 바꾼 제분업과 식료품업 분야의 허리시, 시너, 나코, 직물업과 피혁업과 목재업 분야의 서첼라리, 이처, 먼노, 포도주 매매업 분야의 어고러스토와 무라치 같은 가문이 유명해졌다. 이후에는 의류업 분야의 그레게르손(노르웨이인)과 간츠(스위스인)처럼 더 멀리서 건너온 사람들, 스위스인 무역업자들인 에블리와 하겐마허, 그리고 금속가공업과 목공업 같은 여러 직업 분야의 페트로비치, 브라니, 그라보프스키 같은 세르비아인들이 있었다. 사업에 뛰어드는 마자르인은 거의 없었다. 문제는, 특히 부다의 문제는 상업이나 산업 분야에 종사하는 사람들이 비교적 적다는 사실이었다. 인구조사 수치를 연구한 당대의 경제학자들에 따르면, 18세기 말엽 헝가리의 경우 89명당 불과 1명이 상업 및 산업 분야 종사자인 데 비해 오스트리아와 롬바르디아 지역은 각각 14명당 1명, 9명당 1명이었다.

   1790년대에 영국의 박물학자인 로버트 타운슨은 영국인들이 좀처럼 방문하지 않는 부다페스트를 방문했다. 당시 부다와 페스트는 그랜드 투어의 대상지가 아니었다. 그는 부다의 튀르크식 목욕탕에 매료되었다. 튀르크식 목욕탕은 남녀를 엄격하게 구분하지 않는 성중립적 방식으로 운영되었다(훗날인 19세기 중엽부터 남녀를 엄격하게 구분하게 되었다). 그는 "튀르크인들이 남긴 목욕탕이 가장 훌륭하다"라고 썼다.

신분이 낮은 사람들이 이용하는 커다란 공중목욕탕과 요금을 낼 여유가 있는 사람들이 이용하는 널찍하고 편리한 사설목욕탕이 있다. 공중목욕탕에서 나는 젊은 남자들과 처녀들, 노인들과 아이들을 보았다. 어떤 이들은 자연 상태의 알몸으로, 또 어떤 이들은 무화과잎으로 가린 채 산란기의 물고기처럼 몸부림쳤다. 그러나 관찰자는 공정해야 한다. 속치마를 입지 않은 여인은 한 명도 보지 못했지만, 대부분이 슈미즈 드레스는 입지 않았다. 어떤 신사들은 속바지를 입었고, 또 어떤 신사들은 입지 않았다. 물론 각자 생각하는 예의의 정도에 따른, 그리고 각자가 스스로 하늘이 베푼 은혜를 입었다고 자부하는가 그렇지 않은가에 따른 선택이었다. 그러나 이 숨 막히고 축축한 증기 속에서는 아주 음탕한 생각이 떠오르지 않는다. 그리고 흥분을 가라앉히는 구실을 하는 사람인 외과 의사가 부항을 뜨고 살갗을 지르며 열심히 일하는 모습이 보인다.

그는 페스트에서 벌어지는 곰과 수탉과 개를 이용한 동물 싸움을 끔찍하게 여겼다. 그의 일지에는 부다와 페스트의 다양성이 여러 차례 언급되어 있다. 그 두 소도시의 시장은 그리스인과 발칸인과 유대인 상인들로 북적였다. 그는 다른 어느 사업 형태 못지않게 합스부르크 제국 영토의 결정적인 특징이자 훗날 부다페스트로 거듭날 도시의 핵심적 문화인 한 가지 사업 형태를 언급했다. 쳄니체르 카페는 부다페스트의 황금기를 함께한 모든 카페의 선구자였고, 순식간에 성공을 거두었다. 그 카페는 제혁업으로 크게 성공한 뒤 다뉴브 강 부교의 페스트 쪽 기슭에, 정확히는 오늘날의 비거도 광장과 데아크 거리가 만나는 지점에 3층짜리 큰 집을 지은 요한 쳄니체르의 작품이었다. 1789년, 그는 빈의 동쪽에 카페를 열었고, 넓은 방과 대리석 기둥이 있고, 아치형 천장을 치장한 회반죽 세공, 4개의 수정 샹들리에, 금박으로 장식한 벽난로, 고급 주방 따위를 갖춘 그곳은 몇 달 안에 그 지역에서 가장 유명한 카페가 되었다.

타운슨은 부다페스트에 체류하는 동안 날마다 구경 삼아서 쳄니체르 카페에 드나들었고, 다양한 단골 손님들을 보고 깜짝 놀랐다. "신분과 성별을 막론하고 온갖 손님들이 온다. 백작들과 남작들뿐 아니라 분가루가 묻은 외투 차림의 미용사들과 나이 많은 시장 여자들이 이곳에 와서 커피를 마시거나 강장주를 들이킨다.……그곳은 우아하고, 아주 편안하게 식사할 수 있는 곳이다."

타운슨이 깜짝 놀란 또 하나의 사실은, 다뉴브 강 양쪽에서 들리는 주요 언어가 독일어라는 점이었다. 헝가리인들과 독일인들과 슬라브인들과 유대인들은 길거리에서 독일어를 썼다. 마자르어는 좀처럼 들리지 않았다.*12

---

* 이 무렵 부다는 대다수 사람들 사이에서 독일어 지명인 오펜으로 불렸다.

제10장

언어, 진실, 논리

활동가가 표현할 수 없거나 표현하기를 꺼리는 바를 말하는 것은 문인, 특히 시인의 몫이었다. 헝가리어로 명료하게 표현되는 것은 모두 시적인 경향이 있다.

— 이그노투시 팔

우리 언어가 없으면 우리 조국은 언제나 외국인의 땅, 즉 독립된 나라가 아니라 식민지일 것이다.

— 커진치 페렌츠

1795년 5월 20일 동이 트지 않은 수요일 새벽부터 수백 명이 부다 왕성 아래쪽으로 수백 미터 널어진 곳의 풀로 덮인 둔덕인 일반 목초지 General Meadow에 모여들었다(훗날의 일부 기록에는 수천 명이 모였다는 식의 과장된 내용이 실리기도 했다). 오전 6시, 눈가리개를 쓴 채 사슬과 수갑을 찬 남자 1명씩을 태운, 그리고 1대당 말 4필이 끄는 짐마차 5대가 그 들판 한가운데쯤에 멈춰 섰다. 부다에서 공개 참수형은 가장 심각한 귀족 범죄자에 국한된 보기 드문 일이었다. 그날 아침에는 귀족 범죄자 5명이 참수될 예정이었다. 군중은 점점 흥분하기 시작했다.

오전 6시 30분 정각에 단두대로 끌려간 첫 번째 사형수는 24세의 미남인 시그러이 여커브 백작이었다. 그는 마음을 가다듬고 차분히 운명을 맞이했다. 그러나 사형 집행인은 술에 취해 있었고, 자신의 임무를 제대로 수행하지 못했다. 백작의 목이 몸과 분리되기까지는 단두대가 세 번 작동해야 했다. 군중 가운데 많은 사람들이 그 소름 끼치는 장면에 충격을 받고 뒤돌아서 그곳을 떠났다. 다음 차례는 20대의 젊은 귀족 센트머리여이 페렌츠였고, 용맹하고 똑똑한 기병대 장교로서 몇 개의 훈장을 받은 경기병대 지휘관 출신 러치코비치 야노시가 그 뒤를 이었다. 네 번째는 법률가이자 고위 지방 관료인 허이노치 요제프였다. 그는 농노제를 강력히 비판하는 소책자를 집필한 적이 있었다. 마지막으로 죽음을 맞이한 사람은 그 무리의 우두머리이자 39세의 프란치스코회 수도사인 머르티노비치 이그나츠였다. 눈가리개가 풀리자 그는 서투른 사형 집행인이 하는 짓을 지켜볼 수밖에 없었다. 그는 단두대로 끌려가다가 뇌전증 발작을 일으켰고, 의사가 불려와서 그가 참수형이 가능한 상태인지 확인했다. 공개 참수형이 끝날 무렵, 그곳에서 끝까지 구경하는 사람은 거의 없었다. 군중은 이미 뿔뿔이 흩어져 떠났다. 사형수들의 시체는 참수형 직후 모두 아무런 표시 없는 무덤에 매장되었다. 그때부터 지금까지 그 목초지는 피의 들판이라는 뜻의 베르메죄로 불리고 있다.

   그 공개 처형은 체제 전복에 대한 경고로 기획된 5개월간의 공개 재판 이후 집행되었다. 헝가리의 자생적인 자코뱅 운동은 잔혹한 종말을 맞았다. 오스트리아인들은 위험한 급진파 무리의 싹을 잘랐다며 만족했다. 빈과 부다에서 클레멘스 폰 메테르니히를 비롯한 일련의 관료들이 지휘하는 가운데, 오스트리아인들은 향후 40년 동안 점점 반동적인

성격을 띠는 억압 수단에 의존하게 되었다. 그러나 체제 전복 활동은 다양한 형태로 탈바꿈했다.[*1]

오스트리아인들은 특히 혁명 사상이 널리 퍼질까 싶어 염려했다. 마리 앙투아네트는 마리아 테레지아의 막내딸이었고, 그녀의 두 오빠는 훗날 합스부르크 제국의 황제가 되었다. 오스트리아는 1793년에 프랑스의 왕과 왕비가 참수되기 이전부터 이미 프랑스를 상대로 전쟁에 돌입했다. 프랑스 혁명의 첫해가 저문 뒤 신문 검열이 시작되었고, 프랑스로부터의 모든 소식이 차단되었다. 시인 버차니 야노시는 부다에 있는 친구에게 보낸 개인적인 편지에서 "헝가리는 첩자들로 그득해. 어디에나 첩자들이 있어"라고 썼는데, 그 친구는 편지를 받지 못했다. 우리가 편지의 내용을 알고 있는 것은 몇 년 뒤에 편지의 사본이 비밀경찰의 서류로 가득한 빈의 국립 공문서 보관소에서 발견되었기 때문이다. "실제로는 전혀 아니어도 자코뱅 당원으로 낙인이 찍히기 쉬워"라는 그의 말도 옳았다. 당국은 체제 전복 활동을 면밀하게 감시했다. 빈에서는 거의 눈에 띄지 않았지만, 페스트에서는 오스트리아 비밀경찰이 반발의 몇몇 징후를 포착했고, 금서인 볼테르와 루소의 저작(라틴어나

---

* 그다음 주에 자코뱅 당원 2명이 다시 같은 장소에서 "반역죄"로 처형되었다. 역시 공개 처형이었지만, 구경꾼은 얼마 없었다. 그로부터 150년 후, 헝가리 공산 정권이 그곳에서 숨진 자코뱅 당원들의 유해를 발굴해 헝가리에서 가장 유명한 묘지인 케레페시 묘지에 재매장했고, 베르메죄 근처에는 머르티노비치의 추모비를 세웠다. 단명에 그친 헝가리 소비에트 공화국은 1919년에 그의 얼굴을 담은 우표를 발행했는데, 그 우표는 수집가들에게 귀한 대접을 받는다. 그러나 그 흥미진진한 장면을 둘러싼 최고의 기념물은, 헝가리에서 흔히 그렇듯이, 20세기의 시인 어디 엔드레의 자극적이면서도 감성적인 작품「헝가리 자코뱅 당원의 노래」이다.

독일어 번역본)을 읽는 소모임이 있다는 사실을 확인했다. 부다에서 궁정백(사실상의 부왕)을 맡고 있던 알렉산더 레오폴트 대공은 1792년 여름에 형인 프란츠 1세에게 서신을 보냈다. "페스트에 시민들과 촌락민들의 봉기를 목표로 삼은 것으로 추정되는 모임이 있다는……[그리고] 몇몇 카페에서 사람들이 프랑스에서 일어난 사건들을 거론하고, 게다가, 어느 카페에서는 프랑스인들에게 경의를 표하며 건배한다는 사실을 알아냈습니다."

빈 당국은 유별나고 의심스러운 혁명가인 머르티노비치가 이끈 자코뱅 운동을 적발한 뒤 일제 단속에 나섰다. 머르티노비치는 어떤 측면에서는 매우 명석하고 이상주의적인 인물이지만, 어느 측면에서는 이 기적인 사기꾼이었다. 그의 전기를 쓴 작가 중 한 사람은 이렇게 평가했다. "처음부터 끝까지……그 사악하고 멋진 인물인 머르티노비치는 운동의 중심에 서 있었다. 거센 폭풍 같은 그의 인생은 정신의학적 사례 연구와 탐정소설과 감동적인 프랑스 혁명 이야기를 뒤섞은 것처럼 보인다." 머르티노비치는 합스부르크 제국 영토에서 위험분자들을 염탐하는 오스트리아 비밀 공작원의 숫자를 누구보다 잘 알고 있었다. 사실, 그는 몇 년 동안 비밀 공작원으로 활동한 바 있었다.

여러 세기 동안 헝가리의 일부였던 크로아티아 태생인 머르티노비치는 사제 양성 교육을 거쳐 독실한 수도사가 되었지만, 차츰 과학에 빠져들었다. 그러다가 수도원 생활에 실망을 느낀 그는 결국 수도원에서 나가게 해달라고 부탁했다. 수도원장은 그대로 머물라고 요구하면서도 그가 수도원을 떠나 물리학과 화학을 공부할 수 있도록 허락했다(머르티노비치는 결코 사제로서의 서약을 파기하지 않았다). 머르티노비치는 프랑스와 잉글랜드와 스위스 등지를 여행했고, 유럽 곳곳에서 과학자와 교사로 명성을 떨쳤다. 레오폴트 2세는 그를 르비우 대학교(당시에는 렘베르크 대학교)의 자연과학 교수로 임명했다.

여차저차해서(관련한 세부 사항이 너무 상충해서 분명한 사실을 알 수 없다) 그는 고터르디 페렌츠와 친분을 맺게 되었다. 고터르디 페렌츠는 황제 직속 첩보기관의 수장으로, 프랑스 혁명이 발발한 지 몇 달 뒤인 1790년 봄에 머르티노비치를 빈으로 데려갔다. 왕실 화학자 신분으로 위장한 머르티노비치는 제국 전체를, 특히 헝가리를 담당하는 밀고자 일당을 이끌며 정보원으로 활동했다. 그는 예수회 수도사들과 프리메이슨 회원들, 자코뱅 당원들이 꾸민 여러 가지 반反합스부르크 음모를 보고한 비밀 조서(빈의 왕립 공문서 보관소에 보관되었다)를 작성했다. 그러나 레오폴트 2세를 계승한 새로운 황제 프란츠 1세*는 그를 의심하기 시작했고, 결국 머르티노비치가 왕성한 상상력으로 그 모든 음모를 조작했다는 사실을 알아냈다. 수도사 머르티노비치는 해고되었다.[2]

부다로 돌아온 머르티노비치는 거의 하루아침에 충성심을 버리고 납신석 신조로 무장했다. 이후 그는 루소의 『사회계약론*Du Contract Social ou Principes du droit politique*』을 라틴어로 번역해 주로 젊은 지식인들에게 건넸다. 18세기 후반에 그가 몰래 유포한 이 책은 마치 구소련 시절의 지하 출판물 같았다. 머르티노비치는 무신론자를 자처했고, 가톨릭 교회가 역사의 거악 중 하나라고 단언했다. 1794년 초, 그는 초창기 자코뱅 운동의 소책자와 비슷한 이른바 『사회 개혁 교리문답*Franczia*

---

* 합스부르크 제국의 프란츠 1세는 신성 로마 제국의 마지막 황제였던 프란츠 2세이기도 하다.

Catechesis』의 제1권을 발표했고, 그 소책자에서 오스트리아와 헝가리가 개별 연방 공화국으로 분리되어야 한다고 주장했다. 몇 주일 뒤 발표된 제2권의 내용은 한층 더 과격하고 혁명적이라고 평가받았는데, "왕들과 귀족들과 사제들에 맞선 신성한 반란"을 촉구했기 때문이었다. 그는 자코뱅"당"을 본뜬 2개의 단체를 출범시켰다. 하나는 온건한 변화에 관심 있는 젊은 귀족들을 끌어들이기 위해서 결성한 개혁가 협회로, 부다에서 모였다. 다른 하나는 약간 더 급진적인 페스트 평등자유 협회였는데, 여기에서는 젊은 법률가와 의사, 학생과 문필가 같은 부르주아 계급 지식인이 중심이 되었다. 머르티노비치의 지시에 따라 두 단체는 비밀결사의 정교한 음모의 덫을 놓았다. 한 "세포"를 이루는 구성원의 이름과 지휘계통상 윗선의 이름만 아는 여러 소규모 집단으로 나눈 것이다. 두 단체는 서로를 겨냥한 글을 쓰고 읽었지만, 실제로 체제 전복 행동에 나선 적은 한 번도 없었다. 합스부르크 제국을 통틀어 두 단체의 회원은 많아 봐야 300명이 채 되지 않았고, 부다와 페스트의 회원 수는 그보다 훨씬 적었다. 오스트리아 당국의 주장과 달리 "머르티노비치의 음모"라는 것은 결코 없었다.

  1794년 7월, 53명이 체제 전복 혐의로 체포되어 부다의 프란치스코회 수도원에 감금되었다. 몇몇 열렬한 청년 급진론자들은 고문을 당하면서도 동지들의 연루 사실을 부인했다. 반면 머르티노비치는 고문을 전혀 당하지 않았는데도 전혀 무고한 몇 사람의 이름을 포함한 이른바 관련자 명단을 당국에 넘겼다. 재판에서는 피고 측의 변론이 거의 허용되지 않았다. 총 18건의 사형 선고가 기록되어 있지만, 베르메죄에서는 7건만 집행되었다. 나머지 11명은 투옥되어 짧게는 11개월에서 길게는

9년에 이르는 형기를 치렀다. 일제 단속의 영향은 지위가 낮은 헝가리 자코뱅 당원들의 차원을 훌쩍 뛰어넘는 분야에까지 미쳤다. 페스트에서는 대학교 교수 10명이 해직되었다. 언론에 대한 한층 더 엄격한 검열이 도입되었고, 민주주의에 우호적인 몇몇 고대 그리스어 문헌을 포함해 금서의 목록이 늘어났다. 온건한 개혁가들은 이후 한 세대 동안 어떤 정치적 행동에 대해서도 사실상 침묵을 지킬 수밖에 없었다.[3]

1801년, 커진치 페렌츠는 자코뱅 운동에서 사소한 역할을 맡은 혐의로 2,387일 동안 복역한 뒤 석방되었다. 그에게는 후회하는 기색이 없었다. 석방되기 직전 그는 친구에게 "사람들에게 겁을 주려면 본보기를 보여줘야 했겠지"라고 썼다. 그때 커진치는 박식하고 여러 언어를 구사할 줄 아는 41세의 지식인이었고(무엇보다 그는 셰익스피어, 괴테, 몰리에르, 실러의 작품을 번역하기도 했다), 부다와 가까운 곳에 그리 넓지 않은 사유지를 가지고 있었다. 여전히 헝가리에서 급진적 변화를 일으키겠다는 열정으로 불타올랐지만, 감옥에 갇혀 있는 몇 년 동안, 비현실적 의사 표시이자 필패뿐인 빈린 계획이나 정치색이 명백한 강령은 포기했다. 감옥에서 그는 자신과 생각이 같은 사람들, 그러니까 헝가리를 근대화하고 새로운 국가를 만들어내는 길이 언어와 문화에 있다는 결론에 도달한 계몽주의자들과 서신을 주고받았다. 출옥 후, 그는 사유지가 있는 셉휠롬으로 떠났고, 그곳에서 세상을 떠날 때까지 30년 동안 헝가리어와 헝가리 문학의 부활이라는 단 하나의 목표에 헌신했다. 일종의 문화적 혁명에 관여한 사람들은 많았지만, 커진치는 이른바 "부흥 운동"의 주요 기획자이자 그 운동을 비범하게 이끌어간 주역이었다. 세르브 언털(20세기 헝가리의 학자 겸 작가/역주)은 명저 『헝가리 문학사 A magyar irodalom története』에서 커진치를 "문학 생활의 독재자"로 묘사했지만, 작가 네메트 라슬로(20세기 헝가리의 극작가 겸 비평가/역주)는 그를 "전화 교환대"로 일컬었다.

커진치는 언어의 부흥을 삶의 초점으로 삼았다. 그는 현대 헝가리어를 만들어낸 "신조어 고안자들"의 지도자였다. 그들은 문법의 형태를 바꿨고, 구문론을 표준화했으며, 어휘를 늘렸다. 사전과 용어집을 제작했고, 소멸 직전의 언어에 새로운 생명을 불어넣었다. 21세기의 헝가리인들은 18세기에 쓰인 예스럽고 형식적이고 경직된 헝가리어가 거의 완전히 외국어처럼 느껴질 것이다. 21세기의 영국인들이 초서(14세기 잉글랜드의 작가 겸 관료/역주)가 구사했던 영어를 그렇게 느끼듯이 말이다. 커진치는 필생의 과업에 착수하면서 이렇게 말했다. "마자르어는 절반쯤 죽었고, 쪼그라들었고……닳아 없어졌다. 마자르어는 오래전에 지나간 여러 세기의 활력과 생기를 모두 잃었다."

커진치와 그의 협력자들은 중세 초기에 창작된 소수의 훌륭한 예외를 제외하면, 그 시기 헝가리어 문학 작품이 아주 적다는 점을 알고 있었다. 헝가리에서 문학어는 독일어였다. 빈곤층 가운데 읽고 쓸 줄 아는 사람은 드물었다. 귀족계급과 아주 작은 규모의 중산계급은 대부분 읽고 쓸 줄 **알았지만**, 자기 집에 있을 때나 남들과 교류할 때에는 독일어로 된 글을 읽고 독일어로 말했다(그리고 라틴어로 통치했다). 헝가리는 유럽에서 유일하게 법원과 관료사회에서 쓰이는 라틴어를 공용어로 삼았다. 발트 해에서 아드리아 해까지 펼쳐진 합스부르크 제국의 나머지 지역에서는 공용어가 독일어였다. 메테르니히는 "우리는 제국을 통치하지 않고 **운영한다**. 그리고 독일어로 운영한다"라고 말했다. 부다와 페스트에서, 헝가리어는 가난한 사람들과 일부 주민의 언어였다. 따라서 그들은 설령 글을 읽을 줄 알아도 한정된 문학 작품, 주로 민속문학 작품만 접할 수 있었다.* 헝가리어는 헝가리에서 생활하는 850만 명에 이르는 소수민족의 언어이기도 했다. 1787년에 헝가리에서 실시된 최초의 인구조사에 따르면 헝가리 인구의 약 37퍼센트만이 혈통상의 마자르인이었다.4

커진치와 그의 협력자들은 헝가리어 어근을 바탕으로 새로운 단어를 만들어냈고, 외국어 단어를 차용해 "마자르어화"하거나 이미지 연상을 활용했다. 예컨대, 영어 단어 secretary에 해당하는 헝가리어 단어 tiktár나 titoknok은 영어 단어 secret에 해당하는 기존의 헝가리어 단어 titok에서 비롯되었다. 극장을 뜻하는 헝가리어 단어는 "색깔"과 "집"을 가리키는 아주 오래된 기존의 두 단어에서 따왔다. 혁명을 의미하는 헝가리어 단어 forradalom는 "끓다"라는 뜻인 기존의 헝가리어 단어 forr에서 비롯되었고, "끓는 상태"로도 번역할 수 있다(헝가리는 워낙 많은 혁명을 겪었기 때문에 헝가리어에서 혁명이라는 단어는 꽤 쓸모 있는 단어이다). 고립을 의미하는 헝가리어 단어는 "섬"을 뜻하는 아주 오래된 헝가리어 단어에서 따왔다. "부인"이나 "여성 배우자"를 가리키는 아름다

---

* 언어 개혁가이자 작가인 구즈미치 이지도르는 페스트의 사교계에서 유명한 재주꾼이었다. 그가 합스부르크 가문에 속한 궁정백에게 보낸 짧은 편지에는 궁정백의 걸출한 조상인 카를 5세 황제에 관한 내용이 있었다. 전설에 따르면 카를 5세는 친구들에게는 프랑스어로, 애마에게는 독일어로, 애인들에게는 이탈리아어로, 하느님에게는 스페인어로, 새들에게는 영어로 말했다고 한다. 편지에서 구즈미치는 "그가 마자르인을 알았다면 적들에게는 틀림없이 헝가리어를 썼을 것"이라고 썼다.

언어, 진실, 논리

운 헝가리어 단어 feleség는 연구 끝에 새로 만들어졌다. "내 반쪽"이라는 뜻인 이 단어는 형용사가 아니라 명사이다. 채 30년도 못 되어 8,000개 이상의 신조어가 헝가리어 구어체와 문어체에서 흔히 쓰이게 되었다. 커진치와 그의 친구들(자코뱅 운동에 연루되어 투옥되었던 시인 버차니가 그와 가장 절친한 친구였다)은 언어가 현대적 생활상에 적응해야 한다는 사실을 알고 있었다. 산업이라는 개념을 설명할 단어가 없는데 어떻게 산업이 생겨날 수 있겠는가? 통상을 의미하는 헝가리어가 없으면 어떻게 통상을 장려할 수 있을까? 커진치가 말년에 언급한 바에 의하면 재정비된 오래된 언어는 "민족 정체성을 형성하는 놀라운 능력이 있었다."[5]

부흥 운동가들은 처음부터 그 운동이 민족주의 과제, "애국주의 과제"라는 사실을 이해하고 있었다. 아직 통용되지는 않았어도, "애국주의 과제"는 비정치적인 인상을 풍기려고 신중하게 고안한 표현이자 문화를 토착어로 전파하는 과업의 일환이었다. 그러나 그 초기의 개혁가들

---

* 합스부르크 제국 시절의 부다페스트를 연구한 역사가 루카치 야노시 덕분에 내가 관심을 느끼고 좋아하게 된 것이 있다. 그것은 바로 헝가리인의 세계관의 특성을 나타내는, 유익하고 분위기 있는 단어인 델리바브délibáb이다. 일종의 신기루나 환각을 가리키는 이 단어는, 프로이트의 절친한 친구이자 정신분석학자인 페렌치 샨도르가 마법의 사고라고 부른 것, 몽상에 빠지고 가상의 상태를 자처하는 재능을 일컫는 말이지만, 헝가리 역사에서 흔히 위기의 순간에 대중을 휘어잡는 집단 본능으로 탈바꿈한 개념이기도 하다. 페렌치는 델리바브를 "세상을 기꺼이 장밋빛 안경을 통해 바라보려는 태도"라고 설명했다. "델리바브는 마자르인들이 피지배 민족들의 불행을 도외시하며 스스로의 위엄을 과장하도록 유혹했다.…… 그것은 마자르인들을 실패한 목표에 대한 비할 데 없는 옹호자들로 전락시키고 언제나 여러 국가 가운데 헝가리만을 예외로 여기며 변호하게끔 하는 능력이다."

은 자신들이 겨냥하는 목표를, 본인들이 밟고 있는 길의 논리를 잘 알고 있었다. 사전 편찬자 겸 작가이고, 초창기 부흥 운동가 중 한 사람인 베셰네이 죄르지는 부흥 운동가들이 고유의 박력 있는 언어로 계몽주의적 가치관을 모든 집단의 사람들에게 전파하리라고 믿었다. 그는 다음과 같이 썼다. "모든 나라의 국민들은 외국어가 아니라 자국어로 교육을 받았다. 한 나라 후생의 기초와 수단은 문화이다.……그리고 국어의 양성은 해당 국가의 첫 번째 임무이다."

부흥 운동가들은 헝가리인이 이미 "자국"의 언어를 거의 완전히 잃어버린 아일랜드인이나 웨일스인처럼 될 것이라고 생각했다. 여기에는 철학자 요한 고트프리트 헤르더(독일인이지만 페스트에 정착한 세계주의적 성향의 여행가이기도 했다)가 큰 영향을 미쳤다. 일찍이 1791년에 그는 마자르인이 조만간 슬라브인과 독일인이 "에워싸는 바다 속으로" 사라질 것이라고, 또 서너 세대 안에 헝가리어를 다시 들을 수 없을 것이라고 썼다. "마자르인화라는 대의명분은 동시에 우리 나라의 통일이라는 대의명분이다. 언어의 관점에서 헝가리는 진정한 바벨이다. 우리가 사태의 흐름을 바꾸지 못하면……머지않아 우리 민족과 심지어 우리 민족의 이름도 잊힐 것이다."

많은 사람들이 그의 견해에 공감했다. 페스트 대학교의 역사학과 교수 레버이 미클로시는 "마자르 민족이 고유의 언어를 잃어버리면 마자르 민족도 사라질 것이고, 마자르인들은 더 이상 마자르인이 아닐 것이다"라고 말했다. 커진치는 "우리 언어가 없으면 우리 조국은 언제나 외국인의 땅, 즉 독립된 나라가 아니라 식민지일 것이다"라고 썼다.

상당한 재산을 물려받은 출판업자인 쿨차르 이슈트반은 19세기로 넘어갈 무렵 부다와 페스트에서 점점 늘어나는 문필가들과 학자들과 법률가들과 의사들을 페스트에 있는 자신의 저택에 자주 초대했다. 그는 온갖 종류의 출판 사업을 지원했고, 헝가리어 연극을 공연할 극장의 개설 비용을 모금했으며, 1799년에는 최초의 헝가리어 신문인 「내외보도 *Hazai és Külföldi Tudósítások*」를 발행했다. 몇 호까지 나왔을 때, 이 신문은 제국 검열관들의 지나친 관심을 끌었다. 결국 그들은 「내외보도」를 폐간 조치했고, 감옥에 보내겠다며 소유주를 협박했다.[6]

빈의 강경파 여러 명은 헝가리어 부흥 운동이 제국에 미치는 위험을 경고했다. 1780년대 말엽, 그 운동은 가령 크로아티아와 체코 지역에 사는 몇몇 슬라브계 민족에게 소규모로나마 전파되고 있었다. 강경파는 더 철저한 검열 조치를 강구하고 토착어 교육을 금지하며 "말썽꾼들"을 체포하기를 바랐다. 이에 따라서 일제 단속이 산발적으로 시도되었으나, 결과는 실패였다. 1780년에 어머니 마리아 테레지아에 이어 황제가 된 요제프 2세 치하의 대다수 오스트리아인들은 헝가리에서 언어를 둘러싸고 벌어지는 소란에 그저 당황스러운 수준을 넘어 당혹감을 느꼈다. 그들이 볼 때에는 헝가리에서의 그 떠들썩한 논쟁 자체가 독일어나 라틴어로 이루어지고 있다는 사실도 의미심장했다. 오스트리아인들은 당시 부다 사람들 대부분이 그랬듯이, 또 페스트 주민들 대다수가 여러 세대에 걸쳐 그랬듯이, 원래대로 독일어를 쓰면 되지 않을까 생각했다.

요제프 2세는 진정한 근대화의 기수임을 자부했고, 헝가리인들이 오랫동안 간직해온 낡은 제도와 관습을, 특히 귀족의 특권을 폐지하기 위한 일련의 개혁을 시도했다. 헝가리에서 그는 "모자 쓴 왕"으로 통하는데, 이는 그가 헝가리의 왕관을 쓴 통치자가 아니기 때문이다. 그는 버리기로 마음먹은 헌법을 지지하겠다고 맹세해야 하는 대관식에 참여하기를 거부했다. 고지식하지만, 스스로 생각하기에는 명예로운 처신이었다.

1784년, 황제는 라틴어 대신 독일어를 법원과 관청에서 쓰이는 제국 전체의 공용어로 선포했고, 학교에서는 독일어 외의 다른 언어로 학생들을 가르치지 말도록 지시했다. 1784년 4월 27일, 그는 에스테르하지 팔 백작에게 다음과 같이 말했다. "라틴어 같은 사어死語를 쓰는 현실은 틀림없이 한 민족의 계몽된 상태에 대한 치욕일 것이오. 왜냐하면 사어를 쓴다는 것은 그 민족 고유의 모어가 없다거나……[거의] 아무도 모어를 글이나 말로 구사할 수 없다는 점을 넌지시 증명하기 때문이오. 헝가리어가 헝가리의 모든 곳에서 중요성이 있다면 나름대로 역할을 할 수 있겠지만, 현실은 그렇지 않소. 그러므로 군사적, 정치적 관점에서 볼 때 독일어 외의 다른 어느 언어도 이 군주국의 언어로 선택될 수 없소." 그의 의견에 동조하는 사람들이 있었고, 사태를 더 압축적으로 표현하는 사람들도 있었다. 당시 페스트에서 활동한 독일인 혈통의 유명한 법조인인 자무엘 콜마이어는 "라틴어는 그것을 아는 사람들이 너무 적기 때문에 쓸모가 없다. 한편 헝가리어를 공용어로 삼으면 대참사가 초래될 것이다. 헝가리어는 욕설을 퍼부을 때에만 유용한 언어이다"라고 썼다.[7]

---

* 헝가리어는 어렵다. 발음은 물론이고, 구문과 문장 구조도 복잡하다. 일례로 어미의 형태는 뒤에 정관사가 따라오는가에 좌우된다. 모음 변화는 동사의 시제에 좌우된다. 가장 중요한 점은 모든 음절이, 심지어 한 글자로 이루어진 음절까지

헝가리 귀족들은 야단법석을 떨었다. 황제 측은 사전에 그들과 상의한 바 없었고, 황제의 포고령도 헝가리 국회에 상정되지 않았다. 설령 상정되었더라도 당연히 라틴어로 토의되었을 것이다. 귀족들은 라틴어를 쓰는 것을 평민과 구별되는 정체성의 일부분으로 여겼다. 헝가리어 부흥 운동가들도 격분했다. 만약 독일어를 공용어로 삼으면 그들의 목표에 차질이 생길 것이고 아예 헝가리어를 사용하지 못할 수도 있었기 때문이다. 헝가리 역사에서 귀족계급이 개혁가들이나 중산계급과 민족주의적 명분을 통해 단결한 것은 그때가 처음이었다. 이후 그런 정치적 이해관계는 제1차 세계대전까지 헝가리의 특징으로 자리를 잡게 되었다. 과거에는 헝가리어를 쓰도록 장려하려고 나서는 귀족들이 극소수였지만, 이제 헝가리어 사용 장려는 현대적이고, "계몽적"이며, 세련된 행위로 인식되었다. 이 부분과 관련해서는 또다른 설명도 있다. 귀족 대부분은 말이나 글로 헝가리어를 거의 구사할 수 없는 수준이었다. 페스트를 방문한 어느 영국인은 일기에 "내 생각에 유력자들이 헝가리어로 말하지 않는 데에는 단순한 예의 차원보다 정확한 이유가 있

발음된다는 사실이다. 헝가리계인 나를 포함해 헝가리에서 자라지 않은 사람들은 대개 헝가리어의 복잡한 부분을 완벽하게 익히기 힘들어한다. 2개 언어로 멋진 작품을 쓴 시인 조지 시르테스는 헝가리어를 "독일어와 슬라브어와 로망스어의 바다에 있는 소리의 섬"으로 묘사한다. "그 구조와 원형과 소리가 완전히 독자적인 언어로, 헝가리인들의 먼 친척인 핀란드인들조차 이해하지 못한다. 우선, 헝가리어에는 성性이나 복모음이 없다. 자음은 분명하고, 뚜렷하고, 끝이 약해지지 않는다. 발음할 때 화자의 입은, 마치 가벼운 군사 훈련을 받을 때처럼 여러 위치를 정확하게 잡고, 짧고 낮은 단속음을 통해 다른 위치로 갑자기 움직인다. 모음도 영어 모음보다 더 명확하고, 각 음절은 더 완전하고 분명하게 발음된다.……따라서 이 언어가 서정적 효과를 저해한다고 볼 수도 있지만, 실제로는 그렇지 않다. 헝가리어의 명료함은 빼어난 부드러움, 유동성과 단단히 결합해 있다."

을 것이다. 아마 그저 헝가리어를 할 줄 몰라서일 것 같다. 고위 귀족의 대다수는 고유의 국어보다 다른 모든 유럽어를 더 잘 이해할 만큼 국제화되었다"라고 썼다.[8]

부다와 페스트의 주민 가운데 유대인들은 헝가리어 사용을 확대하는 문제에 가장 뜨겁게 반응한 부류 중 하나였다. 합스부르크 왕가의 역대 군주들이 이주를 장려하는 분위기 속에서 이미 많은 유대인들이 경제적인 이유로, 혹은 저 멀리 갈리시아와 러시아 제국에서의 극심한 박해를 피해 부다와 페스트로 이주해왔고, 경제적 동기와 종교적 동기가 뒤섞인 경우도 있었다. 19세기 초엽, 헝가리의 유대인들은 이디시어(고지 독일어 방언에 히브리어와 슬라브어 등이 결합된 언어/역주)를 거의 쓰지 않았다. 그리고 마자르인의 삶에 동화되는 수단으로 헝가리어를 쓰는 것이 "현대적인" 발상으로 인식되었다. 부다와 페스트뿐 아니라 빈의 지식인들과 가까이 지낸 유명한 유대계 저술가인 디오시 머르톤은 이렇게 설명했다.

> 유대인들은 오래된 소속 민족 개념에 매몰되지 않고 헝가리인이 되고 싶어한다. [유대인의 경우] 신자들이 좀처럼 이해하지 못하는 언어로 기도를 드리는 것은 문제로 보기에 충분하다. 그러나 이 상태에서 우리는 헝가리어가 더 널리 퍼지면 계몽적인 관점이 더 폭넓게 수용될 것이고, 헝가리의 유대인 사회가 이미 외국의 여러 예배당에 도입된 개혁 조치를 수용할 것이며……그렇게 되면 헝가리어가 일상에서 쓰이리라는 기대를 걸어본다. 친구끼리, 연인끼리, 자녀가 부모에게 이 언어를 쓰자. 머지않아 우리가 우리의 완전한 해방에 대한, 우리가 얻은 구원에 대한

감사의 말을 이 언어로 크게 외칠 날이 오리라는 확신을 품자.

라틴어와 헝가리어 사용을 불법화하려는 요제프 황제의 시도는 실패로 끝났다. 현지의 고위 인사들은 황제의 포고령 시행 시점을 의도적으로 늦췄고, 국회는 좀처럼 소집되지 않았다. 1790년에 돌연 세상을 떠나기 한 달 전에 황제는 모든 개혁 조치를 철회했지만, 헝가리어를 둘러싼 투쟁은 이제 겨우 시작일 뿐이었다.[9]

제11장

교량 건설자

가장 위대한 헝가리인은 누구였을까? 물론, 의심의 여지 없이 세체니였다.
— 코슈트 러요시

세체니가 왕가에 맞선 반역자가 아니라 온건하고 매력적인 인물이라는 것은 사실이다. 그러나 그는 존경할 만한 태도로 전복의 의도를 감추기 때문에 가장 위험한 유형의 개혁가이다. — 클레멘스 폰 메테르니히

1820년과 1821년 사이의 겨울, 아버지의 장례식에 참석하려고 서둘러 빈으로 향하던 원기왕성한 스물아홉의 기병 장교 세체니 이슈트반 백작은 페스트에 있는 저택에서 1주일이나 머문 뒤에야 다뉴브 강을 건너 부다로 갈 수 있었다. 일기에 따르면 그는 저 멀리 트란실바니아에서 출발해 여러 날을 여행한 끝에 기진맥진한 몸으로 12월 29일에 페스트에 도착했다. "장화가 너무 꼭 끼어서 발이 얼었다." 부교는 이미 두 달 반 전에 해체되었고, 다뉴브 강은 부빙 때문에 배를 타고 건널 수 없는 상태였다. 한겨울에는 가끔 부빙 위를 마차로 지나갈 수 있었지만, 그가 도착했을 때에는 아직 다뉴브 강이 부빙으로 가득 채워지지 않은

상태였다. 이듬해 1월 5일에 되어서야 그는 마차를 곡물 운반용 수레에 싣고 부다로 움직일 수 있었다. 1월 4일 저녁, 그는 "부다와 페스트를 잇는 다리를 만드는 데 1년치 수입을 내놓겠다. 내가 그 다리를 통해서 단 한 푼의 이익을 챙기지 못한다고 해도 말이다"라고 썼다.

물론 세체니는 부다와 페스트 사이에 상설 교량을 놓자는 발상을 최초로 떠올린 인물이 아니었고, 그러한 교량이 없다는 사실에 처음으로 격분한 사람도 아니었다. 인구가 증가하면서 사람들이 부다와 페스트 어느 한쪽에서 오도 가도 못하는 경우가 점점 늘어났다. 1801년 1월에는 페스트의 행정관들이 오스트리아인 총독의 결혼식에 참석하고자 단체로 부다로 건너갔다가 발이 묶여 몇 주일 동안 페스트로 돌아오지 못했다.*

페스트가 점점 사람들로 북적이고 부유해지면서 부교의 결함은 여름에도 뚜렷하게 드러났다. 부교는 강에 배가 오가면 일부 구간이 폐쇄되었고, 다뉴브 강의 수위가 낮아지면 위험스럽게 한쪽으로 기울었다. 게다가 물살이 거세거나 폭풍이 몰아칠 때면 부서져서 몇 주일 동안 제구실을 하지 못했다. 부교는 정치적 불화를 일으키는 쟁점이 되기도 했다. 페스트에서 중산계급이 성장하고 사업체의 숫자가 늘어나면서 평민들만 통행료를 내야 한다는 데에 불만이 들끓었다. 세체니는 "많은 이들이 부교를 진보의 도구가 아니라 진보의 방해물로 바라보게

---

* 1750년 이후 몇 년간, 한겨울에는 사람과 말이 지날 수 있을 만큼 튼튼한 "얼음 다리"가 생겼다. 당국은 도하 지점을 점검했고, 필요한 경우 얼음이나 짚으로 보강했다. 얼어붙은 다뉴브 강에서는 무도회나 시장이 열리기도 했다. 그러나 그리스 정교회가 주최한 무도회 도중에 얼음이 깨져 36명이 익사하는 사고가 일어난 뒤에는 행사가 금지되었다.

되었다"라고 말했다.[1]

그러나 남들이 불평을 늘어놓고 있을 때, 나폴레옹과의 전쟁에서 세운 공으로 훈장을 받은 영웅이자, 화려한 엽색 행각과 **천문학적** 도박빚으로도 유명한 그 활기차고 부지런하고 젊은 백작은 가장 먼저 행동에 나섰다. 우선, 그는 귀족으로서의 연줄을 이용해서 부다와 페스트를 잇는 다리를 놓아달라고 빈의 합스부르크 제국 정부를 설득했다. 그러고는 제국으로부터 아무런 답변을 받지 못하자 부다와 페스트의 명사들에게 가서 공사 자금을 내라고 성화를 부렸다. 그러나 명사들은 몇 년간 차일피일 미루기만 했다. 세체니는 다뉴브 강처럼 유속이 빠른 하천에 1킬로미터 길이의 목석조 교량을 건설하는 작업은 현재의 기술로는 불가능하다는 말을 귀에 못이 박히도록 들었다. 그러나 여러 명의 영국 토목 기사들과의 만남에서 얻은 지식이 있었던 세체니는 생각이 달랐다.*

기나긴 과정이었지만 그는 결코 포기하지 않았다. 세체니에게 그 다리는 분명히 실질적인 이익이 되는 것이었지만, 한 국가의 수도인 새로운 도시의 탄생을 상징하는 구조물로서도 교량은 중요했다. 1832년, 그는 부다페스트 교량협회를 창설했다. 그 이름은 부다페스트라는 지명이 부다와 페스트 사이에 붙임표(-) 없이 공문서에 등장한 최초의 사례였다. 그는 상당한 금액을 내놓았고, 더 많은 자금을 모을 위원회를

---

* 세체니의 전기를 쓴 어느 작가들은 그가 교량을 놓기로 결심한 또다른, 전혀 고결하지 않은 동기가 있다고 암시하면서, 재미있고 그럴듯하지만 확실한 증거가 없는 이야기를 만들어냈다. 그 이야기에 의하면 어느 시점에 세체니에게 애인이 두 사람 있었는데, 한 사람은 페스트에, 다른 한 사람은 부다에 살았다. 다뉴브 강을 건너며 밀회를 나누기가 번거롭고 피곤해진 그는 결국 다리를 놓기로 결심했다.

교량 건설자

결성했다. 그리스계 가문 출신의 은행가 시너 죄르지는 1837년에 현수교 합자회사의 총재가 되었다. 그는 빈의 살로몬 로트실트(로스실트는 로스차일드 가문의 독일어식 발음이다/역주)와 함께 그 회사의 주식 대부분을 매입했다. 그러나 영국의 토목 기사 윌리엄 티어니 클라크에게 교량의 설계를 의뢰하고 스콧 애덤 클라크에게 공사를 감독하도록 한 사람은 세체니였다(당시 세체니와 스콧 애덤 클라크는 서로 잘 모르는 사이였다).[2]

  세체니는 교량 건설 사업의 모든 단계에 깊숙이 관여했다. 윌리엄 티어니 클라크나 스콧 애덤 클라크와 주고받은 수십 통의 편지에서 엿보이듯이, 그는 다리 공사와 관련한 매우 세부적인 사항에도 관심을 기울였다. 윌리엄 티어니 클라크는 부다페스트 현수교(세체니 다리로 불리는 경우가 많다. 헝가리어로 현수교는 란치드Lánchíd이다)의 공사를 맡으면서 주머니가 두둑해졌다. 세체니 다리는 여전히 부다페스트의 풍경을 좌우하는 우아한 구조물인데, 이미 그는 부다페스트 현수교와 본질적으로 동일한 현수교 2개를 설계해 보수를 받은 바 있었다. 세체니 다리는 런던에서 서쪽으로 45킬로미터 떨어진 말로에서 템스 강을 건너는 현수교(1832년 완공)보다 훨씬 더 길지만, 사실상 똑같다. 그리고 1820년대에 완공된 런던 중심부의 해머스미스 다리와도 흡사하다. 그는 세체니의 손님 자격으로 페스트에 몇 주일만 머물다 영국으로 돌아갔다. 애덤 클라크는 주임 기사이자 사업단장이었는데, 공사가 진행되는 동안 페스트에 체류하다가 완공 후에도 남았다. 나중에 그는 헝가리 여인과 결혼했고, 이동 시간을 절반으로 줄여 부다의 교통 상황을 대폭 개선한 부다 왕성 언덕 밑의 터널(그의 이름을 따서 애덤 클라크 터널로 불린다) 공사를 비롯한 여러 건설 공사의 주임 기사로 일했다. 그는 부다 언덕에 직접 지은 대저택에서 살았다. 1866년, 많은 사람의 축복 속에 세상을 떠났고, 헝가리에서 가장 유명한 인물들이 묻히는 케레페시 묘지에 매장되었다. 그는 그곳에 안장된 극소수의 외국인 중 한 사람이다.[3]

현수교 공사를 둘러싸고는 분쟁이 계속되었다. 몇 차례 공사가 중단될 것 같았다. 논쟁은 다리의 소유권을 둘러싸고 부다 당국과 페스트 당국 사이에서 치열하게 벌어졌다(한때는 페스트의 명사들이 독자적으로 공사를 진행해 다리를 건설하려고까지 했다). 그러다가 빈의 황제에게 최종 승인을 얻어내기까지 또 한참이 지체되었다. 황제는 공사 진행에 필요한 자금을 내놓거나 제국의 자원을 제공하고 싶지 않아하면서도 생색을 낼 방법만 모색했다. 1842년 8월 24일, 다리의 주춧돌이 설치되었다. 그러나 공사 시작 직후 많은 건설 자재가 영국에서 가져온 것이라는 사실이 드러나자 난리가 났다. 이후 전문 기술을 보유한 외국인 작업자들이 채용되어 공사에 투입되었다는 사실도 알려졌다. 페스트에서 외국인 작업자들을 배제하라고 요구하는 대규모 항의 시위가 벌어졌고, 결국 타협이 이루어질 때까지 모든 공사가 중단되었다. 다리는 혁명이 일어나고 전쟁과 피비린내 나는 부다 포위전이 벌어진 뒤인 1849년에야 마침내 완공되었다.[4]

---

* 개혁 시대를 거치며 헝가리는 영국에서 이례적으로 평판이 좋았고, 헝가리인 사이에서도 영국이 인기를 끌었다. 영국은 특히 세체니의 업적에 힘입어 헝가리에서 널리 알려진 뒤 평판이 좋아졌다. 1829년, 영국의 극작가 겸 소설가 캐서린 고어는 이렇게 썼다. "그 무시된 땅보다 영국 숭배 열풍이 뜨거운 유럽 국가는 드물다. 영국적 삶의 단면이나 런던의 어리석은 유행, 영국 산업의 발명품 중에 존경할 만한 헝가리인들에게 감탄이나 비평이나 모방의 대상이 되지 않는 것은 드물다."

다리 통행료를 둘러싼 논쟁은 몇 년이나 지속되었다. 귀족들은 다리 통행료를 세금으로 바라보았기 때문에 자신들은 통행료를 지불할 필요가 없다고 생각했다. 헝가리 대법원장인 치라키를 위시한 일부 귀족들은 통행료 납부를 단호하게 거부했다. 치라키는 통행료가 세금이라면 다리를 절대로 건너지 않을 것이고, 차라리 이틀 동안 남쪽으로 60킬로미터를 우회해 나룻배를 타고 건너겠다고 말했다. 황제와 법원은 그 소란스러운 논쟁에 끼어들지 않았다. 1836년, 헝가리 국회 상원은 근소한 표차로 모든 사람이 통행료를 내야 한다는 법을 통과시켰다. 그 법은 부다와 페스트 간의 현수교에만 적용되었지만, 귀족들은 그것을 모든 특권이 사라지는 심각한 사태의 단초로 간주했다. 세체니가 보기에는 바로 그 점이야말로 핵심이었다. 그는 저 "2그로셴[2펜스]을 기점으로 헝가리의 발전을 가로막는 봉건제의 해체가 시작될 것이다"라고 말했다. 문필가 크루디 줄러는 이 상황을 "낡은 헝가리가 새로운 헝가리로 나아가는 곳은 현수교의 우뚝 솟은 아치 밑이었다"라고 요약했다.

그 다리는 다뉴브 강의 어느 쪽에 살고 있는가에 따라 현지인들조차 페슈트-부더Pesth-Buda나 부더-페슈트Buda-Pesth로 뭉뚱그려 부르던 부다와 페스트에 대해 세체니가 품은 통합적 미래상의 단초였다. 그는 1831년에 『세계vilag』에서 "우리는 시간을 극복할 수 없고, 끈기를 가지고 시간이 무엇을 가져다줄지 확인할 때까지 기다려야 한다. 그러나 올바른 곳에 서는 것은 우리의 능력 안에 있다. 그리고 헝가리인들에게 올바른 곳은 부다와 페스트일 수밖에 없다. 부다와 페스트는 민족의 심장이기 때문에 자연이 그렇게 정해놓았다. 그곳은 질서정연하고 순

조로워야 하며, 온 힘을 다해……민족의 동맥 속으로 들어가야 한다"라고 썼다.[5]

세체니는 헝가리의 계몽주의 개혁가 중에서 가장 낭만적이고 재능이 뛰어난 인물이었고, 서민들과 친해지는 능력을 발휘한 **대귀족**이었으며, 부다페스트로 탈바꿈할 도시를 탄생시키기 위해서 누구보다 많이 노력한 사람이었을 것이다. 군대 생활 초반에 처신이 가볍고 멋을 부리는 사람으로 치부되었던 그는 진지한 사상가이자 실천가로 탈바꿈했다. 그는 동시대의 헝가리인들에게 낙관론을 심어줄 수 있는, 불안정하고 비관적인 성격을 지닌 열정적인 인물이었다. 비극적인 말년과 절망적인 최후(끔찍한 자살)는 그를 둘러싼 신비로움을 더욱 깊게 만들었고, 그의 업적을 더 돋보이게 했다.

세체니는 1791년에 빈의 유서 깊은 귀족 가문이자 대대로 추기경 1명, 대주교 몇 명, 장군과 뛰어난 장교 여러 명을 배출한 열성적인 가톨릭 집안에서 태어났다. 그의 가문은 17세기에 합스부르크 왕가를 충실히 섬긴 덕분에 재산을 모을 수 있었다. 아버지인 세체니 페렌츠는 예술과 학문의 너그러운 후원자였다. 그는 국립 박물관을 설립했고, 페스트에 있는 자신의 이름을 딴 아름다운 신고전주의 건물에 국립 도서관을 개설했다.

세체니 이슈트반은 합스부르크 왕가와 기독교회에 충성을 다하도록 길러진 다섯 아이 중 막내였다. 그는 열여덟 살 때 기병 연대에 입대했고, 나폴레옹 전쟁에 참전해 1813년에 라이프치히 전투에서 용맹장을 받았다. 전쟁 막바지에 동맹군들과 함께 파리에 입성했고, 나중에

웰링턴 공작의 말을 빌리자면 잘생긴 "슈테피 백작"이라는 별명으로 불리며 "빈 회의의 총아"가 되었다. 그는 도박과 여자들과 얽힌 문제로 잇달아 곤란을 겪었다. 젊은 시절 그가 푹 빠진 애인 가운데 한 사람은 치히 백작의 영애인 멜라니였는데, 그녀는 여러 해가 흐른 뒤 메테르니히와 결혼했다.[6]

전쟁이 끝난 뒤 세체니는 연이어 긴 여행을 떠났다. 그는 하인 2명과 요리사 1명과 풍경화가 1명을 거느린 채 프랑스와 이탈리아를 중심으로 유럽을 유람했고, 중동 지역도 방문했다. 이탈리아에서는 나폴리 왕국의 여왕과, 런던에서는 섭정攝政의 딸인 샬럿 공주와 춤을 췄다. 그는 윌리엄 4세, 웰링턴 공작, 제3대 파머스턴 자작 헨리 존 템플, 제2대 준남작 로버트 필 경, 나탄 로트실트 등과 만났다(웰링턴을 빼고는 모두 처음 만나는 사람들이었다). 나탄 로트실트는 세체니를 자신의 딸 샤를로테와 혼인시켜 사위로 삼고 싶어했다. 하지만 그 헝가리 백작은 자신이 이미 충분히 부자라고 생각했기 때문에 굳이 로트실트의 사위가 될 필요는 없었다. 파리에서는 샤를 모리스 드 탈레랑, 프랑수아 르네 드 샤토브리앙, 알퐁스 드 라마르틴 등과 만났다. 베를린에서는 빌헬름 폰 훔볼트의 절친한 친구가 되었다. 러시아 황제 알렉산드르 1세는 세체니를 무척 아꼈다. 빈 회의가 막을 내릴 무렵 오스트리아 황제인 프란츠 1세가 부다와 페스트를 보여주려고 알렉산드르 1세를 초대했을 때, 세체니는 알렉산드르 1세와 함께 부다로 갔다. 프란츠 1세와 알렉산드르 1세는 대형 사륜마차를 함께 타고 부다 왕성에서 출발해 다뉴브 강을 건너 페스트까지 갔는데, 당시 다뉴브 강의 부교는 1,000개의 등(긴 장대에 설치된 두꺼운 양초)으로 장식되었다. 메테르니히는 "앞으

로 보기 드물 만큼 장엄한 풍경"이라고 썼다.[7]

여행기뿐 아니라 연애소설의 작가이기도 한 줄리아 파도는 세체니를 헝가리와 영국에서 종종 만났고, 그에게 마음을 빼앗겼다. "그의 눈은 짙고 예리하고 날카롭지만, 때때로 부드러워져 거의 슬픔에 빠져들기도 한다. 늘 움직이는 아름다운 아치 모양의 굵은 눈썹은 얼굴에 흐르는 비범한 기운을 드러낸다. 여러분이 귀 기울일 수밖에 없는 풍부하고 굵고 낭랑한 목소리도 그렇다. 평범한 대화를 나눌 때 그는 논리적이라기보다 감정적이고, 거침없다.……진지하고 매우 민첩하고 정열적이며, 태도와 동작이 무척 우아하다."

세체니는 열렬한 친영파였다. 1815년의 첫 번째 영국 방문에서 그는 평생 잊지 못할 만큼 깊은 인상을 받았고, 이후 영국을 자주 방문했다. 그는 영국의 정치 제도와 산업화와 사회적 유동성(최소한 헝가리에 비추어 볼 때 영국은 사회적 유동성이 큰 나라였다)을 동경했다. 그는 산업혁명으로 개발된 기계 장치에 푹 빠졌다. 몽상가적 열정과 실용적 세부 사항에 대한 집착이 뒤섞인 인물이었던 그는 영국에서 애덤 스미스의 경제학적 견해나 제러미 벤담과 존 스튜어트 밀의 자유 사상뿐 아니라 구멍이 뚫린 비누 거치대와 수세식 화장실에도 호기심을 느꼈다. 또한 경마를 좋아했고, 뉴마켓과 엡섬 같은 도시에 자주 방문했다. 첫 번째 방문 이후 그는 영국에서 보낸 시간을 "계시의 시간"이라고 표현했다. "영국에서 배워야 할 세 가지는 헌법과 기계와 말 사육법이다."

끊임없는 여행은 변화의 계기가 되었다. 세체니가 세상 구경을 통해서 얻은 중요한 깨달음은 헝가리가 낙후되어 있다는 점이었다. 1820년에 그는 "우리는 모든 면에서 다른 나라들에 뒤처져 있다. 이 세기는 전진하고 있는데 애석하게도 나는 한쪽 다리를 질질 끄는 나라에 살고 있다. 불쌍한 헝가리여, 정말 싫구나!"라고 썼다. 여행 이후 그는 한층 더 진지하고 독실해졌다(그렇다고 열광적인 신자가 되지는 않았다). 그는 유부녀인 크레샨스 자일레른과 사랑에 빠졌고, 10년 동안 순결한 사랑을 나누었다. 세체니는 그녀를 통해 영원한 행복을 찾았고, 두 사람은 부인보다 나이가 훨씬 많은 그녀의 남편이 죽은 뒤 결혼했다.*

1820년 10월 12일에 포조니에서 열린 국회에서 그는 역사에 남을 연설을 했다. 중요한 것은 연설 내용이나 방식이 아니라, 헝가리어로 연설했다는 점이었다. 비교적 중요한 유력자가 국회에서 라틴어가 아닌 다른 언어를 쓴 사례는 그가 처음이었다. 동료 귀족들은 충격을 받았다. 그의 헝가리어 연설에 대한 반향은 빈을 비롯한 전 유럽에 울려 퍼졌다. 메테르니히와 황제 프란츠 1세는 격노했다. 부다의 일부 사람들은 그의 연설이 정치와 전혀 무관하다고 빈정댔다. 그들이 보기에 세체니가 헝가리어로 연설한 까닭은 그의 라틴어 실력이 헝가리어 실력보다 훨씬 나빴기 때문이었다. 그러나 헝가리어로 연설한 순간부터 세체니 백작은 개혁 운동의 주역으로 떠올랐고, 향후 15년 동안 다른 참여자들에게서 존경을 받게 되었다.**

---

* 결혼 후 그는 유언장을 변경했다. 또한 자신의 일기나 문서에서 부인을 제외하고 이름을 알 만한 모든 여자에 관한 사항을, 아무리 순수하고 순결한 내용이라도 모조리 없애도록 비서에게 지시했다.
** 세체니는 거의 평생 동안 헝가리어를 유창하게 구사하지 못했다. 사실, 그는 한 언어로만 글을 쓰거나 생각을 하지 않은 것 같다. 그는 일기와 몇 권의 책을 독일어로 썼지만, 거기에는 프랑스어와 영어로 된 단락도 있었다. 그는 헝가리의 모든 유력자처럼 라틴어를 구사했지만, 어느 거만한 오스트리아 비밀경찰은 보고서에 "그는 라틴어 실력이 부족하다. 공직에서 경력을 쌓을 만하지 않다"라고 적었다.

헝가리어를 알아들은 사람들이 볼 때, 세체니는 그 연설로 인해서 오스트리아인들뿐 아니라 자신이 속한 계급과도 정면으로 부딪혔다. "헝가리는 자유로운 나라입니까? 허허, 아닙니다. 귀족은 자유롭습니다. 농민은 귀족의 하인, 노예입니다. 우리는 권리가 없는, 언급조차 되지 않는 1,000만 명을 상대로 특권을 주장하고 싶어하는 40만 명을 목도하고 있습니다.……그러고 나서 우리는 인간의 해방을, 자유를, 기독교 철학을 거론합니다.……우리는 우리 자신부터 개혁해야 합니다. 겸손의 과정, 자기부정의 과정을 겪어야 합니다."[8]

그로부터 채 한 달도 지나지 않아, 세체니는 모든 분야의 문화 및 학문 연구를 증진할 학술원을 창립하기 위해서 5만 헥타르에 이르는 본인의 사유지에서 생기는 1년치 수입(2022년 현재의 가치로 환산하면 250만 파운드가 넘는 거액이다)을 기부하겠다고 선언함으로써 또다시 화제의 중심에 섰다. 그는 어머니인 율리언너가 "사랑하는 아들아, 앞으로 어떻게 살 거니?"라고 묻자 "친구들이 도와줄 겁니다"라고 대답했는데, 실제로 친구들이 그를 먹여 살렸다. 학술원의 우선 과제 중 하나는 언어 연구 부서를 설치하는 것이었다. 언어 연구 부서에는 새로운 헝가리어와 헝가리어 단어를 만들어낼 다음 세대의 "신조어 고안자들"과 언어학자들이나 문헌학자들이 채용될 예정이었다.

세체니는 실천적인 근대화의 기수로서 놀라운 활동력을 발휘했고, 부다페스트의 여러 협회와 기관과 기업과 조직을 출범시켰다. 어쩌면 그가 헝가리 귀족들을 얕잡아봤을지 모르지만, 그는 자신의 다양한 목표를 추진하는 과정에서 귀족들이 필요하다는 점과 그들이 없으면 헝가리에서 정치적 변화가 거의 일어나지 않으리라는 점을 알고 있었다.

몇 년 뒤, 초기 공산주의 사상가인 프리드리히 엥겔스는 "헝가리에서는 혁명조차 귀족이 시작해야 한다"라고 비꼬았다.

비교적 형편이 나쁜 "샌들 차림의 귀족들"은 상류층 중에서도 상류층에 속하는 세체니를 몹시 싫어했다. 이유는 그의 고압적인 태도 때문이었는데, 특히 1831년에 세체니가 농노제와 귀족 면세 제도의 종식을 지지하는 내용의 책 『신용 Hitel』을 출간한 뒤 그를 향한 증오가 더욱 깊어졌다. 그 귀족들이 가장 충격을 느낀 부분은 세체니가 지난 600년간 부동산을 양도할 수 없다고 규정해온 상속자 한정법을 폐지하라고 요구했다는 점이었다. 상속자 한정법에 따르면 지주는 부동산을 상속만 할 수 있고 매각은 할 수 없었다. 『신용』의 판매량은 당시 헝가리 기준으로 엄청났고, 더 보수적인 귀족들의 분노를 부채질했다. 헝가리의 여러 주에서는 지주들이 『신용』을 잔뜩 쌓아놓고 불태우는 행사를 열었고, 세체니는 계급의 배반자로 치부되었다.[9]

세체니는 빈의 더 자유주의적인 성향의 사람들 사이에서 인기가 있었다. 메테르니히는 그를 너그럽게 봐주었고, 개인적으로 그를 좋아했다. 하지만 궁정이 차츰 반동적인 분위기로 바뀌자 말년을 바라보는 그 오스트리아의 정치가는 점차 세체니의 정치적 의도를 의심하게 되었다. 메테르니히는 "세체니가 왕가에 맞선 반역자가 아니라 온건하고 매력적인 인물이라는 것은 사실이다. 그러나 그는 존경할 만한 태도로 전복의 의도를 감추기 때문에 가장 위험한 유형의 개혁가이다"라고 말했다. 세체니는 친구에게 다음과 같이 불편한 속내를 털어놓았다. "나는 빈에서는 너무 헝가리적인 사람으로, 페스트에서는 너무 오스트리아적인 사람으로 여겨진다."

그는 1830년대부터 1840년대 초엽까지 헝가리 최고의 유명인이었다. 저술가 카로이마리아 케르트베니(이성애와 동성애라는 단어를 최초로 고안한 인물이다)는 세체니를 잘 알고 있었다. "그는 혈기 넘치고, 서두르고, 몸짓으로 말하는 인물이었다. 자기가 가는 곳마다 앞으로 껑충껑충 뛰어가고는 했는데, 평소 1명의, 종종 2명의 동행자와 깊은 대화를 나누면서도, 사방의 행인들에게 자주 인사를 하고, 때로는 누군가에게 말을 걸려고 길을 건너기도 했다. 행인들은 낯설고 변화무쌍한 그의 풍모를 지켜보며 존경하는 마음으로 그에게 인사했다. 그러고 나서 옆 사람에게 '저 사람이 세체니야'라고 말했다.……그는 거리의 모든 이에게 말을 건넸고, 모든 자치 도시의 주민을 자신과 동등한 사람으로 대했다."[10]

제12장

대홍수

> 다른 모든 곳에서는 청중을 위해서 연주하지만, 헝가리에서는 국민을 위해서 연주하지.
> — 프란츠 리스트

유난히 추운 겨울, 몇 주일에 걸쳐서 부다와 페스트에 경고 신호가 켜졌다. 1838년 3월 초, 다뉴브 강 하류에서 두꺼운 얼음덩어리들이 강물의 흐름을 서서히 가로막았다. 홍수 대응 수단이 전혀 없는 부다는 2월 20일부터 3월 10일까지 세 차례 침수되었지만, 다행히 강기슭의 낮은 경사면에 거주민이 거의 없어서 이렇다 할 피해를 입지 않았다. 일부 주민들이 페스트를 떠났지만, 대다수는 그대로 머물렀다.

3월 13일 화요일 저녁 상류의 몇몇 소도시와 마을이 물에 잠겼다는 소식이 들려왔지만, 페스트의 카페들은 성업 중이었고 극장 두 곳은 관객으로 가득했다. 저녁 8시경, 강물이 도심을 보호하는 제방 위로 흘러넘치고 상류의 둑 하나가 터졌다는 소식이 날아왔어도, 곧바로 사람들이 공황에 빠지지는 않았다. 다뉴브 강 제방에 인접한 독일 극장 German Theatre에서는 공연이 중지되었고, 관객들은 대피했다. 그러나 다뉴브 강에서 약간 더 멀리 떨어진 국립 극장에서는 공연이 계속되었다.

수위가 너무 빨리 오르는 바람에 미처 피하지 못한 국립 극장 상층 관람석의 관객들은 그곳에서 밤을 보내야 했다.[1]

자정쯤부터 무시무시한 폭풍이 몰아치면서 천둥 같은 굉음이 울려 퍼졌고, 3시간 동안 폭우가 쏟아졌다. 이튿날 아침 이른 시간부터 페스트에서 벌어진 천재지변에 대비한 상태였던 사람은 아무도 없었다. 다뉴브 강 강물이 둑을 뚫고 쏟아지는 바람에 페스트는 최악, 전대미문의 홍수를 겪었다(이후에도 그런 홍수는 없었다). 동이 트자마자 용감한 몇몇 사람들이 팔을 걷어붙이고 나섰다. 세체니 이슈트반의 가장 친한 친구이자 다뉴브 강 근처의 멋진 저택에 살고 있던 베셸레니 미클로시 남작은 일기에 그 변고를 생생히 묘사했다.

키조 거리[강둑에서 수백 미터 떨어진 곳에 있었다]가 물에 잠기다시피 했다. 일단 나는 휘몰아치는 물 쪽으로 조금씩 나아갔다. 물은 무릎까지, 곧이어 허리까지 무서운 기세로 차올랐다. 시장에 당도하니 물이 목까지 차올랐으나 너벅선 한 척도 없었다. 침수를 면한 땅으로 올라오자 옷이 얼어 살갗에 달라붙었고, 거기서 불과 수백 보만 걸어가면 나오는 카로이-트루트네르 저택에 있는 헬메치의 거처에 도착했을 때에는 옷이 얼음장으로 뒤덮였다. 나는 얼어붙은 몸이 조금 풀릴 때까지 옷을 벗고 잠시 뛰어다녔다. 얼마 뒤 야노시[베셸레니 남작의 하인]가 나를 집으로 데려가려고 배를 타고 왔다. 나는 즉시 옷을 갈아입고 세베슈첸 시장에서 다른 배를 찾아나섰는데, 거기서는 이리저리 분주히 움직이는 사람들과 배들 때문에 혼잡했다.

오전 9시 30분경, 페스트의 대다수 구역에서 수위가 2미터에 이르렀고, 어떤 곳은 그보다 수위가 더 높았다.

부서진 가옥, 유빙, 가구, 들보 같은 온갖 잔해들이 널브러져 있었다. 좁은 거리를 지나가기 힘들었고, 억지로 용을 써야 겨우 지나갈 수 있었다.……곳곳에서 금방이라도 부서질 듯이 건물이 기우뚱거리고 지붕이 무너지고 있었다. 절망에 빠진 사람들이 도움을 청하는 쉰 목소리의 외침과 비명만이 간간이 우레 같은 굉음을 뚫고 나왔다. 도와주려는 사람들은 한꺼번에 사방팔방으로 달려가고 싶어도 한 방향으로만 갈 수 있었다. 나는 위험에 처한 수백 명을 목격했지만, 그중 3분의 1만 도와줄 수 있었고 나머지는 그대로 둘 수밖에 없었다. 어떤 사람은 이미 초만원인 배에 오른 자녀들과 함께 타게 해달라는 아버지들과 남편들의 애원을 거절하고, 그들의 울부짖음과 흐느낌을 들어야 했다.

그가 인정했듯이, 수재민을 구하려고 혼신의 힘을 다한 사람 중 일부는 "조금 술에 취한 상태"였다. 이는 "맨정신이었으면 감히 가지 못했을 법한 곳까지 갈 용기를 내는 데 도움이 되었을 것이다." 베셀레니 남작은 수수방관하는 구경꾼들의 작태에 소름이 끼쳤다. 체코니치 남작이라는 자는 사람들 대신에 자기 애마들을 구하려고 했고, 프로너이 얼베르트 같은 몇몇 고위 귀족들도 구조 활동에 동참하기는커녕 "안전한 석조 지붕에 앉아 담배를 피우며" 구경만 했다.*

---

* 베셀레니는 수재 구호 활동의 영웅으로 칭송되었다. 빈 궁정마저 그에게 갈채를 보냈다. 황제도 친히 그를 칭찬했다. 그러나 이듬해에 그가 "선동적인" 서적과 소

같은 시기, 존경할 만한 작가이자 대담한 여행가인 줄리아 파도는 모험 소설을 쓰려고 페스트에서 조사를 하고 있었다. 그녀가 보기에도 모든 사람들이 이타적이지는 않았다. 그녀는 위험에 빠진 빈민들을 외면한 채 "금화로 꼼꼼하게 대가를 지불해줄 수 있는 몇몇 부자들을 구하려고 급히 나선" 뱃사공들에 대한 목격담을 기록했다.[2]

오늘날 부다페스트 근처를 흐르는 다뉴브 강은 비교적 유유하지만, 19세기 초엽에는 거칠고 예측할 수 없었다. 그 무렵 다뉴브 강 강물은 거의 10년마다 둑을 뚫고 페스트 가까이의 저지대로 쏟아져 들어왔고, 건너편 저 멀리 떨어진 에스테르곰에서도 똑같은 일이 벌어졌다. 1775년 봄, 얼음이 녹자 강 양쪽의 제방이 침수되었다. 이후 상류에 제방과 댐이 연이어 건설되었고, 그 치수 시설들은 부다와 페스트를 보호하는 임무를 적절히 수행했다. 1838년의 홍수를 계기로 추가 공사가 필요하다는 데에 전반적인 공감대가 형성되었지만, 쉽게 예상할 수 있듯 공사의 정확한 내용과 비용을 둘러싸고 부다, 페스트 당국과 빈 궁정 사이의 지루한 협상만 이어졌다. 1838년 3월 19일, 물이 빠지기 시작했다. 153명이 사망했고, 사망자 수의 최소 5배에 해당하는 사람들이 심각한 부상을 입었다. 전체 주민의 절반쯤에 해당하는 3만5,000명 내지 4

책자를 출판하는 인쇄소를 운영한 혐의로 체포되어 부다 왕성의 지하 감옥에 갇혔을 때에는 그의 모든 선행이 잊혔다. 몇 달 뒤 그는 석방되었고, 앞을 거의 보지 못하는 눈병을 치료하기 위해서 당국의 허락을 받아 출국했으나 시력을 회복하지 못했다. 시인 뵈뢰슈머르치 미하이는 그를 기리는 감동적인 시 「홍수의 뱃사공에게 바치는 송가頌歌」를 썼고, 2022년 현재 코슈트 러요시 거리에는 베셸레니의 선행을 기념하는 멋진 현판이 있다.

만5,000명이 집을 잃었고, 건물 2,281동이 완전히 무너졌으며, 827동이 심각하게 파손되었다. 현재도 도시 곳곳에는 페스트 대홍수를 상기시키기 위한 표시가 남아 있다. 바로 그 참혹한 밤에 다뉴브 강이 도달한 수위를 보여주는 현판이다. 대부분 황동이나 대리석으로 만들어진 그것들에는 무엇인가를 가리키는 모양의 검지와 함께 비잘라시vízállás(수위水位)라는 단어가 새겨져 있다. 그중 가장 인상적인 것은 강둑에서 1킬로미터 이상 떨어진 라코치 대로의 성 로쿠시 교회 건물 정면에 걸린 현판이다. 그 현판을 살펴보면 알 수 있듯이, 페스트 대홍수 때 수위는 성 로쿠시 교회의 현관문 꼭대기까지 올라갔다.

1838년 홍수는 대참사였다. 페스트 역사상 최악의 자연재해였다. 그러나 장기적으로는 전화위복이었다. 당시로서는 엄격한 건축 규제가 새로 도입되었고, 최신식 하천수 배수 기술이 동원되고 다뉴브 강 양쪽 제방이 보강되는 등 대규모 치수 사업이 시작되었기 때문이다. 유수의 건축가들이 페스트를 재건하고 대폭 확장해 새로운 도시를 만들어낼 어마어마한 계획을 수주했다. 21세기의 부다페스트에서 엿볼 수 있는 모습과 느낌 가운데 많은 부분이 대홍수 직후 시기에서 비롯되었다.[3]

유럽 각국의 대다수 수도에서 보내온 수재 의연금이 페스트로 쇄도했다. 로트실트 가문을 필두로 오스트리아의 여러 금융업자들이 그랬듯이, 황제 페르디난트 1세("자비왕"으로 불리기도 했다)가 친히 사재를 터는 솔선수범을 보이자 빈 궁정도 거액의 의연금을 냈다. 황제는 당시에는 사기업이었던 국립 은행을 설득해 페스트에 100만 크로네(2022년 현재의 가치로 환산하면 약 3억7,500만 파운드)를 무이자로 빌려주도록 했다. 몇 달 동안 집 없이 지낸 수천 명의 수재민을 위한 자선 모금 행사가 잇달아 개최되었다. 부다와 페스트의 많은 주민들에게 가장 크고 중요한 화젯거리는 당대의 대스타이자 음악 연주자인 프란츠 리스트가 여러 해 만에 귀국한 일이었다.

 스물일곱의 리스트는 그 무렵 세계에서 가장 유명한 피아노 연주자였고, 연주회를 여는 족족 유럽 곳곳에서 화제를 낳았다. 시인 하인리히 하이네는 리스트가 청중에게, 특히 젊은 여성들에게 미치는 영향을 가리키는 "리스트 열광증"이라는 단어를 만들어냈다. 리스트는 아마 소녀팬 무리를 거느린 최초의 유명 대중음악인일 것이다.* 리스트는 아홉 살 이후 헝가리 땅을 밟은 적이 거의 없었지만, 헝가리인들에게 그는 어느 모로 보나 헝가리인이었다. 그는 주로 프랑스에서 교육을 받았고, 음악 세계의 시민으로 성장했다. 청년기에 잠시 가톨릭 사제 수업을 받았지만, 설교하고 금욕해야 하는 성직자 생활은 그에게 어울리지 않았다. 리스트는 마리 다구 백작 부인과 오랫동안 사귀었고, 그녀와의 사이에서 사생아 몇 명을 낳았다(그는 다른 연인들과의 사이에서도 자식들을 낳았다). 이후 그는 몇 년간 폴린드 출신의 카롤리에 추 자인-비트겐슈타인 백작 부인과 함께 살았다. 대단한 난봉꾼이라는 평판은 분명히 그의 매력에 보탬이 되었을 것이다. 어느 전기 작가는 리스트에

---

* 리스트의 전기를 쓴 어느 작가는 독일 공주의 시녀이자 병적인 흥분 상태에 빠진 한 여인에 관해 상세히 기술했다. 어느 날 연주회를 마친 리스트는 그에게 홀딱 반한 그 젊은 여인이 지켜보는 가운데 담배꽁초를 버렸고, 그녀는 도로와 인도 사이에 떨어진 그 찝찝한 담배꽁초를 경건한 마음으로 주웠다. 이후 그녀는 그 담배꽁초를 머리글자 "F.L." 모양의 다이아몬드 장신구로 감싼 뒤 작은 갑 속에 넣어 목걸이에 달고 다녔고, 담배꽁초가 내뿜는 역겨운 냄새를 모른 채 궁정에서 공주를 모셨다.

대해서 이렇게 썼다. "죄인이건 성인이건 간에, 음악가와 호색가와 성직자라는 그의 세 가지 인격은 대중의 상상력에 불을 지폈다."

페스트 대홍수 이전에도 리스트는 당대의 가장 막강한 이념인 민족주의의 영향을 받으며 자신의 뿌리를 재발견하기 시작했다. 페스트 대홍수는 그의 양심을 건드렸다. 페스트 대홍수로 헝가리가 입은 피해에 관한 소식을 듣자마자 그는 「음악 신문*Gazette Musicale*」에 기고했다. "이 마음 깊숙한 곳의 동요와 감정을 통해 나는 '조국'이라는 말의 의미를 깨달았다. 오, 굳세고 저 멀리 떨어진 내 나라여! 오, 내가 알지 못하는 친구들이여! 오, 널리 퍼져 있는 내 가족들이여! 그대의 고통스러운 비명이 나를 불렀다. 마음 깊이 느낀 바 있어, 사과하노니, 내가 너무 오랫동안 그대를 잊었나보다."[4]

얼마 지나지 않아 레오 페슈테티치 백작은 그에게 헝가리에서 순회연주회를 열고 수익금을 수재 의연금으로 쓰면 어떻겠냐고 제안했다. 리스트는 흔쾌히 제안에 응했다. 포조니에서 사흘간 열광적인 환영을 받은 뒤, 마침내 그는 페스트를 방문했다. 리스트가 헝가리 귀족 출신이자 특이한 부르주아 계급의 음악 애호가인 친구에게 보낸 편지에서 말했듯이, "귀족 전체의 행렬"이 그를 따라다녔다.

줄리아 파도는 리스트의 방문을 다음과 같이 기록했다.

부다페스트의 귀족들(특히 여성 귀족들)과 언론인들과 민족주의적 정치인들과 음악 애호가들뿐 아니라 상인들까지 들썩였다. 모든 호텔 주인들이 자기 호텔에 그가 묵기를 바라는 들뜬 마음으로 스위트룸을 준비했다. 판화상들은 그 천재적인 동포의 외모를 묘사한 온갖 크기의 판각 초상화를 구하기 위해서 빈으로 심부름꾼을 보냈다. 고문서학자로 변신한 사람들이 그의 가계를 확인하기 위한 조사에 나섰고, 애국심에서 뒤지고 싶지 않은……케이크를 굽는 사람들마저 그랜드 피아노처럼 생긴, 그리고 "리스트"라는 이름 모양으로 만든 솜사탕 장식으로 꾸민 스펀지 푸딩을 새로 만들었다.* 드디어 그가 나타났다.……낮이 밤으로 바뀌자마자 주최 측은 세레나데로 그를 맞이했다. 정말 훌륭한 세레나데였다! 독일의 세레나데는 어림없었다.5

1839년 2월 12일, 홍수를 기적적으로 이겨낸 바로크 양식의 호화로운 건물인 페슈티 비거도(페스트 음악당)에서 열린 연주회는 대성공이었다. 여러 사람의 손을 거치며 입장권 가격이 천정부지로 치솟았고, 거액의 수재 의연금이 모였다. 리스트는 베토벤과 슈만의 작품, 그리고 본인이 작곡한 몇몇 작품을 1시간 반 동안 쉬지 않고 연주하고 나서 한밤중까지 관현악단을 지휘했다. 연주회가 끝난 직후, 시인 뵈뢰슈머르치 미하이는 「홍수의 뱃사공에게 바치는 송가」라는 과장된 내용의 시를 지었다.

오, 세상의 자유인이지만
어디에 있든 우리의 핏줄인 그대여
이 병든 땅을 뭐라 부르시겠습니까?

---

* 여기서 헝가리어로 리스트liszt는 "가루"라는 뜻이라는 사실을 알아둘 필요가 있겠다.

그후 리스트는 헝가리를 자주 방문했고, 결국 헝가리 음악원의 초대 원장이 되어서 음악계뿐만 아니라 예술계 전반에 지대한 영향을 미쳤다. 리스트에게는 페스트의 주요 대로인 언드라시 거리의 대저택이 제공되었는데, 그는 1년에 석 달 정도를 그곳에 머물며 겨울을 났다. 부다페스트 당국과 개혁 운동 진영의 야심만만한 정치인들은 그를 이기적으로 이용했고, 그는 흔쾌히 이용되었다. 리스트를 향한 국민적 환호(관점에 따라서는 우스꽝스러운 위선)는 1840년 1월에 열린 행사에서 정점에 달했다. 그 행사에서 리스트는 페스트의 명예시민이 되었고, 행사 일정표에 나와 있었듯이, 엄숙한 의식을 통해 "마음이 고결하고 세계적으로 유명한 아들에게 전해주는 무족武族의 유품인 명예의 검(군도軍刀)"을 받았다. 많은 사람들이 아직 눈치채지 못했지만, 리스트는 헝가리어를 거의 한 마디도 하지 못했다. 그가 헝가리어를 할 줄 모른다는 사실은 명예의 검을 건네주는 의식에서 똑똑히 공개되었다. 리스트는 독일어로 말할 수도 있었겠지만, 당시의 페스트 사람들 대부분은 독일어를 이해하지 못했을 것이다. 게다가 그 행사에서, 그리고 독일어를 사용하는 공연이 금지된 국립 극장에서 관계자들이 주안점으로 삼은 것은 헝가리어를 구사하는 헝가리인의 중요성이었다. 리스트는 열렬한 헝가리 민족주의 색채의 연설을 프랑스어로 하고 말았다. 분노한 어느 비평가는 "그가 밟고 있던 헝가리화 과정의 절정에서……그의 이방인적 실상이 가장 적나라하게 드러났다"라고 썼다.*

---

* 훗날 몇몇 사람들이 리스트에게 그 행사를 상기시켰고, 헝가리 독립 전쟁 시기에 그가 최전선에서 멀리 떨어져 있거나 "후방"에서 활동했음을 언급했다. 하인리히 하이네가 「1849년 10월」에서 독자들에게 일깨워줬듯이, 리스트는 "안전한 어느 독

리스트는 헝가리어를 배우려고 몇 차례 시도했고, 헝가리어 교사를 채용하기도 했다. 그러나 본인이 인정했듯이, 리스트는 다섯 번째 수업에서 "불굴"을 뜻하는 헝가리어 단어 tántorithatatlanság와 마주친 뒤 헝가리어 공부를 접고 말았다. 아마 많은 사람들이 리스트보다 더 이른 단계에서 의욕을 잃고 포기했을 것이다. 리스트는 국립 극장에서 망신을 당한 뒤 신문에 "헝가리어 실력은 개탄스러운 수준이지만, 죽을 때까지 지금과 변함없이 나는 헝가리인의 마음과 영혼을 간직할 것이다"라고 기고했다.

그것은 진심이었다. 1842년, 그는 유럽 순회 공연 도중 헝가리인 친구에게 편지를 보냈다. "이따금 페스트에서 온 편지봉투의 우표만 봐도 내 심장은 빠르게 뛴다네. 자네처럼 좋은 친구와 교분을 나눌 수 있어 정말 기뻐. 그대들 모두가 내게 베푸는 것에 비해 요란한 박수와 끝없는 환호는 무슨 가치가 있을까 싶군. 다른 모든 곳에서는 청중을 위해서 연주하지만, 헝가리에서는 국민을 위해서 연주하지. 우리 국민 같은 사람들과 이렇게 정서적으로 접촉하는 것은 고귀하고 위대한 일이야."[6]

이 무렵, 모든 계급의 헝가리인들은 민족 정체성 형성을 둘러싸고 비슷한 어려움에 직면했다. 민족주의를 드러내는 방식에는 세체니가 추진한 것 같은 원대하고 미래지향적인 계획뿐 아니라 작은 의사 표현도 포함되었다. 사람들은 자신이 마자르인라는 사실을 크고 작은 여러 방식으로 드러내고자 했다. 1810년대 초부터 부모가 자녀에게 먼 과거, 때

일 군주의 궁정으로" 조용히 사라졌고, "그의 칼은 칼집에 그대로 꽂혀 있었다."

로는 상상 속의 과거에서 찾아낸 헝가리어식 이름을 붙이는 관행이 유행했다. 부모들은 신조어를 만들어내는 언어학자나 문헌학자처럼 아이들에게 붙여줄 가짜 마자르어식 이름을 골랐다. 욜란, 칠러, 튄데 등 가장 인기 있는 여자아이 이름은 1800년경에 소수의 작가들이 만들어낼 때까지 거의 쓰이지 않던 것들이었다. 남자아이 이름인 졸탄도 마찬가지였다.

헝가리산 포도주의 생산과 판매도 크게 늘었다. 마자르인의 대의명분과 연관된 몇몇 부유한 인물들(예컨대 세체니)은 헝가리산 포도주를 생산하고 판매하도록 선전하고 장려했다. 작가들과 예술가들을 위한 사교 모임의 아량 넓은 주최자로 유명했던 페스트의 귀족 파이 언드라시는 헝가리산이 아닌 포도주를 식탁에 올리지 않았다. 페스트의 호텔업자들은 프랑스산 포도주뿐 아니라 헝가리산 포도주도 내놓기 시작했다. 각종 단체와 상점과 일부 개인 주택에서 빨간색, 흰색, 녹색으로 이루어진 헝가리 삼색기가 휘날렸고, "제1국민 수영학교"나 "국민 넥타이점"처럼 "국민"이라는 단어가 들어간 단체나 상점이 생기기 시작했다.[7]

1820년대 후반부터, 학생과 법조인과 의사와 작가 등으로 구성된 페스트 청년회라는 단체는 상인들에게 애국심의 표시로 간판을 바꾸도록 강요하는, 요란스럽고 널리 알려진 민족주의 활동을 시작했다. 페스트에서 구둣방을 가리키는 "Schuster"(구두 수선공), 옷 가게를 가리키는 "Schneider"(재단사), 가구점을 가리키는 "Tischelmeister"(목수) 같은 독일어 간판을 그대로 쓰는 상점들은 반역자라는, 민족적 신념이 전혀 없는 탐욕스러운 장사꾼이라는 낙인이 찍혔다. 페스트 청년회는 대체로 설득을 시도했지만, 간혹 열성분자들이 선을 넘어 상인들을 협박하기도 했다. 꿋꿋이 버틴 일부 상인들은 하룻밤 사이에 가게 간판이 없어지는 일을 겪어야 했고, 다수의 상인들이 그보다 더 폭력적인 위협을 겪었다. 페스트 청년회 회원의 친구인 커라치 테레즈는 이렇게 설명했다. "그들은 종이로 감싼 돌을 '말을 듣지 않는' 상점들 안으로, 주로 창문을 통해 던졌다. 종이에는 '48시간 내로 헝가리어 간판을 달지 않으면 이 건물의 석재는 하나도 남지 않을 것이다'라고 적혀 있었다. 상인들 대부분이 요구에 응했다."

여러 개의 거리 이름이 잇달아 바뀌었다. 오스트리아 당국이 명칭 변경을 수용하지 않으려고 했기 때문에 비공식적으로만 바뀌었다. 원래 부다 언덕의 모든 지명은 독일어식이었고, 일부 독일어식 지명은 17세기에 합스부르크 왕가가 튀르크인들을 상대로 거둔 승리를 기념하는 것이었다. 1830년, 하룻밤 사이에 모든 지명이 바뀌었다. 어떤 지명은 독일어식 이름을 단순히 번역한 것이었다. 예를 들면 아들베르크(독수리 언덕)는 셔슈헤지로 바뀌었다. 다른 곳에는 오스트리아 황제들 대신에 아르피드 왕조의 헝가리 왕들의 이름이 붙었다. 부다의 의회가 설명했듯이, 새로운 지명은 "과거와 현재를 잇고 미래에 말을 건네는 공공 기념물"로 자리 잡게 될 것이었다.

민족주의는 비상식적인 수준에 이르렀다. 역사가인 호르바트 이슈트반(1784–1846)은 마자르인들이 아담과 이브의 직계 후손이고 고대 헝가리어가 원래 그리스어였다는 사실을 "입증했다"고 주장하는 일련의 논문을 발표해 큰 인기를 누렸다. 당시 그는 헝가리에서 "디스코 음악의 거물" 같은 존재였다. 그는 증거도 없으면서 마자르인의 조상들이 페르시아와 그리스와 이탈리아에서 왔다고 주장했다. 호르바트는 "그들은 거인들"이라고 할 만큼 마자르인들의 키가 컸다고 썼다. 그의 책은 그의 논문만큼 널리 읽혔고, 그 역시 20년 동안 평판 좋고 상도 받는 부다페스트 대학교의 역사학과 교수로 재임했다. 그는 동시대의 헝가리인 전체에 희망을 불어넣었다. 그의 주요 경쟁자 중 한 사람은 "그의 역사적 신화 만들기는 중세 연대기 작가들의 신화 만들기를 뛰어넘었다"라고 썼다.[8]

제13장

3월 15일

또다시 흔들리는 유럽의 대지를 느끼지 못하는가? 혁명의 바람을 느끼지 못하는가?　　　　　　　　　　— 알렉시 드 토크빌, 1848년 1월 1일

그때는 우리의 영혼이 바뀌는 시절이었다.　　　　　　— 요커이 모르

헝가리의 1848년 혁명을 연구한 가장 훌륭하고 독창적인 역사가인 데아크 이슈트반은 "아직 우리는 1848년 3월부터 4월까지 무슨 일이 벌어졌는지 정확히 모르지만, 그것이 숭고한 일이었다는 국민적 공감대는 있다. 그 일은 그 나라 모든 사람의 마음에 드는 것이 되었다"라고 말했다.

수년 뒤 역사가들이 "국민국가들의 봄"이라고 부르기 시작한 그 이례적인 혁명의 해는, 1848년 1월에 팔레르모와 나폴리에서 잇달아 벌어진 폭력 시위로 시작되었다. 그해 2월 23일, 파리에서 이른바 "부르주아" 왕으로 불린 루이 필리프가 물러났고, 총리인 프랑수아 기조가 축출되어 망명했으며, 프랑스 제2공화국이 선포되었다. 프라하와 포조니에서, 롬바르디아와 베네토에서 폭동이 일어났다. 프라하와 포조

니와 롬바르디아와 베네토는 모두 합스부르크 왕가의 땅이었는데, 현지의 주민들은 수백 년까지는 아니어도 수십 년 동안 해당 민족의 독립을 이루기 위해서 끈질긴 투쟁을 이어오고 있었다. 뮌헨과 독일의 몇몇 제후국에서, 그리고 분할된 폴란드의 러시아 점령 지역에서도 정치적 불안이 감지되었다.

3월 13일, 혁명이 빈을 덮쳤다. 대학생들이 폭동을 일으켰고, 교외의 공장 노동자들이 기계를 부수고 평소 싫어한 사업주의 공장을 불태우며 동맹파업에 돌입했다. 빈의 성벽 안에서는 시위자들이 군인들과 충돌하는 바람에 46명이 사망했다. 30년 넘게 권력을 휘두른 메테르니히는 공직에서 쫓겨나 런던으로 달아났다. 경찰청장인 요제프 제틀니츠키는 파면되었다. 페르디난트 황제는 헌법 제정, 실질적 권한을 지닌 의회, 검열제 폐지, 다수의 경제 개혁 조치 등을 요구하고 나폴레옹 전쟁 이후 합스부르크 제국 정부가 고수한 반혁명 정치의 종식을 강요하는 폭도들에게 일련의 양보를 해야 했다.[1]

이튿날인 3월 14일, 매일 운항하는 증기선의 승객들을 통해서 빈에서 혁명이 일어났다는 소식이 페스트에 전해졌다. 헝가리에서 펼쳐진 드라마의 제1막은 완전히 평화로운 분위기였고, 헝가리인들이 쉽게 예측할 수 있었듯이, 어느 카페에서 저명한 시인 페퇴피 샨도르가 일으킨 불꽃을 기폭제로 삼아 전개되었다. 그로부터 몇 주일 전 페스트에서 급진적인 문필가들과 학생들과 언론인들과 법률가들은 "3월 청년회"와 "10인회"를 결성한 바 있었다. 탁월한 재능을 지닌 스물다섯의 청년 시인인 페퇴피는 그들에게 영감을 불어넣는 인물이었다. 페퇴피는 슬로바키아 출신으로, 그의 아버지는 여관을 운영하다가 그만두고 푸줏간을 차린 사람이었다. 페퇴피는 학교에서 최소한의 초등 교육만 받은 뒤, 지방의 여러 극장에서 단역 배우로 일하며 힘겹게 생계를 이어 갔다. 잠시 용병으로 일하기도 했지만, 폐가 약해서 군대를 떠날 수밖에 없었다. 1844년 초에 페스트에 온 그는 얼마 지나지 않아 문학계에 선풍을 일으켰다. 어릴 적부터 그의 펜에서는 시가 쏟아져 나왔다. 짧은 생애 동안 그는 소설과 희곡뿐 아니라 약 2만5,000단어로 이루어진 훌륭한 장편 서사시인 「비테즈 야노시」를 포함해 850편이 넘는 시를 썼다. 페퇴피가 내놓은 작품은 개수가 많은 만큼 종류도 다양했다. 그는 주로 아내이자 기성 시인인 센드레이 율리어에게 바친 서정적인 연애시를, 그리고 비평가인 이그노투시 팔이 말했듯이, "달콤쌉쌀한 헝가리인다움"을 표현하는 애국시를 썼다.

나는 헝가리인. 우리 겨레는 엄숙하지.
처음 울리는 바이올린 소리처럼 말이야.
때때로 내 얼굴에 미소가 스쳐 지나지.
허니 쯤처럼 웃음소리가 나지 않아.
기쁨으로 가득할 때 내 눈은 슬프다네.
감정에 복받칠 때, 눈물이 차오르지.
허나 비탄의 시간에도 내 얼굴은 즐겁다네.
그대의 동정을 원하지 않으니까.

나는 헝가리인. 부끄러워 얼굴이 붉어지지.
마자르인이라는 것은 수치이니까!

저 멀리 다른 땅들에서는 햇빛이 비치는데
여기 우리 땅에는 아직 동이 트지 않았으니까.
허나 돈이나 명성 때문에
절대 우리 나라를 떠나지는 않을 거야.
정말 부끄러워도 우리 민족이
소중하고 사랑스러우니까.²

흔히 그는 바이런(영국의 낭만주의 시인/역주)과 비교되는데, 확실히 가망 없는 대의를 위해서 목숨을 바친 점 같은 몇 가지 비슷한 부분이 있기는 하지만, 프롤레타리아 계급에 속한 페퇴피는 바이런 경의 귀족적 방식을 싫어했을 가능성이 크다. 페퇴피 특유의 민족주의를 도용해 온 헝가리의 우파 세력은 종종 잊어버리지만, 그는 자코뱅 당원들을 존경했고 극단적인 사회주의자이자 "과격한" 공화주의자였다.* 그가 혁명의 무대에서 잠깐이나마 펼친 눈부신 활약은, 3월 혁명의 초반부를 지배한 정신을 나타내는 것이었다.

3월 청년회와 10인회 소속의 급진론자들은 다뉴브 강 제방 근처의

---

* 혁명 발발 1주일 전, 그는 귀족계급에 대한 방침을 개략적으로 밝히는 시를 썼다.

> 부자들은 지난날 오랫동안
> 우리를 먹고 살쪘다.
> 그러나 이제는 우리 차례이다.
> 우리 개들이 그들을 먹고 살찌도록 하자.
> 그대의 쇠스랑으로 귀족들을
> 똥과 진흙 속에 던져버려라.
> 거기서 개들이 그들의
> 뼈와 피를 먹을 수 있다.

페스트 중심가에 있는 필벅스 카페에 자주 들렀다. 3월 14일 오후, 두 단체의 회원들은 이튿날에 빈의 혁명가들을 지지하는 시위를 벌이기로 결정했다. 그 카페의 한쪽에서는 스물넷의 화학공학 기술자인 이리니 야노시와 재능이 넘치는 스물셋의 젊은 문필가인 요커이 모르의 지시에 따라서 한 무리의 회원들이 지난 5일간 자기들끼리 논의한 대對오스트리아 정부 요구안을 작성하기 시작했다. 그들은 요구 사항을 12개로 추렸는데, 그 12개 조항에는 헝가리 1848년 혁명의 근본이념이 간결하고 직접적으로 표현되어 있었다.

언론의 자유

검열제 폐지

부다–페스트에 상주하는 독자적인 정부 부서

보통선거

만인의 종교적, 시민적 평등

헝가리 국민위병國民衛兵 창설

독자적인 헝가리 군 창설

배심 재판

헝가리 국립 은행 설립

헝가리 주둔 외국(즉, 오스트리아) 군대의 철수

정치범 전원 석방

헝가리와 트란실바니아의 연합*

---

* 훗날 이리니는 안전성냥을 발명했는데, 그 때문에 페스트 주변에서는 그가 대규모 분쟁으로 이어진 혁명에 불을 붙이고 나서 한참 뒤에 안전장치를 고안했다는,

필벅스 카페의 다른 쪽에서는 페퇴피가 훗날 그의 가장 유명한 작품으로 여겨질 시를 쓰고 있었다. 바로 오늘날까지 여러 세대에 걸쳐 헝가리의 모든 어린 학생들이 외워야 했던, 힘찬 분위기의 「국가國歌」였다(헝가리의 공식 국가는 아니다).

일어나라 헝가리인들이여, 조국이 그대를 부른다.
무슨 일이 있어도 지금을 맞이하라.
자유인이 될 것인가, 노예가 될 것인가?
그대의 영혼이 갈구하는 운명을 택하라.
헝가리인의 신에게 맹세하노니
우리는 더 이상 노예가 아닐 것이다.[3]

이튿날인 3월 15일 수요일은 날씨가 흐리고 추웠다. 그날 국립 박물관에서 벌일 예정인 시위에 참가하기 위해 몇 무리의 사람들이 페스트 시내의 여러 곳과 몇몇 카페에 모여들었다. 페퇴피가 그날 오후 이른 시간에 국립 박물관에 나타날 것이라는 소문이 돌았다.

페퇴피는 평소 필벅스 카페에 죽치고 앉아 있다시피 했기 때문에 아예 그곳에서 우편물을 받았다. 언젠가 그는 동료 시인인 어러니 야노시에게 다음과 같이 일러두었다. "내게 편지를 보낼 때는 주소를 필벅스

"그 반대가 아니라 너무 안타깝다"라는 농담이 나돌았다. 흔히 헝가리의 디킨스로 불리는 요커이는 1860년대부터 매우 인기 있는 소설 여러 편을 발표한 다작 작가였다. 그러나 사실, 빅토리아 여왕이 크게 칭찬한 『황금 손을 가진 사나이*Az arany ember*』를 빼면 그의 작품은 모두 엉성한 모작이었다.

카페라고 쓰게. 집보다 여기 더 자주 있으니까 그게 더 빠를 걸세."* 그는 보통 아침을 먹으려고 필벅스 카페에 나타났기 때문에, 꽤 많은 수의 반체제 인사들이 아침 8시 30분경부터 그곳에서 그를 기다렸다. 요커이는 이렇게 평했다. "이른 아침의 마자르인은 반역자가 아니다." 오전 9시 정각, 페퇴피는 필벅스 카페에 도착해 환호를 받으며 곧장 테이블 위에 올라가서는 「국가」와 12개 조항을 낭독했다. 그는 "이상이 인민의 요구이다"라고 말했다.

거리 몇 개를 지나면 나오는 자유주의적인 인쇄업자 런데레르 러요시의 작업장까지 소수의 군중이 페퇴피를 따라갔다. 그들은 런데레르에게 12개 조항과 페퇴피의 시 「국가」를 인쇄해 출판하도록 요구했다. 런데레르는 심정적으로 시위자들에게 동조했지만, 12개 조항과 「국가」 모두 검열을 거치지 않았기 때문에 법적으로 그렇게 할 수 없었다. 대신에 그는 "혁명의 이름으로" 인쇄기를 "징발하는" 것이 어떻겠냐고 말했다. 그러자 이리니가 인쇄기에 손을 얹고 엄숙하게 선언했다. "인민의 이름으로 우리는 이와 같이 인쇄기를 수용收用하고 원고를 인쇄하도록 요구하는 바이다." 런데레르는 훗날 그가 오스트리아 관헌들에게 "내 목숨에 대한 위협"이라고 말한 것에 굴복했고, 인쇄를 시작하도록 지시했다. 식자공 5명이 쉬지 않고 일한 결과 그날 정오까지 페스트 중

---

* 필벅스 카페는 범람한 강물이 빠진 직후인 1838년에 르네상스 카페라는 이름으로 문을 열었다. 개업 당시의 주인은 프리보르슈키 페렌츠라는 사업가였다. 오스트리아 태생의 필벅스 카로이는 고객들에게 사랑받는 바텐더였다. 3년 뒤, 필벅스는 카페를 인수해 이름을 바꿨다. 원래의 필벅스 카페는 1911년에 헐렸지만, 필벅스 카페가 있었던 장소 근처에 있는 식당에는 19세기 풍의 그림과 사진이 걸려 있다.

심가의 곳곳에서 전단지 수천 장이 배포되었다.

오후 3시경, 하늘은 흐리고 계속 이슬비가 내리는 가운데 봉건적 질서와 "왕들의 통치"를 끝낼 "당면한, 지금 유럽 도처에서 벌어지는 혁명"에 관한 페퇴피의 연설을 듣기 위해서 2만 명 정도가 국립 박물관 건물 밖에 모여들었다. 페퇴피는 12개 조항을 다시 읽었고, 1789년의 바스티유의 날(바스티유 감옥 습격 사건이 일어난 7월 14일/역주)에서 착안해 "인민을 보호할" 국민위병과 공안위원회의 창설을 선언했다. 그 무렵 페스트의 인구가 8만5,000명에 불과했다는 점에 비춰보면, 2만 명은 오스트리아 관헌들이 두려워할 만한 엄청난 군중이었다. 그러나 그날의 시위가 얼마나 의미심장한 사건인지 깨닫지 못하는 사람도 있었다. 국립 박물관 관장이자 저명한 역사가인 쿠비니 아고슈톤은 그날 저녁 일기에 "시끄러운 폭도들이 밖에서 야단법석을 떠는 바람에 업무를 제대로 볼 수 없어 퇴근했다"라고 썼다.[4]

군중이 부교를 통해서 천천히 다뉴브 강을 건너 부다 왕성으로 향하는 동안, 수천 명이 추가로 시위 대열에 합류했다(당시 세체니 다리는 4분의 3만 완성된 상태였다). 부다 왕성에 도착한 사람들은 황제의 대리인 총독에게 "요구안"을 전달했다. 페퇴피는 그 장면을 글로 기록했다. 시위 주도자들은 "잔뜩 주눅이 든 채 말을 더듬었고, 선생님 앞에 선 학생처럼 떨었다.……총독의 자문위원들은 안색이 몹시 창백했고, 역시나 몸을 떨었다.……그리고 5분간의 짧은 회의 끝에 요구안을 모두 수락했다."

시내의 셰베슈첸 광장에 있는 다른 카페(달팽이 카페)에 모여 있던 교사들과 언론인들과 법률가들의 무리는 오후 6시 직전에 그 소식을 들었다. 그들은 부다 성에 인접한 요새로 몰려갔고, 근무 중인 경비병 몇 명을 제압하고 나서 "거기 가둬둔 정치범을 모두 석방하도록" 요구했다. 대다수 정치범들이 몇 년 전에 풀려났기 때문에 남은 정치범이라고는 딱 1명뿐이었다. 문제의 정치범은 바로 낭만적인 노老혁명가이자 체제 전복 선동 혐의로 부다의 지하 감옥에 갇혔던 직공織工 탄치치 미하이였다. 군중은 그를 어깨에 짊어지고 곳곳을 돌아다녔다. 페퇴피는 그날 밤 일기에 "오늘, 헝가리의 자유가 탄생했다. 언론에 채워진 족쇄가 오늘 끊어졌다"라고 적었다.[5]

"영광스러운 제15일"에는 유혈 사태가 전혀 없었고, 혁명의 도취감만, 군중 속으로 녹아들며 느끼는 흥분만이 있었다. 젊은 법률가인 데그레 얼러요시는 그 긴장감 넘치는 날을 이렇게 묘사했다. "이제 나도 저 무리의 일원이 되었다. 저들이 무엇을 계획했는지, 저들이 어디로 갈지 모르는 채 말이다. 나는 본능적으로 친구들을 믿었고, 맹목적으로 그들을 따라갔다. 그리고 친구들이 곧장 사지死地로 뛰어들었다면 나도 따라갔을 것이다."

"무엇이든 가능해 보였다"라는 요커이의 말대로, 혁명가들은 이틀 동안 부다와 페스트를 장악했다. 페퇴피는 긴 검은색 망토를 두른 채 페스트의 거리를 행진했고, 조르주 상드를 흉내 내어 머리를 짧게 자르고 헝가리 삼색기를 몸에 두른 아름다운 아내 율리어도 남편과 함께 행진에 몇 차례 참가했다. 필벅스 카페에는 혁명의 전당이라는 새로운 이름이 붙었다. 그러나 얼마 지나지 않아서 중후하고 노련한 정치인들이 주도권을 잡았고, 급진론자들은 정치적 목적을 이룬 뒤 옆으로 밀려났다.

3월 17일, 빈 궁정(합스부르크 왕가를 무너트릴 수 있는 농민 반란을 부추길 것이 자명한 페퇴피 같은 부류를 두려워했다)은 페르디난트 황제의 수석보좌관 중 한 사람이 "더 현실적인 상대방, 합리적인 자들"로 부른 사람들과 거래했다. 이제 헝가리인들은 재정과 군사 분야 같은 국내 문제를 다룰 정부를 구성할 수 있게 되었지만, 헝가리는 새로운 헌법에 따라서 "공동 국가"의 일부분으로 남아야 했다. 직접선거가 실시될 예정이었지만, 참정권이 제한되어 귀족들과 한정된 숫자의 부유한 도시 거주자들만 투표가 허용되었다(결과적으로 부다와 페스트의 남성 인구의 약 11퍼센트만 투표할 수 있었다).

헝가리에서 가장 부유한 지주 중 한 사람인 41세의 버차니 러요시 백작이 총리에 임명되었다. 그의 가문은 대대로 빈의 호프부르크 궁전에서 환영받는, 훌륭한 가톨릭 신자들이자 합스부르크 왕가의 충신들이었다. 그는 개혁가이자 헝가리 자치 운동가였지만, 과격한 극단주의자나 제국의 반대자가 아니었다. 그의 목표는 결코 오스트리아로부터의 완전한 독립이 아니었다. 세체니는 마지못해 공공토목운송부 장관직을 수용했지만, 합스부르크 왕가와의 충돌이 불을 보듯 뻔한 나머지 깊은 시름에 잠겼고, 내각이 구성된 날 일기에 "헝가리가 해체될 날이 다가오고 있다.……그리고 방금 나는 내 사형 선고에 서명했다. 잘린 머리들이 단두대에 널부러질 것이다"라고 썼다. 그러나 가장 막강한 인물이자 그 격동하는 혁명의 해에 유럽 전체에서 펼쳐진 국민국가들의 봄을 누구보다 명확히 규정한 사람은 신임 재무부 장관인 코슈트 러요시였다.[6]

지금까지 코슈트만큼 전혀 상반되는 평가나 열정을 많이 불러일으키는 정치 지도자는 드물다. 빅토리아 여왕은 딸에게 보낸 편지에서 "사실……그는 야심 덩어리이고, 만족을 모르는 사기꾼이야"라고 말했다. 에이브러햄 링컨은 그를 "유럽 대륙에서 시민적, 종교적 자유라는 명분을 대변하는 매우 훌륭하고 탁월한 인물"로 평가했다. 시인 앨저넌 스윈번은 그를 "해가 지지 않는 별"로 일컬었고, 월터 새비지 랜도어, 매슈 아널드, 하인리히 하이네 같은 몇몇 시인들은 그를 자유를 위해 싸운 위대한 낭만적 영웅으로 그렸다. 하지만 페퇴피는 그를 "협잡꾼……음모꾼……가증스러운 희극 배우"로 여겼고, 헝가리의 소설가 케메니 지그몬드는 그를 "조국을 대참사로 몰아넣은……열렬한 광신자"로 묘사했다. 프리드리히 엥겔스는 시적인 찬사를 보냈다. "아주 오랜만에 처음으로 진정한 혁명가가 등장했다. 대담하게 동포들을 위한 필사적인 싸움에 나선 인물, 당통(프랑스 혁명 시기의 정치인/역주)과 카르노(프랑스 혁명기의 정치인이자 수학자/역주)를 섞은 인물이 나왔다." 그러나 카를 마르크스는 코슈트를 더 의심스러워했고, 지나치게 냉소적인 기회주의자로 생각했다. "정치에서는 목표를 이루기 위해서 악마와 손잡아도 무방하지만, 악마와 손잡을 때 속는 것은 악마이지 자신이 아니라는 사실을 확신하고 있어야 한다." 세체니는 코슈트를 싫어했고, 그를 "헝가리에서 가장 위험한 사람"으로 생각했다. 세체니와 코슈트의 치열한 경쟁은 1848년부터 1849년까지 헝가리에서 펼쳐진 드라마의 가장 흥미로운 곁줄거리 중 하나였고, 역사를 통틀어 숱하게 일어난 혁명적 사건들의 기저에 깔려 있는 긴장관계를 둘러싼 더 폭넓은 관점을 생생하게 보여주는 개인사였다. 유혈 사태를 피하고자 했던 세체니는, 승산 없는 전쟁과 패배를 감수하면서까지 교조적 순수성을 위해 타협을 거부한 이상주의자인 코슈트와 달리 가능성의 예술을 믿었고, 진화론적 변화를 촉구했다.

1848년 당시 코슈트는 키가 약 183센티미터이고, 체구가 탄탄하고, 안색이 창백하며, 머리칼이 갈색인 46세의 남성이었다. 어른이 되고 나서 얼마 지나지 않아 코슈트는 턱수염을 길렀고, 길고 덥수룩한 수염은 그의 신체적 특징으로 자리 잡았다. 그는 감미로운 목소리의 소유자였고, 세월이 흐르면서 장소와 청중에 따라 크게 외치거나 경쾌한 억양을 구사하는 매력적인 연사가 되었다. 코슈트를 둘러싼 모든 기록과 풍문에는 그의 카리스마와 존재감, 매력과 고결함, 놀라운 활력과 날카로운 지능과 지성이 언급되어 있다. 그러나 그의 판단력, 질투심에 따른 분노, 어마어마한 허영심, 이따금 드러나는 거만한 태도는 의아함을 불러일으켰다.

코슈트와 교분을 쌓은 러시아의 개혁가이자 망명객인 알렉산드르 게르첸은 그를 이렇게 평가했다.

코슈트는 그의 모든 초상화와 흉상보다 훨씬 잘생겨 보인다. 젊었을 때 그는 틀림없이 미남이었을 것이고, 얼굴에 담긴 낭만적 애수 때문에 여자들에게 굉장한 인기를 끌었을 것이다.……그의 부드럽고 우울한 표정을 통해서 강력한 지성뿐만 아니라 깊은 감수성을 느낄 수 있었다. 생각에 잠긴 듯한 미소와 다소 열광적인 연설 방식은 그의 매력을 더하는 금상첨화였다. 그는 대단한 달변가이지만, 프랑스어와 독일어와 영어를 쓸 때 똑같이 나타나는 독특한 억양이 있다. 그는 품위 있는 구절로 말을 전달하려고 하지 않고, 진부한 표현에 기대지도 않는다. 여러분과 함께 생각하고, 듣고, 거의 언제나 독창적으로 생각을 다듬어간다. 남들보다 훨씬 더 현학 취미와 거리가 멀기 때문이다.……주장과 반론을 제기하는 그의 방식에서는 아마 법학 교육의 흔적이 감지될 수도 있다. 그러나 그가 말하는 내용은 진지하고 면밀하다.[7]

코슈트는 주로 슬로바키아인이 거주하는 헝가리 북동부 젬플렌 지역의 소도시인 모노크에서 토지가 없는 "샌들 차림의 귀족" 집안의 아들로 태어났다. 19세기에 합스부르크 왕가 왕당파는 코슈트의 명성을 떨어트리려고 그가 혈통상 슬로바키아인이며 "변절자의 열정을 지닌" 헝가리인 같은 느낌을 풍긴다는 식의 주장을 펼쳤다. 그러나 실제로 마자르인으로서 그의 뿌리는 벨러 4세 시절인 1263년까지 거슬러 올라갈 수 있었다(그의 조상 중 한 사람은 벨러 4세에게서 무상으로 불하하는 소규모의 땅을 받았다). 가문의 이름도 유서 깊었고,* 코슈트의 아버지가 언드라시 가문의 사유지(정확히는 사유지 중 하나)의 고문 변호사로 일했지만, 그의 가족은 돈에 쪼들렸다. 그래도 코슈트는 가톨릭 학교와 루터파 학교에서 훌륭한 교육을 받았다. 그는 변호사 자격을 얻었고, 지방 정부에서 관직을 역임했다. 특히 1831년부터 1832년까지는 헝가리 북부, 보헤미아, 갈리시아 등지에서 수천 명의 목숨을 앗아간 감염병의 피해자들을 구호하는 활동을 감독하는 "콜레라 담당 위원"으로 일했다.

---

* 슬로바키아어로 코수트kosut는 숫염소라는 뜻이다.

그는 지방 정치계에서 활동했고, 적당히 성공했으며 과장된 웅변으로 유명한 변호사였다. 코슈트의 명성이 전국에 퍼진 것은 1833년 초에 소수의 구독자들과 친구들을 대상으로 헝가리 국회와 오스트리아 의회의 논의 내용 그대로를 격주마다 알려주는 「국회 의사록*Országgyülési Tudósítások*」을 발간하고 난 뒤의 일이었다. 당시 국회의 회의 내용을 보도하는 행위는, 검열을 거치지 않은 우편물을 통해 "보도자료"를 전달하는 행위와 마찬가지로 불법이었다. 몇 달이 지나지 않아 「국회 의사록」의 구독자는 150명으로 늘어났고, 오스트리아 정부의 모든 부처도 최고의 열독자로서 한 부씩을 구독했다. 1833년 말, 코슈트가 「국회 의사록」을 찍기 위해 석판 인쇄기를 구입하자, 정부가 개입했다. 국회에서의 질서 유지를 책임지는 거마 관리관은 그의 인쇄기를 압수했고, 그를 체포하겠다고 으름장을 놓았다. 하지만 당국은 전형적인 오스트리아식 대처법에 따라 코슈트에게 넉넉한 금전적 보상을 해주었다. 하룻밤 사이에 그는 중요한 정치적 인물로 떠올랐다. 출판의 자유를 위해 싸우는 운동가로서 자유주의 세력을 인도하는 횃불이 된 것이다.[8]

이듬해에 코슈트는 페스트로 향했고, 헝가리 총 63개 주 지방 정부의 현황을 알리는 「시정록*Törvényhatósági Tudósítások*」이라는 새로운 의사록을 격주로 발간했다(「국회 의사록」을 발간했을 때처럼 구독료를 받았다). 이로써 그는 또다시 오스트리아 정부와 부딪쳤다. 1836년부터 오스트리아 정부는 검열을 강화하고 메테르니히가 "폭도들을 선동하는 급진분자들"로 부른 헝가리의 자유주의 개혁가들을 체포하는 등 모든 반대 세력에 대해 한층 더 체계적으로 반동적인 활동을 펼치기 시작했다.

코슈트의 설명에 따르면 1837년 5월 5일 늦은 밤 "마치 신들이 극적인 사태가 벌어질 것이라고 경고하듯이" 부다 언덕에 사나운 폭풍이 일었다. 오스트리아 군인들과 소수의 헝가리 헌병들이 어느 외딴 마을 외곽에 있는 신의 눈(꽤나 어울리는 이름이었다)이라는 여관을 에워쌌다. 나중에 에비덴츠뷔로Evidenzbüro로 알려지게 되는 합스부르크 제국의 비밀경찰은 밀고자들로부터 "위험한 체제 전복적 언론인"인 코슈트가 신문을 만들기 위해서 며칠간 그 여관에 머물 것이라는 정보를 입수했다. 코슈트는 체포되었고, 반란 및 내란 모의 혐의로 기소되었다.

이어서 격렬한 시위가 일어났다. 페스트에서 코슈트와 반목하는 사이로 알려진 세체니 백작도 시위에 참가했다. 헝가리 법에 따라 귀족은 재구류되지 않고 재판을 받을 때까지 석방될 수 있었다. 그러나 합스부르크 왕가는 법적 정밀성에 관심이 없었고, 코슈트는 부다 성의 지하 감옥에 구금되었다. 사건이 법원으로 넘어갔을 때, 그는 빈틈없는 자기변호에 성공함으로써 합스부르크 제국의 폭정에 희생된 영웅으로 떠올랐다. 그에게는 3년형이 선고되었는데, 나중에 고등법원이 형량을 5년으로 늘렸다. 하지만 결국 그는 18개월만 복역한 뒤 1840년 5월 10일에 석방되었고, 사면까지 받았다.

애초에 그는 부다에 있는 군대 막사의 독방에 감금되었지만, 나중에는 수감 조건이 완화되었다. 유일한 면회객은 어머니였으나 감옥 안에서 편지를 쓰거나 받을 수 있었고, 원하는 책을 마음껏 읽을 수 있었다. 죄수 코슈트에 대한 처우에는 무자비함과 관대함이 섞여 있었다. 형기 막바지에 그는 정부가 비용을 부담하는 조건으로 「아우크스부르거 알게마이네 차이퉁Augsburger Allgemeine Zeitung」이라는 신문에 기고할 수도 있었다. 그는 석방되기 전에 감옥에서 『맥베스Macbeth』의 많은 부분을 헝가리어로 번역할 만큼 영어 실력을 쌓았다. 또한 독방에서 흠정역欽定譯 『성서』와 셰익스피어의 작품을 읽으며 영어 실력을 갈고닦았고, 훗날 영국과 미국에서 유창한 영어로 청중에게 놀라움을 선사했다.[9]

석방 직후, 인쇄업자인 런데레르는 코슈트를 「페슈티 히를러프Pesti Hirlap」라는 신문의 편집인 자리에 앉혔다.* 코슈트가 자신의 견해를 대변하고 선전하는 수단으로 삼은 격주간 신문 「페슈티 히를러프」는 정치적, 금전적 측면에서는 코슈트에게, 상업적 측면에서는 런데레르에게 엄청난 성공을 안겨주었다. 코슈트는 일류 언론인이자 신문 편집인으로 거듭났다. 처음에 거만하고 과장된 문체를 썼던 그는 얼마 뒤부터 간결하고 힘차며 대중의 인기에 영합하는 문체를 터득했다. 발행 부수는 3개월이 지나지 않아 60부에서 4,000부로, 1년이 지나지 않아 5,200부로 늘어났다. 독자 수는 약 10만 명으로 추산되었다. 당시 헝가리는 총인구가 1,100만 명이고 총 유권자 수가 13만6,000명이었다. 글을 읽고 쓸 줄 아는 사람은 100만 명도 되지 않았다. 오스트리아 정부가 온건한 반대 세력을 달래기 위해 정책을 번복하면서 검열이 완화되었고, 코슈트가 쓴 사설 200편 중 7편만이 게재를 금지당했다. 1840년대 합스부르크 제국 치하의 언론은 양차 세계대전 사이의 극우 체제나

---

* 훗날 밝혀진 사실이지만, 런데레르는 종종 경찰에 정보를 제공했고, 메테르니히는 그가 코슈트에게 편집인 자리를 제의했다는 것도 알고 있었다(혹은 메테르니히의 지령에 따라 제의했을지도 모른다). 메테르니히는 반체제 변호사인 코슈트가 부유하지 않은 데다 부양할 아내와 세 자녀가 있기 때문에 보수가 후한 직장이 있으면 그것을 잃을까 봐 정치와 거리를 두리라고 판단했다. 새로운 기관지의 급진성을 런데레르가 제어할 것이라는 기대도 있었다. 하지만 그것은 오판이었다.

1948년 이후의 소련식 공산 체제 치하의 언론보다 훨씬 더 자유로웠다. 코슈트는 대부분 직접 쓴 떠들썩한 내용의 사설을 1면에 배치하는 방식을 도입했는데, 이후 이 방식은 프랑스와 영국과 미국의 신문사들에서도 종종 채택되었다.

코슈트는 농노제 폐지, 종교의 자유 확대, 귀족계급의 면세 특권 철폐, 급진적 보건 개혁 같은 몇몇 진보적 목표를 관철하기 위한 운동에 나섰다. 그러나 1848년 혁명과 독립 전쟁의 실패로 귀결된 핵심적인 문제에 대해서, 코슈트는 현대적인 의미에서나 1848년 당시의 의미에서나 전혀 자유주의적이지 않았다. 그는 헝가리의 민족주의를 영광스럽고 낭만적인 대상으로 바라보았고, 헝가리 같은 다민족 국가 내부의 다른 민족들이 가진 열망을 결코 이해하지 못했다. 코슈트는 "그 민족들"이 자치권 확대라는 요구를 포기해야 한다는 주장, 그리고 헝가리어가 헝가리 전체의 공용어가 되어야 한다는 국수주의적 주장으로 사설란을 가득 채웠다. 그러나 당시 헝가리에는 마자르인이 소수집단인 지역이 많았다. 예를 들면 트란실바니아 동남부에서는 인구의 4분의 3이 루마니아인이었고, 크로아티아에서는 인구의 30퍼센트만이 마자르인이었다.[10]

그 문제는 코슈트와 세체니의 의견이 어긋나는 부분 중 하나였다. 세체니는 헝가리에서조차 마자르인보다 훨씬 숫자가 많은 민족들과의 대립 구도를 일관되게 반대했다. 그는 "무게가 덜 나가는 우리가 한없이 더 무거운 상대방과 끊임없이 충돌하는 것은 서투른 전술이다"라고 썼다.

마자르어를 불꽃과 칼로 강제하지 마라.……강제하면 당신들이 불꽃과 칼에 멸망하는 일을 막지 못할 것이다. 언어의 구사는 절대 감정적인 것이 아니고, 혀의 울림은 절대 심장의 박동이 아니다.……당신들이 진심으로 받아들이지 않을 일을 남들에게 저지르지 마라.……이것은 헝가리인의 애국심이 세계 무대에서 존중을 덜 받는 주된 이유, 가장 순수한 마자르인의 시민의식이 헝가리 밖에서 공감을 얻지 못하고 우호적인 여론을 형성하지 못하는 주된 이유이다.……우리는 절제와 신중함과 인내심을 활용해야 한다.

이러한 세체니의 견해는 코슈트와 전혀 달랐다. 코슈트는 「페슈티 히를러프」의 편집인으로서 발표한 첫 번째 사설에서 다음과 같이 말했다. "한편으로 우리는 우리 민족성을 수용하도록 요구하고, 다른 한편으로는 우리 헌법의 혜택을 베풀도록 하자.……모든 비非마자르적 요소는 헝가리 헌법이 붙이고 지킨 불꽃에 의해서 우리와 결합해야 한다." 궁정백인 요제프 대공은 1843년 7월에 헝가리 국회에서 "헝가리 국민의 모든 분파가 독자적 개별성을 주장하면 이 나라의 공공복지가 위태로워집니다. 나는 무슨 언어를 쓰든 간에 모든 헝가리인들이 헝가리 헌법의 권리와 특권과 혜택을 누리는 한 마자르인으로 자처해야 한다고 생각하는 축에 듭니다"라고 발언했다. 그러자 코슈트는 "나는 절대로 성 이슈트반 왕관 밑에 마자르인 외의 민족과 국민이 있다고 인정할 수 없다"며 열변을 토했다.

코슈트는 오스트리아로부터의 경제적 독립을 바랐다. 헝가리 기업을 위한 무역 장벽과 관세와 보호무역을 원했다. 이러한 그의 바람은 그와 빈 궁정의 불화를 낳았다. 1844년 초에 메테르니히는 「페슈티 히를러프」의 소유주인 런데레르에게 편집장인 코슈트를 즉각 해고하도록 지시했다. 런데레르는 지시를 따랐다. 코슈트는 애초 자신이 런데레르와 신문의 수익 분배 문제로 다툼을 벌이다 해고되었다고 생각했지만, 합스부르크 제국의 모든 곳에서의 언론 활동이 금지되었다는 사실을 곧 알게 되었다.

1844년 5월, 코슈트는 빈에서 오스트리아 총리인 메테르니히와 2시간 반 동안 극적인 회담을 했다. 메테르니히는 코슈트를 매수하려고 시도했다. 그는 코슈트가 정부에 대한 공격의 수위를 낮추고 신랄한 어조를 누그러뜨리면 복직시키거나 다른 곳의 다른 신문에 기고할 수 있도록 알선할 생각이었다. 코슈트는 거절했다. 그는 회담이 끝나고 며칠 뒤에 페스트 대홍수의 영웅인 베셸레니에게 보낸 편지에서 이렇게 말했다. "[메테르니히는] 가장 진정한 의미의 외교관입니다. 인간의 정직성을 믿지 않습니다. 아마 평생 정직한 사람을 10명도 만나지 못했기 때문일 것입니다. 그가 적어도 나를 통해 모든 헝가리인을 매수할 수 있는 것은 아니라는 사실을 배웠으면 합니다."

회담 이후 메테르니히는 세체니에게 오스트리아인들이 그동안 코슈트를 대할 때 네 가지 실책을 저질렀다고 말했다. 즉, 그를 체포했다가 석방하고, 신문사를 운영하도록 해줬다가 빼앗은 그 모든 조치가 실책이었다는 것이다. 이제 오스트리아 정부가 코슈트를 어떻게 처리해야 하는지 묻자 세체니는 "그를 이용하든가 아니면 목매달아 죽이든가 하십시오"라고 대답했다. 오스트리아인들은 코슈트를 이용하지도 교수형에 처하지도 않았고, 오히려 그의 인기만 높여주고 말았다. 반면, 세체니의 평판은 거의 반비례적으로 떨어졌다. 1860년대에 세체니의 전기를 가장 먼저 쓴 작가 중 한 사람은 이렇게 지적했다(그는 세체니 백작과 코슈트 두 사람을 모두 알고 있었다). "한때 국민을 각성시킨 공로로 극구 칭송되었던 세체니 백작은 인기를 잃었지만, 대중을 정서적으로 감동시킨 최초의 인물인 코슈트는 탄탄대로를 걸었고, 민족 지도자의 반열에 이르렀다."

오스트리아인들은 1847년 11월에 코슈트가 국회의원 선거에 출마하도록 허락했고, 결과적으로 다섯 번째 실책을 저질렀다. 코슈트는 대체로 거액의 출마 비용이 드는 페스트 시내의 선거구에 입후보했다(페스트 시내의 선거구는 출마 비용이 가장 비싼 곳이었다). 그러나 코슈트에게는 버차니 백작 같은 여러 명의 부유한 은행가들이 있었다. 덕분에 유권자들은 코슈트를 직접 보고 그의 발언을 들을 기회가 많아졌고, 청중의 규모가 커질수록 그는 더 환하게 빛났다. 코슈트가 보수파 후보를 상대로 압도적인 승리를 거둔 것은 놀라운 일이 아니었다.[*]

오스트리아인들이 두려워했던 최악의 상황은 곧바로 현실화되었다. 페스트 주의 경찰서장은 빈에 다음과 같이 보고했다. "코슈트는 국회가 소집되었을 때 폐하가 추천하셨던 온화하고 조용한 사람이 아니라 선동자입니다. 그는 나머지 모든 국회의원을 합친 것보다 더 많은 문제를 일으킬 인물입니다."

---

[*] 투표할 자격을 갖춘 소수만이 투표할 수 있었다. 페스트와 그 주변 지역으로 이루어진 페스트 주에는 60만 명이 살고 있었는데, 1만4,000명의 귀족에게만 투표권이 있었다.

아니나 다를까 코슈트가 국회의원 신분으로 나선 연설 중 하나에는 의미심장한 의미가 담겨 있었다. 그 연설은 훗날 "헝가리 혁명의 개막 연설"로 불렸다. 1848년 3월 3일, 그는 다음과 같이 선언했다. "빈 체제의 활기 없는 회의장에서 해로운 공기가 흘러나와 모든 것을 짓누르고, 망치고, 우리의 신경을 마비시키고, 우리의 솟구치는 정신을 끌어내립니다.……현 왕가는 자기들의 안위를 챙길지 아니면 부패한 체제를 유지할지 선택해야 합니다." 그로부터 12일 뒤, 헝가리 혁명이 시작되었다.[11]

제14장

혁명 전쟁

새로운 문화의 길은 인간성에서 비롯되고 민족성을 거쳐 잔혹성으로 이어진다.
— 프란츠 그릴파르처

코슈트는 누구에게나 마음에 들도록 행동하는 사람이네.……마르세유에서는 "공화국 만세"를, 맨체스터에서는 "하느님, 국왕 폐하를 지켜주소서"를 외치지. — 카를 마르크스가 프리드리히 엥겔스에게, 1851년

15개월에 걸쳐 혁명과 전쟁이 벌어지는 동안 부다와 페스트는 주인이 세 차례 바뀌었다. 승리 뒤 참사가 닥쳤고, 마지못해 받아들여야 하는 패배가 찾아왔다. 3월 15일 이후 몇 주일 동안, 부다와 페스트는 행복감에 취했다. 하룻밤 사이에 주요 건물이나 장소의 이름이 변경되었다. 부다에서는 코슈트와 버차니를 칭송하는 의미로 여러 거리의 이름이 바뀌었다. 페스트에서는 3월 15일 광장, 자유 광장, 자유 언론 거리 등에 표지판이 설치되었다. 4월의 첫째 주, 페르디난트 황제는 혁명 첫날에 헝가리인들을 상대로 합의한 내용을 공식적으로 승인했고, 4월법이 제정되었다. 그 무렵, 반란자들이 프라하를 장악해 도시의 일부분을

불태웠고, 오스트리아 군인들은 북부 이탈리아의 합스부르크 제국 영토를 빼앗기지 않으려고 롬바르디아와 베네토에서 필사적으로 싸우고 있었으며, 발칸 반도는 혼란에 휩싸였다. 빈에서도 폭동이 일어났고, 왕실은 인스부르크로 피신했다. 군주정은 뒷걸음쳤고, 이제 제국의 해체는 아주 불가능한 일처럼 보이지 않았다. 그러나 부다와 페스트에서는 비교적 덜 급진적인 혁명가들의 요구 대부분이 충족된 듯했다. 헝가리는 튀르크인들의 침공 이후 볼 수 없었던 종류의 독립을 되찾았다. 군주는 여전히 합스부르크 왕가 사람이지만, 헝가리는 본질적으로 자치권을 가지게 되었다. 코슈트는 민족의 영웅이었고, 21세기까지 민족의 영웅으로 남게 될 것이었다.

새 정부는 엄청나게 정력적으로 일하기 시작했다. 명목상으로는 버차니가 부다의 왕성 근처의 집무실에서 지휘했지만, 모든 추진력의 원천은 코슈트였다. 그가 한때 몸담았던 「페슈티 히를러프」에서 처음으로 제시된 여러 개혁안은 며칠 만에 법제화되었다. 농노제는 최소한 폐지될 예정이었고, 새로운 화폐인 포린트화가 발행될 예정이었다. 독자적인 군대가 창설되었고, 귀족들의 면세 특권을 철폐히는 데에 따른 재정적 파장을 검토할 위원회가 구성되었다. 그러나 모든 종교를 평등하게 대하는 새로운 법률들이 유대인에 대한 전례 없는 해방을 의미한다고 정부가 발표하자, 헝가리 각지에서는 엄청난 반대가 일어났다. 그 법률들이 시행되면, 비슷한 재산 관련 자격에 따라서 유대인에게도 최초로 다른 모든 헝가리인과 동일한 경제적 권리와 참정권이 부여될 것이었다. 반대의 목소리는 곧바로 폭력적인 학살 행위로 바뀌었다. 국회에서 새로운 법안의 내용이 발표되자 포조니에서 유대인을 몰아내기 위한 폭동이 일어나 결국 유대인 10여 명이 살해되고 50명 이상이 부상을 입었다. 페스트와 부다에서는 현지의 장인들과 상인들이 유대인 업체를 퇴출하려고 했다. 유대인 상점이 약탈되었고, 유대인의 가옥이 불탔다.[1]

4월 19일, 한 무리의 성난 청년들이 페스트의 주요 유대인 구역으로 이어지는 대로 중 하나인 키라이 거리(국왕 거리)에서 유대인들을 공격했다. 곧이어 페스트 시내의 유대인 구역을 마음대로 휘젓고 다니던 다수의 폭도들이 이 청년 무리에 합류했다. 그들은 유대인 구역을 순찰하는 소수의 국민위병 대원들을 제압했고, 거리에서 유대인들을 폭행했으며, 유대인의 상점과 가옥을 부쉈다. 혁명을 지지하는 유력 신문 중 하나인 「3월 15일*Marczius Tizenötödike*」의 소속 기자 초브니츠 율리언은 현장을 기록으로 남겼다. "군중이 발끈해 이리저리 움직였고, 그때마다 혼자 걸어가는 행인을 폭행했다.……유대인처럼 보이는 사람이 있으면……그들은 '여기 한 놈있다! 대가리를 박살내라'라고 소리쳤다. 거리는 몇 시간 뒤에야 통제되었다." 버차니 총리가 군중 앞에 나타나 진정하라고 호소했고, 거리에 군인들이 추가로 배치되었다. 하지만 통제에서 벗어난 "자유"의 순간이 허용되자 그런 일이 벌어졌다는 사실은 의미심장한 교훈을 남겼다.

시인 뵈뢰슈머르치는 아연실색하며 이렇게 단언했다. "평등이라는 성스러운 이름이 지금보다 더 부끄러운 거짓말이었던 적은 없었다." 「3월 15일」의 편집인인 팔피 얼베르트는 다음과 같이 말했다. 그 폭동 때문에 "이 품위 있고 남들의 이목을 끄는 도시가 모독을 당했다.……할 수만 있다면 오늘은 우리 역사에서 지워져야 한다."

코슈트는 유대인 학살 사태에 대해서 노회한 정치인 특유의 냉소와 얼버무리는 말로 반응했다. 그는 "선입견은 존재하기 마련이고, 하느님조차 그런 현실에 맞서 싸워도 이기지 못한다"라고 말했고, 발의된 법안을 폐기했다. 폭도들에게 무릎을 꿇은 셈이었다. "지금 유대인과 관련한 입법은, 희생자인 이 종족을 분노한 적들에게 맡기는 격일 것이다." 변함없이 품위를 지키고 관대함을 보여준 세체니도 비슷한 반응을 보였다. "영국인과 프랑스인은 유대인을 해방해줄 만한 여유가 있다. 잉크 한 병을 넓은 호수에 뿌리면 별 탈 없기 때문이다. 하지만 그것을 헝가리 수프에 뿌리면 큰일이 난다."*

헝가리인 대다수가 알고 있었듯이, 1848년 혁명과 독립 전쟁이 벌어졌을 때 유대인들은 대체로 민족주의적 대의와 코슈트를 열렬히 지지했다. 유대인들은 스스로를 1848년의 봉기와 동일시했으며, 1848년 봉기를 헝가리화 및 동화 과정의 일부로 여겼다. 자금을 지원한 은행가와 금융업자를 포함해 여러 유대인들이 적극적으로 봉기에 참여했다. 다수의 평범한 유대인들도 참전해서 싸우다 죽었다. 혼베드셰그(국민군)가 창설되자 약 8,500명의 유대인이 입대했는데, 유대인 인구가 전

---

* 몇 달 뒤 국민위병 총사령관은 간첩 혐의가 있는 어느 유대인 행상꾼을 교수형에 처하도록 지시했는데, 명백한 이유는 없었다. 그 행상꾼의 소지품은 바늘과 실과 골무 몇 개뿐이었다. 그의 운명을 결정한 것은 경찰이 발견한 테필린이라는 작고 검은 성구상聖句箱이었다. 그는 많은 유대인 남자들처럼 율법서의 몇 구절을 넣어 가지고 다니는 테필린을 목에 두르고 있었다. 그는 테필린에 헝가리의 적들에게 넘겨줄 군사 기밀을 담고 있다고 의심받았고, 그 점은 이 유대인 행상꾼을 반역자로 규정할 수 있는 확실한 근거였다. 실제로 군사 기밀이 발견되지는 않았지만, 헝가리 검찰은 이전에 그 성구상으로 군사 기밀이 전달된 적이 있거나 앞으로 그럴 것이라고 판단했다. 문제의 행상꾼은 적법 절차를 거쳐 처형되었다.

체 인구에서 차지하는 비중을 고려하면 매우 많은 숫자였다. 혁명이 발발했을 때 필벅스 카페에 있었던 소설가 요커이 모르는 몇몇 친구들이 유대인을 대하는 방식에 수치심을 느꼈다. "유대인만큼 우리에게 성의를 다하는 민족은 없었고, 우리가 유대인보다 더 불공정하게 대우한 민족도 없었다."[2]

코슈트에 반대하고 헝가리인의 자유를 둘러싼 그의 견해에도 반대한 사람들은, 유대인들이 아니라 대헝가리에서 2등 시민으로 살고 있다고 느끼는 슬라브인들이었다. 헝가리인들은 자신들의 민족주의를 고상하고 낭만적인 것으로, 자국의 시인들이 그토록 장엄하게 읊은 자유와 독립을 위한 투쟁의 일환으로 여겼다. 그러나 다수의 루마니아인, 크로아티아인, 루테니아인, 슬로바키아인들은 헝가리인 치하의 삶을 전혀 낭만적으로 바라보지 않았다. 그들 중 일부는 부다와 페스트에서 일어난 혁명을, 헝가리 내부의 다른 민족집단들에 더 많은 자치권을 부여하거나 최소한 그 민족집단들의 독자적 지위를 인정하도록 헝가리인들을 압박할 기회로 바라보았다. 그러나 헝가리 혁명가들의 첫 번째 내각은 독립을 바라는 다른 민족의 열망에 대한 공감을 전혀 보여주지 않았다. 민족주의는 그들에게만 이로운 것이었고, 슬라브인들에게는 그렇지 않았다. 충돌이 일어날 수밖에 없었다.

4월 14일, 코슈트는 트란실바니아 인구의 3분의 2 이상을 차지하는 루마니아인 대표단에게 "우리 마자르인들이 당신들을 위해서 쟁취한 자유 이외에" 어떤 것도 기대하지 말라고 했다. 며칠 뒤 헝가리 남부의 보이보디나 지방에 거주하는 세르비아인들의 지도자인 조르제 스트라티미로비치는 부다의 새로운 정부가 자치를 향한 세르비아인의 염원을 연민의 시선으로 바라보지 않으면 빈의 권력자들에게 도움을 구할 수밖에 없을 것이라고 헝가리 내각에 말했다. 코슈트는 냉담하게 대답했다. "그렇게 되면 칼로 결판을 내야 할 것이오." 아울러 코슈트는 슬로바키아인의 독립 운동을 범슬라브적 음모로 치부해 그 민족주의 운동의 최고위 지도자 3명을 투옥하도록 지시했으며, 헝가리 북부의 여러 주를 관리할 헝가리인 감독관들을 임명했다(헝가리 북부에서는 슬로바키아인 대표자들이 발언권을 행사하지 못했다). 3월 15일에 혁명가들의 도움으로 부다의 지하 감옥에서 석방되어 페스트 곳곳에서 영웅 대접을 받았던 탄치치 미하이는 코슈트의 조치를 "오스트리아인들이 저질렀을 법한 바로 그런 짓"이라고 표현했다. 헝가리의 지도급 인사 중에 사태가 어디로 흘러갈지 간파한 사람은 세체니뿐이었다. 그는 헝가리 인구의 대부분을 차지하는 민족들과의 일정한 조정이 필요하다고 경고했지만, 그의 말은 무시되었다. 세체니는 일기에서 "여기저기 흥건한 피"를 예견했다. "형제끼리 살육을 저지를 것이다. 한 종족이 다른 종족에게 도살될 것이다……." 심신이 쇠약해진 세체니는 이렇게 말한 뒤 여러 번 병원에 입원했다. 실제로 그가 정신병을 앓았는지 모르지만, 적어도 그가 일기에 적은 내용은 미친 사람의 식견이 아니었다.[3]

크로아티아에서는 슬라브인의 민족적 열망을 헝가리의 민족주의자인 코슈트만큼 분명히 표현할 수 있는 지도자가 나타났다. 크로아티아의 총독인 요시프 옐라치치는 자신이 충직하게 섬기는 오스트리아 황제와 헝가리인 사이를 이간할 방법을 알아냈다. 그는 특히 헝가리 민족주의와 코슈트를 싫어했다. 코슈트가 그에게 "지도에서 크로아티아를 찾을 수 없다"며 모욕을 주기 전부터 그랬다. 코슈트는 능숙한 정치인이자 제국군 참모 본부에서 활약했던 유능한 장군인 옐라치치를 심하게 과소평가했다. 오스트리아인들은 옐라치치를 부추겼다. 그리고 오스트리아인들이 헝가리를 침공할 군대를 일으키려는 크로아티아인들을 돕는다는 것은 부다와 페스트의 모든 사람이 알고 있는 공공연한 비밀이었다.

페르디난트 황제와 그의 보좌관들은 3월 15일 이후의 혁명 초반에 헝가리인들을 상대로 맺은 합의를 협박에 의해서 강요된 것으로 간주하며 절대로 인정하지 않았다. 그들은 유럽 도처에서 타오르는 혁명의 열정이 가라앉거나 슬라브인의 민족의식으로 인해 코슈트 같은 부류가 몰락할 때를 기다렸다. 4월법에 서명하기는 했지만, 오스트리아인들은 헝가리가 아직 "공동 국가"의 일부분으로서 합스부르크 제국과 불가분의 관계를 맺고 있다고 믿었다. 헝가리의 새 정부 인사들은 그 합의를 다르게 해석했다. 그들은 헝가리인들이 헝가리 국왕에 충성해야 하는데 그 헝가리 국왕이 우연히 합스부르크 왕가의 오스트리아 제국 황제까지 맡고 있을 뿐이라고 생각했다. 그들은 독립국 정부 인사들처럼 행동했고, 빈 궁정에서 중요하게 여기는 전쟁, 즉 이탈리아에서 벌어지고 있던 소모적인 전투에 필요한 자금과 병력을 지원하기를 거부했다.

갈등의 골은 부다의 새 정부가 혼베드세그를 창설하고 코슈트가 그 군대의 창설 비용을 마련하려고 헝가리 화폐를 확정하자 더욱 깊어졌다. 빈 궁정은 헝가리인들이 선을 넘었다고 주장했다. 1848년 8월에 궁정백인 슈테판 대공은 "오스트리아 제국과 분리된 헝가리 왕국이라는 존재는 정치적으로 불가능한 것으로 표현되어야 한다"라고 말했다. 한 달 뒤, 헝가리의 새 정부 인사들을 휘어잡고 코슈트와 다시 협상하라는 지시를 받은 사절이 부다로 파견되었다. 바로 과거에 헝가리의 자치권에 일정 부분 공감했던 제국군 장군 람베르크 프란츠였다. 9월 28일에 페스트에 당도한 그는 그날 저녁 헝가리 장관들과 비공식적으로 대화를 나누며 저녁을 먹기 위해서 방을 나섰다. 그때 폭도들이 그를 알아봤고, 그를 마차에서 끌어내린 뒤 폭행했다. 그의 시체는 낫으로 난도질을 당했다. 이제 오스트리아와의 충돌은 걷잡을 수 없을 듯했다. 이 사건은 얼마 뒤 야전野戰으로 비화하게 되었다.[4]

9월 11일에 이미 옐라치치 장군이 이끄는 5만 명의 군인들이 헝가리 남부의 드라바 강을 건너 페스트를 향해 진격하면서 별개의 전쟁이 시작되었다. 옐라치치 장군이 황제에게 충성을 다시 맹세했을 때, 그들은 이미 검은색과 노란색으로 이루어진 합스부르크 왕가의 휘장을 휘날린 바 있었다. 그 전쟁은 종종 복잡했던 오스트리아 제국의 역사에서도 낯선 전쟁이었다. 헝가리의 머일라드 백작은 전쟁이 발발했을 때 다음과 같이 지적했다. "오스트리아 황제가 중립을 지키는 동안 헝가리 왕이 크로아티아 왕에게 전쟁을 선포했는데, 그 3명의 군주는 동일인이었다."

크로아티아의 침공으로 부다는 정치적 위기에 휘말렸다. 정부에 내분이 일어났다. 코슈트를 제외한 한 무리의 인사들은 옐라치치에게 군대를 철수시키면 크로아티아의 독립을 보장하겠다고 제의했다. 그러나 때가 너무 늦었다. 옐라치치 장군은 제의를 거절했고, 그의 군대는 계속 진격했다. 버차니 정부가 무너졌고, 코슈트는 자신을 총독이자 섭정으로 삼은 국방위원회를 구성했다. 이로써 코슈트는 사실상 독재 권력을 가지게 된 셈이다. 한 달 뒤, 빈에서는 궁정 쿠데타가 일어나 황제 페르디난트 1세를 권좌에서 끌어내렸다. 공식적으로는 그의 부실한 건강 때문이었지만, 본질적으로는 궁정의 여러 관료들과 군부가 황제의 우유부단한 태도로 인해 합스부르크 제국이 몰락할 우려가 있다고 판단했기 때문이다. 군부는 황제의 조카인 열여덟 살 프란츠 요제프를 새로운 황제로 옹립했고, 경험이 일천한 젊은 통치자인 프란츠 요제프 주변에 든든한 보좌관들을 배치했는데, 훗날 그 보좌관들은 헝가리를 이전의 식민지 상태로 되돌리려고 마음을 먹었다. 제국의 신임 총리는 반동 세력의 우두머리이자 몇 년 뒤 세체니가 빈에서 함께 만찬을 나눈 뒤 "냉혹한 흡혈귀"로 묘사한 인물 슈바르첸베르크의 펠릭스 공작이었다.

헝가리인들은 프란츠 요제프를 헝가리 국왕으로 인정하지 않았다. 그가 역사적인 성 이슈트반 왕관을 쓰지 않고 전임자들의 대관식 서약에 구애되지 않는다는 것이 그 이유였는데, 이는 오스트리아와의 관계를 끊고 독립 전쟁을 시작하기 위한 핑계였다. 1848년 12월, 오스트리아 군이 헝가리를 총공격했다. 초반에는 혼베드셰그가 몇 차례 승리를 거두었지만, 곧 오스트리아 군이 재집결했다. 코슈트와 혁명 정부는 부다와 페스트에서 동쪽으로 300킬로미터 떨어진 데브레첸으로 퇴각했다. 1849년 1월 초순, 오스트리아 군은 한 발의 총성도 없이 부다와 페스트를 점령했고, 계엄령을 내렸다.

혁명 직후 헝가리인들에게 "사랑하는 조국의 복리와 안보를 위해서

펜 대신 칼로 싸울 것"을 호소하는 격렬한 기사를 썼던 신문 편집인 글렘버이 카로이는 이제 합스부르크 왕가의 복귀를 환영하는 칼럼을 썼다. 오스트리아의 군정 장관 겸 육군 원수인 알프레트 빈디슈그레츠 공작은 글렘버이의 신문을 제외한 대다수 신문을 폐간하고 야간 통행 금지를 선포했다. 그리고 혁명가들을 위해서 단 한 명이라도 간첩 노릇을 하거나 그들에게 물자를 제공하다 적발되면 모두에게 책임을 물어 2만 크로네(2021년 가치로 1,500만 파운드 상당)의 벌금을 부과하겠다고 유대인들에게 으름장을 놓는 포고령을 발표했다. 오스트리아 군인들은 1848년 9월에 페스트에서 폭도들에게 살해된 람베르크 장군의 유해를 찾아 성대한 의식을 통해서 다시 매장했다.5

헝가리인들은 패배한 듯 보였다. 아마 당시 외부의 관찰자 중 오스트리아와 크로아티아의 연합군에 맞선 헝가리 군의 승리를 점치는 사람은 거의 없었을 것이다. 그러나 코슈트는 아무것도 없는 상태에서 군대를 동원하는 기적을 선보였다. 처음에 모병 작업은 순탄하지 않았다. 핵심 장교들이 헝가리어를 전혀 할 줄 몰랐기 때문이다. 다수의 장교가 헝가리인의 대의를 위해서 자원한 외국의 직업군인들이었다. 혼베드셰그의 장교단 중 25퍼센트가 외국인으로, 15퍼센트가 독일인, 5퍼센트가 폴란드인이었다. 그러나 언어적 장벽에도 불구하고 장교단은 얼마 지나지 않아서 매우 유능한 전투부대로 변모했다.*

---

* 가장 유명한 장교 중 한 명은 영국인 대위인 리처드 구욘이었다. 합스부르크 제국군의 헝가리 경기병 연대 소속으로 참전한 적이 있었던 그는 헝가리인과 결혼했고, 헝가리의 애국자가 되었다. 널리 알려진 또 한 사람은 장군인 카를 레이닝겐-

1849년 3월, 코슈트는 유능한 장군인 괴르게이 어르투르에게 헝가리 군의 지휘권을 맡겼다. 괴르게이는 잇달아 인상적인 승리를 거두었고, 헝가리 서부와 동부에서 오스트리아 군을 완파했다. 그는 부관이자 평판 좋은 폴란드 출신 장군 유제프 벰과 함께 완강하게 저항하는 오스트리아 군을 내쫓는 데 성공했다(적어도 일시적으로는 그랬다). 그는 많은 희생을 치른 끝에 부다와 페스트를 탈환했다. 부다와 페스트의 포위전에서는 헝가리와 오스트리아의 군인들이 약 1,000명씩 전사하고 민간인이 최소한 2,000명 사망했다. 합스부르크 제국으로 넘어간 1680년대 이후, 부다에는 방어 시설이 설치되지 않았다. 부다 성은 요새로서의 방어 기능을 다할 수 없었다. 성문은 녹이 너무 슬어 금방이라도 부스러질 것 같았다. 하인리히 헨치 장군은 오스트리아 군 4,000명으로 병력이 그보다 훨씬 많은 헝가리 군에 대적했지만, 괴르게이에게는 오스트리아 군이 점령한 부다의 성벽을 무너트릴 만한 중포부대가 없었다. 마지막 공격이 펼쳐진 날인 5월 21일에는 피비린내가 진동했다. 그날 지휘관인 헨치와 장교 70명, 그리고 사병 수십 명이 전사했다. 오스트리아인들은 성을 버리고 떠나기 직전에 최후의 궁여지책으로 완공을 앞둔 현수교를 폭파하려고 시도했다. 알로이스 알노흐 중령이 부다 쪽의 교두보 근처에 설치한 한 통 분량의 화약에 아직 불이 붙어 있는 담배꽁초를 던지고 달아났다. 화약이 폭발했고, 멀리 달아나지 못한 알노흐 중령은 죽고 말았지만, 현수교는 멀쩡했다.*

베스테르부르크 백작이었다. 그는 헤센 왕가의 일원으로 코부르크 가문 사람들, 그리고 영국 왕실의 사촌들과 친척이었다. 훗날 그는 헝가리의 시민이 되었다.

* 진짜 영웅은 현수교 건설을 감독한 토목 기사 애덤 클라크였다. 그는 오스트리아

부다를 탈환한 뒤 며칠 동안 승전 기념 행진, 페스트 시내에서의 대규모 축하 행사, 헝가리인 사망자를 위한 장례 행렬 기도식 등이 잇달아 열렸다(기도식에서는 오스트리아 군 장교 1명이 수로에 내던져져 죽는 일이 벌어졌다). 코슈트는 1849년 6월 5일에 금빛 마차를 타고 엄청난 군중의 환영을 받으며 페스트에 재입성했다. 그의 첫 번째 조치 중 하나는 역사상 최초로 부다와 페스트와 오부더를 "부다페스트"로 공식 통합한 것이었다. 그 결정을 알리는 포고령 내용은 코슈트가 직접 작성했다. "헝가리인의 국가는 수도가 하나일 수밖에 없다. 페스트는 주로 활력이 넘치고, 부다에는 오래된 역사의 기억에 담겨 있다. 국가 수도의 찬란함과 활력과 힘과 위대함은, 부당한 전쟁에서 공격을 당한 우리 나라에 지금 가장 절실한 요소인 수도 통합에 달려 있다."[6]

그러나 조국 독립이라는 코슈트의 꿈이 실현되기에는 이미 너무 늦었다. 오스트리아인들이 얼마 전에 폴란드에서 일어난 민족주의 반란을 매우 잔인하게 진압한 러시아인들에게 도움을 구하면서 종말이 명백해진 것이다. 오스트리아인들은 발칸 반도의 슬라브인들이 헝가리 민족주의의 적이라고 판단되는 경우 그들에게 추가적인 영향력을 행사할 방법을 찾아냈고, "소규모 민족들"에게 힘을 과시하고 싶어했다. 프란츠 요제프는 러시아의 도움이 필요했지만, 러시아 황제 니콜라이 1세는 아직 10대인 오스트리아의 신임 황제가 비굴한 내용의 서신을 통해 "무법 상태에 맞선 투쟁"에 대한 무장 원조를 공개적으로 호소하도

군이 곧 패배하고 십중팔구 현수교를 폭파하라고 판단했고, 닻줄 보관고 사물함을 침수시켜 오스트리아 군의 폭파 계획을 저지함으로써 피해를 최소화했다.

록 유도했다(실제로 프란츠 요제프의 서신은 「비너 차이퉁 Wiener Zeitung」의 지면에 실렸다). 게다가 프란츠 요제프는 바르샤바로 달려와 한쪽 무릎을 꿇고 모든 러시아인의 황제의 손에 입맞춤하라는 전갈까지 받았다. 오스트리아 황제 프란츠 요제프는 어머니인 조피 대공비에게 보낸 편지에서 당시의 상황을 전했다. "그는 저를 무척 정중하고 우아하게 맞이했습니다. 4시에 저는 그와 단둘이 식사했습니다. 우리는 아주 빠르게 이동했습니다. 러시아의 철도는 훌륭한 짜임새와 부드러운 승차감으로 특히 유명합니다.……이곳은 전반적으로 모든 것이 질서정연하고 차분합니다."

 러시아 황제의 폴란드 부왕인 이반 파스케비치는 약 19만 명의 러시아 군을 이끌고 반란 진압에 나섰다. 7월 3일, 코슈트와 장관들은 남쪽의 세게드로 피했지만, 테메슈바르 외곽에서 마지막으로 벌어진 마지막 전투에서 패했다. "반역자 무리"인 헝가리 정부의 대다수 인사들은 외국으로 달아났고, 코슈트는 폴란드 귀족의 하인으로 변장한 채 도망쳤다. 그는 중요한 신체적인 특징인 턱수염을 깎았고, 머리카락을 더 연한 갈색으로 염색했으며, 여권 2개(하나는 헝가리인 명의였고 다른 하나는 영국인 명의였다)를 소지한 채 오스만 제국으로 도주했다. 한편, 페퇴피는 혼베드셰그가 창설된 직후 입대하여 폴란드 장군인 유제프 벰 밑에서 금세 소령으로 진급했지만, 헝가리 군이 사실상 패배했을 무렵 셰게슈바르에서 벌어진 마지막 전투 중 하나에서 전사했다. 그의 시신은 끝내 발견되지 않았지만, 전우들이 그의 죽음을 목격했다고 증언했다. 그때 겨우 스물여섯이던 페퇴피는 이후 전설이 되었다. 그는 국민 시인이지만, 페퇴피가 국민 시인으로 추앙되는 것은 단순히 글솜씨 때문만이 아니라 그의 인생을 수놓은 고귀한 낭만과 싸움터에서의 요절 때문이기도 하다. 비평가인 이그노투시 팔이 평가했듯이, 바이런조차 그렇게까지 하지는 못했다. "그의 초상은 코슈트(페퇴피가 몹시 싫어한 인물)의 초상처럼 식당과 카페에 걸려 있다. 그는 극우와 극좌 모두 명목상의 지도자로 떠받드는 인물이다. 이후의 헝가리인들이 혁명이나 독립 전쟁은 물론이고 시인에 의해서 고취되지 않은 사회적 개혁 운동을 거의 상상할 수 없는 까닭은 대체로 페퇴피 때문이다."

전사하기 며칠 전 그가 마지막으로 남긴 시는 여전히 헝가리인의 마음에 울려 퍼지고 있다.

폭풍 가운데 헝가리인들이 홀로 서 있네.
나 비록 피로서는 마자르인이 아니나
선언하노니, 이 민족과 함께하리라.
이들은 친구도 없고, 이 넓은 세상에서
가장 철저하게 버림받은 민족이리라.

스스로도 인정했듯이, 오스트리아인들은 외국의 도움이 없었으면 이기지 못했을 것이고, 기꺼이 그들에게 도움의 손길을 내민 유일한 외국은 러시아였다. 황제 프란츠 요제프의 시종무관이자 오스트리아 제국의 참모총장 부관인 라밍 폰 리트키르헨 대위는 다음과 같이 간추려 말했다.

오스트리아인의 국가가 러시아의 원조 없이 헝가리인의 봉기를 진압할 수 있었을 것인가라는 질문이 종종 제기된다.……대외관계의 모든 측면에서 보장되는 요소이기도 한 결정적인 군사적 우위를 확보하기 위해서는 러시아의 개입이 불가피했다.……오스트리아의 실행력이 상대적으로 미미해도, 러시아 군의 강력하고 인상적인 지원은 반드시 성공으로 이어져 오스트리아와 유럽 전체에 평화를 정착시키는 결과를 낳을 것이다.

헝가리 독립 전쟁과 관련해 오스트리아인들은 부적절한 방식으로 기록을 남겼고, 헝가리인들은 기록을 거의 남기지 않았다. 그러나 가장 확실한 증거에 의하면 독립 전쟁으로 헝가리인 5만 명이 사망했고, 오스트리아인 사망자 수도 엇비슷했다. 러시아의 원정군은 불과 543명이 전사하고 1,670명이 부상했다.[7]

헝가리인들은 고립되었다. 코슈트가 도망친 직후 오스트리아인들이 부다로 돌아왔을 때, 헝가리 혁명 정부의 마지막 총리인 베르털런 세메레는 유럽 각국의 국민들과 지도자들을 향해서 간절하게 호소했다. "유럽의 자유는 헝가리 땅에서 결정될 것입니다. 그 결과에 따라서 세계의 자유는 충직한 영웅들이 살고 있는 위대한 나라를 잃을지도 모릅니다."

그러나 아무도 헝가리를 도우려고 손가락 하나 까딱하지 않았다. 몽골인들과 튀르크인들의 침공 이후부터 그때까지 역사적으로 되풀이되었고 1세기 뒤에 헝가리인들이 소련에 맞서 봉기했을 때에도 마찬가지 일이 발생했다. 설상가상으로 유럽의 여러 지도자들이 위선을 드러냈다. 영국의 외무부 장관인 파머스턴 경은 합스부르크 군주국이 그대로 남아 있는 것이 세력 균형에 중요하게 작용한다고 믿었다. 그는 1849년 7월 21일에 하원에서 "유럽의 독립과 자유는……오스트리아가 유럽의 열강으로서 온전하게 유지되는 것과 밀접한 관련이 있습니다. 그러므로……오스트리아를 마비시키거나 약화하는 경향을 띠는 모든 일은 확실히 유럽이 맞이할 대참사일 것입니다"라고 발언했다. 그러나 영국의 민심은 용감한 헝가리인들 쪽으로 기울었다. 파머스턴 경도 의회 안팎에서 공개적으로 헝가리인의 대의에 동조하는 듯한 인상을 종종 풍겼고, 중유럽에 대한 러시아의 개입이 무척 염려스럽다고 여러 차례 말했다. 그러나 개인적으로는 런던 주재 러시아 대사에게 영국은 개입하지 않을 것이며, 러시아 황제의 군대가 일을 신속하게 처리해야 한다고 말했다.

마침내 괴르게이 장군이 항복했다. 몇 주일 전까지 그는 영웅으로 칭송되었지만, 앞으로는 영원히 겁쟁이이자 반역자로 불릴 것이었다. 특히 패전의 책임과 전략과 판단을 둘러싼 자신의 잘못을 희석할 수 있는 희생양이 필요했던 코슈트(이미 중립 지역으로 안전하게 피신한 상태였다)는 괴르게이를 심하게 비난했다. 그때부디 여러 세대에 걸쳐서 헝가리의 학생들은 괴르게이가 혁명을 배반했다고 배웠다. 그러나 괴르게이는 자신이 항복할 무렵 헝가리인들이 이미 패배한 상태였다고, 싸움을 계속하는 것은 소용없는 일이었다고, 자신은 유혈 사태를 최소화하고자 애썼다고 주장했다.

헝가리 혁명이 실패하면서 그토록 많은 자유주의자들이 염원했던 국민국가들의 봄이 막을 내렸다. 프랑스에서는 1년 전인 1848년 여름에 이르러 혁명의 불길이 사그라들었다. 불과 몇 달 뒤에 발칸 반도와 중유럽의 대부분 지역에서도 혁명의 움직임이 자취를 감췄다. 하이네는 헝가리의 독립이 실패했다고 선언했다. "그렇게 자유의 마지막 보루가 무너졌다." 1849년 7월 하순, 파스케비치 공작은 황제에게 "헝가리가 폐하의 발아래 있습니다"라고 보고했다.[8]

제15장

복수극

더는 희망이 없다.……더는 희망이 없다.

— 뵈뢰슈머르치 미하이

저는 질서를 회복할 사람입니다. 수백 명을 거리낌 없이 쏴 죽일 것입니다.

— 루트비히 폰 하이나우 남작

황제 니콜라이 1세는 패배한 "반란자들"에게 아량을 베풀라며 아직 10대인 오스트리아 황제를 촉구했다. 적어도 공개적으로는 그랬다. 그러나 프란츠 요세프나 그의 수석보좌관인 슈비르첸베르크 공작은 자비를 베풀 기분이 아니었다. 결국 오스트리아가 헝가리에 자행한 보복의 야만성은 유럽을 충격으로 몰아넣었다.

1849년 10월 6일 새벽, 헝가리 혁명 정부의 초대 총리 버차니 러요시가 페스트에 자리 잡은 본 군영의 안마당으로 끌려갔다. 7월 하순부터 포로로 잡혀 있던 그는 군법 회의에서 반역죄로 교수형을 선고받았다. 그가 반역으로 비칠 우려 때문에 헝가리의 독립 선언에 반대했음이 재판 과정에서 입증되었지만, 아무 소용도 없었다. 그는 서거나 걸을 수 없는 상태였기 때문에 독방에서 처형 장소까지 실려가야 했다. 사실 그는 사흘 전에 아내를 통해 감옥으로 몰래 들여온 칼로 자기 목을 베려고 한 적이 있었다. 귀족이 교수형을 당하는 것은 불명예였기 때문에 치욕을 피할 길을 택한 셈이었다. 그러나 감옥 의무실 직원들이 버차니의 목숨을 구했고, 그는 처형될 수 있을 만큼의 기력을 되찾았다. 군법회의는 이른바 관대한 조치로 교수형을 총살형으로 변경했다.

버차니는 의자에 앉아 총을 맞았다. 그는 눈가리개 착용을 거부했고, 총살대원들에게 직접 발포 명령을 내렸다. 진정한 헝가리 귀족답게 그는 세 가지 언어를 섞어 말했다. "총살대 앞으로, 조국이여 영원하라 Allez Jäger, eljén a Haza." 그의 시체는 사람들이 볼 수 있도록 하루 반 동안 처형 현장에 방치되었다. 같은 날 아침, 오늘날의 트란실바니아의 아라드에서는 혼베드셰그 소속 장군 12명과 대령 1명이 교수형을 당했다. 현재 그날은 헝가리의 가장 중요한 공휴일 중 하나이다.[*][1]

황제와 슈바르첸베르크의 지시로 장군인 루트비히 폰 하이나우 남작이 부다페스트로 급파되었다. 그의 임무는 "헝가리인들에게 절대 잊지 못할 교훈"을 주는 것이었다. 폰 하이나우는 그 만만치 않은 임무를 주저 없이 떠맡았다. 그는 빈의 참모 본부에서 "저는 질서를 회복할 사람입니다. 수백 명을 거리낌 없이 쏴 죽일 것입니다"라고 호언장담했다. 헤센카셀의 선제후인 빌헬름 1세의 사생아인 그는 훗날 롬바르디아에서 선동 혐의로 붙잡은 여자들과 소녀들을 공개적으로 매질한 일

---

[*] 제2차 세계대전 이후 소련은 반反러시아적 의미가 담겨 있다는 이유로 그날을 공휴일에서 제외하려고 했다. 그런데 평소 굴종적이었던 헝가리의 공산주의자들이 그렇게 하면 소련에 대한 혐오감을 부추기는 역효과가 날 것이라며 반대했다.

과 군인들에 의해 교회 제단에서 교수대까지 곧장 끌려온 사제를 처형한 일 같은 여러 가지 극악무도한 행위 때문에 "브레시아의 도살자"라는 별칭으로 더 유명해졌다. 폰 하이나우의 직속 상관인 육군 원수 요제프 라데츠키는 황제에게 다음과 같이 말했다. "그는 가장 뛰어난 저의 부하 장군입니다만, 쓰고 나서 상자에 다시 넣어야 하는 면도칼 같습니다."

전권을 위임받은 폰 하이나우는 부다-페스트에 머무는 13개월 동안 공포정치를 실시했다. 약 130명의 이름난 혁명가들이 교수형이나 총살형을 당했고, 그중 다수는 국립 박물관의 우아한 정원에서 공개 처형되었다. 원래 폰 하이나우는 빈 궁정의 승인 없이 처형을 집행할 수 없었지만, 그런 제약이 자신을 만만하게 보이게끔 만들 것이라고 주장했고, 결국 황제에게서 원하는 대로 할 수 있는 권한을 부여받았다. 그리하여 코슈트를 포함해 외국으로 망명했던 10여 명에게 궐석 상태에서 교수형이 선고되었고, 부다 성 지구에 설치된 처형대에 그들의 명단이 나붙었다.

군법 회의는 15년 이상의 징역형 1,765건과 실형 2,400건 이상을 선고했다. 장군 24명을 비롯한 합스부르크 제국군 전직 장교 500명이 투옥되었다. 혼베드셰그 소속 장교와 사병 약 4만5,000명이 제국군 오스트리아 연대에 징집되었다.

계엄령은 2년간 이어졌고, 공개 모임이 일절 금지되었으며, 헝가리의 세 가지 상징색인 빨간색과 흰색과 녹색을 띤 옷을 입는 행위도 금지되었다. 코슈트의 턱수염 비슷한 모양의 긴 턱수염을 기르는 것조차 금지되었다. 검열이 터무니없는 수준에 이른 채 수년간 지속되었다. 그로부터 10년 뒤, 베르디의 가극 「가면 무도회」는 주인공인 스웨덴의 왕 구스타브 3세가 암살되지 않고 끝까지 살아남는 내용으로 줄거리를 고치지 않았다는 이유로 공연을 금지당했다. 가장 사소한 수준의 "범법자들"에게도 엄한 형벌이 선고되었다. 나라 자체가 외부와 차단되었고, 외국인의 입국도 제한되었다. 1854년, 헝가리 입국이 허용된 영국인은 5명이었는데, 그중 1명이었던 언드라시 가문의 여자 가정교사는 오스트리아 정부가 추가 여행의 허용할 때까지 빈에서 몇 주일간 대기해야 했다. 여러 가지 높은 세금도 새로 부과되었다. 유대인들은 혁명과 독립을 지지한 대가로 별도의 "배상금"을 내야 했다. 학교에서는 "의심스러운" 교사들이 추방당했고, 신문은 폐간되거나 편집인들이 교체되었다. 황제는 폰 하이나우가 혼베드셰그 소속 장군인 키스 에르뇌의 저택에서 약탈한 은그릇이 적법한 전리품이라고 단언했다. 용케 투옥되지도 망명하지도 않은 헝가리의 혁명가 중 한 사람은 이렇게 말했다. "슈바르첸베르크과 하이나우는 보기 드문 일을 해냈다. 두 사람은 그들을 향한 프랑스와 영국과 독일과 심지어 러시아의 대중적 반감을 하나로 만들어냈다."[2]

오스트리아인들이 내린 결정 중에는 부다페스트를 단일 도시로 통합한 조치를 취소하는 것도 있었다. 이후 부다페스트가 다시 단일 도시가 되기까지는 약 사반세기를 기다려야 했다. 하지만 현수교는 독립전쟁이 끝난 직후 완공되었고, 1849년 11월에 개통되었다(현수교가 예전처럼 세체니 다리로 불리기까지는 한참을 또 기다려야 했다). 마치 부다와 페스트 양쪽의 주민들을 능욕하듯이, 엄숙한 의식을 통해 현수교를 "공식적으로" 처음 건넌 것은 오스트리아 군의 1개 분대였다.

필벅스 카페는 헤렌가세 카페로 이름이 바뀌었다. 독일어 거리 표지판이 복원되었고, 상점 정면에 다시 독일어 문자가 적히기 시작했다. 국가 공공건물은 합스부르크 왕가의 상징색인 노란색과 검은색으로 장식되었다. 1849년 말에 페스트로 돌아온 언어학 교수 훈펄비 팔은 일기에 "이제 페스트는 우리 것이 아니다. 앞으로 페스트는 우리 무덤이다"라고 적었다. 페스트에서 가장 유명한 랍비 중 한 사람인 뢰브 리포트의 부인인 뢰브 어비는 친구에게 보낸 편지에서 "전에는 너무나 행복해 보였고 늘 나를 따듯하게 반겨줬던 페스트가 이제는 너무나 흉측해 보였다"라고 말했다.

저술가 카녀 에밀리어는 포위전이 끝난 뒤 황폐해진 페스트의 모습을 다음과 같이 묘사했다. "오, 주여! 이 아름다운 우리 도시에 무슨 일이 생긴 것입니까? 다뉴브 강의 제방은 거의 알아볼 수 없어졌습니다. 대무도장[오늘날의 부다페스트 비거도 음악당]이 폭파되어 폐허가 되었고, 그 건물의 기둥은 부서져 땅에 널브러져 있으며, 창문은 거인의 움푹 들어간 먼눈처럼 침울하게 밖을 내다봅니다." 1851년에 페스트를 방문한 미국인 찰스 로링 브레이스는 "이느 여지의 응접실과 포격을 당한 어느 성직자의 서재에 아직 남아 있는 포탄"을 목격했다. "페스트가 그 무시무시한 형벌을 극복하기까지는 오랜 시간이 걸릴 것이다." 수많은 전투가 벌어진 부다의 여러 지역은 페스트보다 상태가 더 나빴다. 왕성은 부서졌고, 아예 다시 지어야 할 듯했다.

폰 하이나우는 1850년 가을에 빈으로 소환되었고, 황제로부터 그간의 노고를 치하하는 의례적인 말을 들은 뒤 연금을 받고 퇴직했다. 희한하게도, 그는 공직에서 물러난 직후 헝가리 서부 지방에서 저택 부지를 사들였다. 그는 이웃들이 자신을 만찬에 초대하지 않는 까닭을 전혀 이해하지 못했고, 빈 궁정에 있는 친구에게 편지를 보내 무례하고 배은망덕한 헝가리인들에 대한 불평을 늘어놓았다.[3]

코슈트는 망명한 뒤 평생의 절반에 해당하는 46년을 더 살았다. 그는 헝가리에서 잠시 권력을 잡았을 때보다 순회 강연자와 "유명인사"로서 세계적으로 더 유명해졌다. 페스트에서 그의 인형이 "처형된" 날, 마르세유에는 엄청난 군중이 모였다. 그가 탄 미 해군 함선 미주리 호를 맞이하기 위해서였다. 이스탄불에서 출발한 그 배는 영국으로 향하던 중 마르세유에서 기항하려던 참이었다. 하지만 마르세유 당국은 프랑스 정부의 압력 때문에 "위험한 손님"의 정박을 허가하지 않았다. 그러자 장바티스트 종킬이라는 제화공이 바다에 뛰어들어 항구 밖에 머물고 있는 미주리 호까지 헤엄쳐갔고, 갑판에 올라 추위로 벌벌 떨면서 코슈트의 앞으로 급하게 달려가 엎드린 채 말했다. "저는 인류의 구원자를 봤으니 죽어도 여한이 없습니다." 사실, 그도 코슈트처럼 여러 해를 더 살았다.

코슈트는 상륙을 허가한 영국으로 갔다. 1851년 10월 한 달간, 그는 런던, 맨체스터, 버밍엄 등지의 수많은 군중을 상대로 연설하며 뜨거운 갈채를 받았다. 어느 목격자는 "그는 셰익스피어 작품의 긴 인용구로 꾸민 시적인 영어를 구사했다"라고 회상했다. 코슈트는 다른 헝가리 출신 망명자들을 돕고 "내 조국을 해방할" 무기를 사겠다며 거액을 모금했지만, 말뿐이었다. 그는 파머스턴, 나폴레옹 3세, 카보우르, 심지어 비스마르크와 같은 서유럽 각국의 주요 정치인들을 만났지만, 그

누구에게서도 진심 어린 지지를 얻어내지 못했다.*4

영국에 이어 그는 7개월간 미국 곳곳을 누볐다. 코슈트가 연설에 나서기 몇 시간 전부터 엄청난 인파가 모였다. 코슈트를 예수 그리스도와 모세, 조지 워싱턴에 비유하는 현수막도 내걸렸다. 워싱턴 특별구에서 그는 상하 양원의 의원들을 상대로 연설하는 보기 드문 행사에 참가했다. 그것은 라파예트를 제외하고 어떤 외국인에게도 주어지지 않았던 영광스러운 기회였다. 지금도 미국 국회의사당의 둥근 천장 밑에는 그의 흉상이 있으며, 위스콘신 주에는 그의 이름을 딴 소도시(코서스 Kossuth/역주)가 있다. 그러나 노예제에 관한 질문을 받았을 때 코슈트가 답변을 거부한 후로 미국 북부의 자유주의자들 사이에서는 그의 평판이 좋지 않아졌다. 그러나 코슈트가 가장 중시하는 미국의 재정적 후원자 가운데 다수는 남부 사람들이었고, 코슈트에게는 그들의 돈이 필요했다. 마르크스는 코슈트의 여러 순회 강연에 대해 "코슈트는 누구에게나 마음에 들도록 행동하는 사람이다.……마르세유에서는 '공화국 만세'를, 맨체스터에서는 '하느님, 국왕 폐하를 지켜주소서'를 외친 나"라고 지적했다.

꽤 많은 세월이 지난 뒤, 사람들은 코슈트가 헝가리와 유럽에 남긴 유산을 되돌아보며 훨씬 더 가혹한 평가를 내렸다. 소설가 토마스 만의 아들이자 역사가인 골로 만은 코슈트를 전혀 칭찬하지 않았다. "이 자극적이고, 자화자찬이 심한 혁명가는……그때까지 나타난 이들 중

---

* 반면, 「타임스」에 따르면 1851년에 영국을 방문한 하우나우는 "바클리 퍼킨스 양조장의 짐마차꾼들"에게 습격을 당해 거름을 뒤집어쓴 채 버러허이 거리로 쫓겨났다.

가장 정신 나간 민족주의자였다. 그는 비非마자르 민족에게 정치적 실존이 없는 상태에서 완전히 복종할지, 아니면 박멸될지 선택하도록 했다." 영국의 역사가 에드워드 크랭크쇼는 코슈트에게서 하나의 본보기를 발견했다. "오만과 자부심과 마자르 민족주의의 숨겨진 낭만주의를 일깨우는……거리낌 없는 새로운 종류의 선동 정치가였다. 히틀러가 독일인이고 싶어했듯이, 무솔리니가 로마인이 되고 싶어했듯이, 코슈트는 마자르인이 되고 싶어했다."

한편, 서로의 차이점에도 불구하고 코슈트가 "가장 위대한 헝가리인"으로 일컬은 세체니는 빈 근교의 되블링에 있는 정신병원에 입원해 그곳에서 쓸쓸한 말년을 보냈다. 그의 간헐적인 우울증은 점점 악화했지만, 본인이 적은 일기에 따르면 그는 오랫동안 정신적으로 날카로운 명료성을 띠고 있었다. 1860년 4월 그는 스스로 목숨을 끊었다.*

온갖 결점과 실패에도 불구하고 코슈트 러요시는 그와 접촉한 수많

---

* 헝가리는 전통적으로 자살률이 높았는데, 특히 부다페스트가 그랬다. 헝가리 역사를 통틀어 많은 유명인이 스스로 목숨을 끊었다. 2012년의 수치에 따르면 헝가리는 세계에서 여섯 번째로 자살률이 높았다. 남성의 경우 10만 명당 49.2명이 자살했는데 미국과 영국은 각각 19.3명과 11.2명이었다. 헝가리의 여성 자살률은 세계에서 두 번째로 높았다. 헝가리 여성 10만 명당 15.6명이 자살한 데 비해 미국과 영국 여성은 각각 4.4명과 3.3명이 자살했다. 공산 정권기에 헝가리의 자살률은 대체로 세계에서 두 번째로 높았지만, 호르티 미클로시(1920년부터 1944년까지 헝가리 왕국의 섭정을 지낸 인물/역주) 시절에도 자살률이 높았고, 2020년대도 높기는 마찬가지이다. 헝가리의 자살률이 높은 이유를 설명하려는 심리학자와 역사가와 시인과 소설가가 집필한 자살 관련 문헌이 아주 많다. 아서 쾨슬러는 특별히 자살을 언급하지는 않았지만 다음과 같은 그럴듯한 설명을 내놓았다. "헝가리인이라는 상태는 집단 신경증이다." 부다페스트에서 여러 해 동안 가장 선호된 자살 장소는 자유의 다리Szabadság Híd였다. 세 부분의 철골로 이루어진 그 다리는 2003년에 당국이 접근하기 어렵도록 조처할 때까지 쉽게 올라갈 수 있었다.

은 사람들에게 활기찬 영향력을 미쳤고, 오늘날 계층과 정치적 견해를 막론하고 모든 헝가리인에게서 존경을 받고 있다. 헝가리의 거의 모든 마을에는 코슈트의 이름을 딴 거리나 기념비가 있다. 국회의사당 옆에 있는 부다페스트의 코슈트 광장은 지금까지 1세기 넘게 가장 중요한 국가적 사건과 정치적 드라마가 펼쳐진 곳이다. 소련 점령기에 공산주의자들은 농노제와 합스부르크 왕가의 제정帝政에 맞서 경제 개혁 운동을 펼친 영웅이라는 그의 위상을 도용하고자 했다. 다른 사람들이 볼 때 그는 헝가리의 독립과 자유를 변함없이 대변하는 인물이다. 즉, 헝가리의 민족주의 우파는 코슈트를 자기 진영의 인물이라고 주장한다. 지금도 초등학생들은 국가 행사에서 종종 부르는 그에 관한 노래를 배운다.

코슈트 러요시, 금빛 어린 양.
등에 금빛 글자가 있어.
그것을 읽을 줄 아는 이는
누구나 그의 아들이 될 수 있어.
코슈트 러요시는 작가라네.
등불이 필요 없지.
부드러운 햇빛에서도
글을 쓸 수 있지.[5]

제16장

유다페스트

부다페스트. 유대인이 우리를 위해 지은 도시.　　　— 어디 엔드레

19세기 중엽 오부더의 골드베르게르 날염 공장은 헝가리 최대 직물회사 중 하나의 본거지였다. 아마포에 날염하는 방식이 유행하던 1784년에 골드베르그 페렌츠가 작은 목조 건물에 차린 공장이었다. 얼마 뒤 그 회사는 면, 흰 무명, 비단 같은 온갖 직물을 취급하기 시작했고, 오부더의 대로 옆에 신축 석조 건물 3개를 지었으며, 직원 125명 정도가 있었다. 1800년, 소유주가 자기 이름에 음절을 하나 추가하여 골드베르게르로 불리게 되었고, 회사명은 "골드베르게르와 그 아들들"로 바뀌었다. 그의 (유일한) 아들 셔무엘은 회사를 더 키웠고, 1848년에 회사는 부다 쪽의 주요 기업 중 하나가 되었다.

골드베르게르 가문은 자긍심 있는 유대인들이자 자부심 있는 헝가리인들이었다. 1848년 혁명 때 그들은 코슈트와 마자르인들의 독립을 열렬히 지지했다. 그들의 회사는 혁명군인 혼베드셰그에 군복을 공급하는, 수익성 높은 계약을 따냈다. 그러나 헝가리인들이 전쟁에서 패한 뒤 오스트리아인들의 보복이 시작되면서 회사는 심각한 타격을 입었

다. 골드베르게르 가문의 회사는 복수심을 품은 폰 하이나우가 반란자들을 지원한 "범죄"에 대해 거액의 벌금을 부과한 유대인 소유 기업 중 하나였다. 폰 하이나우는 그 회사 공장의 모든 옷감과 염료를 징발해버렸다. 그러나 골드베르게르 가문은 시련을 이겨냈고, 정치와 거리를 두어 찾아온 평화 속에서 번창했다.

  많은 유대인들은 패전으로 자신들이 유독 피해를 볼 것이라고, 오스트리아인들과 헝가리인들 모두에게서 비난을 받을 것이라고 걱정했다. 그러나 종전 직후 탄압이 있기는 했어도 실제로는 예상과는 정반대였다. 부다-페스트에 선포된 계엄령이 1825년 초에 해제된 직후, 합스부르크 왕가는 마자르인 귀족계급이 뒷받침하는 가운데 더 많은 유대인이 헝가리로, 특히 부다와 페스트로 이주하도록 적극 환영하는 정책을 실시했다. 오늘날의 발트 3국에 해당하는 갈리시아로부터, 그리고 러시아의 유대인 집단 거주 지역으로부터 유대인들이 가족 단위로 쏟아져 들어왔다. 합스부르크 제국 사람들은 경제가 성장하면 헝가리인들이 오스트리아의 한 지방을 이루며 살아야 하는 본인들의 운명에 더 만족할 것이리고 보았고, 그 시급한 경제 성장의 동력이 유대인들일 것이라고 생각했다(이는 훗날 올바른 판단이었던 것으로 드러났다). 헝가리의 유대인 인구는 1760년대에 겨우 250가구였으나 19세기로 넘어갈 무렵 약 12만 명으로 늘어났고, 1848년에는 17만 명, 1860년에는 43만 명까지 증가했다. 전체 유대인 인구의 절반가량이 페스트에 거주했다. 헝가리 민족주의자들은 다른 이유로, 어떤 면에서는 정반대의 이유로 유대인을 환영했다. 대다수 유대인은 도착하자마자 헝가리어를 배웠거나 배우려고 했고, 헝가리인과 일체감을 느꼈다. 헝가리인과의 동질감을 느끼기를 주저하는 모습을 보여준 슬로바키아인, 루마니아인, 크로아티아인, 세르비아인 등과는 달랐다.[1]

합스부르크 제국의 황제는 헝가리의 유대인 사회와 새롭게 맺은 동맹을 선전할 방법을 찾아냈고, 유대인이 경영하는 사업체들은 기꺼이 그 선전의 대상이 되었다. 1857년 5월 7일, 헝가리를 방문한 프란츠 요제프는 빛나는 미모의 엘리자베트 황후를 대동하고 골드베르게르 공장을 시찰한 뒤, "내가 볼 때 모든 신민들은 종교와 무관하게 평등하다"라고 강조하는 내용의 긴 연설을 했다. 당시 골드베르게르 직물회사는 고故 골드베르게르 셔무엘의 부인인 어들레르 에르제베트가 경영하고 있었는데, 그녀는 골드베르게르 직물회사의 애국심을 부각하고, 유대인이 선도하는 산업과 합스부르크 군주국 간의 관계를 강조하기 위해서 기획된 황제 부부의 방문 행사를 준비하는 데에 비용을 아끼지 않았다. 2층짜리 공장의 벽은 전체가 빨간색과 흰색과 파란색 휘장으로, 그리고 (합스부르크 왕가의 상징색인) 노란색과 검은색 직물로 뒤덮여 있었다.* 축제용 대형 천막이 설치되었고, 거기서 골드베르게르 가문 사람들이 황족에게 경의를 표했다. 천막 한가운데에는 합스부르크 왕가의 쌍두 독수리 문장紋章을 묘사한 종이 인형이 놓여 있었다. 천막은 새로 심은 상록수에 둘러싸여 있었고, 주요 일간지인 「페스터 로이트*Pester Lloyd*」의 보도에 따르면, "포장도로에는 양탄자가 잔뜩 깔렸고, 직원들은 모두 파란 제복 차림이었다. 회사 소유주와 그 가족들이 직

---

* 그 공장 건물은 부다페스트의 직물업 전반을 개관하고, 나치 치하의 시절과 공산체제의 국유화 시기에 겪은 고초를 비롯한 골드베르게르 가문의 사업 내력을 보여주는 매력적인 박물관 역할을 맡고 있다.

원들 앞에 서서 가장 관대하게 품어주시는 황제 폐하를 맞이했다." 황제 부부가 방문하고 나서 얼마 뒤, 회사의 차기 소유주인 골드베르게르 베르톨드는 황제에게서 귀족 작위를 수여받았고, 골드베르게르 가문은 더 헝가리어처럼 들리는 부드버이-골드베르게르로 성씨를 바꾸었다.²

헝가리계 유대인에 관한 초창기의 농담 중 하나(중유럽에서 유명해진 유머의 일종)는 1860년대에 프란츠 크사피어 켐프라는 오스트리아인 방문객이 쓴 부다-페스트의 안내서에 등장했다. 이후 그 농담은 유대인뿐 아니라 비非유대인 사이에서도 회자되었고, 19세기에 유대인 인구가 늘어나면서 큰 인기를 끌었다. 그 농담의 내용은 다음과 같다. 페스트의 어느 현지인이 관광객에게 페스트를 구경시켜주고 있다. "여기 칼뱅 광장에 칼뱅파 교회가 있고……저기 다뉴브 강 옆에 그리스 정교회가 있고……저쪽에 무너지고 있는 건물은 루터파 교회이고, 저쪽의 바실리카식 교회당은 가톨릭교 대성당입니다." 관광객이 호응을 하면서 묻는다. "그런데 저기 쌍둥이 탑이 있는 큰 건물은 뭡니까?" 그러자 현지인은 "아, 저것은 페스트 사람들의 유대교 예배당입니다"라고 대답한다.

시내의 가장자리에 있는 도하니 거리의 유대교 대예배당은 1855년부터 4년 동안의 건설 기간 내내 공사의 진척 상황을 구경하는 방문객들과 현지 주민들의 시선을 사로잡았다. 그 예배당은 부다나 페스트에서 볼 수 있는 어떤 건물과도 너무 달랐고, 당시로서는 어느 건물보다 더 웅장하고 거대했다. 1848년 혁명이 일어나기 1년 전에 완공된 국립 박물관이 멀찍이서 비슷한 규모를 자랑하고 있기는 했지만, 국립 박물관은 서유럽 전통의 신고전주의 양식 건물이었다.* 그 거대한 유대교 예배당에는 무어 양식의 첨탑 2개와 비잔티움 양식의 우아한 돔과 가톨릭 양식의 바실리카가 뒤섞여 있었다. 절반이 완성되기도 전에 대예배당은 "히브리인의 대성당"으로 불렸다. 실내와 실외 설계는 빈 출신의 비유대인 2명이 맡았다. 실외는 루트비히 푀르스터가, 비범하고 잊지 못할 만큼 아름다운 실내는 페슬 프리제시가 설계했다. 대예배당이 완공된 직후 켐프의 안내서에는 "예루살렘의 솔로몬 성전을 능가했다"라는 역사에 무지한 과장된 표현이 실렸다.

1859년 9월 6일 아침에 열린 헌당식은, 가톨릭 수석 대주교후인 슈치토브스키 야노시 추기경, 개신교의 주교들, 빈 궁정에서 파견된 황제의 대리인 등을 비롯한 모든 종교의 고위 인사들이 참석한 대규모 행사였다. 소수의 대공과 대공비도 모습을 드러냈다. 헝가리의 유대인 사회

---

* 도하니 거리의 유대교 대예배당은 지금도 유럽 최대 규모의 유대교 예배당이며, 약 3,000명의 신자를 수용할 수 있다. 도하니dohány라는 단어는 헝가리어로 담배를 뜻하고, 대예배당은 흔히 터버크거셰 슈훌Tabakgasse Shul로 불린다. 1860년대에 페스트에는 3개의 커다란 유대교 예배당이 있었다. 빈의 유명한 건축가인 오토 바그너의 설계에 따라 전통을 고수하는 신자들을 위해 지어진 본당은 룸버치 셰베슈첸 거리(저자인 나와는 무관한 거리명이다[셰베슈첸은 저자 이름의 헝가리어식 표기이다/역주])에 있었다. 무어 양식과 비잔티움 양식도 섞인 룸버치 셰베슈첸 본당은 한때 어느 모로 보나 정말 멋진 건물이었고, 당시 촬영된 사진에서 드러나듯이 아름다운 실내를 자랑했다. 룸버치 셰베슈첸 본당은 제2차 세계대전 때에도 거의 손상되지 않았지만, 전후 공산 정권기에 소홀히 관리되다가 결국 1970년대에 지붕이 무너졌다. 새단장하려는 시도는 있었지만 2022년까지도 수리 작업이 마무리되지 않았다. 2000년대 초반에 룸버치 셰베슈첸 본당은 한동안 부다페스트에서 가장 성공한 "유적 선술집"(대부분 폐건물에 임시로 설치된 주점이다) 가운데 하나였고, 지금까지 수십 년 동안 예배 장소로 쓰이지 않았다.

와 합스부르크 왕가의 상호호혜적 관계는 프란츠 요제프와 통치 왕가를 위해 특별히 발표된 축사를 끝으로 의식이 마무리되면서 돈독해졌다. 하지만 그 여러 가지의 헌당 축하 행사에서 가장 중요한 부분에는 훨씬 더 유명한 인사가 참여했다. 헌당식이 끝나고 나서 며칠 뒤 프란츠 리스트가 연주회를 연 것이다. 어느 목격자에 따르면, 그는 "잊을 수 없을 만큼……장엄하게" 5,000개의 파이프로 이루어진 유대교 예배당 오르간을 쳤다. 그로부터 2주일 뒤, 프랑스의 작곡가 카미유 생상스도 바로 그 오르간을 연주해 뜨거운 박수갈채를 받았다.[3]

이듬해에 유대인들은 유대인과 기독교인 모두가 참석하는 유대인-마자르인 친교 축제를 통해서 헝가리 애국자들과 관계를 다졌다. 그들은 뵈뢰슈머르치의 시 「외침」에 곡을 붙인 "소저트"라는 노래를 불렀고, 페퇴피의 조각상을 세우기 위한 성금을 모았다. 헝가리계 유대인들의 처지에서 헝가리 사회에 동화하려는 시도는 예나 지금이나 줄타기 같은 일이었다. 그리고 이 줄 위에서 균형을 유지하기란 종종 불가능한 것으로 드러나곤 했다.

---

* 주요 공식 행사에서 흔히 부르는 비공식 국가國歌. 잉글랜드의 실질적 국가 "예루살렘"과 미국의 국가 "성조기여 영원하라"와 비슷하다. 이 노래의 시작은 다음과 같다.

오, 마자르인이여,
조국은 그대를 변함없이 믿노라.
조국이 그대를 낳았고
죽은 그대의 시신을 축성할 테니.
이 세상 그 어느 곳도
그대의 심금을 울리거나 폐부를 찌를 수 없지.
운명의 축복과 저주를 기꺼이 누려라.
그대가 떠나지 말아야 할 이곳에서.

도하니 거리의 대예배당은 새로운 교의를 지지하는 유대교 종파 네오로그Neolog, 즉 정통파 유대교와 개혁파 유대교의 성격이 뒤섞여 있으나 후자에 더 가까운 헝가리 특유의 교파가 본산으로 삼는 곳이었다. 그 종파는 전반적으로 안식일과 정결한 식사법을 비교적 덜 엄격하게 지켰다.* 신자들은 대예배당이 문을 연 지 2년 뒤에야 헝가리어를 쓰는 평의원회를 선출했는데(개혁적인 랍비이자 탁월하고 상상력 넘치는 학자인 히르슈칠레르 이그나츠가 회장이었다), 이는 당시 페스트의 유대인 중 일상적으로 이디시어를 쓰거나 이해하는 사람이 워낙 적었기 때문이었다. 그 무렵 헝가리 수도의 랍비들은 대부분 독일어나 이디시어가 아니라 헝가리어로 설교했고, 그것은 1860년대 중엽에 부다와 페스트의 유대인 공동체가 진보적인 진영과 비교적 보수적인 진영으로 분열하는 원인 중 하나였다. 혼란스럽게도 양쪽 진영 모두를 부정하고 "구태舊態"로 자처하는 상당한 규모의 집단도 있었다. 그러나 이후 세월이 흐르면서 새로운 교의를 지지하는 종파가 부다와 페스트에서 압도적 다수를 차지하게 되었고, 이들은 헝가리 사회에 적극적으로 동화하고자 했다. 페스트에는 하시딤파 신자들이나 초超정통파 신자들이 극소수였으나 지방에는, 특히 헝가리 동부에는 몇 개의 정통파 유대인 공동체가 있었다.

다수의 진보적인 입법 결과 덕분에 유대인들은 그동안 헝가리에서, 아니 중유럽의 거의 모든 곳에서 한 번도 가지지 못했던 민권을 누리게

---

* 대예배당의 실내는 기존의 정통파 유대교의 예배당과 상당히 다르다. 예컨대, 연단인 비마bimah는 전통적인 위치인 예배당 건물의 중심부 대신 동쪽을 바라보고 있고, 기독교 교회의 돋우어 올린 설교단과 비슷해 보인다.

되었다. 1867년에는 다음과 같은 칙령(포고령)이 발표되었다. "이 나라의 히브리 주민들은 기독교 주민들과 동등하게 모든 시민적, 정치적 권리를 행사할 자격이 있다." 모든 차별적인 법률이 폐지되었다. 유대인은 기독교인과의 결혼을 할 수 있게 되었고, 유대교로 개종한 사람을 유대인 사회로 받아들일 수 있게 되었다.

프란츠 요제프는 지지 의사를 보이고 싶어했다. 몇 년 뒤 그는 부다페스트를 방문해 부다페스트 랍비 신학교를 둘러보기도 했다.

훗날 아우슈비츠로 강제 이송되지 않으려고 부다페스트의 어느 지하실에 숨고, 공산 정권기에는 반체제 인사로서 수년간 괴롭힘을 당한 작가 콘라드 죄르지는 동화를 바라는 헝가리계 유대인들의 간절한 마음을 다음과 같이 감동적으로 묘사했다.

헝가리에 거주하는 유대인들은 좋아서 자발적으로 헝가리인이 되었다. 그들은 헝가리어를 받아들였고, 그 언어에 익숙해졌다. 헝가리어로 시를 쓰고, 논리를 세우고, 잡담하고, 거래하고, 치료하고, 연기하고, 노래하고, 농담하고, 사랑하고, 다투고, 기도했고, 이 모든 일은 금세 자연스러워졌다. 다른 민족은 침략을 찬미했지만, 우리는 집단 이주를 찬미했다. 유대인들에게는 떠나기를 몹시 꺼리는 장소들이 있었다. 헝가리계 유대인들은 이성을 뛰어넘는 완고함과 관능에 가까운 애착으로 잡다한 민족으로 구성된 헝가리에 악착같이 매달렸다.

1863년, 페스트의 랍비인 피슈헤르 샤무엘은 콘라드보다 단조로우면서도 콘라드만큼 설득력 있게 말했다. "여태까지 히브리인들은 이 세상 모든 곳에서 고통을 당했지만, 우리 조국인 헝가리에서는 번창했다. 이 점을 깨닫는 것이 우리가 할 일이고, 이렇게 해야만 마자르계 히브리인이 될 수 있을 것이다."[4]

현대의 여러 안내서에는 부다페스트 시내 동쪽의 에르제베트바로시가 "유대인 구역"으로 표시되어 있지만, 사실 (19세기의/역주) 부다와 페스트 주변에 산재한 여러 구역에서는 대규모 유대인 공동체들이 번창해 있었다. 오늘날에도 대예배당 인근의 데아크 광장에서 열리는 시장은 19세기 중엽에 이미 유덴머르크트Judenmarkt("유대인 시장"/역주)로 불렸고, 페스트의 가장 북쪽 교외인 제13구 우일리포트바로시에도 대규모 유대인 상권이 있었다. 부다에도 강력한 유대인 공동체 구역이 있었는데, 이곳은 여러 세기 동안 인근 지역에서 유대인의 정착이 허용된 유일한 곳이었다. 오래 전부터 지치 가문의 보호 아래 일부 유대인의 거주가 허용되었던 오부더에도 소수의 유대인이 살고 있었다.

그러나 19세기 중반부터 후반까지 유대인들의 삶은 키라이 거리 인근 지역을 중심으로 펼쳐졌다. 중유럽의 여느 곳과 달리, 키라이 거리 근처의 유대인 상점들과 상인들이 내건 간판에는 이디시어가 극히 드물었다. 그곳에서 1852년부터 30년간 일한 어느 상인에 따르면 키라이 거리는 "사고, 팔고, 흥정하고, 수다 떠는" 사람들로 북적이는 장소였다. 시인 키시 요제프는 1874년에 출간한 책 『부다페스트의 비밀 Budapesti rejtelmek』에서 그 지역을 "프롤레타리아 계급과 유대인의 보금자리"로 일컬었다. "이곳에서는 동양의 먼지와 이스탄불의 소음과 유대인의 지모智謀와 헝가리인의 게으름이 뒤섞여 정말 불가사의한 뒤범

벽을 이룬다. 그 모습을 처음 보는 서유럽의 관광객은 더없이 깜짝 놀란다."

페스트에는 현지의 이름난 건축가인 머예르호페르 언드레어시가 설계한 단지 하나가 있었는데, 그곳은 주로 유대인 상인들을 위한 별도의 소도시 같은 역할을 맡았다. 일종의 도시형 슈테틀shtetl(유대인 마을/역주)로, 오르치 하즈orczy ház(헝가리어로 ház는 영어의 house에 해당한다/역주)라고 불린 그 단지는 1780년대에 계몽주의 성향의 귀족인 오르치 요제프 백작이 가난한 유대인들이 페스트에 정착할 수 있도록 돕는 차원에서 기획한 건물이었다. 완공 후 오르치 하즈는 금세 유대인으로 북적이는 삶의 터전이 되었다. 오르치는 당시 거처를 구하거나 가게를 차리는 데 어려움을 겪던 유대인들에게 주택과 상업 공간을 흔쾌히 빌려주었다.*

오르치 하즈는 키라이 거리에 면한, 대규모 상점가와 주택 단지가 뒤섞인 대형 복합 공간이었다. 한쪽 모퉁이에는 "영국 왕"으로 불리는 오래된 여관이 있었다(그 여관 이름에서 키라이 거리, 즉 국왕 거리라는 이름이 나왔다). 오르지 하스는 48개의 아파트가 있었는데, 2층에 있는 몇몇 아파트는 고급이었고, 더 검소한 3층과 꼭대기층(4층)에는 비교적 가난한 사람들, 그러니까 상당수가 인근 시장에서 일하는 상인들이 거주했다. 오르치 하즈에는 2개의 작은 유대교 예배당도 있었다. 하나는 개혁파 예배당, 다른 하나는 전통을 고수하는 신자들을 위한 예배당이

---

* 오르치 하즈는 1936년까지 부다페스트에서 가장 큰 건물 중 하나였다. 1936년에 오르치 하즈는 철거되었고, 그 자리에는 무솔리니 치하의 로마에서 눈에 띄었던 것 같은 파시스트적인 "기념비주의" 양식의 여러 끔찍스러운 건물들이 들어섰다.

었다. 그리고 유대인 학교 1개, 정결 의식을 치르는 목욕탕인 미크바 1개, 정결 음식 식당 3개, 길가의 다양한 상점들, 여러 개의 안뜰도 있었다. 오르치 하즈는 유덴호프Judenhof(유대인 안뜰)로 불리거나, 중동의 시장 같은 분위기 때문에 유대인 상인 숙소로 불리기도 했다. 빈 언론계의 유명한 예술비평가인 헤베시 러요시는 다음과 같이 썼다. "오르치 하즈에는 히브리인이 평생 갖가지 상황에서 필요할 수 있는……파스칼 밀가루나 저축은행, 회중시계, 유대교 율법에 따라 요리한 음식, 서점, 정결 도축업자 같은 모든 것이 있다. 오르치 하즈는 많은 사람들의 거주지이고, 다른 곳으로 이사하는 사람을 보기 힘들다.……그 주택 전체에 가부장적인 분위기가 흘러 단언컨대 이사를 하려면 1년 반이 아니라 25년 전에 알려줄 것이고, 손자가 언제 이사할지 할아버지가 알려줄 것이다. 이 특이한 주택은 거주자들에게 모종의 자부심을 심어준다. 그곳은 공동체 안의 공동체이다."[5]

중유럽에서 헝가리만큼 유대인들이 근대화 과정에서 두드러진 역할을 맡은 곳은 없었다. 그들은 헝가리의 공업과 상업과 은행업과 전문직 분야에서 맹활약했다. 유대인들이 그렇게 맹활약을 펼칠 수 있었던 부분적인 이유로는 상대적으로 헝가리에 봉건제의 잔재가 더 많이 남아 있었다는 점을 들 수 있겠다. 토지를 소유한 유력자들과 소귀족들은 나라를 이끌었지만, "장사"를 무시했다. 따라서 다른 어느 곳보다 유대인들이 중산계급과 전문 직업인으로 발돋움하고 경제 성장을 견인할 여지가 많았다.

토지 소유 금지 조치는 신흥 유대인 자본가들에게 역설적으로 유리한 점으로 작용했다. 유대인들의 자본이 재산소유권을 둘러싼 헝가리의 이해하기 어려운 전통에 얽매이지 않았기 때문이다. 따라서 유대인 자본가들은 다른 투자처를 물색할 수 있었고, 실제로도 그렇게 했다. 초기의 주요 거래 품목은 농산물이었다. 그들은 곡물이나 담배나 커피 등에서 거둬들이는 수익을 활용해서 신규 사업체에 자금을 빌려주다가, 나중에는 본격적으로 금융업에 뛰어들었다. 그것이 1841년에 보리 어드네르 모르와 울먼 모리츠가 페스트에서 설립한 헝가리 최초의 상인은행인 헝가리 상업은행의 시작점이었다. 초기 자본은 대부분 담배 사업을 통해서 마련되었지만, 두 사람은 곧 헝가리 최초의 금융시장 지배자들이 되었다. 울먼 모리츠는 1837년에 헝가리에 최초로 부설된 철도 노선의 공사 자금을 마련하는 일을 책임졌다. 란치 레오(란치는 라차르스펠트의 헝가리어식 성씨이다)가 총재를 맡은 헝가리 상업은행의 대출업과 그 밖의 영리사업 덕분에 중공업이 성장했다. 헝가리 상업은행은 은행업 자체를 바꿔놓았다. 헝가리 상업은행은 보통 예금 계좌를 선보였다.[6]

유대인과 비유대인 간의 동맹은 모든 당사자에게 유리하게 작용하는 듯 보였다. 헝가리의 민족주의자들에게는 대헝가리에서 다수를 차지하는 슬라브인과 독일인의 세력을 견제할 수 있는 강력한 평형추가 생겼다. 유대인들은 마자르어를 썼고, 국경일에는 유대교 예배당이 헝가리의 국기로 화려하게 장식되었다. 합스부르크 왕가에게는 보호하고 후원해주는 만큼 경제 성장의 동력이 되어줄 충성스러운 집단이 생겼다. 한편 유대인들은, 최소한 교육 수준이 높고 포부가 큰 유대인들은 그 정치적 권력 집단과의 구두 계약에 찬성할 이유가 충분했고, 실제로 열과 성의를 다해 그렇게 했다. 그 결과는 19세기 후반기의 경제적 혁명과 급속한 통합이었다. 가장 성공한 사람들은 막대한 부를 쌓았고, 헝가리처럼 신분과 계급을 많이 의식하는 나라에서 최고의 보상으로 여겨진 것, 즉 귀족 칭호도 얻었다. 프란츠 요제프는 치세 동안 338개의 유대인 가문에 귀족 작위를 내렸고, 그중 절반에 해당하는 가문을 남작 가문으로 봉했다.*

그러나 그 동맹의 모든 결과를 물거품으로 만들지 않으려면 극도의 섬세함과 최소한의 자기성찰이 필요했다. 시인이자 언론인, 그리고 자유주의 성향의 비非신자인 어디 엔드레는 헝가리의 유대인과 비유대인 간의 새로운 타협을 둘러싼 긴장과 그 밑바닥의 불길한 흐름을 간파했다. 유명한 시론에서 그는 헝가리의 유대인과 기독교인의 관계를 오스트레일리아 원주민의 민속춤인 코로보리corroboree에 비유했다. "여태까지 수십 년 동안 우리가 다뉴브 강과 티서 강 지역에서 코로보리를 추며 항상 그렇게 해왔다는 사실을 부정하다니 이 얼마나 비겁한 짓인가? 둘 다 다른 곳에서 왔고, 깊은 내력이 없는 민족들이 여기서 춤의 규칙에 따라 서로 사랑을 나누고 있다. 유대인들은 이미 확립된 문화로부터 모방한 악기를 들고 와서 여기 자리를 잡았다. 그리고 헝가

---

* 일부 정통파 유대인들은 제조업 부문에 종사했으나 큰 규모의 회사를 경영하지는 않았다. 헝가리 최대의 침구류 및 내의류 회사인 프레우디게르시는 1870년대부터 오부더의 공장을 근거지로 삼았다. 문제는 토요일에 공장을 가동하는 동시에 안식일 규정을 지키기가 힘들다는 점이었다. 이에 페스트에서 헝가리 최대 규모의 면직 공장 중 하나를 운영하고 있던 헝가리인들은 우스꽝스러우면서도 기발한 편법을 찾아냈다. 그들은 안식일 규정을 에둘러 가려고 금요일 오후에 기독교인 종업원 중 한 사람에게 공장을 "팔았고", 토요일 해질녘에 다시 공장을 사들였다. 즉, 율법의 조문은 지켰지만 그 정신은 거의 지키지 못한 셈이다. 그들은 페스트에서 그 편법을 승인해줄 정통파 랍비를 찾아내지 못하다가 결국 헝가리 동부 지방에서 수소문 끝에 찾아냈다.

리인이라고 자처하는 우리는 증오와 동경이 뒤섞인 기분으로 가득하고……여기서 우리는 서로 주고받는 사랑의 굴레 속에서 새로운 나라를 만들거나, 아니면 후세에 대홍수를 일으킬 것이다." 예언 같은 말이었다.[7]

제17장

시시 황후

> 엘리자베트 황후……그녀는 앉지 않고 몸을 숙였고, 서지 않고 일어났다.
>
> — 독일 황제 빌헬름 1세

새벽 4시 30분 무렵, 다뉴브 강에는 양쪽 제방을 따라 일찌감치 인파가 길게 늘어서 있었다. 동이 트자 주변의 농촌에서 수많은 사람들이 줄지어 몰려왔다. 때는 1867년 6월 8일 토요일이었고, 행사 준비는 이미 몇 주일 전부터 시작되었다. 경찰은 유력한 용의자들을 체포했고, 말썽을 피울 만한 자들을 모조리 잡아들였다.

아침 7시, 성에서 출발한 행렬이 가까운 거리의 마차시 성당으로 향했다. 고위 귀족 가운데 선발된 기수旗手 7명이 말을 타고 행렬을 이끌었고, 뒤이어 성 이슈트반 왕관을 손에 든 헝가리의 신임 총리 언드라시 줄러가 따라갔다. 총리 다음에는 붉은 벨벳 받침대 위에 놓은 왕실 휘장의 공식 운반자들이 등장했다. 그다음에 흰색 종마를 탄 헝가리 장군 제복 차림의 왕(황제)이 나타났다. 그러나 모든 이의 시선은 백마 8필이 끄는 유리 마차에 탄 왕비(황후)에게 쏠렸다. 그녀는 당시 가장 명성이 자자한 패션 디자이너 워스가 만든 드레스를 입고 있었다. 워스는 헝가리의 민속의상을, 보석을 수놓은 흰색과 은색 양단 재질의 긴 옷자락과 치마로, 그리고 진주 장식을 뒤덮은 검은 벨벳 조끼로 바꿔놓았다. 그녀의 외모에 대한 언론 보도는 대체로 선정적이었지만, 온건한 독일어 신문인 「페스터 로이트」는 절제된 어조로 보도했다. "그녀의 머리에는 주권의 빛나는 상징인 다이아몬드 왕관이 놓여 있었지만, 고개를 숙이는 태도에서는 겸손이 묻어났고, 고상한 용모에는 가장 깊은 감정의 흔적이 엿보였다. 그녀는 마치 거룩한 사실私室을 장식하는 그림 중 하나가 액자에서 벗어나 되살아난 것처럼 걸었다. 아니 둥둥 떠다녔다. 이 성스러운 곳에 나타난 왕비의 모습은 깊고 쉽게 지워지지 않을 인상을 남겼다."

1시간 정도의 예식 이후, 수석 대주교후인 시모르 야노시 추기경이 성유聖油를 부어 프란츠 요제프를 축복했지만, 그에게 왕관을 씌워준 사람은 몇 년 전까지 독립 전쟁 때 황제에 맞서 싸운 혐의로 사형 선고를 받고 도주했던 언드라시 줄러였다. 오래된 관습에 따라 시시 왕비에게는 오른쪽 어깨에 왕관을 얹어놓았다.

침석자들은 시편가와 찬송가를 불렀지만, 가장 중요한 볼거리는 시모르 추기경의 의뢰로 행사에 참석한 리스트의 대관식 미사곡이었다. 나중에 어느 비평가는 리스트가 작곡한 그 미사곡에 "민족주의적 격정이 넘쳤다"라고 썼다. 리스트는 공연을 위해 특별히 로마에서 건너왔지만, 부다페스트에 도착했을 때 "빈 주립 합창단은 오스트리아인의 지휘 아래 노래해야 한다"는 "의전상"의 이유로 대관식 미사곡을 지휘할 수 없다는 말을 들었다. 리스트는 그 무례한 조치에 개의치 않았다. 그가 대관식 행사를 마치고 보인 유일한 반응은 시시 황후의 외모에 대한 열성적인 평가였다. 리스트는 딸인 코지마에게 보낸 편지에서 "에르제베트는 천상계의 절세미인이야"라고 썼다.[*1]

그 연극 같은 행사의 다음 장면에는 여성이 하나도 등장하지 않았다. 왕관을 쓰고 눈부시게 빛나는 흰 망토를 입은 황제가 이끄는 대규모 행렬이 부다에서 페스트까지 이어지는 현수교 위로 다뉴브 강을 건넜다. 모두가 말을 타고 있었고, 행렬에는 몇 명의 나이 많은 주교도 있었다. 목격자인 루트비히 폰 프르치브람은 다음과 같이 썼다.

> 화려함이나 민속의상의 양식을 통해, 마구와 안장의 호화로움, 보석과 종군 기념 약장略章, 예대禮帶와 기장記章의 가치를 통해, 오래된 무기, 남보석藍寶石과 루비와 진주를 박아넣은 칼을 통해 여기서 선보인 것은 헝가리라는 국가의 빈곤하고 기진맥진한 상태와 일치하기보다 장엄함을 과시하는 동양의 이미지에 더 부합했다. 전반적인 인상은 봉건 귀족적 분위기의 열병식 같았다는 것이다. 사람들은 무기를 들고 조용히 따라가는 가신들과 부하들을 앞세운……화려함으로 가득한 그 봉건 영주들을 보고 마치 중세로 돌아간 듯한 기분을 느꼈다.……특히 이아지게스족과 쿠만족 같은 부족의 기병들은 쇠사슬 갑옷과 곰가죽을 다양하게 입었는데, 가장 눈에 띄는 장식은 유럽 기독교인들이 동양 이교도

---

* 대관식 행사를 다룬 모든 언론은 그날 황후의 미모가 얼마나 빛났는지에 많은 지면을 할애했다. 그녀는 확실히 절세미인이었다. 황제 프란츠 요제프는 좀처럼 감정 조절에 실패하지 않는 사람으로 유명했는데(감정이 있기는 했는지 모르겠다), 어느 궁정 일지 기록자에 따르면 그 역시 마차를 타고 대관식 미사에 참석하기 직전에 시시 황후를 보고 그녀의 외모에 매혹된 나머지 평소의 자제심을 내려놓은 채 모든 수행원이 지켜보는 곳에서 그녀에게 달려들어 덥석 껴안았다고 한다.

들의 침입을 막아야 했던 시절을 상기시키는 동물 머리와 물소 뿔이었다. 이 화려한 행렬에는 "사람들"의 흔적, 부르주아적 요소의 흔적, 길드나 교역의 흔적이 없었다.

깜짝 놀랄 만한 수준의 호사스러움이나 상스러움이 슬쩍슬쩍 드러났다. 버차니 라슬로 백작은 그 행사를 위해서 특별히 만든 요란한 장식의 커다란 은제 마구를 지니고 있었는데, 그가 탄 말의 덮개 하나만 해도 무게가 10킬로그램이었다. 그의 형제인 엘레메르는 예술가인 텔레피 카로이에게 중세의 도안을 참고해서 의상을 다시 제작해달라고 의뢰했다. 대관식 행사 3주일 전부터 손으로 공들여 만든 그 사슬 갑옷은 1만8,000개의 쇠고리로 이루어져 있었다. 유럽 각지에서 "100만 거지의 땅"이라고 불린 헝가리가 극심한 빈곤을 겪던 시절, 지치 외된 백작이 착용한 에메랄드 장신구에 달린 몇몇 에메랄드는 크기가 달걀만 했다.[2]

우스꽝스러운 순간도 몇 차례 있었다. 일부 나이 많은 고위 성직자들은 낙마하지 않도록 끈으로 몸을 말에 묶어야 했다. 벨기에 외교 사절의 부인인 드 종헤 백작 부인은 이렇게 말했다. "말이 큰 소음과 소란에 흥분하거나 느슨한 끈이 풀어졌을 때……말을 타고 있던 그들 중 적어도 한 사람이 말의 목을 양팔로 껴안는 바람에 높이 솟은 머리 장식이 흘러내려……그의 목덜미에 매달린 채 대롱거렸고, 길가에 늘어서 있던 사람들에게 재미있는 구경거리가 되었다." 행사의 화려함은 눈부실 정도였고, 그 밑에 깔린 야하고 번지르르한 몇 가지 요소를 교묘하게 감췄다. 드 종헤 백작 부인은 친구에게 보낸 편지에서 다음과 같이 말했다. "헝가리인의 복장은 불카누스(고대 로마의 불과 대장장이의 신/역주)를 아도니스(고대 그리스의 여신 아프로디테에게 사랑받은 미청년/역주)로 변신시켜. 그러나 내가 본 평상복 차림의 잘생긴 신사들, 장화를 신고 단추를 잠근 외투 같은 것을 입고 별로 깨끗하지 않고 보기 흉한 조그만 목도리를 두르고 셔츠를 거의 입지 않는 신사들의 모습은 무척 무례하고 교양 없어 보였어.……그 모든 모습에 야만의 잔재가 남아 있었지."

행렬이 현수교를 건너 다뉴브 강의 페스트 쪽에 마련된 연단에 이르렀을 때 황제는 다시 대관식 서약을 했다. "우리는 헝가리와 그 부속 영토의 권리와 헌법과 합법적 독립과 국토의 완전무결성을 온전하게 유지할 것이다." 그러고 나서 황제는 말을 타고 "대관식 산"(헝가리의 모든 주에서 모아온 흙으로 쌓은 둔덕)의 꼭대기로 올라갔다. 아르파드 왕조 시절에 만들어진 고대의 의식 절차에 따라 그는 어느 쪽에서 쳐들어올지 모르는 적들로부터 나라를 지키겠다는 의미로 정동, 정서, 정남, 정북의 네 방향으로 칼을 흔들었다. 그날은 찌는 듯이 무더웠고, 한낮의 햇볕을 견디며 행사를 진행하기가 쉽지 않았다. 그러나 모두가 몇 세기에 걸친 종속과 혁명과 독립 전쟁 이후, 그리고 뼈아프게 받아들인 패배 이후 찾아온 순간의 상징성을 이해할 수 있었다. 그것은 화해였고, 타협의 시간이었다.

그러나 일부 외국인 관찰자들은 전혀 감동하지 않았다. 스위스 외교 사절은 본국 정부에 다음과 같이 보고했다. "화려하고 진정한 웅장함에도 불구하고 이 호화로운 행사는……초연한 관찰자에게 그저 사육제에서 허용되는 장난 같은 것으로 비칠 뿐입니다.……이 중세적 작품은 결코 우리 시대에, 우리의 진화 수준이나 현재의 정치적 사건들에 부합하지 않습니다." 그런데 왕년의 혁명가이자 페퇴피의 동지였던 소설가 요커이 모르는 나이가 들어 온건해졌고, 다수의 동포들처럼 군주제에 충성하는 기득권 세력의 일원으로 변했다. 요커이 모르는 그날에 대해 다음과 같이 썼다. "이처럼 화려한 무대극은 평생 한 번밖에 볼 수 없고, 절대 잊히지 않을 것이다."

사람들은 대관식 행사 이후 벌어진 잔치를 즐겼다. 그날 밤과 다음 날 내내 단 하나의 잔치만, 즉 베르메죄 공원에서 열린 야간 축제에만 일반인의 참석이 허용되었지만 말이다. "꼬챙이에 끼워 구운 소고기와 양고기를 큰 통에 넣어 끓인 수프인 굴라시가 무료로 제공되었다." 프란츠 요제프가 잠시 모습을 드러냈다. 잔치를 즐긴 한 참석자는 다음과 같이 회고했다. "대부분 농민 옷차림이고 어떤 사람들은 무릎을 꿇고 또 어떤 사람들은 팔을 높이 들고 있는, 엄청난 인파에 에워싸인 군주의 모습……그리고 집시 악단이 연주하는 음악의 지저귀는 듯한 소리가 울려 퍼지는 내내……전체가 장작더미 하나의 불빛으로 환해졌다. 정말 낭만적인 상년이었다."[3]

헝가리 역사에서 가장 유명한 여인은 헝가리인이 아니었다. 부다페스트의 너지쾨루트에서 제일 긴 구간, 그 도시에서 가장 예쁜 광장 중 하나, 다뉴브 강을 지나는 다리, 다뉴브 강 옆의 산책길에 서 있는 매력적인 조각상 등이 엘리자베트 황후에게, 대다수 헝가리인이 에르제베트로 부르던 사랑스러운 시시 황후에게 헌정되었다. 지금 그녀는 말 그대로 부다페스트를 차분하게 굽어보고 있다. 부다 언덕에서 가장 높은 언덕인 야노시 헤지 정상에는 그녀의 이름을 딴, 흰색 대리석으로 만든 로마네스크 양식의 전망대인 에르제베트 전망대가 있다. 에르제베트 전망대에서는 아래에 쭉 펼쳐진 부다페스트의 멋진 전경을 감상할 수 있다. 헝가리에서 그녀는 흔히 합스부르크 제국의 전성기로 여겨지는 이중 군주국 시대를 열어젖힌 오스트리아와의 타협 과정에서 핵심적인 역할을 맡은 인물로 평가된다(심지어 소련 점령기의 가장 강경한 마르크스주의 역사가들조차 그렇게 평가했다). 오스트리아와 헝가리가 대타협을 맺은 데에는 여러 가지 지정학적, 경제적, 사회적, 외교적 이유가 있었다. 빈 궁정의 여러 인사들과 프란츠 요제프가 간파했듯이, 헝가리를 제국에 편입하기로 헝가리 정부와 합의하는 데에는 실리적인 의미가 있었다. 그러나 확실히 엘리자베트 황후가 윤활유 역할을 하지 않았다면 부드럽고 품격 있는 방식으로 합의가 이뤄지지는 못했을 것이다. 두 나라의 화해는 침실 외교가 한몫을 톡톡히 하는 순간이었다.

시시에 대한 사실과 허구는 그녀를 주제로 쓴 장난기 섞인 낭만적인 수다와 풍문 수준의 글이 너무 많아 구분하기가 어렵다. 심지어 독일 황제 빌헬름 1세처럼 둔감한 사람도 그녀의 독특한 자질과 방에 들어갈 때 그녀가 보여준 비범한 태도를 알아차릴 수 있었다. 그는 베를린의 어느 관료에게 "그녀는 앉지 않고 몸을 숙였고, 서지 않고 일어났다"라고 말했다. 그녀의 심복인 페슈테티치 머리에도 시시와 가까이 지낸 수많은 사람들처럼 그녀에게 홀딱 반했다. "그녀와 동행하면 절대 피곤하지 않다. 그녀 옆에 있으면 즐겁고 그녀 뒤에 있어도 그렇다. 혼자 바라보는 것만으로 족하다. 그녀는 사랑스러움이라는 관념의 화신이다. 나는 그녀가 백합 같다고 생각하다가 다시 백조 같다고 생각할 것이고, 그러고 나서 선녀를, 아니 작은 요정을……또 마지막으로, 황후를 보게 될 것이다! 정수리부터 발바닥까지 왕족 여성이다.……모든 면에서 빼어나고 고귀하다. 온갖 쑥덕공론이 떠오르는데, 내 생각에 거기에는 시샘이 많이 묻어 있을 것이다. 그녀는 황홀할 만큼 아름답고 매혹적이다."[4]

그러나 심지어 페슈테티치도 때때로 평소보다 현실적이고 객관적인 태도를 보였다. 그녀에 따르면 엘리자베트는 모든 미덕을 가지고 있었지만, 고약한 성향도 있어 미덕을 순식간에 악덕으로 바꿀 수 있었다. "아름다움! 사랑스러움! 단아함! 우아함! 수수함! 선량함! 도량! 기백! 재치! 익살!……그리고 이제 저주가 시작된다. 모든 일이 불리하게 돌아가기 때문이다. 아름다움마저 그대에게 슬픔만 안겨줄 것이고, 좋은 기분에 너무 젖은 나머지 그대는 길을 잃을 것이다." 오스트리아 궁정에서도 비열한 짓이 끝없이 이어졌다. 엘리자베트는 겨우 열여섯 살의 나이로 프란츠 요제프의 신부가 되어 빈에 도착하는 순간부터 치사하고 저열한 짓을 겪어야 했다. 황제의 시종은 다음과 같이 간추려 말했다. "그녀는 이상적인 아내와 동떨어진 세계였다." 그녀는 호프부르크 궁전에서의 지나치게 딱딱한 예의범절을 몹시 싫어했고, 처음에는 시어머니인 조피 대공비를 무서워했다. 그러나 엘리자베트는 아주 많은 이야기들이 비록 거짓일지라도 궁정과 선정적인 신문에서 자신을 둘러싼 온갖 전설이 쌓여가는 모습을 흔쾌히 지켜보았다.

남성 계승자와 유럽 각국 왕실로 시집 보낼 딸들을 낳아 본분을 다한 뒤, 시시는 휴양지인 코르푸 섬과 잉글랜드를 짧게 오가며 여행했다. 그러는 사이에 도박을 즐기려고 몬테카를로에도 방문했고, 지중해로 장거리 호화 유람선 여행도 떠나기도 했다. 바다에 대한 애정을 보여주려고 어깨에 새겨넣은 닻 문신을 자랑하기도 했다. 그녀가 거의 평생 허리둘레를 42센티미터로 유지한 것은 사실이지만, 호사가들의 추측과 달리 당시의 코르셋에 비해 너무 말랐거나 섭식장애를 앓지는 않았다. 그녀는 식욕이 왕성했다. 아침에는 보통 포도주와 함께 많은 양의 식사를 하고 점심에는 대체로 고기 요리를 먹었으며, 저녁은 가볍게 먹었다. 그녀는 줄담배를 피웠는데, 정장正裝 마차 안에서도 마찬가지였다.

엘리자베트는 운동도 열심히 했다. 당시로서는 흔하지는 않았어도 무척 독특하거나 이상한 일은 아니었다. 그녀는 호프부르크 궁전에 체육관을 설치하도록 했는데, 그녀가 사용한 철봉과 체조용 링은 아직도 남아 있다. 당시 엘리자베트는 승마에 흠뻑 빠진 최고의 여자 기수로 명성이 자자했다. 그녀는 잉글랜드에서 노샘프턴셔 수렵협회 회원들과 함께 몇 주일 동안 말을 타고 사냥을 즐겼다. 스코틀랜드의 사냥꾼인 베이 미들턴과 오랫동안 바람을 피웠다는 말이 나돌았지만, 헛소문이었다.

그녀는 비텔스바흐 가문 출신의 별난 부모 밑에서 마구잡이식 교육을 받았지만, 하인리히 하이네의 작품을 모방한 놀랍도록 흥미로운 시를 쓰기도 했듯, 마음만 먹으면 날카로운 지성을 발휘하기도 했다. 반면 프란츠 요제프 황제는 아예 멍청하지는 않았어도 확실히 상상력이 부족했고, 오만하고 따분한 사람이었다. 빈 궁정의 어느 조신에 따르면 프란츠 요제프는 "예법에 나오지 않으면 어떤 행동이 적절한지 모를 만큼 예법을 몹시 깐깐하게 따지는 사람이었다."

그가 시시에게 보낸 편지는 대부분 남아 있는 반면, 시시가 그에게 보낸 편지는 극소수만 남아 있다. 프란츠 요제프는 시시를 "나의 천사", "달콤한 영혼", "내 사랑"으로 표현하고, 편지의 끝부분에서 흔히 자신을 "난쟁이"라고 썼다. 그는 헐렁하고 낙낙한 옷을 차려입은 시시의 초상화를 서재에 걸어뒀다. 초상화 속 그녀는 머리카락이 허리까지 내려와 있고, 보일 듯 말 듯한 미소를 머금고 있다. 매혹적이기보다는 짜증스럽고 언짢아 보이는 표정이지만, 프란츠 요제프는 아마 시시의 그런 부분에 끌렸던 것 같다.[5]

헝가리에 대한 시시의 사랑은 진심이었다. 그녀는 첫눈에 헝가리와 사랑에 빠졌다. 시시가 가끔 무심코 털어놓은 헝가리의 제일 중요한 매력은 헝가리가 빈이나 숨이 막힐 듯한 합스부르크 제국의 궁정이 아니라는 사실에서 기인했다. 한편, 헝가리인들은 그 매력 넘치고 젊은 황후에게 기꺼이, 필사적으로 사랑을 받고자 했다. 프란츠 요제프는 봉기를 진압하고 러시아와 동맹을 맺으며 혁명가들에게 잔인한 보복을 가한 점 때문에 미움의 대상이었다(헝가리에 대한 보복은 그 강도가 완화되고 있었지만, 여전히 원한을 불러일으켰다). 1858년 3월에 요커이가 혁명 10주년을 맞아 말했듯이, 당시의 분위기는 "더 이상 반항적인" 것이 아니라 "언짢음과 노여움이 뒤섞인 상태"였다. 그런데 황후는 색다르고 흥미로운 인물이었다. 헝가리인들은 처음부터 그녀를 우호적으로 바라보았다. 특히 그녀가 조피 대공비와 사이가 무척 나쁘다는 말이 흘러나왔을 때 더 그랬다.

시시는 열아홉 살의 나이로 1857년 5월 4일에 부다에 처음 모습을 드러내면서 극적인 무대를 연출했다. 황제는 헝가리 장군의 붉은 제복 차림으로 백마를 타고 있었다. 그녀는 헝가리 민속의상을 변형한 드레스와 벨벳 조끼와 넓은 레이스 소매 차림으로 어린 두 딸과 함께 유리 마차를 타고 있었다. 헝가리의 어느 일지 기록자는 "사람들이 그녀를 본 첫 순간에 1848년의 가장 쓰라린 기억조차 사라졌다"라고 적었다. 그날 밤, 부다페스트 최고의 부자 중 한 사람으로 은행가인 시너 죄르지는 합스부르크 제국에서 가장 유명한 불꽃놀이 연출자에게 부다페스트 역사상 최대 규모의 불꽃놀이를 선보이도록 의뢰했고, "현수교는 1,000개의 불빛으로 반짝였다."[6]

헝가리를 향한 엘리자베트의 연민은 빈 궁정에 대한 반감과 시어머니와의 불화에서 비롯되었을 것이다. 그러나 헝가리인들을 만났을 때 그녀는 자신이 헝가리 남자들의 편안한 매력을 좋아한다고, 또 격식을 차리는 빈의 궁정 생활과 동떨어진 헝가리 여자들과 어울리는 것을 즐긴다고 느꼈다. 헝가리를 알수록 그녀의 연민은 더 깊어졌다.

시시를 향한 열렬한 예찬에는 어느 정도의 진심이 담겨 있었다. 그러나 합스부르크 제국 시절의 헝가리 왕국을 연구한 역사가 게뢰 언드라시가 말했듯이, 그녀를 향한 헝가리인들의 애정은 "그것이 황제인 프란츠 요제프에 대한 혐오감을 보여줄 효과적인 방법이라는 사실에 힘입어 더 강화되었다.……만일 프란츠 요제프가 헝가리에서 그토록 미움을 받지 않았다면 엘리자베트에게는 아마 훨씬 적은 관심과 애정이 쏠렸을 것이다."[7]

---

* 21세기인 지금도 이곳은 매일 밤 환하게 빛나고 있다. 그러나 현수교 전체에 조명이 설치된 것은 그때가 거의 처음이었다.

처음으로 방문한 헝가리에서 돌아온 직후, 황후는 느닷없이 마자르어를 배우기로 마음먹었다. 엉뚱한 결심 같아 보였다. 이미 그녀는 외국어를 배우는 데 무척 서투른 사람으로 악명이 높았기 때문이다. 그녀는 유럽의 교양 있는 왕족 사회에서 필수적인 언어인 프랑스어를 거의 할 줄 몰랐고, 기초 수업을 몇 번 받은 뒤 너무 어렵다며 체코어 공부를 포기한 바 있었다. 헝가리어가 체코어보다 배우기 훨씬 어렵다는 사실은 누구나 알고 있었다. 그녀의 첫 번째 헝가리어 선생은 빈에 사는 궁정에서 인기가 높은 헝가리 귀족이자 합스부르크 제국의 열성적인 충신이며, 프란츠 요제프 황제의 동생인 막시밀리안의 가장 친한 친구 머일라트 야노시였다. 머일라트는 매력적이고 흥미로운 인물이었고, 시시에게 헝가리어 일반 회화를 가르치면 된다고 생각했다. 그러나 시시는 좀더 체계적인 학습을 원했다.

  남편인 프란츠 요제프가 반대했지만, 시시는 소신대로 밀어붙여 자격을 갖춘 선생을 찾아냈다. 바로 언어학 교수이자 사제인 호모키 신부였다. 그러나 시시의 헝가리어 실력이 좋아진 것은 그녀가 1864년에 젊은 헝가리 여성인 페렌치 이더를 가장 내밀한 친구로 삼은 일과 훨씬 더 깊은 관계가 있었다. 이후 34년 동안, 시시가 세상을 떠날 때까지 페렌치는 그녀의 심복이었고, 그녀의 온갖 비밀을 알고 있었으며, 그녀가 사적으로 주고받은 편지 대부분을 전달했다. 시시 황후에 따르면 그녀는 "하인으로서도 가까운 친구로서도 없어서는 안 될 사람"이었다. 페렌치는 시시보다 두 살 어렸고, 가난하지만 연줄이 좋은 신사계급 집안 출신이었다(궁정에 줄을 대어놓은 사람이 몇 명 있었다). 페렌치가 황후와 밀접한 관계를 맺자마자 예상대로 호프부르크 궁전의 조신들은

그녀를 몹시 미워하고 시샘하기 시작했다.[8]

　오늘날까지 전해지는, 시시가 페렌치 이더에게 보낸 편지는 그녀가 남편에게 보낸 그 어떤 편지보다 훨씬 더 길다. 편지는 보통 "귀여운 이더"로 시작해 "하루에도 1,000번 너를 생각해"로 끝났다. 지금까지 두 사람 사이의 애정관계 같은 것을 암시하는 사람은 없다. 그러나 페렌치는 황후에게 지대한 영향을 끼쳤고, 황후가 헝가리를 둘러싼 모든 것에 점점 열의를 보이는 데에 필수적인 역할을 맡았다. 페렌치의 가족은 돈은 별로 없을지언정 몇몇 힘 있는 친구들이 있었다. 페렌치는 오스트리아와의 타협을 모색하는 새로운 세대의 자유주의적 개혁가들과 온건한 민족주의자들을 이끄는 언드라시 줄러와 데아크 페렌츠와 가까이 지냈다. 언드라시 줄러와 데아크 페렌츠는 페렌치 이더와의 관계를 신중하게 다지려고 애썼고, 얼마 지나지 않아 여기에 헝가리 신문인 「페슈티 히를러프」의 빈 주재 특파원으로 활동하는 펄크 먹스('믹셔')라는 저명한 언론인이 합류해 중요한 역할을 맡았다. 펄크가 시시를 만나러 찾아온다는 소식을 들은 황제는 충격에 휩싸였다. 펄크는 언론인이고 자유주의자이며 유대인이었을 뿐만 아니라 경찰에 알려진 인물이기도 했다. 1860년, 빈 경찰이 그의 집을 수색했고, 밀가루 부대 2개에 담겨 있는 그의 편지 대부분을 압수했다. 펄크는 검열법 위반 혐의로 빈의 감옥에 몇 주일 동안 갇힌 채 그 일에 관한 기사를 몇 건 작성했고, 이후에는 말썽을 일으키지 않았다. 빈 궁정의 케케묵은 조신들은 시시의 태도에 낙담했다. 의상 관리장인 파울리네 폰 쾨니크제그 백작 부인은 황후와 그녀 주변의 모든 사람이 항상 헝가리어를 쓰기 때문에 임무를 수행하기가 힘들다고 불평했다. 그러나 시시는 공감하지 않았고, 폰 쾨니크제그 백작 부인이 알아듣건 말건 그것은 "나와 전혀 무관한 일이지만, 계속 시중을 들고 싶으면 되도록 빨리 헝가리어를 배우는 편이 현명할 것"이라고 말했다. 그 이야기가 신문에 실리자 부다와 페스트에서 황후의 주가가 끝없이 치솟았다. 황제는 시시가 그의 마음을 달랠 방법을 찾은 뒤 흔히 그랬듯이, 결국 황후와 펄크의 만남을 인정하기로 마음먹었다.

사실, 펄크와 엘리자베트 황후가 만나 보낸 시간은 헝가리어 수업이 아니라 헝가리의 역사와 풍습과 문학에 관한 세미나였다. 그는 독일어 고전 문학을 헝가리어로 번역하는 숙제를 냈다. 헝가리를 바라보는 시시의 눈은 펄크와의 만남에 힘입어 더 넓게 트였다. 훗날 펄크는 이렇게 말했다. "좁은 의미에서의 수업은 점점 뒷전으로 밀려났다. 우리는 이따금 시사 문제로 토론을 시작하고는 아주 서서히 헝가리와 관련한 현안으로 넘어갔다." 펄크는 그녀에게 개혁가들의 사상을 소개했다.

---

* 펄크는 1867년에 부다페스트로 돌아와 독일어 신문 「페스터 로이트」를 편집했고, 정치에 뛰어들었다. 그는 데아크 페렌츠가 만든 자유당에 입당했고, 1908년에 세상을 떠날 때까지 헝가리에서 가장 큰 영향력을 미치는 사람 중 하나로 살았다. 그가 남긴 유산은 거리의 상징적인 명칭 변경과 조각상의 철거나 복원이 정치나 "문화 전쟁"(내가 보기에는 잘못된 표현이다)의 최전선에서 작동하고 있음을 보여주는 헝가리의 전형적인 사례이다. 1988년에 펄크가 세상을 떠난 직후, 페스트 시내의 국회의사당 근처에 있는 어느 거리는 그의 이름을 따서 펄크 거리로 불렸다. 그러나 반유대주의가 극심한 시절에는 그전에 유대인의 이름을 따서 명명되었거나 유대인과 연관된 요소가 있는 여러 거리의 명칭이 바뀌었고, 이에 따라 1943년에 펄크 거리도 개칭되었다. 펄크는 제2차 세계대전이 끝날 무렵 복권되었다(혹은 최소한 펄크 거리가 원래의 이름을 되찾았다). 그러나 1953년에 펄크 거리는 다시 인기를 잃었고, 인민군 거리로 개칭되었다. 1989년 이후, 그리고 공산주의의 몰락 이후에야 비로소 그 거리는 다시 펄크 거리로 불리게 되었다. 흥미롭게도, 현재 그 거리에 있는 동상은 펄크 믹셔가 아니라 그와 아주 먼 친척관계인

그것은 엘리자베트 황후가 헝가리 정치에 뛰어든 출발점이었다. 아울러 그녀가 죽은 뒤에도 오랫동안 헝가리에 미칠 영향력의 출발점이기도 했다. 오스트리아-헝가리 제국이 탄생하기까지 엘리자베트 황후의 공은 누구 못지않게 컸다.[9]

배우 피터 포크의 동상이다. 피터 포크는 1970년대에 오랫동안 방영된 텔레비전 수사물 「형사 콜롬보」의 주연을 맡은 바 있다.

제18장

이중 군주국, 패배 속의 승리

> 여기 헝가리에서는 아무도 저를 방해하지 않아요. 마치 마음대로 오갈 수 있는 마을에 사는 것 같아요.
> — 시시가 어머니 루도비카에게 보낸 편지 중에서, 1868년 11월 19일

부다와 페스트의 신세대 개혁가들은 합스부르크 왕가로부터의 공식적인 독립이라는 목표를 완전히 단념했다. 대신에 그들은 헝가리 내부의 문제를 둘러싼 자율성을 확대하고 제국 내부에서의 영향력을 강화하고 빈 궁정의 간섭을 줄이는 것을 목표로 삼았다. 그 무렵, 헝가리 혁명 정부와 코슈트의 시지자들에 대한 폰 하이나우의 무자비한 보복 조치가 완화되었다. 1858년, 혁명과 독립 전쟁 기간에 투옥되었던 정치범들이 모두 사면되었다.

아직 에비덴츠뷔로(비밀경찰)가 "체제 전복" 혐의자들을 주의 깊게 감시하는 관행은 남아 있었지만, 1849년부터 10년 동안 오스트리아 내무부 장관을 맡으며 사실상 정부를 이끈 알렉산더 폰 바흐는 일부 검열 규정을 완화했고, 최악 수준의 억압 정책은 포기했다. 그러나 식민지라는 처지는 여전히 쓰라렸다. 오스트리아인들은 코슈트 정부에서

그리 중요하지 않은 역할을 맡았다가 나중에 합스부르크 제국에 충성을 서약한 언드라시와 데아크 같은 인물들이 이끄는 온건한 적대자들에게는 관용을 베풀었다. 데아크는 법의 테두리 안에 있는, 정당한, 일종의 시민 불복종 운동을 펼쳤고, 그것을 소극적 저항이라고 불렀다. 요커이는 본인의 소설에서 그 운동을 이렇게 묘사했다. "담배세가 올랐다.……백작이 '옳거니. 담배를 끊겠어'라고 말했다.……포도주세가 오를 때는? '이보게, 맥주를 가져오게'라고 말했다. 이것이 오스트리아인들에 대한 우리의 자세이다."

화해는 부다와 페스트의 헝가리인들보다 빈의 오스트리아인들에게 점점 더 중요한 과제가 되었다. 당장 언짢아하고 패배를 슬퍼하며 언제 배신할지 모르는 헝가리인들은 조만간 확실한 위험 요인이 될 수 있었다. 특히 합스부르크 왕가가 롬바르디아와 베네토의 여러 지방을 잃은 데다 프로이센과의 대결이 다가오고 있던 1860년대에는 더욱 그랬다. 그것은 이미 이탈리아의 통일로 이어진 과정, 그리고 머지않아 독일에게도 똑같은 결과를 안겨줄 과정의 시작점이었다. 황제는 유럽의 주요 강국이라는 오스트리아의 지위가 낮아지고 있는 상황에서 헝가리와의 타협이 지위 하락을 막는 데 보탬이 될 것이라는 주장에 설득되었다. 빈 궁정의 현실주의자들(프란츠 요제프도 포함되었다)은 체면을 구기지 않으면서 할 수만 있다면 헝가리인들에게 양보하는 방안을 둘러싼 논의를 시작하는 것이 타당하다고 판단했다. 그러나 황제 주변에는 그의 어머니가 이끄는 강력한 반동파가 포진해 있었다. 황제의 어머니인 조피 대공비는 헝가리인들을, 특히 헝가리 귀족들을 더는 합스부르크 왕가를 지지하지 않는 혁명가와 반역자 무리라고 여겼다. 조피 대공비는 마자르 귀족들을 두고 자주 불평했다. 그녀는 아들에게 마자르 귀족들을 가리켜 "과도한 자신감과 자부심 때문에, 신의 뜻으로 인정된 너를 결코 통치자로 여기지 않을 반란자들"이라고 말했다. 그러나 근대 세계에서 왕권신수설을 고수하기는 어려웠다. 스스로 결정을 내리도록 맡겼어도 프란츠 요제프는 아마 시간이 지나면 헝가리인들과의 타협에 이르렀을 것이다. 한편, 황후인 시시의 중재가 없었다면 모든 화해 시도는 쉽게 물거품이 되었을 수 있다. 성공의 비결은 그녀와 언드라시의 돈독한 관계였다.[1]

언드라시 줄러의 조상들은 몇 세기에 걸쳐 합스부르크 왕가를 지지하는 충직하고 극단적인 가톨릭 신자들이었지만, 그의 아버지인 카로이는 중년에 이르러 자유주의 개혁 사상과 헝가리 민족주의의 영향을 받았다. 1823년생인 줄러는 아버지의 절친한 친구인 세체니의 문하생이었지만, 나중에 코슈트를 추종하는 좀더 급진적인 세력에 가담했다(그때 코슈트는 격렬한 친親독립적 기사를 게재하는 신문의 편집인이었다). 줄러는 1849년에 독립 전쟁에 참전했고, 헝가리인들이 가장 뼈아픈 패배를 당한 곳 중 하나인 슈베하트에서 러시아 제국군에 맞서 싸웠다. 그런 다음 술탄이 오스만 제국으로 망명한 헝가리인들을 오스트리아로 송환하지 않게끔 하려고 혼베드셰그 소속 대령 자격으로 이스탄불에 급파되었다. 헝가리가 독립 전쟁에서 항복한 뒤, 언드라시는 대역죄로 사형을 선고받았다. 교수형 집행인이 교수대에 붙인 그의 이름은 코슈트의 이름 옆에서 나부꼈다. 당시 스물여섯 살의 청년이었던 그는 서유럽에 망명해 있었다. 프랑스인 친구 중 한 사람에 따르면, 언드라시는

"활기차고 건장한 영주"였다. 그의 명성과 낭만적 매력에 관한 소문이 고급 사교 모임 사이에서 퍼져나갔다. 그는 첫 번째 망명지인 런던의 사교계에서, 그리고 파리에서 인기를 끌었다. 파리에서 그는 여자들 사이에서 교수형을 당한 미남으로 불렸다.

언드라시에게는 고국의 가족이 보내준 많은 돈이 있었다(그의 어머니인 서파리 에텔커 백작 부인은 엄청난 재산을 물려받은 사람이었다). 그는 유럽 귀족 가문들 사이에서 탄탄한 인맥을 확보하고 있었고, 매력과 빼어난 용모, 그리고 헝가리어 외의 4개 언어를 구사하는 능숙한 재치의 소유자이기도 했다. 현지의 친구 중 한 사람이 농담조로 말했듯이, 잉글랜드에서 "그는 더비 경마일에 노숙자 연기를 유쾌하고 우아하게 해낼 수 있는 인물"로 통했다. 프랑스에서는 나폴레옹 3세의 궁정에 뻔질나게 드나들며 내막을 파악했다. 그가 헝가리의 귀족이자 유명한 미인인 자신의 아내 켄데피 커틴커 백작 부인을 만난 곳이 바로 파리였다. 두 사람은 연애 결혼을 했고, 1858년에 대다수 정치범이 사면된 뒤 페스트의 거대한 저택으로 함께 돌아왔다. 귀국한 뒤 그는 혁명의 순교자로 대접받았고, 굳이 애쓰지 않아도 중요한 정치적 인물로 떠올랐다. 그를 시기하고 비방하는 자들도 있었지만, 독립 전쟁에서 패배한 뒤의 뼈아픈 시기에 분투했던 사람들은 대체로 서유럽에 그토록 든든한 연줄이 있고 통찰력과 상식과 재치를 갖춘 사람을 정치 무대로 끌어들일 수 있다는 점에 만족했다. "새로운 오스트리아는 거꾸로 세워진 피라미드와 비슷합니다. 그러므로 당연히 똑바로 설 수 없습니다"라는 그의 농담에 호프부르크 궁전의 답답하고 완고한 몇몇 사람조차 미소를 지었다.[2]

▲ 아퀸쿰. 로마 시대의 "부다페스트"로, 고대 세계의 중요한 변경 주둔지였다. 황제 마르쿠스 아우렐리우스가 『명상록』의 대부분을 썼다고 전해지는 곳이기도 하다.

▶ 부다페스트의 이슈트반 동상. 헝가리 역사상 가장 급진적이고 성공적인 혁명가로 평가받는 이슈트반은 헝가리 최초의 왕이기도 하다.

▲ 까마귀왕 마차시. 15세기 부다에 화려한 르네상스식 궁전을 지었고, 중세 후기 유럽에서 가장 훌륭한 장서를 수집했다.

▲ 반란의 주도자인 트란실바니아 공작 라코치 페렌츠. 합스부르크 왕가에 맞선 그의 봉기는 지금까지 다양한 성향의 헝가리 혁명가들에게 자극제가 되고 있다.

◀ 헝가리를 정복한 오스만 제국의 술탄 술레이만 대제. 이후 튀르크인들은 150년간 부다를 점령했다.

▲ 코슈트 러요시. 실패로 돌아간 1848년 혁명과 오스트리아인에 맞선 독립 전쟁을 이끈 지도자. 과격하고 비현실적인 민족주의자였다는 이유로 그를 비난하는 사람들도 일부 있지만, 아마도 가장 존경받는 헝가리인일 것이다.

▲ 엘리자베트 황후. 사랑스러운 "시시". 합스부르크 왕가 인물 중 헝가리인에게서 가장 큰 인기를 누리는 사람이다. 부다페스트에는 다른 누구보다 그녀를 기리는 광장과 거리와 상징물이 많다.

▲ 헝가리 독립 전쟁 이후 약 60년 동안 황제로 군림한 "시시"의 남편 프란츠 요제프는 아내와 달리 점령국의 상징으로 미움을 받았지만, 세월이 흐르면서 존경을 받게 되었다.

◀ 1916년 합스부르크 가문의 마지막 황제 카를 1세의 헝가리 국왕 즉위식.

◀ "시대의 희생양"인 붉은 백작 카로이 미하이와 붉은 백작부인 카로이 커틴커. 카로이 미하이는 헝가리 공화국의 초대 대통령이자 사회주의자였고, 헝가리에서 가장 부자 중 한 사람이었다. 귀족 출신인 그의 아내는 마르크스주의자로 자처했으나 화려한 보석을 즐겨 착용했다.

◀ 레닌의 제자 쿤 벨러. 1919년에 단명한 소비에트 정부를 이끌면서 3개월간의 "적색 공포정치"를 통해 수천 명의 목숨을 빼앗았다.

▲ 쿠데타 이후 백마를 타고 부다페스트에 입성하는 호르티 미클로시. 그후 4반세기 동안 헝가리의 반동적이고 권위주의적인 지도자로 군림했고, 2020년대에도 여전히 뜨거운 논쟁거리인 유산을 남겼다.

▼ 헝가리에서 실시한 "최종적 해결"의 입안자 아돌프 아이히만. "최종적 해결"을 통해 불과 150일 만에 유대인 약 50만 명이 아우슈비츠에서 살해되었다.

▲ 홀로코스트 희생자들을 추모하는 기념물 가운데 가장 감동적인 작품일 것이다. 예술가인 퍼우에르 줄러가 제2차 세계대전의 마지막 해에 다뉴브 강 제방에서 처형된 뒤 강물에 던져진 사람들을 추모하고자 창작한 신발 조각상들이 늘어서 있다.

제2차 세계대전이 끝나기 직전 몇 개월 동안 부다페스트가 포위되었을 때, 나치는 다뉴브 강의 모든 교량을 폭파했고, 부다페스트 도심의 대부분을 폐허로 만들었다.

▶ 부다페스트에서 스탈린의 대리인 역할을 맡은 라코시 마차시. 헝가리보다 더 큰 무대에서 활동했다면 히틀러, 마오쩌둥, 폴 포트 같은 역사상의 극악무도한 살인자로 남았을 것이다.

▶ 너지 임레. 실패로 끝났으나 숭고했던 1956년의 반反소련 봉기를 이끈 공산당 당수. 2년 뒤, 1956년 봉기에 가담한 혐의로 교수형을 당했다.

▶ 봉기한 시민들이 부다페스트 중심가의 스탈린 동상을 무너트려 부순 모습. 1956년 혁명을 상징하는 순간이다. 잠시 봉기가 성공할 것처럼 보였지만, 곧 압도적인 전력의 소련군이 쳐들어와 봉기를 진압했다.

1989년에 수십만 명이 참석한 가운데 부다페스트 도심에서 열린 너지 임레의 이장 의식. 헝가리에서 공산주의 통치가 끝나기 시작했음을 알리는 사건이었다.

대부분의 방문객이 기억하는 부다페스트와 다뉴브 강의 경치. 다뉴브 강 양쪽의 모습은 여전히 무척 대조적이다.

그는 큰 포부와 대담한 생각을 품었지만, 세부 사항을 다듬는 데에는 서툴렀다. 그의 비교적 똑똑한 추종자 중 한 사람은 "공적 영역에서 언드라시만큼 '정치적 관능주의자'라는 별명으로 불릴 만한 인물은 거의 없다"라고 말했다. 언드라시는 인기 여가수처럼 허영심이 많았고, 그를 존경하는 동포들, 특히 그를 쫓아다니는 여성들을 상대로 매력적인 이미지를 부지런히 쌓았다.

그러나 모두가 언드라시에게 푹 빠진 것은 아니었다. 헝가리인이 아닌 외국인들, 특히 오스트리아인들은 그를 흔히 악당으로 간주했다. 파리에서 그와 알고 지냈던 요제프 휘브너 백작은 1866년에 다음과 같은 일기를 남겼다. "개인적으로 그는 호감이 가지 않는 사람은 아니다. 그는 자유인과 신사, 운동선수와 도박꾼의 자질이 있다. 음모가처럼 보이지만 동시에 머릿속에 떠오르는 모든 생각을 말하는 사람 같아 보이기도 한다. 그는 당대의 가장 대담한 거짓말쟁이이고, 동시에 가장 경솔한 허풍쟁이이다."

언드라시와 황후는 몇 달간 서신을 주고받다가(페렌치 이더가 중간에서 모든 서신을 극비리에 전달했다) 1866년 3월에 처음 만났다. 그는 황제와 황후의 헝가리 방문을 요청하기 위한 사절단의 일원이었다. 공식적으로 그는 헝가리 하원 부의장 자격이었지만, 비공식적으로는 특별히 시시와 만나려고 파견되었다. 정식 절차를 밟은 첫 번째 만남은 천박하게 꾸민 연극 작품 같았다. 호프부르크 궁전을 방문한 대표단은 왕실과 접견실의 의전관들을 앞세운 채, 의례에 따라 대기실과 근위병의 대열을 가로질러 성큼성큼 걸어갔다. 마지막 대기실에서 황제의 시종이 그들을 맞이하고는 접견실로 안내했다. 언드라시는 금실로 수놓은 마자르 귀족의 예복(어틸러라는 명칭으로 불렸다)과 귀금속이 박힌 외투를 입고, 박차가 달린 장화를 신고, 어깨에는 호랑이 가죽을 걸치고 있었다. 빈 궁정의 어느 조신에 따르면 그 화려한 의식에서도 언드라시는 "격의 없고 유행에 민감한 외모 덕분에, 집시 같은 거친 분위기에 힘입어" 두드러져 보일 수 있었다.

헝가리 민속의상, 흰색 비단옷, 그리고 레이스와 다이아몬드와 진주로 치장한 검은색 조끼를 절묘하게 갖춰 입은 황후는 동화 속 공주 같은 모습으로 나타났다. 머리에는 헝가리 여성용 모자를 쓰고 있었다. 그녀는 즉석에서 완벽한 헝가리어로 짧게 연설했다.

뒤이은 환영회에서는 그녀가 다시 헝가리어로 언드라시와 15분 넘게 이야기하는 장면이 목격되었다. 단둘이 나눈 대화에서 그녀는 이렇게 말했다. "알다시피 나는 황제가 이탈리아에서 뜻을 이루지 못하면 그저 아프겠지만, 헝가리에서 그렇게 하지 못하면 죽음과 같은 고통을 느낄 듯합니다."[3]

3월 하순, 황제와 황후는 함께 5주일간의 헝가리 여행에 나섰다. 평소 그녀는 빈이나 다른 도시에서 열린 공식 환영회를 부담스럽게 여겼지만, 부다와 페스트에서는 모든 행사를 들뜬 마음으로 기대했고, 엄청난 인파를 끌어모았다. 신문들은 그녀의 외모를 언급하고 그녀에 관한 흥미 위주의 소문(일부는 진실이었다)을 잔뜩 실은 특별 부록판을 발행했다. 시시는 그 국빈 방문에서 어디를 가나 뜨거운 반응을 일으켰다. 황제조차 (본인 기준으로는) 감정을 솔직히 표현한 편지에서 어머니에게 다음과 같이 말했다. "시시는 예의와 절묘한 재치와 훌륭한 헝가리어 실력으로 제게 큰 보탬이 됩니다. 그녀의 사랑스러운 입술에서 헝가리어가 흘러나오면 그것이 설령 질책일지라도 듣는 사람들의 거부감이 덜합니다."

언드라시를 향한 그녀의 애정은 빈 사교계에서 쑥덕대는 소문의 주제였다. 가장 악의적으로 소문을 퍼트린 사람이자 궁정에서 활동한 시시의 주요 적수 중 하나는 바로 프란츠 요제프의 부관이자 장군인 프란츠 폴리오트 데 크레네빌레 백작이었다. 그는 황제가 국빈 방문 중에 부다의 왕성에서 열린 왕실 무도회에서 그녀가 헝가리어로 언드라시와 15분 동안 "아무도 알아듣지 못하는" 깊이 있는 토론을 했다고 썼고, 느낌표 3개를 찍어 글을 마무리함으로써 고국의 동포들에게 요점을 강조했다. 그러나 시시와 언드라시를 둘러싼 소문은 헝가리에서 전혀 다른 효과를 불러일으켰다. 그 소문 때문에 언드라시의 국내적 명성과 정치적 중요성이 더욱 커졌고, 점점 높아지고 있던 황후의 인기가 더 치솟은 것이다. 오스트리아 황후가 마자르인을 그토록 우호적으로 바라볼 수 있다면 마자르인에게는 틀림없이 그녀의 마음에 드는 요소가 있을 것으로 보였다. 시시는 호프부르크 궁전에서의 엄격한 생활과 너무 다른, 부다와 페스트에서 드리니는 상대적 비공시성과 외향적 정서 속에서 빛났다. 그녀에 관한 최고의 전기를 쓴 작가인 브리게테 하만은 "그녀가 보기에 헝가리의 모든 관대함, 모든 기품, 모든 매력은 언드라시 줄러 안에 또렷이 녹아 있었다"라고 썼다.[4]

소문에는 수년에 걸쳐 점점 살이 붙었다. 황후가 헝가리에서 출산하기로 결심했다는 사실이 알려지자, 1868년 4월에 태어난, 시시의 막내딸이자 그녀가 가장 아끼는 딸인 (마리) 발레리가 언드라시의 딸이라는 풍문이 나돌았다. 하지만 이 풍문은 무시해도 좋다. 우선, 마리 발레리의 친부가 누구인지에 의심의 여지가 없음은 황제와 황후가 주고받은 서신을 보면 명백히 드러난다. 연애의 증거를 찾으려 애썼으나 실패한 하만에 따르면 "시시와 언드라시는 서로 사랑했지만, 결코 연애는 하지 않았다."

빈 궁정에서 임명한 아주 많은 사람들이 엄청난 호기심과 범죄에 가까운 탐구심을 발휘하며 황후의 "무분별한 행동"을 적발하려고 애썼지만……그런 시도는 결코 성공하지 못했다. 엘리자베트가 육체적 사랑을 해볼 만한 가치가 있다고 느끼는 여성이 아니었다는 사실과, 언드라시가 모든 상황에서 신중하게 계산하는 정치인이 아닌 적이 없었다는 사실을 별도로 하더라도……황후와 언드라시 둘 다 수많은 궁정 사람들에게 끊임없이 감시를 당했다.

황후는 그에게 흠뻑 빠졌지만, 그 모든 감정을 헝가리를 위한 언드라시의 대의를 이루는 데에 쏟았다. 비교적 평범한 의미의 모험은 시시 같은 여성에게, 그리고 시시 같은 위치에 있는 사람에게는 불가능한 일이었다.[5]

첫 만남 이후 페렌치가 계속 우체부 역할을 맡으면서 황후와 언드라시 사이의 서신 왕래는 더욱 빈번해졌다. 그들이 주고받은 일부 편지는 해독이 힘들지만, 전체 내용을 정확한 연대순으로 읽어보면 의미가 분명해지는 정교한 암호문으로 작성되어 있다. 그 편지의 내용들은 황후가 헝가리의 개혁파 지도자들과, 특히 자신이 가장 좋아하는 언드라시와 타협안 협상을 시작하도록 남편을 설득하기 위해 할 수 있는 일에 관한 것들이 주를 이루었다. 프란츠 요제프는 선을 넘기를 꺼렸고, 빈 궁정의 보수주의자들을 멀리하는 것도 망설였다. 1866년 봄부터 오스트리아에서 "헝가리 문제"는 한층 더 시급해졌다. 오래 전부터 예측되었던 프로이센과의 전쟁이 발발했고, 오스트리아 군은 고전했다. 오스트리아인들은 헝가리인들의 세금과 병력과 무기가 필요할 뿐 아니라 국내 전선의 안정을 보장할 수 있는 합의도 필요했다.

시시는 헝가리인들의 대의를 이룰 적절한 순간이 찾아온 듯하자 더욱 노력했다. 그녀는 1866년 5월부터 8월까지 대부분 황제와 떨어진 채 부다 왕성에서 시간을 보냈다. 7월 3일, 오스트리아 군은 남부 보헤미아의 사도바(쾨니히그레츠)에서 프로이센 군에게 굴욕적인 패배를 당했다. 이 패배는 합스부르크 제국에는 참사였으나 부다와 페스트의 정치인들에게는 기회였다. 헝가리인들이 원한 것은 본질적으로 헝가리와 오스트리아의 동등한 지위였다. 제국의 다른 어떤 지역보다 동등한, 말하자면 당시 경제적으로 더 중요했던 보헤미아보다 훨씬 더 오스트리아와의 동등한 지위였다.

그때 시시가 프란츠 요제프에게 최대한의 압박을 가했다. 전투가 끝나고 6일 뒤, 그녀는 부다에 남아 있겠다고 고집하는 한편으로 황제에게 헝가리의 대의뿐 아니라 언드라시의 목표도 이룰 수 있도록 간청하는 편지를 썼다. 그녀는 "우리 모두를 구하기 위해서" 언드라시를 헝가리 외무부 장관으로 임명해달라고 황제에게 부탁했다. "저는 당신이 그를 믿는다면, 절대적으로 그를 신뢰한다면 아직 우리는 위기에서 벗어날 수 있다고 확신해요. 그리고 헝가리뿐 아니라 제국도 구할 수 있다고 믿습니다. 그러나 당신이 직접 그에게 말해야 합니다.······장담컨대 당신은 어떤 대가를 치르더라도 역할을 맡기를 바라거나 자리를 얻고자 애쓰는 사람과 거래하고 있지 않습니다.……마지막 순간 이 한 번의 기회를 놓치지 않기를 루돌프[시시와 프란츠 요제프의 아들]의 이름으로 부탁드려요."

그것은 대타협 합의로 귀결된 최종 협상의 시작이었다. 프란츠 요제프는 일부분 양보했고, 언드라시와 은밀히 만나는 데에 동의했다. 하지만 그 알현의 기회가 언드라시에게 전적으로 도움이 되지는 않았다. 프란츠 요제프는 여전히 언드라시를 깊이 의심하고 있었다. 나중에 그는 시시에게 보낸 편지에서 언드라시가 "매우 솔직하고 영리하게 말했고, 그의 모든 견해를 상세히 설명했소"라고 말했다. "……그 밖의 측면에 관해 말하자면, 언제나 그렇듯이, 언드라시의 견해가 너무 부정확하고 그가 제국의 나머지 부분들을 고려하지 않는다는 점이 눈에 띄었소. 그는 이 중대한 순간에 많은 것을 탐내면서 너무 적은 것을 내놓았소.……솔직함과 분별력은 감탄할 만하오.……하지만 그가 지금 품고 있는 뜻을 자기 나라에서 관철할 힘도 없고, 그렇게 할 수단도 찾지 못할 것 같아 걱정이오."

언드라시를 만난 다음 날, 황제는 언드라시와 시시의 권유로 헝가리의 "현인賢人", 즉 소극적 저항 사상 막후의 주요 전략가이자 자유주의적 개혁 운동의 전술가일 뿐 아니라 이론가인 예순셋의 데아크 페렌츠를 만났다. 나중에 황제는 엘리자베트에게 다음과 같이 전했다. "그는 언[드라시]보다 훨씬 더 명확하고, 제국의 나머지 부분들을 훨씬 많이 고려하더군. 하지만 나는 그에게서 언과 똑같은 인상을 받았소. 그들은 거시적 관점에서 온갖 것을 원하고 성공을 장담하지 못하면서 희망과 가능성만 제시하면서 끝까지 견디겠다고 약속하지도 않소. 그리고 자국에서 그들이 의도를 관철할 수 없고 좌파에 포위된다면……그의 정직함과 솔직함과 왕조에 대한 충성심은 매우 존중하오. 그러나 그에게는 용기와 결단력이, 역경을 이겨내는 힘이 없소."

시시는 헝가리의 대의를 향한 집착 때문에 오스트리아 제국의 황후라는 사실을 망각했고, 온갖 결점에도 불구하고 프란츠 요제프가 최소한 그리려고 했던 더 큰 그림을 보지 못했다. 그는 시시에게 다음과 같이 일러줬다. "헝가리에만 치우친 당신의 의견을 채택하는 것, 그리고 확고한 충성심을 바탕으로 이루 말할 수 없는 상태를 견뎌냈고 적어도 지금은 특별한 배려와 보살핌이 필요한 땅들을 경시하는 것은 내 직분에 반할 것이오."

황제는 헝가리에 관한 그녀의 끊임없는 부탁과 헝가리를 포기하지 못하는 태도에 분통을 터뜨렸다. 그는 "사실 당신 때문에 몹시 짜증이 나고 불쾌하지만, 당신 없이는 살 수 없을 만큼 당신을 사랑하오"라고 썼다.[6]

그래도 황제는 언드라시를 다시 만나기로 했다. 면담은 호프부르크 궁전에 있는 프란츠 요제프의 독실에서 2시간 30분 넘도록 이어졌다. 때때로 프란츠 요제프의 주요 보좌관 가운데 몇 사람이 배석했고, 진전이 있었다. 이후, 그와 데아크는 (봉건주의가 아닌) "이중주의" 정신에 따라 제국을 재편하는 과업에 대한 문서의 초안을 작성해야 했다. 그것은 대타협 합의의 기초가 되었고, 오스트리아 정부 내에서 몇 주일간 논쟁을 일으킨 끝에 황제의 재가를 받았다. 프란츠 요제프는 그것이 원칙적으로 완전히 옳지는 않지만(보헤미아인들과 슬라브인들은 대체로 배신감을 느꼈다) 당장의 실리주의적 견지에서는 옳다는 점을 알고 있었다.

1867년 2월 17일, 언드라시는 헝가리 총리로 임명되었다. 시시는 몇 주일 뒤 이른바 "감정적 화해"를 기념하기 위해서 헝가리를 방문했다. 그녀는 개선장군 같았다. 일간지 「페스터 로이트」의 사설은 다음과 같이 선언했다. "그리고 온 국민의 사랑이 전적으로, 하나같이 왕비에게 쏠리는 이 현상을 누가 과소평가하겠는가? 이 자비로운 여인은 헝가리의 진정한 딸로 여겨진다. 모두가 그녀의 고귀한 마음에 애국심이 깃들어 있다고, 그녀가 헝가리어와 더불어 헝가리인의 정신을 배우고 언제나 헝가리인의 요구를 진심으로 옹호해왔다고 확신한다." 문필가에서 정치인으로 전향한 인물로, 언드라시 정부의 문화부 장관인 외트뵈시 요제프 남작은, 한때 왕비 겸 황후인 시시의 헝가리어 선생으로 일했고 아직 빈에서 칼럼을 쓰고 있던 펄크 먹스에게 편지를 보냈다.

우리는 자네의 고귀한 태생의 제자를 꽃으로 맞이했다네. 그녀를 향한 열광은 날로 커지고 있어. 나는 한 나라가 이렇게 뜨겁게 맞이할 만한 왕비를 섬긴 적이 없다고 굳게 믿는다네. 아울러 내가 알기로 이토록 사랑받는 왕비는 결코 없었지. 나는 1848년에 헝가리의 왕정이 무너졌을 때처럼 만일 왕관이 부서지면 감정의 불꽃에 의해서만 다시 복구할 수 있다고 확신해. 지난 3세기 동안 우리는 믿음을 걸었지. 단 하나의 가능성만 남을 때까지 희망을 몇 번이고 걸었지. 국민이 마음 깊은 곳에서 현 왕가의 일원을 사랑할 수 있어야 한다는 희망 말이야. 이제 뜻을 이뤘으니 더는 장래에 대한 두려움이 없네.[7]

대관식이 열릴 무렵, 빈 궁정에서는 가장 극렬한 반대자들만이 대타협을 두고 불평하고 있었다. 대다수의 조신들은 그것을 황제의 완벽하고 탁월한 외교 행위로 받아들이는 쪽으로 기울었다.* 헝가리에서 언드라시와 데아크는 천재적인 정치인들로 칭송받았고, 헝가리인들은 대개 그들이 몇 년 전에 가능하다고 보았던 것보다 더 많은 성과를 얻었다고 여겼다. 언젠가 요커이가 말했듯이 "헝가리는 패배에서 승리를 거두었다." 요커이가 다소의 반어법을 섞어 말한 이 문구는 그대로 굳어졌다. 여태까지 헝가리가 겪은 모든 역사는 "헝가리는 패배에서 승리를 거두었다"라는 이 유명한 문구를 기조로 삼았다고 볼 수 있다.

코슈트와 가까운 강경론자들만이 대타협에 동의하지 않았다. 그를 포함한 모든 망명자들은 대관식 당일 사면되었다. 여전히 존경을 받은 그 노인은 원하기만 하면 체포나 보복을 당하지 않고 안전하게 헝가리로 귀국할 수 있었지만, 코슈트는 오스트리아의 "점령"이 끝나고 헝가리가 "자유로운 나라"가 될 때까지 귀국을 거부하겠다고 말했다. 이후 그는 90대까지 살았지만 끝내 헝가리 땅에 발을 들여놓지 않았다. 대관식이 열릴 무렵, 그는 망명지인 토리노에서 대타협 때문에 장차 헝가

---

* 부다페스트에서는 대타협 이후, 그리고 프란츠 요제프의 헝가리 국왕 대관식 이후 그의 헝가리 혈통을 "증명하기" 위한 황당한 시도가 있었다. 계보학자들은 (프란츠 요제프와 합스부르크 왕가의 다른 사람들에게 보낸 기별을 통해) 그가 원래 마자르족 왕가였던 아르파드 가문의 벨러 3세와 부인 안티오크의 아그네스의 후손이라고 주장했다. 부다 성에 새로 지어진 예배당의 대리석에는 그들이 주장하는 혈통이 새겨졌다. 1,000주년 기념 연도인 1896년에 황제는 가짜 증거에 따라 "새로운 아르파드"로 소개되었다. 바이에른에서 태어난 시시는 왕비 대관식에서, 일찍이 1321년에 성인의 반열에 오른 헝가리의 에르제베트 공주의 15대 후손으로 소개되었다. 시시 황후를 숭배하는 일부 집단은 그녀를 새로운 성聖 엘리자베트로 내세웠다.

리가 큰 불행을 겪으리라고 예측하는 일련의 기사를 썼다.*

헝가리 옛 헌법이 복원되어 귀족들에게 실질적으로 1848년 이전과 동일한 권리가 부여되었지만, 엄밀히 말해 농노제는 폐지되었다. 오스트리아 제국은 2개의 수도, 2개의 의회(둘 다 권한이 제한적이었다), 2개의 내각을 지닌 오스트리아-헝가리 이중 군주국이 되었다. 외무부 장관과 전쟁부 장관과 재무부 장관만 양쪽 모두를 대표했다(재무부 장관은 제국 전체에 영향을 미치는 재정 문제만 다루었다). 그것은 전체 인구에서 차지하는 비율에 비해 훨씬 더 많은 권력을 헝가리인들에게 부여하는 매우 복잡한 구조였다. 반면, 오스트리아는 헝가리보다 훨씬 더 부유했고, 제국 유지 비용의 70퍼센트를 담당했다.[8]

그 체제는 마자르인의 정체성과 합스부르크 왕가의 주권을 균형감 있게 지키며 한동안 효과를 보았다. 그것은 한정된 기간에 효과적으로 작동한, 적어도 헝가리에서는 이례적인 번영과 창의성을 불러일으킨 복잡하고 취약한 체계였다. 오늘날의 부다페스트는 본질적으로 이중 군주국의 산물이다. 이따금 적대적 반응을 보이는 헝가리인들도 있었지만, 대체로는 이중 군주국 체제에 실망하기보다 만족하는 분위기였다. 그 체제에는 불합리한 점이 많았다. 헝가리는 국왕 겸 황제의 통치를 받으면서도 오스트리아 제국 정부에 종속되지는 않았다. 그 점은 심지어 새로운 제국을 탄생시키고 훗날 심각한 문제를 일으킬 대타협법에서도 언급되지 않은 사실이었다.

---

* 그중 한 기사는 놀라운 선견지명을 보여주었다. 그 기사는 향후 헝가리의 외교가 독일의 정책과 완전히 결부되어 한두 세대 만에 헝가리가 참패를 당하고 국토의 완전무결성을 잃으리라고 예측했다. 이는 제1차 세계대전 이후에 실제로 벌어졌다.

이중 군주국이라는 구조는 손쉬운 조롱의 대상이었다. 『훌륭한 군인 슈베이크_The Good Soldier Švejk_』(체코 작가 야로슬라프 하셰크의 미완결 풍자 소설/역주)나 요제프 로트(오스트리아의 언론인이자 소설가/역주)의 몇몇 작품을 떠올려보기 바란다. 로베르트 무질은 탁월한 소설 『특성 없는 남자_Der Mann ohne Eigenschaften_』에서 오스트리아-헝가리를 카카니아로 명명하며 타의 추종을 불허하는 기백과 풍자로 마음껏 조롱했다.

그것은 예상과 달리 서로를 보완하는 오스트리아 부분과 헝가리 부분으로 이뤄지지 않고 전체와 부분으로 이루어져 있다. 즉, 헝가리인의 국가의식과 오스트리아-헝가리인의 국가의식으로 구성된다.······오스트리아인이라는 존재는 헝가리에만 있었고 거기서 혐오의 대상이었다. 본국에서 그들은 제국평의회에 대표를 두는 오스트리아-헝가리 군주국의 왕국들과 나라들의 시민으로 자처한다. 그러면 결국 오스트리아인 1명에 헝가리인 1명을 더하고 바로 그 헝가리인을 빼라고 말하는 것으로 귀결된다.

수많은 올가미와 덫이 있었기 때문에 "이중주의"라는 명칭은 극도로 날카로운 감각을 통해서 관철해야 했다. 그 공동 체제는 "제국과 왕국_Kaiserlich und Königlich_", 또는 k. u. k.로 불렸다. 헝가리인들은 자기들이 오스트리아인들과 동등한 존재라는 점을 나타내기 위해 "과_und_"를 집어넣기를 고집했다. 오스트리아 관청에는 제국과 왕국(k. u. k.)이라는 수식어가 붙었지만, 헝가리 관청에는 그저 왕국(k.)이라는 수식어가 붙었다. 그러나 부다페스트에서는 일반적으로 헝가리 왕실_magyar királyi_이라는 용어가 쓰였고, 부다페스트의 공식 표지판에는 종종 "magy.k."라는 약자가 쓰였다.

헝가리는 오스트리아보다 신분을 더 의식하고 위계질서를 더 따지는 나라였다. 직함이 중요했고, 공무원 조직의 각 등급을 정중하게 부르는 방법을 둘러싼 매우 복잡한 규칙이 있었다. 맨 위의 두 등급은 자비경kegyelmes, 세 번째부터 다섯 번째까지의 등급은 위엄경méltóságos, 여섯 번째부터 아홉 번째까지의 등급은 고결경nagyságos, 열 번째와 열한 번째 등급은 덕망경tekintetes 또는 cimzetes이라는 존칭으로 불렸다. 이 존칭 규칙 외에 나머지 모든 관리직과 전문직에서 다양한 존칭 용법이 있었는데, 적절한 존칭을 사용하는 것은 제2차 세계대전 이후까지 마치 지뢰밭을 걷는 일 같았다.

대타협 이후 30년 동안, 데아크가 오스트리아인들과의 협력이라는 원칙에 따라 창설한 뒤 언드라시에게 넘어간 자유당은 의회에서 압도적인 다수를 유지했고, 다른 지역은 아니더라도 최소한 부다페스트에서는 급속한 경제적, 사회적 발전을 이루었다고 주장할 수 있었다. 언드라시에 뒤이어 품위 있고 인간적이며 온건한 티서 칼만이 15년 동안 총리로 재직했다. 그러나 세월이 흐르면서 민족주의 물결과 사회적, 종교적 갈등 때문에 자유당 내부의 자유주의적 기반은 잠식되었다. 1867년부터 세기가 바뀔 때까지 부다페스트에는 총 15개의 정부가 들어섰다. 몇몇 장관만 바뀌었을 뿐 기본적으로 동일한 정부인 경우가 많았다. 그 정부들은 거의 전적으로 최고위층 귀족들이 장악했다. 1870년대에 활동한 두 총리의 친구이자 잠시 정치에 뛰어들었던 천부적인 희극 소설가 믹사트 칼만은 헝가리의 "자유당" 정부의 과업이 진행되는 방식을 다음과 같이 묘사했다. "철도 부설 공사와 그 밖의 공공 토목 공사를 둘러싼 결정은 카드놀이용 탁자에서 타로 게임을 두 번 하는 사이에 내려졌다. 국적에 관한 정책은 오찬 전과 후에 음료를 마시는 사이에 수립되었다."9

대타협이 맺어지기 전, 1860년대에 헝가리를 여러 차례 방문하던 중 엘리자베트 황후는 빈에서 벌어지는 음모로부터 멀리 벗어나 기거할 근거지로 삼을 만한 집을 발견했다. 그 집은 부다로부터 북동쪽으로 약 30킬로미터 떨어진 곳, 즉 오늘날의 부다페스트 교외에 해당하지만 당시에는 아름다운 숲으로 둘러싸여 있던 지역인 괴될뢰에 위치해 있었다. 1830년대에 그러숄코비치 백작을 위해 지어진 방 70개짜리 저택이었다. 오스트리아-프로이센 전쟁 직후인 1866년 여름, 그녀는 황제에게 그 저택을 사달라고 졸랐다. 하지만 프란츠 요제프는 비용을 이유로 거절했다. 그는 프로이센과의 전쟁으로 오스트리아가 막대한 배상금을 내야 했기 때문에 왕실도 지출을 최소 20퍼센트는 줄여야 한다고 말했다.

  엘리자베트 황후는 언드라시 총리에게 불만을 털어놓았다. 그러자 헝가리의 새 정부는 "대관식 선물"로 약 1만 헥타르의 숲으로 에워싸인 그 저택을 제공했다. 그녀는 줄기차게 여행을 다녔지만, 해마다 몇 달은 빈 궁정보다 훨씬 더 많은 시간을 그곳에서 보냈다. 그녀는 언젠가 요커이 모르에게 "여기 헝가리에서 마침내 영원한 자유를 느껴요"라고 말했는데, 특히 괴될뢰에서는 더 그랬다. 어머니에게 보낸 편지에서는 다음과 같이 말했다. "여기서는 아무도 저를 방해하지 않아요. 마치 마음대로 오갈 수 있는 마을에 사는 것 같아요." 엘리자베트 황후는 대관식을 치르기 전에 헝가리에서 114일을 보냈다. 훗날, 그녀의 헝가리 체류 기간을 계산한 헝가리의 역사가들에 따르면, 그 114일간을 제외하고도 엘리자베트 황후는 헝가리에서, 즉 괴될뢰나 부다 성에서 1,549일을 보냈다.

부다페스트의 조각상들은 정치적 풍향에 따라 세워졌다가 금방 사라지곤 한다. 그러나 그녀의 이름을 딴 에르제베트 다리의 부다 쪽에 서 있는 멋진 동상(옥좌에 앉은 엘리자베트 황후의 발치에 사냥개가 엎드려 있는 모습이다)은 절대 철거되지 않을 것이라고 말해도 무방하다. 헝가리의 군주정을 상징하는 다수의 기념물이 제거된 공산주의 시절에도, 헝가리인의 친구인 엘리자베트 황후에 대한 숭배는 만연했다. 그녀는 인민의 황후였다.*

---

* 이상하게도, 엘리자베트 황후의 조각상은 그녀가 죽은 지 30년이 넘게 흐른 1932년까지 세워지지 않았다. 그녀가 1898년에 불과 예순의 나이로 제네바 호에서 이탈리아의 무정부주의자인 루이지 루케니에게 암살되자 부다페스트는 격한 감정에 휩싸였다. 1900년에 관련 계획이 발표되기까지 그녀의 기념비 건립을 요구하는 대중의 열망은 한도를 초과할 정도였다. 그녀의 동상은 워낙 중요한 작품이었기 때문에 설계 심사를 맡은 역대 위원회는 좀처럼 선정 결과에 만족하지 못했다. 설계 응모전이 거듭되었지만, 수상작을 뽑을 수 없었다. 1919년에 마침내 다섯 번째 응모전에서 조각가 죄르지 절러의 설계작이 선정되었지만, 완성되기까지는 13년이 더 걸렸다. 원래 그 동상은 부다가 아니라 강 건너편인 페스트에 있었고, 제2차 세계대전이 끝날 무렵 독일군이 다뉴브 강을 가로지르는 다리를 모두 폭파했을 때 손상을 입었다. 다행히 동상은 비교적 신속하게 수리되었다. 그러나 나중에 훼손된 부분이 더 많이 발견되었고, 결국 1953년 말에 철거되었다. 그로부터 4년 후, 동상은 현재의 위치에 다시 설치되었다.

제19장

부다페스트의 탄생

> 헝가리인의 국가는 수도가 하나일 수밖에 없다. 페스트는 주로 활력이 넘치고 부다에는 오래된 역사의 기억에 담겨 있다. 국가 수도의 찬란함과 활력과 힘과 위대함은, 부당한 전쟁에서 공격을 당한 우리 나라에 지금 가장 절실한 요소인 수도 통합에 달려 있다.
>
> — 코슈트 러요시, 1849년 7월 1일

1848년 혁명 첫날 감옥에서 풀려난 뒤 군중의 어깨에 올라탄 채 페스트 시내를 돌아다니며 합스부르크 왕가의 탄압에 맞선 순교자로 칭송된 좌파 급진주의자인 탄치치 미하이는, 일흔셋의 나이로 마지막 정치 활동에 나섰다. 과거에 벌인 싸움의 결과도 대체로 그랬듯이, 마지막 싸움도 실패로 끝날 운명이었다. 그는 농노의 아들이자, 반백의 긴 수염이 나 있고 타협에 대한 뿌리 깊은 혐오감으로 무장한 늙은 이상주의자였다. 혁명기에 그는 신문을 발행했고, 오스트리아인들에게 너무 고분고분하다며 코슈트를 비난하는 기사를 실었다. 그는 언드라시처럼 독립 전쟁 이후 궐석 상태에서 사형을 선고받았다. 수배자가 된 그는 8년 동안 헝가리의 여러 마을 근처에서 숨어 지냈다. 1860년에 사면되었지만, 곧 군주제를 공격하는 기사를 연재하고 반정부 신문을 창간하려 했다는 이유로 다시 3년간 수감되었다. 1873년, 이제 그가 품은 반체제적 분노의 표적은 부다와 페스트와 오부더를 하나의 도시로 통합하려는 방안이었다.

통합이라는 발상에 공개적으로 반대하는 사람은 거의 없었다. 그것은 적어도 1820년대부터 "개혁가들"에 의해 수립된 정책이었다. 세체니와 코슈트는 서로 의견이 일치하는 경우가 드물었지만, 통합안에 관해서는 한마음이었다. 패배를 맞이하기 며칠 전, 혁명 정부는 마지막 조치 중 하나로 3개의 소도시가 1개의 도시로 통합될 것이라고 선언했다. 오스트리아는 지배권을 되찾은 직후 통합안을 폐기했지만, 부다 태생의 역사가 그륀발드 벨러가 1867년 대타협 이전에 다음과 같이 썼듯이, 통합은 신세대 자유주의자들의 목표였다.

모국어가 통하는 수도가 없는 나라의 존재는 국가들의 역사에서 독특한 현상이다. 헝가리의 수도는, 50년 전 이곳에 정착한 헝가리 장인이 마치 독일로 이주한 사람처럼 불과 수십 년 안에 모국어를 잊어버릴 만큼 독일적인 색채가 짙었다. 의회에서 왕이나 통치 가문의 일원이 "헝가리 바지를 입거나" 헝가리어로 한 마디라도 하면 의원들은 헝가리인이 필요할 때만 헝가리 옷을 입고 헝가리어로 몇 마디 한다는 사실을 잊은 채 감동의 눈물을 흘린다.[1]

다뉴브 강 양쪽에 사는 많은 사람들은 그들이 강뿐 아니라 풍습과 태도에 의해서도 분리된 별개의 소도시에 살고 있다는 느낌을 항상 품고 있었다. 부다는 봉건적인 과거를 대변했고, 페스트는 기업가 정신과 자본주의와 상업을 기반으로 삼은 미래를, 새로운 모든 것을 예시했다. 부다와 페스트의 차이는 18세기와 19세기의 방문객들에게 명백해 보였고, 이는 하나의 도시로 통합되었을 때에도 마찬가지였다. 1820년대에 러시아 궁정의 어느 조신은 이렇게 놀라움을 드러냈다. "페스트 주민의 상당수가 상인인 반면 부다는……귀족의 거주지이다. 전자의 부지런함과 후자의 게으름은 정부에서 동등하다고 인정받지 못한다.……그러므로 두 도시의 주민들은 서로 조화롭게 살지 못하고, 전혀 다른 두 사회와 삶의 철학과 방식을 대변한다." 작가 세르브 언털은 두 세대 후에 유쾌한 내용의 짧은 책인 『화성인의 부다페스트 길잡이 Budapesti útikalauz marslakók számára』에서 다음과 같이 더 간추려 말했다. "여기 부다페스트는 파리와 다른 여러 도시처럼 강의 양쪽 기슭이 서로 완전히 다른 세계이다. 밤나무들이 부다 쪽에서 잠들 때, 페스트에서는 음악으로 시끌벅적한 카페들이 문을 연다."

19세기에 부다에서는 꽤 오랫동안 독일어가 주로 사용되었고, 1848년 혁명 당시에도 부디에는 합스부르크 왕가에 충성하는 극렬한 가톨릭교 성향의 보수적인 사람들이 많이 살고 있었다. 그들은 혁명이 시작된 곳이자 혁명의 지도자들 대부분이 살던 곳인 페스트의 혁명가들이 내세우는 급진적인 관념과 마자르 민족주의에 대한 열정을 전적으로 공유하지는 않았다. 코슈트는 원래 헝가리 북동부 출신이었지만, 페스트에서 이름을 날렸다. 혁명을 지지하는 많은 사람들은 부다의 보수주의자들을 불신했다. 예컨대 좌파의 입장에서 통합에 반대하는 운동에 목소리를 높였던 탄치치 미하이가 그랬다. 페스트에는 시장 출신인 센트키라이 모르를 포함한 우파 인사들도 있었는데, 센트키라이는 독일 색채가 짙고 발전할 능력도 의도도 없는 부다가 그들 도시의 근대화를 저해할 것이라고 주장했다. 부다의 몇몇 저명하고 영향력 있는 인물들도 통합에 반대했지만, 대타협 이후 그들은 본인들의 주장을 관철하는 데 실패했음을 확인할 수 있었고, 따라서 이전보다 더 조용하게 의견을 개진했다.[2]

다뉴브 강 양쪽에서 정치적 상황뿐만 아니라 인구통계학적 요인도 변화하고 있었다. 특히 독일어의 사용 빈도가 급격히 감소했는데, 그것은 헝가리 민족주의라는 대의가 승리를 거둔 셈이었다. 중동부 유럽의 대다수 지역의 독일인들은 독일의 유산을 보존했고, 체코인의 영토들과 갈리시아에서, 그리고 루마니아의 일부 지역에서 주위의 다른 민족들(주로 슬라브인)과 구별되는 특성을 유지했다. 그러나 헝가리의 다른 지역은 몰라도, 최소한 부다와 페스트에서는 상황이 다르게 전개되었다. 페스트와 부다의 독일계 오스트리아인들은 마자르인들에 동화되고 나서 흡수되어 언어적, 정치적, 문화적 "헝가리인다움" 속에 녹아들었다.

또 하나의 중요한 인구통계학적 변화 요인은 이민자들(주로 유대인)이 페스트로 급격하게 유입되는 현상이었다. 그들은 금세 헝가리어를 익혀 마자르인들의 삶에 동화되었다. 수도 통합 문제를 정치적으로 관리한 주요 인물 역시 1820년대에 페스트로 건너온 이민자 가정의 노련하고 부유한 버흐르먼 모리츠였다. 1869년, 그는 대형 주택들과 몇몇 금융 부문의 상업 시설이 있고 비교적 잘사는 유대인들이 거주하는 지역인 페스트의 레오폴드바로시 지구에서 출마해 유대인 최초로 헝가리 의회에 진출했다. 그는 언드라시의 가까운 동료이자 온건한 자유당 정치인이었고, 의회를 통해서 도시를 통합하는 법안을 주도했다. 하지만 그 무렵 부다의 인구는 페스트에 비해 감소했다. 1848년에 부다와 페스트의 인구는 엇비슷했다. 당시 부다페스트의 인구에서 부다의 인구가 차지하는 비율은 46퍼센트였다. 20년 후, 그 비율은 25퍼센트로 떨어졌다. 1900년경, 부다페스트 주민 6명당 1명만이 부다에 살았다.*

통합 이후 수십 년 동안 다뉴브 강 양쪽에서 속물적인 태도와 소지역주의 근성이 엿보였다. 작가 마러이 샨도르는 제2차 세계대전 이후 미국으로 이주할 때까지 살았던 부다에서만, 부다 성 지구와 가까운 곳에서만 행복을 느낄 수 있었다. 그러나 페스트 지지파의 어느 일원은 전혀 다르게 생각했다. 바로 유머 잡지 「보르셈 연코_Borsszem Jankó_」를 창간해 오랫동안 편집을 맡은 인물이자, 유명한 시론인 『페스트에서 부다페스트로의 여행_Utazás Peströl Budapestre_』의 저자이기도 한 아거이 어돌프였다. 그는 다음과 같이 썼다. "부다페스트의 가장자리를 따라 다뉴브 강이 흐르는 까닭은 부다가 사실은 그 수도의 절반에 해당하는 곳이 아니라 소풍 장소에 불과하기 때문이다. 어제를 그리워하는 마음으로 되돌아보면서도 내일의 새벽을 누리는 것은 당연한 일이다. 페스트는 현재와 미래의 역동성을 나타낸다.……건너편은 활기 없고 비밀스럽다.……나는 부다를 높이 평가하지만, 부다에 익숙하지는 않다. 내 상상력은 부다의 단조로운 언덕과 골짜기 때문에 여전히 날개를 펴지

---

* 20세기에 부다 언덕의 일부분이 대대적으로 개발되고 오부더에 전후 주택 단지가 조성되면서 상황이 바뀌었다. 2021년 현재 부다페스트의 인구 170만 명 중 약 70퍼센트가 페스트에 거주하고 있다.

못한다. 그간 유럽 각국의 대단한 수도들을 다녔지만, 부다는 아직 이국적인 곳이다."[3]

부다페스트의 척추, 즉 부다페스트의 "꿈의 거리"에 언드라시 줄러의 이름이 붙은 것은 이해할 만한 일이었다. 그의 최고 업적은 이중 군주국 치하 헝가리의 초대 총리로서 초반에 시행한 조치 중 하나였다. 부다페스트는 주로 그의 1870년 10호법 덕택에 오늘날의 모습을 갖추게 되었다. 언뜻 한 도시의 무미건조한 법처럼 보였지만, 그 법은 세기가 바뀔 무렵 유럽에서 여섯 번째로 큰 도시를 탄생시킨 불꽃이었다. 1870년 10호법은 도시의 미래를 계획하는 업무를 책임진 수도 공공사업 위원회를 구성했는데, 그 위원회는 파리 개조 사업을 주도한 조르주외젠 오스만과 비슷한 역할을 하면서도 권한은 더 컸다. 수도 공공사업 위원회는 도시의 장기적인 발전을 이끌 종합 계획을 주제로 국제 경진대회를 열었고, 그 종합 계획은 19세기가 저물 때까지 부다페스트의 개발 청사진 역할을 맡았다. 유럽 전역에서 가장 명성이 자자한 건축가들과 도시 계획가들이 참여했지만, 결국 엄청난 금액의 계약은 다뉴브 강 통제, 부다 성 지구 복원, 그리고 특히 페스트 중심부의 순환도로와 방사형 대로 건설 같은 방안을 세심하게 건의한 헝가리의 건축 기사인 레치네르 러요시가 수주했다. 레치네르가 제시한 계획은 수십 년 동안 거의 변경되지 않았고, 오늘날 부다페스트를 찾는 방문객들은 누구나 쉽게 지형에 익숙해질 수 있다. 전망이 좋은 부다의 언덕에서 페스트를 굽어보면 원래의 입안자들이 합스부르크 제국의 도시보다는 파리처럼 보이도록 하면서 무엇을 염두에 두었는지 알 수 있다. 그러나 자세히 살펴보면, 페스트의 많은 건물이 제국의 어느 곳에서나 어울리는 건물임이 보일 것이다. 페스트 쪽에서는 넓은 반원형 순환도로인 너지쾨루트가 북쪽의 머르거레트 다리와 남쪽의 페퇴피 다리를 이어준다. 수십 년 동안 정권이 교체되고 온갖 정치적 올바름이 적용됨에 따라 그 명칭들이 바뀌었지만, 현재 4.5킬로미터에 이르는 너지쾨루트는 전부 합스부르크 왕가 사람들의 이름(테레지아, 엘리자베트, 요제프, 프란츠)이 붙어 있는 구간으로 나뉘어 있다. 한동안 너지쾨루트의 어느 구간은 히틀러의 이름을 따서 공식적으로 개명되었고, 제2차 세계대전 이후 한 세대 동안은 레닌쾨루트라는 이름의 구간도 있었지만, 그 두 구간은 1989년에 공산주의 정권이 붕괴한 뒤 원래의 이름을 되찾았다. 약 350미터마다 너지쾨루트는 다른 대로들의 타원형 곡선과 만난다.*⁴

루카치에 따르면, 너지쾨루트가 건설되었을 때 "그것은 현대 페스트의 과장된 기백의 전형적인 모습이었고", 지금도 그렇다. 너지쾨루트는 샹젤리제 거리만큼 넓지는 않아도 기하학적으로 곧게 뻗어 있고, 폭이 거의 50미터에 달한다. 그 도로 아래에는 1896년에 개통된 유럽 대륙 최초의 지하철 노선이 있다. 루카치가 언급했듯이, 지하철의 터미

---

* 언드라시 거리는 1945년에 스탈린 대로로, 1956년에는 인민공화국 대로로 이름이 바뀌었다가 1980년대에 원래의 이름을 되찾았다. 언드라시 거리의 유명한 건물이나 상징물들도 이름이 바뀌었다. 언드라시 거리를 따라 3분의 1쯤 내려가면 순환도로를 포함한 8개의 도로가 만나는 광장이 나온다. 그 광장은 옥토곤 광장으로 불렸으나, 1934년에 무솔리니 광장으로 이름이 바뀌었다. 인민 공원 쪽으로 더 내려가면 4개의 도로가 만나는 예쁜 광장이 있다. 그것은 애초에 쾨뢴드(원형 광장)로 불렸지만, 1940년에 히틀러의 이름을 따서 개명되었다가 1945년에 원래 이름으로 돌아갔고, 1970년대부터는, 1967년에 사망할 때까지 언드라시 거리에 있는 집에서 살았던 작곡가의 이름을 따서 코다이 졸탄 원형 광장으로 불렸다.

널들이 부다페스트에서 가장 유명한 빵과자 가게 옆에 있었고 2022년에도 그때처럼 시내의 도심에 있는 제르보 카페 옆에 있다는 것, 그리고 1990년대부터 2000년대 초반까지 수년간 미슐랭 장미 등급을 받았던 유명 식당 군델의 가까이에 있었다는 것은 단순한 우연이 아니라 모종의 특징을 드러낸다. 이른바 프란츠 요제프 노선의 화려하고 치장된 노란색 객차들에는, 기름칠을 거의 하지 않은 바퀴의 덜컹거리는 소리와 더불어 2000년대까지 그대로였던 나무 좌석이 있었다.

크루디 줄러가 세기가 바뀌기 직전의 황금기에 묘사했듯이, 가장 우아한 곳은 시내 근처에 있는 언드라시 대로의 첫 번째 구간이었다.

> 티 하나 없는 몸치장을 뽐낼 수 있는 페스트의 모든 귀부인은 폭 5.5미터의 아스팔트 위에서 모습을 드러낼 기회가 있었다.……헝가리의 귀족계급이나 영주계급에 속할 가망이 없는 모든 주민은 자기 힘으로 오를 수 있는 지위를 얻기를 열망했다. 그 지위란 바로 언드라시 대로의 건물주였다.……진정한 언드라시 대로는, 아스팔트가 항상 얼룩 하나 없이 깨끗하고, 마찻길로 쓰이는 조각 나무 마루에 먼지를 물리치는 기름이 뿌려져 있고, 경찰관이 항상 다림질한 외투와 흰색 장갑을 끼고 서 있고, 마차의 바퀴가 빨간색이면서 바퀴의 쇠테에서 소음이 나지 않고, 카페가 활기로 북적이고, 식당에서 늘 요리를 하고, 사람들이 언제나 웃고 있는 곳이다.[5]

1888년 10월, 부다페스트 가극장은 28세의 오스트리아계 보헤미아인 작곡가를 신임 음악 감독으로 임명하는 과감한 결단을 내렸다. 그 작곡가는 천재로 인정받을 뿐 아니라 말썽 많고 성격이 까다로운 젊은 이로 알려지기도 한, 음악 창작보다 대인관계를 더 어려워할 때가 많은 완벽주의자 구스타프 말러였다. 그는 연간 1만 포린트(2022년 현재의 가치로 환산하면 약 12만 파운드에 해당한다)짜리 10년 계약을 맺었다. 게다가 언드라시 대로 옆의 무료 아파트까지 제공받았다. 그를 고용한 목적은 불과 4년 전에 문을 연 부다페스트 가극장을 유럽의 음악계에 널리 알리는 것이었다. 훌륭한 관현악단이 연주했고, 매력적인 합창단이 대로에서 3미터 뒤로 물러나 있는 멋진 건물에서, 당대의 한 비평가에 따르면, "외관은 물론 내부도 거의 완벽한, 심지어 완벽히 조화로운 환경을 이루는 절제미가 돋보이고 원근법도 거의 완벽한" 신축 건물에서 노래를 불렀다. 그 신축 가극장은 황금기의 헝가리 건축가 중 가장 흥미로운 인물로 당시 세계적인 명성을 떨친 이블 미클로시의 걸작이었다.* 이블은 빈 국립 가극장을 바탕으로 부다페스트 가극장을 설계했지만, 부다페스트 가극장이 훨씬 더 기품 있고 우아했다. 빈 국립 가극장보다 200석이 적었어도 내부는 훨씬 더 훌륭했다. 무대 뒤에 더 최신식 장비와 더 넓은 관현악단 공간을, 그리고 1869년에 드레스덴 가극장에서 일어난 화재의 교훈에 따라 설치한 내화 커튼을 갖추고 있었기 때문이다.

---

* 이블은 귀족들과 벼락부자들이 페스트와 시골의 사유지에 저택을 지으려고 선택한, 최신 유행에 민감한 건축가였다. 카로이 이슈트반 백작은 당시의 많은 부호들처럼 이블을 채용해 페스트에 있는 아름다운 신고전주의 양식의 대저택을 재건했다. 이블은 부다페스트 가극장에서 아주 가까운 거리에 있는 성 이슈트반 대성당 신축 작업과 바르케트 버자르(왕성정원)를 비롯해 부다 왕성을 재건축하는 작업 같은 공공건축물 공사도 맡았다.

부다페스트 가극단과 단원들은 몇 년 동안 별다른 성과를 거두지 못하다가 결국 빈과 프라하에서 지휘자뿐만 아니라 작곡가로서도 명성을 떨친, 활력 넘치는 새로운 거장을 채용하기로 했다. 그가 바로 구스타프 말러였다. 가극을 싫어하는 편이었던 요하네스 브람스는 구스타프 말러가 연출한「돈 조반니」를 보고 그의 실력에 감탄했고, 베르디는 바그너에 대한 말러의 해석을 높이 평가했다. 말러는 뜨거운 환호를 받으며 부다페스트에 도착했고, 임기 첫날인 10월 1일에 헝가리어를 배우겠다고 선언해 고용주들을 기쁘게 했다. "1년 안에 아니면 아마 2년 안에 유창하게 말할 수 있을 것입니다." 그는 헝가리어 작품을 더 많이 무대에 올리겠다고 장담했다. 그러나 말러가 헝가리에서 보낸 2년 반은 험난했고, 합창단 소속의 테너 2명이 그에게 결투를 신청하면서 절정에 이르렀다. 그 2년 반의 세월은 한편의 대가극大歌劇 같았다.[6]

말러는 모든 가극을 헝가리어로 상연해야 한다는 관습을 확립했지만, 거기 있는 동안 헝가리어로 거의 한 마디도 하지 않은 채 떠났다. 말러의 재임 동안 부다페스트 가극장에서는 국산 가극이 한 편도 상연되지 않았다. 8개월 후, 그는 바그너의「니벨룽의 반지」의 2개 악장극을 무대에 올렸고, 자신의 교향곡 1번을 지휘했다. 관객들은 열광했고, 그는 유럽 전역에서 이례적인 평가를 받았다. 전 좌석이 매진되었고, 공연 당일 밤에는 암표상들이 언드라시 대로에서 정가의 두세 배 가격으로 표를 팔았다. 단원들은 처음으로 꽤 많은 돈을 벌었으며, 외국의 유명 배우들도 부다페스트 가극장에서 공연하고 싶어했다.* 부다페스트

---

* 뜻을 모르면서도 서투른 헝가리어로 독일어, 이탈리아어, 프랑스어 성부를 부른 외국 공연자들에게 관객들은 발을 동동 구르며 뜨거운 박수갈채를 보냈다(21세

가극단은 그토록 화려하게 등장했다. 그러나 이면에서는 분노가 들끓고 사태가 파국으로 치닫고 있었다.

말러는 합창단과 관현악단에게서 미움을 받았다. 「라인의 황금」과 「발퀴레」에 대해 그는 총 80회의 정식 예행 연습을 고집했고, 종종 이른 아침부터 늦은 밤까지 연주자들과 가수들을 연습시켰다. 관현악단의 관악부 소속 단원 중 한 명은 훗날 "지휘자 말러 밑에서 보낸 생활은 느리고 고통스러운 고문 같았다"라고 회고했다. 잦은 반발과 파업 위협이 있었고, 행정 감독인 본 베니츠키 페렌츠는 되도록 갈등을 대충 무마해야 했다. 말러는 작품 제작의 모든 측면에서 최종 결정권을 가지고 있었다. 나중에 그의 주요 후원자 중 한 사람인, 자유당 정치인이자 훗날의 교육부 장관 어포니 얼베르트 백작은 빈 국립 가극장의 행정 감독이 말러의 채용을 고려하고 있을 때 그를 추천하는 내용의 편지를 보냈다.

여느 유명한 지휘자들이 그렇듯이, 말러는 그저 교향악단을 지휘하는 것이 아니라 작품이 공연되는 무대 전체를 감독합니다. 배우들과 합창단의 공연, 그들의 연기와 몸짓 또한 감독하기 때문에 그가 준비하고 지휘하는 공연은 모든 측면에서 예술적으로 완벽할 것입니다. 그의 관심은 제작 과정 전체, 즉 무대 장치, 무대 효과, 조명 등을 망라합니다. 여태까지 이처럼 조화롭게 완성된 예술인을 만나본 적은 없습니

기인 지금도 그렇다). 말러는 직업가수의 준비 부족에 놀랐다. 그는 국립 극장의 배우인 우이하지 에데를 헝가리어 선생으로 채용해 외국 유명 배우들뿐만 아니라 사투리를 쓰는 헝가리 배우들에게도 올바른 헝가리어 발음을 가르쳤다.

다. 각하께 부탁드리오니 모쪼록 부다페스트에서 말러가 지휘하는 「돈 조반니」를 관람한 브람스에게 의견을 물어 제 판단에 힘을 실어주십시오.……[그는] 그것을 잊지 못할 경험으로 기억할 것입니다.[7]

설상가상으로 말러는 많은 언론인들과 소원하게 지냈고, 1890년 여름부터 적대적인 신문들이 그에 대한 조직적인 활동을 펼쳤다. 그 신문들은, 말러가 소속 음악가와 가수를 어떻게 대우했는지에 관한 이야기들이 간헐적으로 흘러나왔다고 주장했다. 이를테면 가수 2명이 국산 가극이 충분히 제작되지 않고 있다는 정치적 이유를 내세우며 그에게 결투를 "신청한" 경우가 있었다. 하지만 나머지 합창단원들은 그 모든 일이 매명賣名 행위에 불과하다고 말했다. 말러는 결투 신청을 거절했다. 헝가리에서는 세기가 바뀔 무렵까지 결투가 꽤 흔하기는 했어도 어쨌든 불법이었지만, 일부 극단적 민족주의 성향의 신문들은 말러를 겁쟁이라고 비난했다. 그 신문들은 말러가 외국 상품(독일의 가극과 가수와 음악가를 의미한다)을 수입했다고 비난했으며, 말러에게 적대적인 논조의 상당 부분은 분명히 반유대인적 색채를 띠고 있었다. 1890년 말에 본 베니츠키가 부다페스트 가극장의 "감독관" 자리에서 쫓겨나고, 지치 게저 백작이 언론의 일치단결한 목소리와 자신의 정치적 인맥에 힘입어 신임 감독관으로 부임하자, 말러는 부다페스트에서 보내는 시간이 거의 끝나간다고 느꼈다. 지치 백작의 첫 번째 행보는 의회 법안에 내무부의 승인을 받은 규정을 마련하는 것이었다. 그 새로운 규정에 따르면 지치 백작은 가수들의 고용 계약, 가극 작품 선택, 배역 선정, 상연 목록 구성에 이르기까지 가극장의 예술 경영 부문을 둘러싼 모든 세부 사항의 결정권을 행사할 수 있었던 반면, 음악 감독인 말러는 "제안"만 할 수 있었다. 두 사람은 언쟁을 벌였고, 말러는 화를 냈으며, 지치는 내무부 장관이자 절친한 친구인 서파리 줄러 백작에게 그 일을 알렸다. 지치에게 사건을 보고를 받은 서파리 줄러 장관의 반응은 먼 옛날부터 전해 내려오는, 교양 없는 관료의 목소리였다. "어제, 구스타프 말러가……가극장 법안 수정과 관련해 감독관과 내무부 규정에 대해 보여준 꼴사나운 처신을 전해 들어 알게 되었으니, 이로써 나는 귀하의 소환을 요구한다. 그리고 (1) 나는 내가 불가하다고 판단하는 꼴사나운 행위에 대해 알게 되었다는 사실과, (2) 이런 행위가 되풀이된다면 구스타프 말러는 즉시 휴가 처분을 받을 것이고 추가 징계 조치가 내려질 것이라는 사실을 통보하는 바이다." 그때 말러는 부다페스트에서 벗어날 출구를 뚫었다. 1891년 초에 그는 함부르크 가극장과 접촉해 예술 감독으로 임명되었고, 그곳에서 더 즐거운 경험을 했다. 그러나 부다페스트를 떠나기에 앞서 그는 2만5,000포린트라는 거액의 퇴직금을 협상했다.*[8]

헝가리에서 정치와 음악은 항상 뒤섞여 있었고, 때때로 불협화음을 일으키기도 했다. 헝가리 국민의 사랑을 듬뿍 받은 리스트조차 말년에

---

* 말러는 부다페스트 가극장의 음악 감독을 맡은 마지막 "외국인" 지휘자가 아니었다. 제2차 세계대전 이후 공산 정권은 위대한 작곡가인 오토 클렘퍼러를 부다페스트 가극단 지휘자에 임명했다. 그는 1930년대에 나치 독일을 탈출한 인물이었다. 그 역시 음악적으로 눈부신 성공을 거두었고, 우수한 음악가들, 가수들과 함께 부다페스트 가극장을 중요한 장소로 되살렸다. 병에 걸리기 전, 그는 훌륭한 상연 목록을 만들었다. 그는 빼어난 재능으로 매우 존경받았지만, 국민이 미워하는 정권과 연루된 유대인이자 좌파였기 때문에 부다페스트에서 결코 인기 있는 인물은 아니었다.

곤혹을 치렀다. 1875년, 그는 헝가리 음악원 초대 원장으로 취임했고, 헝가리 예술계 전반에 막강한 영향력을 행사했다. 그는 70대에 이를 때까지 소수의 선발된 학생을 가르쳤다. 하지만 그가 자신의 가장 유명한 작품들을 만들기 시작하고 그 작품들을 헝가리산이라고 홍보하자 엄청난 정치적 파장이 일어났다. 예컨대 19개 작품으로 이루어진 광시곡 연작이 그랬다. 그 작품들 가운데 다수가 전통적인 집시 음악과 마자르인의 민속 주제를 혼합한 것이었다. 그런 음악이 정말 "헝가리 음악"이었을까? 마자르의 국수주의자들은 기뻐하지 않았다. 심지어 총리인 티서 칼만도 논쟁에 휘말렸다. 그는 "헝가리가 음악을 제외한 거의 모든 것을 잃어버린 상황에서, 리스트는 그것마저 마자르 음악이 아니라 집시 음악이라고 공표했다"라고 말했다. 당시 고위 정치인들은 집시 출신이라면 누구나 헝가리인이 될 수 있다는 생각을 거의 하지 않았다.*

    리스트는 헝가리 음악계를 무비판적으로 찬양하는 사람이 아니었다. 민족주의자들이 리스트의 그런 생각을 알았다면, 아마 그를 다른 시각으로 바라봤을 것이다. 그리고 리스트가 평소 헝가리인이라고 주장했으면서도 결국 바이로이트(독일 바이에른 주 북부의 도시/역주)에 묻힐 것을 유언으로 남겼다는 사실을 알았다면, 또 달리 바라봤을지 모른다. 1886년, 눈을 감기 직전에 그는 작곡가 미허일로비치 외된에게

---

* 반면 버르토크는 음악적인 이유로 리스트의 그 작품들을 좋게 평가하지 않았다. 그는 "우리에게 가장 많은 것을 말해야 할 헝가리 광시곡 연작은 리스트의 가장 성공적이지 못한 작품들이다.……(아마 이것이 그 작품들이 이토록 널리 알려지고 사랑받는 이유일 것이다)"라고 말했다.

다음과 같은 내용의 편지를 썼다. "부다페스트에 얽매이지 않는다면 작곡가로서 자네의 경력은 더 거침없이 발전할 걸세. 몇 년 뒤에는 헝가리의 어떤 작곡가라도 헝가리 외의 다른 곳에서는 이름을 날리지 못할 것이라고 확신할 수 있네. 간헐적인 발전만 이루어지는 헝가리, 바로 그곳 말일세." 그러나 리스트의 이 발언에는 어폐가 있다. 이는 버르토크 벨러, 코다이 졸탄, 리게티 죄르지, 쿠르타그 죄르지 같은 헝가리의 위대한 작곡가들만 보아도 알 수 있다.[9]

제20장

카페 문화

내가 아는 어느 부부는 10년 동안 날마다 몇 시간씩 같은 카페에서 멀찌감치 떨어져 앉아 있었다. 여러분은 그들이 서로 잘 만났다고 말할 것이다! 아니다. 좋은 카페를 만난 것이다!
— 폴가르 얼프레드

내가 생각하기에 언드라시 대로 바로 옆에 위치한, 부다페스트 가극장과 웅장한 리스트 음악당에서 아주 가까운 리스트 페렌츠 광장의 보행자 구간은 가만히 앉아서 시간을 보내기 좋은 장소이다. 1990년대에 리스트 페렌츠 광장에 카페들이 문을 열어 플라타너스 아래의 포석鋪石 위를 점령했고, 2000년대부터 그 카페들은 무료 와이파이를 사용하는 젊은이들의 테이블로 가득해졌다. 그들은 이따금 커피를 주문하기도 한다. 우리가 누리는 기술은 오스트리아-헝가리 시절과 다르겠지만, 삶의 방식은 당시와 크게 다르지 않을 수도 있다. 이중 군주국 시절부터 지금까지 부다페스트의 많은 부분이 바뀌었고, 또 많은 부분이 그대로 남았다.

130년 전, 페스트 시내의 인근 카페들은 언론인, 작가나 작가 지망생, 예술가, 건축가, 패션 디자이너 등 그전까지 도시 생활에 익숙하지 않앉던 다양한 부류의 새로운 중산계급 사람들로 채워졌을 것이다. 비록 나라는 민주주의 국가가 아니었지만, 카페는 어느 정도까지는 민주적인 공간이었다. 카페에서는 소설이 탈고되었고, 신문이 편집되었다. 가장 유명하고, 19세기 말엽과 20세기 초엽의 헝가리 시인 가운데 최고로 꼽히는 어디 엔드레는 "사람들로 북적이고 관념과 감정이 사방에 널려 있는" 카페가 아닌 다른 곳에서는 글을 쓸 수 없다고 말했다. 1848년 헝가리 혁명은 카페에서 시작되었고, 헝가리 국가의 가사는 1823년 1월 22일에 페스트의 어느 카페에서 훗날 정치인으로 변신한 쾰체이 페렌츠라는 시인이 썼다.*

많은 문학 카페의 웨이터들(일부는 작가 지망생이었고, 작가의 습관을 잘 알고 있었다)은 그곳에서 글을 쓰고 싶어하는 사람들이 사용할 수 있도록 "개의 혀"라고 불리는 종이 다발을 보관했다. 그곳에는 목이 가느다랗고 큰 잉크병 몇 개도 지하실의 포도주 진열대 사이에 보관되어 있었다. 부다페스트의 속담에 따르면 "모든 작가는 단골 카페가 있고 모든 카페에는 단골 작가가 있었다."¹

---

* 헝가리 국가의 가사는 무척 비관적이고, 국민적 자부심보다는 자기연민으로 가득하며, 승리보다는 패배가 더 많이 언급된다. 다음은 헝가리 국가의 일부분이다.

주여, 마자르인을 축복하소서,
넉넉한 마음으로 부디 그를 버리지 마소서!
적들이 그를 공격할 때
피비린내 나는 싸움에서 그를 지켜주소서
오랫동안 불운이 그에게 저주를 내렸다네.
올해는 그에게 기쁨을 내린다네.
그는 헤아릴 수 없을 만큼
최악의 고통을 겪었다네.

부다페스트의 생활 양식과 문화에서 카페가 차지하는 중요성은 아무리 강조해도 지나치지 않다. 물론, 카페를 중심으로 펼쳐지는 생활은 파리와 로마와 빈 등 어느 도시에서나 찾아볼 수 있지만, 부다페스트의 카페는 달랐다. 우선, 부다페스트 카페는 역사가 훨씬 길었다. 파리와 빈에는 18세기 초반에 커피를 마시는 튀르크인들의 습관이 전해졌지만, 헝가리에서 최초로 커피를 마신 사람들은 1560년대의 튀르크인들이었다. 커피를 마시는 습관은 튀르크인들이 쫓겨난 뒤에 유행하고 인기를 유지한 몇 안 되는 관행 중 하나였다. 많은 방문객이 증언했듯이, 1700년대 중반에 이르러 확실히 자리를 잡은 몇몇 대형 카페들은 크게 성공했다. 저명한 역사가인 베빌러크부어보르쇼디 벨러가 350년에 걸친 부다페스트의 카페 이야기를 다룬 3권의 역사책이 있는데, 그 책에는 제1차 세계대전이 발발하기 전까지의 이야기만 실려 있다.

합스부르크 제국의 마지막 시기(이중 군주국 시절)가 남긴 것 중에 카페보다 더 의미심장한 것은 없는 것 같다. 어쨌든 확실히 카페보다 더 즐거운 곳은 하나도 남기지 않았다. 합스부르크 제국 말기의 온갖 기괴한 허식과 실패에도 불구하고, 카페는 영속적이고 확고한 성취였다. 즉, 고도로 등급화된 사회에서, 신분과 인종과 성별, 정치적 신념과 국적이 다른 사람들이 내전과 상호 파멸의 늪으로 빠지지 않고 한 지붕 아래서 만날 수 있다는 이상적이고 생생한 사례였다. 카페에서는 모든 이가 공존할 수 있었다. 반면, 사람들이 카페 밖의 거리에 있을 때(또는 실제로 수많은 전쟁터에 있을 때)에는 증오가 팽배했다. 카페의 그런 특성은 21세기에는 거의 주목받지 못할 만큼 단순한 것으로 보일지 모른다. 그러나 조만간 유럽을 집어삼킬 참사로 빠져들 위기에 놓인 시대에, 그것은 단순하거나 사소한 특성이 아니었다.

20세기로 넘어갈 무렵, 희극 작가이자 언론인인 커린치 프리제시는 중대한 사회 실험을 수행했다. 그는 부다페스트에서 농담이 얼마나 빨리 퍼지는지 알아보려고 했다. 어느 날 오후 그는 부다의 카페에서 친구들에게 즉석으로 지어낸 농담을 던졌다. 한 시간쯤 뒤 그는 페스트의 어느 카페로 걸어 들어가면서 (스스로 인정했듯이 무척 재미없는) 그 농담을 들었다.[*] 그 점이 바로 훗날 파시스트들과 공산주의자들의 독재 정권이 번갈아 가며 헝가리 카페의 체제 전복적 요소인 의사소통, 정보 교환, 그리고 특히 농담을 잠재적 위험 요인으로 여긴 이유였다. 1900년경, 부다페스트에는 600곳 이상의 카페가 있었다. 제2차 세계대전 이후 소련식 공산주의 정권이 대부분의 카페를 폐쇄하기 시작했을 때, 부다페스트에 남아 있는 카페는 채 20곳이 되지 않았다.[2]

파리나 런던과 달리 부다페스트에는 문학 살롱이라는 전통이 없었고, 귀족만 입장할 수 있고 유대인은 입장할 수 없는 국립 도박장이라는 영국식 상류층 "신시 클럽"이 딱 하나 있었다.^{**} 카페는 부다페스트에

---

* 조너선 스위프트를 훌륭한 글쓰기 길잡이로 삼은 풍자 작가인 커린치는 인생의 대부분을 카페에서 보냈다. 그가 자신의 임박한 죽음을 깨달은 곳도 바로 페스트의 한 카페였다. 페스트 시내의 카페인 첸트럴 커베허즈에서 커피를 마시고 있던 그는 갑자기 한쪽 눈이 보이지 않았고, 심한 두통이 찾아왔다. 본인의 희비극적 소설인 『두개골 일주 여행 *Utázás a kopynám zöp*』에서 회상한 바에 따르면 커린치는 그 카페에서 자신이 뇌종양에 걸렸음을 즉시 알았고, 2년이 지나지 않아 뇌종양으로 죽었다. 비평가들에게 익살꾼으로 알려진 그는 진정한 익살꾼답게 『두개골 일주 여행』에서 자신을 종양꾼이라고 일컫는다.

** 19세기 후반의 25년 동안, 활발한 성격의 자매인 보흘 연커와 보흘 슈테퍼니어가 운영하는 매우 배타적인 사교 모임이 있기는 했다(연커와 슈테퍼니어는 둘 다 뛰

카페 문화

서 펼쳐지는 지적 생활의 중심지였지만, 동시에 그 외의 여러 역할도 수행했다. 즉, 카페는 직장에서 힘든 하루를 보낸 뒤의 휴식처, 비좁은 아파트나 불만족스러운 결혼 생활에서 벗어날 수 있는 안전한 피난처이자 정서적, 사회적 교육의 장이었다. 1926년, 80대의 무대 감독 라코시 예뇌는 "모든 지성인은 젊은 시절의 일부를 카페에서 보냈다. 카페가 없으면 젊은이 교육이 불완전할 것이다"라고 회상했다. 카페는 저렴했다. 너지쾨루트나 페스트의 최신식 강변 산책로인 초르쇼에 위치한 가장 화려한 카페들도 마찬가지였다. 손님들은 커피 한 잔과 물 한 잔을 시켜놓고 오랜 시간 자리에 앉아서 헝가리어 및 외국어 신문과 잡지를 읽을 수 있었다. 제1차 세계대전이 끝나고 헝가리를 떠나 최초의 원자폭탄을 만든 맨해튼 계획에 참여했던 노벨 물리학상 수상자 유진 위그너는 부다페스트에서 보낸 젊은 시절을 바탕으로 다음과 같이 회고했다. "그런 장소에서는 손님이 그저 커피를 마시며 오래 **머물러도 되는** 수준이 아니었다. 손님은 오래 **머물러야** 했다."

    노동력은 저렴했고, 수많은 젊은 남자들(남자들만 일할 수 있었고, 여자들은 제2차 세계대전이 끝난 뒤에야 비로소 카페에서 일하기 시작했다)이 부다페스트의 카페에서 시중을 들기 위해 지방을 떠났다. 일부 카페는 부다페스트의 저녁 식사 후에 펼쳐지는 밤의 유흥 생활로, 특히 새벽의 유흥 생활로 유명해졌다. 새벽 3시쯤이면 여러 카페가 부다페스트의 명물로 자리 잡은 음식(숙취 예방에 효과적이라고 알려진 닭고기와 파프리

어난 시인이었다). 페스트에 있는 두 사람의 저택은 예술가, 정치가, 작가 등을 위한 만남의 장소였다. 하지만 그 모임에는 극소수의 명사들만이 정기적으로 참석했다.

카를 주재료로 만든 아침 전 식사인 "올빼미 수프")을 먹는 손님들로 가득 차곤 했다.

부다페스트 카페에서 도박은 불법이었지만 횡행했고, 당국도 거의 수수방관했다. 공산 정권이 들어설 때까지, 카드놀이용 탁자는 "모퉁이에 있는 어두침침하고 비밀스러운 곳부터 우아한 카페에 이르기까지" 대다수 카페에서 눈에 띄었다. 페스트의 여러 카페의 단골이었던 크루디는 자신의 책 『부다페스트 연대기*Chronicles of Budapest*』에서 이렇게 말했다. "전자에는 전문적인 카드놀이 사기꾼들이, 후자에는 게임에 져서 자기 머리에 총을 쏘는 완벽한 신사가 있다. 언드라시 대로의 카페에서 이른바 경망스러운 여자들과 눈이 반짝반짝 빛나는 젊은 남자들이 문학, 음악, 그림, 은행 설립 등을 주제로 이야기꽃을 피운다."[3]

부다페스트 카페 문화의 절정기인 1880년대부터, 유명한 옛 카페들—왕관, 튀르크 황제, 커피 분수, 하얀 배, 7선제후—은 대형 판유리 창문, 공들여 만든 테라스, 금박 거울, 샹들리에 따위를 갖춘, 훨씬 더 크고 눈에 띄는 카페에 밀려났다. 그 새로운 카페 가운데 다수가 건축학적 견지에서 탁월한 건물에 입주했다.

가장 유명하고 사치스러운 카페인 뉴욕 카페는 헝가리에서 가장 유명한 건축가 중 한 사람으로 이전에 왕성 복원 작업을 맡았던 허우스먼 얼러요시가 설계했다. 10년 전, 그는 엘리자베트 광장에 키오스크라는 이름의 찻집도 지었는데, 그곳의 디자인은 연극인들 사이에서 큰 인기를 끌었다.

아르누보 양식의 뉴욕 카페는 웅장하고 화려하고 다채로웠고, 정교한 금도금, 대리석 천장, 아기 천사를 묘사한 프레스코화, 세련된 금속

격자 세공 등으로 가득 차 있었다. 뉴욕 카페가 입주한 건물은 1894년에 뉴욕 생명보험회사의 사무실로 출발했지만, 건축주가 1층의 뉴욕 카페를 건물을 상징하는 볼거리로 염두에 두고 있었다. 뉴욕 카페 입구 주변의 등잔은 아기 사슴 청동상 위에 놓여 있다. 전성기의 뉴욕 카페는 부다페스트에서 가장 유명하고 매력적인 카페였다.

뉴욕 카페에는 작가들, 화가들, 출판업자들, 배우들 같은 다양한 집단의 손님을 위한 전용 공간이 따로 있었다. 일반 손님들은 "저 안쪽"이라고 불린 구역에 앉았고, 그곳에서 내각 장관이나 악당이나 고급 매춘부나 지적 호기심이 많은 은행가, 심지어 유럽 각국 왕실의 고위 인사 등 누구와도 마주칠 수 있었다. 부다페스트가 성장하고 더 많은 방문객을 유치하면서 점점 더 많은 관광객이 카페를 찾았다. 뉴욕 카페는 즉석 연애 장소로 유명한 곳이 아니었지만, 바람기 있는 젊은 여자들과 여배우 지망생들이 최상층 좌석의 테이블에서 종종 눈에 띄었다. 에드워드 7세는 웨일스 공 시절인 1870년대와 1880년대에 부다페스트를 정기적으로 방문했고, 늘 익명으로 여행하며 밤의 유흥 생활을 마음껏 즐겼다. 그는 부다페스트의 카페에서 몇 차례 목격되었고, 부다페스트의 언론을 통해서 소소한 반향을 일으켰다. 웨일스 공 시절의 에드워드 7세가 부다페스트에 머물고 있다는 사실은 결코 영국 신문에서 언급되지 않았는데, 그것이 바로 그가 부다페스트를 좋아하는 이유 중 하나였다. 그는 1891년에 거의 마지막으로 부다페스트를 방문했을 때 헝가리인 지인에게 "유럽에서 여기보다 더 편안한 나라는 없소"라고 말했다. "내가 왜 이토록 헝가리를 좋아하는지 아무도 모르지. 늘 즐거운 마음으로 왔다가 무거운 마음으로 떠난다오. 용맹스러운 라지

푸타나 사람들과 인도를 여행했을 때 나를 사로잡았던 유쾌한 특징들을 헝가리 국민도 가지고 있는 듯싶소. 그런데 여기서는 동양의 특징들이 이방인의 마음을 더 강하게 사로잡소. 서양 문화에서 엿보이는 몇 가지 훌륭한 측면과 결합해 있기 때문이오."*

많은 도서 출판 계약이나 연극 공연 계약이 뉴욕 카페의 테이블에서 협상을 거쳐 체결되었다. 많은 문학적 갈등이 거기서 시작되었다. 그리고 일부 갈등이 거기서 봉합되었다. 훗날 영화 제작자인 알렉산더 코르더 경으로 불리게 되는 켈네르 샨도르(코르더 샨도르와 동일 인물이다/역주)가 나중에 회고했듯이, 성공에 목마른 무모한 성격의 젊은 영화 감독 시절 그는 "거의 날마다" 뉴욕 카페에 있었다. 그는 당돌함과 운에 힘입어 그곳에서 처음으로 대어를 낚았다. 1916년 어느 날 아침, 그는 구석 테이블에 앉아 있다가 국립 극장의 주연 남배우인 러이너이 가보르를 발견했다. 그는 러이너이에게 다가가 말했다. "코르더라고 합니다.……저의 신작 전쟁 영화에 출연해주셨으면 합니다.……부하들의 대열에 합류하는 대장, 영웅 역을 맡아주시기 바랍니다.……자금이 있습니다. 카메라도 있고요. 다 있습니다." 하지만 실제로 당시 그에게는 말을 하고 남을 설득하는 능력만 있었다. 러이너이는 코르더의 열정에 감동해 출연을 승낙했다. 이튿날, 러이너이가 코르더에게 들은 영화 촬영장이라는 기차역에 도착했을 때, 진짜 경기병 무리가 행진하고 있

---

* 웨일스 공은 부다페스트 매음굴의 인맥 넓은 마담인 필리시 로저가 운영하는, 마자르 거리의 호화로운 밀회 시설을 선호했다고 알려져 있다. 그 시설에서 목격된 것은 영국 왕족만이 아니었다. 1907년 영국 국회의원 대표단이 부다페스트를 방문했는데, 그중 2명이 밀회 시설을 이용했고, 지불해야 할 거액의 화대를 헝가리 정부 앞으로 달아놓았다. 꼴사나운 추문이었다.

다. 코르더는 러이너이에게 그들과 함께 행진하라고 말했고, 촬영을 시작하도록 지시했고, 그의 연기를 감독했다. 이것은 러이너이와 100명의 무급 단역이 출연한 코르더의 데뷔작 「장교의 칼끈」의 첫 번째 릴이었다. 몇 달 안에 코르더는 헝가리에서 탄탄한 위치에 올랐고, 부다페스트에서 가장 호화로운 호텔인 순환도로 옆 로열 호텔의 커다란 특별실로 이사했다. 그곳은 향후 몇 년간 코르더가 분수에 넘치는 생활을 누릴 여러 사치스러운 장소 중 첫 번째였다.*

시인이자 소설가인 코스톨라니 데죄는 다음과 같은 이야기를 통해서 뉴욕 카페에 불후의 명성을 선사했다.

김이 자욱하게 서린, 이 뜨거운 물웅덩이에 몸을 담근 채 잠시 아무 생각 없이 여기가 어떻게 들끓고 흔들리는지에 관심을 쏟으니 기분이 무척 좋았다. 그리고 여기서 철벅거리는 이 모든 사람들이 천천히 긴장을 풀고, 서로 이어져, 이윽고 단 하나의 떠들썩한 수프로 녹아들 것이라는 사실을 알게 되어 매우 기분이 좋았다. 다들 동시에 이야기하고 있

---

* 1910년대부터 뉴욕 카페는 영화 제작자 사이에서 유명해졌고, 1920년대에 할리우드에 진출한 헝가리의 배우, 제작자, 감독 등이 종종 귀국해 뉴욕 카페에 모습을 드러냈다. 아돌프 주커, 윌리엄 폭스, 코르더, 잭 워너, 루이스 B. 메이어 같은 영화계의 거물들이 단골이었다. 부다페스트 출신인 마이클 커티즈는 영화 감독으로 성장하는 동안 카페에서 많은 시간을 보냈지만, 혹자들이 시사한 바와 달리, 영화 「카사블랑카」에 나오는 릭스 카페는 그가 애용한 뉴욕 카페를 본딴 것이 아니다. 뉴욕 카페는 릭스 카페보다 훨씬 화려했고, 전형적인 중유럽 양식이었다. 말년에 그는 30년간 살았던 할리우드에서 부다페스트의 한 친구에게 보낸 편지를 통해 뉴욕 카페에 대한 향수와 그리움로 가득 차 있다고 말했다. "때때로 내가 미국식 저택들에 둘러싸여 사는 것이 아니라 새벽 안개 사이로 뉴욕 카페의 시침을 응시하고 있다는 느낌에 휩싸인다네."

었다. 주제는 자유의지라는 것이 있는가, 해충 박테리아는 어떤 모양인가, 영국인의 월급은 얼마나 되는가, 시리우스는 얼마나 멀리 있을 수 있는가, 니체의 "영원 회귀"는 무슨 의미인가, 아나톨 프랑스는 유대인인가 등등이었다. 그들은 빠르고 철저하게 만사의 요점을 파악하고 싶어했다.

전해 내려오는 이야기(사실일지도 모른다)에 따르면, 원래 뉴욕 카페의 단골이었으나 나중에 미국으로 망명해 뉴욕 플라자 호텔의 스위트룸에서 살았던 소설가이자 극작가인 몰나르 페렌츠는 뉴욕 카페가 절대 문을 닫지 못하도록 카페의 열쇠를 다뉴브 강에 던져버리는 기행을 저질렀다고 한다.* 공산주의 시대에 뉴욕 카페는 헝가리아 카페로 이름이 바뀌었지만, 여전히 뉴욕 카페로 불렸다.

언드라시 대로와 순환도로를 따라, 뉴욕 카페 근처의 세 구획 안에는 작가와 예술가와 음악가에게 인기 있는 유명 카페가 적어도 5개 있었다. 즉, 동양식으로 아름답게 장식된 일본 카페(화가와 조각가와 건축가 단골이었다), 주로 화가들과 그들의 여자 모델들이 자주 찾는 예술의 전당 카페, 언론인, 부르주아 계급의 무역업자, 산책자들이 꾸준히 찾는 오페라 카페와 드레슐러 카페, 아바치아 카페가 있었다. 항상 로열 카페의 테이블 2개를 예약한 몇몇 화가들은 왕당파라는 별칭으로 불렸다. 사업가들과 주식 중개인들은 로이트 카페를 가장 좋아한 반

---

* 그러나 몰나르의 손자이자 몰나르의 전기를 쓴 작가인 내 친구 샤르쾨지 마차시에 따르면, 뉴욕 카페의 열쇠를 던져버린 사람은 주인인 터리언 비였다. 그래도 뉴욕 카페에서 몰나르가 항상 앉았던 테이블 위에는 아직 그의 초상화가 걸려 있다.

면, 나이 많은 작가들과 주요 대학교의 보수적인 학자들은 박물관 순환도로 거리에 자리한 쇼들리 카페를 자주 찾았다.4

리스트 페렌츠 광장이 있는 언드라시 거리 모퉁이의 일본 카페는 뉴욕 카페와 마찬가지로 1890년대에 문을 열었고, 예술가들과 그들에게 중요한 존재인 수집가들이 자주 찾는 곳이었다. 부다페스트의 호황기에 상상력이 가장 돋보이는 건물들을 설계한 빛나는 경력의 건축가 레치네르 외된도 그곳을 즐겨 찾았다. 어느 단골은 이렇게 회상했다. "일본 카페의 예술가 좌석은 카페 옆에 있는 언드라시 [대로]가 보이는 창문 뒤에 있었다. 좌석이 창문 옆에 있어야 한다고 결정한 사람은 레치네르였다.……예술가의 꿈을 대리석 테이블 위의 건축 설계로 바꾸느라 계속 바쁘기는 했어도 그는 언제나 거리와 사람들과 예쁜 여자들의 삶을, 그리고 늘 바뀌는 전반적인 풍경을 주시하곤 했다." 작가 세프 에르뇌도 종종 이곳에 방문했다.

벽은 대나무, 국화, 꽃병, 환상적인 새들을 그려놓은 마졸리카 타일로 뒤덮여 있었다. 일본 카페에 자주 들락거린 우리는 진짜로 일본을 방문한 경우보다 훨씬 더 먼 거리를 주파했을 것이다. 일본 카페는 젊음의 도원경桃源境이었고, 따라서 그 카페는 하얀 연꽃과 녹차와 금불상金佛像의 세계보다 더 이국적인 장소였다. 그곳은 오후에 내가 소설과 경마를, 심지어 가끔은 사랑도 모른 체하고 들른 곳이었다. 우애적인 친교의 시대에 있었던 삶의 매우 거룩한 욕구였다.*

---

* 1909년 일본 카페를 사들인 기업가 베이스 리차르드는 예술가들을 유치하는 기존의 영업 방식을 견지했다. 제1차 세계대전 이후 부다페스트 거리에서 반유대인 성

이른바 "이중주의"의 황금기에 일부 고상한 체하는 사람들은 카페가 대변하는 모든 면에 반대했다. 파리나 빈보다 더 이른 시기인 1880년대부터 부다페스트에서는 여자들이 동행자 없이 카페를 찾기 시작했다. 그들은 매춘부가 아니라 가족이 있는 부르주아 계급의 여성들이었다. 많은 카페에서 여성 고객들을 부추겼지만, 견디기 힘든 담배 냄새에 머리카락과 옷이 오염되는 것을 싫어하는 여자들은 종종 대형 카페와 관계를 맺고 있는 과자점을 단골 가게로 삼았다.[5]

그러나 일부 사람들에게 카페는 여전히 성관계의 위험이 도사린 곳이었다. 도하니 거리 예배당의 어느 랍비는 "어떤 여자들은 돌봐야 할 자녀를 남에게 맡겼고……자택으로는 불러들이지 않았을, 어쩌면 바람직하지 않을 남자들과 만나는 일을 저질렀다"라며 우려했다. 기독교 도덕주의자들도 경악했고, 카페를 종말론적 시각에서 가정생활을 위협하는 장소로 간주했다. 극우 인기영합주의 정치인인 이슈토치 죄죄는 "여자들은 아내와 어머니로서의 본분을 등한시하고 카페에 간다"라고 말했다.

작가 코보르 터마시는 비학직 견지에서 부다페스트의 카페 문화를 반대했다. 그에 따르면 사람들이 카페에 가는 이유는 커피나 신문이나 친교 때문이 아니었다.

> [카페에 가는 것은] 신비로운 흥분의 분위기 때문이다.……그렇다. 카

향의 폭력 사태가 벌어졌다. 그때 베이스는 "나는 유대인이다"라는 명찰을 목에 걸고 순환도로로 향했지만, 아무도 그를 건드리지 않았다. 그는 1908년 하계 올림픽에서 헝가리 대표로 출전해 레슬링 종목 금메달을 딴 사람이었기 때문이다.

페는 우리 삶의 불가피한 부분이 되었다. 연기가 카페 안을 가득 채우고, 카페 특유의 음료는 불면의 불안을 유발한다. 그곳은 불장난이 사랑을 흉내 내는 곳, 옹졸한 흥정이 진실 탐구와 동반하는 곳, 분업과 관념의 분열이 승리를 구가하는 곳, 4페니짜리 문학과 16페니짜리 지상낙원이 번성하는 곳이다. 부다페스트의 카페는……진실과 거짓, 예술품과 저속한 작품, 사랑과 매춘의 차이를 없애버렸다. 카페는 돈으로 문화를 사고파는 시장인 셈이다. 작가는 종업원과 지위가 똑같다. 둘 다 팁을 뜯어먹고 살고, 고객들이 바라기도 전에 고개를 숙인다. 그들은 삶의 적이고, 가정과 직업윤리의 항상적 위험이다.[6]

제21장

헝가리의 유대인 집단 학살

헝가리계 유대인들이 애국심 덕분에 반유대주의의 불행에서 벗어나리라는 확신만 들면 나도 기꺼이 그들에 대한 요구를 단념하겠다.……하지만 헝가리계 유대인들도 시간이 흐를수록 더 잔인하고 무자비해질 운명에, 그들이 더 강해질수록 더 거세어질 운명에 휩쓸릴 것이다. 그것은 불가피한 일이다.
— 테오도어 헤르츨, 1903년

유월절을 며칠 앞둔 1882년 4월 1일, 쇼이모시 에스테르라는 14세의 소녀가 부다페스트에서 동쪽으로 약 120킬로미터 떨어진 작은 마을 티서에슬라르에 있는 자기 집에서 사라졌다. 2주일 뒤, 그 지역 유대인 공동체에 속한 유대인 15명이 체포되었고, 쇼이모시를 살인한 혐의로 기소되었다. 그들에게 씌워진 혐의는 단순한 살인이 아니었다. 기소장에 따르면 그 유대인들은 쇼이모시의 피로 유월절 축제에 쓰일 무교병(누룩을 넣지 않는 빵/역주)을 만들었다. 하지만 그것은 전형적인 피의 중상모략blood libel(반유대주의적 유언비어/역주)이었다. 신문에는 기소된 유대인들이 마을의 어느 가게에서 주인이 시킨 심부름을 하던 쇼이모시를 예배당으로 유인해 목을 베고 그 소녀의 피를 의식용 항아리에 담았다는 기사가 실렸다. 소문에 따르면 그들은 쇼이모시의 시체를 수레에 싣고 티서 강으로 가서 하류로 흘려보냈다.

시체는 발견되지 않았지만, 희생자를 살해한 혐의로 기소된 사람 중에는 현지의 정결 도축업자인 슈치버르츠 셜러몬, 널리 알려진 교사인 북스버움 아브러험, 인근 마을 출신인 브러운 리포트, 일용직 노동자인 볼네르 헤르먼이 있었다. 나머지 11명의 남자들은 거론된 범죄를 둘러싼 다양한 정도의 연루 혐의로 기소되었다. 그 소송 사건은 중유럽에서 최초이자 가장 유명한 의례적 살인 재판 중 하나였다. 그 사건의 끔찍한 세부 사항은 헝가리와 외국의 언론을 통해 낱낱이 보도되었다. 살인 추리극으로 대서특필되고, 소름 끼치는 중세적 분위기의 공상과 폭력적인 민간전설을 통해 윤색되었다. 그런데 피고인 중 한 사람의 아들로 검찰의 주요 증인인 슈허르프 모리츠가 증인석에서 울음을 터트리며, 대질신문에서 재판장에게 뇌물을 받고 허위 증거를 제시했다고 시인하는 바람에 소송은 파국을 맞이했다. 이후 강에서 훼손되지 않은 소녀의 시신이 발견되었다. 쇼이모시 에스테르의 죽음을 둘러싼 가장 유력한 설명은 그녀가 실수로 유속이 빠른 티서 강에 빠져 익사했다는 것이었다. 결국 기소된 유대인들은 1년이 넘게 재구류되었다가 무죄를 선고받았지만, 그들이 입은 피해는 돌이킬 수 없었다.[1]

부다페스트의 한 신문이 보도했듯이 그들이 석방된 직후 헝가리의 여러 도회지에서 "중세를 연상시키는 격렬한" 반유대주의 시위의 물결이 몰아쳤다. 수도인 부다페스트에서는 유대인 구역의 상점들이 약탈되었고, 군대가 폭동을 진압하기 전에 적어도 10명의 유대인이 폭행을 당하고 100명 이상이 중상을 입었다. 1883년 8월 11일, 부다페스트 당국은 부다페스트에 계엄령을 선포했다. 살인 혐의로 기소된 유대인들의 변호를 맡았던 변호사 외트뵈시 카로이는 당시 부다페스트 도심에 살았는데, 몇 년 뒤 다음과 같이 회고했다. "아무리 존경을 받거나 사회적으로 유명해도 가장 냉담한 모욕으로부터 자유로운 유대인은 없었다. 예민한 사람들은 길거리나 공공장소나 사교 모임에 나갈 엄두를 내지 못했다. 스스로 생각할 줄 모르거나 그렇게 하지 않는 사람들, 온갖 도덕의식이 부족한 사람들은 모든 유대인을 살인자로 여겼다."[2]

티서에슬라르 살인 사건은 정도와 폭력성의 측면에서는 특이한 사건이었지만, 헝가리의 뿌리 깊은 반유대주의를 드러냈다는 점에서는 예외적이지 않았다. 반유대주의는 때때로 선동 정치가들과 인기영합주의 정치인들의 부추김을 통해 수면 위로 떠올랐다. 그러나 헝가리의 유대인 사회를 연구한 대표적인 역사가인 라파엘 파타이에 따르면, 거리에서 유대인 집단 학살이 벌어지고 있을 때 부다페스트는 유럽에서 유대인을 가장 환영하는 도시 중 하나가 되었고, "19세기 말엽 유대인 집단은 다른 어느 나라의 유대교 신자들이 필적할 수 없는 수준의 유리한 위치를 차지했다.……그들이 거쳐온 오랜 역사의 그 어느 시기에도 헝가리계 유대인들이 해방 이후 반세기 동안 그랬듯 하자[고향]를 편안해하고, 마자르인 동포들과 동질감을 느끼며, 유럽에서 중요한 문화적 독립체가 되기 위한 범국민적 노력의 일부분을 담당한다고 자부한 적은 없었다."

19세기 말엽에 이르러 유대인들은 헝가리에서 새로운 자본주의의 주역으로 인정되었다. 1867년 대타협 이후 30년 동안 헝가리의 경제 규모는 4배 커졌고, 부다페스트는 21세기에 인정을 받는 도시가 되었다. 유대인 사업가와 전문직 종사자(의사, 변호사, 경영자)가 헝가리 부르주아 계급의 중추를 이루었다. 대부분의 마자르 귀족들은 여전히 상인들을 비웃고 있었고, 오스트리아인 대지주들은 사업으로 손을 더럽히기에는 너무나도 귀한 몸이었다. 유대인들은 근대화의 주체였다. 20세기로 넘어갈 때까지 사업장 소유주의 54퍼센트와 금융기관 소유주의 85퍼센트가 유대인이었고, 금융기관에서 일하는 사람들의 63퍼센트가 유대인이었다.[3]

1871년까지 총리를 지냈고 10년 가까이 오스트리아-헝가리의 외무부 장관을 지낸 언드라시 줄러는 헝가리에 유대인이 더 많았으면 좋겠다고 자주 말했는데, 그만큼 유대인이 헝가리의 경제와 문화에 중요했기 때문이다. 1875년부터 장기간 총리를 역임한 마자르 자유주의의 주창자인 티서 칼만은 유대인을 "헝가리 인구 중 가장 근면하고 건설적인 계층"으로 일컬었다. 대체로 반유대주의적 성향인(그리고 매우 영향력 있는) 역사가 섹퓌 줄러조차 이중 군주국 시절에 "유대인들이 공장을 세우지 않았다면 헝가리는 오스트리아 자본의 식민지가 되었거나 농업국 수준에서 머물렀을 것이다"라고 썼다.

1910년 인구조사에 의하면 유대인은 헝가리 인구의 약 8퍼센트를 차지했지만, 부다페스트 주민 4분의 1 정도가 유대인이었다. 부다페스트는 유럽에서 바르샤바 다음으로 유대인 인구 비율이 큰 도시였다(바르샤바의 유대인 인구 비율은 약 36퍼센트였다). 1910년, 유대인은 부다페스트에 거주하는 의사와 변호사의 절반, 기술자의 3분의 1, 예술가와 작가의 4분의 1을 차지했다. 부다페스트가 출판 중심지로 변모하는 데에도 유대인의 역할이 컸다. 39개 일간지에서 일하는 기자의 40퍼센트 이상이 유대인이었다. 1890년대 빈의 시장이었던 광신적 반유대주의자 카를 뤼거는 부다페스트를 "유다페스트"라고 불렀고, 그 멸칭은 굳어졌다.

산업계의 주요 거물들 대다수가 유대인이었다. 그중에서 가장 부유하고 막강한 인물 중 한 사람은 바로 체펠 섬에 헝가리 최대의 제조업 시설인 군수 공장을 설립해 운영한 베이시 먼프레드였다. 부다페스트 남부 교외의 드넓은 산업 단지로 발전한 체펠 섬은 오스트리아-헝가리 군대에 가장 많은 무기를 공급하는 곳이 되었다. 코른펠드 지그몬드는 운송업과 제분업을 지배했다. 초린 페렌츠는 합스부르크 제국의 여러 지역과 헝가리에서 광산업을 장악했다. 란치 레오는 몇몇 유대인과 더불어 가장 막강한 은행가였다. 부다페스트 증권거래소와 전국제조업자협회의 주요 인물들도 유대인이었다. 전문직도 유대인이 주류를 이루었다. 1900년, 부다페스트에서 의과 대학에 다니는 젊은 남자들 가운데 3분의 2 이상이 유대인이었다(아직 여자 의과 대학생은 없었다). 많은 유대인들이 주요 지주의 대열에 합류하기 시작하고 있었다. 200홀드에서 1,000홀드(홀드는 헝가리 고유의 토지 단위로 약 0.5헥타르에 해당한다) 사이의 토지 중 5분의 1쯤이 유대인 소유였다.[4]

"세례 증명서는 유럽 문화에 들어설 수 있는 입장권이다"라는 하인리히 하이네의 잔인하고 솔직한 충고를 마음에 새긴 여러 유명 유대인을 비롯해 상당수 유대인이 다음 단계를 밟았고, 기독교로 개종했다.[*]

---

[*] 나의 증조부도 기독교로 개종했다. 그는 원래 이름이 아브라함 슈바르츠였지만, 셰베슈첸 마차시로 개명했다. 그리고 내 외조부와 외조모도 마찬가지였다.

1896년, 많은 유대인 가정이 1,000주년을 "축하하는" 의미에서 원래의 성씨를 헝가리 성씨와 더 비슷하게 발음되도록 바꿨다. 점점 더 많은 유대인 거물들이 합스부르크 제국의 귀족계급에 합류했다.

그동안 유대인들은 반유대주의적 반발을 초래할까 우려한 나머지 정치계 입문에 신중했다. 그러나 1900년대 초엽부터 유대인 "귀족 사회"의 아들들과 손자들이 의회와 정부에 들어오기 시작했다. 1910년에는 자유당 의원의 4분의 1이 유대인 혈통이었고, 제1차 세계대전 직전 헝가리 정부에는 모두 기독교 개종자이기는 해도 5명의 유대인 장관이 있었다.

많은 유대인이 오스트리아-헝가리 제국 군대에 입대했고, 몇몇은 고위직에 올랐다. 1880년대의 육군 원수 3명 중 1명은 구레나룻을 기르고 빛나는 훈장을 매단 헝가리계 유대인 에두아르트 폰 슈바이처였다. 그는 기독교로 개종하지 않았고, 정기적으로 부다페스트의 유대교 예배당에 다녔으며, 정결 관습을 지켰다. 자신을 좋아하는 프란츠 요제프 황제와 식사할 때, 그는 권위 있는 랍비들에게 정결 음식이 아닌 음식을 먹도록 특별히 허용해달라고 요청했다.

그중 가장 출세한 유대인 장교이자 부다페스트의 부유한 포도주 상인의 아들인 허저이 셔무 남작(원래의 이름은 "코흔 셔무엘"이었다)은 헝가리 군인 혼베드셰그에서 복무했다. 허저이 셔무 남작과 그의 두 형제는 1870년대에 사병으로 입대했고, 그는 가톨릭교로 개종한 제일 젊은 장교 가운데 한 사람이 되었다. 1900년, 그는 40대의 나이로 참모 본부의 대령으로 근무했고, 1907년에는 육군 대장으로 진급했으며, 1910년에는 헝가리 국방부 장관이 되었다. 이후 1917년까지 국방부 장관으로 있다가 카를 황제에 의해 제국군 참모 본부 차장에 임명되었다. 허저이 셔무 남작 외에도 24명의 유대인 장성이나 고위 참모가 있었다.[5]

시온주의는 전반적으로 부다페스트 유대인들에게 매력적이지 않았고 결코 많은 추종자를 확보하지 못했다. 그러나 현대 시온주의의 창시자 중 2명인 테오도어 헤르츨과 노르더우 먹스는 원래 헝가리인이었다. 헤르츨은 도하니 거리 예배당에 인접한 건물에서 태어났지만, 10대 시절 부다페스트를 떠났다. 그가 언론인으로서 경력을 쌓고 시온주의를 창시한 것은 고국인 헝가리를 떠난 뒤의 일이었다.* 부다페스트에서의 성장 과정과 빈과 파리에서 겪은 생활은 헤르츨에게 유럽의 반유대주의의 뿌리가 너무 깊기 때문에 유대인에게 동화란 환상에 불과하고 바람직하지도 않다는 점을 가르쳐주었다. 새로운 교의를 지지하는 유대교 종파에 속한 유대인들은 적어도 1930년대까지는 마자르인이 되는 데에 훨씬 더 관심을 가졌다. 1930년대에 이르러 점점 많은 사람이 팔레스타인으로의 이주에 관심을 보이게 되었지만, 그조차 소수에 불과했다. 19세기 말엽에 랍비의 부인인 뢰브 어레는 다음과 같이 썼다. "우리 대부분은 나뉴브 강에서 약속의 땅인 시온을 발견했고, 팔레스타인이나 다른 곳으로 가는 데 관심이 거의 없었다."

1912년, 처음으로 유대인인 헬터이 페렌치가 부다페스트 시장으로 선출되었다. 그는 헤르츨의 삼촌이었지만, 시온주의의 창시자 중 한 사람인 헤르츨의 견해는 달라지지 않았다. 그는 헝가리 유대인들에게 동화에 너무 큰 기대를 걸지 말라고 경고했다. "헝가리계 유대인들이

---

* 그가 태어난 건물은 현재 헝가리계 유대인의 역사를 보여주는 훌륭한 박물관으로 운영되고 있다.

애국심 덕분에 반유대주의의 불행에서 벗어나리라는 확신만 들면 나도 기꺼이 그들에 대한 요구를 단념하겠다.……하지만 헝가리계 유대인들도 시간이 흐를수록 잔인하고 무자비해질 운명에, 그들이 강해질수록 거세질 운명에 휩쓸릴 것이다. 그것은 불가피한 일이다."

시시의 아들이자 왕위 계승자였던 루돌프 황태자에게는 유대인 친구들이 몇 명 있었다. 그는 오스트리아 제국에서 유대인들을 열렬히 지지할 뿐만 아니라 헝가리인들의 염원에도 대체로 동의하는 인물로 알려져 있었다. 그는 부다페스트를 런던에 비유했고, "동쪽의 영국, 계몽과 진보의 자유로운 안식처"라고 생각했다. "부다페스트에는, 모든 자유로운 시대에 만들어질 수 있고 여기서 즐겁고 만족스럽게 지켜볼 수 있는 특징이나, 애석하게도 검은색과 노란색의 국경 초소 맞은편에 부족한 특징인 생명력, 재생의 기운, 자신감, 그리고 미래에 대한 확신이 있다."

루돌프 황태자가 1889년에 10대의 애인과 동반 자살로 추정되는 사건을 통해서 세상을 떴을 때 부다페스트의 유대인들은 깊은 애도를 표했다. 새로운 교의를 지지하는 유대교 종파의 공동체는 도하니 거리 예배당에서 진행된 그의 추도식을 군주국을 향한 애국심과 충성심을 드러내는 기념비적인 행사로 탈바꿈시켰다. 3,000명을 수용할 수 있도록 설계된 건물에 1만 명의 추모객들이 몰려들었다. 그리고 수백 명이 건물 밖의 마당에 서 있었다. 예배당 안의 모든 등잔과 벽과 거룩한 두루마리가 두꺼운 검은색 천으로 덮여 있었다. 모두가 검은색 옷차림이었다. 세계적으로 유명한 테너 프리에드먼 모르가 이끄는 40명의 합창단이 망자에게 드리는 기도인 카디시와 시편 19장을 감동적인 노래로 들려줬다. 최고 랍비인 코흔 셔무엘의 설교에는 모두가 분명히 이해할 수 있는 의미가 담겨 있었다. 그의 설교는 유대인들이 마자르인의 삶에 통합되기를 바라는 열렬한 간청이었다. 그는 다음과 같이 말했다. "헝가리의 유대인들은 전반적인 애도와 슬픔의 측면에서 어떤 종교 집단보다 더 큰 비중을 차지합니다. 프란츠 요제프 황제는 어느 종교보다 우리 유대교에 더 소중한 분입니다. 그는 우리의 지배자이자, 우리의 왕일 뿐만 아니라 우리의 은인이기도 합니다.……우리의 가장 뜨거운 기도의 대상이자, 우리 마음의 끝없는 감사의 대상이기도 합니다. 그의 치세에 우리는 암흑의 여러 세기에 빼앗긴 것, 우리의 가장 소중한 보물, 우리의 자유와 평등을 되찾았습니다." 잠시 뒤, 코흔은 다시 설교를 통해 헝가리에서 유대인이 차지하는 위치를 더 상세히 설명했다. "우리는 우리 자신이 헝가리인의 육신과 영혼임을 알고 있습니다. 하지만 우리는 유대인입니다. 우리는 스스로 유대인으로 여깁니다. 유대인이라는 단어는 헝가리인이라는 단어의 형용사이고, 그러므로 우리는 헝가리인이고, 게다가 유대계 헝가리인입니다. 또는 유대교를 믿는 헝가리인입니다."[6]

가끔 심한 반발이 일어나 볼썽사나운 모습이 연출되기도 했다. 1870년대 말엽부터 반유대주의를 표방하는 갖가지 단체들이 결성되었다가 사라졌다가 다시 결성되었다. 가장 영향력이 크고, 티서에슬라르 사건이 터질 때쯤 전성기를 구가한 단체는, 유대인 원고가 지역 행정구를 상대로 제기한 소송에서 실수를 저질러 해직된 어느 주의 치안판사 출신인 이슈토치 죄죄가 이끌었다. 그는 (투표권이 있는) 비교적 가난한 신사계급과 농민들을 대상으로 유대인을 향한 분노를 부추겼고, 사악한 반유대인 성향의 후보로 나서서 의회 의석을 차지했다. 무엇보다 그는 팔레스타인에 유대인 국가를 세운 뒤 헝가리와 다른 곳의 유대인 대부분을 그곳으로 추방하자고 제안했다.*

이슈토치의 반유대주의 동맹은 몇 세대 뒤 파시스트 단체들과 동일한 지지 기반에 호소했고, "최종적 해결"이라는 냉혹한 문구를 사용한다는 점에서 그 단체들과 흡사한 수사법을 구사했다. 그가 유대인의 동화라는 위험에 맞서 내건 표어는 "헝가리를 깨워라"였다. 히틀러가 태어나기 훨씬 전, 그는 다음과 같은 글을 남겼다.

유대인 문제를 둘러싼 최종적 해결의 과제가 우리 세대로 넘어왔다는 결론에 도달했다. 여기서 관건은 중세에 있었던 유대인 박해가 아니다.……중세의 유럽인들은 개인으로서의 유대인을 마주했지만, 지금 우리는 정치적, 사회적 조직으로서의 유대인을 상대해야 한다. 오늘날의 유대인 사회는 유대인들이 주장하고 싶어하는 바와 달리 단순한 종파가 아닌 정치적, 사회적 권력을 지닌 별개의 민족이고, 유럽인의 국가 내부에 침투한 트로이의 목마임을 부인할 수 없다.

그가 이끄는 단체는 개인적인 다툼의 와중에 분열했다. 하지만 곧바

---

* 이슈토치의 가족은 부다페스트에 있는 테오도어 헤르츨의 집과 몇 구획 떨어진 곳에서 살았다. 그의 사상은 헤르츨이 정의한 시온주의보다 시기적으로 앞섰을 수도 있지만, 부다페스트의 유대인들은 그의 목적이 유대인을 유럽 밖으로 내보내는 것임을 깨달았다. 그것은 시온주의가 헝가리 유대인 사이에서 많은 지지를 얻지 못한 이유 중 하나였다.

로 급진적인 젊은이들을 많이 끌어들인 또 하나의 극단적인 단체인 깨어 있는 마자르인Awakening Magyars이 생겨났다. 깨어 있는 마자르인은 교황권 지상주의 성향의 사제인 프로하스카 오토카르에게서 영감을 받았고, 그 단체의 난폭한 회원들은 이따금 부다페스트 거리에서 유대인을 구타했다.[7] 최상류층 반유대주의자들은 그런 식의 노골적인 거리 폭력을 경멸했다. 그들은 선을 넘는 자들, 즉 시인 요제프 어틸러가 언급한 "유대인을 필요 이상으로 증오하는 상스러운 죄에 빠진" 자들을 경시했다.

빈 궁정과 헝가리 정부는 유대인에게 문호를 개방했을지 모르지만, 대체로 귀족계급과 상류 신사계급은 여전히 유대인들과 거의 관계를 맺지 않았을 것이다. 유대인들은 법이 아니라 관습에 따라 수도 밖의 지방 행정에서 배제당했고, 부다페스트의 사교계와 정치계의 중핵인 국립 도박장의 회원 가입이 금지되었다. 하지만 실제로 그 신분이 높은 사람들은 피상적인 세련미와 겉치레에도 불구하고 유대인 문제와 관련해 최하층 프롤레타리아와 별반 다르지 않았다. 1880년대에 웨일스 공(훗날의 에드워드 7세)이 사냥을 하고 부다페스트의 요란스러운 하류계를 즐기기 위해 헝가리로 갔을 때, 그는 어느 유대인 은행가의 집에 머물렀다. 그러자 유서 깊은 가문의 후손인 팔피 미클로시 백작은 유대인의 집에 발을 들여놓을 수 없다는 이유로 웨일스 공을 위한 피로연에 참석하지 않았다.

한편, 일 따위는 품격에 걸맞지 않은 것으로 생각하고 "장사하는" 사람들을 만나기를 꺼리던 귀족들은, 1867년 이후 주로 유대인이 이끌어 간 자본주의의 급속한 발전에 따른 혜택을 입으며 기뻐했다. 그 귀한 신분의 많은 유력자들은 이제 유대인이 소유하고 운영하는 여러 은행과 부유한 산업 가문의 이사회에 가담해 지지를 표명하는 것을 품격에 걸맞지 않은 일로 여기지 않았다. 1893년, 한 연구자가 지치 가문의 34명, 세체니 가문의 29명, 팔라비치니 가문의 27명, 그리고 언드라시 가문과 에스테르하지 가문의 몇 사람이 유대인 이사회에서 지지를 표명했다고 밝혔다. 그 시대의 가장 저명한 귀족 중 한 명인 카로이 율리우시 백작은 이렇게 설명했다. "우리는 집시들이 [음악을] 연주할 수 있도록 하듯이……유대인들이 우리 대신 일할 수 있도록 한다."[8]

제22장

비자유 민주주의

> 조심하고 계산하고 절약할 여지가 없어야 합니다. 헝가리 헌법의 상징인 국회의사당은……우리 친구들과 적들 모두가 보기에 기념비적이고 찬란하게 빛나야 합니다. — 헝가리 총리 티서 칼만, 1883년

넓은 다뉴브 강이 부다를 가로질러 하류로 완만하게 굽이치고 있을 때, 부다의 어느 언덕 꼭대기에서도 관찰자의 초점은 거의 틀림없이 웅장하고 화려한 국회의사당에 쏠릴 것이라고 많은 사람들이 입을 모은다. 동화를 누구보다 잘 아는 한스 크리스티안 안데르센은 헝가리 국회의사당의 "환상적인……비현실적인" 아름다움에 감탄했다. 하지만 다른 취향을 드러낸 사람도 있었다. 헝가리 최고의 20세기 작가 중 한 사람인 이예시 줄러는 그곳을 "튀르크식 목욕탕과 교배한 고딕 양식의 예배당"이라고 조롱했다. 그러나 미학적 관점이 어떻든 간에, 아무도 국회의사당이 기념비적 건물이라거나 주목해야 하는 건물이라는 사실을 부정할 수는 없다.[1]

국회의사당은 완공까지 17년이 걸렸다. 공사가 시작되었을 때 건축가 슈테인들 임레는 마흔다섯의 원기왕성하고 건강한 남자였다. 완공

이 가까워졌을 때 그는 거의 시력을 잃다시피 했고, 심장과 신장 질환이 너무 심한 나머지 도급업자들이 현장으로 옮겨준 의자에 앉아서 업무를 지시해야 했다. 1904년에 국회의사당이 공식적으로 열렸을 때, 그는 이 세상 사람이 아니었다. 하지만 그는 상부의 지시대로 영국의 웨스트민스터 궁전을 대충 토대로 삼고 여러 가지 특징을 추가한 세계 최대 규모의 국회의사당을 설계한 장본인이었다. 당대의 어느 애호가에 따르면, 그 건물은 "신바로크 양식의 평면과 내부의 다색 장식을 갖춘 마자르인의 중세 양식, 프랑스의 르네상스 양식, 웨스트민스터 궁전의 신고딕 양식 등의 절충주의적 조합"이었다. 국회의사당에는 27개의 문이 있었고, 약 40킬로그램의 22캐럿짜리 금이 각각의 문을 장식했다. 슈테인들은 일이 진행되는 동안 그 공사에 대해 거의 말하지 않았지만, 말년에 자신이 이루고자 노력했던 바를 기자에게 털어놓았다. "국회의사당을 통해 새로운 양식을 수립하고 싶지는 않았습니다. 몇 세기 동안 쓰일 이런 종류의 기념비적 건물을 순식간의 세부 묘사로 지을 수는 없었기 때문이죠. 다만 예술이 요구하는 대로 겸손하고 신중하게 이 멋진 중세 양식과 국가적, 개인적 특징을 조합하고 싶었습니다."

당시 수많은 사람들이 지적했듯이, 헝가리 의회의 규모는 컸지만, 헝가리 민주주의의 규모는 딱할 만큼 왜소했다. 새 의회가 열렸을 때 헝가리 남성 인구의 약 7퍼센트(재산소유 요건에 따라 자격을 갖춘 귀족계급과 도시 거주자들)만이 투표권을 가지고 있었다. 부다페스트의 유권자 비율은 10퍼센트 정도로 평균보다 살짝 높았지만, 부르주아 계급에 속한 사람들조차 대부분 투표권이 없었다. 물론 다른 서유럽 국가들에도 재산소유권에 따른 투표 제한 규정이 있었고, 여성들은 한참 뒤까지 투표권이 없었지만, 헝가리는 비교적 허세를 덜 부리는 의회를 보유한 다른 나라들에 비해 참정권의 범위가 훨씬 좁았다. 헝가리 전체 인구의 딱 절반 정도를 차지하는 세르비아인, 크로아티아인, 루마니아인, 슬로바키아인 등 마자르인이 아닌 사람들, 이른바 "민족들"은 그 비중에 비해 과소 대표되었다. 비마자르인들은 1907년에 414석의 의회 의석 중 9석만을 차지했고, 3년 뒤에는 그마저도 줄어들었다. 언드라시 가문에서 태어나 헝가리의 가장 훌륭한 집안에서 자란 카로이 "커틴커" 처테리네가 설명했듯이, 헝가리의 최상류층은 다음과 같이 생각했다. "우리는 어려서부터 헝가리의 민주주의가 가장 위험한 악이라고 믿도록 길러졌다. 나는 토트인(슬로바키아인)과 올러흐인(루마니아인)에게 투표권을 허용하면 헝가리인의 패권이 종말을 맞이할 것이라는 이야기를 듣고 자랐는데, 그 이야기는 다른 사람들이 성 삼위일체를 믿듯이 내가 믿어야 하는 교리였다."

제2차 세계대전 이후까지 헝가리의 대부분 지역에서는 비밀투표가 실시되지 않았다. 제2차 세계대전 이후의 공산 독재 정권 치하에서 "투표는 민주석이었으나 개표는 그렇지 않았다"라는 속설이 나돌았듯이, 투표는 그리 중요한 일이 아니었다. 심지어 1920년대와 1930년대에도 유권자들은 공책을 지참한 헌병 앞에서 누구에게 투표했는지 밝혀야 했다. 1920년대에 총리를 지낸 베틀렌 이슈트반은 비밀투표가 "헝가리 사람들의 솔직한 성격과 양립할 수 없다"라고 말했다.[2]

초창기부터 19세기 중엽까지 헝가리 의회는 상설 개최 장소가 없었고, 국왕의 요구에 따라 다양한 장소에서 임시로 소집되었다. 합스부르크

시대 초기에는 의회가 주로 포조니에서 열렸다. 민족주의가 성장하고 독립을 요구하는 목소리가 커진 개혁 시대에는 의회의 상설 개최 장소를 정해야 한다는 주장이 있었지만, 민족주의자들이 빈과 너무 가까운 거리에 있다고 생각한 포조니는 후보지에서 제외되었다. 그러나 부다의 몇몇 명사들의 분개에도 불구하고 결국 페스트가 소재지로 선정되었다. 국회의사당의 첫 번째 설계안은, 페스트 시내의 비례가 아름다운 고전 양식의 국립 박물관을 지은 건축가 폴러츠크 미하이가 1840년에 내놓았다. 그가 구상한 건물은 피티 궁전에서 영감을 받은 피렌체 르네상스 양식에 팔라디오(16세기 이탈리아 르네상스의 대표적 건축가/역주)의 색채를 약간 가미한, 강변의 거대한 의사당이었다. 하지만 여러 해가 지나도 그의 첫 번째 설계안이나 헝가리와 외국의 건축가들이 내놓은 몇 개의 설계안은 전혀 실현되지 못했다. 거기에는 1848년 혁명과 독립 전쟁이라는 격랑의 영향이 일부분 작용했다.

  1865년, 의회의 상설 개최지를 둘러싼 해결책을 찾기 위해서 위원회가 발족했다. 그 위원회는 이전보다 한층 더 수수한 건물을 샨도르 브로디 거리의 국립 박물관 맞은편에 짓기로 결정했고, 이블 미클로시에게 공사를 의뢰했다. 그는 금방 일을 끝냈다. 11개월 만에 국회의사당이 완성된 것이다.* 그 건물이 얼마나 부실한지는 금방 드러났다. 결함 있는 설계 때문에 앞으로도 계속 문제가 생길 듯했다. 가장 큰 문제는 음향 수준이 형편없다는 점이었는데, 다행히 이블은 부다페스트 가극

---

* 그 건물은 현재 이탈리아 문화원으로 쓰이고 있다. 하원이 국립 박물관을 쓰는 동안 귀족원, 즉 상원은 그 건물에서 열렸다. 헝가리 의회에는 1945년까지 회의장이 2개 있었다.

장을 설계하기 전에 국회의사당의 음향 문제를 해결했다.[3]

1880년, 다시 결성된 위원회는 "다른 모든 건물들보다 높이 솟아 있고, 다뉴브 강의 제방에서 헝가리 국민의 힘을 표현하며, 헝가리 사람들 전체를 대표하는 기념비적 상징물"로 자리를 잡고 상하 양원의 의사당을 통합할 새 건물을 입찰에 붙이기로 결정했다. 신축 국회의사당의 양식을 둘러싸고는 강력한 이견이 맞부딪혔다. 고딕 복고 양식이 선택된 것은, 당시 정부가 고딕 양식의 전성기인 중세에 헝가리인의 국가가 가장 강력했다고 주장했기 때문이었다. 정부 대변인 오르사그흐 샨도르는 이렇게 말했다. "그것은 우리가 우리의 과거에 진 빚이다. 이 양식은 헝가리의 가장 영광스러운 시기의 양식이었으며, 호리호리하고 역동적인 수직 형태도 헝가리의 현재 목표를 표현한다"라고 말했다.

예술사가이자 헝가리에서 두 번째로 서열이 높은 고위 성직자이자 영향력 있는 주교인 이포이 어르놀드는, 피렌체처럼 비교적 중요하지 않은 중세 도시들조차 단지 성당 건축과 예술 창작에 노력을 쏟은 덕분에 위대해졌다면서 반드시 웅장한 건물을 지어야 한다고 주장했다. 그는 "우리의 새 국회의사당은 예술과 건축을 선전하기 위해서, 그리고 국민과 국가의 위엄이 그것을 요구하기 때문에 화려하고 기념비적이어야 한다"라고 선언했다.

1883년, 옛 하원에서 새 의사당 계획이 제출되었을 때, 평소 같았으면 인색하고 신중하게 접근했을 법한 티서 칼만 총리가 이 경우에는 "조심하고 계산하고 절약할 여지가 없어야 합니다. 헝가리 헌법의 상징인 국회의사당은……우리 친구들과 적들 모두가 보기에 기념비적이고 찬란하게 빛나야 합니다"라고 말했다.[4]

1890년대에 새 의사당이 지어지고 있을 때(당시는 부다페스트 곳곳이 거대한 건축 현장처럼 보이는 호경기였다), 비판자들은 공사 현장에서 헝가리인 목수들과 석공들과 예술가들이 일하고 거의 모든 재료가 헝가리산이지만 그 건물에 특별히 헝가리적인 요소가 전혀 없다고 불평했다. 새 의사당은 지금도 그렇듯 길이가 265미터이고, 돔 꼭대기의 높이가 96미터이며, 약 700개의 방이 있는 기념비적 건물이었다.* 아직도 의견은 분분하지만, 그 건물이 세월의 시련을 견뎠다는 점에는 의심의 여지가 없다. 제롬 타로(19–20세기 프랑스 작가/역주)는 1920년대에 그가 부다페스트를 주인공으로 내세워 집필한 고전 『이스라엘이 왕일 때 Quand Israël est roi』에서 그 건물에 대한 혐오감을 "중세주의에 기이한 열정을 지닌 헝가리 건축가들이 이유 없이 다뉴브 강 강둑에 새로 지은 국회 의사당"이라는 표현으로 드러냈다. 그러나 패트릭 리 페르모(20–21세기 영국의 전쟁 영웅이자 작가/역주)는 다음과 같이 감동했다. "조각상으로 가득한 이 굉장하고 경이로운 대건축물은 고딕 양식으로 지은 회중석 본당이었다. 그것의 가파른 지붕은, 금박을 입히고 당초무늬의 돌을새김으로 장식한 높은 중세의 뾰족탑들로 호위받았다. 그리고 이 건물의 머리는 수랑袖廊(십자형 교회의 좌우 날개 부분/역주)이 교차하는 지점에서 늑재를 붙인 달걀 모양의 돔으로 덮였는데, 그 돔은 꼭대기에 날카롭고 빳빳한 고딕 양식의 첨탑이 서 있다는 점을 제외하면 분명 토스카나 지방의 르네상스식 건물의 지붕을 지배했을 것이다. 이 이상의 건축학적

---

* 관광 안내원들은 항상 이 96미터가 마자르 부족들이 카르파티아 분지로 들어온 것으로 추정되는 해인 896년을 암시한다고 설명한다. 또한 언드라시 대로 뒤편에 위치한 성 이슈트반 대성당의 돔 높이도 96미터이다.

도전은 힘들 것이다." 중년에 책 쓰기를 관둔 믹사트 칼만은 헝가리 국회의원으로 당선되었고, 국회의사당에서 첫 번째 회기를 보낸 뒤 그 건물이 "눈부신 것은 사실이지만 야하다"라고 평가했다. 시인 어디 엔드레는 의사당의 외관보다 내부에서 일어나는 일을 더 많이 언급했지만, 평소처럼 그것을 "강도들의 아름다운 둥지"라고 간결히 표현했다.[5]

이중 군주국 시절, 대지주들은 오스트리아에서나 합스부르크 제국의 나머지 대다수 지역에서나 더 이상 통용되지 않는 방식으로 헝가리를 지배했다. 그들은 1867년부터 제1차 세계대전이 끝날 때까지 헝가리 정부 부처를 85퍼센트 이상 장악했고, 헝가리의 몫으로 부여된 제국 정부 부처를 그보다 훨씬 더 큰 비율로 차지했다. 한때 오스트리아인들에 저항했던 역사적인 가문들(버차니 가문, 세체니 가문, 에스테르하지 가문)은 오래 전에 오스트리아인들과 화해했고, 제국의 전리품을 나눠 가졌다. 권력은 당분간 그 가문들의 수중에 있게 되었다. 농노제는 반세기 전에 폐지되었을지 모르지만, 헝가리는 제1차 세계대전 이전까지 여전히 반봉건적인 사회였다.* 원래 우파 정치 사상가였다가 말년에 좌파

---

* 1867년부터 1918년까지 단 2명의 총리만 부르주아 계급 출신이었다. 베케를레 샨도르는 1892년에 처음으로 총리가 되었는데, 그의 지위에도 불구하고 다수의 고위 귀족들은 베케를레나 그의 가족과의 사교적 만남을 꺼렸다. 카로이 "커틴커" 처테리네가 회고한 바에 따르면 베케를레와 그의 가족은 귀족 사회에 끼어들지 못했다. 어느 날 오후, 그녀의 시숙인 에스테르하지 팔은 사정상 다과회에서 총리 부부를 만나야만 했다. "팔은 민주화된 세상에 너무 화가 나고 귀족이 아닌 총리를 만날 수밖에 없는 처지가 너무 억울한 나머지 귀갓길에 말 그대로 구역질을 하고 말았다. 베케를레 총리를 만나야 하는 상황은 구역질을 일으키기에 충분했다." 1914년 전쟁 전야에, 티서 이슈트반 총리는 "헝가리 국민을 이끄는 것이 귀족

쪽으로 더 기울었던 야시 오스카르는 부다페스트에 국회의사당이 들어서는 모습을 지켜봤는데, 전쟁 발발 직전에 다음과 같이 썼다. "1793년부터 1795년까지 이루어진 영토 분할 이전의 폴란드와 러시아를 제외한 다른 어떤 나라에서도 교회와 귀족계급이 그렇게 경제적, 정치적 삶을 지배하거나 그런 권력을 소유하지는 않았다."

그러나 19세기 말엽, 헝가리에는 미래의 역사를 써 내려갈 새로운 계층이 생겨났다. 헝가리에서 정치의식을 지닌 노동계급은 더디게 등장했지만, 일단 나타난 뒤에는 독일을 제외한 중동부 유럽의 다른 어느 곳보다 규모가 커졌다(노동계급은 거의 부다페스트에서만 형성되었다). 최초의 노동단체인 노동자 총연합회는 남성의 보통선거권과 성인 교육을 도입하기 위한 운동을 펼쳤다. 단명한 1870년의 파리 코뮌을 이끌었던 초기 사회주의자들로부터 영감을 받은 노동자 총연합회는, 대타협 이후 탄치치 미하이가 설립해 주도적으로 조직한 단체였다. 노동자 총연합회는 한동안 부다페스트에서 점점 늘어나는 제작소와 공장의 노동자들 사이에서 상당한 지지를 얻었지만, 산업혁명의 물결은 헝가리에 너무 천천히 밀려오고 있었다. 노동자 총연합회는 10시간 근무제를 지지하고자 직물업 분야의 파업을 잇달아 감행했다. 파리 코뮌이 진압되자, 헝가리 정부는 용기백배해 노동자 총연합회를 해체하고 일

계급의 신성한 임무"라고 경건하게 믿는다고 말했다(그의 아버지는 한 세대 전에 10년 동안 헝가리 총리를 지내고 "자유주의자"로 자부한 인물이었다). "농민들은 정치적 권리를 행사할 능력이 없고, 국민 통합, 계몽, 인류 발전의 관점에서 신뢰할 수 없으며, 선동의 손쉬운 표적이다." 그렇게 생각한 사람들이 바로 노쇠한 헝가리를 망치고 그 국민들을 참사로 몰아갈 비참한 전쟁으로 나라 전체를 끌어들인 자들이다.

부 파업 지도자들에 대한 반역 혐의를 제기했다. 물론 그 지도자들은 증거 부족으로 석방되었지만, 파업을 둘러싼 조합원들의 열정은 차갑게 식었다.[6]

헝가리 사회민주당은 1890년에 창당했고, 카를 마르크스와 프리드리히 엥겔스의 절친한 친구인 엥겔먼 팔이 이끌었다. 그해 부다페스트의 인민 공원에서 열린 노동절 대규모 시위에는 4만 명 이상이 운집해 행진과 집회에 참여했다. 사회민주당은 부다페스트의 여러 공장에 노동조합을 설립했지만, 20세기로 접어들 무렵 조합원 수는 산업 노동인구의 3퍼센트 미만인 약 2만 명에 불과했다. 많은 기업 경영자들은 노조 가입을 인정하지 않았고, 정부는 산업계의 동요를 엄격하게 단속했다. 경찰과 군대는 노동자들 사이에서 반발의 조짐이 보이자 파업 행위를 무자비하게 분쇄했다. 1897년과 1900년까지 3년 동안 51명의 파업 가담자들이 사망하고 114명이 중상을 입었다. 그리고 수백 명이 수감되었다. 그 바람에 노동자들은 의식이 투철하거나 인생을 걸지 않은 한 노동조합에 가입하기를 꺼렸다.

호황기가 시나고 1900년대 초빈에 침체기가 찾아오자 헝가리인들은 주로 미국으로 대거 이민을 떠나 오하이오 주의 클리블랜드 같은 도시들로 몰려갔다. 1905년부터 1906년까지 일렁인 파업의 물결 탓에 제철업과 석탄 산업은 때때로 사실상 중단되었다. 그것은 러시아에서 실패한 혁명이 상트페테르부르크와 모스크바와 그 밖의 도시들에 대혼란을 일으킨 뒤의 일이었다. 러시아를 강타한 문제가 확산할 것을 우려한 헝가리 정부는 사업주들에게 임금을 10퍼센트쯤 인상하도록 압박했다.

헝가리 사회민주당은 1904년에 전국 일간지인 「넵서버Népszava」를 창간했다. 「넵서버」는 창간 초기에 몇몇 뛰어난 저술가들을 유치했고, 결코 사회주의자들은 아니지만 괜찮은 글과 새로운 사상에 관심이 있는 일반 독자들에게 다가갔다. 1907년 10월 10일, 춥고 비가 내리는 가운데 10만 명이 넘는 인파가 부다페스트 역사상 최대 규모의 정치적 시위인 남성 참정권 요구 집회에 운집했다. 그날은 붉은 목요일로 명명되었다. 5년 뒤인 1912년 5월 23일에 비슷한 규모의 집회가 열렸고, 페스트 도심에서 노면 전차가 뒤집히고 방벽이 설치된 끝에 경찰과 군대에 의해 무참하게 진압되었다. 5명이 사망하고 수십 명이 부상했고, 약 150명의 시위자가 체포되었다.

정부는 노동 조건, 최소한의 사회보험과 상해보험, 법정 휴일과 병가 등에 관한 일부 개선책을 내놓으며 응수했다. 하지만 부다페스트뿐만 아니라 지방에 거주하는 헝가리 노동자들의 생활 실태는 대부분의 서유럽 국가에 비해서 크게 뒤처져 있었다. 그래도 부다페스트의 공장, 신문사, 카페 등에서는 한 세대의 혁명가들이 자취를 남기기 시작하고 있었다.[7]

제23장

자국의 정당성

역사는 인간의 뇌가 만들어낸 가장 위험한 산물이다. 그것은 민족들을 꿈의 세계에, 황홀경에 빠트리고, 허울 좋은 과거를 믿게 만들며……상처를 곪게 하고, 평화를 방해하고, 과대망상증이나 편집증으로 몰아넣는다. 그리고 민족들이 볼썽사나운 자만심에 취하도록 해서 꼴불견으로 만든다. 역사는 우리가 역사에 원하는 모든 것을 정당화한다. 역사를 통해서 증명될 수 없는 것이 하나도 없으므로 역사는 사실상 아무것도 해명하지 않는다.

― 폴 발레리

1883년 9월 15일, 빈의 영향력 있는 보수 일간지 「노이에스 비너 타크블라트_Neues Wiener Tagblatt_」에 실린 익명의 기사가 눈길을 끌었다. 작성자의 이름은 없었지만, 틀림없이 빈 궁정과 부다페스트에서 나도는 최근의 정치적 풍문을 잘 아는 누군가가 쓴 기사였다. 그 기사는 "헝가리에서 심연이 드러나고 있고, 오늘날 여전히 존속 가능해 보이는 많은 것들이 쉽게 그 속으로 빠져들 수 있다"라는 자극적인 문장으로 끝을 맺었다. 며칠 안에 기사의 작성자가 합스부르크 왕가의 왕위 계승자인 루돌프 황태자라는 소식이 퍼졌다. 왕실 고위 인사로서는 전례 없는 행보였다.

어머니인 황후와 마찬가지로 그는 헝가리의 자치에 깊이 공감했고, 부다페스트의 여러 자유당 정치인들과 우호적인 관계를 맺고 있었다. 하지만 그는 헝가리 왕으로서 무엇을 물려받을지를 심각하게 고민했다. 그는 다음과 같이 썼다. "헝가리의 애석한 점은 마자르인들이 배려가 부족하다는 사실과, 그들이 수적으로 우월한 민족들에 대해, 헝가리인의 국가와 동일한 규모의 나라를 유지하기 위해서 절대적으로 필요한 다른 민족들에 대해……나쁜 대우와 경멸로는 아무것도 이룰 수 없다는 사실을 이해하지 못한다는 점이다. 성 이슈트반 왕관이 거느린 많은 영토, 사실상 대다수 영토에서는 귀족계급과 관리들과 유대인들만이 헝가리인이다. 나머지 사람들은 다른 부족에 속한다. 가장 영향력이 큰 집단에 속한 헝가리인들조차 그들의 끝없는 맹목성에 빠져 이 사실을 망각한다."

그 기사 때문에 며칠 동안 정치적 소동이 빚어졌지만, 정책 변화나 자아 성찰이 뒤를 잇지는 않았다. 상황은 오히려 반대로 돌아갔다. 부다페스트의 자유당 정치인들로 구성된 역대 행정부는 슬로바키아인, 루마니아인, 세르비아인, 크로아티아인 등의 민족적 열망을 억압하려고 했다(새 천년기의 첫 번째 인구조사에 따르면 슬로바키아인과 루마니아인과 세르비아인과 크로아티아인은 헝가리 전체 인구의 49.2퍼센트를 차지했다). 학교에서 현지어로 학생들을 가르치는 관행을 금지하는 조치가 도입되었다. 마자르인의 지방 정부가 각 지역을 관할했다. 때때로 헝가리 법원은 1세기 전에 오스트리아인들이 마자르 민족주의자들에게 자행했던 것과 동일한 방식으로 정치 활동가나 언어 운동가를 투옥하기도 했다(예컨대 1906년에 17명의 루마니아인과 14명의 슬로바키아인이 수

감되었다).¹

 똑같이 강력한 2개의 정치적 중심을 지닌 것으로 추정되는 거대한 제국인 이중 군주국이 항상 지니고 있던 주요 약점은, 그 군주국이 슬라브인의 목소리를 억누르는 것을 바탕으로 삼고 있다는 점이었다. 헝가리인들은 제국의 자기들 영역에서 모든 민족을 지배할 수 있었고, 헝가리와 오스트리아의 국경으로 여겨지는 라이타 강 너머의 독일인들과 오스트리아인들도 각 민족에 대한 지배권을 행사할 수 있었다. 이중 체제가 아무리 복잡하고 표면적으로 교묘해 보여도, 그것은 결코 진지하게 다루어지지 않은 진실이었다. 1860년대에 빈의 몇몇 궁정파가 경고했듯이, 이중 체제는 얼마만큼의 기간이든 유지될 수 없었고, 어떤 것이든 큰 위기가 오면 견뎌낼 것 같지 않았다. 헝가리의 민족주의를 수용하기 위해서 고안된 "이중주의"는 헝가리 내부의 다른 민족주의를 버텨내기에는 너무 취약했다. 부다페스트의 최상류층 사람들은 이 사실을 결코 깨닫지 못했고, 일부 깨달은 사람들조차 진심으로 받아들이지 못했다.

 헝가리의 부흥, 1848년 혁명, 독립 전쟁 등의 동력원이었던 민족의식이 마자르인의 영역에 거주하는 슬로바키아인과 크로아티아인과 세르비아인과 루마니아인 사이에서 빠르게 성장하고 있었다. 그들은 19세기 초엽에 헝가리인이 그랬듯이 자신들의 언어를 발전시키고 있었다. 1867년에 대타협이 맺어졌지만, 그런 현실은 바뀌지 않았다. 오히려 대타협으로 헝가리인의 지배권이 확고해졌기 때문에 현실은 더 예민해졌다. 이제 지배자는 헝가리인들이었고, 마자르족이 거의 살지 않으며 현지인에게 일정한 자치권이 허용된 크로아티아를 어느 정도 제외하고는 빈의 권력자들에게는 거의 발언권이 없었다. 크로아티아를 제외한 다른 지역에 거주하는 소수민족에게는 자치권이 전혀 없었다. 헝가리 의회에서 슬로바키아와 세르비아와 루마니아 출신 정치인들의 대표성이 증가하면 그들에게 압도될 것 같다는 견해가, "초동 진화가 중요하다"라는 원칙에 따른 중론이었다.[2]

이른바 자유주의자들은 반동주의자들만큼 맹목적이었다. 한편, 좌파 세력은 슬로바키아인들 사이에서 피어나는 민족주의적 꿈이 아니라 부다페스트와 몇몇 주요 도시의 공장 및 산업체 노동자들의 생활 조건 향상에 관심이 있었다. "이중주의" 시절의 최장수 총리인 온건하고 점잖은 티서 칼만조차 1875년에 다음과 같이 선언했다. "헝가리 국경 내에서 존속 가능한 민족은 하나뿐이다. 바로 헝가리 민족이다. 헝가리는 동쪽의 스위스가 될 수 없다. 그렇게 되면 헝가리가 더는 존재하지 않기 때문이다." 그는 헝가리 동부 지방의 학교에서 루마니아어 사용을 금지하기 위해서 현지 소송에 개입했다. 또한 역사가 길고 충성스러운 공동체인 트란실바니아의 작센인 집단에 "작센 민족은 존재하지 않는다"라고 말했다. 훗날의 총리 반피 데죄는 1891년에 "통일된 국민국가인 헝가리는 소속 민족에 기반한 정당을 용납할 수 없다"라고 역설했다. 심지어 그는 마자르인 인구가 15퍼센트 미만인 크로아티아의 기차역 표지판에 대해서도 2개 언어로 지명을 표기하지 못하도록 했다. 마자르어 교육은 헝가리 왕국의 모든 학교에서 의무 사항이었고, 소수의 교사만이 현지의 언어로 학생들을 가르치도록 허가받았다. 1872년부터 16년 동안 종교교육부 장관을 맡은 트레포르트 아고슈톤은 다음과 같이 주장했다. "누구에게도 마자르인화를 강요하고 싶지 않다. 하지만 헝가리에서 국가는 마자르인의 국가로서만 살아남을 수 있다고 단언하고 싶다. 여러 언어를 쓰는 상태를 향한 열망은 정치적으로 조잡하고, 따라서 신속히 처리해야 한다."³

헝가리의 국수주의는 제1차 세계대전의 주된 원인이나 그 전쟁 후 이 중 군주국이 붕괴한 유일한 이유는 아니었지만, 확실히 주요 요인이었다. "배외주의排外主義"는 당시 대부분의 유럽어에서 경멸적인 의미를 띠었고 지금도 그런 반면, 헝가리에서는 부다페스트의 여러 정치인들과 선전자들에게 긍정적인 단어로 자리 잡았다. 20세기로 넘어갈 무렵 부다페스트에서 가장 영향력이 컸던 정치평론가 중 한 사람인 라코시 예뇌는 완전한 "헝가리인다움"을, "헝가리의 모든 사람이 스스로 마자르인 배외주의자가 되었다고 가슴 깊이 느낄 때"를 요구했다. 1899년, 그는 「페슈티 히를러프」에 기고한 장문의 글에서 다음과 같이 말했다. "우리에게 필요한 것은 3,000만 마자르인의 국가이다! 그러면 우리는 유럽의 동쪽을 가질 것이다. 그것이 모든 헝가리인, 정치인이나 애국자가……'3,000만 마사르인'이라는 깃발을 들어야 하는 이유이다. 그러면 모든 문제가 일거에 해결될 것이다. 헝가리인의 나라는 주권국의 가장 높은 지위에 올라야 하고, 헝가리인의 나라가 그 지위를 차지하려면 모든 구성원과 제도를 통해 완전한 마자르인화를 이루어야 한다." 그의 말대로라면 헝가리의 인구 규모는 2배 늘어나고 마자르인의 수는 4배 늘어야 했다.* 유명한 역사가이자 정치철학자인 그륀발드 벨러는 헝

---

* 그는 중동부 유럽에서 흔히 찾아볼 수 있는 이민자의 열정을 품고 있었다. 독일계였던 그의 원래 성씨는 크렘스너였다.

가리 내의 비마자르인 공동체들이 "독자적으로 진보할 능력이 없다"고 생각했다. "……마치 우리가 문명의 대변자인 것처럼 그 공동체들을 고양해야 하는 인류에 대한 우리의 의무를 [수행하면서] 그 공동체들을 동화시키는 것, 그 공동체들을 우월한 민족에 흡수하는 것이 마자르인 세력권의 운명이다."

그 무렵, 배외주의는 오스트리아에서조차 그 의미가 달랐다. 가령 1878년에 프란츠 요제프 황제는 국왕 자문위원회 회의에서 "제국과 헝가리에서 애국심이 고조되는 이로운 현상"을 반기면서도, "그러나 그런 감정이 정치적 배외주의로 변질되지 않도록 상황을 도리에 맞게 관리해야 한다"고 말했다. 1906년, 동유럽에서 소수민족의 권리 신장을 위해 일하던 영국의 운동가 R. W. 시턴왓슨이 경제학자이자 헝가리 정부의 전임 장관인 크리슈토피 요제프에게 마자르인화의 목표를 물었을 때, 그는 "슬로바키아인이 없어질 때까지 계속할 것입니다"라고 간단히 답변했다.[4]

헝가리의 유력자들은 지적 소양을 갖췄지만, 전반적으로 대중의 여론에 동조했다. 그들 대부분은 트란실바니아나 크로아티아나 슬로바키아나 보이보디나(현재 세르비아의 영토이다)에 광대한 사유지를 가지고 있었는데도 현지에서 무슨 일이 일어나고 있는지 전혀 알지 못했다. 그들은 자신들의 태도를 "자유주의적"이라는 관대한 표현으로 규정했다. 귀족 사회에서 활동한 작가인 야시 오스카르는 다음과 같이 말했다. "그들은 민족주의적 대의에 대한 어떤 종류의 억압도 없다고 굳게 믿었고, 반대로 마자르 민족이 역사상 전례가 없는 수준의 자유주의를 통해서 '열등한' 민족집단에게 자유와 특권을 너무 많이 부여했다고 생각했다. 이등 민족이 그런 관대함에 불만으로 대응하고 외국에서 그릇된 비난과 비방으로 마자르인에 반대하는 여론을 조장하려 했다는 사실은 그들에게 터무니없이 배은망덕한 짓으로 보였을 것이다. 부다페스트의 대중은 진심으로 이 같은 견해를 확신했다. 교육을 받고 정치적 관심이 있는 사람들은……[부다페스트에서] 다른 민족의 지식인들과 접촉하지 않았고, 그들의 의견을 전혀 몰랐다."[5]

자유주의적 질서와 헝가리 "헌법"의 안정성을 둘러싼 환상이 팽배했고, 이따금 희극적 수준에 도달했다. 1880년대부터 1918년까지 여러 정부에서 오랫동안 장관을 역임한 어포니 얼베르트 백작은 미국 세인트루이스에서 열린 국제의회연맹 회의에서 헝가리가 유럽에서 가장 오래된 대의 정부를 보유하고 있다고 말했다. 헝가리의 역사나 정치에 관해 조금이라도 아는 사람에게는 말도 안 되는 소리였다. 그는 "명문으로 작성되지 않았어도 헝가리 헌법은 유기적으로 성장했고, 자유를 희생하는 사태를 피하면서 군주제를 강화하는 문제를 어느 외국의 헌법보다 잘 해결하는 데에 성공했다"라고 말했다. 한편 그 노년의 백작은 자국 정치인들에 대해서는 더 명확한 견해를 드러냈다. 언젠가 그는 "헝가리인 3명이 정치를 논할 때마다 그들은 당을 만든다. 한 명은 총재, 다른 한 명은 부총재, 나머지 한 명은 언제나 '중요한 성명' 발표하는 것을 책무로 여기는 사무총장을 맡는다"라고 언급했다.

대타협 이후의 헝가리 초대 총리의 아들인 줄러 언드라시 2세는 제1차 세계대전이 발발하기 직전에 집필한 3권짜리 헝가리 역사책에서 다음과 같이 말했다. "헝가리의 현행 헌법은 유목민 시절의 자유로 거슬러 올라갈 수 있다. 9세기까지 유럽에 국가를 세운 민족들 가운데 우리만이 오늘날까지……민족의 패권을 보존함으로써 첫 순간부터 중단 없이 국가 통합을 유지하는 데 성공했다." 이렇듯 헝가리의 유력자들은 세르비아의 반체제 인사들과 타협할 것 같지 않은 사람들이었다.*

다뉴브 강 유역에서 다른 민족의 민주적 협력을 독려할 때라고 공개적으로 선언한 지도자는 극소수였다. 탄치치 같은 야당 사회주의자들조차 슬라브인의 민족주의를 외면했다. 그래도 외롭게 목소리를 내는 몇 사람이 있었다. 1900년대에 시인 어디 엔드레는 이른바 "엉터리 민족주의자들"과 "새로운 전설의 날조자들"을 지속적으로 비난했다. 그는 문학계의 유명인이었고 훗날에 공감을 불러일으킨 다음과 같은 시를 남겼다. 그러나 그의 목소리마저 묻혀버렸다.

언제 우리 목소리가 크게 들릴까?
마자르인이든 아니든 상관없다
우리는 억눌리고 짓밟히고 겁먹은 사람들.
가엾고 소심한 우리 수백만 사람들은
얼마나 불한당들에게 지배되어야 할까?
얼마나 헝가리 사람들은
새장에 갇힌 찌르레기 같아야 할까?
헝가리의 불쌍한 거지들.

---

* 이처럼 격렬한 마자르 민족주의는 이후 누차 재발해 황당한 수준까지 도달한다. 1878년 요한 슈트라우스의 「박쥐」가 부다페스트에서 처음 공연되었을 때, 감독은 독일어 인명이 등장하지 않도록 가극의 배경을 빈에서 고대 중국으로 바꿨고, 한 술 더 떠 독일어 인명을 이탈리아어 인명으로 바꿨다.

우리에게는 빵도 없고, 믿음도 없다.

하지만 내일 모든 것이 우리에게 오리라.

우리가 바라기만 한다면, 우리가 용기만 낸다면.[6]

    수사적 표현과 국민감정의 표출은 별개의 문제였다. 국민감정은 여론을 엿볼 수 있는 더 믿음직한 길잡이였다. 헝가리의 국민감정은 이탈리아로 망명한 지 30년 뒤 91세의 나이로 사망한 코슈트 러요시의 장례 행렬에서 가장 크게 표출되었다. 1894년 4월 1일, 적어도 100만 인파가 헝가리 민족주의가 대규모로 표출되는 장면을 구경하기 위해서 부다페스트의 거리에 모였다. 코슈트는 끝내 오스트리아와, 그리고 헝가리 왕인 프란츠 요제프와 타협하지 않았다. 그는 1867년 이후 언제든 귀국할 수 있었지만 그러지 않았다. 코슈트는 무국적자로 남기로 했다. 그는 궐석 상태에서 몇 번이나 국회의원에 당선되었고, 수십 개의 헝가리 도시들은 수년 전에 프란츠 요제프의 명령으로 박탈되었던 코슈트의 헝가리 시민권을 회복시키기 위해 그를 명예시민으로 임명했다.

    황제도 그를 용서하거나 잊지 않으려고 했다. 프란츠 요제프는 코슈트의 장례식을 국가 행사로 선언하기를 거부했다. 그러자 황제의 결정을 번복하도록 요구하는 폭력 시위가 벌어졌다. 12명이 진압 도중에 크게 다쳤다. 하지만 노년의 황제는 요지부동이었다.* 헝가리 정부도

---

* 프란츠 요제프의 이 같은 태도는 부다페스트의 역사에서 흔히 나타났던 방식으로 표현된 새로운 반反오스트리아 감정을 부추겼다. 그동안 여러 해에 걸쳐 몇 번씩이나 세태와 여론이 바뀌거나 정치적 올바름이 재정의되면서 한때 중요했던 인물들의 동상이 철거되고 교체되거나 파괴되었다. 그 동상들을 교체하는 상징적인 행위는 역사의 일부로 여겨졌다. 1850년대 초엽, 독립 전쟁에서 헝가리 국민군

의회도 부다페스트 시 당국도 공식적으로 행사를 대표할 수 없었다. 코슈트가 죽었을 때, 토리노 시 당국은 부다페스트로 가는 특별 열차를 편성한 헝가리의 민간인 대표단에 그의 시신을 인도했다. 공식 애도 기간은 없었지만, 부다페스트는 사흘간 검은색으로 뒤덮였고, 완전히 폐쇄되다시피 했다. 신문에 실린 궁정 행사 공지에 따르면 코슈트의 시신이 "안치되지 않은" 그의 관이 국립 박물관의 대강당에 놓여 있었다. 헝가리 전역에서 수만 명이 조의를 표하기 위해서 그곳으로 왔다. 관 주위를 지키는 4명의 자원봉사자 의장대가 30분마다 교체되었다. 그의 오랜 친구이자 혁명 동지인 요커이 모르가 추도사를 낭독했다.[7]

에 대항해 부다 성을 방어한 오스트리아의 하인리히 헨치 장군의 거대한 동상이 부다 왕성 언덕의 주요 광장 중 하나에 설치되었다. 그것은 40년 동안 헝가리인들의 목에 걸린 가시 같았다. 반대 시위가 여러 번 일어났고, 많은 사람들이 그것을 철거하려다 체포되었다. 이후 혐오스러운 헨치의 동상을 철거하기 위한 또 다른 운동이 시작되었다. 오스트리아인들은 거부했지만, 1899년에 마침내 그들은 "공공의 안전을 이유로" 태도를 바꿨고, 그의 동상을 부다페스트 교외에 있는 사관후보생 학교의 공원으로 이전했다.

제3부

세계대전

제24장

종말의 시작

> 전쟁이 발발해 오스트리아-헝가리 군대에 소집되었을 때……내 삶의 도취적 환희가 멈췄다. 세상이 미쳐버렸다.　　　　　　　　　　— 마이클 커티즈

그때까지 부다페스트에서 토네이도를 목격한 기억이 있는 사람은 아무도 없었다. 1914년 7월 23일 아침 9시 30분경, 부다페스트의 하늘이 갑자기 쩍 갈라졌고, 어느 목격자가 "태양처럼 환해 보였다"라고 전한 붉은 화염이 시내를 관통했다. 시속 120킬로미터의 바람이 불어와 사람들과 말들과 버스 1대가 건물 안으로 처박혔다. 12명이 죽었고, 70명 이상이 병원으로 긴급 이송되었으며, 수십 채의 사무실과 아파트 건물이 파괴되었다. 부다페스트 가극장 밖의 조각상 몇 개가 부서졌다. 페스트의 성 이슈트반 대성당과 부다의 마차시 성당은 지붕이 날아갔다. 현수교는 심각하게 손상되어 이후 몇 주일 동안 폐쇄되었다. 당시 딸과 함께 길을 걷고 있던 어느 어머니는 훗날 다음과 같이 회상했다. "우리는 다뉴브 강 전체가 대기 중으로 빨려 들어가 강물이 거리에 쏟아지겠다고 생각했어요. 그것이 징조였다고 해도 우리는 그 의미를 몰랐을 거예요."

약 1개월 전, 합스부르크 왕가의 후계자인 프란츠 페르디난트 대공과 그의 부인 조피가 사라예보 거리에서 보스니아계 세르비아인 10대 청년에게 암살되는 바람에 일련의 사건들이 벌어졌고, 강대국들은 유럽에 치명적인 결과를 초래할 결정을 내렸다. 하지만 훗날 그 결정으로 헝가리보다 더 심각한 피해를 입은 곳은 없었다. 상트페테르부르크에서 사우샘프턴에 이르기까지 거의 모든 사람들이 일종의 광적 흥분 상태에서 전쟁을 반겼다. 기이한 토네이도가 휩쓸고 지나간 날 저녁, 부다페스트에서는 그 도시에서 가장 잘 팔리는 신문인 「어즈 에슈트$_{Az\ Est}$」의 편집부 직원들을 중심으로 이루어진 언론인 일행이 뉴욕 카페의 긴 테이블에 앉았다. 유망한 극작가이자 경쟁 신문의 유명한 기자인 몰나르 페렌츠는 "그 목요일 저녁만큼 농담이 적게 오간 때는 없었다"라고 회상했다.

때는 11시 30분이었다. 자동차 한 대가 카페 앞에 멈췄다. 테이블에 앉아 있던 기자들이 모두 일어섰다. 카페는 꽉 차 있었다. 돌연 침묵이 흘렀고, 몇몇 다른 테이블에서도 사람들이 벌떡 일어섰다. 놀랍게도 그날 밤 카페에는 여자들이 거의 없었다. 한 신사가 뛰어 들어오자마자 그 긴 테이블이 텅 비어버린다. 그들보다 더 많은 손님이 뒤따라간다. 거리는 인파로 가득하다. 어딘가에서 자동차 한 대가 운전사의 말을 듣지 않는다. 어떤 사람들은 차 안에서 일어나 있고, 다른 사람들은 차를 꽉 붙들고 있다. 차가 굉음을 내며 승객과 함께 돌진한다. 거리의 인파 사이에 서성대는 단어가 하나 있다. 바로 전쟁이다. 이 이상하고, 짧고, 청천벽력 같은 단어는 이제 그곳에 모인 사람들 머릿속에 떠오르고, 사람들은 그 소식과 함께 카페 안으로 다시 몰려든다. 모두 테이블 앞에 서 있다. 전쟁이라는 이 하나의 단어는 동시에 뒤로 물러나는 의자 여러 개의 탁탁거리는 소리와 합류해 공포의 초절정에 이를 때까지 울부짖는 소리로 증폭된다. 갑작스럽게 미친 듯이 벌떡 일어섰다가 한 번 크고 길게 울부짖는 소리로.[1]

그후 며칠 동안 매일 아침 부다페스트의 여러 교회에서 종소리가 울려 퍼졌다. 신문들은 애국심 경쟁에 돌입했다. 이튿날 수십 년 만의 가장 큰 뉴스의 제목으로는 "토네이도, 부다페스트를 휩쓸다"가 적당했을지 모르지만, 자유주의 일간지 「빌라그*Világ*」에 대서특필된 제목은 "똥개 같은 세르비아"였다. 노래 한 곡이 하룻밤 사이에 유행가가 되었고, 전쟁 발발 이후 몇 개월 동안이나 "두고 봐라……두고 봐라, 이 세르비아 개들아"라는 후렴구가 널리 불렸다.

헝가리 정부가 선전포고한 7월 28일, 대규모의 자발적인 시위가 벌어졌다. 도심에 자리한 부르주아 계급의 구역, 사실상 유대인 구역인 리포트바로시는 환희의 물결로 넘쳐났다. 부다페스트 태생으로 당시 아홉 살이었고 이후 60년간 세계 정치에 관한 글을 집필한 아서 쾨슬러는, 그것이 자신이 처음 겪은 정치적 사건이라고 회고했다. 당시 그는 "엄청난 흥분에 휩싸인 채" 가정교사와 함께 거리에 있었다. "나는 가정교사의 손을 뿌리쳤고……'세르비아의 개들에게 죽음을'이라고 외치는 군중에 끼어들었다. '나보다 더 큰 것'의 일부가 되어 거대한 군중 속에 녹아드니 정말 짜릿했다.……나는 국가인 '마자르인을 축복하소서'를 함께 불렀다."

다양한 색깔의 제복을 차려입고 애국적인 구호가 적힌 깃발을 손에 든 사람들이 매일같이 징병을 독려하는 행진을 벌였다. 부다페스트 중심부에 위치한 데아크 광장 중앙에 커다란 국가 기부 목조상이 놀라운 속도로 세워졌다. 나중에 사람들은 그 목조상에 전시 국민 협력 차원의 기부금 현황을 표시하기 위해서 못이나 작은 청동 현판을 망치로 박아넣었다.

프란츠 페르디난트가 살해된 뒤에 헝가리인들이 열광적으로 전쟁에 뛰어들고 있다는 역설을 알아차린 사람은 거의 없었다. 황제의 조카이자 추정 상속인인 그가 마자르인들의 친구이기는커녕 헝가리에 발을 들여놓기조차 꺼렸다는 것은 누구나 아는 사실이었다. 프란츠 페르디난트는, 만약 황제직을 물려받으면 "마자르인들의 날개를 자를 것"이라고 제국 관리들에게 말했다는 사실을 스스로 밝힌 바 있었다. 1909년 8월 7일, 독일 황제 빌헬름 2세에게 보낸 편지에서 그는 다음과 같이 말했다. "이른바 고귀하고 정중하다는 마자르인은 가장 악명 높고 활력이 없고 거짓말을 일삼고 신뢰할 수 없는 자들이며, 우리가 이 군주국에서 겪는 모든 어려움의 근원이 전적으로 마자르인에게 있다는 것이 제가 되풀이하는 주장입니다. 우리는 헝가리인의 영향력을 깨트려야 합니다! 그렇지 않으면 우리는 반론의 여지 없이 슬라브인의 제국이 될 것입니다."[2]

헝가리 수뇌부는 독일 및 오스만 제국과의 삼국동맹을 압도적으로 지지했고, 전쟁을 열망했다. 오스트리아 궁정의 일부 관리들은 장기적인 소모전을 승리로 이끌 수 없다고 확신했고, 여기에는 여든넷의 황제

프란츠 요제프도 동의했다. 하지만 곧 그는 반대 의견에 설득되었다. 헝가리 총리 티서 이슈트반 백작은 신중한 사람이었고, 전쟁 개시에 개인적으로 의구심을 품었다. 하지만 공개 석상에서는 국정을 운영하는 다른 거물들처럼 늘 호전적인 태도를 보였다. 전쟁이 시작되었을 때, 그는 본인이 몇 달이면 끝날 것이라고 호언장담한 전쟁에 휘말린 국가를 이끌었고, 이른바 "민족들"은 결코 잊지 못할 교훈을 얻었다. 부다페스트의 어느 프랑스 외교관은 헝가리를 "백작 네 사람의 놀이터"로 묘사했는데, 그 4명은 헝가리 주변의 발칸 반도와 슬로바키아 지역에 거주하는 민족들이 전쟁에서 굴욕적인 패배를 당하면 독립이나 자치권을 더는 요구하지 않을 것이라고 믿는 사람들이었다. 마침내 전쟁이 선포되었을 때, 지난 25년 동안 합스부르크 제국의 여러 공직을 역임한 에스테르하지 팔은 손뼉을 요란하게 치고 "드디어"라고 외치며 선전포고를 맞이했다.

부다페스트에서 전쟁의 함성에 소리 높여 반대한 대표적인 유명인사는, 헝가리의 모든 거물 가운데 가장 저명한 인물 중 한 명인 카로이 미하이였다. 유서 깊은 그의 가문은 흔히 백작에게 할당되는 9개가 아니라 11개의 뾰족한 가지로 보관寶冠을 장식할 수 있는 권리를 가지고 있었다. 그의 가문에서 오직 카로이만이 자신의 배경이나 계급과 어긋나는 삶을 살았다. 카로이는 확신에 찬 평화주의자로 변신해 훗날 헝가리 공화국의 초대 대통령을 맡았고, 헝가리 역사에서 "한 시대 전체의 희생양"으로 기록되었다.

카로이는 1875년에 병약한 아이로 태어났다. 구개열과 언청이 장애를 타고났고, 한쪽 눈이 거의 보이지 않았지만, 선천적인 언어 장애와 싸운 단호하고 쾌활한 성격의 소유자였다. 그는 빈에서 유명한 외과 의사 테오도어 빌로트에게 구개열 수술을 받았지만, 그것을 완전히 극복하지는 못했다. 그러나 심각한 어려움을 겪었어도 그는 마음을 독하게 먹었고, 말하기 능력을 키우고 자신의 생각을 남에게 이해시키려고 노력했다.

유년기와 청년기에 카로이는 헝가리 귀족의 전형적인 방식에 따라 성장했다. 그는 독일어와 프랑스어와 영어를 유창하게 구사했고, 이탈리아어를 이해했다. 1910년에 의회에 입성하기 전까지는 정치에 관심이 있어 보이지 않았고, 오히려 호사가처럼 보였다. 그는 헝가리에서 가장 부유한 사람 중 한 명이었다. 1만 7,000헥타르의 경작지, 1만 3,000헥타르의 숲, 7개의 사냥터, 75개의 방이 딸린 부다페스트 시내의 저택, 1개의 탄광, 몸에 좋은 광천수 때문에 온천장으로 바뀐 퍼라드의 사유지가 모두 그의 소유였다. 본인의 추정에 따르면 그의 재산은 대략 금화 1억 포린트의 가치가 있었다.[*3]

카로이는 코트다쥐르에 있는 삼촌의 저택에서 여름을 보내고는 했는데, 당시의 버릇없는 부잣집 자식들 사이에서도 난봉꾼으로 알려져 있었다. 여름 이외의 나머지 계절에는 파리, 런던, 빈에서, 그리고 가끔 부다페스트에서 시간을 보냈다. 그는 열렬한 카드 도박사였다. 언드라시 커틴커와 결혼하기 직전에 1,200만 크로네, 즉 2022년 현재의 가치

---

[*] 그의 절친한 친구인 에스테르하지 공작은 20세기로 넘어가는 시기에 유럽 최고의 갑부 중 한 사람이었다. 그는 페르퇴 호에서 대헝가리 평원까지 펼쳐진 30만 헥타르 이상의 땅과 오스트리아에 위치한 여러 사유지를 가지고 있었다. 언젠가 그는 카로이에게 자기 재산을 정확히 알지 못한다고 인정한 적이 있다. 그러나 남들은 알고 있었다. 그는 700개가 넘는 마을과 대저택 21채의 소유자였다.

로 환산하면 약 6,000만 달러 상당의 엄청난 돈을 잃었지만, 이것이 크게 문제가 되지는 않았다. 언드라시 커틴커는 두 사람 모두에게 충분한 금액의 돈을 가지고 있었기 때문이다. 애초 서로에게 사랑을 느끼지 않았던 두 사람은 시간이 흐르면서 사랑과 정치의 진정한 동반자가 되었다. 약 마흔이 될 때까지 대체로 카로이는 진지한 인물처럼 보이지 않았다.

전쟁이 끝난 직후 크루디 줄러는 "페스트 거리에서 챙이 넓고 납작하고 예술품 같아 보이는 모자를 쓰고 있는 카로이를 처음 봤을 때(그런 모자를 뽐내면서도 별 탈 없으려면 백작이어야 했다) 그는 여전히 부다페스트의 일반인들이 경마장에서 알아볼 만한 그런 부류의 젊은 거물처럼 보였다"라고 썼다.

그가 국립 도박장의 편한 의자에 앉아 있는 모습을 상상하기는 어렵지 않았다. 거기서 하품이나 하고 한없이 빈둥대던 그 사람에게는 자리에서 일어나 서재를 둘러볼 생각이 전혀 들지 않았을 것이다. 그 젊은 백작이 자택 정원에서 산책하는 모습을 목격한 적 없는 기로이 공원 근처의 오랜 이웃들이 한 말이 진실이라면, 그가 도박용 테이블에서 헝가리 도박 역사상 막대한 금액을 잃는 장면을 떠올릴 수 있을 것이다. 마찬가지로 우리는 운명의 신비한 손이 그에게 안겨줄 지위를 제외하고는 어떤 식으로든 그가 골프, 테니스, 요트 따위를 즐기는 모습도 그려볼 수 있다.……내가 그를 처음 봤을 때 그는 여름에 최초로 크림색 바지와 가벼운 상의를 입은, 무사태평한 젊은 백작이었다. 하지만 카로이 미하이의 헤아릴 수 없는 경력을 조사해보면, 면밀하게 계산된 경력과 의식적인 계획을 둘러싼 우리의 모든 믿음은 산산조각이 날 것이다. 대신 우리 머릿속에는 땅속 깊은 곳의 진동이나 성층권의 난기류를 일으키는 미지의 힘이 떠오른다. 부다페스트 거리를 어슬렁거리는 이 수염 난 젊은이의, 이 지겹고 끝없는 여름날에 할 일을 결정하는 것이 유일한 걱정인 듯한 이 무관심하고 냉정한 멋쟁이의 문제를 해결하기 위해 틀림없이 땅속 깊은 곳이나 하늘 높은 곳에서 정령이 나타났을 것이기 때문이다.

전쟁 전 카로이에게는 중산계급의 정치적 동지들과 우군이 있었지만, 본인이 인정한 바에 의하면 그는 항상 자신과 그들 사이에서 높은 벽을 느꼈다. 그는 그들을 만났지만, 특별한 미술 소장품과 유명한 아름다운 정원이 딸린 페스트 시내의 대저택인 카로이 궁전에 그들을 초대해 함께 식사하지는 않았을 것이다. 훗날 그는 회고록에 이렇게 썼다. "오만이라고 생각하지 말기 바란다. 합스부르크 왕가의 오스트리아-헝가리에서 달리 처신하기란 완전히 불가능한 일이었다. 중산계급의 집에 가면 사람들은 나를 우상처럼 쳐다봤다. 여자들은 일어섰고, 무릎을 굽혀 인사할 줄 아는 사람들은 왕족에게 하듯이 내게도 그렇게 했다. 우리 세계는 평범한 남자들, 심지어 평범한 '신사들'과도 너무 멀리 떨어져 있었다."[4]

전쟁 전, 카로이는 독일보다 삼국협상의 두 강대국인 프랑스와 영국에 훨씬 더 가까웠다. 그는 오스트리아-헝가리 제국의 군대와 빌헬름 황제의 군대 간의 긴밀한 동맹에 반대했다. 1914년 5월에 그는 "나는 우리가 자유롭게 행동할 수 있고 독일 제국주의를 추종하지 않는 외교 정책을 원한다. 우리는 영국, 프랑스, 러시아 등에 접근해 발칸 반도에서의 우리 이익을 보장해야 한다"라고 말했다. 그는 각 민족이 진정한 자치권을 누리는, 헝가리의 민주적 연방제 국가 구조 방안을 홍보하고자 1914년 봄에 유럽 순회 강연에 나섰다.

전쟁 직전인 1914년 7월, 그는 미국을 방문해 미국과 영국과 프랑스의 정책 입안자들을 상대로 일련의 외교 정책 회의를 열고 나서 돌아오고 있었다. 그가 타고 있던 배가 프랑스의 항구에 정박했을 때 전쟁은 이미 발발한 뒤였다. 그는 귀국이 허용되기까지 몇 주일간 보르도에 억류되었다. 제1차 세계대전 내내 그는 반전의 목소리를 내는 주요 인사였다. 전국 어디든, 그와 함께 황야에 나서려는 사람은 처음부터 드물었다. 그 드문 인물 중 하나가 20세기 전반기의 가장 저명한 작가 중 한 사람인 버비치 미하이였다. 그는 자신의 경력을 걸고 다음과 같이 항의했다. "100명의 왕보다는 차라리 내 애인의 새끼손가락을 위해 피를 철철 흘리겠다." 영향력 있는 잡지 「뉴거트$_{Nyugat}$」는 버비치의 강력한 반전시$_{反轉詩}$인 「포르티시모」를 실은 뒤 전량 폐기되었다.*

성탄절이 찾아올 때까지도 전쟁은 끝나지 않았다. 전쟁은 순식간에 참

---

* 「뉴거트」는 부다페스트의 지식인들이 비교적 많이 읽고 당대의 "문화 전쟁"의 최전선에 선 고급 문예지였다. 제호가 암시하듯이, 「뉴거트」에 기고한 근대주의 작가들은 자극과 영감을 얻기 위해 서유럽을 지향했으며, 종종 티서 총리를 포함한 전통주의자들과 대립했다. 티서 총리는 「뉴거트」의 문인 집단의 "퇴폐"에 악담을 퍼부었다. 여러 문제에 신경을 쓰느라 바빴을 전시에도 그는 「뉴거트」에 맞서 무기를 들었다. "그들은 우리의 도덕을 망치고 싶어하고, 우리가 믿음에 대해 환멸을 느끼도록 만들고자 한다.……영적 무질서와 정신과 마음의 공허함에 지나지 않는 이상한 호언장담으로 국가에 그런 범죄를 저지르는 자들을 모조리 쓸어버려야 한다."

사가 되었고, 전쟁을 둘러싼 열기는 차갑게 가라앉았다. 전쟁 초기에는 패배와 소규모 승리가 있었다. 정예 연대의 눈부신 제복과 어울리지 않게도 이중 군주국의 군대는 무장이 허술했고, 훈련이 부실했으며, 지휘도 엉망이었다. 전쟁 첫 달에 오스트리아-헝가리 군대에서는 25만 명의 사상자가 발생했고, 10만 명이 포로가 되었다. 당시 헝가리 군의 병력 손실은 전체의 40퍼센트였다. 동부 전선에서 러시아 군에 대적한 지 몇 주일 만에, 헝가리 군은 치욕스러운 패배를 맛볼 위기에 놓였다가 독일 증원군에 구출되었다. 6개월이 채 지나지 않아서 합스부르크 군대의 직업군이 거의 전멸했고, 징집병과 예비군에 의존할 수밖에 없게 되었다. 이탈리아 전선에서는 수년간의 참호전으로 피비린내 나는 교착 상태가 이어졌다.

카로이는 정전과 평화 회담을 시작하라고 끈질기게 촉구했다. 얼마 되지 않는 평화론자들의 지지를 얻어 그가 창당한 신독립당은 소모전이 길어지면서 세력이 점점 커졌다. 그는 미국이 참전한 직후인 1917년 봄에 중립국인 스위스를 방문했고, 프랑스 대통령 레몽 푸앵카레와 장시간 회담했다. 당시에는 자세한 내용이 공개되지 않았지만, 나중에 밝혀진 바에 따르면 카로이가 오스트리아-헝가리 제국이 그 시점에 서방 연합국만을 상대로 평화를 모색할 가능성은 거의 없다고 말한 후 몇 시간 안에 회담이 종료되었다. 카로이는 특히 러시아 혁명 이후 꾸준히 좌편향적인 행보를 보였다. 하지만 여러 측면에서 그는 엄숙하고 전통주의적인 헝가리 귀족이었다. 1917년 초반에 카로이는 헝가리의 국방비를 대폭 늘리는 방안을 둘러싸고 티서 총리와 논쟁을 벌이다가 결국 그와 결투까지 벌이게 되었다. 당시 헝가리에서 결투는 엄밀히 말해 불법이었지만, 여전히 "신사들"이 분쟁을 해결하기 위해 종종 사용하는 방법이었다. 34차례의 합을 겨룬 끝에 카로이가 먼저 베였고, 팔에 살짝 상처를 입었다. 둘 다 자존심을 지켰기 때문에 이 시점에서 싸움은 중단되었다.[5]

후방인 부다페스트는 전쟁 발발 후 3년 동안 거의 영향을 받지 않았다. 그러나 대중은 상황이 불리하게 전개되고 있음을 알았고, 전쟁에 지쳐 있었다. 심각한 식량 부족은 없었고, 배급량도 꽤 적당했다. 부다페스트에 군 병원이 2개 설립되었지만, 대다수 시민은 전쟁의 실상과 차단되어 있었다. 크루디는 분위기를 알아챘고, 우울함을 감지할 수 있었다. "종종 이 도시가 창문의 차양이 영원히 꽉 닫혀 있는 뒷골목의 싸구려 호텔 같다는 생각이 든다. 밤에 큰 목소리 하나 들리지 않고, 피아노 연주자는 잠자리에 든 지 오래이며, 접수 담당자는 졸고 있는, 하지만 갑자기 들이닥친 경찰이 객실 벽에서 벽돌로 둘러싸인 외판원의 시신과 베개에 눌려 질식사한 여자와 사용하지 않는 여름 난로에 쪼그려 앉은 꼬마를 발견하는 그런 호텔 말이다."

훗날 몰나르 쩨렌즈는 당시 "경가극輕歌劇 같은" 정치 세계와 비현실적인 분위기가 감돌았다고 회상했다. 패전을 맞이하기 1개월 전, 카로이는 트란실바니아의 지알루 고지대에서 언드라시 일가와 사슴 사냥을 즐기며 며칠을 보냈다. 그는 부다페스트에 있는 아내와 친구들에게 봄까지 상황이 크게 달라지리라 생각하지 않기 때문에 잠시 사냥하며 머물 것이라고 전했다. 유럽에서 가장 강력하고 영향력 있는 왕조 중 하나이자 몇 세기의 역사를 자랑하는 제국의 왕조가 사라질 것이라고는 누구도 상상하지 못했다. 몇 년 뒤 카로이는 이렇게 썼다. "합스부르크 왕가가 몰락하기 한 달 전쯤의 시절을 돌이켜보면 바스티유 습격 사건을 전해 들었을 때 루이 16세가 벗어나지 못한 역사적 무지를 더 잘 이해할 수 있을 것 같은 느낌이 든다."

노황제가 68년간 권좌를 지키다 1916년 가을에 세상을 떠났을 때, 아무도 합스부르크 왕가의 몰락이 임박했음을 알아채지 못했다. 1916년 12월 16일, 프란츠 요제프의 조카의 아들인 카를 1세가 헝가리 국왕으로 즉위한 것은 오스트리아-헝가리의 마지막 화려한 커튼콜이었다. 한 목격자에 따르면 "날씨는 음습하고 춥고 축축했지만, 그래도 멋진 행사였다."

국왕 겸 황제와 치타 황후는 유리 마차에 타고 있었고, 특이한 구식 제복과 모자를 쓴 남자들이 있었다. 성직자 의원들은 훈장을 주렁주렁 달고 있었고, 한낮에 비가 쏟아지는 가운데 여자들은 정장 차림이었으며, 군중은 환호했다. 즉위식이 열린 마차시 성당은 카메라 반입을 허용하지 않았지만, 이어진 맹세와 커르드바가시(왕이 흙더미 위에 올라가 국가의 영토를 보전하겠다고 서약하며 나침반의 네 방향으로 보검寶劍을 휘두르는 상징적인 순간)는 멋진 구경거리였다. 다만 왕관이 카를에게 너무 커 보였다. 도중에 말들이 놀라는 바람에 의식용 정장 마차가 몇몇 건물에 충돌할 뻔했지만, 간신히 제압되었고, 아무도 다치지 않았다.*6

---

*   부다페스트 군 역사 박물관에서는 그날의 행사 장면을 보여주는 흥미로운 무성 영화를 관람할 수 있다. 그 무성 영화는 과거의 세계를 일별할 수 있는 값진 기회가 될 것이다.

종전은 갑자기 찾아왔다. 1918년 가을, 독일군은 서부 전선에서의 여름 공세가 실패한 후 퇴각했다. 항복이 임박한 듯 보였다. 발칸 반도의 오스트리아-헝가리 군대는 패주하는 중이었고, 테살로니키 군대 소속의 프랑스 군 부대는 루마니아 군 부대의 지원을 받아 헝가리로 거침없이 진군할 수 있을 터였다. 제국은 강화를 요청했고, 헝가리 정부는 10월 31일에 퇴진했다. 군사적 패배는 국가의 붕괴로 이어졌다. 이후 9개월 동안 세 차례의 혁명이 일어났다. 첫 번째 혁명은 새로운 출발을, 카로이 백작이 이끄는 새로운 헝가리 공화국을 축하하는 자발적이고 행복한 혁명이었다. 당시 부다페스트에서 학교에 재학 중이던 이그노투시 팔은 다음과 같이 지적했다. "전쟁 직후 이른바 '부르주아 혁명'이 일어났을 때 헝가리 귀족 중 가장 위엄 있는 사람이 지도자가 되어야 한다는 사실은 놀라운 점이 아니었을 것이다."

카로이는 전쟁 직후 잠시 엄청난 인기를 끌었다. 패배의 현실이 느껴지기 전까지 부다페스트 거리에는 환희가 넘쳤다. 그가 일으킨 혁명인 첫 번째 혁명은 꽃의 이름(과꽃)을 따서 명명되었다. 10월 31일에 카로이는 최신식 아스도리아 호텔에 본부를 둔 국가평의회를 창설했고, 자신의 첫 번째 임무 중 하나가 새로운 선거인 명부를 바탕으로 보통선거권을 통한 자유선거를 실시하는 것이라고 선언했다. 첫날, 제국과 왕국의 문장紋章을 숨기려고 옷깃과 소총 총열에 과꽃을 붙인 군인들이 민간인들과 함께 거리 곳곳에서 춤추는 모습이 목격되었다. 과꽃 혁명이라는 명칭은 그렇게 생겨났다. 그들은 고전적인 쿠데타로 전화교환국, 우체국, 기차역 등도 장악했지만, 거의 아무도 눈치채지 못했다. 부다페스트 전역에 걸린 현수막에는 "평화", "민주주의", "평등한 권리" 같은 문구가 적혀 있었다. 황제의 사촌이자 통치 왕가인 합스부르크-로트링겐 가문 헝가리 지파의 수장인 요제프 대공은 카로이에게 성씨를 마자르어식인 얼추티로 바꿔야 하는지 물었지만, 카로이는 그것이 지나친 처사일지 모른다고 여겨 만류했다. "전하, 그러지 마십시오. 합스부르크는 여전히 쓰이는 성씨입니다." 유명인사 한 사람이 폭력에 희생되었지만, 혁명은 사실상 유혈 사태 없이 이루어졌다. 티서 총리는 페스트 시내의 자택에 침입한 자들에게 살해당했다. 그는 아내와 조카의 딸 앞에서 총에 맞아 사망했다.[7]

카를 황제는 10월 말에 카로이를 총리에 임명했지만, 부다페스트에서 권력이 교체되기도 전에 루마니아인들과 체코인들, 슬로바키아인들과 크로아티아인들이 군주국에서 이탈하겠다고 발표했다. 헝가리인들은 그들의 이탈을 막기 위해서 할 수 있는 일이 하나도 없었다. 1918년 11월 11일, 황제는 "짐은 모든 국정에서 손을 떼겠노라"라는 퇴위 선언에 해당하는 성명을 발표했지만, 이는 엄밀히 말해 헝가리와 관련한 부분에서는 퇴위 선언이 아니었다. 사흘 뒤, 헝가리는 처음으로 공화국으로 선포되었고, 카로이가 대통령에 임명되었다. 10만 명이 넘는 인파가 의회 광장에 모여 축하했다. 카로이는 사유지 중 하나인 헝

---

* 지그문트 프로이트는 평소 시사 문제를 자주 언급하지 않았지만, 부다페스트에 거주하는 절친한 친구이자 동료 정신분석학자인 페렌치 샨도르와 정기적으로 서신을 주고받았다. 1918년 말에 과꽃 혁명이 일어나자 그는 페렌치에게 보낸 편지에서 경멸을 쏟아냈다. "이 교육받지 못한 자들의 난폭함과 미성숙함을 어떻게 이해해야 할지 모르겠네. 나는 결코 구체제의 무조건적인 지지자가 아니지만, 그들이 그 많은 백작 중에서 가장 명석한 사람[티서 이슈트반]을 죽였으면서도 가장 무지한 사람[카로이 미하이]을 총리에 임명한 것을 정치적 지혜의 징후로 읽을 수 있을지 의문이네."

가리 동부 칼카폴너의 땅을 그곳 농민들에게 양도함으로써 헝가리의 많은 일반인들에게서 칭찬을 받았지만, 그의 가족이나 친구들 대부분은 경악했다.

그러나 그것은 짧은 축제에 불과했다. 강대국 정부들은(미국의 우드로 윌슨 정부가 주역 중 하나였다) 헝가리가 분할될 것이고, 슬라브 민족들을 통해 새로운 독립국들이 탄생할 것이며, 합스부르크 제국이 역사의 쓰레기통에 들어가리라는 결론을 일찌감치 내린 상태였다. 카로이는 연합국 지도자들과 인연이 깊었지만, 그 암울한 결과를 조금도 바꾸지 못했다. 그의 인기는 헝가리의 통화 가치와 마찬가지로 하락했다. 높은 인플레이션이 경제 위기를 부채질했다. 전시에 부다페스트에서 구할 수 있었던 물건들을 더는 구할 수 없었고, 불확실한 미래를 염려한 혈통상의 헝가리인 수천 명이 피난처를 찾아 부다페스트로 몰려들었다. 설상가상으로 식량과 거처가 필요한, 많은 패잔병들이 여기에 가세했다. 물리학자 레오 실라르드는 몇 년 뒤에 미국으로 이주하여 다음과 같이 말했다. 부다페스트는 "얼마 전까지 번영하는 부르주아적인, 비교적 유쾌한 도시였다. 그런데 이제는 완전히 바뀌었고, 우울한 분위기가 감돈다. 거리와 광장은 모든 정파를 대표하는 임시 무장 부대와 교외에서 도심으로 모여드는 폭도들로 가득하다."

품위나 양심이 있는 사람이라면 누구라도 부서지고, 타격을 입고, 쪼개진 헝가리의 당면 문제를 해결할 수 없었을 것이다. 그 문제를 해결하는 과제는, 의도는 선하지만 실망스러울 정도로 준비가 부족한 카로이의 역량을 훨씬 뛰어넘는 일이었다. 카로이가 정치인으로서, 또 1918년에 소규모 평화주의 정당의 지도자로서 상황에 휩쓸려 우연히 문제의 최전선으로 떠밀리지 않았다면 그 "붉은 백작"은 역사에서 눈길을 끌지 못한 채 사라졌을 것이라는 파울 렌트파이의 견해는 옳았다.

카로이에게는 자신을 날려버린 압도적인 폭풍을 견뎌낼 능력이 없었다. 그는 우파가 볼 때에는 너무 급진적이었고, 공산주의 좌파가 볼 때에는 충분히 급진적이지 않았다. 어떤 사람들에게 그는 위험한 "붉은 백작"이었고, 다른 사람들에게는 헝가리의 케렌스키(러시아의 온건 좌파 정치인/역주)였다.[8]

제25장

레닌의 제자

나는 도덕적인 행위와 부도덕한 행위의 차이를 전혀 모른다. 오직 한 가지 관점만, 즉 노동계급에 좋은가 나쁜가, 이것만 알고 있다.

― 쿤 벨러

프랑스 군 대령이 카로이 정부와 헝가리 최초의 공화국에 최후의 일격을 가했다. 1919년 3월 20일, 부다페스트에 파견된 프랑스 외교관 페르낭 빅스 대령은 대헝가리의 마자르인 영토를 떼어낼, 남동부의 새로운 분계선으로 철수하도록 명령하는 연합국의 최후통첩을 카로이 대통령에게 전달했다. 카로이기 최후통첩을 따르지 않을 경우 헝가리는 동쪽과 서쪽에서 연합군이 총력을 다해 침공하는 상황을 맞이할 수 있었다. 연합국의 최후통첩 소식이 새어나가자 분노의 폭풍이 일어나 정부를 집어삼켰다. 잠시 카로이 정부에 가담했던 야시 오스카르는 일기에 다음과 같이 적었다. "우리는 패배감과 절망과 모욕을 느꼈을 뿐만 아니라, 심리적으로 속임수에 넘어가고, 배신을 당하고, 속은 기분까지 느꼈다." 카로이에 반대하는 대규모 시위가 벌어져 부다페스트가 마비되었다. 불과 6개월 전만 해도 그는 헝가리를 치욕적인 패배에서 구원하고 근대화할 인물로 칭송받았다. 이제 그는 개인의 영광을 위해서 1,000년의 역사를 자랑하는 헝가리인의 국가의 영토 분할을 초래한 반역자로 낙인이 찍혔다.

그 위기의 직접적인 수혜자는 겨우 몇 개월 전에 창당된 소규모의 공산당이었다. 당시 부다페스트에서 대학에 다니던 이그노투시 팔은 18개월 전에 볼셰비키가 페트로그라드를 장악한 과정에 관한 레닌의 발언을 의도적으로 잘못 인용하면서 "권력은 거리에 있었고, 공산주의자들은 권력을 주웠다"라고 회상했다. 하루 동안 항의 시위가 벌어지고 몇몇 유명인사들이 정부 관직에서 물러난 뒤, 카로이는 대통령직을 사임하고 아내와 함께 헝가리를 떠났고, 프라하를 거쳐 프랑스 남부로 향했다. 그는 "체포라는 보잘것없는 순교자의 왕관을 받아들이는 대신에 시민들의 학살과 부다페스트 거리에서의 쓸데없는 유혈극을 피하고 국가가 내전에 따른 최악의 참사를 겪지 않도록 하려고 희생했다"라고 말하며 정부를 공산주의자들의 손에 맡겼다.*[1]

---

* 그 붉은 백작은 사람들이 흔히 주장한 바와 달리 결코 확신에 찬 공산주의자가 되지 않았다. 그는 때때로 소련의 유용한 도구나 동조자이기도 했지만, 끝까지 사회민주주의자였다. 반면, "붉은 백작의 부인"은 화려한 보석을 좋아하고 그것을 가끔 착용하기도 했을 만큼 그리 강경하지는 않았지만, 자칭 확고한 마르크스주의자였다. 카로이 부부는 일단 파리에 정착했다가 이후 런던으로 옮겨 갔고, 거기서 주로 소련 측의 입장을 대변하는 최신 주장을 피력했다. 나중에 그는 궐석 상태에서 반역 혐의로 재판을 받았고, 그의 재산은 우파 정부들에 몰수되었다. 제2차 세계대전 이후 그는 잠시 프랑스 주재 헝가리 대사를 맡았다. 그는 1955년에 사망했다. 그의 부인은 1960년대에 카다르 야노시의 공산당 정부와 친해졌고, 그녀가 죽은 후 두 사람의 시신이 헝가리로 반환되어 매장되었다. 1940년대에 코슈트 광장에 그의 동상이 세워졌지만, 오르반 정부 치하인 2012년에 단순히 페스트 중심부 밖이 아니라 아예 부다페스트 밖으로 철거되어 지방의 어느 소도시로 이전되었다. 부다페스트 전역에서 그의 성명을 딴 여러 거리의 명칭

쿤이 주도한 "적색 독재"는 불과 133일 동안 이어졌지만, 부다페스트에 뚜렷한 흔적을 남겼다. 그 기간을 겪은 쾨슬러는, 말년에 쓴 공산주의에 대한 고발장에 비춰볼 때, 이른바 헝가리 코뮌에 대해서는 상대적으로 온건한 태도를 보였다. 그는 자서전에서 "헝가리의 공산주의가 때가 되면 강제적으로 러시아 모델을 따라 전체주의 경찰국가로 전락했으리라는 데에는 의심의 여지가 없다. 유럽의 어느 공산당도 직접적인 권위와 간접적인 오염에 의해서 모스크바로부터 강요된 부패에 저항할 수 없었다. 그러나 이 뒤늦은 인식 때문에 헝가리에서 일어난 혁명 초기의 희망적이고 열광적인 분위기가 무효화되지는 않는다"라고 썼다.

쿤이 통치한 지 6주일 뒤인 1919년 5월 1일, "단명한 코뮌의 신격화……도시 전체가 뒤집어진 것처럼 보였다." 쾨슬러는 당시 부다페스트의 광장을 다음과 같이 묘사했다.

[그곳은] 대형 조각상으로 가득 차 있었다. 대부분의 조각상은 말을 탄 채 석에서 돌진하거나 한쪽 팔을 든 채 웅변하는 모습이었다.……5월 1일, 이 모든 조각상들은 세계의 대륙과 바다가 그려진 빨간 천으로 덮인 공 모양의 나무틀에 싸여 있었다. 15미터가 넘는 것도 있는 이 거대한 지구본들에는 신기할 만큼 매력적인 효과가 있었다. 그것들은 광장에 고정된 풍선처럼 보였고, 도시 전체를 공중으로 띄울 준비가 되어

이 바뀌었다. 카로이의 대저택이 있었던, 부다페스트에서 가장 세련된 구역의 그 유명한 카로이 미하이 거리는 카로이(찰스) 거리로 개칭되어 그와의 연관성이 없어졌다.

있는 듯했다. 그것들은 새로운 세계주의 정신과 "지구를 축에서 들어 올리겠다"라는 신생 정권의 결의를 상징했다. 한층 더 감동적이고 아름다운 포스터들이 모든 벽을 뒤덮었고, 거리를 다채로운 미술관으로 바꿔 놓았다. 그것들은 훗날 유럽과 미국으로 떼로 몰려가 예술가, 만화가, 잡지 표지 디자이너 등으로 유명해진 현대 헝가리의 정예 화가들이 만든 작품이었다.……1919년의 헝가리 코뮌의 포스터가 상업예술의 정점 중 하나를 대표한다는 점은 전문가들에게만 알려진, 역사적으로 신기한 사실이다.*

한편, 적색 독재 시기에 부다페스트의 열두 살 학생이던 물리학자 에드워드 텔러는 공산주의자들의 행진과 활짝 펼쳐진 대형 붉은 깃발과 엄청나게 큰 포스터 때문에 내내 "공포에 질렸던" 기억을 상기했다. 수십 년 뒤 그는 기자에게 "그 포스터 중 하나에서 험악한 표정의 사내가 한쪽 팔을 뻗고 있었는데, 그의 손가락이 내 코앞 2.5센티미터 거리에 있는 것처럼 가깝게 느껴졌다. 포스터 속의 남자는 '어둠 속에 숨어 무서운 이야기를 퍼뜨리는 놈들아, 반혁명 분자들아, 벌벌 떨어라'라고 말했다.……내가 가는 곳마다 그의 손가락이 따라오는 듯했다"라고 말했다.

독재 정권은 텔러의 가족에게 지대한 영향을 미쳤다. "아버지는 더 이상 법조계에 종사할 수 없었다. 사실 우리는 사회적 낙오자가 되었

---

* 여기서 쾨슬러가 언급한 사람들은 코뮌이 붕괴한 뒤 망명해 서유럽과 미국으로 이주한 일단의 탁월한 헝가리 예술가들, 즉 20세기 초 광고계에서 창의적 자극제 역할을 한 커샤크 러요시, 보르트니크 샨도르, 베레니 로베르트 같은 예술가들이다.

다. 변호사는 확실히 자본가였고, 용역을 제공하는 의사와 달리 '좋은' 사회에서 철저히 가치 없는 사람이었다. 우리 아파트의 일부분은 공산주의자들에게 징발되었다. 우리는 굶주렸다.……아버지는 공산주의자들이 곧 몰락할 것이라고……반유대주의가 뒤따를 것이라고 말했다. 아버지는 '공산당 지도자들 가운데 유대인이 너무 많고, 그들의 지나친 행동 때문에 모든 유대인이 비난을 받을 것이다"라고 설명했다. 아버지 말씀이 정말 옳았다."[2]

쿤 벨러는 보험회사 직원으로 일하다가 부다페스트의 별로 유명하지 않은 중립 성향의 한 일간지의 기자로 근무하던 중 1914년 말에 오스트리아–헝가리 군대에 징집되었다. 얼마 뒤 러시아 군의 포로가 되었고, 훗날의 코뮌 지도부의 여러 사람들처럼 포로수용소에서 볼셰비키에 의해 급진화되었다. 1918년 11월 18일, 그는 8명의 동지와 함께 헝가리로 돌아왔다. 그로부터 4개월 안에 쿤이 사회주의 혁명의 선두에 설 것으로 예상한 사람은 거의 없었다. 창당위원 중 한 사람으로 상무 인민위원을 지내고 훗날 제2차 세계대전 이후 훨씬 더 오래 이어진 소비에트 독재 정권의 수장을 맡은 라코시 마차시에 따르면, 코뮌이 권력을 장악한 기간의 어느 시점에도 헝가리 공산당의 당원은 5,000명을

---

* 1919년 부다페스트의 소비에트 정권은 에드워드 텔러에게 평생 지우지 못할 상처를 남겼다. 그는 제2차 세계대전 이후 지독한 냉전주의자가 되었고, 맨해튼 프로젝트에 참가해 일했다. 나중에 그는 수소폭탄을 개발하기 시작했고, 본인이 "초강력 폭탄"으로 일컬은 더 크고 나은 무기를 만들었다. 그는 1940년대 후반과 1950년대에 매카시 파의 "반미 활동" 청문회에 열심히 참석했고, 훗날 "진정한 전면 핵전쟁 추진론자"로 불렸다.

넘지 않았다.

이제 국호는 온갖 몰수 조치, 국유화, 획일화, 공포정치 등을 자행한 블라디미르 레닌의 볼셰비키 정권을 모방해 헝가리 소비에트 사회주의 공화국으로 바뀌었다. 쿤은 키가 작고, 인상이 굿고, 얼굴이 펑퍼짐하고, 목이 짧고, 입이 축 늘어져 있었다. 하지만 놀라울 정도로 유능한 연설가였고, 이념적 헛소리를 내뱉는 와중에도 매우 실용적인 상식을 보여주었다. 혁명평의회에서 법령이 쏟아져 나왔지만, 주로 부다페스트 외곽에서만 산발적으로 시행되었다. 그 법령 전체가 몰상식하지는 않았다. 그리고 주로 열정적인 젊은 혁명가들로 이루어진 쿤의 정권(서른세 살인 쿤이 지도부에서 최연장자 중 한 사람이었다)은 레닌을 능가할 수 있다고 확신했다.

1919년 3월 21일 혁명 첫날, 쿤 정권의 첫 번째 법령에 따라서 계엄령이 선포되었고, 소비에트 위원회에 대한 모든 반대를 의미하는 "전복" 행위에 사형을 선고할 수 있게 되었다. 둘째 날, 그는 기존 사법기관을 프랑스 혁명에서 운영되었던 것과 비슷한 "혁명 재판소"로 대체했다. 그는 어느 선까지는 정직하고 명확했으며, 자신이 수립한 체제가 "대체로 소극적인 프롤레타리아 계급를 대표하는 적극적인 소수의 독재 정권"이라고 언급했다. "프롤레타리아 계급은 적어도 혁명이 다른 유럽 국가로 확산될 때까지 강력하고 무자비한 방식으로 행동해야 한다." 처음에는 그의 지지자였으나 나중에는 반대자로 변신한 어느 인물은 "그는 레닌만큼 열정적으로 세계 혁명을 믿었지만, 레닌 같은 지능을 갖추지 못한 채 그 볼셰비키 지도자가 가르쳐준 모든 것을 믿었다"라고 말했다. 쿤은 또다시 레닌을 모방해서 다음과 같이 선언했다.

"나는 도덕적인 행위와 부도덕한 행위의 차이를 전혀 모른다. 오직 한 가지 관점만, 즉 노동계급에 좋은가 나쁜가, 이것만 알고 있다."

코뮌은 모든 은행을 국유화하고 은행 예금을 동결했다. 10명 이상을 고용한 모든 사업체는 국가에 인수되었다. 그리고 모든 개인 주택에 대해서 성인 1명당 1개의 방에 거주하도록 제한했고, 부르주아 계급의 가족이 열성적인 프롤레타리아에게 숙소를 제공하도록 했다. 부다페스트 경마장은 폐쇄되어 채소를 심을 밭이 되었다. 경마는 귀족의 스포츠로 여겨졌다. 종교계 학교는 운영이 금지되었고, 가장 중요한 학교 관련 새 규정에 따라서 "학교 내부 또는 외부에서 사회 전체를 겨냥하거나……믿음의 부족이나 의지력 결여나 사회주의적 자제력이나 연대의 부족을 드러내는 모든 발언과 행동은……처벌되기에" 이르렀다.[3]

국가는 공산주의자들이 한때 약속했듯이 농민들에게 분배한다며 75홀드(약 45헥타르) 이상의 모든 토지를 몰수했지만, 약속을 어기고 그 토지들을 집단 농장으로 만들어버렸다. 쿤 정부는 엄격한 식량 배급 제도를 도입했다. 배급표가 있어야 식량을 살 수 있었지만, 배급표는 노동조합원에게만 발급되었고, 따라서 전문직 종사자들은 노동조합에 가입하거나 아니면 굶어야 했다. 한편 쿤은 8시간 근무제를 도입했고, 여성에게 남성과 동일한 임금을 지급하도록 했으며, 카로이 정권 시절에 도입되었던 기본적인 실업 수당 제도를 확대했다.

"반동적인 기관"으로 지목된 학술원은 폐쇄되었고, 대학의 교수 37명이 해고되었다. 새로운 선거법에 따라 18세 이상의 모든 남녀에게 선거권이 부여되었지만, 노동자를 고용한 사람으로 규정된 "착취자들"은 계절 농장 노동자를 고용하는 비교적 부유한 농민들과 마찬가지로 선거권이 없었다. 사회민주당은 처음에는 공산주의자들과 제휴했다가, 이후 쿤의 당에 흡수되었다. 사회민주당의 지도자인 거르버이 샨도르는 "석 달이 지나지 않아 현행 제도의 대다수가 엉망이 되어버렸다"라고 밝혔다.

코뮌의 첫날부터 서무에이 티보르의 주도하에 적색 공포정치가 시작되었다. 서무에이는 러시아 소비에트 공화국의 비밀 기관인 체카cheka의 수장 펠릭스 제르진스키를 본보기로 삼은 사악한 인물로, 헝가리에 적색 암살단을 선보였다. 부다페스트의 여러 지역에서 활동한 가장 무서운 자들은 가학적인 스물세 살의 폭력배 체르니 요제프가 이끄는, 붉은 스카프를 두르고 가죽 상의를 입은 레닌 소년단이었다. 133일 만에 부다페스트와 주변 지역에서 최소 1,000명이 살해되었을 것으로 추정된다.

쿤의 수사적 표현 중 일부는 잘 먹혀들었다. 가령 그가 삼국협상을 맺은 연합국인 프랑스와 영국의 헝가리에 대한 "악의적" 처사를 비난했을 때가 그랬다. 쿤은 "헝가리의 식량과 산업 및 원자재와 모든 생필품을 강탈하고자 했고 지금도 마찬가지인 삼국협상의 제국주의는 이제 우리 국토를 분할할 작정이다"라고 말했다. 그의 이 발언에는 일말의 진실 이상이 담겨 있었다.

소련식 의회인 혁명평의회 회의의 일부 의원들이 인민위원들의 부패를 두고 불평하기 시작하자, 쿤은 러시아 혁명이 발발하고 나서 몇 주일 뒤에 레닌이 그랬듯이 총구를 들이댔고, 혁명평의회 회의를 폐쇄했으며, 자신을 수장으로 하는 중앙집행위원회를 설치했다.[4]

러시아의 볼셰비키는 헝가리 소비에트 공화국 정부를 요란하게 지지하고 약간의 재정을 지원했지만, 그 정부가 권력을 잃을 우려가 있을 때에는 바로 옆에 있으면서도 세계 혁명이나 공산주의의 대의를 위해서 개입하려는 움직임을 전혀 보이지 않았다(현재 헝가리는 당시 러시아 제국의 일부였던 우크라이나와 국경을 접하고 있다). 1919년 여름 루마니아인들과 체코인들이 독립과 독자적 민족으로서의 지위를 쟁취하기 위해서 헝가리를 침공했다. 쿤 정권이 붕괴되고 지도부가 도망칠 때까지 루마니아 군과 체코 군은 헝가리의 거의 절반씩을 점령했다(쿤 정권의 지도부 인사들 대부분은 러시아로 달아났다). 루마니아 군은 8월 4일부터 부다페스트를 점령했다. 당시 생존한 어느 헝가리인은 "소비에트 코뮌만큼 끔찍하고 비참한" 악몽 같은 석 달이 "찾아왔다.……가장 암울한 시기 중 하나였다. 루마니아인들은 약탈, 몰수, 추방, 테러 등의 체계적 과정에 착수했다"라고 회상했다.

헝가리의 아이들은 집에서 납치되어 루마니아의 마을과 소도시로 끌려간 뒤 노예 취급을 받았다. 500명 이상의 헝가리인이 루마니아 군에 살해되었고, 추정에 따르면 1,000명의 여자들이 강간을 당했다. 귀중한 예술품과 대량의 농산물과 공장 시설이 기차에 실려 동쪽의 루마니아로 이송되었다. 루마니아인들은 그들이 약탈한 개인 주택에서 4,000대의 전화기를 훔쳤다. 군인들은 기관차와 객차, 산업 기계, 그리고 대략 금화 300만 크로네의 가치가 있는 수천 마리의 말과 소를 가져갔는데, 300만 크로네는 헝가리가 4년 뒤 국가 재건을 위해 빌린 대출금 총액보다 12배 이상의 가치가 있는 금액이었다. 루마니아인들은 국립 박물관에서 보물들을 가져갔지만, 루마니아 군이 헝가리에서 철수하는 과정을 감독하기로 되어 있던 연합국 통제위원회의 미국 측 인사인 해리 힐 밴홀츠 준장의 제지로 더 많이 가져가지는 못했다.*

쿤은 1919년 11월에 탈출해 러시아로 망명했다. 헝가리를 떠날 때 그는 반어법의 기색 없이 한 동지에게 말했다. "헝가리의 프롤레타리아 계급이 우리를 배신했다." 그가 말하는 "우리"는 공산주의자들을 의미했다. 한동안 그는 소비에트 러시아에서 세계 혁명 과업의 선구적인 순교자 중 한 사람으로 영웅 대접을 받았다. 1920년대와 1930년대 초엽에 그는 코민테른에서 잇달아 역할을 맡았고, 비교적 성공을 거두었다. 하지만 스탈린은 그를 싫어했다. 쿤은 강제노동 수용소의 거대한 아가리 속으로 사라졌고, 1938년의 대숙청 때 총살당했다.

1979년이 되어서야 쿤을 둘러싼 난감한 이야기들이 들려왔다. 젊은 시절 그는 헝가리에서 사회민주당 활동가로 일하던 중 가지도 않은 여행의 경비로 당에 110크로네를 청구한 적이 있었다. 당시로서는 꽤 많은 돈이었다. 그러나 당이 진상을 알게 되었고, 결국 그는 돈을 돌려주어야 했다. 훨씬 더 심각한 일은 나중에 그가 코민테른 요원으로 활동

---

* 부다페스트 주재 미국 대사관 밖에 있는 로널드 레이건의 더 큰 동상 옆에는 외관상 꽤 볼품없는 밴홀츠의 동상이 있다. 한때 그는 마닐라에서 격렬한 반미 반란이 일어났을 때 필리핀 경찰대장으로 근무했고, 멕시코의 혁명가인 판초 비야에 맞선 원정군을 이끌기도 했다. 그는 1919년 10월 어느 날 밤, 연합국 통제위원회의 윤번제 의장으로서 승마용 채찍만으로 무장한 채 루마니아 군인들이 국립박물관에서 트란실바니아의 보물을 가져가지 못하도록 막았기 때문에 헝가리에서 기억되고 있다. 그의 동상은 1944년에 연합군이 부다페스트를 폭격하는 동안 손상되었다. 이후 수리 목적으로 철거되었지만, 공산주의자들은 결코 복원하려고 하지 않았다. 밴홀츠의 동상은 공산주의 정권이 붕괴한 뒤, 1989년 7월에 조지 H. W. 부시 대통령의 방문을 하루 앞두고 서둘러 원래 자리에 설치될 때까지 다른 곳에 보관되어 있었다. 밴홀츠의 생일인 12월 18일에는 매년 미국 대사관의 무관이 그의 동상 옆에 화환을 놓아둔다.

하던 중 빈에 파견되었을 때 택시에 서류 가방을 두고 내린 사건이었다. 그 서류 가방에는 당시 불법 조직이었던 헝가리 공산당의 당원 명부(이름과 연락처), 그리고 당 조직에 관한 다른 비밀문서가 담겨 있었다. 택시 운전사는 서류 가방을 오스트리아 주재 헝가리 공사관에 건네주었고, 공사관 직원들은 당원 명부를 사진으로 찍은 뒤 서류 가방을 쿤에게 돌려주었다. 부다페스트의 공산당으로서는 끔찍한 참사였다. 그 결과 당원 수십 명이 체포되어 투옥되었다.[5]

제26장

해군 없는 제독

> 우리는 1,000년의 역사를 부정하고……왕관과 국기를 진흙탕에 내던지고 붉은 깃발을 몸에 두른 사악한 도시 부다페스트를 응징할 것이다.
>
> — 너지바녀이 호르티 미클로시

프랑스로부터 물자와 자금을 지원받는 루마니아 군이 부다페스트를 약탈하고 체코 군이 헝가리 북부의 여러 지역을 점령하는 동안, 합스부르크 해군의 전직 수장은 권력을 잡으려고 외국 군대와 적국과 공모하고 있었다. 약 4반세기 동안 헝가리를 통치한 호르티 미클로시 제독은 오늘날 헝가리에서 한결같이 애국자로 일컬어지지만(심지어 비판적으로 바라보는 사람들조차 그를 애국자로 여긴다), 그의 정권이 탄생하게 된 배경을 놓치는 경우가 많다.

    제1차 세계대전 이후에 혼란이 빚어지고 합스부르크 제국이 붕괴되는 가운데, 혈통상의 마자르인 40만 명 이상이 더 이상 헝가리 땅이 아닌 "분리된 영토들"로부터 도망치거나 떠났다. 그들은 주로 헝가리의 공무원들과 군 장교들과 중산층 전문직 종사자들이었다. 수만 명이 부다페스트와 그 주변에서 몇 개월 동안이나 화물 열차나 임시 막사,

혹은 노숙자 쉼터를 거처로 삼아야 했다. 거의 하룻밤 사이에 "지배계급"에서 거지로 전락한 그 정치의식 높은 사람들은 선동 정치가들과 인기영합주의 민중 선동가들과 국수주의 세력의 폭넓은 지지 기반이 되었다.[1]

한 무리의 군 장성들과 기성 우파 정치인들이 호르티에게 합류했다. 호르티는 쿤 벨러 정권을 무너뜨리기 위해서 국민군을 결성하고 헝가리 남부를 근거지로 삼았다. 국민군 지휘관 중 한 사람에 따르면, 그들은 "이 파괴적 혼돈으로부터 질서를 세우고……헝가리에 종래의 기독교적 가치를 복원하겠다"고 서약했다. 그 무렵 호르티는 엄청난 인기를 누렸고, 극좌와 극우를 제외하고 향후 25년 동안 대체로 국민들에게 뜨거운 지지를 받았다. 1919년 10월 하순, 그는 지방 소도시인 세게드에서 부다페스트로 행군하기 시작했다. 호르티는 가는 곳마다 군중의 환호를 받았다. 그러나 호르티 휘하의 군인들과 그들의 전철을 밟은 폭력배들은 얼마 전까지 쿤 정권을 어느 정도 지지한 지역들에 피의 흔적을 남겼다. 항상 그렇지는 않아도 종종 희생자들은 공산주의자나 적어도 공산주의 동조자로 추정되는 유대인들이었다. 부다페스트에서 남쪽으로 70킬로미터 떨어진 시오포크에서는 200명의 민간인이 무참하게 살해되었는데, 그중 상당수가 유대인이었다. 인근의 케치케메트에서도 비슷한 수의 사람들이 산 채로 가죽이 벗겨지거나 불에 타죽었다. 디셸에서는 아이들 수십 명이 우물에 버려졌고, 그 끔찍한 짓 때문에 몇 달간 근처의 상수도가 오염되었다. 호르티의 국민군 치하에서 유대인 집단 학살이 재개된 것이다.

11월 16일, 몹시 춥고 폭우가 쏟아지는 가운데 제독 복장을 한 호르티가 백마를 타고 군대의 선두에 서서 부다페스트에 도착했다. 환호하는 군중을 향한 그의 연설은 딱히 부드럽지 않았다. 그는 자신의 정권이 지향할 "기독교 민족주의" 노선을 분명히 밝혔다. 호르티는 부다페스트를 "사악한" 또는 "'죄지은" 도시로 부르면서(이때 그는 두 가지 뜻으로 해석할 수 있는 헝가리어 단어 bünös를 사용했다), 다음과 같이 선언했다. "[부다페스트는] 1,000년의 역사를 부정하고……왕관과 국기를 진흙탕에 내던지고 붉은 깃발을 몸에 둘렀다." 그 눅눅한 아침에 호르티의 연설을 들은 청중 중 한 사람에 따르면, 호르티 제독은 의도적으로 "건전하고 이목을 의식하지 않을 만큼 자연스러워 보이는 농촌과, 언제나 국외를 바라보는 타락한 대도시(물론 그 타락은 상당한 규모의 유대인 때문이지만) 사이의 오랜 다툼을 부각했다. 대다수의 나라에 이런 농촌과 도시의 다툼은 있기 마련이지만, 헝가리에서 그 다툼은 악질적인 방향으로 접어들었다."[2]

소비에트 실험 이후에도 여전히 남아 있었던 대다수 정당은 헝가리가 군주제로 남기를 원하면서도 동시에 합스부르크 왕가와 결별하기를 바랐다. 하지만 영국은 그 오래된 왕가가 다스린 오스트리아–헝가리 제국의 종말을 주장했고, 다른 연합국들도 이에 동의했다. 영국 총리 데이비드 로이드 조지는 휴전과 정전 문제를 관리하는 연합국 통제위원회에 보낸 각서에서 "신민들이 보기에, 독일과 동맹을 맺고 다른 인종에 대한 억압 체계를 상징하는 왕조의 복원은 그들이 싸움을 통해 추구한 원칙이나 전쟁을 통해 달성할 수 있게 된 결과와 양립할 수 없을 것입니다"라고 말했다.

이에 따라 이상한 타협이 이루어져 왕위를 당분간 공석으로 남겨두고 섭정을 세우는 방안이 채택되었다.* 연합국의 구상은 섭정이 입헌 군주의 권한을 가지도록 허용하는 것이었다. 그로 마땅한 선택지는 호르티였다. 그는 부다페스트에서 권력을 잡았고, 헝가리에서 매우 인기 있었으며, 군대로부터도 지지를 받았다. 그러나 보수적인 귀족계급 중에서 정통주의자로 분류되는 일부 인사들은 어포니 얼베르트 백작이 섭정을 맡기를 기대했다. 하지만 그는 이미 일흔넷인 데다 건강이 좋지 않았고, 연합국, 특히 영국의 입맛에 맞기에는 합스부르크 왕가에 너무 헌신적이었다. 호르티는 1920년 3월 1일에 살벌한 분위기 속에서 진행된 의회 표결을 통해 반대 없이 섭정으로 선출되었다. 군 장교들이 의회 입구에서 호르티 제독을 위한 의장대 역할을 맡았다. 그들은 허리띠에 찬 수류탄이 보일 만큼 완전 무장 상태였다. 개표가 진행되는 동안 정예부대원들이 의사당 안에 있었다. 호르티에게는 합스부르크 군주의 거의 모든 특전이 부여되었다. 그의 전기 작가인 데아크 이슈트반이 말했듯이, "이로써 그는 서유럽에서 입헌군주라는 용어가 의미하는 바를 뛰어넘는 존재가 되었지만, 그를 종종 따라다니는 꼬리표인 독재자 수준에 이르지는 않았다. 그의 권력에는 약간의 제약이 있었다."³

회고록에서 호르티는 문제에 직면할 때마다 프란츠 요제프 황제라면 어떻게 했을지 자문했다고 말했다. 그는 언제나 "고귀한 것, 자비롭고,

---

* 헝가리 역사에서는 이런 선례가 두 번 있었다. 첫째로 15세기에 후녀디 야노시가 죽은 뒤, 둘째로 1848년 혁명 이후 코슈트가 오스트리아와 결별한 뒤 섭정이 들어섰다. 그 이상의 타협이 맺어진 결과 양차 세계대전 사이에 헝가리는 왕이 없는 왕국이자 해군 없는 제독이 다스리는 왕국이라는 말이 나돌았다.

인간적인 것"을 모색했다. 하지만 호르티는 자국민 수천 명을 살해한 테러 정권의 책임자였다. 그는 전간기戰間期에, 정확히는 나치가 독일에서 권력을 잡기 10년도 더 전에 유럽 최초의 반反유대인법을 도입했다. 1930년대에 그는 히틀러와 열성적으로 동맹을 맺었고, 1944년 봄에 충성스럽고 애국적인 헝가리계 유대인 약 50만 명을 아우슈비츠로 강제 이송했다. 합스부르크 왕가의 노황제 프란츠 요제프였다면 그런 짓을 저질렀을 가능성이 매우 낮다. 궁극적으로 호르티는 독일이나 소련의 제국주의로부터 국민을 보호하지 못한 지도자로서 헝가리에 재앙을 초래한 인물이었고, 마땅히 그렇게 평가되어야 한다. 호르티는 진심으로 조국을 위해서 인생을 바쳤다고 자부했다. 그는 회고록에 "헝가리에 바친 삶"이라는 제목을 붙였다. 하지만 그는 조국을 전체주의적 외세 치하의 폐허와 혼돈 속으로 몰아넣고 말았다.

헝가리를 덮친 여러 참사를 둘러싼 그의 책임은 제2차 세계대전 이후부터 지금까지 뜨거운 논쟁의 대상이다. 공산 정권 치하에서 그는 모든 측면에서 비난을 받았고 파시스트라는 낙인이 찍혔다. 1993년, 원래의 소원대로 호르티가 헝가리 중부의 고향 마을인 켄데레시에 재매장되었을 때, 부다페스트에서는 전간기에 그가 대표했던 모든 일에 반대하는 대규모 시위가 벌어졌다. 그는 우파 정부에 의해서 어느 정도 복권되었고, 공산 정권기에 사라졌던 그의 조각상도 몇몇 장소에 다시 세워졌다. 물론 헝가리 역사에서 흔히 볼 수 있었듯이 장차 그 조각상들도 부서지고 교체될 것이다.[4]

호르티는 제국을 오랫동안 섬긴 것으로 알려진 집안에서 1868년에 태어났다. 원래 호르티 가문이 역사적으로 국수주의적이고 반反합스부르크적인 분파인 칼뱅파에 속한다는 점에 비춰볼 때, 그의 집안이 제국을 섬긴 것은 전형적이지 않은 사례였다. 그는 612명의 지원자 중에서 42명의 후보생으로 선발되어 해군사관학교에 입학했다. 그러나 해군사관학교에서 그가 너무 평범하자, 호르티의 부모는 그를 재능이 떨어지는 명문가의 사내아이들을 맡아 교육하는 사립 "주입식 학교"에 보냈다. 이중 군주국을 수립한 대타협 이후, 헝가리 장교들을 더 많이 군대에 입대시키려는 움직임이 일어나자, 젊은 호르티는 합스부르크 제국 방식의 차별 철폐 정책에 따른 혜택을 누렸다. 하지만 제국군 생활은 힘들었고, 장교로서 해군에 들어갈 때 어떤 이점을 누렸든 간에 이후 그는 본인의 장점에 힘입어 출세했다.

호르티는 언어의 귀재였다. 그는 오스트리아인 장교의 필수 덕목인 완벽한 독일어를 구사했고, 프랑스어, 이탈리아어, 체코어, 크로아티아어 등도 유창했으며, 스페인어도 어설프게나마 할 줄 알았다. 영어 실력도 출중했다. 그는 한때 트리에스테에서 제임스 조이스(20세기 아일랜드의 작가/역주)에게서 영어를 배운 적이 있었다. 일부 비평가들은 『율리시스*Ulysses*』와 『피네긴의 경야*Finnegans Wake*』에 나오는 헝가리식의 외설적이고 지저분한 내용의 출처가 호르티가 아닌지 궁금해한다.

해군 사령관 시절 초반에 호르티는 열렬한 친영파였다. 그는 종종 영국이 해군력 덕분에 어느 전쟁에서든 항상 이길 것이라는 신념을 누차 피력했지만, 공교롭게도 영국에 맞선 두 차례의 세계대전에서 모두 패배하는 쪽에 종군했다.

제1차 세계대전이 발발하기 전 호르티는 프란츠 요제프의 헌신적인 보좌관으로 4년간 근무했는데, 그때를 "내 인생에서 최고의 호시절"이라고 일컬었다. 심지어 호르티의 충성스러운 지지자들도 그가 지적으로 평범한 사람이라는 점을 인정했다. 흠잡을 데 없는 예의범절(그가 드러내려고 마음먹을 때 발산되는 매력이었다)과 정직한 태도에 힘입어 그는 제1차 세계대전 당시 오스트리아-헝가리 군대에서 유일하게 빛나는 전과를 거둔 해군 사령관이 되었다. 1917년 5월, 그는 아드리아 해에서 적의 봉쇄를 뚫기 위해 함선 몇 척을 이끌고 전력이 훨씬 우세한 군대에 대적했다. 심각한 부상을 입었지만 지휘를 계속했고, 오트란토 해협 전투에서 승리했다. 1918년 2월에 해군 대장으로 진급했고, 합스부르크 제국에서 유명해졌으며, 훗날의 황제인 카를 대공도 그를 잘 알았다. 호르티는 빈 궁정 사람들이 환영할 만한 인물이었다. 잘생기고 부지런했으며, 말을 잘 탔다. 또한 정직하고 검소했다. 데아크가 기술한 바에 따르면 "그에게 문화란 아주 가끔 가극장에 들르는 것을 의미했다. 사랑이란 연줄이 좋고 가톨릭교를 믿는 신사계급 가문의 헌신적이고 정숙한 여성과의 결혼을 의미했다. 궁극의 목적이란 프란츠 요제프와 헝가리 '민족'에 대한 절대적인 충성을 의미했다. 오락이란 사격, 승마, 브리지 게임, 테니스 따위를 의미했다. 정치란 주로 슬라브인들과 사회주의자들에 대한 혐오로 이루어져 있었다."[5]

패전 이후, 제국 해군 수장 자리에 오른 지 몇 달 만에 그는 풀라에서 함대를 넘겨주는 수치스러운 임무를 맡았고, 그 함선들이 신생 국가인 유고슬라비아에 인도되는 모습을 지켜보았다. 1918년 11월, 퇴위를 앞둔 국왕 겸 황제를 접견했을 때 호르티는 울먹이며 말했다. "빈과 부다페스트에서 폐하를 다시 권좌에 앉혀드릴 때까지 힘쓸 것을 맹세합니다." 그는 합스부르크 왕가에 변함없는 충성을 서약했다. 그러나 정작 국왕이 왕위를 되찾기 위해 헝가리로 돌아왔을 때에는 섭정직에서 물러나라는 요구를 두 번이나 거부했다.

폐위된 카를 황제는 1921년 부활절에 예고 없이 나타나 복위를 요구한다고 발표했다. 그는 호르티에게 국민들이 자신의 복위를 원한다고, "내 정부"의 인사들이 "이렇게 하라고 내게 촉구했으며, 그것이 우리의 뜻이오"라고 말했다. 호르티는 전임 황제를 정중히 환영하면서도, 두 시간 동안 이어진 대화에서 강대국들이 합스부르크 왕가가 복귀하면 군사 행동을 취할 것이라고 위협했다. "그리고 상황이 바뀔 때까지 현재의 수습책을 유지하는 것 이외에 대안은 없습니다." 카를은 스위스로 돌아갔지만, 복위를 위한 노력을 포기하지 않았다.

순진하게도 전임 황제는 충성을 주장하는 호르티를 믿었고, 불과 반년 뒤인 10월 20일에 다시 헝가리로 돌아왔다. 그때 카를은 이전과 달리 약간의 군사적 지원을 등에 업고 있었다. 헝가리 서부 지역 사령관 레하르 언털 대령(경가극 「유쾌한 미망인」의 작곡가인 레하르 페렌츠의 동생) 휘하의 군인들은 새 정부 구성안을 발표한 카를에게 충성을 맹세했다. 이그노투시 팔이 기록한 바에 따르면, 카를이 부다페스트로 행군한 것은 "진지한 군사 작전이라기보다 레하르식 경가극과 더 비슷했다." 전임 군주를 태운 기차가 헝가리와 오스트리아 국경의 쇼프론에서 약 75킬로미터 떨어진 죄르까지 가는데 10시간이 걸렸다. 지나가는 모든 마을에서 사람들이 한때의 황제를 보고 싶어해서 기차가 멈췄기 때문이다. 한편 호르티는 강대국들의 외교적 항의와 군대를 동원했다. 부다페스트 외곽에서 소규모 접전이 벌어졌고, 양측 모두 몇 명의 사상자가 발생하기는 했지만, 호르티의 군대가 쉽게 승리했다. 이른바 열성

왕당파인 호르티는 카를을 체포해 삼국협상국 대표들에게 넘겼다. 11월 6일에 헝가리 의회는 합스부르크 왕가를 폐위하고는 호르티를 군주 없는 나라의 섭정으로 재승인했다.*6

호르티의 쿠데타에 이은 백색 공포정치는 쿤 벨러가 저지른 죄악을 훌쩍 뛰어넘었다. 그 주된 이유는 전자가 후자보다 훨씬 더 오래 자행되었기 때문이다. 정확한 수치는 알 수 없지만, 1989년의 공산주의 몰락 이후 공개된 기록을 근거로 가장 최근 수행된 연구에 따르면, 쿠데타 이후 3개월 동안 최소 6,000명이 사망했고, 1920년부터 1926년까지 "사회주의"의 협력자나 동조자로 의심되는 사람들 약 7만 명이 투옥되거나 수용소에 억류되었다. 호르티와 그의 가장 가까운 지지자들은 항상 그가 통치기 "초반의 과도함"(호르티의 표현이다)에 직접 관여했다는 주장을 부인했다. 하지만 다른 한편으로, 회고록에서 호르티는 그토록 극단적인 상황에서는 "고운 마음씨"가 설 자리가 없었다고 변명하며 잔학 행위를 용인했다. 주요 피해자는 노동조합원들, 혁명위원회와 노동자평의회의 구성원들, 지주에 맞서 봉기할 만큼 무모한 빈농들이었다. 그의 옛 친구인 레하르 언털과 가장 악랄한 급진우파 암살단 중 하나의 사령관인 프로너이 팔에 대한 사람들의 기억 때문에, 호르티는 그가 권력을 잡은 시기 전후로 자행된 테러와 연관될 수밖에 없다. 가장 우호적인 해석은 그가 마땅히 해야 할 일을 일부러 하지 않은 태만죄를

---

* 영국은 합스부르크 제국의 마지막 통치자를 마데이라 제도로 추방했다. 카를은 그곳에서 1922년 4월 1일에 서른네 살의 나이로 폐렴에 걸려 사망했지만, 사실은 제2차 세계대전 이후에 찾아온 독감 대유행 3차 파고의 뒤늦은 희생자로 여겨진다.

저질렀다는 것이다. 그는 무고한 사람들이 얻어맞거나, 고문을 당하거나, 죽거나, 교수형에 처해진다는 사실을 알았지만, 잔학 행위를 중단시키려는 노력을 전혀 하지 않았고, 오히려 무고한 희생자들에게 죄를 저지른 가해자들을 감싸기도 했다. 그가 섭정으로 승인되기 불과 이틀 전, 사회민주당의 신문인 「넵서버」의 편집자인 소모지 벨러와 버초 벨러가 프로너이가 이끄는 암살단에 살해되었고, 그들의 훼손된 시신이 다뉴브 강에 던져졌다. 호르티가 확실히 알고 있던 바에 따르면, 소모지 벨러와 버초 벨러를 살해한 자들은 그가 섭정으로 "선출되었을" 때 의회 건물 밖에 있던 의장대의 일원들이었다.

이 시기를 직접 겪은 아서 쾨슬러는 이렇게 말했다. "조직적인 유대인 집단 학살과 고문실과 인간 사냥으로 대변되는 호르티의 집권 초기는 향후의 불길한 조짐을 예고했다." 얼룩덜룩한 제복을 입은 무장 폭력배들이 거리를 배회했다. 부다페스트에서 태어나 자랐고 헝가리 국립 가극단에서 음악가로서의 경력을 쌓기 시작했으나 제2차 세계대전 이전에 헝가리를 떠난, 유명한 지휘자 게오르그 솔티는 몇 년 뒤 망명지인 런던에서 다음과 같이 회고했다. "그때부터 나는 군복이나 경찰복을 입은 사람에 대한 두려움을 떨쳐버릴 수 없었다. 헝가리에서 제복은 항상 어떤 형태로든 박해를 의미했기 때문이다. 심지어 세관원 제복도 그랬다." 부다페스트는 한때 중유럽에서 가장 부르주아적인 도시였지만, 이제는 불황과 가난에 시달리는 구역들과 거지들로 유명했다. 부다페스트에서 가장 통찰력 있는 연대기 작가 중 한 사람인 크루디 줄러는 "페스트는 은인에게 버림받고 평판이 나빠진 궁정의 여인 같다"라고 지적했다.[7]

반혁명 정권은 호전적인 기독교 이념을 옹호했고, 모든 종류의 자유주의, 민주주의, 무신론, 세속주의, 유대인의 영향, 마르크스주의, 볼셰비즘, 프리메이슨 사상, 세계주의, 현대성, 동성애, 이혼, 전위예술, 현대주의 음악에 반대했다. 하지만 그 "사악한" 활동과 관념 가운데 많은 것들이 호르티 시절의 헝가리에서 성행했다. 정부의 끊임없는 반反도시 선전에도 불구하고 부다페스트는 농촌보다 훨씬 더 비참할지는 몰라도 매우 세련된 곳이었다. 몇 년 동안 발길을 끊었던 관광객들이 부다페스트로 돌아오기 시작했고, 부다페스트는 또다시 재방문할 만한 현대적인 장소가 되었다. 「페슈티 히를러프」라는 신문에 따르면, 훗날의 에드워드 8세인 웨일스 공은 혼자 부다페스트를 자주 방문했으며, "할아버지가 그랬듯이 그 도시의 나이트클럽과 도박대에 새로운 활기를 불어넣었다." 나중에 그는 부인인 윌리스 심슨과 함께 여러 번 부다페스트를 찾았고, 그녀가 부다페스트 방문을 얼마나 즐겼는지 종종 언급하기도 했다. 미국의 언론인 H. L. 멩켄은 자신이 기고한 칼럼에서 부다페스트를 정기적으로 언급했다. 1920년대 말엽에 처음 방문했을 때 그는 아내에게 보낸 편지에서 이렇게 말했다. "이 도시는 정말 뛰어난 곳이오. 지금까지 본 도시 중에서 가장 아름답구려. 빈보다 초라한 곳이라 짐작했는데, 오히려 빈이 시골 마을 같아 보인다오. 여기에는 속속들이 **왕국다운** 무엇인가가 있소."

호르티 치하에서 언론은 완전한 자유를 누리지 못했다. 하지만 소련이나 나치 독일이나 전체주의이탈리아의 언론보다는 헝가리의 언론이 자유로웠다. 사법부는 확실히 정권의 이념에 우호적이었으나 종종 정부의 이익에 반하는 판결을 내렸다. 최상류층은 구태의연한 보수적 가치를 옹호하는 부류와 전체주의적 성향의 부류로 나뉘었다. 때로는 두 부류의 이해관계가 일치했고, 때로는 충돌했다. 전쟁 전 호르티와 잘 알고 지냈던 부다페스트 주재 영국 공사 토머스 홀러에 따르면, "호르티는 지식 대신에 주어진 문제에 대한 접근법을 미리 좌우하는 몇 가지 고정 관념을 가지고 있었다." 공사 임기를 마치고 부다페스트를 떠난 뒤 홀러는 호르티가 "매우 영리하지는 않아도 무척 정직한 사람이었다"고 말했다. "그의 마음은 유순하지 않았고, 어떤 생각을 품게 되면 그것이 내면에서 원칙으로 구체화되었다." 호르티는 헝가리의 기준으로도 몹시 맹목적인 민족주의에 취해 있었다. 그는 항상 공산주의를 싫어했지만(쿤 정권의 광기 어린 3개월을 목격한 사람이라면 누구나 이해할 만한 점이었다), 공산주의를 향한 그의 증오는 자유주의적 정서를 지닌 사람에 대한 그의 관점에 해악을 끼칠 만큼 심각했다. 그는 노동조합을 혐오했고, 심지어 당대의 사회민주주의도 경멸했다. 1926년 영국에서 총파업이 벌어지고 있을 때, 그는 영국 대사관 소속 무관에게 "만약 영국 정부가 광부노조 지도자인 A. J. 쿡을 사살했다면 세계는 영국 정부에 영원히 감사했을 것이오"라고 말했다. 볼셰비즘은 언제나 그에게 궁극의 적이었다. 1930년대에 호르티 정권에 반대했던 작가 펄루디 죄르지는 나중에 다음과 같이 썼다. "그는 종종 멍청했고, 가끔 부도덕했으며, 한결같이 맹목적이었다. 진정한 보수주의자였고 권위주의자였지만, 사람들이 흔히 주장하는 바와 달리 파시스트는 아니었다."

호르티의 반지성적인 "기독교 민족주의" 때문에 헝가리의 유능한 작가, 예술가, 사진가, 과학자, 음악가 등이 국외로 도피했는데, 그들 모두가 유대인이었던 것은 아니었다. 그것은 이전과 이후에도 헝가리에서 여러 차례 발생한, 역사적으로 익숙한 양상이었다. 제2차 세계대전 이후 공산 정권이 들어서자 수천 명이 국외로 망명했고, 1989년 이후에는 국외 이민의 물결이 일었으며, 2000년대에는 헝가리가 유럽연합에 가입하면서 또다시 그런 현상이 벌어졌다. 호르티 정권기에 헝가리를 떠난 사람들은 아마 그곳에 남기로 선택한 사람들보다 더 현명했을 것이다.* 작곡가인 코다이 졸탄과 버르토크 벨러부터 작가인 모리츠 지그몬드와 세르브 언털과 버비치 미하이와 어디 엔드레처럼, 호르티가 자연사할 때까지 헝가리에 머무른 많은 사람들이 괴롭힘과 그 이상의 고통을 겪었다. 1920년에 민병대인 "깨어나라 헝가리"의 결성 과정에 힘을 보탠 반동주의적 가톨릭교 주교인 프로하스커 오토카르는 "사악한" 부다페스트의 대다수 작가들이 "유대인의 피에 물들어 있었다"라고 말했다.[8]

흔히 그렇듯이 문학은 권위주의 체제에서 한동안 번성했다. 그러나 같은 이유로 소련과 나치 독일, 무솔리니 치하의 이탈리아에서 그랬듯이 공식적으로 허용된 예술의 불길하고 음산한 순응 과정이 동시에 시작되었다. 전간기에 부다페스트의 여러 극장이 문을 닫았다. 가극은 비교적 무사히 살아남았지만, 도시에서 가장 인기 있는 "공연 예술"인

---

* 4명의 노벨상 수상자를 포함해 부다페스트에서 태어난 같은 세대의 가장 뛰어난 과학자 몇 명이 1920년대에 고향을 떠났다. 레오 실라르드, 유진 위그너, 존 폰 노이만, 에드워드 텔러 등은 원자폭탄 개발에 참여했다. 유명한 생화학자 한 명은 헝가리에 남았는데, 바로 비타민 C의 구성 요소를 발견한 공로로 노벨상을 수상한 센트죄르지 얼베르트이다. 그는 부다페스트에 머물렀고, 제2차 세계대전 중 비상한 용기를 발휘해 부다페스트에서 나치에 대항하는 지하 조직을 이끌었다.

경가극은 흔히 체제 전복적이고 퇴폐적인 부분이 있다고 여겨져 막을 내리거나 지하로 숨어들어야 했다.

유럽의 대다수 도시보다 부다페스트에서 더 일찍 시작해 급성장한, 한때 번성했던 영화 산업은 수십 년간 이어진 위기를 겪었다.

뤼미에르 형제가 파리의 카퓌신 대로의 한 카페에서 최초의 영화를 선보인 지 불과 몇 달 뒤, 헝가리에서 첫 번째 영화가 촬영되었다. 1896년의 1,000주년 축하 행사에 참석한 황제 프란츠 요제프의 모습을 담은 연극 흥행주 어르놀드 시클러이의 작품이었다. 1914년까지, 부다페스트의 카페와 카바레와 극장 중 108개가 영화관을 겸했다. 1899년 11월, 부다페스트에서 특별히 건립된 최초의 영화관이 에르제베트바로시에서 문을 열었다.

영화는 1914년 이전에 가장 인기 있는 오락 형태였다. 전쟁 중에도 1년에 12편 이상의 무성 영화가 제작되었다. 전쟁이 끝날 무렵 부다페스트에는 2개의 주요 스튜디오가 있었다. 하나는 헝가리와 외국의 문학 작품을 전문적으로 각색하는, 부다의 퍼셔레티 거리에 있는 스타 스튜디오였고, 나른 하나는 고르더 산도르(헝가리 태생의 영국 영화 감독으로 다음 단락에 나오는 알렉산더 코르더와 동일 인물이다/역주)가 설립한, 고품질의 역사극를 만들고 페스트의 구글로 지구의 저르머트 거리에 있는 초르빈 스튜디오였다. 패전과 혁명과 백색 공포정치, 그리고 호르티 정권기의 헝가리의 이념 때문에 그 많은 영화계의 인재들이 뿔뿔이 흩어지고 말았다. 승자는 할리우드였다.

영화 역사상 가장 유명하고 부다페스트를 신흥 영화의 도시로 만들었던 두 사람인 마이클 커티즈와 알렉산더 코르더는 1919년 이후 망명자가 되었다. 마이클 커티즈는 1914년에 오스트리아-헝가리 군대에 징집되어 일부 전투를 목격했고, 그 전쟁에서 장군들과 정치인들이 드러낸 무능함에 대한 분노로 가득 차 있었다. 그는 좌파나 우파의 정치에 거의 관심이 없었지만, 1919년에 어쩔 수 없이 쿤의 소비에트 공화국에 의해 다시 징집되었다. 코뮌은 단명했지만, 커티즈는 그 기간에 「내 형제가 온다」라는 영화 제작에 성공했다. 그가 "전쟁 후 돌아온 포로가 공산주의자가 되는 가혹하면서도 자극적인 이야기"라고 표현한 이 영화는 가장 이른 시기에 제작된 현존 영화이며, 나머지 모든 초창기 영화는 세월을 이기지 못한 채 변질되거나 스튜디오 정리 과정에서 파손되었다. 호르티가 권력을 장악한 뒤, 서른다섯 살의 커티즈는 되도록 빨리 헝가리를 떠나 로스앤젤레스로 향했다.

한편 이미 유명한 제작자이자 영화 스튜디오의 소유자였던 알렉산더 코르더는 당시의 정치적 소란 속에서 커티즈보다 더 힘든 시간을 보냈고, 목숨을 걸고 가까스로 헝가리를 탈출했다. 전쟁 이전과 도중에 코르더는 첫 장편 영화인 「장교의 칼끈」을 비롯한 애국적이고 친합스부르크 성향의 영화를 제작했다. 단명한 카로이 정부 시절 그는 친공화국 성향의 영화를 만들었고, 더 단명한 쿤의 소비에트 정권기에는 국가 영화예술 이사회라는 조직의 자리 하나를 배정받았다(하지만 결코 공산주의의 동조자가 아니었고, 국가 영화예술 이사회에서 업무를 거의 보지 않았다). 그는 영화 제작을 허용해주는 모든 정권과 관계를 맺었고, 최소한 그렇게 하려고 애썼다.

그러나 코르더는 호르티와 그의 신봉자들이 싫어하는 온갖 요소를 갖춘 인물이었다. 즉, 그는 유대인이었고, 지식인이었으며, 도시 거주자인 데다가 카페의 단골이기까지 했다. 호르티는 헝가리의 공산주의 실험과 도덕적 쇠퇴를 그 네 가지 요소의 탓으로 돌렸다. 코르더는 무시할 수 없을 만큼 널리 알려져 있었다. 그는 로열 호텔의 특별실에서 체포되었고, 그에게 수갑을 채운 폭력배 중 한 사람은 자기가 아는 어떤 사람이 "오늘 밤, 그 유대인 공산주의자인 코르더를 두들겨 패줄 테다"라며 으스대는 소리를 들었다. 하지만 코르더는 연줄이 탄탄했다. 그의 형인 영화 각본가 졸탄과 그의 아내인 배우 퍼르커시 머리어는 호르티를 알고 있는 부다페스트의 전임 시장인 헬터이 예뇌에게 전화를 걸었고, 전임 시장은 코르더가 석방되지 않으면 그가 체포된 사건을 영국인들과 프랑스인들과 함께 국제적인 문제로 만들겠다고 경고했다. 호르티는 그를 석방했다. 이후 코르더는 할리우드에서 경력을 쌓았고, 한때 켈네르 샨도르라는 이름으로 살던 그는 런던에서 알렉산더 코르더 경이라는 기사 작위를 받았다.[9]

1920년 6월 4일 금요일, 헝가리 방방곡곡에서 종일 교회 종소리가 울리고 공공건물에 검은 깃발이 휘날렸다. 부다페스트 시내의 교통이 장시간 정지 상태에 빠졌고, 신문 지면의 테두리에 검은색이 칠해졌으며, 교회에서 장례식이 열렸다. 철학자 허르스티 미클로시에 따르면 그날은 100년이 흐른 지금도 "헝가리 역사상 가장 참담한 비극……헝가리가 아직 극복하지 못한 당면 문제"로 평가되는 트리아농 조약이 체결된 날이었다. 허르스티는 제2차 세계대전 이후 공산 정권 치하에서 반체제 지도자였고, 1970년대에는 헝가리의 마지막 정치범이었다. 그리고 트리아농 조약은 "그 나라의 생체 해부……이슈트반 왕이 세운

1,000년 왕국의 사망 증명서였다."*

　헝가리는 제1차 세계대전에서 최대의 패전국이었다. 영토의 약 3분의 1이 체코슬로바키아와 유고슬라비아 등 새로운 나라를 이룰 후계 국가들에 넘어갔다. 열강들은 헝가리 국토의 큰 덩어리들을 기존 국가들에 넘겼다. 역사적으로 수백 년 동안 헝가리의 일부였던 트란실바니아가 통째로 루마니아에 양도되었다. 헝가리 인구의 절반이 사라졌고, 수백만 명의 헝가리인들이 하룻밤 사이에 새로운 나라에서 "외국인"이 되었다. 헝가리의 역사가 깊이 뿌리 내린 도심과 도시의 이름이 바뀌었다. 커셔는 슬로바키아의 코시체가 되었고, 트란실바니아의 콜로스바르는 클루지가 되었다. 루마니아의 테메슈바르는 티미쇼아라로, 포조니는 슬로바키아의 수도인 브라티슬라바로 이름이 바뀌었다. 조약 체결일에 호르티는 다음과 같이 말했다. "그들은 독일인들과 불가리아인들과 튀르크인들도 난도질했다. 하지만 그 세 민족은 손가락 한두 개만 잘라놓고, 헝가리인들은 손과 발을 잘라냈다."

　새로운 세계 질서의 조정자들, 특히 트리아농 회담에서 가장 강경한 태도를 보인 프랑스인들은 자신들이 오랫동안 지배를 받은 민족들의 자주적 결정을 위해서 행동한다고 자부했다. 반면, 헝가리인들은 복수심에서 비롯된 반反역사적 처벌의 희생자로 자처했다. 헝가리 군의 병력은 3만5,000명 미만으로 제한되었고, 중포와 전차와 공군은 허용되지 않았다. 헝가리는 독일과 마찬가지로 막대한 배상금을 내야 했다.

---

* 　트리아농 조약은 1킬로미터 떨어진 궁전에서 열렸던 베르사유 평화 회담 직후에 약정되었다. 트리아농 궁전은 베르사유에 있는 궁전 중 가장 작은 궁전으로, 원래 루이 14세의 공식 애첩인 몽테스팡 부인의 거처였다.

프랑스 대통령 조르주 클레망소는 헝가리가 "전쟁을 일으킬 수단을 영구적으로 박탈당할" 것이라고 선언했다.*10

잃어버린 영토를 되찾을 수 있다는 생각은 유치원과 학교에, 그리고 예배 시간과 신문 지면에 오랫동안 남아 있었다. 아이들에게 가르친 표어이자 사람들이 만날 때 흔히 인사말로 사용된 표어는 "아냐, 아냐 절대 안돼"였는데, "아냐, 절대 있을 수 없는 일이야"라는 뜻이었다. 그것은 전간기에 헝가리인의 일상을 조정하는 표어였다. 호르티 치하 헝가리에서의 삶은 트리아농 조약의 유산에 의해서 규정되었다.

모든 학교의 수업은 가톨릭 교회가 축성한 이른바 헝가리 신경信經을 낭송하는 절차로 시작되고 끝났다. 옛 헝가리의 "부활"은 하느님의 영원한 진리로 어린이들에게 주입되었다.

5세에서 18세 사이의 학생들은 다음과 같이 헝가리 신경을 읊조렸다.

나는 신을 믿습니다
나는 조국을 믿습니다
나는 영원한 신의 정의를 믿습니다
나는 헝가리의 부활을 믿습니다. 아멘.

---

* 합스부르크 제국 이후 독립한 헝가리 왕국의 영토는 이전의 62만 제곱킬로미터 중 21만 제곱킬로미터만 남았다. 헝가리는 트란실바니아에서 580만 명의 주민을 잃었을 뿐만 아니라(트란실바니아의 인구 중 최소한 절반이 혈통상의 헝가리인이었다), 지난 650년 동안 헝가리의 일부였던 동부 바나트 지역까지 잃게 되었다. 혈통상의 헝가리인 수십만 명이 살고 있는 보이보디나와 크로아티아도 마찬가지였다. 새로운 나라들의 국경에 있는 여러 공동체들의 주인이 바뀌었다. 헝가리는 해안, 숲, 광산, 산, 그리고 가공품 시장과 가공품 제조 수단도 상실했다.

이제 헝가리는 1,000년 동안 한 번도 없었던 방식으로 단일 민족 국가가 되었다. 혈통상의 마자르인이 아니거나 헝가리어를 모국어로 사용하지 않는 사람들은 전체 인구의 10퍼센트에 불과했다. 1920년대와 1930년대의 헝가리를 연구한 최고의 역사가 파울 렌트파이가 지적했듯이, 트리아농 조약은 "민족주의를 해방의 이념에서 분열의 이념으로 전환하는 온상이었다." 100년이 지난 2020년대에 시장 노점에서 가장 잘 팔리는 싸구려 물건은 트리아농 조약 이전의 냉장고 부착용 자석과 대헝가리 지도가 그려진 플라스틱 깃발이다.*11

트리아농 조약 이후의 충격은 호르티 정권의 수정주의 정책을 좌우했다. 그 충격으로 여론은 한층 더 극단적인 민족주의로 쏠렸고, 헝가리는 주변국들로부터 더 고립되었다. 그 평화 조약 이후, "헝가리는 트리아농에서 자행된 부당한 짓을 되돌리기 위해서 악마와 손잡을 준비가 된, 전형적인 빈국이 되었다." 사람들은 모든 정치 행위를 그 악명 높은 조약의 프리즘을 통해서 바라보았다. 히틀러가 잃어버린 땅을 돌

---

* 제2차 세계대전 이후 공산주의 시절에 트리아농 조약 이전의 지도 중 하나를 보관하는 행위는 형사 범죄였다. 이것들은 심지어 1980년대에도 지하 출판물로만 인쇄되어 비밀리에 보관되었다. 트리아농 조약에 대한 일체의 언급이 국경 너머에 사는 헝가리인들이 직면한 어려움에 관한 대화와 함께 금기시되었다. 그 문제를 제기하는 행위는 "부르주아 민족주의"로 치부되었다. 하지만 가족과 친구 사이에서는 트리아농 조약의 "부당함"이 종종 거론되었다. 공산주의 붕괴 직후 정부는 민족주의적 향수가 차츰 사라지기를 기대했고, "민족" 문제의 해결책으로 유럽의 통합에 희망을 걸었다. 하지만 그렇게 되지 않았다. 그 문제는 여전히 뜨겁게 남아 있고, 특히 선거 기간에 갑자기 불타오른다. 예컨대, 오르반 빅토르의 청년민주동맹 정부는 2010년 선거에서 승리한 뒤에 슬로바키아와 트란실바니아와 세르비아의 일부 지역에 살고 있는 혈통상의 헝가리인들과 그들의 공동체에 헝가리 선거에서 투표할 권리를 부여함으로써 그 감정적인 문제 중 하나를 처리했다.

려주겠다고 약속했기 때문에 호르티는 1930년대에 헝가리의 외교 정책을 나치 독일에 더 가까운 방향으로 전환했다. 실제로 헝가리는 산업 기반이 부다페스트와 그 주변 지역에 남아 있었기 때문에, 비록 널리 인정되지는 않았어도, 국토 분할을 통해서 이익을 얻었다. 그리고 과거에 헝가리를 괴롭혔고 나중에는 유고슬라비아를 가장 분명하고 폭력적인 방식으로 괴롭힐 민족 문제에서 대체로 벗어났다. 그러나 언젠가 대헝가리가 복원되리라는 꿈을 방해한다면, 그 어떤 합리적인 주장이라도 결코 허용되지 않았다.

과연 그 재난적 상황은 누구 탓이었을까? 호르티 정권과 국민 대다수가 굳게 믿고 있었듯이, 소비에트 공화국 탓이었다. 그리고 소비에트 공화국은 누구였을까? 유대인이 희생양이 되었다. 호르티 정권의 선전자들과 책임을 누군가에게 돌리는 데에 필사적인 사람들이 동의했듯이, 소비에트 공화국은 세계 볼셰비즘의 앞잡이인 유대인들이었다. 국가적, 기독교적 가치를 무너트린 유대인 지식인들에게, 나라의 불행과 암거래로 이익을 챙기고 있던 유대인 백만장자들에게 비난의 화살이 쏟아졌나.[12]

제27장

히틀러와 함께 행진을

사람들을 결속시키는 것은 사랑보다는 증오이다.

— G. K. 체스터턴

모든 희생자가 유대인은 아니었지만, 모든 유대인은 희생자였다.

— 엘리 위젤

히틀러가 뮌헨의 어느 맥줏집에서 반정부 성향인 소규모의 독일인 무리를 상대로 연설하고 있을 때, 호르티는 헝가리에 반유대인 성향의 법을 도입했다. 호르티 제독이 섭정으로 선출된 지 불과 6개월 뒤인 1920년 9월 22일에 헝가리계 유대인을 차별의 표적으로 삼은 첫 번째 법안이 통과되었다. 대학 입학이 허용되는 유대인의 수를 전체 대학생 수의 7퍼센트로 한정하는 입학제한법이 통과됨에 따라 1867년의 대타협으로 확립된 헝가리계 유대인의 법적 평등이 사실상 종식되었다. 그 법은 제1차 세계대전 막바지에 전체 주민의 4분의 1 이상이 유대인이었던 부다페스트와 각 대학에 지대한 영향을 미쳤다. 여력이 있는 많은 젊은이들이 해외로 유학을 떠나 다시는 돌아오지 않았다. 일부 유능한 교수들도 마찬가지였다. 그것은 결코 대체하지 못할 인재 유출이었다. 호르티는 자신을 지지하는 몇몇 학자들의 반대에도 관심이 없었다. 그는 친구이자 훗날의 총리인 텔레키 팔에게 보낸 편지에서 이렇게 말했다. "유대인 문제와 관련해서, 나는 평생 반유대주의자였네. 유대인들과 접촉한 적이 한 번도 없어. 나는 여기 헝가리에서 공장이나 은행이나 자산이나 상점이나 극장이나 신문 등등이 단 하나라도 유대인 손에 있다는 사실을 참을 수가 없네."

입학제한법이 통과되자 헝가리 전역에서 유대인 집단 학살의 물결이 일었다. 부다페스트에서는 10년 뒤 총리를 맡을, 야심만만한 국수주의 정치인인 굄뵈시 줄러가 이끄는 극우 조직 투룰Turul(헝가리의 국조인 거대한 독수리/역주)의 악랄한 폭동으로 유대인 12명이 숨지고 150명 이상이 다쳤다.[1]

1925년, 국제연맹은 반유대주의 법을 폐지하지 않으면 헝가리에 제재를 비롯한 보복 조치를 가하겠다고 위협했다. 부다페스트의 유대인들은 오히려 국제연맹 측에 그렇게 하지 말라고 간청했다. 헝가리 유대인 회의는 유대인에 대한 추가적인 반발을 우려한 나머지 국제연맹에 개입 자제를 요청했다. "우리는 이 문제를 국내에서 우리 정부를 상대로 해결하고자 한다. 우리는 그 어떤 외국 기관의 개입을 요청하지도 호소하지도 않았고, 도움을 부탁하지도 않았다. 그 같은 도움이 선의에서 비롯된 것이라 해도 사양한다." 부다페스트 유대인 공동체의 간

---

* 입학제한 조치는 1928년에 약간 완화되었지만, 결코 철회되지는 않았다. 1919년에는 부다페스트에서 유대인 대학생 비율이 36퍼센트였으나 1935년에는 그 비율이 7.2퍼센트에 불과했다.

부이자 오랫동안 국회의원으로 재임한 인물이자 전직 법무부 장관인 바조니 빌모시는 의회 연례 회의에서 다음과 같이 발언했다(그는 불과 며칠 전 거리에서 반유대주의 폭력배에게 구타를 당해 심장마비를 겪은 뒤였다). "우리는 헝가리 국체國體의 일부분, 헝가리인 국가의 일부입니다. 우리는 헝가리계 유대인이 아니라 유대계 헝가리인입니다. 우리는 선조들의 종교를 고수하지만, 이 조국 역시 우리의 나라입니다.……우리는 우리 마자르인의 나라를 넘겨주지 않습니다." 며칠 뒤 그는 다시 찾아온 심장발작으로 사망했다.

그러나 유년기에 자기 가족에 대한 반유대적 폭력을 경험한 소설가 콘라드 죄르지가 말했듯이, 반유대주의는 헝가리에서 "정치적 삶의 처음이자 끝"으로 자리 잡았다. 1928년부터 호르티가 임명한 총리들은 모두 반유대주의자임을 자처했고, 훗날에는 나치 독일과의 더 긴밀한 관계를 지지한 인물들이었다. 1936년부터 2년간 총리를 지낸 더러니 칼만은 정부의 공식적인 견해(호르티의 견해)를 명확히 표현했다. "나는 이 나라의 국경 안에 거주하는 유대인들이, 그들의 특정한 성향과 상황 때문에, 그러나 일부분은 헝가리 민족에 대한 무관심 때문에, 경제생활의 특정 분야들에서 과도하게 큰 역할을 맡고 있고……적절한 규모로 축소되[어야 한다]는 점에 문제의 본질이 있다고 생각한다."[2]

섭정인 호르티는, 휘하의 선전자들이 헝가리인의 국가에 대한 "유대인 볼셰비키의 음모"를 둘러싸고 제기한 온갖 미사여구를 신앙개조信仰個條(기독교 교회가 공인하는 표준 교의/역주)로 여겼다. 그는 몇 세기 전에 기독교의 보루로서 튀르크인들 및 이슬람교에 맞서 싸운 헝가리가 이제는 볼셰비즘과 무신론에 대적하고 있다고 생각했다. 호르티는 매력 있는 사람이었지만 세상 물정에 어두웠고, 해군 시절의 승선 경험을 빼면 합스부르크 제국 밖으로 여행한 적이 거의 없었다. 몇몇 외국인들은 그가 헝가리 국내에서 자신과 생각이 비슷한 수행원들과 일상적으로 터놓던 반유대주의적 견해를 밝혔을 때 충격을 느꼈다. 1922년, 그는 헝가리를 방문한 미국 YMCA의 사무총장을 뜨겁게 환영하며 이렇게 말했다. "이처럼 중요한 반유대주의 단체의 수장께서 우리 헝가리를 찾아주셔서 기쁩니다." 같은 해에 헝가리 통화의 가치가 하락했을 때, 호르티는 오스트리아 대사에게 그 모든 일이 "시온의 장로들" 때문이라고 말했다. "볼셰비즘을 확립하는 데 성공하지 못했기 때문에 이제 그들은 헝가리 경제를 망치려고 애쓰는 중입니다."

반유대주의는 점차 부다페스트의 거리에서, 버스와 노면 전차에서 한층 더 노골적으로 드러났다. 호르티 본인은 파시스트가 아니었을 수 있고, 개인적으로 무장 민병대가 도시를 행진하고 무차별적 폭력을 자행하는 모습을 직접 목격한 적도 있다. 하지만 그는 무장 민병대의 폭력을 막으려는 노력을 거의 하지 않았다. 헝가리 전역의 헌병대와 도시 경찰국은 다양한 니치 유형의 폭력단 단원들로 가득했다. 입학제한법이 제정된 지 몇 개월이 흐른 어느 날 밤, 반유대주의 단체인 깨어 있는 헝가리인 협회의 폭력배들이 코미디 극장 옆의 클럽 카페(공연이 끝난 뒤 술을 마시는 곳으로 인기 있는 업소였다)에 난입했다. 그들은 유대인으로 알려진 손님 2명을 살해하고 3명을 구타한 뒤 징역형을 선고받았지만, 불과 몇 달 뒤 백색 공포정치가 한창일 때에 호르티의 선처로 풀려났다. 부다페스트에 거주하는 유대인 대다수가 볼셰비키 정권과 아무 관련이 없었다는 사실이나, 쿤 정권 치하에서 공포에 떨며 재산을 몰수

당한 부유한 부르주아 가운데 상당수가 유대인이라는 사실은 중요하지 않았다. 쾨슬러는 "그렇다. 코뮌의 지도부 중 몇몇이 유대인이었음은 사실이다. 그러나 유대인 중 극소수만이 공산주의자였다"라고 지적했다.

유대인의 참전 비율이 높았음에도 불구하고, 전쟁에서 약 1만2,500명의 헝가리계 유대인이 전사하고 수만 명이 부상을 입었다는 사실도 중요하게 여겨지지 않았다. 전체 참전자 수를 고려할 때 높은 비율인데도 말이다. 유대인들에게는 여전히 트리아농 조약의 굴욕에 대한, 배반에 대한 책임이 있었다. 호르티의 전기 작가인 데아크 이슈트반은 "중유럽 유대인 사회의 역사에서 가장 소름 끼치는 역설은, 제1차 세계대전의 유대인 참전용사들이 훗날 비非아리아인이 추방된 부다페스트의 아파트에서 쫓겨날 때 그곳 벽에 남겨둔 훈장과 사진이 보여준다"라고 썼다.

정신분석가 페렌치 샨도르는 그때 무슨 일이 벌어지고 있는지 알았고, 사태가 어떻게 귀결될지 이해하고 있었지만, 중유럽의 대다수 유대인들처럼 그 역시 자신이 사는 곳을 떠나지 않았다. 1920년 말에 그는 부다페스트 출신의 친구인 지그문트 프로이트에게 보낸 편지에서 이렇게 말했다. "이제 우리는 유대인으로서 잔인한 박해의 시기를 맞고 있네. 내가 볼 때 저들은 우리에게 주입된 착각을, 즉 우리 스스로를 '유대교를 믿는 헝가리인'으로 여기는 착각을 아주 짧은 시간 안에 치료해줄 듯해. 나는 국민성에 걸맞은 헝가리의 반유대주의가 오스트리아의 경미한 유형의 반유대주의보다 더 잔인하다고 생각하네.……사람들은 이 정신적 외상을 어려서부터 오랫동안 지녀온 편견에서 벗어날 계기로, 정말 나라가 없는 유대인이라는 쓰라린 진실을 받아들이는 계기로 삼아야 할 것이네." 이후 몇 년 동안 프로이트는 페렌치에게 헝가리를 떠나라고 재촉했지만 소용없었다.

유대인들은 조국인 헝가리를 달리 생각하기 시작했다. 콘라드는 "우리 유대인들은 집시들과 더불어 원래 영토의 3분의 1로 쪼그라든 헝가리에서 달갑지 않은 손님이 되었다"라고 지적했다.

우리는 우리가 이질적인 구성원이라는 사실을 절감했다. 이전에 우리는 "손님"이라는 신분을 너무 망각한 것처럼 보였다. 우리는 우리의 진정한 신분을 잊었다. 그때 우리는 법이 전부가 아님을 깨달았다. 치밀하게 작성된 규정을 통해 우리를 합법적으로 지구 표면에서 지워버리는 것은 꽤 가능성 있는 일이었다. "유대인 문제"가 있다고 생각하는, 심지어 그 문제가 가장 중요한 문제라고 여기고 "해결책"을 요구하는 비유대인 지식인들이 점점 늘어났을 때, 이제 가스실 행은 시간과 논리적 일관성의 문제일 뿐이었다.[3]

호르티는 1934년에 바이에른의 베르히테스가덴에서 히틀러를 처음 만난 뒤, 부다페스트의 영국 공사에게 "온건하고 현명한 정치인"으로 보인 총통 히틀러를 "높이 평가합니다"라고 말했다. 그러나 3년 뒤, 호르티는 부다페스트의 집무실을 방문한 후임 영국 대사와 만난 자리에서 히틀러를 "문제를 일으키기로 마음먹은 미친 사람"으로 묘사했고, "만일 그가 전쟁을 도발하면 우리는 그들과 끝까지 싸울 것이오"라고 말했다. 이런 이중성은 얼핏 순진하고 서툴러 보이지만, 호르티는 트리아농 조약으로 잃어버린 영토를 되찾으려는, 수정주의 정책의 고귀한 대의를 촉진하기만 한다면 그 어떤 기만도 정당하다고 간주했다. 잃어버린 땅의 회복은 전간기에 헝가리가 가장 중요하게 여긴 유일한 외교 목표였다.

1920년대에 헝가리인들은 협상국들과 미국의, 특히 영국의 공감을 얻으려고 노력했다. 아직 헝가리를 통치하는 섭정과 가까운 지주계급 및 재계의 많은 인사들이 친영파였고, 호르티는 늘 영국인의 생활방식을 높이 평가한다고 말했다. 그들은 영국인들이(그리고 사실 프랑스인들도) 유럽 중동부를 조금이라도 중요하거나 정치적으로 의미심장한 지역으로 바라보지 않는다는 사실에 당혹감을 느꼈다. 그러나 히틀러 집권 후 독일과 헝가리의 목표가 긴밀하게 결부되어 있다는 점이 명백해지면서 모든 것이 바뀌었다. 호르티는 기회를 노릴 수 있었다. 파시즘은 헝가리 여론의 폭넓은 부분에서 힘을 발휘하기 시작했고, 나치와 유사한 여러 극단적인 민족주의 단체의 지지세가 커졌으며, 호르티식의 권위주의적 보수주의는 허약하고 온건해 보이기 시작했다. 그의 극심하고 지속적인 반유대주의에도 불구하고, 호르티는 그가 "명예로운 마자르인들"로 여긴 핵심적인 유대인들, 즉 은행가들과 부유한 사업가들을 저버리지 않았다. 호르티는 자신의 가족을 재정적으로 도운 그들과는 언제라도 친교를 맺을 준비가 되어 있었다. 호르티는 엄청나게 부유한 철강업 거물인 초린 페렌츠와 매주 브리지 게임을 즐겼다.

호르티가 영국과 프랑스를 이용해 잃어버린 땅의 회복이라는 희망을 실현하고자 했으나 아무런 성과도 올리지 못했다는 점도 분명한 사실이었다. 호르티와 그의 측근들은 나치가 과도하고 괴상하다고 생각했다. 그러나 호르티 정권에는 나치가 필요했고, 히틀러와의 동맹도 필요했다. 1938년부터 헝가리는 독일과 더 가까워졌다. 헝가리 의회는 점점 더 엄격해지는 반유대인법을 잇달아 통과시키기 시작했고, 호르티는 그 일련의 법을 승인했다. 그러나 헝가리의 공적 생활과 언론에 등장한 모든 반유대적 수사에도 불구하고, 부다페스트의 많은 사람들이 느끼기에 실질적으로 큰 변화는 없었다. 은행업과 산업 분야의 상당 부분은 여전히 유대인들의 소유였고, 부다페스트에 있는 의사의 절반 가량이 유대인이었다. 콘라드 죄르지는 확신에 찬 목소리로 다음과 같이 말했다. "우리 식구들은 선량한 헝가리인과 선량한 유대인으로 자부했다. 제2차 세계대전이 일어나기 전까지, 선량한 헝가리인과 선량한 유대인은 서로 다른 개념이 아니었다."[4]

1931년, 유대인들은 출신 민족을 등록해야 했다. 많은 저술가들과 예술가들이 반대했다. 유대인이 아닌 버르토크와 코다이는 법적 구속력이 있는 설문지에 자신들이 "우리 형제자매와 연대해" 행동하고 있다고 진술했다. 그들은 헝가리가 나치 독일의 행로와 점점 가까워지던 1930년내 내내 일련의 항의시에 이름을 올렸다. 버르토크는 인종적 우월성에 관한 그 어떤 생각도 혐오했다. "나는 민족들의 형제애를, 온갖 전쟁과 투쟁에도 불구하고 형제애를 믿는다. 나는 능력이 닿는 한 최선을 다해서, 이 이상을 음악에 담고자 애쓸 것이다.……그러므로 내 음악에 영향을 미치는 그 어떤 요소도 거부하지 않겠다. 원천이 깨끗하고 신선하고 건전하기만 하면 말이다." 얼마 뒤 그는 숨 막히는 분위기를 참지 못하고 떠났다. 1938년에 그는 "불행히도 우리의 '교육받은' 기독교인 대부분이 나치 정권의 지지자들인 헝가리에 더는 미련을 두지 않았다. 내가 그들과 같은 부류에 속하다니 부끄럽기 짝이 없다"라고 썼다.* 반면, 코다이는 헝가리에 남기로 했다. 코다이의 집은 1938년에 그의 항의에도 불구하고 히틀러 원형 광장으로 이름이 바뀐 언드라시 거리를 따라 3분의 2쯤 가면 나오는 쾨뢴드(원형 광장)에 있는 대저택이었다.

제1차 유대인법은 1938년에 나치 독일이 오스트리아를 병합한 직후에 통과되었다. 유대인들은 행정기관과 사법부와 지방 정부에서의 근무가 금지되었다. 새로운 할당 인원수도 도입되어 유대인 인원수는 모든 사업체에서 20퍼센트 이하로 제한되었다. 따라서 의사들과 변호사들과 언론인들과 음악가들, 그리고 영화관과 극장 소유주들은 유대인 취업자 수를 규제하기 위해서 사실상 노동조합원만 고용하는 제도를 의무적으로 채택해야 했다. 기독교회 전체가 그 법을 지지했다. 그런데 호르티 정권 초기 10년간 총리로 재직한 베틀렌 이슈트반을 비롯한 몇몇 우파 정치인들이 용감하게 맞섰다. 베틀렌은 한때 절친한 친구이자 섭정인 호르티에게 보낸 편지에서 제1차 유대인법이 "치료법을 생각하지 않은 채 상처를 열어젖힐 것"이라고 주장했다. "그러면 우리 나라에 살고 있는 100만 명에 가까운 똑똑한 유대인들이 헝가리인 국가 내부의 필사적인 적들로 바뀔 것이오." 몇 달 뒤, 제1차 빈 중재에 따라 히틀러는 헝가리가 트리아농 조약으로 잃은 슬로바키아 땅의 일부분을 반환했다. 호르티는 총통 히틀러에게 보낸 편지에서 지나치게 솔직하게

---

* 이때 그는 이민을 고려했지만, 차마 어머니를 두고 떠나지 못했다. 그러나 어머니가 별세한 뒤 그는 짐을 쌌고, 1940년 10월 8일에 부다페스트에서 마지막 연주회를 열고 나서 미국으로 향했다. 그는 미국에서 5년을 살다가 세상을 떠났다.

감정을 쏟아냈다. "저는 이 우정의 증거를 결코 잊지 않을 것입니다. 그리고 언제나 변함없이 각하를 향한 고마움을 간직하겠습니다." 비슷한 시기에 케르테스 임레는 형에게 다음과 같이 편지를 썼다(1919년에 그의 형이자 위대한 사진작가인 케르테스 언드레는 파리로 떠났고 나중에는 뉴욕으로 떠났지만, 그는 부다페스트에 머물렀다). "땅이 발밑에서 흔들릴 때, 여기서 살기는 어렵습니다. 가까운 미래가 어떻게 펼쳐질지 모르지만, 좋은 일은 없을 듯합니다. 인간의 삶은 전부 사라졌습니다.······이곳의 유대인들은 이제 고립된 새로운 아종亞種입니다."[5]

1939년의 제2차 유대인법으로 할당 인원수가 더 줄어들었다. 사실상 유대인 변호사는 법조계에 종사할 수 없게 되었고, 유대인은 다양한 종류의 사업체를 비롯한 재산의 소유가 금지되었다. 제2차 유대인법에 따라 유대인의 재산은 몰수된 뒤, 호르티 정권이 "진짜 마자르인들"로 명명한 자들에게 양도되었다. 호르티 정권기에 체포와 투옥을 겪고 살아남은 정치 이론가 비보 이슈트반은 다음과 같이 말했다.

[제1차 및 2차 유대인법은] 헝가리 사회의 도덕적 타락을 드러냈다.······그 2개의 법 때문에 중산계급과 소小부르주아 계급에 속한 많은 사람들이, 국가에 힘입어, 그리고 타인의 희생을 통해서, 전혀 노력하지 않고도 이익을 취할 기회를 얻었다. 헝가리 사회의 큰 부분을 이루는 많은 사람들은, 개인이 노동과 사업으로 생계를 유지할 수 있을 뿐 아니라 타인의 지위를 노리고, 그 사람의 혈통을 조사하고, 그를 비난하고, 해고하고, 그의 사업체의 소유권을 주장함으로써 그의 존재를 완전히 강탈하는 방법으로도 생계를 유지할 수 있다는 발상을 좋아하게 되었

다. 이 사회의 상당 부분이 놀라운 탐욕, 파렴치한 거짓, 그리고 기껏해야 고의적인 뻔뻔함을 보여주었다. 이것은 피해자인 유대인들뿐 아니라 모든 훌륭한 헝가리인들에게도 잊지 못할 정신적 타격이었다.

호르티는 개인적으로 1939년의 독소 불가침 조약에 분노했다. 그에게 소련과의 화해는 혐오스러운 것이었다. 하지만 당시 헝가리는 독일과 너무 가까웠고, 헝가리의 부와 경제는 독일과 너무 밀접하게 연결되어 있었으며, 헝가리 군도 독일에 너무 기대고 있었기 때문에, 동맹에서 멀어지기는 어려웠다. 독소 불가침 조약이 체결된 뒤 호르티는 친필로 작성한 과일 보관법 및 조리법과 함께 헝가리 과일이 담긴 바구니를 히틀러에게 보냈다. 동봉된 편지에서 그는 히틀러에게 스탈린이나 볼셰비키를 믿지 말라고 충고했고, 이어서 "우리는 고마워하고 완전히 믿을 수 있는 민족이며, 각하와 독일 국민에 빚진 바가 무엇인지 알고 있습니다. 우리는 독일 민족이 설령 위대한 전투를 홀로 치르고 싶어도 혼자 근심할 필요는 없다는 점을 느끼기를 바랍니다. 우리는 각하가 원하는 대로 인정을 베풀 것입니다"라고 말했다. 그 편지는 "각하의 충직한 친구"라는 글귀로 마무리되었다. 그 직후, 제2차 빈 중재에 따라서 헝가리는 트란실바니아의 대부분 지역을 돌려받았고, 호르티는 헝가리인들 사이에서 외교 천재로 칭송되었다. 하지만 예외는 있었다. 총리인 텔레키 백작은 개인적인 차원이기는 했어도 앞으로 분위기가 어떻게 흘러갈지 몹시 우려했다. 그는 다음과 같이 일기에 속내를 털어놓았다. "우리 국민은 완전히 미쳐버렸다. 다들 이렇게 외친다. 모조리 돌려받자! 무슨 수를 써서라도, 누구의 도움을 받더라도, 어떤 대가를 치르더라도! 독일인들은 이 점을 잘 알고 있고 최대한 활용하는 중이다. 사람들은 온갖 끔찍한 수정주의 선전에 귀 기울이면서 평소의 판단력을 잃었다. 군인들은 독일군과 함께 싸우기를 바라고, 섭정에게 접근해 영향력을 행사하고자 한다. 지금, 수정주의자들과 군대는 하나이다. 그들은 우리를 곤경에 빠뜨릴 자들이다.……수정주의는 우리의 죽음으로 다가올 것이다. 수정주의 때문에 우리는 전쟁에 휘말릴 것이고, 전쟁에서 질 것이다."[6]

1941년 8월의 제3차 유대인법은 헝가리가 소련에 선전포고한 지 몇 주일 뒤에 도입되었다. 제3차 유대인법은 특히 유대인과 비유대인 사이의 성관계를 금지했고, 누가 유대인이고 누가 유대인이 아닌지를 규정했다. 트리아농 조약이 체결되기 전 헝가리 영토였던 트란실바니아에서 태어난, 아우슈비츠 집단 수용소의 생존자인 엘리 위젤이 설명했듯이, 헝가리의 유대인 관련 규제는 인종적 이념의 측면에서 독일의 뉘른베르크법보다 더 심했다. 어떤 사람의 조부모와 외조부모 가운데 최소한 2명이 유대인이면 그 사람은 유대인으로 분류되었다. 히틀러 치하의 유대인 관련 법률에 따르면 자신이 기독교인이고 4분의 1 유대인(즉, 혼혈 2세대)과 결혼했다는 사실을 입증할 수 있는 2분의 1 유대인(즉, 혼혈 1세대)은 유대인으로 분류되지 않았고, 따라서 안전했다. 법적 관점에서 볼 때 당시는 광인들의 세상이었지만, 이 광인들은 실질적인 효과를 발휘했다. 하룻밤 사이에 6만5,000명이 유대인으로 판정되었고, 그들 중 절반가량이 얼마 지나지 않아 홀로코스트 과정에서 죽었다. 헝가리 국립 은행의 전임 행장이자 1930년대에 재무부 장관을 지낸 임레디 벨러는 "유대인의 피 한 방울도……한 사람의 인격과 애국심을 충분히 망칠 수 있다"라는 이유로 제3차 유대인법을 정당화했다.*

소설가 마러이 샨도르는 가족이 모여 저녁을 먹는 자리에서, 어느 친척이 나치당원이 되었다고 밝히며 자신과 수천 명의 헝가리인이 파시스트 이념으로 전향한 까닭을 설명하려고 했던 일을 다음과 같이 회고했다.

> 내가 이의를 제기하자 그는 놀라운 대답을 내놓았다. 그는 "나는 국가사회주의자입니다"라고 소리쳤다. "당신은……재능이 있기 때문에 이해할 수 없습니다. 하지만 나는 재능이 없습니다. 그래서 국가사회주의가 필요합니다." 혈기왕성한 친척이 자기 삶의 진실을 밝히자 격렬한 발언은 사라졌다. 몇몇 동석자들이 웃기 시작했다. 하지만 쓰라린 웃음이었다.……우리가 그의 발언 취지를 알았을 때, 나는 "내 재능"을 별로 믿지는 않지만(내 재능은 날마다 새로 증명해야 하는 종류의 재능이다) 설령 재능이 전혀 없어도 국가사회주의의 이상을 따르지는 않을 것이라고 대답했다.……친척은 고개를 가로저었다. "당신은 도저히 이해할 수 없을 것입니다.……이제 우리에게 달렸습니다." 그는 자기 가슴을 치며 "우리의 때가 왔습니다"라고 선언했다.[7]

---

* 임레디는 1938년부터 1939년까지 잠시 총리로 재직했다. 어느 탐사 기자가 그의 증조할아버지가 유대인이라는 사실을 알아냈는데, 그것은 임레디에게 청천벽력 같은 사실이었다. 그는 호르티 앞에 불려갔고, 울음을 터트리며 그 자리에서 사임했다.

제28장

드러난 광기

헝가리는 빼앗긴 영토 일부를 수복할 목적으로……무기를 들었고, 그 대가로 유대인 50만 명을 기꺼이 독일의 수용소에 보냈다. 그것은 형편없는 거래였다. 결국 유대인뿐 아니라 영토도 잃었고 그 모든 치욕을 떠안았기 때문이다. 그런데 모두가 이렇게 느끼지는 않는다. 헝가리계 유대인이 많이 살해되었어도 그 수가 너무 적었다고 느끼는 사람들이 있다.

— 콘라드 죄르지, 『내 나라의 손님 A Guest in my Own Country』, 2006년

헝가리는 히틀러의 소련 침공 직후인 1941년 6월에 참전했다. 독일이 요구했기 때문이 아니라 히틀러의 환심을 사기 위해서였고, 실제로 목적을 달성했다. 헝가리는 히틀러에게 잘 보이기 위해 독일의 패전이 확실해질 때까지 추축동맹의 열성적인 가맹국으로 남았다. 헝가리는 별도의 강화를 시도했지만, 이미 때는 늦었다. 물론 지리적으로 헝가리가 중립을 유지하거나 서유럽과 동맹을 맺기는 본래부터 힘들었지만, 1930년대에 펼쳐진 호르티 정권의 수정주의 정책과 치열한 친親나치적 선전 탓에 아예 불가능해졌다. 섭정인 호르티는 헝가리가 소련에 맞선 전쟁에 휘말려도 대규모 인명 손실은 없을 것이라고, 또 트리아농 조약

에 따라 할양되었던 영토 대부분을 되찾을 수 있을 것이라고 믿을 만큼 순진했다. 그는 헝가리가 독일의 위성국으로 전락하는 상황을 피할 수 있다고 생각했고, 독일이 패배하면 영국과 미국이 헝가리와 나치 독일과의 동맹을 어떻게든 눈감아주리라고 여겼다. 전쟁이 거의 끝날 때까지 그는 영국과 미국이 헝가리를 위해 소련과의 동맹을 파기할 것이라고 믿었다.

전쟁이 벌어지는 동안 대체로 부다페스트의 국내 전선은 거의 영향을 받지 않았다. 헝가리인 대부분은 특별한 영향을 느끼지 않았다. 헝가리 군의 그리 많지 않은 병력이 1941년에 유고슬라비아 침공 작전에 가담해 싸웠고, 덕분에 헝가리는 또다시 약 50만 명의 헝가리인이 살고 있는 세르비아 북부 지역 보이보디나의 지배권을 얻었다. 그러나 스탈린그라드 전투와 쿠르스크 전투 이후 우크라이나에서 헝가리 군의 손실이 커지기 시작했을 때, 독일이 전쟁에서 지고 있다는 사실은 점차 명백해졌다. 독일군의 패전은 시간문제였다. 호르티는 1943년부터 별도의 평화 협정을 맺기 위해서 연합국들의 의사를 조심스레 타진했지만, 합의에 이르지 못했다. 헝가리는 "완전한 항복"이라는 조건을 받아들일 수 없었다. 1944년 초에 호르티는 다시 협상을 시도했고, 총리인 칼러이 미클로시를 파견해 연합국들과 비밀 회담을 시작했다. 그때 호르티는 심지어 소련과도 합의를 맺을 각오가 되어 있었다. 그러나 히틀러는 이미 칼러이의 평화 회담(히틀러는 그의 평화 회담 시도를 "헝가리의 배신"으로 일컬었다)에 대해서 알고 있었고, 신뢰할 수 없는 헝가리가 추축동맹에서 이탈하지 못하도록 마르가레테 작전을 펼쳤다.

1944년 3월 15일, 히틀러는 호르티에게 잘츠부르크 근처의 클레스하임 궁전에서 당장 만나자고 요구했다. 나흘 뒤, 독일 국방군은 전적으로 평화적인 작전을 통해 헝가리를 점령했다. 호르티는 히틀러의 요구를 거절했지만 결국 그와 만났고, 두 지도자는 공동 성명을 발표했다. "상호 합의에 따라서, 독일군은 헝가리가 공동의 적에 맞선 공동의 전쟁에서, 특히 볼셰비즘을 물리치기 위한 노력에서 더 효과적으로 싸울 수 있도록 돕기 위해 헝가리에 도착했다. 양국 정부는 전통적인 우정과 군사 협력의 정신에 입각해 헝가리에 도착한 독일군이 우리 공동의 대의를 최종적으로 달성하는 데 기여할 것이라는 점에 동의한다."[1]

군사적 저항이나 민간인의 저항은 없었다. 총알 두 발만 발사되었는데, 모두 한 사람이 쏜 것이었다. 점령 첫날 페스트 시내의 어틸러 대로에 있는 아파트에 게슈타포 나부랭이 3명이 들이닥쳐 그를 체포하려고 하자, 예순 살의 국회의원 버이치질린스키 엔드레는 총을 쏘며 저항했다. 그는 표적을 맞히지 못했고, 오히려 자기 팔에 총을 맞았다. 그는 자동차 뒷좌석으로 질질 끌려가면서 "헝가리 독립 만세"라고 외쳤고, 독일의 감옥으로 이송되었다.*

---

* 버이치질린스키는 대단한 영웅이었다. 젊었을 때 그는 극우파였고, 지독한 반유대주의자들의 민족수호당에 입당했다. 그러나 나중에는 온건한 자유주의적 노선으로 전향했고, 잘 알고 지낸 호르티에게, 그리고 헝가리의 나치화 추세에 반대했다. 그는 반유대주의에 공개적으로 반대하는 목소리를 내기 시작했고, 1941년부터 전선으로 파견된 약 3만 명의 유대인들을 돕기 위해서 할 수 있는 일을 했다. 그는 게슈타포에 체포되었다가 6개월 만에 풀려났지만, 곧바로 지하 반정부 단체인 전국해방위원회를 결성하는 과정에 힘을 보탰다. 버이치질린스키는 석방되고 나서 채 2주일이 지나기 전에 다시 체포되었는데, 그때 그를 체포한 것은 헝가리의 자생적인 파시스트 정당인 화살십자당의 당원들이었다. 1944년 12월 24일, 버이치질린스키는 그들에게 처형되었다. 다뉴브 강의 페스트 쪽에는 그의 이름을 딴 넓은 대로와 주요 지하철 역이 있다.

드러난 광기

부다페스트 태생으로 수십 년 뒤 미국으로 망명해 거대 기술회사인 인텔을 설립한 앤디 그로브(본명은 그로프 언드라시)는 독일이 부다페스트를 점령했을 때 여덟 살의 소년이었다. 훗날 그는 "1944년 3월, 나는 어머니와 함께 순환도로의 인도에서 군인들로 가득한 자동차와 군용 수송차가 지나가는 모습을 지켜보았다"라고 썼다. "독일 군인들은 깔끔했고, 반짝이는 장화를 신고 있었고, 자신만만해 보였다. 인도에는 군인들의 행렬을 지켜보는 행인들이 줄지어 서 있었고, 다들 무척 심각해 보였다.……자동차의 엔진과 타이어 소음을 제외하고는 아무 소리도 나지 않았다.……그들은 우리 집에서 겨우 몇 구획 떨어진 곳에 본부를 설치했다.……우리 삶은 크게 바뀌었다. 그때부터 우리에게 잇달아 사건이 벌어졌다."

독일이 전쟁에서 졌고, 붉은 군대가 조만간 헝가리를 점령할 것이며, 헝가리의 권력집단을 전멸시키리라는 점이 분명해졌을 때, 정부와 행정 당국은 유대인 소유의 전화, 라디오, 말, 자동차, 오토바이, 자전거, 보석류, 우표 소장품, 은행 계좌, 모피뿐 아니라 모든 직업과 전문직 면허증을 몰수하기 위한 포고령을 구상하는 데 정신이 팔렸다. 유대인에게는 할인 배급표가 지급되었다. 유대인은 모든 클럽과 영화관과 극장과 수영장과 대부분의 식당을 이용할 수 없게 되었고, "진짜 마자르인" 손님이 없을 때에만 공중목욕탕에 들어갈 수 있었다. 그러나 여러 도시의 시장市長이나 공중목욕탕 관리자가 유대인의 목욕을 절대 허용하지 말아야 한다고 결정했기 때문에 그 사소한 특권조차 거의 소용없었다.

독일인들은 히틀러에게 충성할 것으로 보이는, 유명한 나치 동조자인 스토야이 되메를 총리로 임명했다. 호르티는 부다의 왕성에 있는 아파트에 은거했고, "외세에 의해 임명된 정부의 법령에 대한 사전 통보를 바라지 않는다"라고 발표했으며, 국가원수로서 그 법령을 승인하기를 거부했다. 하지만 그가 헝가리에서 독일인들이 마음대로 저지르는 짓을 막기 위해 한 일은 하나도 없었다. 헝가리 군은 기본적으로 독일 국방군의 전략적 지시에 따라서 총동원되었다. 붉은 군대의 카르파티아 산맥 돌파를 막기 위해서 점점 더 많은 헝가리 군인들이 우크라이나 전선에 파견되었다. 다른 유럽 도시들이 공습을 겪은 지 한참 뒤인 1944년 3월에 영국군과 미군 항공기들이 헝가리의 목표물을, 주로 부다페스트의 산업 지역을 폭격하기 시작했다. 1944년 늦가을 이전에 헝가리인 2만 명가량이 연합군의 공습으로 사망했다.[2]

독일군이 헝가리를 점령한 직후, 서른여덟 살의 아돌프 아이히만이 이끄는 특수친위대의 "전문가" 부대인 특별특공대가 부다페스트에 도착해서 유대인 강제 이송 작업을 계획하고 조정하고 최종적으로 수행했다. 유럽 중동부에서 헝가리만큼 다수의 유대인(82만 명 이상)이 비교적 안전하게 오래 살 수 있던 곳은 없었지만, 헝가리만큼 유대인이 그토록 빨리 죽음으로 내몰린 곳도 없었다. 부다페스트 외곽의 모든 헝가리계 유대인은 헝가리의 "최종적 해결"의 첫 번째 단계를 통해서 게토에 집결했다.* 여로시 언도르 재무부 장관은 유대인의 재산을 둘러싼 새 정

---

* 헝가리계 유대인에 대한 첫 대량 학살은 1941년 8월에 일어났다. 당시 나치 친위대는 헝가리 정부에 의해 우크라이나로 추방된 유대인 2만 명 이상을 살해했다. 하지만 엄밀히 말해 그 유대인들은 그때까지 우크라이나 시민이었다. 1941년에 헝가리가 탈환한 유고슬라비아 땅에서 약 2만 명의 유대인이 살해되었지만, 엄밀히 말해 그들도 헝가리계 유대인이 아니었다.

부의 계획을 공개적으로 언급했다. "자유로운 시기에 탐욕스러운 유대인들이 축적할 수 있었던 모든 자산과 귀중품은 더 이상 그들의 것이 아니라는 점을 강조해두겠습니다. 그것은 이제 헝가리 국민의 재산입니다.……국가 전체를 살찌우는 데 써야 합니다. 국가 경제의 순환계에 통합되어야 하고, 그래야 훌륭하고 근면한 모든 헝가리인이 그것을 공유할 수 있습니다."

아이히만은 부다의 세련되고 조용한 슈바브 언덕에 있는 마제스틱 호텔을 본부로 삼고 60명의 요원을 거느리고 있었다. 그는 유대인 강제 이송 작업의 책임자였고, 강제 이송 작업은 일종의 잔인한 물류적 성공 사례였다. 현장에서는 헝가리 헌병들, 파시스트 성향의 자원자들, 4만 명의 공무원들과 약 20만 명의 민간인들이 작업을 수행했고, 마지막 여정에 나선 유대인들을 가축 운반용 화물차에 태웠다. 그들은 2개월도 되지 않는 기간 동안, 정확히는 5월 15일부터 7월 7일까지 147대의 열차로 43만7,402명의 유대인을 추방하고 그중 1만5,000명을 제외한 모든 유대인을 아우슈비츠로 강제 이송했다고 독일인 지배자들에게 보고했다. 아이히만은 헝가리에서 강제 이송 작업을 지휘한 일에 흡족해했다. 그의 부관 중 한 명은 헝가리 유대인 평의회의 어느 회원에게 이렇게 말했다. "헝가리인들은 정말 훈족의 후손인 듯하더군요. 그들이 없었다면 우리는 절대 그렇게 잘해내지 못했을 것입니다." 아우슈비츠 집단 수용소의 소장 루돌프 회스는 수용소 화장장이 가스실에서 나오는 엄청난 수의 시체를 처리할 능력이 없으니 이틀에 1회 이상 유대인 추방자들을 보내지 말라고 헝가리 당국에 요청했다. 반면 헝가리인들은 매일 6회 보내기를 원했고, 결국 아이히만은 합리적인 타협안으로 이틀에 열차 2대분의 적재량을 제안했다. 그리하여 약 3,000명의 추방자를 태운 3대, 때로는 4대의 열차가 56일간 매일 역을 떠났다. 아우슈비츠 집단 수용소 당국은 시신을 불태우기 위해서 노천 구덩이를 팠다. 훗날 아우슈비츠 생존자인 이탈리아 작가 프리모 레비는 1944년 여름에 아우슈비츠 집단 수용소에서 헝가리어 이외의 언어가 들리지 않는 시점이 있었다고 말했다.[3]

헝가리의 각 지방에서 유대인을 대규모로 강제 이송하는 작업은 매우 효율적으로 진행되었다. 아이히만과 강제 이송 작업을 책임진 헝가리 정부의 차관보 두 사람과 헝가리 육군 중령 한 사람이 공동으로 정한 엄격한 시간표에 따라, 헝가리의 10개 헌병대 관할구의 요원들이 유대인들을 급조한 게토에 집결시키기 시작했다. 그런 다음 그들은 벽돌 공장과 목재 하치장에, 그리고 비교적 큰 도심 외곽의 집결지에 모인 유대인들을 기차역으로 이동시켰고, 거기서 유대인들을 화물 열차 1대당 70-80명씩 쑤셔넣었다.

게토의 상태는 정부 법령의 규정보다 훨씬 심각한 경우가 많았다. 물이 너무 부족했고, 음식이 턱없이 모자랐다. 하지만 그나마 벽돌 공장보다는 상태가 나았다. 벽돌 공장에는 벽 없는 헛간이 있었고, 의료 체계가 없었으며, 사람들이 임시 변소를 파야 했다. 당국에 의한 고문과 강탈은 일상이었다. 거의 모든 게토와 벽돌 공장과 기차역에서 헌병들은 비교적 부유한 유대인들이 숨겨놓은 금을 내놓을 때까지 두들겨 패는 장소인 이른바 "조폐국"을 운영했다.

상상하기 힘든 일이지만, 자격을 갖춘 의사들과 면허가 있는 간호사들과 조산사들이 유대인 여자들이 숨겨놓은 보석을 찾으려고 질과 항문을 검색하는 헌병들의 작업을 도왔다. 그들은 합당한 금액의 보수를 받았고, 단 한 명의 의사도 검색 작업을 거부하지 않았다. 역사에는 헝가리의 경찰관이나 군인이나 공무원이 부다페스트 밖에서 이루어진 유대인 강제 이송 작업에 협력하기를 공개적으로 거부한 사례가 단 한 건도 기록되지 않았다.[4]

본인들은 모르는 사실이었지만, 부다페스트의 유대인들은 당분간 강제 이송의 대상이 아니었다. 독일군에 점령된 뒤 며칠 안에 페스트 중심부의 커진치 거리에 있는 정통파 유대교 예배당은 마구간으로 바뀌었고, 근처의 뢰크 실라르드 거리에 있는 랍비 신학교는 게슈타포가 운영하는, 부다페스트에서 가장 무서운 감옥으로 탈바꿈했다. 유대인들은 노란색 다윗의 별을 달고 다녀야 했다. 그들은 노면 전차의 마지막 칸에만 탈 수 있었다. 그리고 극장, 영화관, 음악당, 수영장 등을 이용할 수 없었다. 앤디 그로브는 "우리는 아파트에서 나와 유대인 주택으로 지정된 특별한 건물로 이사해야 했다"라고 회상했다. "커다란 다윗의 별이 입구 위에 노란색으로 칠해져 있었다.……우리에게 잇달아 사건이 벌어졌다. 그때 나는 여덟 살이었지만 기억이 난다.……별을 달지 않고서는 유대인 주택 밖으로 나가지 못했고, 그것은 무감각하고 말없이 받아들여야 하는 일 중 하나일 뿐이었다."

소설가 콘라드 죄르지는 그때 열한 살이었다. "약 80명이 4층의 방 3개짜리 아파트에 살았다. 밤마다 우리는 온갖 가구를 잠자리로 삼았다. 침대나 침대요가 없는 사람도 있었지만, 다들 깔개는 가지고 있었다." 찌는 듯이 무더운 1944년 6월 24일의 일기에서 작가 페뇌 믹셔는 유대인들이 오후 2시에서 5시 사이에만 노란색 별 주택에서 나올 수 있었고 그 경우에도 병원에 가거나 빨래를 하거나 장을 보러 가는 사람만 외출이 허용되었다고 회상했다. "우리는 4-5명이 방 하나를, 15-20명이 주방이나 수세식 변소 하나를 함께 쓴다. 완전한 무기력 상태에 빠진 채 더위로 끔찍한 고통을 겪는 중이다. 방에서 나가거나, 산책하거나, 손님을 맞이할 수도 없고, 유대인이 아닌 사람이 사는 집에 발을 들여놓을 수도 없다."

유대인 강제 노동자 수천 명이 헝가리와 오스트리아 국경에 있는 끔찍한 상태의 수용소를 향해 서쪽으로 강행군했다. 절묘한 소설 『달빛 여행Utas és holdvilág』의 저자인 세르브 언털도 그중 한 사람이었다.* 세르브는 1901년에 유대인으로 태어났지만, 그의 가족은 세르브가 어릴 때 가톨릭교로 개종했다. 그는 엄격한 가톨릭교 학교에서 교육을 받았다. 그의 대부代父는 광신적인 반유대주의자인 프로하스커 오토카르 주교였는데, 유대인의 영향력이 헝가리 사회에 미치는 위험에 대한 프로하스커의 설교는 전간기에 매우 인기가 있었다. 세르브의 명저 『헝가리 문학사』는 한때 중등학교의 모든 학생이 배우는 책이었지만, 1941년에 금서로 지정되어 공개적으로 불태워졌다. 3년 뒤, 그는 종전까지 채 한 달도 남지 않은 시점에 강제 수용소로 끌려갔고, 거기서 간수들에게 구타당해 사망했다. 시인 러드노티 미클로시도 서쪽의 오스트리아에 있는 강제노동 수용소로 끌려갔다. 더는 걸을 수 없게 되었을 때 그는 경비원들에게 사살되었고, 그의 시신은 길가에 버려졌다. 우리의 머릿속

---

* 그는 유쾌하면서도 섬세하게 집필된, 부다페스트를 찾은 모든 방문객의 필독서인 『화성인의 부다페스트 길잡이』의 저자이기도 하다.

에 자꾸만 떠오르는 러드노티의 마지막 시 가운데 몇 편이 그의 시신과 함께 있던 공책에서 발견되었다. 그가 마지막으로 남긴 시는 다음과 같이 끝맺었다.

> 총알이 목덜미를 뚫었다. 나는 혼잣말로 속삭였다.
> 너도 이렇게 죽을 거야. 이제 가만히 누워 있어.
> 인내는 죽음에서 꽃피울 거야. 그리고 들렸어.
> 위에서 목소리가 들려. 그가 아직 꿈틀거리고 있다.
> 흙과 응고된 피가 뒤엉켜 있는 귀에 희미하게 들렸어.[5]

기독교회는 모든 반유대인법을 지지했다. 하지만 강제 이송의 끔찍함을 지켜본 많은 교단이 마침내 목소리를 내기 시작했다. 1944년 초여름, 개혁교회와 복음교회는 강제 이송 중단을 요구하는 개신교 공동 각서를 스토여이 정부에 제출했다. 1944년 6월 29일, 헝가리가 나치화되는 동안 내내 침묵했던 가톨릭 교회가 입을 열었다. 헝가리 수석 대주교인 셰레디 유스티니안 추기경이 유대인 박해를 규탄하는 회람을 작성했다. 정부는 각서의 출판과 교회에서의 회람 낭독을 금지했지만, 호르티에 대한 압박의 수위는 높아졌다. 일주일 뒤, 바티칸과 중립국들이 항의하고, 영국의 조지 6세와 스웨덴의 구스타프 5세와 미국의 루스벨트 대통령이 직접 개인적으로 호소하자, 호르티는 유대인들의 강제 이송을 중단하라고 명령했다. 그 명령 덕택에 부다페스트의 유대인 대부분이 목숨을 건졌다.

호르티는 회고록에서 자신에게 강제 이송을 막을 힘이 없었다고 말했고, 강제 이송의 진짜 목적이 무엇인지 전혀 몰랐다고 주장했다. 실제로 그에게 힘이 없었을 수도 있다. 하지만 그는 나머지 부분에 대해서는 거짓말을 했다. 호르티는 1943년 4월에 히틀러를 만나기 전에도 "최종적 해결"과 그 실행 방법을 통보받았다. 당시 독일 측이 작성한 의사록에 따르면, 히틀러는 헝가리계 유대인들에게 너무 관대하다며 호르티를 질책했다. 그러자 호르티가 물었다. "저들의 밥줄을 거의 끊어놓았는데 또 어떻게 해야 합니까? 아무튼 저들을 때려죽일 수는 없습니다." 독일 외무부 장관 요아힘 폰 리벤트로프는 이렇게 답변했다. "유대인들은 박멸하거나 집단 수용소로 끌고 가야 합니다." 히틀러는 다음과 같이 폴란드의 상황을 예로 들었다. "거기서 일하기 싫으면 죽어야 하오. 유대인들은 건강한 몸을 감염시킬 수 있는 결핵균처럼 취급해야 하오."*

늦더라도 하지 않는 것보다는 낫다는 의미에서 호르티는 부다페스트에 거주하는 유대인 대부분의 생명을 구한 공로를 어느 정도 인정받을 만하다. 하지만 그의 전기 작가 중 한 사람인 토머스 색마이스터는

---

* 몇 주일 뒤 호르티의 참모들은 두 사람의 만남에 관해 히틀러에게 보낼 서신의 초안을 작성했다. 초안의 한 문장은 다음과 같았다. "[헝가리] 정부가 독일에서 시행된 것만큼 유대인 박멸 작업을 철저히 시행하지 않았기 때문에, 또 그 작업이 다른 나라들에서도 바람직하기 때문에, 각하는 저를 더 책망하셨습니다." 결국 호르티는 그 문장을 삭제했지만, 원본 문서에 따르면 확실히 그는 히틀러와 리벤트로프가 말한 바를 정확히 이해했다. 헝가리 정부의 고위층에서 누군가 유대인의 운명을 의심하는 사람이 있었다고 해도, 아우슈비츠 집단 수용소에서 탈출한 죄수들의 목격자 진술(일명 아우슈비츠 의정서)에는 학살 소문이 사실이라는 증거가 담겨 있었다. 아우슈비츠 의정서는 1944년 5-6월에 헝가리의 저명한 문화인들과 정치인들에게 전달되었다. 호르티가 독일이 헝가리를 점령하기 훨씬 전부터 나치의 박멸 정책을 잘 알고 있었다는 데에는 의심의 여지가 없다.

이렇게 언급했다. "회의론자들은 이것이 고장이 난 시계도 하루에 두 번은 맞는다는 상투적 표현의 진실을 증명했을 뿐이라고 주장할 것이다." 호르티는 강제 이송을 계속하기를 원하는 헌병들을 저지하기 위해서 군사적 조치를 강구했고, 그 상황에서 용기를 조금 보여주었다. 세계 각국의 비난과 몇몇 친구들의 호소도 중요한 역할을 했다. 결국 헝가리 전체 유대인의 약 40퍼센트와 부다페스트의 유대인의 90퍼센트, 즉 약 36만5,000명이 전쟁에서 살아남았는데, 이는 히틀러가 장악한 유럽의 다른 어느 곳보다 많은 수였다.[6]

결국 호르티는 그의 가족과 일부 궁정 인사들의 설득으로 히틀러와 결별했다. 1944년 10월 중순, 그는 중립국 외교관들을 중재자로 삼은 비밀 회담에서 소련과의 휴전을 협상했다. 그러나 머지않아 헝가리가 겪어야 할 운명을 피하고 자신의 부풀려진 명예를 지키기에는 이미 너무 늦은 시점이었다. 호르티의 측근 가운데 연합국과의 거래를 가장 열심히 주장한 사람은 그의 아들인 호르티 미클로시 2세였다. 호르티 미클로시 2세는 아버지가 영국인과 미국인의 관점에서 갱생할 시간이 있다고 믿는 친영파였다. 그는 붉은 군대가 헝가리에 들이닥치면 시작될 가혹한 점령 과정의 강도를 영국과 미국이 낮춰줄 수 있으리라고 기대했다.

10월 15일 아침, 호르티 미클로시 2세, 즉 호르티 "미키"는 자동차를 타고 부다 성 지구에 있는 사무실로 출근하는 길에 부다 성으로부터 불과 수백 미터 떨어진 지점에서 노상 장애물과 마주쳤다. 그는 갑자기 노란색 다윗의 별이 달린 군용 우비와 두건을 착용한 남자들에게 둘러싸였다. 그는 권총을 뽑았지만, 표적을 겨냥하기도 전에 제압당했고,

공격을 당해 의식을 잃은 뒤 길가에 주차된 화물차 뒷좌석에 내던져졌다. 그의 경호원들은 쓰러져 피를 흘리고 있었다.

치밀한 계획에 따라 실행된 그 납치 공작은 히틀러가 가장 총애하는 나치 친위대 장교 중 한 사람인 오토 슈코르체니의 작품이었는데, 그는 1년 전에 이탈리아 아펜니노 산맥의 거대한 산괴인 그란사소의 산꼭대기 요새에서 무솔리니를 구출하려는 대담한 계획을 세워 총통의 눈에 든 인물이었다. 미키를 납치할 때 슈코르체니와 그의 동료들은 목격자들이 유대인의 소행으로 오해하도록 유대인 복장으로 위장했다. 부다페스트에서 히틀러의 대리인으로 활동한 에트문트 페젠마이어는 미키를 사로잡았다는 보고를 들은 지 몇 분도 되지 않아 섭정인 호르티 앞에서 말했다. "우리가 아드님을 데리고 있습니다. 휴전을 철회하면 아드님을 다시 볼 수 있을 겁니다." 섭정은 그가 시키는 대로 했다. 호르티는 자기 말을 들어주는 모든 사람에게 다음과 같이 말했다. "달리 어떻게 할 수 있었겠소. 아비로서 말이오⋯⋯." 그러나 곧바로 미키는 튀르크산 카페트에 둘둘 말려 독일로 이송되었다. 이후 호르티 부자는 몇 달간 만나지 못했다.[7]

그러나 헝가리인들은 휴전에 대해 알고 있었다. 호르티는 일찌감치 라디오 프로그램을 사전 녹화해두었고, 그 프로그램은 부다페스트를 포함한 전국의 여러 지역으로 송출되었다. 확성기가 달린 군용 트럭이 도시를 돌아다녔다. "국민 여러분, 호르티 제독입니다. 라디오를 켜주십시오." 곧이어 라디오에서는 다음과 같은 섭정의 목소리가 들려왔다. "우리는 제국의 후방 교전 구역이 되지 않을 것입니다. 우리는 소련과의 전쟁에 더는 가담하지 않기로 합의했습니다."

부다페스트 시민 수천 명이 축하 잔치를 열기 시작했다. 스위스 외교관들이 발행한 가짜 증명서로 신분을 감추고 있던 콘라드 죄르지는 이렇게 회고했다. "화창한 가을 일요일 아침이었다. 사람들이 거리로 쏟아져 나왔다. 우리는 휴전 소식이 너무 기뻤다. 우리 건물의 모든 사람이 유대인들이었다. 노인들은 건물 입구 위의 널빤지에 붙은 노란색 종이 별을 떼어내려고 사다리를 타고 올라갔다. 어떤 사람들은 자기 외투의 노란색 별을 찢어서 버렸다. 길거리에서. 우리는 휴전 소식이 진짜로 확인되기를 기다렸다."

그러나 그날 오후 축하 행사가 진행되는 동안 독일군 4개 사단이 헝가리 수도로 이동했고, 독일군 전차가 왕성을 포위했다. 친나치 성향이 강한 장교단이 지휘하는 헝가리 군은 무기를 내려놓았다. 부다페스트를 다시 장악한 독일은 이전에 호르티가 너무 극단적이라는 이유로 활동을 금지했던(호르티는 화살십자당 당원들을 폭력배들과 깡패들이라고 불렀다) 파시스트 단체인 화살십자당의 수장인 살러시 페렌츠를 헝가리 총리로 임명했다. 당시 부다페스트 대학교 학생이었던 역사학자 몰나르 미클로시는 "권력은 사회의 찌꺼기들의 손에 넘어갔다"라고 표현했다.

호르티는 왕국을 내줬는데도 아들을 돌려받지 못했다. 미키는 다하우 집단 수용소로, 호르티 제독은 히틀러의 말대로 "그의 계급에 걸맞게" 바이에른의 어느 성으로 끌려갔다. 호르티는 1945년 봄에 미국인들에 의해서 풀려났지만, 이후 다시 체포되어 여러 포로수용소로 보내졌다. 나중에 회고록에서 불평했듯이, 그는 포로수용소에서 잠자리를 정돈하고 반합을 닦는 법을 배워야 했다. 유고슬라비아인들은 헝가리인들이 세르비아에서 저지른 것으로 알려진 전쟁 범죄 혐의로 그의 신병을 인수하려고 했지만, 미국의 해리 트루먼 대통령에게 저지되었다. 소련은 호르티를 뒤쫓는 데 관심이 없었다. 운 좋게 기소를 면한 그는 포르투갈의 이스토릴로 추방되었고, 1957년에 죽을 때까지 조용히 살다가 아들과 재회했다. 그 늙어가는 반유대주의자는 스스로 한 번도 인정하지 않았지만, 공교롭게도 주로 유대인 초린 가문의 자선적 원조 덕택에 편안하게 살았다. 그러나 호르티는 죽고 나서야 헝가리로 돌아올 수 있었다.*

헝가리인들은 헝가리 역사에서 긍정적이든 부정적이든 간에 그 "백마 탄 제독"이 맡았던 엄청난 역할을 절대 인정하지 않았다. 지금까지 그는 정쟁의 도구로 사용되었다. 호르티는 공산주의 시절에 헐뜯겼고 1989년 이후 정권을 잡은 친민주주의 성향의 자유주의자들에게도 비난을 받았지만, 21세기의 수정주의 역사가들은 그의 명예 회복을 시도했다. 몇몇 지방 소도시에 그를 기리는 기념비가 세워졌다. 2010년에 헝가리 총리 오르반 빅토르는 그를 "헝가리의 존재를 지켜낸 비범한 정치인"으로 일컫기도 했다. 하지만 오르반 비토르는 나중에 그런 평가를 철회했고, 호르티의 역할에 대해 매우 비판적인 태도를 보였다. 헝가리의 역대 정부는 호르티 제독의 이야기를 해당 정부의 입맛에 맞게 각색해왔다.[8]

---

* 공산주의가 몰락하고 소련군이 헝가리를 떠난 뒤, 그의 유해가 송환되었다. 그는 1993년 9월에 대규모 이장 의식을 치렀다. 헝가리인들은 장례를 크게 치르는데, 이장 의식은 훨씬 더 성대하게 치른다.

제29장

부다페스트 포위전

> 그 겁에 질린 얼굴들을 절대 잊지 못할 것이다.……사람들의 목숨이 내 말에 달려 있었다. 그것은 그들이 삶의 의지를 잃기 전에 보내는 마지막 희망의 신호였다.……누구를 구할지 즉석에서 선택해야 했다. 미친 짓이었다. 하느님은 어디 계실까?
> ― 카를 루츠(부다페스트 주재 스위스 대사관 부영사), 1944년 11월

부다페스트 전투는 제2차 세계대전 와중에 수도를 둘러싸고 벌어진 가장 길고도 잔혹한 포위전이었다. 1944년 여름, 독일군은 저항 운동에 의한 유혈 보복을 피하기 위해서 로마와 파리를 연합군에 넘겼다. 바르샤바는 전쟁 도중에 사실상 파괴되었지만, 결국 독일군은 후퇴했고 소련군이 무혈입성하다시피 했다. 나치 친위대는 빈에서 6일 동안 치열하게 싸웠다. 베를린은 피바다가 되었지만, 소련군의 마지막 맹공격은 2주일 정도였다.

소련의 부다페스트 포위전은 3개월 동안의, 정확히는 총 102일 동안의 대규모 전투였고, 히틀러가 "부다페스트 요새"라고 불렀던 곳에서 빠져 나오려던 독일군과 헝가리 군 수비대의 탈출 시도가 실패한 뒤에

야 끝이 났다. 엄청난 수의 난민들과 헝가리 군 탈영병들과 10만 명이 넘는 유대인들(히틀러 치하의 유럽에서 살아남은 최대의 유대인 공동체 중 하나)을 비롯한 약 100만 명의 주민들이 그 도시의 건물 지하실에 숨어 있었다. 거의 4만 명의 민간인이 사망했는데, 대부분이 거리에서 저격수의 발포로, 혹은 침실, 욕실, 부엌 등에서 포격으로 죽었다.

포위전 당시 열여덟 살의 학생이었던 역사학자 데아크 이슈트반은 나중에 "그곳에 있었던 사람들만이 그 경험을 다시 떠올리지 못한다"라고 썼다.

그들은 다뉴브 강으로 떠내려온 알몸의 시신들을 기억할 것이다.…… 미친 화살십자당 깡패들이 진눈깨비가 내리는 가운데 늙은 유대인 여자들을 구타했다. 농아들로 구성된 민병대가 모든 행인에게 바지를 내리고 신속한 "인종 검사"를 받으라고 명령했다. 라타라고 불리는 소련군 항공기가 조종사의 얼굴이 보일 만큼 낮게 비행하는 동안, 사람들은 물을 구하려고 줄지어 서 있었다. 나는 인구가 100만 명인 도시가 드넓은 곳이라는 사실을 깨달았다. 포위전 막바지에 그 도시의 서쪽 절반인 부다의 주민들은 여전히 포위되어 있었는데, 다뉴브 강 동쪽의 페스트에 있는 한 영화관은 벌써부터 영화를 상영 중이었다.

여러 세기에 걸쳐 부다페스트는 다양한 정도의 포위전을 총 14번 겪었고, 주로 부다를 포위당했다. 그러나 제2차 세계대전의 포위전으로 초래된 파괴의 흔적은 이전의 어느 포위전보다 더 심각했다. 그 싸움은 당시에도 스탈린그라드 전투와 비교되었지만, 그 기념비적인 스탈린그라드 전투에서는 대부분의 백병전이 도시 밖에서 일어났고 대다수의 시민들이 대피한 상태였다. 스탈린그라드 전투와 부다페스트 포위전을 모두 겪은 붉은 군대의 일부 병사들은 부다페스트 포위전이 더 지독하고 어렵다고 생각했다. 이 포위전에서는 민간인 사상자 외에 독일군과 헝가리 군 약 4만 명과 소련군 최소 8만 명이 전사했다.

호르티 섭정이 폐위될 무렵 소련은 우크라이나를 재점령했고, 서쪽으로 진군하기 위해서 헝가리와의 국경에 군대를 집결시키고 있었다. 11월 초순, 로디온 말리놉스키 원수가 지휘하는 2개 군이 부다페스트를 포위했고, 연합국들은 헝가리의 패배를 임박한 결과로 예상했다. 냉전은 미래의 일이었고, 헝가리는 아직 세계적으로 용감한 희생자라는 지위에 오르지 못했다. 아무도 헝가리가 두 번의 세계대전에서 "나쁜 편"에 있었다는 사실을 몰랐다. 그해 겨울, 대체로 자유주의적 성향인 해럴드 니컬슨(20세기 영국의 하원 의원/역주)의 견해에 많은 사람들이 공감했다.

> 소련군이 부다페스트의 대포 사정권에 있다는 사실을 알았을 때, 나는 고결하지도 온전하지도 않은 기쁨을 느꼈다. 내 이성적 판단에 따르면, 헝가리인들은 그들의 난감한 위치를 깨달았고, 그들이 단호한 중립을 지키기란 정말 힘든 일이었을 것이다. 그들은 지리적 필요성 때문에, 그리고 트리아농 조약을 둘러싼 불타는 분노 때문에 억지로 전쟁에 휩쓸렸다. 사실, 1,000년도 더 전에 아르파드가 헝가리에 처음 입성한 그날부터 지금까지 마자르인들은 유럽에 많은 해악을 끼쳤고 거의 도움이 되지 않았다.……이번에 내가 만족하는 이유는, 헝가리인들이 다시는

평화를 방해할 수 없으리라는 꽤 합리적인 느낌 때문일지도 모른다.[1]

올가미가 부다페스트 주변을 꽉 조여오는 가운데 독일인들과 새로 들어선 헝가리 화살십자당 정부는 부다페스트 주민의 운명에 대한 어떤 결정도 내리지 않았다. 어쨌든 헝가리 정부는 대규모 대피 작전을 수행할 수 없었을 것이고, 독일인들은 헝가리 정부를 돕는 데 관심이 없었다. 독일군 사령관과 헝가리 군 사령관은 민간인들에게 부다페스트를 떠나고 싶으면 그렇게 하라고만 말했다. 11월 7일, 대피를 민간인의 의사에 맡긴다는 내용의 포스터가 몇몇 거리에 나붙었다. 살러시와 그의 심복들은 며칠 뒤 오스트리아와의 국경에 있는 쇼프론으로 떠날 계획을 이미 세워둔 상태였다. 그러나 11월 8일에 헝가리 주재 독일 대사 에트문트 페젠마이어가 헝가리 정부가 떠나도 독일 대사관은 부다페스트에 남을 것이라고 말하자 살러시는 생각을 바꿨다. 페젠마이어는 히틀러 총통이 부다페스트를 "최후의 1인까지" 방어하도록 명령했다고 말했다.

독일군 사령관 카를 페퍼빌덴브루흐 장군은 불가능한 임무를 맡았다. 그에게는 10만 명의 병력이 있었는데, 그중 거의 절반이 헝가리 군이었다. 또한 탄약 및 식량 부족 문제를 안고 있었고, 노련한 지휘관이 이끌고 보급이 잘되고 전투로 단련된, 위협적인 붉은 군대와 맞서야 했다. 그가 한편인 헝가리인들을 싫어했다는 점, 심지어 소련에 항복하라는 호르티의 최종 명령에 불복해 반란을 일으킨, 대체로 친독일 성향의 헝가리 군 장교들마저 싫어했다는 점도 문제였다. 부다페스트 포위전은 필연적인 상황을 막대한 희생을 통해서 지연시킨 절망적인 전투였다. 스탈린은 격노했고, 헝가리인들을 히틀러의 마지막 협력자들로 바라보았다.

1944년 12월, 수천 명의 어린이를 비롯한 7만5,000명의 민간인이 가까스로 부다페스트를 떠났다(아직 이런 식의 대규모 대피는 그런대로 가능한 상태였다). 나머지 주민들은 소련군이 곧 도착할 것을 알고 머물렀다. 그들은 이미 11월 4일 토요일 오후 2시경 머르기트 다리가 폭파되었을 때 향후 포위전의 양상이 어떻게 될지 깨달았고, 종전이 정말 눈앞에 다가왔다고 느꼈다. 일찍감치 그들은 미군과 영국군의 공습에, 교외의 산업 시설을 겨냥한 공습에 익숙해져 있었다. 하지만 도심에서 벌어진 다리 폭발 사고 때문에 부다페스트 주민들은 깜짝 놀랐다.

포위전 일지를 작성한 코벌로브스키 미클로시는 이렇게 회상했다.

코미디 극장 앞에 도착한 우리는 거대한 폭발에 몸이 흔들렸다. 나는 엄청난 인파가 모여 있는 다뉴브 강 제방(약 250미터 떨어진 곳)으로 다시 달려갔다. 페스트 쪽에서 다리의 아치 2개가 무너졌다. 노면 전차와 자동차와 사람 수백 명이 강에 빠졌다. 부서진 6호선 노면 전차의 객차 2대가 수면 위로 떠올랐고, 부상자들의 신음 소리가 들렸다. 시신들이 난간에 매달려 있었고, 소용돌이치는 물속에 사망자와 부상자들이 보였다. 크고 작은 선박과 경찰 함정이 인명을 구조하기 위해서 사력을 다하고 있었다.

정확한 사망자 수는 아무도 모르지만, 약 600명이 사망했다. 그 시점에 부다페스트 주민들은 독일군이 다뉴브 강의 모든 다리를 폭파할 계획이라는 사실을 깨달았다. 독일군이 화약에 도화선을 달고 있었는데, 지나가던 노면 전차에서 발생한 불꽃으로 도화선이 점화되었다. 사망자 중에는 40명의 독일군 토목 공병들도 포함되었다. 사흘 뒤, 도시의 동쪽과 북쪽에서 소련군의 무자비한 집중 포격이 시작되었다.[2]

훗날 부다페스트의 주민 누구도, 그 도시의 유대인들에게 무슨 일이 일어나고 있는지 몰랐다고 변명할 수 없었다. 사람들은 날마다 두 눈으로 똑똑히 볼 수 있었다. 유럽의 여느 곳과 달리 부다페스트에서는 대량 살육이 도심의 거리에서 공공연히 벌어졌고, 거리에서 자행되는 행위를 숨기려는 노력도 거의 없었다. 부다페스트 태생이지만 미국으로 건너와 홀로코스트를 연구한 역사가인 랜돌프 브리햄은 "나치가 점령한 서유럽 어디에서도 이런 일은 일어나지 않았다"라고 썼다. 학살을 자행하기 편리한 장소는 다뉴브 강 제방이었고(다른 곳에서도 학살이 자행되었다), 학살은 밤낮으로 계속되었다. 어느 고위 경찰관이 스위스 외교관 카를 루츠에게 말한 바에 따르면, 1944년 가을 부다페스트에는 무장한 화살십자당 민병들이 4,000명을 넘지 않았다. 그러나 그들은 헌병들과 민간인들과 헝가리 군인들이 옆에서 방관하는 가운데 100만 명을 공포에 떨게 했다. "정상적인 상황에서는 4,000명이 100만 명을 위협할 수 없습니다"라고 루츠가 말했다. 하지만 그때 부다페스트에서는 무엇도 정상적이지 않았다.

화살십자당은 나치로부터 영감을 받은 조직이었지만, 헝가리 특유의 요소를 지니고 있었다. 1920년대 창당 당시부터 당원들은 갈색 셔츠를 입었고, 갈고리십자를 상징으로 삼았으며, 나치식으로 경례했다.

1933년에 호르티 섭정이 폭력 선동을 이유로 활동을 금지한 후 화살십자당 당원들은 녹색 셔츠로 갈아입었고, 상징으로는 11세기 마자르족의 왕인 성 라슬로의 상징인 악명 높은 화살십자가를 차용했다. 십자가 모양의 날아가는 화살 2개였다. 화살십자당은 헝가리 전역에 살인단을 조직했고, 특히 부다페스트에서는 널리 알려진 유대인 사업가와 "유명인사"의 암살을 목표로 삼았다. 화살십자당의 경례 구호는 키터르타시Kitartás(인내)였다. 당원으로는 최하층 프롤레타리아와 도시 노동자들뿐 아니라 현재의 지위를 상실할 우려가 있는 공무원들, 욕구 불만의 급진적 지식인들, 저임금에 시달리는 전직 군인들과 일상의 권태를 느끼는 학생들도 있었다. 헝가리의 수많은 빈민들은 자신의 현재 상태를 마자르인의 영토를 빼앗은 외국인의 탓으로 돌렸다. 한 유인물에 의하면 화살십자당은 빈민들에게 "유대인 자본가와 대귀족 지주로부터의 해방"을 약속했다. 화살십자당은 봉건적 권력집단, 대형 금융기관, "대대로 헝가리를 지배했던 오래된 관료 사회"의 권력 연합에 반대하는 항의 운동을 시작했다. 화살십자당은 전간기에 유럽에 등장한 전형적인 인기영합주의의 온상이었다.

 화살십자당 당원들은 공직자에게 인종적 순수성과 "마자르인다움의 증거"를 요구했다. 하지만 1944년 10월에 독일인들로부터 권력을 부여받았을 당시, 화살십자당 소속 장관 중에서도 5명당 1명만이 그와 관련된 증거를 제시할 수 있었다. 심지어 그들의 지도자이자 마흔일곱 살의 육군 소령 출신으로 자칭 "나라의 지도자"인 살러시 페렌츠조차 지금의 슬로바키아 동부 지방의 코시체(커셔)에서 살로샨이라는 성씨로 태어났다. 호르티의 명령으로 살러시의 가계도를 조사한 보안 요원들에 따르면, 살러시는 아르메니아인과 슬로바키아인과 독일인의 혈통을 물려받았다. 호르티 섭정에 의하면 살러시는 "기껏해야 4분의 1 헝가리인"이었고, 그가 실제로 헝가리 시민인지도 완전히 분명하지는 않았다.[3]

살러시와 그의 패거리가 볼 때, 유대인 없는 헝가리를 달성하는 일은 전쟁에서 이기거나 붉은 군대에 목숨을 빼앗기지 않는 것보다 더 중요했다. 그들의 비이성적인 행동에 대한 다른 그럴듯한 설명은 있을 수 없다. 때때로 그들의 지도자 중 일부는 내면을 성찰하고 자신에게 질문을 던졌지만, 대부분 개인적 차원이거나 일기장에서만 그랬다. 하지만 화살십자당의 외무부 장관 케메니 가보르는 예외였다. 그는 내각 회의에서 "우리는" 수백만 노동일을 잃어도 될 만큼 "여유가 있습니까?"라고 질문했다. 그러자 고함이 터져 나왔고, 그는 입을 다물었다. 이후 훨씬 더 광기 어린 정책이 나왔다. 살러시는 유대인 강제 노동자들이 헝가리 땅에서 일하도록 허용한 독일 당국에 불만을 표시했고, 그들을 당장 철수시키라고 요구했다.

화살십자당 정부가 들어선 순간부터 열어섯 살 정도의 불량배들이 특유의 방식으로 "최종적 해결"을 실행하기 시작했다. 부다페스트의 유대인들로서는 "소련군이 도착하기를 기다리며 보낸" 그 기간이 "가장 끔찍하고 무서운 시간"이었다. 당시 두 아이의 젊은 어머니였던 퍼르가시 유디트는 "우리는 살아남을 수 있다면 괜찮을 것이라고 생각했다.……그럴 수만 있다면 말이다……"라고 회상했다. 그 겨울을 보낸 다른 생존자는 화살십자당이 구사한 방식을 목격했다.

화살십자당 당원들은 야음을 틈타 작업하는 방식을 선호했지만, 포위전이 끝날 무렵에는 더 이상 이목을 의식하지 않았다. 그들은 희생자들을 다뉴브 강 제방의 공터로 끌고가고는 했다. 12월과 1월의 얼어붙는 듯한 추위에서도 포로들은 흔히 옷을 벗어야 했다.……철사로 손목이 서로 묶인 사람들이 강을 마주 보고 있었다(3명씩 한데 묶는 방식이 가장 선호되었다). 그러면 소총수가 가운데에 서 있는 사람의 등에 총을 쐈다. 총에 맞은 사람이 앞으로 쓰러지면서 양쪽의 두 사람을 다뉴브 강 속으로 끌고 갔다. 그런 처형 방식은 총알을 아낄 수 있었고, 세 사람 모두에게 총을 쏘는 방식만큼 효과적이었다. 차가운 강물과 총을 맞은 사람의 몸무게 덕분에 처형이 손쉽게 집행되었다.[4]

화살십자당은 낯익은 얼굴에게 도움을 받았다. 최종적 해결의 기획자이자 대부인 아돌프 아이히만은 부다페스트 밖에서 유대인의 강제이송이 중단되기 직전인 6월 하순에 부다페스트를 떠났지만, 새 정부 인사들에게 조언을 해주려고 10월 18일에 다시 부다페스트에 나타나 잠시 머물렀다. 그와 소수의 게슈타포 장교들은 순환도로에 있는 로열 호텔에 본부를 차렸다. 1944년 10월 이전에는 대부분 민간인이었던 화살십자당 민병대의 잔인함은 이따금 독일인들의 반감을 사기도 했다. 육군 사령관 페퍼빌덴브루흐는 마음이 약한 사람은 아니었지만, 휘하의 군인들이 화살십자당의 유대인 집단 학살에 가담하지 못하도록 했다. 그런데 독일의 민간 고위 관리들의 지령은 비양심적이었다. 페젠마이어 대사는 베를린으로부터 독일인보다 더 잔인하게 "유대인 문제"를 해결하는 자들이 있어 편리하다는 점에 주목하는 훈령을 받았다. "모든 측면에서 화살십자당을 지원할 것.……헝가리인들이 이제 되도록 가장 혹독한 방식으로 유대인에 반대해야 하는 상황이 우리의 이익에 부합함." 그해 가을과 겨울에 부다페스트에서 수많은 유대인이 살해되었다.

다수의 용감한 헝가리인들은 주택과 빈 아파트에 피난처를 마련해주는 등 유대인들을 구하기 위해서 할 수 있는 일을 했다. 내 누이의 보모인 진데이 어그네시의 범상치 않은 관대함과 용기 덕택에 우리 가족은 보호를 받으며 생존했다. 그러나 대다수 사람들은 포위전에서 목숨을 부지하기에 급급했고, 거리의 사태에는 좀처럼 개입하지 않았다. 어느 헌병은 당시 학생이었던 몰나르 미클로시에게 유대인들이 옷이 벗겨진 채 총에 맞아 강에 던져지는 장면을 목격했다고 말했다. "아, 정말 끔찍하군요"라고 몰나르가 말했다. 그러자 헌병은 "글쎄, 문제는 이렇게 되었다는 게 아니야. 일부는 살아남았다는 게 문제지.……모조리 박멸하지 않는 한 그들이 앙심을 품은 돼지들로 변할 것이기 때문이야"라고 말했다.

몇 주일 뒤 공식 징책이 비뀌었고, 살러시는 중립국 외교관들이 헝가리 정부를 어떻게 바라보는지 우려했다. 그는 휘하의 패거리에게 더 신중히 행동하라고 명령했다. 화살십자당 소속 국회의원인 머로치 카로이는 이렇게 말했다. "개별 사건이 그들에 대한 동정심을 유발하도록 해서는 안 된다.……수로에서 밤낮으로 들리는, 죽음 직전의 가래 끓는 소리를 막기 위해 무엇이든 조치를 취해야 한다.……주민들은 유대인들이 죽는 모습을 볼 수 없어야 한다." 헝가리 경찰국장 호도시 팔은 "문제는 유대인들이 살해되고 있다는 것이 아니라……방법이다. 시체들을 길거리에 방치하지 말고, 눈에 띄지 않도록 해야 한다"라고 단언했다.

그러나 공식적인 권고는 종종 무시되었고, 목격자들은 여러 잔인한 장면들을 기록으로 남겼다. 강둑에서 처형 장면을 목격한 젊은 헝가리 군 장교 헤르만디 이반 중위는 훗날 기자에게 이렇게 증언했다. "[강에서 불과 몇 미터 거리에 있는] 비거도 음악당 모퉁이를 돌았더니 희생자들이 노면 전차 2호선 선로에 길게 줄지어 서 있었어요. 그들은 앞으로 다가올 일을 숙명으로 알고 체념한 상태였습니다. 다뉴브 강 가까이에 있는 사람들은 이미 알몸이었고, 다른 사람들은 천천히 걸으며 옷을 벗고 있었습니다. 그 모든 일이 총소리나 기관총 일제사격 소리만 간간이 들리는 완전한 침묵 속에서 벌어졌죠. 늦은 오후, 아무도 남지 않았을 때, 우리는 다시 살펴보았습니다. 죽은 자들은 얼음판 위에 쓰러져 있거나 다뉴브 강에 떠 있었어요. 그중에는 여자와 아이와 노인들도 있었습니다." 어느 경찰관은 다음과 같이 회고했다. "그들은 너지쾨루트를 따라서 유대인들을 몰고 갔습니다. 열네 살에서 열여섯 살쯤으로 보이는 화살십자당 소년 당원 4–5명이 그들을 에르제베트 다리 쪽으로 호송하고 있었어요. 한 노파가 쓰러졌고……더는 걸어갈 수 없었습니다. 소년 중 한 명이 소총 개머리판으로 노파를 때리기 시작했어요. 내가 경찰복 차림으로 소년에게 다가갔습니다. '너는 어머니도 없니? 어떻게 이럴 수 있지?' 그러자 소년이 대답했어요. '웬 참견이에요? 저 여자는 유대인일 뿐이에요. 아저씨.'"[5]

시내 바로 밖에 있는 "일반" 유대인 게토의 경계는 11월 18일에 선포되었고, 모든 유대인은 12월 2일까지 이주하라는 명령이 떨어졌다. 12

월 10일, 그 지역은 나무판자로 폐쇄되었고, 출구 4개만 남겨졌다. 한때 약 6만 명의 유대인이 4,513개의 아파트에 가득 들어찼다(때로는 14명이 한 방을 썼다). 어느 생존자가 일기에서 회상했듯이, 끔찍한 상황이었다.

비좁은 커진치 거리에서 쇠약해진 남자들이……손수레를 밀고 있었다. 덜컹대는 손수레에서 밀랍만큼 노란 나체의 시신들이 마구 흔들렸고, 검은 반점이 있는 뻣뻣한 팔이 축 늘어져 바큇살에 부딪히고 있었다. 그들은 커진치 목욕탕 앞에 멈췄고……격자 모양의 문으로 들어갔다. 눈과 바람에 시달린 목욕탕 건물 뒤쪽 안뜰에 시신들이 나무 조각처럼 꽁꽁 얼어붙은 채 쌓여 있었다. 나는 클러우잘 광장으로 건너갔다. 광장 한가운데에서 사람들이 말 한 마리의 사체 주변에 쪼그려 앉거나 무릎을 꿇은 채 칼로 말고기를 뜯어내는 중이었다. 그 동물의 머리는 불과 몇 미터 떨어진 곳에 놓여 있었다. 배가 갈리고 다리가 잘린 사체에서 젤리 같고 차가운 윤기가 흐르는 누렇고 푸른 창자들이 터져 나오고 있었다.

11월 14일부터 이듬해인 1945년 1월 18일까지 게토 안에서 매일 평균 80명이 목숨을 잃었다(이는 게토 밖에서 자행된 유대인 살해는 제외한 수치이다).

자살이 흔했다. 1944년 11월의 어느 주 동안 부다페스트에서 자살한 유대인은 강제 이송이 시작되기 전인 1943년에 헝가리 전역에서 자살한 유대인보다 많았다. "노인과 어린 소녀와 임산부들이 스스로 목숨을 끊었다. 어떤 어머니들은 자살을 주저하는 딸을 밀대로 때려 의식을 잃게 한 뒤 가스관 아래 눕히기도 했다." 1945년 1월 3일, 화살십자당 유대인 집결 감독관인 뢰체이 이슈트반 검열총감은 유대인 노동연대 12개를 편성하도록 명령했다. 하지만 그의 명령은 당시 게토의 굶주린 입소자들이 간신히 걸을 수 있는 상태였기 때문에 수행될 수 없었다.

화살십자당 정부와 스위스 공사관 부영사 카를 루츠가 맺은 협정의 일환으로, 페스트 중심부의 성 이슈트반 광장 인근에 72채의 건물로 이루어진 별도의 국제 게토가 스위스의 보호를 받게 되었다. 국제 게토는 외국 여권을 지닌 모든 유대인을 집결시키기 위한 곳이었다. 스위스 공사관이 헝가리 정부와 독일 정부에 제시한 공식 수치에 따르면, 원래 그 게토는 3,969명을 수용하기로 되어 있었다. 하지만 처음부터 1만 5,600명이 수용되었고, 포위전이 끝날 때까지 거의 4만 명이 건물과 지하실에 꽉 차 있었다. 국제 게토는 다뉴브 강 제방에 더 가까웠기 때문에 위험했다. 파시스트 민병대는 건물을 자주 습격했고, "피보호" 여부와 상관없이 유대인을 체포했다.

세레디 추기경은 1944년 11월 초순에 화살십자당 지도자를 만나서 부다페스트 거리에서의 학살을 막아달라고 간청했다. 살러시는 그를 달래려고 애썼고, 그 고위 성직자에게 살인은 "성급한 자들"의 소행이며, 지도자인 자신은 그들의 못된 짓을 중단시키려고 노력하겠다고 장담했다. 하지만 세레디 추기경의 말에 동의하지 않은 성직자도 있었다. 프란치스코회 탁발수도사인 쿤 언드라시는 화살십자당 사령관 가운데 가장 악명 높은 인물 중 한 사람으로, 직접 여러 번의 유혈 사태를 지휘한 바 있었다. 그는 검은 제복 위에 은색 십자가와 더불어 권총집

혁대와 연발 권총을 차고 있었다. 유대인들을 한데 소집해서 다뉴브 강 제방으로 끌고 간 뒤, 그는 다음과 같이 명령했다. "그리스도의 이름으로, 발사!"⁶

그해 겨울은 기록상 가장 추운 겨울 중 하나로 꼽혔다. 12월 초순까지 다뉴브 강은 몇 년 만에 처음으로 꽁꽁 얼어붙었다. 많은 사람들이 다뉴브 강을 건너려고 했는데, 소련군이 부다페스트 도심에 더 가까이 접근할 무렵인 포위전 막바지에는 다뉴브 강을 건너기가 무척 위험해졌다. 하지만 그전에 먼저 식량 공급이 위험 수준에 도달했다. 11월 초순부터 사람들이 말의 사체를 난도질하는 모습이 흔해졌다. 살러시는 독일군 사령관에게 다음과 같은 내용의 서신을 보냈다. "식량 공급이 비참한 수준입니다. 부다페스트에서는 특히 기아로 인한 유아 사망자 수가 놀라울 정도로 많습니다. 우리는 기아로 인한 폭동을 예상해야 합니다." 그러나 사람들은 너무 지치고 굶주린 나머지 폭동을 일으키지 못했다. 성탄절 전야에 화살십자당 소속 국무부 장관인 러이크 엔드레는 독일 최고사령부에 1일 배급량을 기존의 절반 수준인 빵 150그램으로 줄이고 성탄절 선물로 고기 150그램만 지급해도 기껏해야 10일이면

---

* 제2차 세계대전이 끝난 뒤 쿤은 500건의 살인을 저질렀다고 인정했지만, 처형일인 1945년 9월 19일 직전에 시행된 면담에서는 그 만행과 관련이 없다고 부인했다. 화살십자당의 가장 악랄한 부류였던 어느 폭력배는 종전 후 헝가리 공군 장교가 된 15세 소년으로 드러났다. 그와 그의 패거리는 전쟁 동안 화살십자당이 저지른 만행에 대한 조사가 이루어진 뒤 1966년에 체포되었다. 1945년부터 지금까지 실시된 조사로는 그 조사가 유일하다. 그와 동료들은 고문과 지속적인 살인을 자행했고, 약 1,000-1,200명을 죽였다. 한 폭력배는 "정확히 몇 명인지 기억나지 않는다"라고 말했다. 1944년 성탄절에 그들은 50명 이상의 유대인을 총살했다.

비축 식량이 바닥날 것이라고 말했다. 그런 상황에도 불구하고, 국제 적십자가 2주일 동안 부다페스트 시민들을 먹여 살릴 수 있는 5,000만 펭괴(나중에 포린트로 대체된 화폐 단위) 가치의 원조를 제안했을 때, 정부는 구호품의 일부가 게토에 전달되어야 한다는 조건 때문에 국제 적십자의 제안을 거절했다.*

성탄절 이후 대중교통은 운행을 멈췄고, 상수도는 고갈되기 직전이었으며, 체계적인 식량 공급은 거의 중단되었다. 새해 첫날부터 쓸모없는 말을 가려내 도축하는 작업이 공식적으로 시작되었고, 곧 말고기와 당근만 구할 수 있게 되었다. 몇 주일 동안 부다페스트에는 곡물이나 당근 이외의 채소가 공급되지 않았다. 가장 큰 문제는 부족한 식량의 분배 현황이었다. 페스트의 독일군 부대 중 하나에서 근무한 라인하르트 놀 병장은 "어떤 사람들은 잔치를 벌였지만, 다른 사람들은 먹을 것이 거의 없었다"라고 말했다. "우리의 삶은 모순으로 가득 차 있었다. 하루에 수프 한 그릇을 해 먹을 물도 없었으나, 몇몇 호텔의 창고에는 엄청난 양의 최고급 증류주가 있었다. 우리는 하루에 군용 빵 한 조각만 받았지만, 돼지기름과 잼은 넉넉히 받았다.……지하실에는 평생 들어본 적도 없는 가장 비싼 헝가리산 시가와 포도주가 잔뜩 쌓여 있을 때도 있었다."

물이 다 떨어지자 사람들은 눈을 녹였다. 하지만 양쪽 군인들이 문

---

* 러이크 엔드레와 그의 동생은 부유한 가정 출신의 흥미로운 형제였다. 러이크 엔드레의 동생 러이크 라슬로는 유명한 공산주의자이자 부다페스트 지하 저항 세력의 지도자였다. 라슬로가 체포되었을 때, 파시스트인 형이 동생의 목숨을 구해주었다. 종전 후, 엔드레가 붙잡혀 처형을 앞두고 있을 때, 공산 정권의 고위 관리였던 라슬로는 형을 구하기 위해서 개입했다.

밖으로 나오는 모든 민간인에게 무차별적으로 발포하곤 했기 때문에 밖에서 눈을 녹이는 것은 목숨을 건 행동이었다. 가스 공급은 12월 28일에 전면 중단되었다. 부다의 몇몇 구역에서는 1월 하순까지 통화가 되었지만, 페스트에서는 11월 30일에 모든 전화가 먹통이 되었다. 12월 30일, 마침내 도시 전체에서 전기 공급이 중단되었다. 소련군의 폭격으로 가스관이 가끔 폭파되어 화재를 일으켰다. 부다 언덕의 가스 공급 시설이 파괴되자 며칠 동안 불길이 하늘 높이 치솟았다.

12월 26일, 부다페스트 주둔 헝가리 군 사령관인 힌디 이반 중장이 라디오 방송을 통해서 독일군과 다른 헝가리 군이 조만간 부다페스트를 구하겠다고 약속하는 고무적인 연설을 했다. 하지만 그것은 진심이 아니었다. 나흘 뒤 그가 헝가리 국방부에 보낸 급송 공문서의 내용은 사뭇 현실적이었다. "군대와 민간인들에게 식량 공급은 재난이 될 것입니다.……제가 입수한 정보에 따르면 수도의 주민들은 정세를 절망적이라고 여깁니다. 해괴한 소문이 퍼지고 있습니다.……며칠 전에 독일군 참모 본부뿐만 아니라 저와 참모들까지 항공편으로 부다페스트를 떠날 것이라는 소문이 나돌았습니다. 불가능한 일이지만, 많은 사람들이 믿었습니다. 일반 대중은……소련군이 점령할 것이라고 체념한 상태입니다."

헝가리 군과 독일군 장교들은 서로 대화도 거의 하지 않았다. 독일인들은 중요한 사항에 대해 헝가리인들과 상의하지 않은 지 오래였다. 그들은 헝가리 민간인들이 처한 곤경에 완벽하게 무관심했다. 힌디 중장의 분노는 더 커졌다. 1월 중순, 그는 국방부에 다음과 같은 서신을 보냈다.

현재 도심의 여러 곳이 불타는 폐허 더미나 마찬가지입니다.……페스트 교두보의 남쪽은 거점들만 남았습니다. 적군의 압박이 거세지면서 부다도 곧 비슷한 운명을 맞이할 것으로 보입니다.……거리는 거대한 잔해 더미로 막혀 있고, 치워질 가망이 없습니다. 상수도가 고갈되었습니다. 몇 개 되지 않는 우물에 줄이 엄청납니다. 이가 급속도로 번지고 있고요. 많은 독일 군인들이 민간인 제복을 입수했습니다.……부대의 전투 가치는 매시간 떨어지고 있습니다. 특히 독일군 부대들이 그렇습니다.

소련군이 이미 페스트의 절반을 장악한 1945년 1월 30일, 힌디는 외교적 전술을 고수하는 데에 거의 의미를 두지 않았다.

재산을 잃고, 폭격으로 집과 피난처를 빼앗기고, 굶주림과 물 부족에 시달리고, 아군과 적군의 포격을 겪는 민간인들은 점점 더 독일인과 화살십자당에게 증오를 표출하고 있습니다.……자신들이 고통을 겪고 수도가 파괴되는데도 독일인과 화살십자당이 무관심하기 때문입니다. 민간인들은 소련인들이 가끔 담배를 나눠주고 물을 가져다주는 자기들 피난처에 우리 군이 나타나는 것을 싫어합니다. 많은 이들이 소련인을 해방자로 여기고 기다립니다. 소련군은 모든 군사 행동에 일일이 포격으로 대응하지만, 확실히 민간인들에게는 고의적으로 발포하지 않습니다. 아무리 담대한 최고의 장교라도 더는 포위를 견딜 수 없습니다. 장교건 사병이건 우리 중 누구도 포위에서 벗어나리라고 기대하지 못합니다.*

---

*   당시 페스트 시내에는 포위전 내내 살아남아 그 기능을 다한 소규모 러시아인 공동체가 있었다. 그 공동체 구성원의 대다수는 1917년 혁명을 피해 망명해온 백

2월 3일, 부다페스트에 있는 교황 대사이자 외교단 단장인 안젤로 로타는 휴전과 부다페스트 주민들의 고통을 끝내는 데에 동의하도록 독일 최고사령부를 설득하고자 했다. 그와 비서인 젠나로 베롤리노 대주교는 페퍼빌덴브루흐 장군을 찾아갔다. 나중에 베롤리노는 다음과 같은 글을 남겼다. "어디를 가든, 모든 방과 모든 복도에 부상자들이 누워 있었다. 의사들은 일반 탁자에서 수술을 했다. 여기저기서 앓는 소리와 훌쩍이는 소리가 들렸다. 지옥 같았다. 결국 우리는 벙커 깊숙한 어딘가에 있는 그 독일군 장군을 만났고, 그는 '러시아로 도망치고 싶다면 그렇게 할 수 있습니다. 다뉴브 강이 얼어붙었으니 얼음 위로 건너갈 수 있습니다'라고 말했다." 페퍼빌덴브루흐 장군은 베를린에 있는 최고사령부에 포위를 끝내기 위해 휴전을 맺거나 부다페스트에서 탈출하는 방안을 문의할 것이라고 교황 대사에게 말했다. 그는 며칠 안으로 소련군이 공격해오리라는 것을 알고 있었다. 다음 날 그는 로타에게 히틀러의 명령이 11월 초순의 명령과 같다고 말했다. 부다페스트는 최후까지 지켜져야 했다.

몇 주일 동안 페스트의 여러 아파트 건물의 지하실에는 수십만 명이 피신해 있었다. 하지만 그 지하실들은 몇 주일 동안 밤낮으로 머무르는 대규모 인원을 위한 대피소가 아니라 짧은 공습에 대비해 설계된 피난처였다. 상수도 공급이 중단된 뒤 화장실은 기능을 상실했다. 한동

계 러시아인들이었는데, 그들은 심각한 위험에 직면했다. 러시아인 공동체에는 나폴레옹의 러시아 침공을 물리친 러시아 장군의 후손인 쿠투조프 톨스토이 백작, 황제 니콜라이 2세의 부관인 슐긴 장군, 시인인 푸시킨의 조카의 손자이자 프라보슬라프 교구 교회의 목사인 푸시킨 백작 같은 유명인사도 몇 사람 있었다. 그 3명은 살아남아 나중에 서방으로 탈출했다.

안 사람들은 기능을 멈춘 화장실을 그대로 사용했고, 도시 곳곳의 하수구에서는 지독한 악취가 풍겼다. 11월 이후, 사람들은 그냥 쓰레기를 들고나와 거리와 공원에 버렸다. 1945년 여름이 될 때까지 쓰레기 더미는 처리되지 않았다. 이제 아이히만은 필요 없는 존재가 되었다. 그의 전문 기술이 없어도 거리에서는 대량 학살이 벌어졌다. 그와 부하들은 12월 23일에 부다페스트를 떠났다.[7]

페스트의 아파트 건물들은 몹시 추운 2월 첫째 주에 "최전선"이 되었다. 콘라드 죄르지는 2월 4일에 은신처 밖으로 나올 수밖에 없었다. 포탄이 터져 그가 머물고 있던 아파트 건물이 부서졌기 때문이다.

우리는 누비이불을 움켜쥔 채 보잘것없는 소지품이 실린 썰매를 끌며 눈 속을 터벅터벅 걸었다. 바람이 눈가루를 흩뿌리고 있었다. 기온은 영하를 훨씬 밑돌았고, 장갑이 없어 손가락이 자줏빛을 띤 붉은색으로 변했다. 어두워지는 저녁, 불타는 건물들을 지나갔다. 검게 그을린 창문을 통해서 꺼져가는 불꽃이 천장을 빛바랜 붉은색으로 물들이는 모습이 보였다. 폭탄이 터져 건물의 정면이 부서진 뒤 적나라한 내부를 드러낸 단면 같았다. 욕조는 대롱대롱 매달려 있었지만, 싱크대는 제자리에 있었다. 벽에는 무거운 마호가니 찬장이 있지만, 식탁은 세 층계 참 밑에 있었다. 그것은 뻔뻔스럽고 뒤틀린 파괴의 해학이었다.……지친 사람들이 여기저기서 소지품을 운반하고, 집으로 가고, 사랑하는 사람들을 찾아가는 중이었고, 그냥 가려고 가고 있었다.……군인들이 전차에 둘러앉아 있는 동안 사람들은 거리를 터벅터벅 걸어다녔다.

순환도로 바로 옆에 살고 있던 열다섯 살의 소년 데쇠 라슬로는 포위전의 마지막 2주일 동안 벌어진 일을 일기로 남겼다. 그는 2월 7일에 "그들이 건물 위층에 기관총을 설치하고 있다"라고 적었다.

그들은 내 방에 기관포를 설치하고 싶어했다. 내가 복도에서 그 독일군 중 한 사람과 이야기하고 있을 때 문 앞에서 지뢰가 터져 그가 쓰러졌다. 파편에 그의 손가락이 완전히 잘릴 뻔했다. 그 가여운 사람이 지금 비명을 지르고 있다. 그들은 창문에 장애물을 세우려고 정원에서 장작을 모으고 있다. 창문에 가구들도 놓아두는 중이다.

1월 8일. 부상자들이 정말 많다. 맞은편 집에 소련군 저격수들이 있다. 누군가 창문에 나타나면 총에 맞는다.

2월 10일. 10시 15분 전. 어느 병사가 거실 창문 밖을 내다봤다.……탕! 머리에 총을 맞았다. 나는 거실 창문 밑을 기어 방으로 가려다가(저격수의 눈에 띄고 싶지 않았다) 바닥에 쏟아진, 피가 흥건한 뇌에 손이 닿고 말았다. 나는 점심시간에 손을 씻지 않고 조용히 밥을 먹었다. 손 씻기는 사치이다.

2월 11일. 러시아인들은 길에서 세 번째 집인 프레이신게르 가족의 집에 도착했다. 5시에 독일군이 떠난다. 건물들이 포위되고 소련군이 근처의 언덕에서 공격하고 있다는 소식을 들었기 때문이다.……8시 30분에 독일군이 돌아온다. 9시에 그들이 다시 갔다.

2월 12일. 새벽 3시 15분 전에 처음으로 러시아인 두 사람이 온다. 똑똑해 보인다. 기관총을 가지고 있다. 기분 좋아 보인다. 나는 아파트로 올라간다. 아파트를 돌아다니면서 고함을 쳐도 된다.……거기에 죽은 말 여덟 마리가 있다.……온통 쓰레기와 부스러기로 가득 차 있다.

그날 밤에 포격이 멈췄고, 부다페스트는 마침내 붉은 군대에 함락되었다.[8]

세계에서 가장 감동적인 홀로코스트 기념물 중 하나는 다뉴브 강의 페스트 쪽 제방에 있는 시인 요제프 어틸러의 조각상 근처에 설치된 수수한 전시물이다. 조각된 신발 60켤레가 얼핏 무작위로 배열된 것처럼 보이지만, 그 신발들은 1944년 10월부터 1945년 2월까지 화살십자당에게 살해된 수많은 유대인을 기억하는 의미에서 모두 다뉴브 강 쪽을 가리키고 있다. 철로 만든 온갖 남자와 여자, 어린이의 신발이 제방의 콘크리트에 놓여 있다. 그 기념물이 놓인 곳은 국회의사당과 가까운 비교적 번화한 구역이지만, 근처의 분주한 분위기가 무색하게 항상 차분하다. 2005년에 그 조각품이 만들어진 직후, 사람들은 녹슨 신발 안에 꽃과 양초를 놓아두고 추모의 의미로 작은 조약돌을 채워넣기 시작했는데, 이것이 전통으로 자리 잡았다. 그 조각품은 헝가리 부모에게서 태어났으나 베를린을 중심으로 활동한 영화 제작자이자 배우인 토거이 천이 구상했고, 2012년에 세상을 떠난 부다페스트의 예술가 퍼우에르 줄러가 제작했다.

그 작품은 살해된 희생자들뿐만 아니라 큰 위험을 무릅쓰고 그들을 구하려고 했던 사람들도 추모하기 위해 제작된, 평온하고 깊이 있는 비범한 작품이다. 인근 제방에 있는 벽의 한 부분에는 그 의인들 가운데 일부의 이름이 게시되어 있다. 그중 헝가리 밖에서 가장 유명한 사람은 부다페스트에 유대인들을 위한 안전가옥을 처음으로 마련한 스웨덴의 외교관 라울 발렌베리이다. 그는 독일인들이 헝가리를 점령한 뒤 조직적으로 식량을 공급하고 수천 개의 여권과 출국 사증을 발급했다.* 발렌베리는 전쟁이 끝날 무렵 사라졌고, 러시아 비밀경찰에 체포되어 소련으로 끌려간 뒤에야 포로수용소에서 살해되었다. 소련의 붕괴로 옛 공문서가 공개된 뒤 마침내 그를 둘러싼 전모가 거론될 수 있었다. 그는 실제로 몇몇 훌륭한 책과 영화에서 몇 차례 언급되기도 했다. 그러나 발렌베리 외에도 유대인을 구한 사람들이 있었고, 그보다 더 효과적인 방식으로 구한 사람도 있었다.

1942년부터 부다페스트 주재 스위스 공사관에서 부영사로 근무한 카를 루츠는 당시 마흔일곱 살의 중견 외교관이었다. 나치가 유대인들을 집단 처형장이 있는 수용소로 이송하기 시작했을 때, 그는 스위스인들의 보호하에 있는 안전가옥을 마련했다. 부다페스트의 여러 구역에 70곳 이상의 은신처가 있었지만, 가장 유명한 곳은 위베그하즈였다. 페스트 도심에 위치한 판유리 제조업체의 작업장이자 전시실이었던 이곳은 한때 3,000명 이상의 사람들로 가득 차 있었는데, 그들은 모두 전쟁이 끝날 때까지 살아남았다. 카를 루츠는 유대인들이 헝가리를 떠날 수 있도록 8,000개의 안전통행증을 발급하기 위해 나치나 화살십자당과 협상했다. 그는 부다페스트에서 총 6만 명 이상의 유대인을 구했다. 아마 다른 누구보다 많은 유대인을 구한 인물일 것이다.

1944년 10월의 어느 밤, 한 무리의 유대인들을 살해하고 있던 화살

---

* 다행히 실제로 사용할 일은 없었지만, 내가 태어나기 10년 전에 우리 가족도 이 여권을 가지고 있었다. 다수의 여권과 입국 사증이 위조된 것으로 알려져 있다.

십자당 민병대 바로 앞에서 루츠는 피를 흘리며 강물에 빠진 한 여자를 구하려고 다뉴브 강으로 뛰어들었다(현재 다뉴브 강 제방은 카를 루츠 제방으로 불린다). 그는 여자를 구해냈고, 머리부터 발끝까지 흠뻑 젖은 몸으로 총살대의 책임자에게 할 말이 있다고 말했다. 루츠는 부상을 입은 그 여자가 국제법에 따라 스위스 정부가 보호하는 외국인이라고 주장했다. 그는 침착하게 여자를 자신의 차에 태웠고, 치료를 해줄 사람을 찾아 나섰다. 현장을 목격한 부다페스트의 어느 유대인 생존자는 "너무 중요해 보이며, 너무 당당하게 말하는 그 키 큰 남자에게 모두가 총을 쏘기를 주저했다. 아무도 그를 막지 못했다"라고 썼다.

루츠는 독일인들에게 워낙 눈엣가시였기 때문에 페젠마이어는 본국 정부에 그를 죽일 수 있게 해달라고 요청했지만, 답변을 받지 못했다. 헝가리에 부임하기 전에 루츠는 팔레스타인의 야파 주재 스위스 영사관의 부영사로 근무했고, 그 경험을 계기로 유럽계 유대인의 비극적 운명에 특히 민감하게 반응하게 되었다. 그는 야파의 인맥을 통해서 무려 1만 명의 헝가리 어린이들이 외교관 여권으로 팔레스타인으로 이주하도록 도왔다. 헝가리가 미국에 선전포고하고 미국이 헝가리와 외교관계를 단절하자 루츠는 헝가리에서 영국과 미국, 그리고 다른 12개국을 대표했고, 근무처로 삼은 미국 대사관 건물에 수십 명의 유대인을 숨겨주었다.

발렌베리가 발행한 다수의 여권처럼 루츠가 발행한 여권도 종종 위조되었기 때문에, 시간이 지나면서 구출 작전은 위태로워졌다. 어느 날 밤, 독일인들은 직접 여권의 진위를 인증하라고 루츠에게 요구했다. 그는 부다페스트 외곽의 버려진 벽돌 공장으로 가야 했다. 전쟁이 끝나기 전 몇 달 동안 유대인을 더 이상 열차로 수송할 수 없었기 때문에 그들은 죽음을 맞이할 오스트리아의 강제 수용소까지 걸어가야 했다. 일기에 기록했듯이, 루츠는 그 벽돌 공장에서 5,000명을 상대로 여권을 검사했다. 그는 그들의 서류를 살펴보고, 판단을 내리고, 독일인들에게 어떤 서류가 진짜이고 가짜인지 말해야 했다. 그는 아내와 함께 "눈과 차가운 바람을 맞으며" 서 있었다. "누더기 차림으로 얼어붙은 채 줄서서 기다리는 5,000명이 내게 서류를 건네고 있었다. 그 겁에 질린 얼굴들을 절대 잊지 못할 것이다. 사람들이 자기 서류가 진짜라고 말해달라고 내게 필사적으로 매달리자 경찰이 끼어들었다. 사람들의 목숨이 내 말에 달려 있었다. 그것은 그들이 삶의 의지를 잃기 전에 보내는 마지막 희망의 신호였다.……누구를 구할지 즉석에서 선택해야 했다. 미친 짓이었다. 하느님은 어디 계실까?"[9]

외교관들은 어느 정도까지 보호를 받았다. 그러나 헝가리 시민들은 사정이 달랐다. 그들에게는 안전망이 없었다. 1920년, 신앙심 깊은 인권 운동가인 슐러치터 머르기트는 부다페스트의 한 선거구에서 헝가리 국회의원으로 선출된 최초의 여성이었다. 그녀는 공시 수녀회는 아니지만 부다페스트를 비롯한 헝가리 전역에서 12개의 수녀원을 운영하는 종교 재단인 사회봉사자매회의 설립자였다. 슐러치터는 도입된 모든 반유대인법에 반대한 극소수의 의원 중 한 사람이었다. 자신이 설립한 독립 신문사는 문을 닫았지만, 그녀는 지하 출판 시장을 통해

---

* 루츠는 살아남았고 종전 후 스위스로 돌아왔다. 그는 부다페스트에서 유대인들을 돕기 위해 목숨을 걸었던 아내와 이혼했고, 자신이 구해주고 출국 사증을 건네준 헝가리인 차니 머그더와 결혼했다.

서 그럭저럭 신문을 발간할 수 있었다. 유대인 강제 이송이 시작되었을 때 그녀는 호르티의 부인이자 독실한 가톨릭교 신자인 머그돌너를 만나 강제 이송을 멈추도록 남편을 설득해달라고 부탁했다. 슐러치터는 수녀들에게 "필요하다면 목숨을 걸고" 유대인들을 구하라고 말했다. 최소 6,000명이 그녀의 수녀원에서 보호를 받았다. 그녀의 수녀원 중 하나를 운영한 인물이자 측근인 셜커하지 샤러는 1944년 12월에 화살십자당 민병대에게 살해되었다. 슐러치터는 반유대주의 폭력배들에게 구타를 당해 중상을 입었고, 부다페스트의 어느 아파트 건물 지하실에 누워 지내며 부상에서 회복하던 중 종전을 맞았다.*10

---

* 슐러치터는 종전 후 잠시 의회에서 활동했지만, 공산주의자들과 친하지는 않았다. 그들은 슐러치터가 창당한 헝가리 여성연맹을 해산해버렸다.

제30장

해방

우리는 13세기 타타르인의 침공, 150년간 지속된 튀르크인의 점령, 소련에 의한 해방이라는 세 가지 큰 국가적 비극을 겪었다.

— 펄루디 죄르지

1945년 2월 12일 아침, 으스스한 정적이 도시에 내려앉았다. 소규모 전투가 이어지고 주민들이 여전히 아파트와 지하실에 숨어 있는 부다 언덕에서 기관총 사격 소리가 들렸다. 그러나 페스트의 거리는 소수의 떠돌이 짐승들과 몇몇 불쌍한 굶주린 독일과 헝가리의 군인들 말고는 텅 미어 있었다.

연립 정부에서 잠시 헝가리 총리를 맡았던 너지 페렌츠는 6주일 동안 지하실에 숨어 있다가 오전 9시쯤 조심스레 밖으로 나왔다. 그가 사랑했던 부다페스트는 폐허가 되었다. "사람 키 높이의 잡석이 거리를 뒤덮었다. 무너진 건물들의 콘크리트와 강철 대들보, 목재, 벽돌, 유리 따위로 이루어진 높은 장애물들이 주요 거리를 틀어막았다. 곳곳에 비행기, 전차, 장갑차 등의 잔해가 있었다.……다행히 내린 눈이 수많은 사망자들 위에 쌓였다. 동물 사체가 거리에 널려 있었다. 상점의 창문

안쪽은 시체들로 가득했고, 마치 유령 같은 사람들이 버려진 상점을 샅샅이 뒤졌다. 뒤틀린 노면 전차 선로는 애원하는 손처럼 하늘로 튀어나와 있었다." 다음 날, 다뉴브 강 반대쪽인 부다에서도 전투가 멈춘 듯했다. 작가 마러이 샨도르는 지하실에서 기어 올라와 참사의 현장을 마주했다.* 부다 성 지구의 거리들은 알아보기가 힘들 지경이었다.

처음에는 소름이 끼치지만, 100미터가 지날 때마다 점점 더 기괴해지고 현실 같아 보이지 않는다.……마치 도시의 구역이 아니라 유적지를 헤매는 것 같다. 몇몇 거리는 짐작해야 한다. 이곳은 플로리안 카페가 있는 모퉁이의 집이었고, 또 이곳은 내가 한때 살았던 거리이다. 건물의 흔적은 없다. 슈터티스티커 거리와 머르기트 대로의 모퉁이에 쌓인 이 파편 더미는 며칠 전까지 여러 아파트와 카페 하나가 있는 5층짜리 대형 건물이었다. 여기에 친구들이 살았던 건물의 벽이 있고, 저기에 거리의 잔해가 있고, 또 저쪽 셀 칼만 광장에 전차의 잔해와 황무지로 변한 베르메죄 공원과……성이 있다.

가장 유명한 전쟁 사진작가인 로버트 카파는 부다페스트에서 프리에드먼 엔드레라는 이름으로 태어났고, 호르티가 집권한 이후인 1931년에 백색 공포정치가 벌어지는 가운데 반유대주의 폭력단에게 구타를 당하고 나서 열아홉의 나이로 고국을 떠났다. 그는 파리에서, 그리고 나중에는 뉴욕에서 세계적인 명성을 얻으며 새로운 삶을 개척했다.

---

* 약 반년 동안 숨어 있다가 부다 지하실에서 땅 위로 올라온 내 직계 가족도 마찬가지였다.

그는 전쟁이 끝나고 몇 주일이 지나지 않아 단기 출장차 부다페스트로 돌아왔고, 부다페스트가 "이가 빠진 미녀처럼 보였다"고 말했다.

붉은 군대는 처음에는 조심스럽게, 나중에는 뜨겁게 구원자로 환영받았다. 하지만 환영의 분위기는 며칠밖에 이어지지 않았다. "해방"을 축하할 시간이 없었다. 소련군 최전선 연대들은 독일을 겨냥한 마지막 공격을 위해서 이동했고, 곧바로 헝가리인들은 헝가리에 남은 소련군을 통해서 피정복의 의미를 이해하게 되었다. 붉은 군대의 헝가리 점령은 애초에 그것을 파시즘의 패배로 받아들이며 환영했던 사람들 사이에서도 절망감을 불러일으켰다. 얼마 지나지 않아서 소련을 향한 증오감이 전쟁 이전보다, 그러니까 헝가리인들이 반反볼셰비키 선전에 지속적으로 노출되었을 때보다 심해졌다. 소련군에 점령된 뒤, 대부분의 헝가리인들이 가장 먼저 알아듣게 된 러시아어는 "당신 시계를 내게 주시오Davai tchassey"였다. 포위전이 끝나고 며칠 뒤, 부다페스트에서 문을 연 몇몇 영화관에서는 얼마 전 막을 내린 얄타 회담의 장면이 상영되었다. 그 뉴스 영화에서 스탈린 옆에 앉은 미국의 프랭클린 루스벨트 대통령이 힌쪽 손을 들이 관객들의 눈에 대통령의 손목시계가 보인 순간, 그들은 하나같이 외쳤다. "이보세요, 대통령님⋯⋯시계를 잘 간수하세요."[1]

공식 허가를 받고 모스크바로 곧장 보낼 귀중품을 물색하는 "전리품 여단들"부터 온갖 물건을 모조리 털어가는 군인들에 이르기까지, 약탈이 기승을 부렸다. 많은 헝가리인들이 "공식 약탈"로 일컬은 것, 즉 종전 후 평화가 정착되고 나서 합의된 배상금도 소련군의 무차별적 강탈만큼이나 나쁜 것으로 보였다. 시인 펄루디 죄르지는 다음과 같은 신랄한 명언을 남겼다. "우리는 13세기 타타르인의 침공, 150년간 지속된 튀르크인의 점령, 소련에 의한 해방이라는 세 가지 큰 국가적 비극을 겪었다." 러시아인들은 상황을 솔직하고 단순하게 표현했다. 소련 외교부 차관 블라디미르 데카노조프는 종전 후에 부다페스트를 방문한 자리에서 "승전국은 패전국이 전쟁을 시작했다는 이유로 권리를 주장할 수 있습니다"라고 말했다.

모스크바가 공식적으로 승인한 "전리품 여단들"은 포위전이 끝나기도 전인 1월 하순부터, 그러니까 붉은 군대가 페스트의 일부를 장악했지만 부다에서는 아직 격렬한 전투가 벌어지던 때부터 임무를 수행하기 시작했다. 런던의 외무부와 워싱턴의 국무부에 보낸 스위스 공사관의 보고서에 따르면, "규모는 작지만 매우 꼼꼼한 한 무리의 장교들이 모든 은행의 금고와 귀중품 상자, 특히 미국인과 영국인 소유의 금고와 귀중품 상자를 약탈하고 모든 현금을 빼앗았다." 헝가리 일반신용은행의 경영자는 훗날 소련군 장교들이 어느 날 아침 일찍 은행 건물에 들이닥쳤다고 썼다. "그들은 모든 금고와 귀중품 상자를 열었다. 때로는 강제로 열었다. 그들은 고객들이 맡겨둔 약 800개의 여행 가방과 그 밖의 상자뿐 아니라 현금 1억1,300만 펜괴를 가져갔고, 1,400개의 대여 금고를 털었다. 그들이 가져간 물건의 가치를 추정할 수는 없지만, 막대한 양이었음은 확실하다. 그들은 일부분은 고객들의 것이고 또 일부분은 은행 소유인 증권도 가져갔다." 러시아인들은 몇 주일 만에 헝가리의 총 금은 보유고의 3분의 1을 빼앗았다.[2]

외교관들도 약탈의 대상이었다. 유대인들이 살아남을 수 있도록 용감하게 도왔던 스위스 부영사 카를 루츠는 페스트를 점령한 다음 날 소련군이 "파괴된 영국 대사관에 머물고 있는 우리에게 들이닥쳤다"라고 회상했다. "한 장교가 고장 난 우리 자동차를 달라고 하더니, 5분 안에 '잃어버린 예비 부품'을 다시 구해오라고 했다. 그런 다음 그는 권총을 뽑아들었고……나를 향해 여러 발 쏘았다. 나는 간신히 방공호의 비상구를 통해 달아났다. 이후 우리는 술 취한 군인들에게 열흘 동안 밤낮으로 괴롭힘과 약탈을 당했다."

영국 외무부에 보낸 스위스 대사관의 다른 보고서에는 다음과 같은 내용이 적혀 있었다. "러시아인들이 도착한 직후, 스위스 공사관의 수장인 하랄트 펠러와 수석서기 헤어 한스 마이어가 소련의 내무인민위원부 요원들에게 체포되었다. 아직 그들의 소식을 듣지 못하고 있다.* 대사관 구내는 철저하게 약탈을 당했다. 한번은 어느 러시아인이 대사관 직원인 헤어 엠버의 목에 올가미를 씌운 채 금고 열쇠를 넘기라고 강요했다. 엠버가 거절하자 올가미가 팽팽하게 조여졌고, 그는 의식을 잃었다. 러시아인들은 그의 주머니에서 열쇠를 꺼낸 뒤, 금고를 탈탈 털었다."

말리놉스키 장군은 포위전에서 승리한 뒤 휘하의 군대에 3일간의 "자유로운 약탈"을 허용했다. 장교들은 20킬로그램 분량의 화물 상자를 본국으로 보내는 것이 허용되었다. 공공 미술관들의 예술품(대부분은 포위전이 시작될 무렵에 안전한 곳으로 이전되었다)뿐 아니라 머르기트 섬에 있는 호텔의 모든 가구와 비품이 약탈을 당했다. 자유로운 약탈이 시작되고 나서 1주일이 지나기 전에 부다페스트 남쪽의 교외이자

---

* 나중에 그들은 신체적 상해를 입지는 않았으나 정신적 충격을 받고 공포에 질린 모습으로 발견되었다.

포도주 저장실로 유명한 부더푀크에서, 소련군의 지구 사령관과 정치장교들 전원이 두 차례나 교체되었다. 빼앗은 포도주에 취한 채 공훈을 쌓았다는 사실이 부다페스트의 직속상관들뿐만 아니라 모스크바의 최고사령부에도 알려졌기 때문이다.³

포위전이 소련군의 승리로 끝난 덕택에 유대인들은 집단 처형장 행을 면했고, 화살십자당의 살인자들에게 희생되지 않았다. 다른 무슨 의미가 담겨 있든 간에, 살아남은 유대인들에게 소련군은 목숨을 구해준 은인이었다. 하지만 얼마 남지 않은 그들의 재산조차 약탈을 당했다. 포위전이 막을 내리고 몇 주일 동안 러시아인들이 훔친 비범한 예술 작품들(모스크바에서 파견된 전문가들이 선별했다)은 대부분 코른펠드 모리츠, 데메니 베르털런, 허르샤니 샨도르 같은 유대인 은행가들과 기업가들 소유의 유명 소장품이었다. 하지만 최고의 전리품은 허트버니 가문이 소유한 헝가리 최고의 개인 미술 소장품이었는데, 그것은 상업은행의 귀중품 보관실에서 도난을 당했다. 허트버니 가문의 소장품에는 특히 틴토레토, 엘 그레코, 크라나흐 부자父子, 들라크루아, 마네, 코로, 로댕, 콘스터블, 피사로, 르누아르 같은 화가들의 작품 수십 점이 포함되어 있었다. 독일인들은 1944년 봄에 그 소장품의 대부분을 약탈해 상업은행으로 옮겼지만, 베를린으로 보내지는 못했다. 이제 그 작품들은 러시아인들의 차지가 되었다.*

여러 친구들처럼 마러이도 가재도구를 빼앗겼다.

---

* 그러나 홀로코스트를 모면한 허트버니 가문은 2년 뒤 러시아인들에게서 그 작품 중 일부를 다시 사들였고, 극적인 방법으로 그것들을 서방으로 밀반입했다.

아침에 들른 러시아인은 헝가리인 가족과 화기애애하게 대화를 나누고, 고국의 자기 아내와 아이들의 사진을 보여주고, 그 집 아이들의 머리를 다정하게 쓰다듬고 아이들에게 사탕을 주고 나서 떠났다가 그날 오후 늦게나 밤에 돌아와 아침에 친해졌던 바로 그 가족의 물건을 **뺏어** 갔다.……약탈은 "파시스트인 적"을 겨냥한 것이 아니라 그저 비참한 가난 때문에 일어났다. 이 러시아 공산주의자들은 너무 가난하고, 불쌍할 만큼 너무 빈곤하고, 철저하게 모든 것을 빼앗긴 상태였다. 30년간의 궁핍과 고역에서 벗어난 지금, 그들은 수중에 들어오는 모든 것에 맹렬히 달려들었다.[4]

그들은 여자들에게도 덤벼들었다. 소련군이 1990년에 헝가리를 떠날 때까지 40년이 넘도록, 그들이 1945년에 저질렀던 강간이라는 금기시된 주제를 언급하는 사람은 거의 없었다. 많은 희생자들은 공개적으로는 물론이고 심지어 가족이나 친구들과도 그 일을 언급하지 않으려고 했다. 아직 정확히 몇 명의 헝가리 여성이 강간을 당했는지 알려지지 않았지만, 몇 년 뒤 등장한 스위스 공사관의 보고서에 따르면 그 수는 약 15만 명(당시 헝가리의 여성 인구는 450만 명이었다)으로 추정되었다. "헝가리 사람들의 최악의 고통은 여자들이 당한 강간에서 비롯된다. 10세부터 70세에 이르는 모든 연령층에 영향을 미치는 강간은 너무 흔한 나머지 헝가리나 부다페스트에서 극소수의 여성들만 피해를 면했다. 강간은 때때로 믿을 수 없을 만큼의 잔인성을 동반한다. 많은 여성들은 그런 끔찍함보다 자살을 택한다.……다수의 소련군 병사들이 병에 걸렸고 헝가리에는 약이 전혀 없다는 사실 때문에 더 비참한 상황이 빚어지고 있다."

언니인 일러시와 함께 부다페스트의 어느 지하 저장실에 숨어 있다가 밖으로 나온 열다섯 살의 소녀 크리스틴 아노시(헝가리 태생의 프랑스 작가/역주)처럼, 여자들은 해방 첫날부터 겁탈을 당했다.

러시아인들이 다가오고 있었고……본대에서 이탈한 군인들이 무리를 지어 한 집씩 맡았다.……한 무리가 우리 집으로 들어왔다. 그 무리를 지휘하는 장교는 우리에게 집에 독일인이 있는지 말하라고 소리쳤다. 우리 중 몇 명이 계단 방향을 보며 고개를 끄덕였다. 독일인은 그 자리에서 살해되었고, 그와 가까운 곳에 있다가 발견된 일러시는 아직 따뜻한 그의 시신 옆에서 강간을 당했다. 첫 순간부터 우리는 상황이 예상과 크게 다르게 흘러간다는 사실을 알게 되었다.

폴츠 얼러이네(헝가리 심리학자 겸 작가/역주)는 1945년 2월에 20대 초반이었다. 부다의 포위전이 끝나기도 전에, 소련 군인들이 그녀를 비롯한 여자들을 어느 교회 사제관에 붙잡아두고 있었다. 근처에서 총소리가 끊임없이 들려왔다. 몇 년 뒤 그녀는 다음과 같이 회고했다. "전쟁 초반에 나는 부다페스트에서 러시아 군인이 젊은 여자의 목에 걸린 십자가상을 떼어내는 장면이 담긴 포스터를 보았고, 러시아인들이 그렇게 했다는 내용의 소책자를 읽었다. 나는 그것을 전혀 믿지 않았다. 선전이라고 생각했다." 얼마 지나지 않아 그녀는 현실을 깨달았다. 사제관에 감금되고 나서 둘째 날 저녁, 그녀는 머리에서 피가 나는 어린 소녀를 보았다. 머리카락 한 줌이 뜯어져 있었다. "소녀의 어머니가 '러시아 놈들이 올라탔어'라고 말했다. 무슨 말인지 이해가 되지 않았다. 내가 물었다. '자전거를 탔다고요?' 소녀의 어머니가 화를 내며 대꾸했다. '이 멍청아. 놈들이 여자들에게 무슨 짓을 하는지 몰라?'"

이튿날, 폴츠는 시어머니와 함께 사제관의 어느 방에 있었다.

러시아 남자 3명이 와서 함께 가자고 했다. 그때 나는 그들이 무엇을 원하는지 정확히 알고 있었다. 나는 시간을 끌기 위해 장화를 신고 두건을 썼다가 묶었다가 풀었다가 했다. 거기 서 있을 때 문을 두드리는 소리가 들렸다. 내가 덜덜 떠는 바람에 장화 뒤축이 문에 부딪히는 소리였다. 우리는 L자 모양의 복도로 나왔다. 나는 그들에게 마구 달려들었다.……발로 차고 힘껏 때렸지만, 어느새 바닥에 쓰러지고 말았다. 아무도 소리를 내지 않았다. 우리는 침묵 속에서 싸웠다. 그들은 나를 건물 뒤의 부엌으로 데려갔다.……그들은 나를 내던졌고, 나는 단단한 나무로 만들어진 쓰레기통 모서리에 머리를 부딪쳤다.

의식을 되찾고 보니 신부님의 방이었다. 유리창이 깨져 있었고, 창문이 판자로 둘러 막혀 있었다. 침내 위에는 내가 누워 있는 판자밖에 없었다. 한 러시아 남자가 내 위에 있었다.……내 몸의 감각은 의식과 함께 돌아오지 않았다. 마치 몸이 마비되었거나 차가워진 것 같았다.……그 창문 없는 방에서 나는 허리 아래로 벌거벗겨져 있었다. 그 뒤로 러시아인 몇 명이 나를 얼마나 범했는지, 그 전에 몇 명이 있었는지 알 수 없었다. 동이 트자 그들은 떠났다. 나는 일어났다. 아주 힘겹게 움직일 수 있었다. 머리와 온몸이 아팠다. 피가 철철 흐르고 있었다. 이후 며칠에 걸쳐 다른 군대가 도착했고, 나는 또다시 여러 번 고초를 겪었다.

그녀는 반복된 강간으로 매독에 걸렸다.

당시 헝가리 여자들에 대한 러시아 군인들의 생각을 엿볼 수 있는 기회는 많지 않다. 그런데 나중에 부다페스트의 지하 저장실에서 몇몇 러시아 군인들의 편지가 발견되었다. "여자들은 많고, 러시아어를 한마디도 못한다. 그러니까 더 좋다. 굳이 설득할 필요가 없다. 그냥 권총을 겨누고 누우라고 하면 된다. 그러면 문제가 해결되고 다음 단계로 넘어간다." 스탈린은 강간과 약탈을 가볍게 여겼다. 유고슬라비아 공산당 지도부의 일부 인사들이 그에게 소련인들이 "현지인들"에게 미움을 받는 이유로 강간을 거론했지만, 스탈린은 그들의 항의를 일축했다. 모스크바를 방문 중이던 유고슬라비아의 정치인 밀로반 질라스는 일기에 다음과 같이 썼다. "그[스탈린]는 우리에게 말했다.……피바다와 불바다를 헤치며 수천 킬로미터를 행군한 군인이 계집과 재미 좀 보거나 푼돈 좀 훔치고 싶어한다는 것을 이해하지 못하시오?"[5]

여자들이 강간을 두려워했다면, 남자들은 거리에서 러시아인들에게 체포되어 잔해 철거, 건물 보강, 교량 보수 같은 공공사업의 강제 노동자로 전락하는 상황을 두려워했다. 말리놉스키 장군은 그런 방식으로 11만 명을 "포로"로 잡았다고 모스크바에 보고했다. 그 문제에 정통한 어느 언론인에 따르면, "텔레키 게저 백작(훗날 잠시 공공사업부 장관을 맡게 된다)과 부다페스트의 전임 시장은 아무런 경고도 없이 체포되었다가 이틀 뒤 소련군 장교에게 사정을 설명하고 나서야 비로소 석방되었다. 에스테르하지 팔 공작은 죽은 말을 묻는 매장지에서 발견되었다."

억류자들 가운데 절반가량은 포위전이 끝난 지 몇 주일 만에 집으로 송환되었다. 그러나 각계각층의 남자들, 그리고 소방관, 구급차 운전사, 기차와 버스 운전사 같은 필수 노동자들(헝가리 재건에 필요할 인력)을 비롯한 나머지 억류자들은 우랄 산맥과 시베리아의 건설 사업 현장에서 강제 노동을 하러 소련 동부 지방으로 이송되었다. 일부는 수십 년 뒤 헝가리로 돌아왔지만, 대부분은 돌아오지 못했다. 이는 제2차 세계대전의 온갖 참사에 가려 거의 언급되지 않은 소련의 전쟁 범죄 중 하나이다.

집과 거리에서 납치된 그 남자들 가운데 4만 명은 소련으로 끌려가기 전에 부다페스트에서 북동쪽으로 25킬로미터 떨어진 괴될뢰 근처의 집단 수용소에 갇혀 끔찍한 시간을 보냈다. 코바치 임레는 전쟁 전 헝가리 최고의 고등학교 중 하나였던 3층 건물의 부지에 자리 잡은 수용소의 가장자리에 있었다.

[그 수용소는] 이중 철조망으로 둘러싸여 있었다.……경비원들이 끊임없이 고함을 지르고 총을 쏘며 순찰을 했다.……우리는 부다페스트 전체가 우리 앞에 가득 차 있는 것 같다고 생각했다. 털외투를 입은 신사들은 남들과 다른 태도로 구별되지만 초라하고 지쳐 보였고, 안뜰에서 노면 전차 차장, 거리 청소부, 우체부, 경찰관 등과 함께 제자리걸음을 하고 있었다.……무슨 이유에서인지 수용소 지휘부가 사람들을 계속 조사했다. 그들의 이름이 불리고 공중에 떠다녔다.

고위 성직자인 요제프 그뢰스 주교는 1945년 말에 그해 봄의 부다페스트가 "지상의 지옥이나 다름없었다"라고 말했다. "12세 소녀들부터 임신 9개월째인 여자들에 이르는 수천 명의 여성이 강간을 당했다. 남자들은 이송되어 강제 노동에 시달렸다. 거의 모든 집이 약탈을 당했다. 부다페스트와 교회들은 폐허가 되었다. 식당들과 상점들은 텅 비었다. 말들의 사체가 매장되지 않은 사람들의 시체와 나란히 거리에 널려 있었다. 지하 저장실에서는 사람들이 굶주림으로 반쯤 정신이 나가 죽은 동물들의 살덩어리를 며칠 동안 잘라냈다. 선지자 예레미야가 한탄했을 때 예루살렘의 상황이 이랬을 것이다."[6]

휴전 협정 조건에 따라, 소련은 헝가리에 있는 독일 소유의 모든 재산에 대한 권리가 있었다. 그 조건은 나치 때문에 발생한 손해의 일부를 소련에 배상하기 위해서 고안되었다. 그때까지 헝가리 산업의 약 3분의 1이 독일의 통제를 받았는데, 이는 1945년 당시 10억 달러(2022년 현재는 약 140억 달러) 정도의 가치가 있었다. 러시아인들은 부다페스트 교외의 체펠 섬에 있는 베이시 먼프레드의 공장도 그런 식으로 빼앗았다. 그 공장은 주전자에서부터 군수품에 이르는 온갖 제품을 생산하는 헝가리 최대의 단일 공장이었다.* 그 밖의 공장 약 200곳이 통째로, 그리고 다른 공장 300곳의 기계 장치 대부분이 해체되어 소련으로 보내졌다. 소련은 헝가리 산업을 전부 인수했고, 나중에 소련-헝가리 합자 회사를 설립해 철강 공장, 우라늄 광산, 유전, 탄광 등에서 이익을 챙겼다. 종전 이후 헝가리의 첫 법무부 장관인 리에시 이슈트반(사회주의자

---

* 베이시 가문은 1944년 여름에 스위스로의 탈출이 허용되자 모든 지분을 나치 친위대에 넘겼다.

였다)은 친구에게 1945년에 설립된 헝가리-소련 합자해운회사의 조건을 거론하며 농담을 했다. "알다시피 이 협정은 완벽한 평등에 기초해 체결되었지. 러시아인들은 다뉴브 강을 오르내릴 권리가 있고, 우리는 건너갈 권리가 있어." 이것은 결과적으로 값비싼 농담이었다. 얼마 뒤 그가 체포되고 고문을 당하고 재판을 받을 때, 이 농담은 그의 "부르주아적 반공 행위"의 증거로 제시되었다.

헝가리의 18개월어치 국가 예산이 배상금으로 책정되었는데, 이는 전후의 부다페스트 재건 사업에 할당된 예산보다 5배 많은 금액이었다. 제2차 세계대전이 끝나고 3년 뒤, 국제연합 관계자들은 배상금, 점령 비용, 약탈 등을 계산한 헝가리의 총 손실이 국민 소득의 40퍼센트에 이른다고 추정했다.

세계 각지에서 그랬듯이, 종전 직후 헝가리의 통화 가치도 붕괴했다. 하지만 헝가리는 인플레이션 측면에서 모든 기록을 갈아치웠다. 1945년 7월, 미국 1달러는 1,320펭괴의 가치가 있었다. 그해 11월 1일, 펭괴화 환율은 미국 1달러당 29만 6,000펭괴가 되었다. 1946년 봄, 초인플레이션으로 환율은 달러당 4,600조 펭괴로 치솟았다(물가가 매일 15만 8,000퍼센트씩 오른 끝에 결국 0이 15개 붙은 거의 상상할 수 없는 금액인 4,600조 펭괴가 되었다). 부다페스트 주민 대다수는 화폐 사용을 거부했다. 도시 곳곳에서 건물을 수리할 때 건물 안의 벽이 터무니없는 액면가의 고액권으로 장식되었다. 펄루디 죄르지는 그의 놀라운 책 『지옥에서 보낸 행복한 날들My Happy Days in Hell』에서 인플레이션이 일상에 미친 영향을 묘사했다. 종전 1년 뒤에 출판사는 그의 책 중 한 권의 개정판을 출판했다. 그에게는 3억 펭괴(전쟁 전에는 대략 600억 달러 정도의 가치가 있었을 것이다)가 지급되었다. 3억 펜괴를 받았을 때 펄루디는 부다페스트 거리를 잠시 돌아다니다 보면 그 돈의 가치가 떨어지리라는 사실을 알고 있었다. 그래서 몇 구획 떨어진 도심 한가운데의 시장으로 달려갔고, 3억 펜괴를 탈탈 털어 "닭 한 마리, 올리브유 1리터, 채소 한 움큼"을 샀다. 1946년 7월 5일, 1만경 펜괴 지폐가 발행되었다(1만경은 0이 20개 붙는 수이다). 그때 부다페스트의 어느 노신사는 임금으로 1만경 펜괴 지폐 1장을 받았고, 그것을 모자 안감의 일부로 썼다.

  헝가리의 통화 가치는 주로 미국인들의 도움에 힘입어 안정되었다. 1944년 4월, 헝가리를 점령하고 2주일이 지난 후에 나치는 헝가리의 여러 은행에서 4,000만 달러(2022년 현재의 가치로 환산하면 약 5억7,000만 달러)의 금을 가져갔다. 그 금은 전쟁이 끝날 무렵 미국의 손에 넘어갔고, 미국은 1년 뒤에 헝가리에 그것을 돌려주었다. 만약 그것이 해방의 순간에 헝가리에 남아 있었다면 틀림없이 붉은 군대에 빼앗겼을 것이다.

잔해와 폐허와 무자비함 속에서 붉은 군대의 군인들이 인정을 보인 사례도 많았다. 소련군이 헝가리인 가족 전체를 보호하고 부다페스트 전역에 이동식 부엌을 설치했다는 수많은 기록들이 남아 있다. 당시 네 살이었던 베네피 게저의 어릴 적 기억 중 하나는 소련군 보병 대위가 그에게 베푼 절대 잊지 못할 따뜻한 친절이었다. 그는 할아버지와 함께 피난처에서 굶주리고 추위에 얼어붙은 상태로 발견되었다. "수염이 비슷해 전선에서 돌아온 우리 아버지인 줄 알고 그를 '아빠'라고 불렀다. 대위는 내가 뭐라고 말했는지 물었다. 누군가 세르보크로아티아어로 대답하자 그는 울음을 터뜨렸다. 그는 나를 껴안으면서 자기 직업은 교사이고 고국에 나랑 동갑인 자식이 있다고 말했고, 사진 한 장을 보여주었다. 나중에 그는 계속 우리에게 음식을 가져다주었다. 그는 우리를 지켜주려고 우리 집 앞에 경비원을 세웠고, 약탈이 자행될 때에는 절대 거리로 나오지 말라고 했다."

종전 직후 헝가리를 떠나 팔레스타인으로 이주한 작가 에프라임 키숀은 어느 이웃의 이야기를 떠올렸다. "내 누이인 아기Agi는 해방자들에게 직접 고마움을 전하기로 마음먹었다. 어느 날 저녁, 독일군이 물러간 직후……아기는 옷깃이 크게 파인 드레스를 입고 근처의 소련 사령부로 향했다. 우리는 몇 시간 동안 안절부절하며 아기를 기다렸다. 아기는 한밤중이 되어서야 기분 좋게 돌아왔고, 러시아인들이 자기를 얼마나 정중하게 대했는지 말해주었다. 그들은 아기에게 음식을 대접했고, 집으로 가져갈 음식 꾸러미를 주었다."

무엇보다 그들은 비교적 빨리 부다페스트 주민들에게 식량을 공급했다. 그것은 서유럽에서 수백만 명이 굶주리거나 난민 수용소에서 고난을 겪던 시기에 소련인들이 동유럽에 긴설한 그들의 세로운 제국에서 이룩한 최대 규모의 유일한 업적이었다. 그리고 부다페스트의 여러 교량이 복구되고 있었다.

포위전이 끝나고 나서 5일이 채 지나지 않아 부다페스트가 살아 있음을 알리는 또다른 활력 징후가 포착되었다. 2월 18일, 페렌치에크 광장에 있는 벨바로시 카베하즈("시내 카페"라는 뜻)가 폐허 속에서 다시 문을 연 것이다. 한때 유명했던 벨바로시 카베하즈는 20세기로 접어들 무렵에 개업한 뒤 로너이 가문이 3대에 걸쳐 소유한 카페였다. 벽은 불에 검게 그을렸고 창문도 전기도 온수도 없었지만, 그 카페는 놀랍게도 "영업 중"이라는 커다란 표지판을 내걸고 다시 문을 열었다. 커피는 거의 구할 수 없었지만, 그 대신 임시 화로로 뜨거운 수프를 끓여 팔았다.*

---

*   그 표지판은 훗날 영국으로 탈출해 성씨의 철자를 로나이Ronay로 바꾸고 저명한 음식 전문가로 성장한 에곤이라는 어린 소년이 만들었다. 벨바로시 카베하즈의 주변은 1960년대에 재개발되었지만, 그 카페는 이미 종전 3년 후 공산 정권에 의해 문을 닫은 뒤였다. 공산 정권은 사람들이 사회주의를 건설해야 할 때 커피를 마시며 시간을 허비하는 관행의 중요성을 이해하지 못했다. 대신 그들은 무리를 지어 친교의 시간을 즐기려는 사람들이 잠재적인 위험 분자들이고 반혁명 음모를 일으킬 수 있다고 우려했다.

제31장

철의 장막

우리의 요구는 언제나 처음에는 적당했지만 나중에는 심해졌습니다.……
우리가 원하는 바를 얻은 비결은 정밀한 수단, 한 조각씩 잘라내는 살라
미 전술이었습니다.……덕택에 우리는 반동주의자들을 물리칠 수 있었습
니다.
— 라코시 마차시

자유롭게 말할 수 없었을 뿐 아니라 침묵을 지킬 자유조차 없었다.
— 마러이 샨도르

붉은 군대에 뒤이어 헝가리 태생의 공산주의자 약 300명이 부다페스트에 나타났다. 그들은 소련에서 여러 해 동안 망명자로 살았기 때문에 "모스크바 사람들"로 알려져 있었다. 이오시프 스탈린이 직접 선발한 그들의 목적은 스탈린의 새로운 유럽 제국의 헝가리 속주에서 총독 역할을 맡는 것이었다. 그들은 소련과 스탈린을 향한 굳건한 충성심에 힘입어 선택되었다. 대부분 소련 국민이었고, 소련에서 15년 내지 20년 동안 살며 각자의 인생과 가정을 꾸렸으며, 원래 태어난 땅과 연락이 끊긴 상태였다. 소련은 그들에게 피난처를 제공하고 신봉할 대의명분

을 제시하고 일자리를 마련해주었다. 그들 대다수는 직업적인 공산주의 선동자나 간첩이었고, 다른 일을 해본 적이 없었다. 그들 중 거의 대부분은 한때 호르티 정권의 감옥에 갇힌 채로 경력을 쌓았다. 종전 후 헝가리로 돌아온 그들은 제한적 의미의 "고국"으로 돌아온 셈이었다. 그들에게 헝가리는 이미 오래 전부터 "고국"이 아니었다. 그들은 소련의 이익에 복무하기 위해서 외세의 대표로 돌아왔다.

소련에서의 망명 생활은 힘난했다. 1930년대에 스탈린 치하의 소련에서 살아남는 것은 현지인에게도 힘든 일이었다. 게다가 다른 수상한 외국인들과 정기적으로 접촉하며 코민테른 요원으로 활동할지 모르는 외국인은 소련에서 항상 의심을 받는 존재였다. 쿤 벨러 같은 몇몇 유명한 헝가리 출신 공산주의자들이 1937년부터 1939년까지의 숙청 과정에서 사망했다(쿤 벨러는 1919년의 헝가리 소비에트 공화국을 이끈 경력 덕분에 여러 공산주의자들 사이에서 꽤 유명한 인물이었는데도 숙청을 당했다).

스탈린은 새로 정복한 영토의 처리 방법에 대해서 뚜렷한 생각이 없었지만, 전쟁에 힘입어 그 모든 영토를 소련의 지배하에 둘 기회가 생겼다는 사실은 인지하고 있었다. 이후 그는 서서히 그 기회를 실천에 옮겼다. 전쟁이 끝날 무렵, 그는 유고슬라비아의 정치인 밀로반 질라스에게 "영토를 점령한 사람은 누구나 거기에 자신의 사회 체제를 강요하지. 모두가 휘하의 군대가 도달할 수 있는 한 자신의 체제를 강요하기 마련이라오. 그렇지 않을 수는 없소"라고 말했다. 하지만 스탈린이 말한 체제 강요의 과정이 동유럽의 모든 곳에서 하룻밤 사이 혹은 똑같은 속도로 진행되지는 않았다. 스탈린은 그의 새로운 제국에 속하는 나라 중에서 거의 유일하게 헝가리에 진정한 자유선거를 허용했다. 1945년 11월 4일에 실시된 투표는 헝가리 역사상 최초의 정직하고 공정한 선거였고, 보통선거권에 근거한 비밀투표로 진행되었다. 물론 스탈린은 헝가리에서의 모든 권력을 장악할 작정이었고, 얄타 회담에 입각해, 그리고 1944년 10월에 모스크바에서 윈스턴 처칠과 맺은 타협에 따른 중유럽과 발칸 반도를 몇 개의 영향권으로 나누는 조건에 입각해 그렇게 할 권리가 있다고 생각했다. 그러나 그는 폴란드, 루마니아, 불가리아, 그리고 새로 획득한 대부분의 영토에서 그랬던 것과 달리, 당장 부다페스트에 괴뢰 정권을 수립하지는 않았다. 그는 당분간 지켜볼 각오가 되어 있었고, 당분간 서방 연합국들과 한편이 되고 싶어했다.[1]

11월 4일 저녁 선거 결과가 나왔을 때, 공산주의자들은 엄청난 충격을 받았다. 그들의 득표율은 약 17퍼센트에 불과했다. 중도좌파인 사회민주당도 마찬가지였다. 전통적으로 도시의 부르주아 계급과 시골의 지주계급을 대변하는 중도우파인 소농당이 최다 득표를 했다. 그것은 6주일 전에 실시된 부다페스트의 지방선거보다 더 나쁜 결과였다. 그 선거에서는 공산주의자들의 득표율이 18.5퍼센트에 그쳤고, 스탈린의 부다페스트 주재 전권대사인 클리멘트 보로실로프는 화가 치민 나머지 헝가리 공산당 관리 몇 명을 구타하기도 했다. 부다페스트에 파견된 "모스크바 사람들"은 지방선거보다 훨씬 나은 결과를 장담했고, 소련인들은 그들을 믿었다.

반면 1930년대와 제2차 세계대전을 거치는 동안 헝가리에서 살아남은 일부 토착 공산주의자들은 한층 더 현실적인 판단을 내리고 있었다. 그들은 25년간의 반反소련 선전과 러시아인에 대한 전반적인 증오심 때문에 헝가리가 사회주의를 실현하기에 비교적 불리한 곳이라는 사실을 알고 있었다. 국가적 차원에서 파시즘과 맺은 관계 때문에 참담한 상태에 놓이기는 했어도, 헝가리에는 소련에 대한 반감이 팽배했다. 전쟁의 막바지에 부다페스트의 지하 공산당 지도자로 그다지 유명하지 않은 서른두 살의 카다르 야노시(한때 타자기 수리공으로 일한 인물이었다)는 전국의 공산당원이 기껏해야 200명에 그치리라고 추정했는데, 그중 20명 정도는 개인적으로 아는 사람들이었다. 지지 세력이 그렇게 부족한 상황에서 사회주의를 실현하기는 쉬운 일이 아닐 터였다. 그러나 헝가리에는 도움의 손길을 내밀 7만5,000명의 소련군이 있었다. 그리고 공산주의자들은 민주적 정치인으로서의 전문성은 거의 없었지만, 음모, 뇌물, 위협, 테러 행위 같은 분야의 경험이 풍부했다.

선거 전부터 이미 보로실로프는 어떤 결과가 나오든 간에 종전 이후 수립된 연립 정부가 유지될 것이라고 선언했다. 부총리는 공산주의자였고, 공산당은 권력의 일부분을 가지고 있었다. 철의 장막 뒤의 다른 곳에서 그랬듯이, 공산당은 무엇보다 내무부를 장악했다. 덕분에 공산주의자들은 경찰과 보안기관을 통제하고, 판사를 임명하고, 신분증과 여권과 출국 사증을 발급하고, 신문 인쇄 및 라디오 방송국 운영 면허를 부여하는 등 헝가리인의 일상에서 가장 중요한 힘을 행사할 수 있었다.

그러나 궁극적으로, 공산주의자들이 원하는 바를 얻도록 보장해준 것은 현장의 소련군이었다. 공산당 소속 장관 중 한 사람으로 사악하지만 끔찍할 만큼 영리한 모스크바 사람이자 나중에 일종의 문화 황제로서 헝가리의 문학계와 예술계를 호령하게 되는 레버이 요제프는 다음과 같이 간략히 말했다. "우리는 의회와 정부에서 소수였지만, 주도 세력을 대표했다. 우리에게는 경찰을 확실히 통제할 권한이 있었다.……우리의 힘은 소련군이 항상 우리를 지원하기 위해 있다는 사실 덕분에 배가되었다."2

부다페스트에서 스탈린의 대리인 역할을 맡은 사람은 라코시 마차시였다. 그가 저지른 범죄는 헝가리 바깥에는 거의 알려지지 않았지만, 만약 더 큰 무대에서 활동했다면 아마 오늘날 그는 여러 경쟁자들을 물리치고 20세기 최악의 악당 중 한 사람으로 인정될 것이다. 집권한 지 10년도 되지 않아 라코시는 자신의 후견인인 스탈린이 30년 동안 소련에서 살해하고 투옥한 사람만큼이나 많은 자국민을 살해하고 투옥했다(절대적인 수치가 아니라 인구 비례를 따졌을 때 그렇다는 뜻이다).

라코시는 1892년 3월 9일에 보이보디나의 소도시인 어더에서 태어났다. 그의 아버지인 로셴펠드 요제프는 부유한 식료품점 주인이었고, 1904년에 성명을 헝가리어식으로 바꿨다. 지적으로 조숙했던 라코시는 열일곱 살에 명문 학교인 동양학술원에서 고진을 공부할 기회를 얻었다. 하지만 그는 상업 분야에서 경험을 쌓고 싶어 1912년에 국외로 나갔고, 함부르크에서 잠시 일하다가 런던에서 1년 동안 보험업자 조직인 로이드에서 일했다.

라코시는 제1차 세계대전이 발발하자 헝가리로 돌아왔고, 즉시 군대에 자원입대했다. 얼마 지나지 않아서 보병 대대 병장으로 진급했지만, 곧바로 러시아 군에 포로로 잡혔다. 원래 그는 정치에 무관심했지만 전쟁 포로로 잡혀 있는 동안 열성적인 공산주의자로 전향했다. 가끔 그는 인생에서 가장 뿌듯한 순간 중 하나로 1918년에 페트로그라드에서 레닌을 잠깐 만났을 때를 꼽았다. 하지만 라코시는 최악의 거짓말쟁이였고, 두 사람이 만났을 것 같지는 않다. 관련 기록도 없다.

그는 헝가리 공산당의 창당위원 중 한 사람이었고, 쿤 벨러가 이끈 1919년 코뮌의 상무부 인민위원이었다. 나중에 호르티가 집권하자 일단 오스트리아로, 나중에는 러시아로 탈출했고, 러시아인들로부터 능력을 인정받았다. 라코시는 언어의 귀재였고, 그 점은 본인이 선택한 세계 혁명의 길에서 귀중한 자산으로 쓰였다. 그는 전쟁 포로 시절에 러시아어를 배우며 어깨 너머로 익힌 튀르크어를 비롯한 10개 언어를 유창하게 구사했고, 코민테른의 서기로 일하면서 6개의 위조 여권으로 체코슬로바키아, 이탈리아, 오스트리아 등지를 돌아다니며 현지의 공산당 설립 작업에 힘을 보탰다.

1925년, 라코시는 공산당이 불법화된 헝가리로 돌아가야 하는 위험한 임무를 맡았고, 귀국 직후 체포되어 선동 혐의로 8년 형을 선고받았다. 1935년에 형기를 마쳤을 때 그는 좌파 세력 사이에서 국제적 위상을 갖춘 유명한 인물이 되었다. 호르티 정권은 라코시를 석방하는 대신 1919년의 행적을 문제 삼아 그를 다시 재판에 넘겼다. 전 세계에서 헝가리 정부로 항의가 쏟아졌지만, 호르티는 아랑곳하지 않았다.

라코시는 재판에서 자신을 직접 변호했고, 다시는 햇빛을 볼 희망이 거의 없는 종신형을 선고받았음에도 모스크바의 권력자들이 혁명가에게 기대하는 용기를 발휘해 운명에 맞섰다. 그는 부다페스트 법정에서 이렇게 선언했다. "내 개인의 운명은 내게 무관심하지만, 나는 보람으로 여기는 대의가 승리하리라는 사실을 알고 있습니다." 그는 세계 곳곳의 좌파 세력 사이에서 유명한 재판의 주인공으로 알려졌다. 스페인 내전에 참전한 국제 여단의 헝가리 대대는 그의 이름을 따서 명명되었다. 1940년, 히틀러-스탈린 조약이 체결된 뒤 그는 석방되어 소련으로 떠날 수 있었다. 당시 그는 1849년의 헝가리 독립 전쟁 때 러시아 황제의 군대가 노획한 헝가리 혁명군 깃발 2개와 교환되었다.[3]

라코시는 모스크바에서 영웅 대접을 받았다. 1940년 11월 7일에 러시아 혁명 23주년을 기념하기 위해 붉은 광장에서 열린 축하 행사에서 라코시는 스탈린과 함께 연단의 최상석을 차지했다. 하지만 그는 결코 영웅 같은 외모의 소유자가 아니었다. 키가 작고, 퉁퉁했으며, 대머리였다. 나중에 사람들은 항상 뒤에서 그를 두고 "멍청이"라고 수군거렸다. 러시아 망명 시절 그를 잘 알던 극작가 하이 줄러는 라코시를 다음과 같이 묘사했다. "조물주가 너무 질색한 나머지 완성하지 못한 듯싶은 짧고 땅딸막한 몸통. 몸통에 비해 지나치게 큰 머리. 머리 위에는 머리카락이 없는 뚜껑이 얹혀 있고, 머리 앞에는 새콤달콤한 미소가 착 달라붙은, 창백하고 부푼 얼굴이 달려 있다. 높은 양쪽 어깨 사이에 사실상 목이 없는데, 그를 꼽주로 부를지 말지는 어느 정도 각사의 판단에 달려 있다. 움직임이 볼품없고, 발을 끌 듯이 걷는 편이다. 손가락은 짧고 뭉툭하다."

라코시의 전기 작가들은 그가 권력 행사 외에는 열의가 없었다고 입을 모은다. 그는 술을 마시지도 않았고, 여색에 빠지지도 않았다. 성적인 문제와 관련해 그는 볼셰비키적 청렴함의 대들보였다. 감옥에서 나온 지 2년 뒤, 그는 시베리아의 야쿠츠크 출신 변호사를 만나 결혼했다. 페니아 페오도로브나 코르닐로바는 그보다 열한 살 어렸고, 두 사람은 그가 1971년에 죽을 때까지 행복하게 살았다. 그는 무척 냉소적인 사고방식의 소유자였다. 종전 몇 년 뒤 작가 데리 티보르가 부다페스트 포위전 이후 소련 군인에게 겁탈을 당한 어느 여성의 이야기를 쓰자, 그는 헝가리 문학에서 "강간"이라는 단어를 금지하려고 했다. 라코시는 그 작가에게 화를 냈다. "좀 모른 척할 수는 없소? 쓸거리가 그렇게 없소? 이보시오, 헝가리에 마을이 3,000개 있소. 러시아놈들이 마을마다 3명씩 데리고 놀았다고 치면 총 9,000명이오. 그렇게 많소? 당신네 작가들은 큰 수의 법칙(큰 모집단에서 무작위로 뽑은 표본의 평균이 전체 모집단의 평균과 가까울 가능성이 높다는 통계와 확률 분야의 기본 개념/역주)을 도통 모르는 것 같소."[*]

그러나 라코시에게는 숭배자들이 있었고, 결점을 보충할 만한 약간의 자질도 있었다. 그는 깊은 인상을 남기는 능력이 있었고, 타고난 재능과 웅변으로 많은 사람들을 기만했다. 기억력도 매우 뛰어났다. 그는 마음먹으면 재치도 발휘할 수 있었다. 직설적인 어투로 말했고, 마르크스-레닌주의 용어를 거의 쓰지 않았다.

스탈린은 라코시를 좋아하지 않았다. 라코시가 소련을 방문했을 때에도 소련의 유력자들 앞에서 그를 모욕하는 경우가 많았다. 우선, 라코시는 유대인이었다. 그리고 스탈린은 원래 극렬한 반유대주의자인 데다 나이가 들수록 유대인을 더 혐오했다. 스탈린은 라코시가 진정한 영웅이 아니라는 사실을 알고 있었다. 1925년에 체포되어 호르티 정권의 방첩기관에서 신문을 받았을 때, 라코시는 코민테른에 관한 몇 가

---

[*] 라코시도 숫자에 그리 강하지 않았다. 그는 헝가리의 강간 피해 여성의 숫자를 크게 과소평가했다.

지 비밀을 누설했는데, 그 비밀은 영국과 프랑스의 정보기관으로 넘어갔다. 파시스트 정권의 감옥에서 얼마나 오랫동안 고통을 받았건 간에 다수의 충직한 공산당 일꾼들이 라코시보다 경미한 잘못으로 인해 죽음을 맞이했다. 그러나 라코시가 맞이한 것은 견책에 그쳤다. 스탈린은 라코시가 "감옥에서 속죄했다"라고 말하며 이례적으로 그를 용서했다. 스탈린은 라코시를 쓸모 있는 인물로 판단했고, 헝가리 공산당의 지도자로 불렀으며, 헝가리를 소련의 모범적인 식민지로 탈바꿈시키기 위해 부다페스트로 파견했다.4

라코시는 부다페스트에서 일단 조심스럽게 행동하고 한도를 넘지 말라는 명령을 받았다. 스탈린은 동유럽 공산당 수뇌부 인사들에게 "사회주의를 향해 일직선이 아니라 갈지자로, 우회적으로 전진해야 하오. 인민 민주주의를 향한 시기상조의 길을 택하려는 유혹을 물리치시오"라고 말했다. 그는 라코시에게 친히 보낸 편지에서 단계적으로 움직이라고 조언했다. "말로 불평을 늘어놓지 마시오. 아무도 위협하지 마시오. 그러나 일단 자리를 잡으면 앞으로 나아가시오. 우리에게 쓸모 있을 수 있는 사람들을 되도록 많이 이용해야 하오." 훗날 라코시는 공산주의자들이 그 느릿느릿한 정부 전복을 기획한 방식을 노골적으로 거론하고 심지어 자랑스러워했다. 그는 당 일꾼들에게 이렇게 설명했다. "우리의 요구는 항상 처음에는 적당했지만 나중에는 심해졌습니다. 예컨대 처음에 우리는 은행에 대한 '정부 통제'를 요구했지만, 나중에는 3대 은행의 완전한 국유화를 요구했죠. 우리가 원하는 바를 얻은 비결은 정밀한 수단, 한 조각씩 잘라내는 살라미 전술이었습니다.……덕택에 우리는 반동주의자들을 물리칠 수 있었습니다."

연립 정부의 첫 번째 표적에는 비교적 논란의 여지가 없었다. 전쟁 결과와 25년간의 호르티 정권기에 대한 앙갚음이 이루어져야 했다. 전직 총리 4명과 저명한 화살십자당 관료들, 나치 친위대 소속 헝가리인 지원병들과 유명한 파시스트들을 포함한 총 279명의 전범이 교수형을 당했다. 인민의 정의였던 그것은 같은 시기에 서유럽에서 벌어지고 있던 것과 비슷한 규모로 집행되었다. "해방" 1년 뒤, 전범들의 처형 장면을 구경하려면 입장권이 필요하다는 소식을 듣고 분노한 폭도들이 부다페스트의 중앙교도소 입구로 돌진했다. 라코시는 헝가리 국민들에게 위협감을 주지 않도록 "프롤레타리아 독재"라는 문구를 공산당 인쇄물에 싣지 못하도록 조치하는 등 처음에는 극도로 조심스러운 태도를 보였다.

한편, 뛰어난 반파시스트 경력을 지녔으나 공산주의자들을 지지하지 않는 사람들은 소련의 강제노동 수용소로 사라졌다. 수천 명이 체포되어 소련으로 강제 이송되었고, 이후 헝가리에서는 그들의 소식을 들을 수 없었다. 호르티 정권에서 10년간 총리를 역임한 베틀렌 이슈트반도 그들과 똑같은 운명을 맞이했다. 그는 일찍이 1942년부터 소련과의 개별적 강화를 촉구했는데, 당시 내각 회의에서 제기된, 붉은 군대가 강간과 약탈을 자행할 것이라는 반론을 다음과 같은 답변으로 되받아친 바 있었다. "아마 그러겠지만, 그들이 우방으로서 온다면 정도가 덜할 것입니다." 관련 기록은 남아 있지 않지만, 베틀렌은 시베리아 어딘가에서 사망한 것으로 추정된다.[5]

그리고 나서 공산주의자들은 연립 정부의 주요 "동반자들"인 소농당에 대처했다. 라코시는 전쟁 전의 정권과 합스부르크 제국의 섭정을 복원하려는 비밀 우파 조직의 음모를 적발했다고 주장했다. 터무니없는 소리였지만, 그는 사임해야 할 소농당 의원 27명의 이름을 거론했다. 그중 제일 유능한 코바치 벨러가 가장 위협적인 인물로 간주되었다. 코바치는 이른바 음모에 연루되었지만 사임을 거부하며 국회의원의 불체포 특권을 주장했다. 1947년 2월 27일, 소련 군인들이 의회에 진입해 그를 의사당 밖으로 끌고 나왔다. 그는 비행기에 태워져 소련으로 보내졌다. 이후 그는 9년 동안 헝가리로 돌아오지 못했다.

1947년 봄, 라코시는 연립 정부 총리인 너지 페렌츠를 겨냥했다. 너지가 국제 회의에 참석했을 때 라코시는 그에게 전화를 걸어 앞으로 계속 외국에 머물면서 다시는 귀국하지 말라고 요구했다. 그가 거부할 수 없었던 당국의 요구 조건은, 만약 그가 헝가리로 돌아오면 또다른 음모에 연루된 반역자로 매도하겠지만 서방 세계에 머물면 어린 아들을 안전하게 보내주겠다는 것이었다. 너지는 조건을 수락했고, 여생을 망명지인 미국에서 보냈다.

라코시의 행동 방식에서 드러나는 온갖 징후와 앞으로 한동안 붉은 군대가 헝가리를 점령할 것이라는 정보에도 불구하고, 유권자들은 여전히 공산주의자들을 배척했다. 1947년 8월의 선거는 2년 전의 선거보다 훨씬 덜 정직하게 실시되었고, 대부분의 공산당 일꾼들이 거주하는 부다페스트에서는 특히 그랬다. 다수의 부재자 유권자들이 파란색 용지로 대리 위임장을 작성해 공산주의 활동가들에게 제출했고, 그 활동가들 가운데 일부가 일찌감치 투표하고 나서 대리 위임장을 들고 또 투표하는 경우도 많았기 때문에 수십만 명의 유권자들이 이른바 "파란

쪽지" 선거에서 투표권을 빼앗기고 말았다. 그런데도 공산주의자들의 득표율은 22.5퍼센트에 그쳤다.

살라미 전술의 다음 희생양은 사회민주당이었다. 호르티 시절, 공산당은 활동을 금지당한 반면, 사회민주당의 한 분파는 활동할 수 있었다. 라코시가 집권한 뒤 사회민주당은 공산주의자들과의 합병을 둘러싼 부정한 내부 투표를 통해 자진 해산했다. 합병 반대를 선언한 사람들의 투표가 금지되었으니 뻔한 결과였다. 1948년 6월에 두 정당은 통합되었다. 라코시는 일당 체제를 구축하는 데 3년이 걸릴 것이라고 말했는데, 그것은 스탈린이 염두에 둔 기간이었다. 이제 헝가리는 본질적으로 일당 독재 국가였다.[6]

1946년 5월 21일, 부다페스트에서 동쪽으로 약 85킬로미터 떨어진 소도시인 쿤머더러시의 시장 광장에서 벌어진 식품가격 인상 반대시위가 유대인 집단 살해 사건으로 비화했다. 폭도들이 유대인으로 확인된 사람들만 공격했고, 4명이 얻어맞아 사망하고 3명이 중상을 입었다. 아마 수년 뒤에는 상상할 수 없을 장면이 되겠지만, 홀로코스트의 상세한 내용이 알려진 직후 유대인을 겨냥한 그보다 더 심각한 공격 행위가 폴란드와 체코슬로바키아에서도 동시에 발생하고 있었다. 그러나 사려 깊은 사상가 스타니스와프 오소브스키(20세기 폴란드의 사회학자/역주)가 전후의 가장 잔인한 유대인 집단 학살 중 하나가 발생한 뒤에 지적했듯이, "동정은 타인들이 겪는 불행에 대해 떠올릴 수 있는 유일한 반응이 아니다." 유대인 소유의 집에서 살던 동유럽의 많은 사람들은 전쟁이 끝난 후 소수의 유대인 생존자들이 나치의 반유대법에 의해 몰수되었던 재산을 되찾으려고 돌아왔을 때 다시 분노로 끓어올랐다. 공산주의자들이 도입한 새로운 법률에 따라 유대인들의 재산은 신속하게 반환되었지만, 항상 순탄하게 반환된 것은 아니었다.*

 라코시, 그리고 각각 경제와 치안망과 공산당 관료 조직 분야를 운영하는 최측근 3명을 비롯해 부다페스트에서 가장 유명한 거물급 공산주의자들 가운데 일부가 유대인이라는 사실은 헝가리의 사회적 화합에 도움이 되지 않았다. 기괴하고 교묘하게도, 라코시는 의표를 찔리지 않기 위해, 그리고 국민의 시선을 의식해 헝가리에서 가장 극렬한 반유대주의자 중 한 사람이 되었다. 그는 쿤머더러시 폭동이 일어난 지 얼마 되지 않아 동료 공산주의자에게 보낸 편지를 통해 이렇게 말했다. "당신은 가톨릭 교회가 반국가 첩보 활동의 최대 중심지라고 생각할 것이오. 하지만 실제로는 유대인들이 곳곳에 있기 때문에 시온주의가 첩보 활동의 진정한 중심지일 것이오." 종전 후 소련 하수인들의 기준에서 보더라도 극도의 냉소주의자였던 라코시는 공산주의의 대의를 위해서 전직 파시스트들까지, 심지어 옛 정권하에서 유대인들을 살해한 것으로 알려진 자들까지 열심히 모집했다. 그는 화살십자당 출신 깡패들도 도움이 될 수 있으면 기꺼이 채용했다. 라코시는 부르주이 계급 파시스트들과 "노동계급 파시스트들, 즉 피라미들"을 구별했고, 후자를 공산당의 일원으로 받아들였다. 그는 한 무리의 노동자들에게

---

* 흔히 그랬듯이 유대인들은 다시 찾아온 불행에 대처하는 최선의 방법이 냉소적이고 풍자적인 해학이라는 사실을 깨달았다. 종전 후, 부다페스트에서는 금세 다음과 같은 농담이 퍼졌다. 어느 유대인이 집으로 돌아와 기독교 신자인 지인과 마주친다. 지인이 "안녕하세요?"라고 물었다. 유대인이 대답했다. "아이고, 말도 마세요. 수용소에서 집으로 돌아왔는데 당신이 입고 있는 옷 말고는 아무것도 없어요."

다음과 같이 말했다. "별로 중요하지 않은 이 파시스트들은 실제로 나쁜 자들이 아닙니다. 그들은 억지로 파시즘에 휘말렸습니다. 그들이 해야 할 일은 우리에게 충성을 서약하는 것이고, 그러면 우리는 그들을 기쁘게 받아들일 것입니다."[7]

1948년 말에 이르러, 공산주의자들은 향후 40년간 누리게 될 무소불위의 권력을 잡았다. 빨간색 별이 공공건물에 등장하기 시작했고, 그중 가장 큰 별은 1989년까지 국회의사당의 돔 꼭대기에서 24시간 내내 조명으로 반짝반짝 빛났다. 라코시의 못생긴 얼굴이 담긴, 그를 "스탈린의 수제자"로 칭송하는 포스터가 부다페스트 전역에 나붙었다. 공산당은 주민의 일상을 직접 통제하기 시작했다. 대다수의 카페가 폐쇄되었다. 공산주의자들은 사람들의 자유로운 교제를 인정하지 않았다. 공산당은 신문과 라디오를, 결국에는 텔레비전과 모든 형태의 예술을 통제했다. 숨 막히는 사회주의적 사실주의가 문학과 회화와 음악 분야에서 유일하게 허용되는 표현 형태가 되었다. 기독교는 억압되었다. 사제들과 수도사들 수백 명이 투옥되었다. 1948년의 성탄절 다음 날에는 가톨릭교 수석 대주교후인 민드센치 요제프 추기경도 체포되었다. 그는 날조된 횡령 혐의로 재판을 받은 뒤 수감되었고, 이후 7년 반 동안 대중 앞에 모습을 보이지 않았다. 교회학교의 운영도 금지되었다.

사회의 거의 모든 분야에 러시아인 "고문들"이 초빙되어서 시범을 보였다. 라코시는 교육 제도, 군복, 집단 농장 조성 같은 온갖 사안과 관련해 한 걸음 내디딜 때마다, 부다페스트의 현장에서 활동하는 러시아인 고문들에게 물어보거나 아예 모스크바에 직접 문의했다. 소련의 환심을 사기 위해서 헝가리의 국기도 변경되었다. 삼색은 유지되었지만, 1848년에 코슈트가 도안한 상징이 소련식 망치와 낫으로 바뀐 것이다. 공휴일도 소련의 공휴일에 맞춰서 변경되었다. 수호성인인 성 이슈트반을 기리는 축일인 8월 20일은 제헌절로 바뀌었다. 1949년 8월 20일에 헝가리를 "인민공화국"으로 명명하고 국민감정을 아예 도외시한 채 발효된 전후 새 헌법의 첫 번째 조항에는, "헝가리를 해방하는 과정에서 역사적 역할을 수행한 영광스러운 소련"에 감사한다는 내용이 담겼다.

헝가리의 소련화는 심각한 국민적 불만의 씨앗이 되었다. 당시 화학을 전공하는 학생이었고 훗날 헝가리의 탁월한 과학자로 성장한 진데이 샨도르는 "그것이 가장 뼈아팠다"라고 회상했다. "공산주의를 억지로 우리에게 들이미는 것만으로도 충분히 괴로웠다.……그러나 우리에게 낯선 방식을 너무 많이 강요하고 자기들이 우리보다 우월하다는 말을 듣는 것은 끊임없는 모욕이었다. 날마다 러시아인들은 자기들이 주인이라는 사실로 우리의 자존심을 깔아뭉개는 듯했다."

종전 후, 헝가리 경제는 취약한 기반에도 불구하고 한동안 급속도로 성장했다. 정부는 다뉴브 강의 교량 대부분을 비교적 신속하게 재건했다. 라코시 정권의 2인자 게뢰 에르뇌는 교량 재건 작업을 완수한 공로를 인정받아 "다리 건설자"로 대대적으로 선전되었다. 1950년대 초엽까지 부다페스트 주민들은 배고픔에 시달리지 않았다. 공산주의자들이 "인민에게 토지를"이라는 약속을 어기고 농장을 집단화함으로써 사실상 공산당에 토지를 넘길 때까지는 식량 생산량이 증가했다. 하지만 그 이후 차례를 기다리는 줄이 생겼다. 경제학자 코르너이 야노시가 지적했듯이, 결핍은 여러 현상 가운데 하나였다. 그는 "현존하는 사회주의"가 실제로 작동하는 방식을 확인하기 전까지 엄격한 마르크스주의자였다. "900만 명의 헝가리인들이 물리적으로나 은유적으로나 상점 앞에 줄지어 섰고, 공장 관계자들은 공급업체 앞에, 국영 기업들은 바로 그 국가의 금고 앞에 줄지어 섰다." 1948년부터 모든 은행이 국유화되었다. 10명 이상을 고용한 기업은 모조리 국가에 인수되었다. 부다페스트 대학교의 역사학 강사였던 몰나르 미클로시는 "밑창이 모자르지 않는 한, 소수의 구두 수선공들이 살아남아 구두를 고쳤다"라고 말했다.[8]

1만3,000명이 넘는 계급의 적들(귀족 및 신사 계급, 이전 정권의 관리, 법관)이 법적 절차 없이 부다페스트의 자택에서 쫓겨나 엄격한 감독을 받으며 일해야 하는 끔찍한 조건의 농촌으로 보내졌다. 계급의 적들에는 호르티 정권에서 재임한 장관 21명, 국무부 장관 25명, 장군 190명, 육군 장교 1,012명, 경찰관 274명, 헌병 88명, 중견 및 고위 공무원 810명, 공장주 172명, 은행가 157명, 도매상 391명, 대지주 252명, 공작 9명, 백작 163명, 남작 121명 등이 포함되었다. 수십 명의 식당 주인들과 카페 주인들도 황당한 일을 당했다. 그들은 24시간 안에 가택을 비우라는 통보를 받은 뒤 "존재하지 않는 사람들"로 선언되었다. 공산당 기관지인 「서버드 네프*Szabad Nép*」에 따르면 그렇게 조치한 공식적인 이유는 "제국주의적 선동이 벌어지고 계급 투쟁이 심각해지는 시기에 피할 수 없는 일"이기 때문이었다. 하지만 진짜 이유는 공산당 수뇌부라는 새로운 우두머리 계급의 근사한 주택에 대한 수요를 충족시키기 위한 것이었다. 로저돔브에 있는 그들의 저택과 페스트 시내에 있는 멋진 아파트가 공산당 정상배들에게 넘어갔다.

1948년에 미국으로 이민을 떠나기 전, 마러이 샨도르는 "내 주변에서 벌어지는 일이 그저 조직적 테러 행위가 아니라 막을 수단이 없는, 무엇보다 위험한 적이라는, 다시 말해 어리석음이라는 사실을 감지하기 시작했다"라고 말했다. "그들이 여기서 계획하고 실행하는 모든 일은 탐욕스럽고 포악할 뿐만 아니라 절망적일 만큼 쓸데없고 어리석다." 국경이 단단히 봉쇄되고 철의 장막이 쳐질 때까지 수천 명의 젊고 창의적인 사람들이 그의 뒤를 이었다. 헝가리 역사에서 끊임없이 이어지는 주제는 정치적 격동기의 인재 유출이었다.

공산주의자들은 부다페스트에서 그들의 권력을 분명히 보여주는 강력하고 극악무도한 방법을 찾아냈다. 1949년 말, 그 도시에서 가장 우아하고 기품 있는 교회 중 하나인, 영웅 광장 한쪽에 있는 레그눔 머리아눔이 아무런 사전 예고 없이 밤새 철거되었다. 그 빈자리에 4미터 높이의 스탈린 동상이 붉은색 석회석 대좌를 밟고 들어서 부다페스트 중심가를 내려다보았다. 1년 반 뒤 공산당의 이념 책임자인 레버이 요제프에 의해 스탈린 동상이 정식으로 공개되었을 때, 일부 강경 공산주의자들을 비롯한 구경꾼들은 다음과 같은 그의 발언에 진저리를 쳤다. "이것은 우리 민족의 영혼으로부터 비롯되는 조각상입니다.…… **헝가리인**의 조각상입니다."9

제32장

공포의 집

우리는 다른 민족들에게 우리와의 동맹을 강요할 때 무력을 활용하지 않을 수도 있다. 진정으로 자발적이고 자유로운 협정만 활용할 수도 있지만, 이것은 협정을 폐기할 자유가 없으면 불가능한 일이다.

— 블라디미르 레닌

언드라시 대로(종전 후 스탈린 대로로 이름이 바뀌었다) 60번지는 부다페스트에서 가장 편리한 주소 중 하나였다. 언드라시 대로 60번지는 가극장에서 300미터쯤 떨어진 구획 전체를 아울렀고, 얼핏 근처에 있는 다른 20세기 초엽의 건물들처럼 보였다. 그러나 등굣길에 매일 이곳을 지나쳤던 콘라드 죄르지는 이곳을, 좀더 자세히 살펴보면 "무섭고 소름 끼치는 장소였다"고 회상했다. "모든 창문 밖의 화분에는 빨간 제라늄이 피어 있었지만, 기관총을 든 경비원들이 출입구마다, 그리고 건물 구석마다 서 있었다." 그 건물은 종일 분주했다. 관용차(항상 검은 커튼으로 가려진 소련제 포베다)들이 좁은 샛길인 첸게리 거리로 접어든 뒤 대문을 거쳐 평범해 보이는 안뜰로 들어갔다. 그러나 안뜰 한쪽에는 망루가 딸린 6미터 높이의 벽이 있었고, 망루에는 기관총 사수가 24시간 배치되어 있었다. 전 공산당 정치국원이 묘사했듯이, 그 건물은 "중동부 유럽에서 가장 혹독한 경찰국가의 심장부로 자리 잡은, 무시무시한 비밀 조직 AVO의 본부였다."*

그 건물은 제2차 세계대전이 끝나기 전 몇 달간 화살십자당의 근거지로 쓰였다. 파시스트들은 그곳을 "충성의 집"으로 불렀고, 종전 후에 공산주의자들도 그렇게 불렀다. 공산주의자들은 지하 감옥을 비롯한 다수의 비품과 가구도 그대로 썼다. 그 건물 안에는 채찍, 곤봉, 못 누르개, 전극電極 같은 갖가지 장비를 갖춘 눅눅한 독방과 고문실이 있었다. 지하실에는 희생자들의 유해를 부다페스트의 주요 하수도로 흘려보내는 산성酸性 욕조인 레포요가 있었다.[1]

AVO는 1930년대에 스탈린의 대숙청이 한창일 때 소련의 정치경찰을 모방해 창설한 조직이었다. 라코시는 다음과 같이 분명히 밝혔다. "우리 당이 처음부터 그 권리를 주장하고 제휴주의적 타협을 불허한 분야가 있다. 바로 국가 안보였다.……우리는 설립 첫날부터 이 조직을 엄격하게 통제했다." AVO는 어떤 형태의 반대든 제거할 책임이 있는 공산당의 "검과 방패"였고, 조장기 몇 년 동안 무자비한 효율성을 보였다. 1940년대 말과 1950년대 초에 부다페스트에서 널리 쓰인 헝가리어인 첸괴프라스csengöfrász는 수많은 사람들에게 암울한 울림을 일으켰다. "초인종 공포"로 번역되는 이 단어는 한밤중에 현관에서 울리는 초인종 소리의 무서움을 의미했다. AVO 요원들에게 체포되어 2주일 동안 스탈린 대로 60번지에 갇혀 있었던 어느 죄수는 "대다수의 비

---

* 1948년 AVO Államvédelmi Osztály(국가보안부)가 AVH Államvédelmi Hátoság(국가보안국)로 바뀌었지만, 다들 AVO("어보"로 발음된다)라고 불렀다.

밀경찰처럼 AVO도 음지에서, 한밤중에 활동하는 편을 선호했다"고 회고했다. AVO 장교들은 녹색 견장이 달린 푸른색 제복과 거들먹거리는 태도가 특징이었다.

라코시 다음가는 실력자이자 AVO의 수장인 페테르 가보르는 부다페스트에서 가장 미움을 많이 받는 사람이었다. 그는 1900년에 어우슈피츠 베뇌라는 이름으로 태어났고(에이셴베르게르 베냐민이라는 별칭도 있었다), 재단사의 조수로 일하다가 첩보원으로서의 소명을 깨달았다. 1931년에 공산주의 선동 혐의로 체포되었으나 용케 소련으로 탈출했고, 얼마 지나지 않아서 내무인민위원부 소속으로 유럽 전역의 공산당이 계속 모스크바에 충성하도록 강요하는 임무를 맡아 활동하기 시작했다.* 1945년, 그는 동료 모스크바 사람들과 함께 부다페스트로 돌아와 AVO의 창설 작업을 시작했다. 작가 이그노투시 팔은 자신을 고문한 자들이 지켜보는 가운데 스탈린 대로 60번지에서 신문을 당했다. "페테르에게는 커다란 샹들리에가 달려 있고 장식 판자를 댄 넓은 서재가 있었다. 페테르와 관계있는 모든 것이 그보다 컸다. 그는 설치류의 눈이 박혀 있고 히틀러의 콧수염이 난 키 작은 남자였다.……훌륭한 재단 기술에 대한 그의 취향에는 변함이 없었다. 그는 흠잡을 데 없는 회색 정장에 더할 나위 없는 비단 넥타이를 매고 있었고, 항상 넥타이를 만지작거렸다."

페테르는 술을 즐겨 마셨다. 그리고 아름답지만 무서운 그의 아내

---

*   페테르는 영국의 케임브리지 5인 반역자 중 1명인 킴 필비를 공산주의자로 "전향시키는" 작업을 돕는 코민테른 요원이었다. 1930년대에 페테르는 필비의 첫 번째 부인인 리치 프리트만과 바람을 피웠고, 그녀를 소련 정보부에 채용했다.

욜란 시몬을 비롯한 모든 사람이 페테르가 계속 애인을 두고 있다는 사실을 알고 있었다. 페테르 부부는 (그 근엄한 1950년대에) 파격적인 "자유로운" 연애관계를 인정했고, 다뉴브 강을 굽어보는 로저돔브의 대저택에서 하인들의 시중을 받으며 호화롭게 살았다. 동유럽의 공산당 하수인들의 기준으로도 그는 놀라울 만큼 냉소적이었다. 페테르는, 1930년대에 호르티 정권을 피해 망명했다가 1947년에 미국에서의 안전하고 편안한 생활을 뒤로하고 자진해 헝가리로 돌아온 시인 펄루지 죄르디를 신문하면서 그를 한껏 조롱했다. "당신 같은 바보들은 필요 없어.……이 멍청한 친구야, 이 더러운 땅에서 살려고 미국에서 돌아오다니."[2]

스탈린 대로 60번지의 고문 담당 책임자는 석탄 배달부 출신으로 파시스트 독재 정권 시절에 같은 건물에서 같은 자리를 맡아 고문을 자행했던 화살십자당 전직 당원인 프린즈 줄러였다. 라코시는 특정한 전문 기술에 관한 경험이 있다는 이유로 화살십자당 출신 폭력배들을 많이 등용해 AVO에 협력하도록 했다. 그는 그들의 경험이 유익할 것이라고, 나중에 우리에게 필시 협박을 낳을 수 있다고 생각하기 때문에 당장은 이익을 챙기고자 충성할 것이라고 기대해볼 만하다고 주장했다. 만약 다루기가 까다로운 자들로 드러나면, 더 이상 필요하지 않을 때 제거할 수도 있었다.

프린즈에게 고문을 당한 피해자 중 한 사람에 따르면, 그는 "몸집이 크고 배가 불룩하고, 엄청나게 힘이 센 남자였다. 정수리는 벗겨졌지만, 다른 모든 부위에는 털이 덥수룩했다." 프린즈는 평생 약 2만5,000명을 직접 고문했다고 추산했다. 그는 자신이 하는 일에 큰 자부심을 느꼈다. 프린즈의 임무는 자백을 받아내는 것이었고, 그는 그 임무가 "올바르게" 이루어져야 한다고 주장했다. 프린즈에게 신문을 받을 때 이그노투시는 코와 입 사이에 연필을 끼운 채 벽 옆에 서 있으라는 명령을 받았다. 이그노투스는 다음과 같이 썼다. "물론 결국에 연필이 떨어졌다. 그는 내 온몸이 보라색으로 멍들고 부어오르고 이가 몇 개 부러져 빠질 때까지 때렸다. 그는 내게 '작가의 상상력을 발휘해 자백서를 써보지 그래?'라고 말했다. 말도 안 되는 내용을 쓰는 것이 아니라 믿을 수 있는 거짓말만 하라는 것이었다."

대부분의 AVO 소속 불량배들은 딱히 섬세하거나 정교하지 않았다. 펄루디는 그들을 속이려고 했고, 일부분 성공했다. 그는 끔찍하면서도 재미있는 회고록인 『지옥에서 보낸 행복한 날들』에서 다음과 같이 설명했다.

그들은 내가 트로츠키파 단체에 가입해 반소련 활동에 참여하려고 프랑스에 갔다는 사실을 인정하는 상세한 내용의 자백을 받아냈다.⋯⋯ 나는 [AVO 소속의] "미국 전문가"에게 넘겨졌다. 그는 내가 체제 전복 활동에 어떤 식으로 참여했는지, 미국에 머무는 동안 첩보기관인 OSS[CIA의 전신]에 어떻게 가담했는지 설명하라고 했다.⋯⋯나는 그들이⋯⋯간첩 재판을 준비하고 있다고 결론을 내렸다. 그 재판에서 내가 주요 피고인 중 한 명이 될 것으로 보였다. 그래서 외국의 언론인들이 상황을 짐작할 수 있도록 최선을 다해 일종의 세부 사항을 꾸며냈다. 나는 담당 신문자에게 2명의 미국 요원인 에드거 앨런 포(19세기 미국의 작가/역주) 대위와 월트 휘트먼(19세기 미국의 시인/역주) 소령에 의해서 OSS에 채용되었다고 말했고, 그 두 사람에 대해서 아주 상세히 설명했다. 그리고 수사관이나 판사 중 한 사람이 내 의도를 알아챌 경우를 대비해 바알제붑Belzebub의 철자를 바꿔 세 번째 미국 요원을, 그러니까 발이 기형적으로 휜 Z. E. 버벨Z. E. Bubbel이라는 인물을 꾸며냈고, 재판을 받을 때 그 인물의 정체를 드러낼 생각이었다. 나는 OSS의 뉴욕 사무실에서 벌어진 호사스러운 술잔치에 대해서 이야기했다.……신문자가 뉴욕 사무실의 주소를 물었고, 나는 그곳에 가본 적이 없다며 뉴욕 전화번호부에서 찾아보라고 말했다. 그러자 신문자는 나를 때렸고, 이틀 동안 코를 벽에 대고 서 있도록 했다. 이틀 뒤 그는 내 "자백서"에 주소 하나를 써넣었다.[3]

AVO는 요원들을 잘 대우하는 거대한 테러 관료 조직이 되었다. AVO의 최정예 요원들은 부다페스트에서 활동하는 자들이었다. 그들은 후한 보상을 받았다. 1950년, AVO의 전체 병력 4만8,000명 중 10퍼센트 정도가 국경 순찰 같은 일상 임무에 배정되어 평균 임금을 받았다. 그러나 비교적 끔찍한 일에 관여하는 고위 관리들은 판시의 봉급과 동일한 봉급, 즉 전국 평균 임금의 약 20배를 받았다. 부다페스트에는 AVO의 정식 밀고자가 10만 명이나 있었다. 얼핏 터무니없어 보이는 수치인 10만 명은 당시 헝가리 전체 인구의 7퍼센트에 해당했다. 그러나 AVO의 부다페스트 지부에 대한 극비 국가 안보 보고서에는 밀고자를 물색하는 작업을 둘러싼 철저함과 폭넓음이 담겨 있다. "보험설계사들, 임대료 징수원들, 가스 검침원들은 뛰어나다.……굴뚝 청소부들은 매우 유용하다. 그들은 주민들의 집을 마음껏 돌아다닐 수 있다.……그리고 종종 허물없이 대화할 수 있고, 아무도 그들을 의심하지 않는다." 누구나 AVO의 밀고자가 될 수 있었고, 다들 그 점을 알았다.

AVO는 실수를 인정하지 않았다. 수의사인 퍼제커시 줄러는 "체제 전복"에 연루된 혐의로 알지도 못하는 이른바 "친구들"과 함께 체포되었다. 그는 모든 혐의를 부인했지만, 신문자들은 3주일 동안 그를 때리고 고문했다. 어느 날 밤, AVO 소속 대령이 퍼제커시의 독방으로 와서 자기들이 찾고 있던 용의자가 퍼제커시 줄러와 동명이인이지만 불행히도 여건상 그를 풀어줄 수 없다고 말했다. 이후 퍼제커시는 수년간 강제 수용소에서 비참하게 지냈다.*4

공산주의자들은 이미 반대자들을 제거했거나 협박으로 굴복시켰다. 이제 그들은 볼셰비키의 전형적인 방식으로 서로에게 칼을 꽂았다. 수십 년 뒤 소비에트 체제의 붕괴에 중요한 역할을 맡은 어느 공산당 관리는 "1949년 10월에 러이크 라슬로를 처형한 일은 혁명이 혁명의 자식들을 유혈의 도가니로 집어삼키기 시작한 순간을 상징했다"라고 썼다. 동유럽과 서방의 관계는 종전 직후 빙점에 도달했고, 1946년에 윈

---

* 공포의 집은 2000년대 초엽 파시스트들과 공산주의자들이 자행한 테러의 희생자들을 기리는 박물관으로 개관했다. 애석하게도 우파와 좌파는 이곳을 정쟁의 도구로 활용했지만, 이 박물관은 여전히 매력적인 장소이다. 양진영 모두 상대방이 정권을 잡아 이 박물관을 관리할 때 균형이 맞지 않는다고 불평한다. 평소 뛰어난 역사학자로서의 면모를 보이는 레브 이슈트반은 이 박물관이 공산주의에 의한 폭력의 희생자들을 더 많이 추모하기 때문에 "죽음과 희생자들이 수사적 도구로 쓰이는 총체적인 선전 공간"이라고 비난했다. 하지만 그의 비난은 표적에서 많이 빗나갔다. 공산주의자들이 화살십자당 당원들보다 훨씬 더(약 7개월이 아니라 약 7년이나 더) 오랫동안 그 장소에서 사람들을 고문한 것은 사실이다.

스턴 처칠이 미국 미주리 주의 풀턴에서 선보인 "철의 장막" 연설 때문에 더 냉랭해졌다. 이후 1948년과 1949년 사이의 겨울에, 사회주의 진영 **내에서** 별도의 냉전이 발발했다. "해방된 영토" 중 하나의 공산당 지도자가 감히 모스크바에 도전장을 내밀었다. 유고슬라비아에서 나치에 대적한 유격대 지도자인 요시프 브로즈 티토는 전후 소련의 후원과 지원 물자에 힘입어 마르크스주의 독재 정권을 수립했다. 그러나 그는 스탈린이 동유럽과 발칸 반도에 있는 다른 "위성" 국가들에 요구한 식민지 지위를 수용할 수 없어 저항하기 시작했다. 티토는 사회주의에는 다양한 길이 있다고 말했고, "민족 공산주의자"로 자처했으며, 유고슬라비아가 "비동맹 국가"가 될 것이라고 선언했다. 스탈린은 티토의 그 모든 행위를 이단으로 여겼고, "손가락 하나로 티토를 으깨버릴 수 있다"라고 호언장담했다. 하지만 이는 쉽지 않은 일이었다. 스탈린은 공산주의가 서방에 의해 악용될 가능성을 우려했고, 굳이 공산권의 분열을 보여줄 필요는 없다고 믿었다. 그러나 티토의 저항은 묵과할 수 없었다. 소련의 새로운 유럽 제국에서 유고슬라비아에 동정심을 보인다면 그 누구라도 분쇄되어야 했다. 모스크바 당국은 모든 위성 국가에서 "티토파, 트로츠키파 간첩들"에 대한 체계적인 숙청 작업에 돌입했고, 그로 인해 이후 3년간 공산주의 세계는 거세게 요동쳤다.

스탈린의 수제자인 라코시는 예상대로 신뢰도를 증명하는 데 열심이었고, 숙청은 중유럽의 모든 국가 중에서 헝가리를 가장 심하게 강타했다. 그는 티토와의 전쟁을 위해서 몇 개 대대를 자진해 지원했지만, 스탈린은 그런 식의 갈등을 거부했다. 라코시는 러이크 사건에 충성스러운 공산주의자들 수천 명을 연루시켜 가장 화려한 공개 재판을 기획하는 수준에서 만족해야 했다. 누가 반역자인지 아닌지는 중요하지 않았다. 논쟁은 의미론적이었다. 스탈린은 지속적인 숙청이 가장 효과적인 권력 유지 방법이라고 믿었다. 끊임없는 숙청은 25년 동안 효과를 발휘했고, 상황이 그리 좋지 않을 때마다 스탈린은 고의적으로 희생양을 만들어야 했다. 그가 구축한 체제에는 오류가 있을 수 없었다. **누군가** 실패에 대한 책임을 져야 했다.

러이크 라슬로는 헝가리를 경찰국가로 만든 주역 가운데 한 명이었다. 내무부 장관으로서 그는 정권 차원의 기독교 탄압과 민드센치 추기경의 재판을 담당한 바 있었다. 그는 강경 스탈린주의자였고(마르크스주의의 측면에서 라코시보다 더 정통파였다), 반대를 용납하지 않았다. 평소 그는 "모든 사람에게는 나침반이 필요하고, 내 나침반은 소련이다"라고 자주 말했다. 하지만 그는 선전이 무엇인지 이해했고, 정권의 수많은 우둔하고 답답한 인사들과 달리 날카로운 안목이 있었다. 그는 키가 크고, 날씬하고, 시선을 끌 만큼 잘생긴 남자였고, 공산 부다페스트의 절세미인 중 한 사람인 푈디 율리어와 결혼했다. 두 사람은 당대의 매력적인 한 쌍이었다. 라코시는 잘생긴 외모와 명성 때문에 러이크를 싫어했고, 러이크를 비롯해 호르티 시절과 나치 점령기에 헝가리에 머물렀던 공산주의자들을 불신했다. 라코시는 당연히 러이크를 잠재적인 경쟁자로 여겼다. 따라서 숙청에 착수했을 때, 그는 러이크를 주요 표적으로 삼았다.

러이크 라슬로는 1909년에 트란실바니아 출신의 부유한 상인 집안에서 태어났다. 그의 가족은 트리아농 조약이 체결된 뒤 부다페스트로 이주했다. 그는 대학을 다니면서 급진화되었고, 법률가, 공무원, 학자 같은 인재의 양성소인 외트뵈시 요제프 대학교에서 불법 공산당 지부를 조직했다. 그러다 어느 학우에 의해 밀고를 당해 대학에서 쫓겨나 잠시 투옥되었다. 복학을 금지당한 그는 건설 노동자가 되었지만, 건설 노동자들의 파업을 조직한 뒤 다시 투옥되었다가 강제 이송되었다. 이후 국제 여단의 라코시 대대 소속 지원병으로 스페인 내전에 참전한 뒤 헝가리로 돌아왔고, 1944년에 독일군이 부다페스트를 점령한 직후에 체포될 때까지 불법 공산주의 지하 조직의 평판 좋은 지도자로 활동했다.

러이크는 1949년 초에 내무부 장관직에서 물러났을 때 운명을 어렴풋이 느꼈을지도 모른다. 하지만 그는 외무부 장관직은 유지했다. 1949년 5월 10일, 러이크 부부는 라코시의 초대로 그의 저택에서 점심 식사를 하게 되었다. 그때 라코시는 아이를 낳은 지 얼마 되지 않았던 러이크 율리어에게 출산을 축하한다고 말했다. 공산당 당수가 이미 러이크의 체포 영장에 서명한 상태였지만, 그들은 모두 즐겁게 식사했다.[5] 이튿날 러이크는 그의 아파트에서 AVO 요원들에게 체포되었다. 그는 자신에게 닥칠 일을 알고 있었다. 일단 그는 일련의 간첩 및 반역 혐의에 대한 자백을 거부했다. 그와 함께 기소된 13명의 공산당 지도자들도 마찬가지였다. 하지만 라코시와 소련인들은 아무것도 운에 맡길 생각이 없었다. 이미 스탈린은 공개 재판을 기획한 경험이 있는, 위성국가 담당 KGB 관리인 표도르 비엘킨이 이끄는 30명의 신문자들을 부다페스트로 파견해두었다. 몇 주일 동안 러이크를 여러 번 고문한 끝에 그들은 그와 모든 공동 피고인들을 굴복시켰다. 마치 아서 쾨슬러의 반反스탈린 소설 『한낮의 어둠Sonnenfinsternis』에 묘사된 연극처럼, 예상대로 그들은 소련식 정의$_{正義}$의 섬뜩한 광대극에서 각자에게 할당된 배역을 연기했다.*

 1949년 10월의 재판은 법원이 아니라 공산당이 직접 선발한 더 많은 청중을 수용할 수 있는 커다란 노동조합 회관에서 열렸다. 그에게 적용된 혐의는 당혹스러웠다. 가장 충성스러운 공산주의자인 러이크가 유고슬라비아를 위시해 미국, 프랑스, 프랑코 치하의 스페인 같은 여러 외세와 공모한 혐의를 받은 것이다. 예상대로 사형이 선고되자, 법원 관계자들과 방청객 전체가 일제히 박자감 있는 박수갈채로 찬성의 뜻을 드러냈다. 남편 바로 다음으로 체포된 러이크 율리어는 6년 동안 수감되었다. 그녀의 아들 라슬로는 바뀐 이름으로 국영 고아원에 보내졌다.

 러이크 사건 이후의 공포정치는 3년 넘게 지속되었다. 인구 1,000만 명 미만인 그 작은 나라에서, 희생자 수는 충격적인 수준까지 치달았다. 1950년과 1953년 사이에 130만 명 이상이 기소되었다(그중 절반이 투옥되었다). 약 5만 명이 추가로 체포되었지만 그들은 기소되거나 법정에 출두하지도 않았다. 2,400명 이상이 즉결로 사형을 선고받았지만, 그들 중 많은 경우는 경찰서 유치장이나 4만 명이 억류된 헝가리식 강제노동 수용소인 3곳의 집단 수용소에서 몸이 쇠약해져 목숨을 잃었다. 1950년에 85만 명이었던 공산당 당원 가운데 거의 절반이 3년 후 감옥이나 강제 수용소에서 사망했다. 희생자와 사형 집행인의 역할이

---

* 몇 년 동안 공산주의자였던 아서 쾨슬러는 이 무렵에 소련의 단호한 반대자가 되었다. 그는 스탈린의 숙청과 공개 재판을 계기로 바뀌었다. 이때 그는 런던에 살았고, 독일어와 영어로 책을 썼지만, "꿈은 늘 헝가리어로 꿨다."

순식간에 극적으로 뒤바뀌는 경우도 있었다. 1950년 여름, 육군사관학교 교장 레버이 칼만 장군은 날조된 반역 혐의로 부다페스트 헌병대 본부의 안뜰에서 총살되었다. 불과 6개월 전 그는 바로 그곳에서 이름 높은 반나치 지하 저항군 투사 출신이자 종전 후 군 방첩 책임자로 활동했던 가까운 친구이자 전우인 팔피 죄르지를 사살한 발포대를 지휘한 바 있었다.

공산당 내부의 거의 모두가 의심을 받을 수 있었다. 어떤 사람이 호르티 시절에 헝가리를 떠났다면 그 사람은 서방의 간첩일 수 있었다. 반대로 헝가리에 머물며 지하 조직에서 활동했다면 경찰 정보원일 수 있었다. 고문을 당한 뒤 6년 동안 감옥에 갇혀 있었던 이그노투시 팔은 이렇게 설명했다.

끊임없는 숙청 과정에서 유죄냐 무죄냐의 여부는 무의미했다. 단지 불운을 겪은 희생자들의 비율을, 진정으로 약간의 애국심이나 인간적인 감정을 가진 사람들과 비교해 측정하기는 어려울 것이다. 대체로 숙청을 모면한 사람늘은 살해되거나 투옥된 사람들보다 더 알짱거리고 상스러운 자들이었을 것이다.……하지만 처형된 사람들 가운데 일부는 사형 집행인이 되지 못했음을 주로 아쉬워했다. 범죄자 선별 작업은 범죄자가 실제로 말했거나 행동했던 어떤 것이 아니라 꽤 공공연하게 정치적 일탈에 대한 억측을 근거로 삼았다.

가장 위험한 직책 중 하나는 내무부 장관이었다. 러이크의 전임자는 결국 교수대에서 최후를 맞았고, 그의 후임자 3명은 모두 총살을 당했다. 아마 가장 비극적인 인물은 제2차 세계대전이 막을 내리기 전 몇 달간 부다페스트의 지하 조직에서 용감하게 활동했던 저명한 의사이자 의학 연구자인 죌드 샨도르였을 것이다. 1951년 4월 15일, 그는 내각 회의에서 라코시에게 비판을 받은 뒤 해임되었다. 그는 체포와 고문과 재판을 예감했고, 곧 닥칠 운명에 망연자실했다. 그는 페스트에 있는 아파트로 차를 몰고 가서 아내와 두 아이를 살해한 다음 총으로 자살했다. 죌드 가족의 시신은 이튿날 아침에 발견되었다. 그 소식은 부다페스트 곳곳에 퍼졌고, 엄청난 파문을 일으켰다. 당시 대학원 연구생이었던 진데이 샨도르는 "만일 이런 비극이 상류 인사들에게 일어날 수 있다면 아무도 안전하지 않을 것이다. 우리 모두 그 의미를 명확히 알아차렸다. 새로운 헝가리에서는 날마다 누구나 사라질 수 있다"라고 썼다. 1950년대 초엽 부다페스트 도처에서 다음과 같은 암울한 농담이 나돌았다. "이 나라에는 아직 세 계급이 있다. 감옥에 있었던 사람들, 감옥에 있는 사람들, 그리고 감옥에 있게 될 사람들이다."[6]

제33장

또다시, 혁명

> 경험이 우리에게 가르쳐주듯이, 나쁜 정부에게 가장 위험한 시기는 개혁을 시작할 때이다.
>
> — 알렉시 드 토크빌

1953년 초, 부다페스트는 깊은 암울함 속에 있었다. 집단 수용소로의 강제 이송과 붉은 군대의 약탈을 피하려고 지하실에 숨어 지내며 파시즘의 광풍을 이겨낸 세 아이의 어머니이자 세상물정과 처세에 밝은 여성인 벌코 에버는 "그때는 많은 이들에게 최악의 시간이었다. 먹을 것도 전혀 없었고, 바랄 것도 거의 없었다"라고 회상했다. 공산당 내부의 숙청은 동력이 바닥나고 있었고, 이제 제포힐 대싱이 거의 남이 있지 않았지만, 스탈린은 끔찍한 공포의 새로운 물결을 준비하고 있었다. 당시 일흔넷이었던 이 늙어가는 폭군은 "흰 외투를 입은 남자들", 즉 의사들(대다수가 유대인이었다)이 동유럽의 공산당 관리들을 살해하려고 음모를 꾸미고 있다고 확신했고, 그들을 새로운 표적으로 지목했다. 한편 부다페스트에서 라코시는 살아남고자 평소에 하던 일을 계속했고, 크렘린 궁의 주인을 노예처럼 추종했다. "그는 스탈린주의자 못지않게 반유대주의자가 될 수 있음을 보여주고자 했다." AVO는 체포할 의사들과 유명 지식인들의 명단을 작성했다. 그러나 3월 5일에 갑자기, 스탈린이 모스크바 외곽의 별장에서 중증 뇌졸중으로 사망했다. 그리고 모든 상황이 바뀌었다.*

 스탈린 사망 직후 소련에서는 숙적관계인 거물들로 구성된 집단 지도부가 등장했다. 그들은 여러 사안에 대해 의견을 달리했지만, 다들 헝가리에서 위기가 발생하고 있다는 점을 인식했고, 위기를 차단하기로 마음먹었다. 부다페스트의 최고지도부는 스탈린의 장례식 이후 두 달 반이 지난 시점에 모스크바로 소환되었고, 기존의 방식을 변경하라는 지시를 받았다. 수년 동안 라코시는 소비에트 체제하에서 이례적으로 공산당의 총서기와 정부 수반인 총리라는 두 가지 직책을 겸직해왔다. 하지만 이제 모스크바에서 총리직을 포기하라는 명령을 받았다. 스탈린 밑에서 장기간 비밀경찰 수장을 맡은 라브렌티 베리야는 라코시에게 말했다. "라코시 동지, 우리는 헝가리에 합스부르크 황제, 타타르인 칸, 폴란드인 군주, 튀르크인 술탄이 있었다는 사실을 알고 있습니다. 그러나 우리가 알고 있기로 헝가리에 유대인 왕은 없었는데, 당신은 유대인 왕이 되려고 합니다. 잘 알겠지만, 그것은 우리가 허용할 수 없는 일입니다." 그리고 나서 베리야는 "당신이 마음대로 행동하도록 방치한" AVO에 대한 불만부터 시작해 라코시의 "많은 실책"을 나열하기 시작했다. 두 사람이 앉아 있는 탁자 근처의 누군가가 대량 학살

---

* 부다페스트에서, 이른바 "의사들의 음모"와 스탈린의 마지막 대숙청의 첫 번째 희생자는 의료인이 아니라 AVO의 수장인 페테르 가보르였다. 그는 점심 식사 후 라코시의 저택에서 체포되었고, 부인과 함께 언드라시 대로 60번지의 지하 감옥으로 이송되었으며, 거기서 부하였던 고문 담당 책임자 프린즈 줄러에게 혼쭐이 났다.

자인 베리야의 입에서 흘러나오는 그 지적에 담긴 모순을 알아챘다고 해도 감히 언급하지 못했을 것이다.

결국 라코시는 헝가리 지도부에서 서열이 낮고 공산당 내에서 다양한 이력을 쌓은 인물이자 자신이 몹시 싫어하는 동지에게 정부 수반 자리를 내주었다.[1]

너지 임레는 헝가리 역사의 위대한 비극적 영웅 중 한 사람 같아 보이지 않았다. 그의 외모는 2류 공무원이나 학교 교장처럼 보였다. 몸집이 통통하고, 이마가 벗겨지기 시작했으며, 콧수염이 있고, 아저씨 같고, 명랑했고, 늘 얼굴에 반쯤 미소를 띠고 있었다. 나중에 그는 소련의 전체주의에 맞서게 될 가장 의미심장한 반란을 이끌었지만, 결코 열렬한 혁명가는 아니었다. 그는 평생에 걸쳐 오랫동안 독재 정치에 복무했지만, 막바지에 기회가 찾아왔을 때 자유를 위한 순교자가 되었다. 그는 삶보다 더 훌륭한 죽음을 맞이했다. 품위 있고 고결한 사람이었지만, 서투른 정치인이었다.

너지는 1896년에 헝가리 남부의 벌러톤 호와 세르비아 국경 사이에 있는 작고 조용한 도시인 커포슈바르에서 태어났다. 그의 부모는 끔찍한 가난을 이겨내고 자수성가한 사람들로, 지방 장관의 밑에서 일했다. 그들은 독실했고, 외아들과 세 딸을 엄격한 칼뱅파 신자로 키웠다. 너지는 김나지움에 다녔다. 변변찮은 집안의 어린 아들로서는 흔치 않은 기회였지만, 그는 특별한 학업 능력을 보여주지 못했다. 그의 정규 교육은 열두 살 때 끝났다. 이후 커포슈바르 인근의 작은 농기계 공장에서 잠시 견습생으로 일했지만, 얼마 뒤 부다페스트로 떠났다. 그는 헝가리에서 제일 큰 산업 지역이자 빈민가인 언절푈드에 있는 헝가리 철도회사의 기계 주조 공장에서 일자리를 구했다.

제1차 세계대전 초반에 너지는 보병 연대에 징집되어 이탈리아 전선으로 보내졌고, 그곳에서 부상을 당했다. 부상에서 회복되자마자 동부 전선으로 보내졌지만, 이번에는 러시아 군에 사로잡혔다. 볼셰비키 혁명이 일어났을 때 그는 시베리아의 어느 포로수용소에 있었다. 그는 부다페스트의 열악한 공장에서 일할 때에도 정치에 큰 관심을 드러낸 적이 없었다. 하지만 전쟁을 계기로 급진화되었고, 스물두 살에 공산주의자가 되어 결코 잃지 않을 신념을 맞이했다.

너지는 석방된 뒤 헝가리로 귀국하는 대신에 붉은 군대에 자원입대해 러시아 내전에 참전했다. 백위군白衛軍에 포로로 잡혔지만 탈출에 성공했고, 볼셰비키 군인들과 함께 원래 부대에 복귀했다. 1921년, 그는 코민테른의 지시로 당시 불법이었던 공산당의 당원을 모집하고 합법적인 좌파 조직인 사회민주당에 잠입하기 위해서 다시 부다페스트로 파견되었다. 그는 헝가리에서 가장 탁월한 사회민주당 지도자 중 한 사람의 딸인 에게퇴 마리어와 결혼했다.[2]

1945년 이후 권력을 잡은 대다수 공산주의자들이 그랬듯 너지도 호르티 정권 시절에는 수감되어 있었다. 그는 1927년에 체포되어 2년간 수감되었다가 석방 직후 아내와 두 살배기 딸 에르제베트(그가 감옥에 있을 때 태어났다)를 남겨둔 채 헝가리에서 추방되었다.

너지와 그의 가족은 이후 15년 동안 모스크바에서 망명 생활을 했다. 제2차 세계대전이 끝난 뒤 가족 모두가 헝가리로 돌아왔을 때 에르제베트는 헝가리어를 한마디도 하지 못했다. 너지가 가족과 함께 모스크바에서 보낸 시간은 그의 일대기에서 판단하기 가장 힘든 부분이고, 지금도 활발한 논쟁의 대상이다. 그는 모스크바 지식인 계급의 절반과 헝가리 출신 이주자들 다수가 살해된 1930년대의 숙청기 내내 조용히 지냈다. 1989년의 베를린 장벽 붕괴 이후 발견된 KGB 기록 보관소의 일부 문서에 따르면 그는 소련 비밀경찰이 신뢰하는 밀고자였던 것 같지만, 그 문서들은 진실성이 오랫동안 의심을 받은 데다 어떤 사실도 증명하지 못하고 있다. 어떤 식으로든 소련의 국가기관에서 일한 당시의 대다수 외국인은 일종의 첩보원이었다. 그가 실제로 비밀경찰을 위해 의미심장한 일을 했다는 증거는 없다. 하지만 그는 모스크바에서 살아남았고, 성공했으며, 정보부 수장인 라브렌티 베리야를 비롯한 소련 공산당의 고위 관리들과 접촉하는 사이였다.

너지는 파시스트들과 싸우기 위해 입대하고자 했다. 하지만 소련은 작가 하이 줄러가 설립한 헝가리어 방송국인 라디오 코슈트에서 일하도록 지시했고, 너지는 헝가리로 전파를 보내는 그 방송국에서 반나치 선전물을 방송했다. 그는 라디오 방송에 매우 적합한 인물이었다. 목소리가 맑았고, 마르크스-레닌주의 용어가 배제된 직설적인 어투로 말했다. 러시아 망명 시절 그를 잘 알았던 철학자 루카치 죄르지는 "그의 개인적인 고결함과 지성은 아주 좋게 생각했다.……하지만 그를 진정한 정치인으로 바라보지는 않았다"라고 말했다.

모스크바 사람들이 헝가리로 돌아왔을 때, 이미 농업 전문가로 변신한 너지는 "인민에게 토지를"이라는 공산주의자들의 약속을 이행하기 위해서 농업부 장관이 되었다. 그는 라코시와 달리 약속을 진지하게 여겼고, 그런 태도 때문에 고작 몇 달 동안만 농업부 장관직을 지켰다. 그는 헝가리의 상황에서 농장 집단화는 실책이라고 판단했는데, 이는 정직하고 빈틈없는 분석이었다(그러나 너지는 농장 집단화 이외의 부분에서는 정통파 마르크스주의적 관점을 견지했다). 너지는 그 밖의 측면에서도 남달랐다. 그는 좀처럼 거드름을 피우지 않았다. 당시에는 종종 위험스러운 행동이었지만, 그는 유쾌했고, 잘 웃었고, 농담을 했다. 부다페스트 거리를 돌아다니며 낯선 사람들과 수다를 떨기도 했다. 일요일에는 축구 경기를 구경하는 모습이 자주 눈에 띄었다.

너지는 1946년에 딸 에르제베트가 결혼하면서 정치적 난관에 부딪혔다. 그의 사위는 소련군에 입대하고 공산당에 입당한 인물이었지만, 개신교 목사였다. 결혼식은 부다페스트의 칼뱅파 교회 본당에서 거행되었다. 너지는 결혼 예배에 참석하기 위해서 당의 특별 허가를 받아야 했는데, 이는 나중에 당의 강경파가 너지에게서 등을 돌리는 빌미가 되었다.

1948년 이후 공산주의자들이 지배권을 완전히 확보했을 때 너지는 공직에 복귀했지만, 의회 의장이라는 무력하면서도 장식적인 직책을 맡았다. 그러나 이번에도 오래가지 못했다. 당 지도부가 농장 집단화를 가속화하기 시작하자, 너지는 그 과정이 위험할 만큼 빠르게 진행되고 있고 재난을 초래할 것이라고 경고했다. 그는 해임되었고, 유서 깊은 레닌주의 방식으로 "자아비판"을 해야 했다. 그는 치욕적인 연설을 통해 "저의 우파적 일탈이……반대가 제 업무 방식에서 명백히 드러났습니다"라고 고백했다.

많은 사람들이 너지가 그때 러이크를 포함한 수천 명의 사람들과 함께 숙청되지 않은 데 놀랐다. 대신 그는 부다페스트에 있는 카를 마르크스 대학교에서 학생들을 가르치며 학자 생활로 돌아갔다. 너지는 소련에 후원자들이 있었고, 모스크바 사람들은 극소수만이 투옥되었다. 1년 뒤 그는 부총리로 복귀했다. 부총리에 임명된 지 몇 주일 지나지 않아 스탈린이 사망하자, 그는 헝가리 의회에서 공식 추도 연설을 맡았다. "연단에 올라 심심한 애도를 표하는 우리 국민을 마주하니 마음이 무겁습니다. 헝가리 국민은 우리의 가장 위대한 친구이자 해방자이자 스승을 향한 깊은 사랑을 표현하기 위해 당과 정부, 그리고 우리의 사랑하는 라코시 동지를 중심으로 모였고, 스탈린 동지의 위대한 대의를 우리 나라에서 승리로 이끌기 위해 총력을 기울이고 있습니다." 그로부터 석 달이 지나지 않아, 갑자기 그는 총리가 되었다.[3]

너지는 즉각 온건한 개혁 조치를 잇달아 내놓았고, 불길하게도 그 일련의 조치를 "새로운 과정"이라고 불렀다. 정치범 수천 명이 석방되었고, 일부 독자적인 상인들의 소기업 운영이 허용되었다. 그는 집단화를 멈추지 않았지만, 그 속도는 늦췄다. 부다페스트 사람들의 생활은 더 편안해졌다. 너지의 입장에서 문제는 라고시가 여전히 당의 총서기인데다 자신과 동등한 권력을 지니고 권력을 훨씬 더 무자비하게 행사한다는 점이었다. 라코시도 크렘린 궁에 친구들이 있었고, 너지를 상대로 줄기차게 음모를 꾸몄다. 그로부터 불과 18개월 만에 소련의 유력자들은 헝가리 공산당 지도부를 다시 크렘린 궁으로 불러들여 질책하고 너지를 총리직에서 해임했다. 그는 은퇴할 수밖에 없었고, "자아비판"이라는 통례를 거부하다가 당에서 쫓겨났다.

　스탈린 사망 후, 소련의 집단 지도부는 동유럽 식민지들의 처리 방식을 둘러싼 정책을 결정하지 못했다. 그들은 니키타 흐루쇼프가 크렘린궁 권력 투쟁의 승자로 떠오른 1956년 중반까지 자중지란을 벌이며 여러 번 방향을 전환했다. 이처럼 오락가락하는 정책은 철의 장막 뒤쪽에, 특히 헝가리에 큰 영향을 미쳤다. 라코시는 지도자 위치를 되찾았지만, 예전 방식으로 움직일 수는 없었다. 그는 잔인한 충동을 억제해야 했다. 그러다 결국 1956년 여름에 다시 해임되었고, 소련으로 망명했다(이후 그는 공직에 복귀하지 못했다). 얼마 뒤 헝가리를 곧 떠나게 될 어느 예리한 공산당 관리가 말했듯이, 그 무렵 부다페스트의 정권은 "분노와 혐오감이 사람들의 동기 부여 요인으로서 공포를 대체할 만큼 통제력이 현저히 완화되었다. 그것은 독재 정권에게는 위험한 시간이었다." 작가들은 체제를 좀더 자유롭게 비판할 수 있게 되었고, 많은 공산당 관리들은 회의에서 종전 후부터 저지른 실수를 더 솔직하게 거론했으며, 석방된 정치범들은 숙청기에 겪었던 대우를 언급했다. 당시 언론학과 학생이었던 샤르쾨지 마차시는 "부다페스트의 전체적인 분위기가 변했다.……모두가 느낄 수 있었다"라고 회상했다.

몹시 습하고 추운 1956년 10월 6일 토요일, 10만 명이 넘는 인파가 공산 헝가리 역사상 가장 기이한 행사를 지켜보기 위해 부다페스트 거리에 운집했다. 바로 러이크 라슬로와 7년 전에 그와 함께 교수형을 당한 네 사람의 이장移葬 의식이었다. 생전에 러이크는 대부분의 헝가리인들에게서 미움을 받았다. 처음에 그는 부패한 체제의 수립에 힘을 보탠 완고한 스탈린주의자였고, 나중에는 공포정치의 가장 중요한 희생자였으며, 이후 헝가리의 여러 영웅이 묻힌 케레페시 묘지에서 국장을 치를 자격이 있는 참된 애국자로 거듭났다. "공개 재판을 받은 그는 이제 공개

매장 의식을 치렀다." 10월 6일이라는 날짜는 의미심장했다. 그날은 혁명 당시였던 1849년 헝가리 혁명 정부의 총리였던 버차니 러요시와 독립 전쟁을 이끈 장군 13명이 오스트리아인들에게 처형된 날이었다.

라코시 정권의 2인자 출신으로 라코시만큼 완고한 스탈린주의자인 게뢰 에르뇌가 이끄는 당의 새 지도부는 이장 의식이 공산당의 새출발을 보여주리라고 확신했다. 하지만 그것은 실수였다. 이장 의식은 대중의 분노만 부채질했다. 러이크의 홀로 남은 아내가 상주였는데, 그녀는 얼마 전에 재회한 일곱 살배기 아들을 꼭 끌어안고 있었다. 두 사람 옆에는 침울한 표정의 너지 임레가 있었다. 그는 공개 발언이 허용되지 않았지만, "머지않아 스탈린주의가 묻히게 될 것이다"라고 가까운 사람들에게 말했다. 이장 의식의 전체적인 분위기는 으스스했다.

그날 저녁, 공산주의자들의 집권 이래 부다페스트에서 처음으로 정치적 시위가 벌어졌다. 약 500명의 학생들이 부다 쪽의 강변에 있는 버차니의 기념비를 향해 행진했고, 거기서 반공산당 현수막을 펼쳤다. 그들이 반정부 구호를 외치자 얼마 되지 않는 구경꾼들은 어리둥절해했다. 경찰은 평화적인 방법으로 조용히 집회를 해산했지만, "그것은 공산당 권력 집단이 이해하지 못한 경고 신호였다."[4]

2020년대에도 유럽연합의 번화하고 활기찬 중심 도시인 부다페스트에는 총탄 구멍으로 얼룩진 공공건물과 아파트 건물이 몇 채 남아 있다. 그 흔적들은 러이크의 이장 의식으로부터 약 2주일 뒤에 시작된 감동적이고 비극적인 봉기를 상기하기 위해 의도적으로 남겨둔 것이다. 1956년 혁명은 냉전과 현대 헝가리의 결정적인 순간이었다. 부다페스트 중심가에서 무차별적으로 포탄을 발사하는 소련군 전차의 모습과 어린이들을 향해 총을 쏘는 군인들의 모습을 담은 대체로 희미한 흑백 사진은, 전 세계에서 헝가리에 대한 동정심을 불러일으켰다. 그것은 운이 다한 대의명분의 영웅적인 실패담이자, 비범한 용기와 야만적인 잔인함에 관한 이야기이다. 독립을 주장하는 헝가리인들의 단호한 태도는 외부인들을 놀라게 했고, 독재와 싸우는 모든 이에게 희망을 선사했으며, 헝가리가 얼마 전까지 히틀러의 자발적 동맹이었다는 부끄러운 역사를 어느 정도 씻어냈다. 헝가리의 운명은 서방 세계 사람들의 상상력을 자극했다. 적어도 약 1주일 동안은, 마치 그 작고 가난한 나라가, 소총과 화염병으로 무장한 그 나라의 국민들이 세계 초강대국 중 하나를 이길 수도 있을 듯 보였다. 그러나 행복감을 느끼기에는 시기상조였고, 냉혹한 현실이 반격에 나섰다.

소련군은 일시적으로 철수했지만, 압도적인 병력과 화력을 갖추고 돌아왔다. 그들은 헝가리 봉기를 진압했고, 수도인 부다페스트의 많은 부분을 파괴했으며, 수천 명을 죽였고, 이후 30년간 헝가리를 점령했다. 헝가리 혁명을 진압한 소련의 야만적인 이미지는 수십 년이 흐른 지금도 충격으로 다가올 만하다. 봉기 이후 몇 주일이 지나지 않아 20만 명 이상의 헝가리인(그중 약 3분의 2는 부다페스트 주민들이었다)이 외국으로 탈출했다.* 오늘날 미국 알래스카 주에서부터 오스트레일리아의 사우스오스트레일리아 주에 이르기까지, 곳곳에서 1956년의 봉기로 인한 난민들을 꽤 많이 찾아볼 수 있다. 그것은 신체적, 심리적 상처

---

* 우리 가족도 그때 탈출했다.

를 남긴 경험이었고, 헝가리는 특히 대부분의 사건이 벌어진 부다페스트는 60년이 넘도록 상처가 치유되지 않았다.

1956년 봉기의 시나리오는 1848년 3월의 혁명을 모방한 부분이 많았다. 그러나 1848년과 달리 1956년에는 봉기를 꾀하거나 봉기에 관한 담시를 지을 시인이 없었다. 10월 22일, 봉기의 문을 열어젖힌 움직임은 우발적이고 자발적이었다. 부다페스트의 양대 대학교(헝가리의 대다수 일류 과학자와 기술자들이 양성된 공과 대학교와 부다페스트 대학교 인문학부)의 학생들은 카페 대신 각 본교의 강당에서 회의를 열었다. 그들은 1848년의 12개 조항을 본떠 "국민"의 핵심 요구인 소련군 철수, 자유롭고 공정한 선거, 출판의 자유, 너지 임레의 총리직 복귀, 모든 정치범의 자유 보장, 부다페스트 학생들의 생활 개선 등을 포함한 16개 조항의 선언문을 작성했다. 그러고는 이튿날 오후에 페스트와 부다에서 별도의 행진을 벌이기로 합의했다. 행진의 두 줄기는 다뉴브 강의 부다 쪽 제방에 있는, 독립 전쟁 당시 헝가리인들과 함께 싸운 폴란드 장군 유제프 벰의 조각상에서 합류할 예정이었다. 그 행진이 정권을 무너뜨리고 제2차 세계대전 이후 최대 규모인 소련의 군사 작전을 촉발할 일련의 극적인 사건을 일으키리라고는 아무도 예상하지 못했다.[5]

10월 23일 화요일은 맑고 햇살이 밝게 비치는 가을날이었다. 아침 내내 정권 지도부가 시위를 바라보는 시각은 여러 번 바뀌었다. 처음에는 시위를 허용했다가 나중에는 금지했고, 다시 마음을 바꿔 시위가 진행되도록 허용했다. 그 우유부단한 태도는, 굳이 표현하자면, 부다페스트의 분위기를 전혀 모른다는 분명한 증거였다. 시위는 오후 3시 정각에 시작되었다. 다뉴브 강 제방의 페스트 쪽에 있는 페퇴피의 조각상 앞에서 시작된 시위(부다에서의 시위보다 규모가 더 컸다)에는 약 1만2,000명이 모였는데, 전부는 아니어도 대부분이 학생이었다. 그들은 다뉴브 강 산책로를 따라서 행진한 뒤 10열 종대로 머르기트 다리를 건넜다. 그런 규모의 시위는 부다페스트에서 수십 년 동안 볼 수 없던 것이었다. 당시 영화학교에 다녔고 훗날 헝가리에서 가장 성공한 감독 중 한 사람으로 성장한 머크 카로이는 10월 23일 이후 며칠간 카메라를 든 취재진과 함께 일하고 있었다. "행진의 처음 몇 순간이 아마 가장 특별했을 것이다. 사람들이 여러 해 만에 그 억눌렸던 감정을, 자기 기분을 드디어 보여줄 수 있다는 느낌은 너무나 속시원했다. 아무도 몇 시간 뒤 혁명이 일어나리라고, 그것이 혁명의 시작이라고 생각하지 않았다. 그러나 사람들은 우리의 어깨에서 엄청나게 무거운 짐이 사라지는 기분을 느꼈다. 온갖 부류의 사람들이 계속 행진에 참여했다. 나이 든 사람들은 마침내 말을 할 방법을 찾았다며 기쁨의 눈물을 흘렸다." 시위자들이 유제프 벰의 조각상까지 2킬로미터를 걸어가는 데 1시간 반쯤이 걸렸다.

공과 대학교에서 시작된 시위의 현장에는 약 8,000명이 있었다. 그들은 여러 사무실과 아파트 건물을 지나치며 부다 쪽의 제방을 따라서 약 2.5킬로미터를 걸어갔고, 창문으로 내다보는 주민들의 환호를 받았다. 바로 그때 혁명의 가장 강력하고 눈에 띄는 상징이 등장했다. 누군가가 헝가리 국기인 삼색기에서 망치와 낫 문장을 도려낸 것이다. 정중앙에 구멍이 뚫린 새로운 국기는 행렬의 선두에 있는 사람들에게 전달되었다. 곧바로 그것은 부다페스트 곳곳에서 볼 수 있는 거의 유일한 깃발이 되었다. 오후 4시 30분까지 2만5,000명 이상이 유제프 벰 광장으로 몰려들었다. 근처의 거리에도 수천 명이 서성이고 있었다. 수백 명이 "의회로!"라고 외칠 때까지 그 집회 말고는 달리 계획이 없었다. 다시 다뉴브 강을 건너 부다페스트의 주요 상업 지구를 통과한 뒤 페스트의 심장부까지 2킬로미터를 걸었다. 이제 시위대의 구성은 바뀌었다. 교대 근무를 마친 노동자들이 직장에서 일하며 들은 소문이 사실인지 확인하려고 왔다. 라디오 방송은 부다페스트에서 벌어진 전례 없는 대규모 시위를 언급하지 않았다. 사람들이 퇴근하면서 인파가 더 늘어났고, 분위기는 점점 더 격앙되었다. 이제 군중 속에서 주로 터져 나오는 외침은 "러시아인들은 돌아가라!"였다. 시위 행렬이 의회 광장에 도착할 무렵, 그곳에는 17만5,000명 이상이 모였다.[6]

너지는 시위자들을 지지하기를 주저했다. 그는 학생들의 요구 대부분에 동의하지 않는 충직하고 보수적인 공산당 당원이었고, 시위가 부다페스트에서 통제하기 어려운 폭력으로 이어질 수 있다고 생각했다(결과적으로 그의 판단은 옳았다). 하지만 군중은 너지가 등장하기를 요구했고, 그는 친구들과 조언자들의 설득으로 연단에 모습을 드러냈다. 그는 오후 8시 45분에 연설을 시작했지만, 초반부터 반응이 냉랭했다. 그가 입을 열었다. "동지들." 그러자 광장 곳곳에서 야유와 휘파람 소리가 들렸다. "우리는 동지가 아니오." 수천 명이 항의의 뜻으로 고함을 질러댔다. 너지는 움찔하며 몇 초간 말문이 막혔다. 그는 지금 무슨 일이 일어나고 있는지, 왜 본인이 거의 평생 흔히 사용했던 호칭이 거부되어야 하는지 당장 이해할 수 없었다. 그는 다시 연설에 나섰다. "시민 여러분……." 그는 "민주 사회주의"를 거론했고, 어떻게 "공산당이 올바른 결정을 내릴 수 있는지"를 언급했다. "모든 것이 당의 품 안에서 이루어져야 합니다." 그는 다음과 같이 연설을 마무리했다. "여러분은 애국심을 보여주었습니다.……이제 집으로 돌아가십시오." 다시 야유와 비난이 쏟아졌다. "못 가겠소. **당신**이나 가시오." 수천 명이 휘파람을 불었고, 이렇게 말했다. "우리는 당신이 아니라 당신의 말에 휘파람을 부는 것이오." 그 순간, 혁명 초반의 며칠 동안 너지가 안고 있었던 주된 문제가 드러났다. 너지는 늘 사람들의 요구에 뒤처져 있었고, 그것을 따라잡으려고 애썼다.

저녁 내내 여러 무리들이 시위대 본대에서 벗어나 부다페스트의 다른 지점으로 퍼져나갔다. 오후 7시까지 약 4,000명이 브로디 샨도르 거리의 국립 박물관 근처의 비좁은 자갈 포장도로로 몰려갔다. 그곳에는 대다수 헝가리인의 주요 뉴스 공급원인 국영 라디오 방송국이 있었다. 군중의 대부분은 학생들이었고, 그들은 16개 조항이 방송되어야 한다고 결정했다. 군중은 "마이크"를 방송국 밖의 "거리로" 가져오라고 요구했고, 학생 대표단이 방송국 건물 안으로 들어가 책임자인 벤케 벌레리어와 협상하는 동안 2시간에 걸친 불안한 대치가 이어졌다. 그녀는 철저한 스탈린주의자였고, 이미 학생들의 요구를 들어주지 말라는 엄중한 지시를 받은 상태였다. 그러는 동안 정부는 중무장한 AVO 소속 요원들로 방송국 건물의 경비를 보강했다.

　벤케는 라코시 정권에서 교육부 장관을 맡은 적이 있었고, 최악의 아첨꾼이었으나 영리한 여자로 알려져 있었다. 그녀는 시위 군중을 속이고 궁지에서 **빠져나가기** 위해 필사적인 속임수를 썼다. 벤케는 16개 조항을 생방송으로 낭독하도록 아나운서 1명과 마이크를 밖으로 내보내는 데 동의했지만, 이미 생방송을 중단시킨 뒤였다. 따라서 청취자들은 시위자들의 선언문 내용이 아니라 녹음된 프란츠 리스트의 음악을 듣게 되었다. 시위자들은 벤케의 속임수에 넘어갔다는 사실을 알았고, 거리에 주차된 차량을 공성용 망치로 삼아 방송국 건물을 에워싼 채 문을 부수기 시작했다. 완전히 평화적인 시위가 험악한 분위기를 띠기 시작했다.

이성을 잃은 AVO 경비원들이 학생들에게 총을 쏘기 시작했다. 바로 이때 부다페스트에 다시 죽음이 찾아왔고, 폭력적인 혁명이 일어났다. 학생 2명이 즉사하고 3명이 중상을 입었지만, 시위대는 해산을 거부했다. 시위대에 대해 필요한 모든 무력을 사용하라는 명령을 받은 진압군이 도착했다. 그러나 진압군은 항명했고, 무기를 건네며 시위대에 합류했다. 얼마 뒤 헝가리 군의 지휘권을 맡게 되는 키라이 벨러 장군은 다음과 같이 말했다. "요구하는 사람은 누구나 총을 건네받았다. 전면 징병제하의 군인들은 어디서나 군복을 입은 젊은이들에 불과했다. 10월 23일 밤, 무상한 그 젊은이들은 동포들에게 총을 쏘기를 거부했다. 인민군은 당이 아니라……인민에 대한 충성을 입증했다." 선반 기술자 출신으로 서른네 살의 부다페스트 경찰서장인 코파치 샨도르도 혁명에 가담하기로 결심하고, 경찰 무기고를 열었다.

라디오 방송국에서의 총격 소식이 부다페스트 전역에 퍼졌다. 부다페스트 교외에 있는 도시의 주요 탄약고 중 하나가, 라디오 방송국 앞에서 학생들이 총에 맞아 죽는 모습을 목격한 한 무리의 젊은이들에게 습격을 당했다. 무기 제조업체의 은신처로 널리 알려진 체펠 섬의 유나

이티드 램프 공장에서는 노동자들이 1,000정의 소총을 화물차에 실어 라디오 방송국과 그 밖의 장소들로 보냈다. 부다페스트에 있는 사관학교인 즈리니 사관학교와 페퇴피 사관학교에서는 생도들이 지휘관들의 분명한 명령을 어기고 무기를 반출했다. 너지 임레의 가장 가까운 심복 중 한 사람인 바샤르헤이 미클로시는 "시위가 몇 시간 만에 무장 폭동으로 변질되었다"라고 말했다.[7]

이름에서 알 수 있듯이, 시민 공원의 주요 입구인 영웅 광장은 위대한 헝가리인들을 기리기 위한 기념 공간이었다. 부다페스트의 거의 모든 사람이 분노할 일이었지만, 지난 7년 동안 영웅 광장에는 거대한 스탈린 동상이 우뚝 솟아 있었다. 설상가상으로, 그 흉악한 인물의 동상은 얼굴에 자애로운 미소를 띠고 있었다. 시위가 벌어진 그날 내내, 소련과 관계있는 일부 표적들이 공격을 받았다. 순환도로에 있는 러시아 서점인 호리존트는 일부분이 불에 탔고, 군중은 마르크스와 레닌 같은 저자들의 책에 불을 붙였다. 누군가 헝가리-소련 우호협회에 방화했는데, 건물 안에 있던 사람들이 아무도 다치지 않은 것은 기적이었다. 공공건물의 붉은색 별들이 부서지고 박살이 났다. 땅거미가 질 무렵, 대규모 인파가 스탈린 동상 주변에 모였다. 그날 밤 거기 모인 학생 중 한 사람이 외쳤다. "이것은 우리 노예 상태의 궁극적인 상징이고, 우리는 이것을 무너뜨리고자 합니다." 하지만 스탈린 동상의 크기와 무게를 감안하면 쉬운 일이 아니었다. 어떤 젊은이들이 폭군의 몸통에 기어올라가 화물차에 연결된 올가미를 그의 목에 씌웠다. 그러나 밧줄이 금방 끊어졌다. 중장비가 필요했다. 경찰서장인 코파치는 치안을 확보하고, 고인이 된 독재자의 기념물의 안전을 보장하기 위해 부서장이자 젊고 열렬한 공산주의자인 키시의 통솔하에 요원들을 파견했다. 키시는 현장에 도착하자마자 지휘관인 코파치에게 전화를 걸었다.

키시 서장 동지, 사람들이 동상을 철거하고 있습니다. 즉시 명령을 내려주십시오.
코파치 좋아, 부서장 동지. 상황을 말해보게.
키시 동상 주변에 최소 10만 명이 있습니다.
코파치 확실한가?
키시 영웅 광장 곳곳과 숲의 가장자리까지 인파로 가득합니다. 어떻게 해야 합니까?
코파치 좋아, 거기 우리 요원들이 얼마나 있지?
키시 음, 25명 있습니다. 서장 동지.
코파치 좋아, 자네는 당을 위해 기꺼이 희생하는 사람이지만, 동상이라……애써봐야 소용없으니 내버려두게나.

밧줄로 동상을 쓰러트리려고 세 번이나 시도했으나 헛수고였고, 한 무리의 노동자들이 중장비를 가지고 왔다. 기술자들이 금속 연소 장비를 사용했고, 동상은 부다페스트의 노면 전차 설비에서 탈취한 3대의 기중기에 연결되었다. 그래도 동상이 비틀거리기 시작하기까지는 40분이 더 걸렸다. 오후 9시 37분, 스탈린 동상이 쓰러졌다. 당시 학생이었던 작가 스티븐 비진체이는 그 순간을 이렇게 기억했다. "그것은 매우 으스스한 소리였다. 수천 명이 기쁨의 한숨을 내쉬었다. 나는 우리 모두가 역사를 만드는 기분을 느끼고 있다고 생각했다. 우리는 전 세계가 우리를 바라보고 있고 온 세상이 행복하다고 생각했다. 그때 또 다른 소리가 들려왔다." 수백 명이 스탈린 동상의 조각을 가져가기 위해서 돌로 동상을 열심히 때리고 있었다. 스탈린 동상의 머리 부분은 몇 시간 동안 번화한 거리 곳곳으로 끌려갔다가 국립 극장 밖에 버려졌다. 동상에서 남은 부분은 그 대단한 독재자의 가죽 장화뿐이었다. 부다페스트의 모든 사람이 며칠 동안 그곳을 장화 광장이라고 불렀다.

몇 년 뒤 헤게뒤시 언드라시 총리는, 당시 당 본부 청사에 틀어박혀 있었던 공산당 지도부가 "공포에 사로잡혔고 마치 뇌졸중에 걸린 것처럼 마비되었었다"고 인정했다. 그날 밤 헤게뒤시는 너지 임레의 복귀로 총리직에서 물러났다. "상황이 파국으로 치닫고 있을 때, 누군가 어떤 조치를 제안하면 만장일치로 채택되었다. 몇 분 뒤에 지도부는 다시 모였고 전혀 다른 조치를 채택했다." 몇 시간이 지나지 않아서, 군대와 경찰이, 심지어 AVO의 안하무인격인 일부 고위 관리들도 지도부를 버렸다. "지독한 10년간의 세뇌도 그들에게 귀중한 4시간을 벌어줄 수 없었다."* 그들이 합의한 한 가지 방안은 소련에 도움을 요청하는 것이었고, 크렘린 궁의 최고 지도부는 거의 토론도 거치지 않고 요청을 수락했다. 헝가리 주둔 소련군은 "질서 회복"을 위해서 부다페스트로 향했다. 그들은 어떤 상황을 맞닥뜨리게 될지 전혀 알지 못했다.[8]

---

*   헤게뒤시는 라코시의 보좌관이었다. 어릴 때부터 철저한 스탈린주의자였고, 겨우 서른두 살에 낙하산으로 총리가 되었다. 헝가리 혁명 직후 강경 공산주의를 포기하고 대학에서 사회학을 가르쳤다. 훗날 그는 헝가리에서 가장 유명한 반체제 인사 중 한 명이 되었다.

제34장

진압된 혁명

지금은 악당들을 모조리 붙잡아 무장을 해제하는 단호한 행동이 필요한 때이다.
— 게오르기 주코프 원수

10월 24일 새벽 3시경 부다페스트 중심가에서 소련군 병력과 전차가 처음 목격되었다. 크렘린 궁의 지도부는 유의미한 저항을 예상하지 않았다. 개입의 명분은 폭동에 가담한 학생들을 응징하고 체포하기 위한 치안 작전이었고, 이는 붉은 군대의 비교적 훈련이 부족한 부대들도 철의 장막 뒤에서 수행했던 간단한 임무였다. 하지만 이번에 소련군은 소련의 지배에 맞선 동유럽 최내 규모의 반란에서 놀랍도록 단호하고 창의적인 적을 상대로 도시 게릴라전을 치러야 한다는 사실을 금세 깨달았다. 유사시에 대비해 1,100대의 전차, 159대의 비행기, 185문의 중화기로 이루어진 막대한 소련의 화력이 헝가리에 배치되어 있었다. 하지만 그 모든 무기는 부다페스트에서 발발한 헝가리 혁명의 제1막에서 쓸모가 없었다. 소련 군인들은 적들에게 어떤 식으로 공격을 당했는지 알지 못했다. 헝가리 주둔 소련군 부사령관인 예브게니 말라셴코 중장이 모스크바로 보낸 전보에 따르면, 소련 군인들이 발견되는 순간 "어설프게 조직된 반란군 무리가 우리에게 포격과 총격을 퍼부었다. 반란군 중 다수는 소총 몇 정과 급조한 화염병 몇 개로 무장한 10대 청소년들이었다."

전투의 성격은 첫날 아침에 정해졌다. 반란군은 현지 사정에 밝은 점을 활용해 적들이 극복하기 힘든 치고 빠지기 전술로 소련군을 괴롭혔다. 전차는 강력한 무기이지만, 혼잡한 도심에서는 유용성이 제한적이었다. 앞길을 가로막는 모든 장애물을 파괴할 준비가 되어 있지 않은 한 전차는 그다지 쓸모가 없었고, 실제로 소련군은 당시 부다페스트의 현장에서 그렇게 할 준비를 갖추지 못한 상태였다. 소련군은 주요 교량과 교차로를 손쉽게 장악했지만, 전차로는 좁은 거리와 골목길까지 자유 투사들을 추적하거나 부다페스트의 대다수 시민이 거주하는 아파트 건물의 안뜰로 들어갈 수 없었다. 소련 군인들은 자기들은 모르지만 적들은 잘 아는 지역에서의 백병전에 보병 부대를 투입하는 데 따른 막대한 손실 가능성에 직면할 준비가 되어 있지 않았다.

어느 시민군 무리의 지도자는 "그것은 역사상 가장 조직적이지 않은 혁명이었다"라고 선언했다. 장군이나 기획자가 없었다. 어느 젊은 학생 "투사"는, 젊은 남자들과 여자들(때때로 열두 살에서 열세 살배기 어린이들)이 "재빨리 적에게 타격을 입히고 숨을 수 있는 유리한 장소에서 자발적으로 무리를 이루어 싸웠다. 때로는 12명 정도의 무리가 한 번의 싸움을 위해 모이기도 했다. 싸움이 끝나면 그들은 헤어져 다시는 서로를 보지 못했을 것이다"라고 회상했다. 어느 거리에서 총이 불을 뿜고 있을 때 근처에서는 식료품 가게의 문이 열려 있고 사람들이 빵을 사려고 줄지어 서 있고는 했다. 시민군은 틀에서 벗어난 방법을 사용했는데, 그것은 헝가리 주둔 붉은 군대가 당시 보유한 움직임이 느린 무한궤도형 구식 T-34 소련군 전차를 대적할 때 한동안 효과를 발휘했다. "평범한 냄비나 프라이팬에 물을 가득 채운 뒤 줄에 연결해 도로를 가로질러 매달아두었다"라고 거리의 어느 투사가 설명했다. "소련군이 다가오는 소리가 들리면 우리는 냄비와 프라이팬을 땅에서 약 1미터 높이가 될 때까지 천천히 내렸다. 일단 그들은 머뭇거렸다. 그러면 위쪽의 사무실이나 아파트에 배치된 투사들이 창문으로 화염병이나 수류탄을 던질 틈이 생겼다." 또다른 방법은 목재로 포장된 도로를 가로질러 벽돌을 놓아두는 것이었다. 멀리서 보면 벽돌은 지뢰처럼 보였고, 전차가 진위 여부를 확인하려고 멈추면 건물 위쪽에서 공격했다. 반란군은 일단 소련군 전차를 망가트리면 그것이 다음 교전에서 장애물 구실을 톡톡히 하기 때문에 일석이조로 여겼다.

당시 교생이었던 작가 게르게이 아그네시는 "적극적으로 참여하지 않고 어떤 싸움도 하지 않는 사람들조차 서로의 열정에 의지했다"라고 말했다. "시민군의 진정한 성공은 건물을 점령해 몇 시간 동안 사수하는 것이 아니라 그 압도적인 군대에 맞서 삼시 버티며 사람들의 희망을 북돋는 것이었다."[1] 종종 아이들이 장애물을 쌓고 화염병을 던졌다. 부다페스트의 여러 지역에서 혁명은 학생들의 전쟁이었다. 그리고 이례적인 현상이기는 했어도, 깊고 분명하게 이해하지는 못했을 대의를 위해 아이들이 사람을 죽이고 또 사람에게 죽임을 당하는 상황을 방치하며 꺼림칙함을 느끼는 어른은 거의 없는 듯했다. 대형 영화관을 거점으로 삼은 시민군 무리인 초르빈 그룹의 지도자 중 한 사람인 폰그라츠 게르게이는 유명한 인물이 되었다. 나중에 서방 세계로 망명한 그는 다음과 같이 말했다. "평균 나이가 열여덟 살이 되지 않았다. 우리 초르빈에는 열두 살짜리 아이들도 있었다. 그 아이들은 떠나고 싶어하지 않았다. 지금 생각해보면 처음에는 설렘 때문이었다. 아이들은 총이 생겼기 때문에 거기 있었고, 설렜을 것이다. 그러나 몇 명이 죽자 상황이 바뀌었다. 남은 아이들은 진정한 애국심과 고귀한 이상을 위해 그렇게 했다.……그 아이들을 집으로 돌려보내기란 불가능했다."

나흘 하고 반나절 동안 거의 500명의 소련군이 전사했고, 수십 대의 전차가 망가졌다. 그들은 허기와 피로와 추위에 시달렸다. 소련은 화평을 청했다. 아니, 그런 척했다.

처음에 흐루쇼프를 위시한 크렘린 궁의 지도자들은 당황했고, 대응 방안을 결정하지 못했다. 그들은 헝가리 지도부와 소련의 군부가 간단한 작전이 되리라고 장담했던 사태에서 입은 손실에 충격을 받았다. 그들은 부다페스트에 고위 인사 2명을 파견했다. "자유주의적 인물"이라는 평판이 있는 아르메니아 출신의 경제 전문가 아나스타스 미코얀과 강경파 사회주의 이념 책임자인 미하일 수슬로프였다. 그들은 둘 다 너지 임레와의 협상을 원했는데, 그전부터 이미 크렘린 궁의 지도부는 믿을 만한 동지로 보이는 너지를 "복귀시켜야" 한다고 주장한 바 있었다. 부다페스트로 파견된 두 사람은 헝가리인들에게 자치권을 확대하고 비밀경찰의 가혹한 권리 침해 행위를 완화하는 등 약간의 양보를 하는 거래를 성사시키려고 애썼지만, 실질적인 변화는 거의 없었다. 그들은 게뢰를 해임했고, 게뢰의 후임으로 더 온건한 인물인 카다르 야노시를 앉혔다.

문제는 부다페스트에서 벌어지는 사태가 이미 너지의 통제 범위를 벗어났다는 점이었다. 날이 갈수록 혁명 세력은 더욱더 강해졌고, 무기고에서 확보한 소총과 휴대용 병기로 무장을 잘 갖추었다. 전부는 아니어도 헝가리 군의 상당수가 시민군 편이었다. 시민군의 요구는 점점 과격해졌다. 그들은 소련군이 헝가리를 떠나고 소련의 정치적 통제력이 약화되기를 원했다. 그리고 본질적으로는 중립과 사회주의권으로부터의 독립을 원했다. 너지는 크렘린 궁이 절대 그 요구를 받아들이지 않으리라는 사실을 알았지만, 급진주의자들을 설득해서 요구 수위를 낮출 만한 능력이 없었다. 혁명 세력은 서방 세계가 핵무기를 보유한 소련에 맞서서 자신들을 도와주리라고 확신했지만, 결코 그런 일은 벌어지지 않았다. 너지는 닷새 동안 누구 편에 설지 고민한 끝에 결국 혁명의 편에 서기로 했다. 그의 신념에는 진정성이 있었다. 그는 "인간의 얼굴을 한 사회주의"를 바랐다. 하지만 그는 사태의 속도와 위력에 휩쓸릴 수 있다는 점을 알았다. 바로 그때 너지는 반란의 진정한 지도자가 되었는데, 봉기가 성공하기에는 이미 너무 늦은 시점이었다. 그는 이전에 자신이 "부르주아 민주주의"로 일컬으니 전혀 인정하지 않았던 다당제하에서의 자유선거를 치르겠다고 선언했다. 그는 언론과 라디오에 대한 검열을 중단했다. 10월 30일, 부다페스트 사람들은 라디오 방송의 새로운 날이 밝아오고 있음을 알아챘다. "수년간 우리의 라디오는 거짓말의 도구였습니다. 명령을 수행했습니다. 밤낮으로 거짓말을 했습니다. 모든 주파수에 걸쳐 거짓말을 했습니다.……옛말에 있듯이, 이제부터 우리는 진실을, 온전한 진실을, 그리고 진실만을 말할 것입니다." 너지는 헝가리가 중유럽과 동유럽의 소련 위성국들의 바르샤

바 조약기구 탈퇴 방안을 둘러싸고 소련과의 회담이 시작될 것이라고 말했다.[2]

10월 29일, 소련군은 10월 말까지 헝가리에서 철수할 예정이라고 선언했다. 시민군이 승리한 것처럼 보였고, 축하 행사가 시작되었다. 부다페스트 도처에서 잔치가 열렸다. 하지만 너지와 그의 수석고문들, 그리고 정세에 밝은 헝가리의 전문가들이 알고 있었듯이, 그것은 착각이었다. 소련 군인들과 전차와 대포가 헝가리 밖으로 나가기 시작했다. 그러나 소련군의 철수는 교묘한 속임수였다. 11월 3일부터 무자비하게 봉기를 진압하라는 명령을 받은 대규모 병력이 새로 도착했다. 소련군은 원수가 지휘하고 15만 명의 직업군과 2,100대의 전차와 대규모 포병이 동원되고 공중 지원까지 이루어진 회오리 작전을 펼쳤다. 11월 4일 일요일 새벽부터 부다페스트 중심부를 향해 중포가 발사되었다. 당시 부다의 어느 지하실에 숨어 있던 벌코 에버는 이렇게 말했다. "땅이 흔들리는 기분을 느꼈고, 지평선이 밝아지는 것을 보았다. 폭발음이 연이어 들렸다. 승리는 거기까지였다."

소련군의 현대식 전차는 반란군이 화염병을 던질 수 있을 만큼 가까이 접근하도록 기다리지 않았다. 소련군 전차는 단 1명의 시민군이 안에 있는 것처럼 보이기만 해도 아파트 건물 전체를 파괴했다. 거리에서 시민군이 발견되면 부다페스트 곳곳이 전투기의 맹공격을 당했다. 페스트 시내 구석구석이 또다시 폐허가 되었다. 너지와 중립국 외교관들과 교회 지도자들이 외국에 도움을 요청했지만, 도움의 손길을 내미는 나라는 하나도 없었다. CIA의 자금으로 운영된 자유유럽방송은 헝가리 혁명 이전에 소련 지도자들에 맞서 반란을 일으키도록 헝가리인들을 독려했고, 미국의 지원을 암시했다. 그러나 정작 혁명이 일어나자 미국은 도와주지 않았다. 일부 시민군 단체와 노동자 평의회가 며칠 동안 전투를 벌였지만, 진압되었다. 소련은 헝가리인들에게 오스트리아를 경유해 비교적 쉽게 출국할 수 있는 4일간의 말미를 주었다. 이후로는 출국이 매우 어려워졌다. 너지 임레와 그의 측근들은 소련군의 침공 첫날 유고슬라비아 대사관으로 피신했다. 부다페스트 외곽의 주교관저에서 가택 연금을 당하고 있던 민드센치 추기경은 어느 부대에 의해 풀려났고, 수도인 부다페스트로 돌아왔다. 소련이 침공한 날 오후, 그는 미국 대사관에 망명을 신청했고, 이후 19년 동안 미국에 머물게 되었다.

  1956년 혁명에서 헝가리인 약 2,400명이 죽었고, 그중 약 2,100명이 부다페스트에서 사망했다. 희망도 사라졌다. 1956년은 냉전에서 모든 것이 분명해진 시점이었다. 이후 러시아인들은 동유럽의 철의 장막 뒤에서 그들의 소유물을 그대로 가지고 있었고, 서방 세계는 "사로잡힌 민족들의 해방"을 둘러싼 수사적 표현에도 불구하고, 러시아인들을 저지하는 데 거의 도움이 되지 않았다. 부다페스트는 제물이었다.[3]

제35장

군영에서 가장 즐거운 막사

> 모든 공산주의자가 인민의 적은 아니라는 점을 증명하는 데 내 목숨이 필요하다면 기꺼이 희생하겠습니다. 언젠가 제2의 너지가 재판을 받을 것이고, 그 재판으로 내 명예가 회복되리라는 점을 알고 있습니다. 내 이장 의식이 다시 치러질 것도 알고 있습니다. 다만 나를 배신한 자들이 추도사를 읽을까 걱정입니다.
> ― 너지 임레, 1958년 6월 16일

11월 4일 오전 6시, 부다페스트 시민들은 소련군이 장악한 라디오 방송을 통해서 헝가리 공산당 총서기 카다르 야노시의 목소리를 들었다. 그는 며칠 전 방송 인터뷰에서 "헝가리 인민의 위대하고 영광스러운 혁명"의 일원이 되어 얼마나 자랑스러운지, 그리고 너지 임레가 얼마나 빛나는 "영감을 주는 인물"인지 언급한 바 있었다. 11월 4일의 라디오 방송에서 그는 본인이 헝가리 동부 지방의 소도시인 솔노크에서 연설하고 있다고 주장하며 "새로운 헝가리 혁명노동자농민 정부의 수립"을 선포했다. "우리 인민, 우리 노동계급, 그리고 우리 나라를 위해 행동하면서……우리는 음흉한 반동 세력을 분쇄하고 나라의 질서와 평온을 회복하는 작업을 지원해달라고 소련군 사령부에 요청했습니다."

사흘 전인 11월 1일 저녁, 카다르는 본인의 경호 세부 사항을 유출했고, 순환도로의 샛길 모퉁이에서 커튼이 드리워진 소련제 ZIS 대형 고급승용차에 태워졌다. 그는 극비리에 소련 대사관에 도착하자마자 소련군 공군 기지로 끌려간 뒤 모스크바로 보내졌다.

흐루쇼프를 위시한 크렘린 궁 지도자들은 카다르가 변절하도록 설득했고, 그가 거절하지 않을 제안을 내놓았다. 필요한 모든 수단을 동원해서 헝가리의 저항을 분쇄하기로 결정했다고 말한 것이다. 헝가리 주재 소련 대사인 유리 안드로포프가 그에게 퉁명스럽게 말했다. "너지를 비롯한 인사들은 끝장이 날 것이오. 당신은 그들에게 가담해서 똑같은 운명을 겪거나, 아니면 다시 우리 편이 되어 헝가리가 이전으로 돌아가 사회주의를 재건하도록 이끌 수 있소." 그들은 부하나 마찬가지인 카다르를 꿰뚫고 있었다. 카다르는 신중하고 금욕적이고 매우 복잡한 인물이었다. 겁쟁이는 아니었지만, 무의미한 영웅적인 언행도 추구하지 않았다. 그는 이미 미소를 머금은 얼굴로 사람들을 배반한 적이 있었고, 또 그렇게 할 사람이었다. 훗날 그는 자신이 반역자라는 사실을 부인했고, 공산주의를 위해 행동했다고 주장했다. 하지만 카다르는 실용적인 사람이었다. 나중에 그는 소련인들이 자신을 선택하지 않았다면 "그들은 다른 사람을, 아마 훨씬 더 나쁜 사람을 선택했을 것"이라고 말했다. 결과적으로 그의 말은 확실히 옳은 셈이었다.

11월 7일 오전 10시경, 소련군 전차 2대가 부다페스트 중심부에서 잔해를 처리하고 나서 국회의사당의 한 입구 앞에 멈춰 섰다. 국회의사당 앞 광장에는 몇 시간 전에 그곳을 정리한 소련 군인들을 제외하고는 아무도 없었다. 다뉴브 강 양쪽을 비롯한 부다페스트의 개별 지역에서 여전히 소규모 접전이 지속되고 있었지만, 소련군은 이미 반란군의 주요 거점을 격파했고, 아직 몇 군데 남아 있는 무장 저항 구역을 마무리 짓고 있었다. 광장의 안전이 확보된 뒤 전차 중 하나의 포탑 뚜껑이 열렸고, 크렘린 궁이 임명한 부다페스트의 수장 자격으로 카다르가 기어 나왔다. 그는 이후 30년간 헝가리를 통치했다.[1]

체르머니크 야노시는 피우메(현재 크로아티아의 리예카) 항구에서 슬로바키아 출신 하녀의 사생아로 태어났다. 그의 아버지는 군인이었는데, 그가 태어났을 때 아내와 아들을 버렸다. 체르머니크는 비참할 만큼 가난하게 자랐다. 그는 열네 살에 공구 제작자의 견습생이 되었고, 타자기 수리업을 배웠다. 그리고 공산당 활동이 금지되었던 호르티 정권 치하에서 열아홉 살에 공산주의자가 되었다. 1937년에 체포되었고, 3년간 수감되었다. 제2차 세계대전이 벌어지는 동안 카다르("통 제조업자")라는 암호명으로 지하 공산당 조직을 운영했는데, 그 가명이 이름으로 굳어졌다. 1944년에 다시 체포되어 마우타우젠 집단 수용소로 보내졌을 때 죽을 뻔했지만, 용케 탈출해서 부다페스트로 돌아왔다. 갈색 머리에 키가 크고, 잘생긴 그는 쾌활하고 편안한 사람인 체했지만, 내성적인 성격으로 유명했다. 수년 뒤, 그의 오랜 동지는 "아무도 그가 무슨 생각을 하고 있는지 알지 못했다"라고 말했다. 체르머니크는 공식적으로 교육을 받지 못했다. 언젠가 그는 "마르크스의 『자본론 Das $Kapital$』을 읽은 적이 없고 레닌의 저작도 많이 읽지 않았다"라고 인정했다. 하지만 그는 직관적인 지능을 타고났고, 인간을 깊이 있게 이해했으며, 학습 속도가 무척 빨랐다. 그는 라코시 밑에서 승승장구하며 수뇌부의 일원이 되었고, 절친한 친구인 러이크에 이어서 내무부 장관을 맡았다. 그러나 러이크가 체포된 뒤 보여준 행동 때문에 신뢰할 수 없고 냉소적인 사람이라는 평판을 얻었다.

카다르는 러이크의 아들의 대부였으나 친구를 냉정하게 배신했고, 거짓 자백을 받아내려고 경찰 유치장에 갇혀 있는 러이크를 찾아갔다. 그는 러이크가 무죄라는 사실을 알았지만, 러이크에게 일련의 범죄 혐의를 씌우는 연설을 여러 차례 했다. 이후 그는 러이크의 처형 장면을 지켜볼 수밖에 없었는데, 그 장면은 그의 머릿속에 깊이 각인되었다. 카다르는 사람들에게 그 장면을 보고 구역질이 나는 바람에 구토를 해야 했다고 말했지만, 러이크가 마지막으로 남긴 말이 스탈린을 찬양하는 것이었다는 점에 감동했다고 언급하기도 했다. 얼마 뒤 그에게도 숙청의 희생자가 될 차례가 찾아왔다. 반역죄라는 거짓 혐의로 체포된 그는 "자백"을 할 때까지 고문을 당했고, 3년간 투옥되었다. 너지가 총리로 재임하는 동안 수천 명의 죄수가 석방되었을 때 그도 풀려났다. 카다르는 곧바로 너지를 만났고, 자신의 석방에 힘을 써줘서 고맙다고 말했다. 그러자 너지는 이렇게 내답했다. "내 차례가 오면 지네도 똑같이 해줬으면 좋겠네."[2]

카다르는 스탈린주의자가 아니었고, 혁명 초반에 너지와 그의 개혁 조치에 열광하는 듯 보였다. 그는 지도부 내부의 투표를 통해 소련군의 철수를 압박하고 헝가리가 바르샤바 조약기구에서 탈퇴하는 방안에 찬성했다. 하지만 때가 되었을 때 모스크바 당국의 유혹과 위협을 이겨낼 수 없었고, 새 정부의 수장으로 돌아왔을 때 예수를 배반한 유다처럼 미움을 받았다. 안전상 국회의사당 밖으로 나갈 수 없었던 그는 부다페스트 곳곳에 걸린 비방용 현수막을 보지 못했을 것이다. 소련군이 여러 차례 없애버렸는데도 금세 부다페스트의 다른 곳에 다시 내걸린 유명한 현수막에는 다음과 같은 말이 적혀 있었다. "분실물 : 인민의 신뢰. 정직한 습득자는 1만 전차 거리10,000 tanks Street에 있는 카다르 야노시에게 돌려주세요." 그는 너무 미움을 받은 나머지 봉기가 진압된 지 5개월 뒤 부다페스트를 방문한 소련 지도자 흐루쇼프조차 그 "부역자 두목"보다는 인기가 많아 보였다. 러시아인들도 그를 전적으로 신뢰하지는 않았다. 카다르는 한동안 러시아인들의 보호 관찰 대상자였다. KGB 요원 2명이 그가 가는 곳마다 따라다녔다. 표면적으로는 그의 안전을 위해서였지만, 감시하기 위한 목적도 있었다.

혁명 가담자들에 대한 즉각적인 보복은 잔혹했다. 봉기 기간에 전투에 연루된 혐의로 기소된 330명이 처형되었는데, 그중에는 10대 청소년 몇 명도 있었다. 또한 2만2,000명이 다양한 복역 기간을 선고받고 투옥되었다.* 소련군의 부다페스트 포격이 시작된 날에 선포된 단기간의 총파업에 참여했다는 이유로 수백 명이 수감되었다. 소련 침공 한 달 뒤에 벌어진 여성들의 행진에 참석한 혐의로 또 수십 명이 투옥되었다.

카다르는 너지 임레를 대우하는 방식을 통해서 자신이 상대방을 얼마나 무자비하게 기만할 수 있는지를 보여주었다. 11월 4일, 유고슬라

---

* 가장 슬픈 이야기는 혁명 당시 불과 열다섯이었던 먼슈펠드 페테르의 사연이었다. 그는 직접 전투에 가담하지는 않고 여러 유격대에 무기를 몰래 전달했고, 며칠 동안 시민군과 함께 활동하다가 떠났다. 혁명이 진압된 뒤, 그는 음식 절도와 음주 같은 몇 가지 경범죄로 경찰에 적발되었다. 이후 그는 자유 투사로 분류되었고, 비교적 사소한 역할을 이유로 체포되었다. 처음에 그에게는 10년 징역형이 선고되었지만, 열여덟 번째 생일을 맞고 11일 뒤 교수형을 당했다.

비아 대사관은 축출된 총리인 너지 임레와 그의 친구 및 측근 30명에게 피난처를 제공했지만, 그것이 영구적인 해결책이 될 수는 없었다. 여하튼 티토는 소련과 안정적인 관계를 유지하려면 수년에 걸쳐 개선한 모스크바와의 관계를 악화시키는 위험을 감수하기보다는 이미 패배하고 실패한 너지를 저버리는 편이 낫다고 판단했다. 이후 2주일간 이어진 일련의 협상 끝에, 카다르는 중재자들을 통해서 너지와 그의 수행원들이 각자의 집으로 자유롭게 돌아갈 수 있게 하겠다고 서면으로 분명히 약속했다. 너지는 그 거래가 진짜라고 믿었고, 유고슬라비아가 배신할 것이라고는 전혀 예상하지 못했다. 11월 22일 오후 6시 30분, 그는 부다에 있는 자택의 부인에게 전화를 걸어 집에서 저녁을 먹을 것이라고 말했다. 너지의 말에 따르면 헝가리 내무부가 그의 일행을 태울 버스를 보내왔다. 그런데 일행 중 한 명의 회상에 따르면, "버스는 채 200미터도 못 가서 멈췄고, 우리는 버스에서 끌려 나왔다." 유고슬라비아인들은 그 계획에 가담했고, 무슨 일이 벌어지고 있는지 알고 있었다. 일행 중 일부는 풀려났다. 하지만 너지와 그의 가장 가까운 동료들은 모두 KGB에 제쏘뇌었고, 소련제 자동차 1대에 실려 부다페스트 외곽에 있는 붉은 군대의 막사로 끌려갔다. 나흘 뒤, 너지와 그의 가장 가까운 동료들은 항공편으로 루마니아로 이송되었고, 부카레스트 인근의 스나고브에 있는 어느 저택에 수감되었다. 이후 18개월이 넘도록 헝가리 당국과 소련 당국이 너지 일행을 어떻게 처리해야 할지 논의하는 동안 헝가리의 일반인들은 그들의 생사를 전혀 알지 못했다.[3]

이후 30년 동안, 선을 넘어 소련에 반대하는 경우 맞이할 운명에 대한 본보기로 너지가 재판을 받고 처형되어야 한다고 결정한 주체가 러시아인들이라고 추정되었다. 그러나 1990년 이후 공산주의가 붕괴되고 드러난 증거에 따르면 실제로 그를 교수형에 처하기로 가장 단단히 마음먹은 사람은 카다르였다. 흐루쇼프는 너지의 처형 가능성이 제기되자 "낙담했고", 굳이 그렇게 할 필요가 없다고 생각했다. 그러나 카다르는 너지가 감옥에 있거나 영원히 망명 생활을 한다고 해도 살아 있으면 자신이 헝가리에서 합법적인 지도자로 완전히 자리를 잡을 수 없을 것이라고 믿었다. 결국 흐루쇼프는 사형 집행을 승인했다. 6일간의 비밀 재판을 거친 뒤 너지와 그의 가장 가까운 동료 두 사람이 1958년 6월 16일 새벽에 교수형을 당했다. 그는 죽기 전 마지막으로 유언을 녹음하며 다음과 같이 말했다. "모든 공산주의자가 인민의 적은 아니라는 점을 증명하는 데 내 목숨이 필요하다면 기꺼이 희생하겠습니다. 언젠가 제2의 너지가 재판을 받을 것이고, 그 재판으로 내 명예가 회복되리라는 점을 알고 있습니다. 내 이장 의식이 다시 치러질 것도 알고 있습니다. 다만 나를 배신한 자들이 추도사를 읽을까 걱정입니다."

  타르 종이로 감싼 세 사람의 시신은 엎드린 자세로 부다페스트의 푀 거리에 있는 치안 본부의 안뜰에 묻혔다. 4년 뒤, 그들의 시신은 부다페스트의 동쪽 교외에 있는 라코슈케레스투르 묘지에 비밀리에 묻혔다.

카다르는 자신의 이름을 딴 "주의"가 있는 동유럽의 유일한 공산당 지도자였다. 뼈아픈 패배와 즉각적인 진압과 잔혹한 보복 이후, 그는 부분적인 유화 조치에 착수했다. 소련군은 병영으로 돌아갔고, 부다페스트 거리에서 더는 눈에 띄지 않았다. 2년이 지나지 않아, 소련군 병력은 절반으로 줄었다. 모스크바 측이 제공한 차관에 힘입어 1957년 중반까지 임금이 15퍼센트에서 20퍼센트까지 올랐지만, 사람들은 대부분 힘들게 살았다. "부다페스트가 전쟁터처럼 보이지 않게 되기까지 3년이 걸렸다"라고 당시 화학 연구원으로 일하며 두 아이를 부양하려고 애썼던 진데이가 말했다. "도시의 모습이 바뀌었다. 더 초라하고 창백해졌다." 페스트의 도심은 비록 합스부르크 제국 시절보다는 더 더럽고 지저분하고 천박해졌어도 그 시절의 매력과 아름다움을 유지했다. 하지만 그 도시의 교외와 외곽은 이후 15년에 걸쳐 탈바꿈했다. 남쪽과 동쪽에 주택 단지가 조성되면서 일시적으로 주택난은 완화되었지만, 도시 풍경이 바뀌어버린 것이다. 얼마 지나지 않아서 주민들은 소련 점령기의 상업용과 주거용 건물에서 한 가지 중요한 단점을 발견했다. "5개년 계획 창문"이 건물 밖으로 계속 삐져나오거나 밀봉재를 파손하는 바람에 비효율성과 미관상의 문제를 가중한다는 점이었다. 그것은 소련 세력권의 여러 지역에서 공통적으로 발생한 문제로, 창문과 주택용 고층 건물에 관한 그 이야기는 철의 장막 뒤에서 드러난 경제 체제의 광기와 경직성의 축소판이었다. 국영 유리 회사들은 규모가 더 큰 "5개년 계획"의 일환으로 생산 일정을 잡았다. 언제나 일정량의 창유리를 생산해야 했다. 할당량을 맞추지 못하는 경우 노동자들은 시간을 절약하려고 유리의 너비와 크기를 줄여 생산량을 보충했으므로, 현장에서 창문을 설치할 때 창틀에 잘 맞지 않았다. 창문은 1960년대와 1970년대에 부다페스트의 생활 공간에서 심각한 문제가 되었다. 당시 부다페스트의 문학가들은 깨진 창문을 공산 헝가리에서의 생활을 둘러싼 많은 문제점에 대한 은유로 삼았다.[4]

   시간이 흐르면서, 그리고 단계적으로 분위기가 풀렸고, 카다르는 철권통치의 강도를 서서히 낮췄다. 몇몇 시민군 출신들은 여전히 처형되고 있었지만, 1959년부터 다수의 시민군 출신들에 대한 일련의 사면이 시행되었다. 아직 보안군이 있었고 비밀경찰이 잠재적인 "말썽꾼들"을 주시했지만, AVO는 결코 과거의 잔혹한 방식으로 돌아가지 않았다. 카다르는 일정한 독자성을, 즉 자신이 소련의 꼭두각시가 아니라는 사실을 보여주려고 했다. 그는 영리한 정략가였다. 봉기 6년 뒤인 1962년 11월, 그가 시행한 가장 중요한 조치는 "우리에게 반대하지 않는 사람들은 우리 편"이라는 내용을 담은 그의 성명을 널리 홍보한 것이었다. 그 성명은 카다르 휘하의 총명한 선전자들이 신중하게 만들어낸 작품이었고, 교묘한 시점에 내놓은 현명한 조치였다. 무엇보다 그것은 전혀 헝가리적이지 않았다. 지금까지 우리가 살펴본 이야기에서 알 수 있듯이, 그리고 역사가 증명하듯이, 헝가리는 차분한 절제와 상식으로 차이를 해결하지 못하는 경우가 종종 있는, 정치적 극단의 나라이다. 반면 카다르주의는 사회적 계약에 따른 것이었다. 이제 사람들은 1956년 혁명의 정신적 충격과 그 혁명에서 카다르가 맡은 영웅적이지 못한 역할을 잊은 것처럼 보이고는 했다. 사람들은 틀림없이 사회주의를 믿지 않았는데도 입으로만 떠들었고, 헝가리 땅에 소련군 7만5,000명이 주둔하는 현실을 받아들여야 했다. 그 대가로 카다르는 소련과의 협상을 통해 간섭을 최소화하고 평화와 안정과 물질적 혜택을 제공했다. 혁명 이후 수감되었다가 1959년의 첫 번째 사면으로 풀려난 심리학자 메레이 페렌츠는 "그 순간부터 부다페스트에서 의지의 집단 기억상실증이 만연했다"라고 말했다. 공산당의 가장 똑똑하고 박식한 옹호론자인 어첼 죄르지는 "또다시 이것은 패배 속의 승리였다"라고 달리 표현했다. 그 계약의 조건은 결코 혁명을 언급하지 않는다는 것이었다. 너지의 이름은 공산주의가 붕괴할 때까지 거의 절대적인 금기어였다.[5]

부다페스트는 "군영에서 가장 즐거운 막사"가 되었다. 카다르는 중앙 계획에서 가장 문제가 많은 요소들을 제거하고 휘하의 선전자들이 "굴라쉬 공산주의gulyas Communism"(개혁적인 공산주의인 카다르주의를 헝가리의 전통 스튜나 수프인 굴라쉬에 빗댄 용어/역주)로 부른 것을 도입해 부다페스트에서 소수의 사기업과 시골에서 몇 개의 개인 농장을 운영할 수 있도록 허용했다. 겉보기에 부다페스트는 1970년대부터 번창했다. 최소한 부카레스트, 바르샤바, 프라하 같은 철의 장막 뒤에 있는 다른 도시들과 비교하면 그랬다. 공산주의 국가의 수도로는 최초로 부다페스트에 힐튼 호텔이 문을 열었다. 다뉴브 강을 굽어보고 전망이 기막히게 좋은, 부다의 어느 중세 수도원 터에 지어진 힐튼 호텔은 전형적으로 눈에 거슬리는 콘크리트 건물이었다.

동유럽 기준으로 볼 때 부다페스트는 화려한 도시였다. 엘리자베스 테일러는 1972년 2월에 강변 산책로인 초르쇼 옆에 막 개장한 호텔 중 하나에서 대규모 파티를 열어 자신의 40번째 생일을 축하했다. 리처드 버턴은 부다페스트에서 「푸른 수염」을 찍고 있었다. 나중에 이혼했다가 다시 결혼하게 되는 그 두 사람은 그때 우연히 거기에 함께 있었다. 모나코의 그레이스 공주, 링고 스타, 라켈 웰치를 비롯해 전 세계에서 약 200명의 손님이 찾아왔다. 버턴은 "리틀 미키 케인이 LA에서 날아왔다"라고 일기에 썼다.* 12년 뒤, 영국 총리 마거릿 대처는 헝가리 공

---

* 며칠 후, 영화를 촬영하고 있던 리처드 버턴은 영국 대사관 파티에 참석했다가 술에 취해 2명의 대사와 그들의 부인을 모욕하고 파티 주최자에게 욕을 퍼부은

산당 당수에게 일격을 가하려고 부다페스트를 방문했다. 대처 총리가 중앙 시장에서 장을 보는 모습이 촬영되었고, 헝가리 정부는 어용 텔레비전 방송을 통해 그녀가 자유방임 자본주의의 미덕을 칭송하도록 허용했다. 헝가리인들은 나머지 동유럽 사람들과 달리 비교적 자유롭게 서구 세계로 여행을 떠날 수 있었다.

반체제 인사들에게는 제한된 범위의 활동이 허용되었다. 부다페스트의 지식인들은 자기들끼리 소규모 모임을 열고 지하 출판물을 제작할 수 있었는데, 그것은 동베를린이나 부카레스트나 브라티슬라바에서 전례가 없는 일이었다. 물론 그들은 비밀경찰의 감시 대상이었지만, 대체로 간섭을 받지 않았다. 부다페스트의 지하 잡지 중 가장 유명한 「베셀뢰Beszélö」의 편집장이었던 철학자 허러스티 미클로시는 1980년대 중반에 전국적으로 야당 활동가들이 1,000명에 불과하고 그중 90퍼센트가 부다페스트에 있다고 추정했다. 1980년대 내내 월요일 밤마다, 스탈린주의 숙청의 가장 유명한 희생자인 러이크 라슬로의 아들이자 건축가인 러이크 라슬로 2세의 언드라시 대로에 있는 아파트에서는 "지하 출판물 매장"이 차려졌다. 다양한 지하 잡지들이 긴 가대架臺 위에 진열되었다. 사람들이 각자 읽고 싶은 출판물을 선택하면 주중에 러이크 라슬로 2세의 "필경사"단은 다음 주 월요일 밤에 취합할 출판물을 만들고는 했다.

이따금 작가나 활동가가 경찰에 체포되어 몇 시간 동안 조사를 받고 풀려나기도 했다. 그러나 대체로 반체제 인사들은 부다페스트에 머물

뒤 비틀거리며 밖으로 나왔다. 이후 부다페스트에서 몇 년 동안 그 일에 관한 소문이 나돌았다.

며 자기들끼리나 공산당 내부에서 발언하는 한 피해를 당하지 않고 활동할 수 있었다. 당시 헝가리 공산당에서는 개혁적 성향의 다양한 집단들도 규모와 영향력 측면에서 성장하고 있었다. 반체제 인사들은 공장이나 농촌의 노동자들 사이에서 문제를 일으키려고 할 때에만 제재를 받았다. 공산당 치하의 마지막 정치범은 1973년에 6개월 동안 지방의 어느 공장에서 일한 허러스티였다. 그의 책 『노동자 국가의 노동자 A Worker in a Worker's State』는 헝가리 산업의 끔찍한 비효율과 지독한 노동 조건을 폭로했다. 허러스티는 그 책이 지하 출판물의 형태로 발표된 뒤 8개월간 투옥되었다. 전체적으로, 정권과 국민 사이의 계약은 한동안 유효했다. 카다르는 헝가리에서 인기 있고 무척 존경받는 인물이 되었고, 동유럽의 어느 지도자보다 자국민으로부터 존경을 받았다. 하지만 시간이 흐르면서 그 구두 계약은 파기되기 시작했다.[6]

카다르는 그가 "신경제 메커니즘"으로 일컬은 것(그의 유능한 홍보 전문가들이 "굴라쉬 공산주의"로 부른 것)의 주된 문제는 간단했다. 효과가 없다는 것이었다. 신경제 메커니즘을 통해서 부다페스트의 소기업과 개인 농장 등 몇몇 사업체가 자유롭게 설립되었다. 부다페스트 시민들은 사업을 시작하도록 장려되었다. "그리고 예측 가능한 일이 일어났다." 시간제 소기업 창업자이자 부다페스트의 어느 연구소 소속 경제학자는 이렇게 말했다. "공식 경제 밖의 지하 경제가 확대되었다. 이는 물론 공식 경제보다 훨씬 더 효율적이었다. 몇 년이 지나지 않아 약 8만 명의 기능공들과 비상근 업자들이 배관 공사부터 유흥업소의 선정적인 춤에 이르는 수요의 약 3분의 2를 충족시켰다." 개혁은 좋아 보였다. 서방 세계의 경제학자들은 개혁이 올바른 방향으로 나아갈 수 있는 중대한 발걸음이라고 환영했다. 소련에서 미하일 고르바초프가 권력을 잡았을 때, 그의 개혁 의제인 페레스트로이카(구조 조정)와 글라스노스트(개방)는 헝가리에서 진행된 실험의 영향을 많이 받았다.

그러나 그것은 신기루였다. 굴라쉬 공산주의는 비교적 단기간에 양쪽 세계에서 최악의 실험으로 드러났다. 굴라쉬 공산주의에는 자본주의의 자유 시장이라는 이점 없이 공산주의의 제약(관료주의와 중앙 계획)만 있었다. 1980년대 중엽까지 헝가리는 그저 자급자족하기 위해 서방 세계로부터 엄청난 규모의 자금을 빌려야 했고, 채무를 상환할 돈을 구하기 위해 점점 더 많은 자금을 빌려야 했다. 1985년까지 헝가리는 외국의 은행과 몇몇 정부에 185억 달러(2022년의 가치로 환산하면 약 500억 달러이다. 당시 헝가리인 1인당 200달러 이상의 빚을 진 셈이었는데, 200달러는 1인당 평균 연수입을 크게 밑돌지 않는 금액이었다)를 빚졌다. 헝가리는 유럽에서 1인당 부채가 가장 높은 국가였다. 헝가리는 일종의 국제적 급여일 대출에 기대어 살아가야 했다. 부채는 다른 어떤 요인 못지않게 동유럽의 그 공산주의 체제를 무너뜨린 요인이었다. 1988년에 소련 점령기 공산 헝가리의 마지막 총리를 맡은 재무부 소속 경제학자 출신의 네메트 미클로시는 총리로 취임하면서 상황을 설명했다. 그가 총리를 맡은 첫 번째 주에, 헝가리는 독일로부터 10억 마르크를 빌렸다(현재 가치로 환산하면 약 8억 달러이다). 그 모든 돈은 즉시 기존의 대출금에 따른 이자를 지불하는 데 쓰였다. "한마디로 공산주의의 모든 것이 잘못되었다. 우리는 이 시점에서 심연에 가까웠다. 총체적 위기였다. 공산주의 체제, 사회주의권에 대한 파괴 작업은 서방 세계의 은행들과 금융기관들이 헝가리 같은 나라들에 대출을 해주는 순간 시작되었다. 그 시점에 우리는 덫에 걸렸다."[7]

헝가리인들이 카다르를 좋아한 이유 중 하나는, 사회주의권의 공산당 거물 정치인들이나 그의 뒤를 이은 다양한 부류의 지도자들과 달리 항상 간소하게 살고 개인적으로 부패하지 않았다는 것이었다. 그는 부인인 마리어와 함께 부다의 로저돔브 지구에 있는 중형 아파트에서 검소하게 살았다. 외국 은행 계좌도 없었고, 하인들이 가득한 시골의 큰 별장도 없었으며, 새빌 거리(고급 신사 양복점이 즐비한 런던의 거리/역주)의 정장도 입지 않았다. 그가 즐긴 오락은 체스뿐이었다. 그는 결코 자신에 대한 개인 숭배를 허용하지 않았다. 부다페스트에서는 그의 사진이 눈에 띄게 전시되지 않았다. 심지어 공산당 기관지인 「넵서버드샤그 *Népszabadság*」에서도 그의 보존기록용 사진을 찾아보기가 어려웠다. 그는 1980년대에도 여전히 권력자였지만, 주로 공산당 내부에서 나름의 위치를 차지하려고 경쟁하는 비교적 젊은 당원들로부터 점점 커져가는 반대의 목소리를 듣고 있었다. 그중 일부는 공산주의 체제가 무너지고 있고 소련이 자국의 권위를 강화할 입장이 아니라는 점을 알아챈 이들이었다. 당시 소련은 이미 동유럽 제국을 유지할 의지와 능력이 없었다.

1988년, 일흔여섯에 이른 카다르는 눈에 띄게 늙었고, 그의 수석보좌관 중 한 사람에 따르면 "건강과 활력을 잃었다. 그동안 카다르는 매우 총명했으나 이제는 건망증이 심해져 회의에서 말을 되풀이했고, 혼자 장황하게 말하며 논지에서 벗어나고 말았다." 그는 좀처럼 잠을 이룰 수 없었다. 어떤 사람들은 1956년 혁명 이후의 탄압 과정에서 자신이 맡았던 역할에 따른 죄책감으로 괴로워한다고, 또 어떤 사람들은 그저 노년에 흔한 불면증이라고 말했다. 카다르 밑에서 일했던 사람들 가운데 여러 명이 슬퍼하고 당혹감을 느꼈고, 모쪼록 그가 현실을 파악하고 우아하게 물러나기를 바랐다. 하지만 그는 은퇴를 거부했다. 예전 같았으면 소련 지도부가 젊은 공산당원을 내세워 그를 물러나게 했을 것이다. 그러나 고르바초프 치하의 새로운 소련 지도부는 개입을 바라지 않았거나 최소한 개입하는 것처럼 보이고 싶어하지 않았다. 결국 크렘린 궁의 조심스러운 지원을 받은 야심만만한 젊은 공산당 정상배들이 스스로 목을 매도록 그에게 밧줄을 건넸다.

그해 봄, KGB 부위원장인 블라디미르 크류츠코프가 부다페스트에 잠시 들렀다. 그는 그 노인을 위한 품위 있는 출구를 협상하려고 했지만, 카다르는 그때도 꿈쩍하지 않았다. 허러스티가 "최후의 일격을 가하려고 빙빙 도는 상어들 같다"고 묘사한 반백의 부하들이 1988년 5월 20일에 부다페스트의 중앙 노동조합 회관에서 공산당 회의를 열기로 했다. 치욕스러운 밤이었다. 카다르는 총서기로 재직한 32년 동안에 자신이 했던 행동을 합리화하는 장황하고 앞뒤가 잘 맞지 않는 연설을 했다. 연설 막바지에 그는 입이 바짝 마르고 몸이 굳었다. 당황한 청중은 완전히 침묵을 지키면서 연설을 들었다. 연설이 끝난 뒤, 전성기에 원기왕성하고 수다스러웠던 카다르는 홀로 회관에 남아서 아무에게도 말을 걸지 않았고, 자신을 집까지 자동차로 데려갈 아내를 기다렸다. 그것은 비범한 경력의 슬픈 결말이었다. 그날 밤 카다르는 훗날 헝가리 공산주의의 무덤을 파게 되는 쉰일곱의 당수 그로스 카로이로 대체되었다.[8]

제36장

마지막 의식

사람을 매장하는 방법. 헝가리인들이 잘 알고 있는 것.

— 루카치 야노시, 부다페스트, 1900년

무대 담당자들과 건축업자들이 거의 일주일 동안 영웅 광장을 기념비적인 연극 무대 장치로 바꾸고자 애쓰고 있었다. 12개의 거대한 기둥이 검은 천으로 덮여 있었다. 건물들의 웅장한 정면과 인민 공원의 입구는 녹색과 빨간색과 흰색이 뒤섞인 거대한 삼색기로 덮여 있었지만, 1956년의 혁명가들을 기리는 의미로 가운데에 구멍이 뚫려 있었다. 광장의 한쪽에는 6개의 관이 높은 대좌 위에 놓여 있었고, 그 양쪽으로 불꽃이 타올랐다. 1989년 6월 16일 금요일 오전 9시, 광장은 이미 약 20만 명의 인파로 가득했다. 그들이 구경하려는 의식이 시작되려면 아직 1시간이 남았다. 적어도 10만 명 이상이 인민 공원과 언드라시 대로(당시에는 인민공화국 대로로 불렸다)의 막다른 곳으로 몰려들었다. 지난 30년 동안 너지 임레는 무언의 이름이었다. 그는 정확히 31년 전에 교수형을 당한 뒤 비밀리에 매장되었다. 가족조차 그가 어디에 묻혔는지 알 수 없었다. 이제 그의 장례식은 헝가리에서 가장 막강한 공산주의자들이 참석한 가운데 거행되고 어용 텔레비전으로 생중계되는 국가 행사였다. 죽기 전에 그가 남긴 유언이, 명예로운 이장 의식을 치를 것이라는 예언이 들어맞을 참이었다.

유럽의 대다수 사람들에게, 그 아찔한 혁명의 해에 소련 제국의 몰락을 나타내는 가장 강력한 상징은 베를린 장벽의 붕괴였다. 부다페스트에서는 너지 임레의 감동적인 이장 의식이 치러졌는데, 그것은 헝가리 역사를 이루는 한 시대의 장례식이었다. 그날 참석한 대다수의 조문객과 마찬가지로 봉기가 시작되었을 때 태어나지도 않았던 코바치 마리아라는 이름의 교사는 이렇게 말했다. "우리가 체제가 바뀌고 상황이 달라지리라는 점을 확실히 알았던 것은 바로 이장 의식이 거행되었을 때이다. 그 행사 전에는 확신할 수 없었다."[1]

나머지 네 사람, 즉 국방부 장관 멀레테르 팔, 비서 실라지 요제프, 수석 정치보좌관 로숀치 게저, 그리고 1956년 혁명 당시 지식인다운 의견을 표명한 언론인 기메시 미클로시도 너지와 함께 아무 표시 없는 무덤에 묻혔다.* 1958년, 공산 정권은 그들의 묘지가 순례 장소가 되고 너지가 순교자로 떠오르는 사태를 바라지 않았기 때문에 매장 사실을 국가 기밀에 부쳤다. 그들이 매장된 과정과 장소(라코슈케레스투르 묘지 301번 구획)를 둘러싼 이야기는 1980년대에 이르러 반체제 운동의 아버지 중 한 사람이자 너지의 언론 비서관을 잠시 맡은 혐의로 투옥되었던 바샤르헤이 미클로시가 밝혀냈다. 여전히 서방 언론과 긴밀한 관계를 맺고 있는 유명 언론인이었던 그는 어느 우호적인 교도관으로부터 매

---

* 이장 의식이 처러질 때 비어 있는 여섯 번째 관이 등장했는데 그것은 "무명의 반란군"을 상징했다.

장 장소를 전해 들었다. 카다르가 집권한 동안에는 그 정보로 아무것도 할 수 없었다. 너지의 명예 회복은 카다르의 통치기 30년에 대한 부정을 의미했을 것이고, 따라서 바샤르헤이와 그의 딸들에게는 선택하기 위험한 길이었다. 그러나 카다르가 쫓겨났을 때 바샤르헤이와 너지의 유족은 1958년 봉기에서 맡은 역할로 처형된 너지를 비롯한 330명의 누명을 벗기기 위해서 역사적 정의 위원회를 결성했다.

1989년 초, 헝가리 공산당은 너지 시대와 관련해 발견된 사실을 처리할 방법을 둘러싸고 분열했다. 너지 시대는 혁명이었는가, 반혁명이었는가? 이 질문은 시간의 경과에 따라 심오한 문제처럼 보일 수도 있지만, 그의 모든 이력과 생애를 어떻게 판단할지는 헝가리 공산주의의 그 마지막 투쟁의 결과에 달려 있었다. 소련 제국이 무너지고 있는 새로운 시대를 맞이한 공산당의 미래도 헝가리 공산주의의 마지막 투쟁의 결과에 달려 있기는 매한가지였다. 논쟁에서의 승리는 대체로 공산당 내부 개혁파의 몫이었다. 그들은 너지를 순교자이자 비극적인 영웅으로 받아들였다. 개혁파는 그 무렵 공인되어 기하급수적으로 성장하고 있던 반체제 야당과 거래를 하려고 했고, 여전히 자신들이 정부 내에서 공산당 세력을 유지할 수 있으리라고 믿었다. 3월에 그들은 매장된 시신의 이장을 허용했고, 반체제 야당을 상대로 비공식 대화를 시작했다. 장례식 사흘 전인 6월 13일, 그들은 협상을 통해 폴란드의 공산주의를 종식시켰던 일련의 "원탁 회담이 몇 주일 뒤에 시작될 것이라고 발표했다. 공산주의자들은 장례식을 입맛에 맞게 요리할 수 있다고 믿었고, 지도자들은 너지의 이장 의식에 참석해 발언하겠다고 고집했다. 일찍이 너지가 자신을 배신하고 죽인 자들이나 적어도 그들의 자식들이 이장 의식의 추도사를 맡을 것이라고 예언했듯이 말이다."[2]

이장 의식은 오전 10시에 시작되었고, 처음부터 날것 그대로의 감정이 터져 나왔다. 젊은 시절 1956년 혁명 첫날의 행진 중 하나가 시작되었을 때 페퇴피의「국가」를 낭송했던 유명한 배우 신코비치 임레가 너지 임레의 딸이 추모객들에게 보낸 편지를 읽었다. 혁명과 그에 따른 보복으로 사망한 모든 헝가리인의 이름이 낭독되었고, 2시간 동안 추모객들은 고인들의 시신이 안치된 관 앞을 줄지어 지나가며 참배했다.

나중에 사람들이 그 특별한 행사에 대해 가장 많이 회상한 부분은, 청바지 차림에 수염을 기른 스물여섯 살의 인물이 선보인 격정적이고 멋진 연설이었다. 그가 바로 젊은 자유주의자들로 구성된 신생 정당인 청년민주동맹의 당수 오르반 빅토르였다. 오르반이 연단에 오를 때, 그 많은 군중의 대부분은 그에 대해서 들어본 적이 없었다. 10분도 되지 않는 연설을 마쳤을 때, 오르반은 헝가리의 공적 생활에서 의미심장한 인물이 되었다. 그는 다음과 같은 말로 연설을 시작했다. "젊은이들은 기성세대에 대해 많이 이해하지 못합니다."

우리는 혁명의 역사를 왜곡하는 책에서 그것을 배우라고 말하는 당과 정부의 지도자들이 이제는 마치 부적이라도 된 것처럼 이 관들을 만지려고 서로 다투는 모습을 이해하지 못합니다. 우리는 순교자들의 매장이 허용된 데에 감사할 이유가 있다고 생각하지 않습니다. 우리는 우리의 정치 조직들이 오늘날 활동할 수 있다는 사실을 두고 누구에게도 감사하지 않습니다.……만약 우리 힘을 믿을 수 있다면……우리는 공산주의 독재를 끝낼 수 있습니다. 결단만 한다면 우리는 당이 자유선거를 수용하도록 강제할 수 있습니다. 그리고 1956년의 이상을 잊지 않는다면, 우리는 소련군의 신속한 철수를 위한 즉각적인 협상을 시작할 정부를 선출할 수 있을 것입니다.

영웅 광장에서 최소 5분 이상 큰 박수와 환호성이 터져 나왔고, "러시아인들은 돌아가라!"라는 함성이 울려 퍼졌다. 그 무렵에도 공개 행사에서 소련군의 철수를 요구하는 것은 대담한 행동이었다. 오르반은 커다란 반향을 일으켰다. 9년 뒤 그가 총리에 오른 것은 그다지 놀라운 일이 아니었다.

한 달 뒤, 추모객 수천 명이 부다페스트에서 열린 또다른 장례식에, 헝가리가 지나온 과거의 중요한 부분을 묻어버리는 장례식에 참석했다. 카다르 야노시는 경쟁자였던 너지의 이장 의식을 볼 수 있을 만큼 오래 살았지만, 그의 친구 중 한 사람에 따르면 노망이 들고 병에 걸린 나머지 텔레비전을 보면서도 무슨 일이 일어나고 있는지 몰랐다고 한다. 그는 7월 6일에 세상을 떠났고, 그의 부고가 전해지자 사람들은 진정으로 슬퍼했다. 많은 헝가리인들은 카다르가 지도자가 아니었던 시간을 기억할 수 없었고, 물론 그 때문에 조국이 겪은 일은 경멸했지만, 여전히 그를 존경했다. 7월 14일에 치러진 그의 장례식은 중대한 정치적 사건이었다. 10만 명이 넘는 인파가 케레페시 묘지에 모였다. 그중 다수가 한 달 전에 거행된 너지의 이장 의식에도 참석한 사람들이었다. 300만 명이 텔레비전으로 카다르의 장례식을 지켜보았다. 그는 여러 주요 공산주의자들과 마찬가지로 케레페시 묘지의 특별 구역인 "노동계급의 무덤"에 묻혔다. 카다르의 대리석 묘비에 새겨진 글에는 그의 특징이 드러나 있다. 그 비문은 20세기에 대의를 위해 싸웠던 수많은 공산주의자를 대변하는 그의 개인적인 신조이기도 했다. "나는 내가 있어야 했던 곳에 있었다. 나는 내가 해야 할 일을 했다."[3]

1989년 여름 부다페스트 중심부는 난민촌으로 변했다. 동독인들이 무리를 지어 거리에서 서로 싸우고 있었다. 몇 년 동안 헝가리는 동독인들이 자주 찾는 여름 휴가지였다. 많은 동독인이 부다페스트에 머물렀다. 부다페스트에는 단조롭고 차분한 분위기의 라이프치히나 드레스덴이나 베를린에는 없는 식당과 오락거리가 있었다. 가장자리가 모래로 뒤덮인 벌러톤 호로 향하는 사람들도 많았다. 헝가리는 많은 서독인들도 휴가를 보내는 나라였기 때문에 잠시에 불과할지라도 동독과 서독의 가족들이 재회할 수 있는 곳이었다. 과거에 동독인들은 휴가가 끝나면 1-2주일 후에 집으로 돌아갔다. 하지만 1989년 여름에 헝가리의 출입국 관리들은 전례 없는 현상을 알아차리기 시작했다. 많은 동독인들이, 헝가리에서 어떤 변화가 일어날 것 같고 조만간 서방 세계와 가까운 새로운 정권이 출현할 수 있을 듯하기 때문에 서독으로 탈출할 길(철의 장막을 통해서가 아니라 장막을 우회하는 길)을 찾아낼 수 있으리라는 기대를 품은 채 헝가리에 그대로 머물렀다. 완고한 스탈린주의 지도자인 에리히 호네커가 이끄는 동독 정부는 자국민의 송환을 주장했지만, 헝가리 정부는 거부했다. 6월 중순부터 새로운 동독인 무리들이 집으로 돌아갈 생각 없이 자동차를 타고 체코슬로바키아를 거쳐 헝가리로 향하는, 이른바 트라반트 길(상자처럼 작고, 매연을 내뿜지만 매력적인 동독 자동차인 트라반트에서 비롯된 이름이다)에 합류했다. 그 사태는 이후 여름과 초가을에 동독의 대규모 반정부 시위로 이어질 위기를 초래했고, 동독 정부와 헝가리 정부 사이의 중대한 논쟁을 촉발했다.

부다페스트에서 엄청난 수의 동독인들이 인도주의적 위기를 불러왔다. 그 위기를 생생하게 느낀 네메트 총리는 훗날 이렇게 회고했다. "나는 서독 총영사의 자택 근처에 사는 친구의 집을 찾아가고 있었다. 그런데 서독 여권을 발급받기 위해……아침부터 영사관의 문이 열리기를 기다리며 인도에 누워 있는 사람들을 뛰어넘고 지나가야 했다. 문제를 현장에서 직접 목격할 수 있었다. 우리는 해결책을 찾아야 했다."4

부다페스트 측은, 동독인들이 자유롭게 서방 세계로 넘어가지 못하도록 베를린 측과 구속력 있는 협정(수십 년 전 바르샤바 조약의 일환으로 체결되었다)을 맺었다는 사실과 인도주의적 난제 사이에서 균형을 맞춰야 했다. 동독 정부는 자국민을 송환하기 위해서 비행기와 기차를 보내려고 했다. 네메트는 "우리는 거절했고, 우리의 거리에서 사람들을 잡아서 데려갈 수 없다고 통보했다"라고 말했다. 동독의 비밀경찰인 슈타지 요원들이 난민들을 감시하려고 부나페스트로 갔다. 그들은 돌을 던지는 헝가리인들과 동독인들에게 공격을 당했다.

헝가리인들은 난민들에게 음식과 숙소를 제공하는 등 관대한 태도를 보였지만, 한여름에 부다페스트에는 1만5,000명 이상의 난민이 있었고, 지방에는 더 많았다. 공산당 당수 그로스 카로이는 "더는 이렇게 할 수 없다"라고 말했다. 부다페스트 거리에서 심각한 폭력 사태가 발생할 우려가 있었고, "일부 동독인들이 이미 우리 국경 경비대와 충돌하고" 있었다.

정부는 대책을 고민했다. 헝가리인들과 서방 세계 사람들은 동독인들을 위해서 국경이 개방되어야 한다고 요구하고 있었다. 그러나 나이든 공산당 관리들은 동독과의 결별과 그것이 사회주의권의 미래에 의미하는 바를 우려했다. 마지막 중재자는 소련이었다. 결국 제국은 소련이 소련을 위해서 세운 것이었다. 베를린 당국은 분노했지만, 소련인들은 간섭하지 않을 것이라고, 많은 사람들이 동독을 떠나게 되더라도 결정은 헝가리인들에게 달렸다고 말했다. 1989년 9월 10일, 헝가리인들은 철의 장막을 무너뜨렸다. (아직 공산주의를 추구한) 헝가리 정부는 오스트리아로 떠나기를 원하는 모든 동독인이 그렇게 하도록 허용하기로 결정했고, 그 결정은 두 달 뒤 베를린 장벽의 붕괴로 곧장 이어졌다. 헝가리인들은 독재 정권의 굴레에서 벗어났을 뿐만 아니라, 수백만 명의 외국인들이 자유를 모색하도록 도우면서 역사를 만들어가고 있었다.[5]

결론

헝가리인들은 유럽에서 인종적, 언어적 친척이 없는 유일한 민족이다. 그들 존재의 특이한 강렬함은 아마도 그들의 예외적인 고독으로 설명될 수 있을 것이다.……헝가리인이라는 상태는 집단 신경증이다.

— 아서 쾨슬러, 『미지의 화살Arrow in the Blue』, 1952년

부다페스트의 주요 상징물 중 하나는 겔레르트 언덕 꼭대기에 있는 해방 기념비이다. 해방 기념비는 다뉴브 강 건너편의 페스트까지 굽어보는 멋진 전망을 자랑할 뿐 아니라 부다에서 그 고지대의 가장 높은 곳을 쳐다볼 수 있는 몇 안 되는 장소이기도 하다. 해방 기념비, 즉 종려나무 가지를 들고 있는 승리의 여신상은 나름대로 심오한 아름다움을 자랑한다. 29미터 높이의 이 굉장히 큰 조각상은 부다페스트 곳곳의 전망 좋은 지점에서 뚜렷하게 보인다. 오늘날의 관광 안내서에는 해방 기념비가 뉴욕에 있는 자유의 여신상을 모방한 것이며, 자유의 여신상과 비슷한 이상을 표현한다고 적혀 있을 것이다. 하지만 조각가인 슈트로블 키슈펄루디가 해방 기념비를 만들기 시작했을 때의 의도는 그렇지 않았다. 슈트로블은 웅장함에 대한 안목이 있었고, 그 작품은 1942년에 호르티 제독이 제2차 세계대전 당시 동부 전선에서 소련군에

맞서 싸우다 비행기 추락 사고로 사망한 어린 아들 이슈트반을 기리는 상설 기념물로 슈트로블에게 개인적으로 의뢰한 것이었다.

슈트로블은 부다페스트 포위전이 끝날 때까지 해방 기념비를 완성하지 못했는데, 붉은 군대의 몇몇 장교들이 그의 작업장에서 이 작품을 발견했다. 종전 후 헝가리를 담당한 스탈린의 특사인 클리멘트 보로실로프는 그 조각상에 관한 소식과 슈트로블이 기념 인물상 조각가로서 쌓은 빛나는 명성을 전해 들었다. 러시아인들은 슈트로블에게 그 조각상을 파시스트들의 손아귀로부터 헝가리를 해방한 소련의 영웅적인 행위의 기념물로서 다시 만들 것을 요구했다.

슈트로블은 호르티 정권을 위해 일하는 것만큼이나 공산주의자들을 위해 일하는 것이 기뻤고, 결국 보수를 두 차례 받았다. 하지만 약간의 수정이 필요했다. 처음에 그 작품 속 주요 인물상은 남자였고, 종려나무 가지는 남자 아기였다. 1947년에 그 작품이 공개되었을 때, 원래의 조각상 도안에는 분명히 없었던 또다른 인물상("자유"의 상징 옆에 무릎을 꿇고 있는 붉은 군대의 병사)이 대좌 위에 추가되었다. 조각상의 기부에 새겨진 헌정사에는 헝가리가 소련에 느끼는 감사의 마음이 표현되어 있었다. 그 기념물은 당시 해방 기념상으로 불렸다.

공산주의 몰락 이후 첫 자유선거를 거쳐 민주 정부가 들어서자 그 조각상의 제작 취지는 다시 바뀌었다. 붉은 군대의 병사는 원래의 헌정사와 함께 철거되었다. 그다음 "헝가리의 독립과 자유와 번영을 위해 목숨을 바친 모든 이를 추모하며"라는 글귀가 새겨진 현판이 설치되었다.[1]

---

* 붉은 군대를 기리는 다른 기념물들도 철거되었다. 하지만 놀랍게도, 그것은 미

1989년은 역사의 끝이 아니었다. 자유 민주주의의 승리를 뽐내던 사람들은 잘못 생각했다. 아마 부다페스트에서는 유럽의 다른 어느 도시보다 과거의 해석을 둘러싼 싸움이 일상적으로 많이 벌어지고 있을 것이다. 지금까지 그 어떤 이념이나 정당이나 요란한 선동 정치가도 헝가리의 역사를 소유하지는 못했다. 헝가리와 부다페스트가 극심한 고통을 겪은 그 지독한 20세기에도 그랬다.

부다페스트에 조각상과 기념물이 설치되었다가 철거되는 현상 자체가 역사의 과정이었다. 1956년 혁명의 첫날 밤에 스탈린의 동상이 철거되었을 때, 그 상징적 행위가 전 세계에 일으킨 반향은 지금까지 이어지고 있다. 그 행위는 허울뿐인 몸짓이었을까, 아니면 공공기물 파손에 불과했을까? 더 폭넓은 문화 전쟁에서의 작은 충돌이었을까? 사실 나는 그것을 만들어지는 역사로 생각하고 싶다. 마찬가지로, 2019년에 25년 동안 의회 광장 옆에 서 있던 너지 임레의 동상이 철거된 뒤 시내에서 1.5킬로미터 떨어진, 사람들이 거의 찾지 않는 외딴곳에 재설치되었다. 그때도 역사가 만들어졌다.

1990년부터 2020년까지 부다페스트에서 전체 도로명의 5퍼센트 이상을 차지하는 450개 이상의 도로명이 바뀌었다. 바뀐 도로명을 GPS와 구글 지도가 반영하는 데 시간이 오래 걸리는 경우가 간혹 있기 때문에 상당한 혼란이 빚어졌다. 전부는 아니어도, 대부분 옛 사회주의자나 좌파 성향의 작가, 예술가, 음악가의 이름이 붙었던 도로의 명칭이 바뀌었다.

국 대사관 맞은편의 자유 광장에 30년 동안 서 있었던 매우 감동적인 기념물(반어적 상황을 의도해 설치한 것은 아니었다)이 철거되기 몇 년 전의 일이었다.

옛 공산 정권도 도로명을 바꾸기는 마찬가지였다. 순환도로와 언드라시 대로 사이의 교차로인 무솔리니 광장은 옛 이름인 옥토곤 광장으로 바뀌었다. 현재 페스트 중심부에 위치한 헝가리 국립 박물관의 본 계단 옆에 있는 우아한 이탈리아 기둥Italian Pillar은 로마의 유적지인 포로 로마노에서 가져온 진품 기둥이다. 1929년에 이탈리아의 독재자 무솔리니는 트리아농 조약의 개정을 요구하는 헝가리의 주장을 지지한다고 나서면서 그 기둥을 우호의 의미로 헝가리에 선물했다. 1945년까지 이탈리아 기둥의 대좌에는 "무솔리니가 헝가리에 전하는 선물"이라는 내용이 새겨져 있었다. 제2차 세계대전이 끝난 뒤 기둥은 남았지만, 헌정사는 바뀌었다. 파시스트 독재자의 선물이라는 사실을 강조하지 않는 방향으로 말이다. 따라서 헌정사 문구는 "로마라는 도시에서 건너온 선물"로 바뀌었다. 그러다가 1989년 이후에 헌정사 문구는 다시 "이탈리아 국민이 준 선물"로 바뀌었다.*[2]

1989년 이후에 부다페스트는 훨씬 더 깨끗해졌고, 교통량 증가에도 불구하고 오염도가 대폭 감소했다. 대부분의 경우, 일정 수준 이상의 건축가들에게는 국립 극장처럼 번쩍번쩍 빛나는 새 건물을 지어달라는 의뢰가 쏟아졌고, 오래된 건물들은 세심하게 보존되었다. 페스트의 심

---

* 부다페스트는 더 이상 정치적으로 옳지 않거나 역사의 불편한 부분으로 전락한 조각상의 처리 문제를 해결하기 위해 흥미롭고 창의적인 방법을 고안했다. 다수의 거대한 사회주의적 사실주의 조각품들을 고철업체의 야적장으로 보내는 대신 부다페스트 남쪽 교외에 있는 야외 박물관에 전시한 것이다. 그곳은 매혹적이지만, 무너진 옛 정권에 대한 향수를 불러일으키는 데 그치지 않는다. 그곳은 문화 전쟁에서 과거를 찬양하지 않으면서 인정하는 현명한 방법의 사례이다.

장부는 영화 제작자들이 사랑하는 19세기의 창조물이다. 할리우드 영화사들은 파리의 모습을 재현하고 싶을 때 종종 제작비와 인건비가 훨씬 저렴한 부다페스트에서 촬영한다. 지금 부다페스트는 유럽에서 런던, 로마, 파리 다음으로 가장 많은 사람들이 방문하는 수도이고, 코비드-19 대유행으로 여행 제한 조치가 시행되기 전에도 그랬다.[*]

  지난 30년간의 정치적, 사회적, 경제적 격변을 거치며 많은 변화가 있었다. 부다페스트 역사의 주요 단층선은 지금도 여느 때처럼 명확하다. 공산주의 시절과 그 직후, 대중은 그동안 서구 지향적인 인물들이 헝가리가 있어야 할 곳으로 여긴 "유럽의 중심"으로 돌아가기를 뜨겁게 요구했다. 헝가리는 1999년에 북대서양 조약기구에 가입했고, 국민투표에서 유권자의 3분의 2 이상이 찬성해 2004년에 유럽연합의 회원국이 되었다. 그러나 지금 다수의 헝가리인들은 더 이상 유럽에 매력을 느끼지 못하고, 예전에 자주 그랬듯이 민족주의를 외치는 목소리가 점점 커지고 있다. 러시아나 중국과의 관계는 그동안 점점 더 긴밀해졌다. 최소한 2022년에 우크라이나 전쟁이 발발하기 전까지는 그랬다. 헝가리는 유럽에 있다. 그리고 자발적으로 유럽에서 동떨어진 채, 동양과 서양 사이에 있다. 부다페스트에서 유대인이 맡은 역할은 이 책에 실린 이야기 곳곳과 엮여 있는 주제이다. 유럽의 모든 곳과 마찬가지로 헝가리에서도 반유대주의의 사례를 쉽게 발견할 수 있다. 하지만 부다페스트에는 그곳을 떠나고 싶어하지 않고, 그곳을 편안해하며, 활기찬 문화적, 사회적 기관을 통해서 안정적인 공동체를 이루는 약 9만 명의

---

[*] 코비드-19 대유행으로 관광업은 분명히 큰 피해를 입었고, 대유행 이후로 방문자 수와 관련한 의미 있는 수치는 확보되지 않았다.

유대인이 살고 있다. 부다페스트의 대다수 유대인들에게 2020년대의 삶은 1920년 이후의 그 어느 때보다 더 쉽고 편안하다. 그들은 이전보다 2020년대에 더 자유롭고 평등한 삶을 누리고 있다. 그런데 파시즘과 공산주의를 견뎌낸 중동부 유럽의 다른 여러 지역에서도 그렇다고 말할 수는 없다.

헝가리 역사의 또다른 익숙한 주제는 대량 이주이다. 그리고 대량 이주는 다시 의미심장한 문제로 떠올랐다. 헝가리 내에서는 좀처럼 언급되지 않지만 말이다. 헝가리가 유럽연합에 가입한 뒤 인구가 최소 9퍼센트 감소했는데, 주된 이유는 사람들이 헝가리를 떠났기 때문이다(과거에도 자주 그랬듯이, 비교적 젊고 교육 수준이 높은 사람들이 외국으로 이주해 새로운 삶을 시작하기가 더 유리하다).[3]

혁명적이고 갑작스러운 정치적, 사회적, 경제적 변화는 부다페스트에서 펼쳐지는 삶의 변함없는 특징이다. 그러나 아주 많은 측면에서 볼 때 부다페스트는 그대로였다. 나는 페스트 도심에 있는 내가 가장 좋아하는 카페에서 이 책의 앞부분 몇 페이지를 쓰기 시작했다. 여러 저자들이 여러 세대에 걸쳐 일하거나 앉아 있거나 빈둥거리며 머물렀던 바로 그 장소에서 말이다. 옆 테이블에서 생기 넘치는 한 무리의 젊은 이들이 삶과 사랑에 대해 잡담을 나누고 있었다. 연주자들이 1세기 넘게 거의 날마다 이른 저녁 시간에 그랬던 것처럼, 작은 악단이 건너편 광장에서 연주하는 중이었다. 소란에도 불구하고, 부다페스트에는 결코 변하지 않는 것들이 있다.

주

서론
1 János Lukács, *Budapest 1900: A Historical Portrait of a City and its Culture* (New York, 1988), p. 35

프롤로그
1 Lukács, p. 41
2 1,000주년 기념 행사에 관한 유용한 자료의 출전은 다음과 같다. Lukács, Bob Dent, *Budapest: A Cultural and Literary History* (Oxford, 2007) and László Kontler, *A History of Hungary: Millennium in Central Europe* (Basingstoke, 2002)
3 Judit Frigyesi, *Béla Bartók and Turn-of-the-Century Budapest* (Berkeley, CA, 2000), p. 67
4 Ibid., p. 85
5 Gyula Krúdy, ed. and trans. John Bátki, *Krúdy's Chronicles: Turn-of-the-Century Hungary* in *Gyula Krúdy's Journalism* (Budapest, 2000), p. 67
6 Lukács, p. 88
7 Kati Marton, *The Great Escape: Nine Jews Who Fled Hitler and Changed the World* (New York, 2008), p. 97

제1장 아퀸쿰
1 Annabel Barber, *Blue Guide Budapest* (London, 2018), p. 103
2 *New Hungarian Quarterly*, vol. 2 (Spring 1991), special issue on Aquincum and Roman Buda, p. 97
3 Sir Bryan Cartledge, *The Will to Survive: A History of Hungary* (London, 2009), p. 72
4 C.A. MacArtney, *The Magyars in the Ninth Century* (Cambridge, 1930), p. 238
5 *New Hungarian Quarterly*, vol. 2 (Spring 1991), p. 133
6 Arminius Vámbéry, *Hungary in Ancient, Medieval and Modern Times* (London, 1986), p. 178

제2장 마자르인

1. Quoted in Paul Lendvai, trans. Ann Major, *The Hungarians* (London, 1990), p. 74
2. Denis Sinor, *History of Hungary* (London, 1959), p. 103
3. Kontler, p. 46
4. Géza Buzinkay, *An Illustrated History of Budapest* (Budapest, 1998), p. 23
5. Lendvai, p. 84
6. Vámbéry, p. 59
7. Buzinkay, p. 46
8. Lendvai, p. 81
9. Cartledge, pp. 86–9
10. Kálmán Benda and Erik Függedi, *A Magyar korona regbnye* (Budapest, 1988), p. 135
11. Miklós Molnár, *A Concise History of Hungary* (Cambridge, 2001), pp. 78–88
12. Sinor, p. 88
13. Vámbéry, p. 87

제3장 몽골족의 침공

1. 몽골족의 침공에 대한 그의 설명은 훌륭하고 생생하다. 다른 유용한 자료는 렌드바이와 몰나르의 연구를 참고하라. 제3장에서는 세 사람의 연구 결과를 모두 활용했다.
2. Molnár, p. 101
3. György Györffy, *Az Árpád-kori Magyarország történeti földrajza* (Budapest, 1986), p. 47

제4장 까마귀왕

1. Lendvai, p. 103
2. Cartledge, p. 137
3. Kontler, p. 88
4. János Arany, Klára Zách, trans. Watson Kirkconnell, *The Hungarian Reader* (Budapest, 1991), p. 137
5. Molnár, p. 102
6. Brendan Simms, *Europe: The Struggle for Ascendancy, 1453 to the Present* (London, 2013), p. 75
7. Molnár, p. 107
8. Lendvai, p. 119
9. Marcus Tanner, *The Raven King: Matthias Corvinus and the Fate of His Lost Library* (New Haven, CT, and London, 2008), p. 95. 마차시의 치세와 르네상스 시대 헝가리를 연구한 매우 훌륭한 책이다. 이 책은 렌드바이와 콘틀레르와 함께 4장의 주요 자료원資料原이다.

제5장 제국의 역습

1. Györffy, p. 102
2. Cartledge, p. 138
3. Lendvai, p. 157
4. Simms, p. 176
5. Quoted in Molnár, p. 116
6. Tanner, p. 235
7. Ibid., p. 242

제6장 부둔, 튀르크인의 도시

1. András Török, *Budapest: A Critical Guide* (Budapest, 2006), p. 125
2. Tanner, p. 267
3. Lendvai, p. 195
4. Vámbéry, p. 162
5. Quoted in Kontler, p. 156
6. Klára Hegyi, *Egy világbirodalom végvidékén* (Budapest, 1976), pp. 46–9. 단행본 연작 *Magyar História*의 일부로, 오스만 점령기의 부다를 다룬 탁월한 책이다.

제7장 전리품 분배

1. Gábor Vermes, *Hungarian Culture and Politics in the Habsburg Monarchy, 1711–1848* (Budapest, 2014), p. 134
2. Andrew Wheatcroft, *The Enemy at the Gate: Habsburgs, Ottomans and the Battle for Europe* (London, 2009), p. 137
3. Jenö Szücs, trans. Warren Turner, *The Three Regions of Historical Hungary* (Budapest, 1983), p. 47
4. Ibid., p. 98
5. Lady Mary Wortley Montagu, *Letters and Works* (London 1962), p. 149

제8장 부다 탈환

1. Jacob Richards, *A Journal of the Siege of Buda* (London, 1701), p. 65
2. Lendvai, p. 246
3. Wheatcroft, p. 298
4. Richards, p. 71
5. Hegyi, p. 67
6. Quoted in Buzinkay, p. 134
7. Quoted in Lendvai, p. 197
8. Quoted in Buzinkay, p. 202

제9장 바로크, 우울과 영광

1. Henrik Marczali, *Hungary in the Eighteenth Century* (Budapest, 2019), p. 67
2. Vermes, p. 179
3. Lendvai, p. 214
4. Ferenc Rákóczi, *Confessions of a Sinner* (Paris, 1778), p. 157
5. Marczali, p. 71
6. Gyula Szekfü , *A Samuzott Rákóczi* (Budapest, 1940), p. 90
7. Domokos Kosáry, *Culture and Society in Eighteenth-Century Hungary* (Budapest, 1987), pp. 178–80
8. Szücs, p. 105
9. Julia Pardoe, *The City of the Magyar* (London, 1840), p. 77, and John Paget, *Hungary and Transylvania* (London, 1839), p. 98
10. Sinor, p. 263
11. Kosáry, p. 110
12. Robert Townson, *Travels in Hungary, With a Short Account of Vienna in the Year 1793* (London, 1797), p. 135

제10장 언어, 진실, 논리

1. Lendvai, pp. 275–7
2. Martyn Rady, *The Habsburgs: The Rise and Fall of a World Power* (London, 2020), pp. 146–8
3. 헝가리의 자코뱅 당원들에 대해서는 다음을 참고하라. Kosáry, pp. 266–71, Lendvai, pp. 280–3, and Rady, pp. 149–52
4. 헝가리어와 영어로 위대한 시를 쓴 부다페스트 출신의 망명자인 조지 시르테스에게서 헝가리어에 대한 유익한 정보를 얻었고, 출중한 재능의 언어학자 故 노먼 스톤에게 신조어와 신조어를 통한 헝가리어의 변형 과정에 대한 조언을 구했다.
5. Cartledge, pp. 279–83
6. Norman Stone, *Hungary: A Short History* (London, 2019), p. 48
7. Dent, pp. 123–5
8. Paget, p. 83
9. Lendvai, p. 296

제11장 교량 건설자

1. Kosáry, p. 287; quote from Széchenyi, Barber, p. 157
2. George Barany, *Stephen Széchenyi and the Awakening of Hungarian Nationalism, 1791–1841* (Princeton, NJ, 1991), p. 114
3. Lendvai, p. 313

4   Molnár, p. 217
5   Barany, p. 126
6   Ibid., pp. 136–9, and Lendvai, pp. 316–18
7   Kosáry, pp. 291–3
8   Barany, pp. 132–5
9   Lendvai, p. 315
10 Ibid., p. 317

제12장 대홍수

1   Kontler, pp. 265–6
2   Wesselényi quotes in Dent, p. 186, and Pardoe, p. 136
3   Péter Hanák, *The Garden and the Workshop* (Princeton, NJ, 1998), p. 113
4   Alan Walker, *Reflections on Liszt* (Ithaca, NY, 2011), pp. 109–11
5   Pardoe, p. 146
6   Oliver Hilmes, trans. Stewart Spencer, *Franz Liszt: Musician, Celebrity, Superstar* (New Haven, CT, and London, 2017), pp. 49–53
7   Molnár, pp. 266–8, and Cartledge, pp. 291–4
8   Quoted in Lendvai, p. 329

제13장 3월 15일

1   Rady, pp. 289–91
2   Lendvai, p. 298
3   István Deák, *The Lawful Revolution: Lajos Kossuth and the Hungarians, 1848–1849* (New York, 1979), p. 35
4   Ibid., pp. 42–9
5   Molnár, pp. 219–26
6   Deák, pp. 55–7
7   Alexander Herzen, trans. Constance Garnett, *My Past and Thoughts: Memoirs* (London, 1968), p. 67; background on Kossuth, Lendvai, pp. 299–302, and Cartledge, pp. 368–71
8   Deák, pp. 67–70
9   Lajos Kossuth, trans. Ferencz Jausz, *Memories of My Exile* (London and New York, 1880), pp. 19–25
10 Deák, pp. 80–6
11 Ibid., pp. 91–6, and Lendvai, pp. 312–16

제14장 혁명 전쟁

1   Molnár, pp. 234–6, and Deák, pp. 138–40

2 Lendvai, pp. 320–4, and Mary Gluck, *The Invisible Jewish Budapest: Metropolitan Culture at the Fin de Siècle* (Madison, WI, 2019), pp. 39–41
3 Cartledge, pp. 370–2
4 Deák, pp. 178–81
5 Lendvai, pp. 341–3, and Kontler, pp. 291–3
6 Kossuth, pp. 49–51
7 Deák, pp. 259–62, and Paul Ignotus, *Hungary: A Cultural History* (London, 1970), p. 77
8 Deák, pp. 291–6, and Lendvai, pp. 370–3

제15장 복수극

1 Cartledge, p. 383
2 Deák, pp. 301–5, and Kontler, pp. 218–20
3 Lendvai, pp. 391–4
4 Deák, pp. 309–10
5 Ibid., pp. 337–9

제16장 유다페스트

1 Kinga Frojimovics et al., *Jewish Budapest: Monuments, Rites, History* (Budapest, 1998, 2 vols), vol. 1, p. 19
2 Lukács, p. 67
3 Gluck, pp. 98–101
4 George Konrád, trans. Jim Tucker, *A Guest in My Own Country: A Hungarian Life* (London, 2008), p. 17, and Lendvai, p. 386
5 Frojimovics et al., vol. 1, pp. 210–13
6 Raphael Patai, *The Jews of Hungary: History, Culture, Psychology* (Detroit, MI, 1996), pp. 56–7
7 Endre Ady, trans. G.F. Cushing, *The Explosive Country: A Selection of Articles and Studies 1898–1916* (Budapest, 1977), pp. 45–6

제17장 시시 황후

1 Éva Somogyi, *Absulotizmus és kiegyezés 1849–1867* (Budapest, 1981)
2 Lendvai, pp. 296–8
3 Cartledge, p. 393
4 Brigitte Hamann, trans. Ruth Hein, *The Reluctant Empress: A Biography of Sisi, Empress of Austria* (London, 1996), p. 157
5 Rady, pp. 229–31, and Hamann, pp. 168–71
6 Kontler, pp. 293–5

7   Quoted in Dent, p. 175
8   András Gerö (ed.), *Hungarian Liberals* (Budapest, 1999), p. 117
9   Lendvai, p. 338

제18장 이중 군주국, 패배 속의 승리

1   Rady, pp. 271–4
2   Somogyi, pp. 86–9
3   Hamann, pp. 195–7
4   Lendvai, p. 339
5   Hamann, pp. 205–8
6   Rady, pp. 276–8
7   Lendvai, pp. 349–53, and Hamann, pp. 204–15, 두 사람 모두 이 협상에 대해 해박한 지식을 자랑한다.
8   Molnár, pp. 276–81
9   Hamann, pp. 310–13. 이중주의에 관한 출전은 다음을 참고하라. Robert Musil, *The Man Without Qualities* (London, 1999), and Rady, pp. 289–92

제19장 부다페스트의 탄생

1   Quoted in Cartledge, p. 315
2   Antal Szerb, trans. Len Rix, *A Martian's Guide to Budapest* (Budapest, 2015), p. 12
3   Sándor Márai, *Memoir of Hungary, 1944–1948* (Budapest, 2002), p. 166, and Frojimovics et al., vol. 2, p. 128
4   Lukács, pp. 45–8
5   Krúdy, p. 58
6   Norman Lebrecht, *Why Mahler?* (London, 2010), p. 87
7   Ignotus, pp. 209–12
8   Walker, p. 109, and Ignotus, p. 214
9   Hilmes, p. 276

제20장 카페 문화

1   Dezsö" Kosztolányi, trans. Richard Aczel, *Skylark* (Budapest, 2001), p. 88
2   Lukács, p. 114
3   Krúdy, p. 136
4   Marton, pp. 146–9, and Mátyás Sárközi, *The Play's the Thing: The Life of Ferenc Molnár* (London, 2004), p. 93
5   Gluck, p. 189
6   Quoted in Gluck, p. 198; Barber, p.176

제21장 헝가리의 유대인 집단 학살

1. Patai, pp. 93–5
2. Lendvai, p. 387
3. Frojimovics et al., vol. 2, pp. 98–9
4. István Deák, 'The Holocaust in Hungary', *New Hungarian Quarterly*, vol. 3 (Autumn 1997), p. 87
5. Gluck, p. 88
6. Patai, pp. 67–8
7. Randolph Braham, *The Politics of Genocide: The Holocaust in Hungary* (New York, 1994, 2 vols), vol. 1, pp. 74–5
8. Kontler, p. 277

제22장 비자유 민주주의

1. Gyula Illyes, trans. G.F. Cushing, *People of the Puszta* (Budapest, 1969), p. 101
2. Péter Hanák, *Hungary in the Austro-Hungarian Monarchy* (Vienna, 1967), p. 46
3. Kosáry, p. 288
4. Lukács, p. 89
5. Dent, p. 176
6. Andrew Janos, *The Politics of Backwardness in Hungary, 1825–1945* (Princeton, NJ, 1982), p. 167
7. Oszkár Jászi, *Revolution and Counterrevolution in Hungary* (New York, 1924), p. 79

제23장 자국의 정당성

1. Lendvai, p. 401
2. Eric Hobsbawm, *Nations and Nationalism since 1780: Programme, Myth, Reality* (Cambridge, 1990), pp. 148–9
3. Gerö, p. 98
4. Quoted in Cartledge, p. 418
5. Jászi, p. 101
6. Endre Ady, *New Poems* (Budapest, 1910) p. 32
7. István Deák, *The Lawful Revolution, Jajos Kossuth and the Hungarians, 1848–1849*, p. 313

제24장 종말의 시작

1. Sárközi, p. 139
2. Arthur Koestler, *Arrow in the Blue* (London, 1952), p. 79
3. Mihály Károlyi, *Memoirs: Faith Without Illusion* (London, 1956), pp. 156–7

4 Krúdy, p. 157, and Mihály Károlyi, pp. 146–7
5 Lendvai, p. 418
6 Mihály Károlyi, pp. 267–8
7 Norman Stone, *The Eastern Front, 1914–1918* (London, 1998), p. 89
8 Marton, p. 176, for Szilard quote, and Catherine Károlyi, *A Life Together: Memoirs* (London, 1966), p. 135

제25장 레닌의 제자

1 Mihály Károlyi, pp. 312–14
2 Koestler, pp. 89–90; Szilard quoted in Marton, p. 109
3 Zsunna Nagy, 'The Hungarian Republic of Councils', *New Hungarian Quarterly*, vol. 3. (1969), p. 76
4 Rudolf Tökés, *Béla Kun and the Hungarian Soviet Republic* (New York, 1967), p. 87
5 Lendvai, p. 412

제26장 해군 없는 제독

1 Thomas Sakmyster, *Hungary's Admiral on Horseback: Miklós Horthy, 1918–1944* (Boulder, CO, 2004), pp. 56–7
2 Jászi, p. 243
3 Miklós Horthy, *A Life for Hungary: Memoirs* (New York, 1957), p. 36
4 Lendvai, p. 415
5 Deák, 'The Holocaust in Hungary', p. 25
6 Sakmyster, pp. 118–20
7 Koestler, p. 230
8 Kontler, pp. 415–16
9 Marton, pp. 216–18
10 Molnár, pp. 298–9
11 Lendvai, p. 417
12 Raul Hilberg, *The Destruction of the European Jews* (New Haven, CT, and London, 2003), p. 98

제27장 히틀러와 함께 행진을

1 Sakmyster, p. 267
2 Konrád, p. 158
3 Eva Brabant and Ernst Falzeder (eds), *The Correspondence of Sigmund Freud and Sándor Ferenczi* Vol 2 (Cambridge, MA, 1996), p. 157
4 Sakmyster, pp. 219–21, and Konrád, p. 115

5   Marton, p. 227
6   Lendvai, pp. 420–2
7   Márai, p. 204

제28장 드러난 광기

1   Deák, 'The Holocaust in Hungary', p. 49
2   Andy Grove quoted in Marton, p. 219; German invasion of Hungary, Sakmyster, pp. 289–92
3   Braham, vol. 1, pp. 298–300
4   Deák, 'The Holocaust in Hungary', p. 56
5   Hilberg, pp. 289–91; Miklós Radnóti poem in Adam Makkai, *In Quest of the 'Miracle Stag': The Poetry of Hungary* (Chicago, 1996), p. 88; and Feyno quote, Barber, p. 202
6   Braham, vol. 1, pp. 215–16
7   Sakmyster, p. 290
8   호르티의 유산에 관한 대중의 반응과 언론의 보도는 https://hungarianspectrum.org를 참고하라.

제29장 부다페스트 포위전

1   Harold Nicolson, ed. Nigel Nicolson, *Diaries*, vol. 2 (London, 2009), p. 146
2   Deák, 'The Holocaust in Hungary', p. 37
3   Krisztián Ungváry, *The Siege of Budapest: One Hundred Days in World War II* (New Haven, CT, and London, 2006), p. 105
4   Ibid., p. 129
5   Braham, vol. 2, pp. 315–18
6   Hilberg, pp. 297–300, and Deák, 'The Holocaust in Hungary', pp. 37–8
7   Ungvary, pp. 201–32
8   Ibid., pp. 289–91
9   Hilberg, pp. 365–7, and Patai, pp. 387–90
10 Deák, 'The Holocaust in Hungary', pp. 38–9

제30장 해방

1   Ferenc Nagy, trans. Stephen K. Swift, *The Struggle Behind the Iron Curtain* (New York, 1948), and Márai, p. 198
2   George Paloczi-Horvath, *The Undefeated* (London, 1993), p. 89
3   Charles Gati, *Hungary and the Soviet Bloc* (Durham, NC, 1986), p. 146
4   Márai, p. 187
5   Victor Sebestyen, *Twelve Days: The Story of the 1956 Hungarian Revolution* (London, 2006), p. 48

6   Tibor Méray, trans. Charles Lam Markmann, *That Day in Budapest* (New York, 1969), p. 89

제31장 철의 장막
1   Sebestyen, pp. 51–3
2   Ignotus, pp. 218–19
3   Sebestyen, pp. 67–70
4   György Litván (ed.), trans. János M. Bak and Lyman H. Legters, *The Hungarian Revolution of 1956,: Reform, Revolt, Repression 1953–1963* (London, 1996), p. 265
5   George Faludy, trans. Kathleen Szasz, *My Happy Days in Hell* (London, 1992), p. 156
6   Béla Király et al. (eds), *The First War Between Socialists States: The Hungarian Revolution of 1956 and Its Impact* (New York, 1984), p. 192
7   Sebestyen, p. 71
8   Molnár, p. 328
9   Charles Gati, *Failed Illusions: Moscow, Washington, Budapest and the 1956 Hungarian Revolt* (Stanford, CA, 2006), p. 178

제32장 공포의 집
1   Konrád, p. 198
2   Sebestyen, p. 162
3   Faludy, pp. 279–80
4   Litván, p. 114
5   Ignotus, pp. 289–91
6   Sebestyen, pp. 178–82

제33장 또다시, 혁명
1   Sebestyen, pp. 93–5
2   Litván, p. 104
3   너지 임레와 그의 견해에 대한 최고의 자료는 다음을 참고하라. János Rainer, *Imre Nagy: A Biography* (London, 2009), and Támas Aczél and Tibor Meray, *The Revolt of the Mind: A Case History of Intellectual Resistance Behind the Iron Curtain* (London, 2015)
4   Rainer, pp. 196–200
5   Sebestyen, pp. 135–7
6   Ignotus, p. 298
7   Molnár, p. 301
8   Sándor Kopácsi, *In the Name of the Working Class: The Inside Story of the Hungarian Revolution* (New York, 1987), pp. 120–3

제34장 진압된 혁명

1. Sebestyen, pp. 201–4
2. Aczél and Meray, pp. 186–9
3. Litván, pp. 208–10

제35장 군영에서 가장 즐거운 막사

1. Rainer, pp. 189–91
2. Sebestyen, pp. 205–8, and Roger Gough, *A Good Comrade: János Kadár, Communism and Hungary* (London, 2009), p. 146
3. Rainer, p. 301
4. Lendvai, pp. 413–14
5. From conversation with Miklós Haraszti, 15 June 2002
6. Victor Sebestyen, *Revolution 1989: The Fall of the Soviet Empire* (London, 2009), pp. 89–91
7. Mária Schmidt and László Tóth (eds), *From Totalitarianism to Democratic Hungary: Evolution and Transformation, 1990–2000* (Boulder, CO, 2000), pp. 134–5
8. Sebestyen, *Revolution 1989*, p. 167

제36장 마지막 의식

1. 1989년 사태에 대한 가장 훌륭한 설명은 Timothy Garton Ash, *The Magic Lantern: The Revolution of '89 Witnessed in Warsaw, Budapest, Berlin and Prague* (London, 1990)에 있다.
2. Sebestyen, *Revolution 1989*, pp. 209–11
3. Garton Ash, pp. 127–8
4. Nigel Swain, *Hungary: The Rise and Fall of Feasible Socialism* (London, 1992), pp. 189–91
5. Sebestyen, *Revolution 1989*, pp. 218–20

결론

1. Bob Dent, *Budapest: A Cultural and Literary History* (Oxford, 2007)는 지난 수십 년간 부다페스트 거리의 다양한 이름 변화와 정치적으로 기소된 다양한 조각상들의 운명에 대한 재미있고 흥미로운 이야기들을 담고 있다.
2. Stone, *Hungary*, p. 198
3. Ivan Krastev and Stephen Holmes, *The Light that Failed: A Reckoning* (London, 2019), p. 129

참고 문헌

Ady, Endre, trans. G.F. Cushing, *The Explosive Country: A Selection of Articles and Studies 1898–1916* (Budapest, 1977)
Ady, Endre, trans. George Szirtes, *Lyrics* (Budapest, 1986)
Barany, George, *Stephen Széchenyi and the Awakening of Hungarian Nationalism, 1791–1841* (Princeton, NJ, 1991)
Barber, Annabel, *Blue Guide: Budapest* (London, 2018)
Bede, Béla, *225 Highlights of Hungarian Art Nouveau Architecture* (Budapest, 2012)
Braham, Randolph, *The Nazis' Last Victims: The Holocaust in Hungary* (New York, 2002)
Buzinkay, Géza, *An Illustrated History of Budapest* (Budapest, 1998)
Carlberg, Ingrid, *Raoul Wallenberg* (London, 2017)
Cartledge, Sir Bryan, *The Will to Survive: A History of Hungary* (London, 2009)
Deák, István, *The Lawful Revolution: Louis Kossuth and the Hungarians, 1848–1849* (New York, 1979)
Dent, Bob, *Budapest: A Cultural and Literary History* (Oxford, 2007)
Faludy, George, trans. Kathleen Szasz, *My Happy Days in Hell* (London, 1992)
Frigyesi, Judit, *Béla Bartók and Turn-of-the-Century Budapest* (Berkeley, CA, 2000)
Gati, Charles, *Failed Illusions: Moscow, Washington, Budapest and the 1956 Hungarian Revolt* (Stanford, CA, 2006)
Garton Ash, Timothy, *The Magic Lantern: The Revolution of '89 Witnessed in Warsaw, Budapest, Berlin and Prague* (London, 1990)
Gerö, András, *The Hungarian Parliament 1867–1918: A Mirage of Power* (Boulder, CO, 1997)
Gluck, Mary, *George Lukács and His Generation 1900–1918* (Cambridge, MA, 1991)
Gluck, Mary, *The Invisible Jewish Budapest: Metropolitan Culture at the Fin de Siècle* (Madison, WI, 2019)
Györffy, György, *Az Árpád-kori Magyarország történeti földrajza* (Budapest, 1986)

Gyurgyák, János, *A Zsidókérdés Magyarországon* (Budapest, 2001)

Hajdu, Joe, *Budapest: A History of Grandeur and Catastrophe* (London, 2015)

Hamann, Brigitte, trans. Ruth Hein, *The Reluctant Empress: A Biography of Sisi, Empress Elisabeth of Austria* (London, 1996)

Hegyi, Klára, *Egy világbirodalom végvidékén* (Budapest, 1976)

Hilberg, Raul, *The Destruction of the European Jews* (New Haven, CT, and London, 2003)

Hilmes, Oliver, trans. Stewart Spencer, *Franz Liszt: Musician, Celebrity, Superstar,* (New Haven, CT, and London, 2017)

Horthy, Miklós, *A Life for Hungary: Memoirs* (New York, 1957)

Ignotus, Paul, *Hungary* (London, 1972)

Károlyi, Catherine, *A Life Together: Memoirs* (London, 1966)

Károlyi, Mihály, *Memoirs: Faith Without Illusion* (London, 1956)

Koestler, Arthur, *Arrow in the Blue* (London, 1952)

Koestler, Arthur, *The Invisible Writing* (London, 2005)

Konrád, George, trans. Jim Tucker, *A Guest in My Own Country: A Hungarian Life* (London, 2008)

Kontler, László, *A History of Hungary: Millennium in Central Europe* (Basingstoke, 2002)

Kosáry, Domokos, *Culture and Society in Eighteenth-Century Hungary* (Budapest, 1987)

Kovrig, Bennett, *The Myth of Liberation: East-Central Europe in U.S. Diplomacy and Politics Since 1941* (Baltimore, MD, and London, 1973)

Krasznahorkai, László, trans. George Szirtes, *The Melancholy of Resistance* (London, 1998)

Krúdy, Gyula, trans. George Szirtes, *The Adventures of Sindbad* (Budapest, 1997)

Krúdy, Gyula, ed. and trans. John Bátki, *Krúdy's Chronicles: Turn-ofthe-Century Hungary in Gyula Krúdy's Journalism* (Budapest, 2000)

Lebrecht, Norman, *Why Mahler?* (London, 2010)

Lendvai, Paul, trans. Ann Major, *The Hungarians* (London, 1990)

Litván, György (ed.), trans. János M. Bak and Lyman H. Legters, *The Hungarian Revolution of 1956: Reform, Revolt and Repression 1953–1963* (London, 1996)

Lukács, János, *Budapest 1900: A Historical Portrait of a City and its Culture* (New York, 1988)

MacArtney, C.A., *The Magyars in the Ninth Century* (Cambridge, 1930)

MacArtney, C.A, *October Fifteenth: A History of Modern Hungary 1929–1945* (Edinburgh, 1963)

Marczali, Henrik, *Hungary in the Eighteenth Century* (Budapest, 2019)

Márai, Sándor, *Memoir of Hungary, 1944–1948* (Budapest, 2002)

Marton, Kati, *Wallenberg: Missing Hero* (New York, 1982)

Marton, Kati, *The Great Escape: Nine Jews Who Fled Hitler and Changed the World* (New York, 2008)

Mindszenty, Cardinal Jozsef, trans. Richard and Clara Winston, *Memoirs* (London, 1974)

Molnár, Miklós, *A Concise History of Hungary* (Cambridge, 2001)

Nagy, Ferenc, trans. Stephen K. Swift, *The Struggle Behind the Iron Curtain* (New York, 1948)
Paget, John, *Hungary and Transylvania* (London, 1839)
Paloczi-Horvath, George, *The Undefeated* (London, 1993)
Pardoe, Julia, *The City of the Magyar* (London, 1840)
Patai, Raphael, *The Jews of Hungary: History, Culture, Psychology* (Detroit, MI, 1996)
Rady, Martyn, *The Habsburgs: The Rise and Fall of a World Power* (London, 2020)
Rainer, János et al. (eds), *The 1956 Hungarian Revolution: A History in Documents* (Budapest, 2002)
Rainer, János, trans. Lyman H. Legters, *Imre Nagy: A Biography* (London, 2009)
Ripp, Zoltán, *Rendszerváltás Magyarországon 1987–1990* (Budapest, 2006)
Romcsis, Ignác, *Magyaorsszág története a XX században* (Budapest, 2000)
Rupnik, Jacques, *The Other Europe* (London, 1988)
Sárközi, Mátyás, *The Play's the Thing: The Life of Ferenc Molnár* (London, 2004)
Schmidt, Maria, *Diktatúrák ördögszekerén* (Budapest, 1998)
Sebestyen, Victor, *Twelve Days: The Story of the 1956 Hungarian Revolution* (London, 2006)
Sebestyen, Victor, *Revolution 1989: The Fall of the Soviet Empire* (London, 2009)
Simms, Brendan, *Europe: The Struggle for Ascendancy, 1453 to the Present* (London, 2013)
Sinor, Denis, *A History of Hungary* (New York, 1959)
Somogyi, Éva, *Absulotizmus és kiegyezés 1849–1867* (Budapest, 1981)
Stone, Norman, *Hungary: A Short History* (London, 2019)
Szerb, Antal, *A Magyar irodalom története* (Budapest, 1936)
Szerb, Antal, trans. Len Rix, *Love in a Bottle* (London, 2010)
Szerb, Antal, trans. Len Rix, *A Martian's Guide to Budapest* (Budapest, 2015)
Szirtes, George, *The Budapest File* (London, 2000)
Tanner, Marcus, *The Raven King: Matthias Corvinus and the Fate of His Lost Library* (New Haven, CT, and London, 2008)
Taylor, A.J.P., *The Habsburg Monarchy 1809–1918* (London, 1948)
Thorpe, Nick, *The Danube: A Journey Upriver from the Black Sea to the Black Forest* (New Haven, CT, and London, 2013)
Török, András, *Budapest: A Critical Guide* (Budapest, 2006)
Ungváry, Krisztián, *The Siege of Budapest: One Hundred Days in World War II* (New Haven, CT, and London, 2006)
Vámbéry, Arminius, *Hungary in Ancient, Medieval and Modern Times* (London, 1986)
Vermes, Gábor, *Hungarian Culture and Politics in the Habsburg Monarchy, 1711–1848* (Budapest, 2014)
Walker, Alan, *Reflections on Liszt* (Ithaca, NY, 2011)
Wheatcroft, Andrew, *The Enemy at the Gate: Habsburgs, Ottomans and the Battle for Europe* (London, 2009)

감사의 말

나는 1970년대 중반부터 부다페스트를 다시 방문했고, 이 책은 내 출신 배경을 조사해 글로 엮는 즐거운 여행이었다. 나는 이 작업을 통해서 감동을 맛보았고, 이따금 혼란도 느꼈다. 이 책은 아마 수십 년 동안 150 차례 부다페스트를 방문한 결과물일 것이다. 예를 들면 헝가리 혁명에 관한 책의 자료조사를 했을 때처럼 한 번 방문해 몇달씩 머문 경우도, 며칠만 머문 경우도 있었다.

나는 두 권의 훌륭한 책에서 영감을 느끼고 풍부한 발상과 통찰력을 얻었다. 내 친구 폴 렌드바이의 걸작인 『헝가리인*The Hungarians*』, 그리고 어느 도시와도 다른 부다페스트의 성격을 묘사한 고故 루카치 야노시(존 루카스)의 『부다페스트 1900년*Budapest 1900*』, 이 두 권의 책이 큰 도움이 되었다.

수많은 사람들이 조언을 해주고, 개인적으로 즐겨 찾는 부다페스트의 여러 장소를 구경시켜주고, 식당 정보를 알려주고, 정치적 상황을 설명해주고, 본인들의 예술적 감각을 드러내면서 나를 도와줬다. 그들 모두 다양한 방식으로 이 책에 색깔을 입혔다. 특히, 소중한 시간을 아낌없이 내준 점에 감사하고 싶다. 앤 애플바움, 도미닉 아버스넛, 애너벨 바버, 베케시 처버, 보저이 커털린, 뎀스키 가보르, 데네시 이슈트반, 제인 디고리, 폴 디고리, 도롬비 게저, 외르시 라슬로, 웬디 프랭크스, 가보르 율리어, 고故 윌리엄 드 겔세이, 게르게이 아그네시, 허러스티 미클로시, 빅토리아 히슬롭, 야노시 커털린, 안드레아 칼만, 켈레메리 클라러, 바버라 키스, 키시 야노시, 콘라드 죄르지, 쾨세그 페렌츠, 토니 랑, 아담 레보어, 머크 카로이, 오데스칼키 머르크, 고故 노먼 스톤, 사이먼 시백 몬티피오리, 러이크 라슬로 2세, 레브 이슈트반, 레베스 샨도르, 앤드루 로버츠, 셔르코지 마차시, 어맨다 세베스티엔, 시모르 언드라시, 실라지 미하이, 슈트르비크 칠러, 조지 시르테스, 닉 소프, 버시 샨도르, 바샤르헤이 마리어, 벌코 졸트, 아드리안 윌스든, 진데이 샨도르 등에게 감사한다. 나는 부다페스트에 대한 어린 시절의 직접적인 기억이 없다. 유년기와 청소년기에 그 도시에서 겪은 삶에 대한 기억을 들려준 누나 주디 메이너드와 형 존 윌코에게 고마움을 선한다.

헝가리 국립 기록 보관소, 부다페스트 시립 기록 보관소, 헝가리 국립 박물관, 헝가리 학술원, 1956년 혁명사 연구소, 헝가리 예술대학교, 헝가리 민드센치 기록 보관소, 헝가리 왕궁 박물관, 외트뵈시 로란드 대학교 도서관의 직원들은 한결같이 내가 도움이 필요할 때마다 기꺼이 최선을 다해 도와줬다. 런던 도서관, 대영 도서관, 옥스퍼드 대학교 보들리 도서관의 직원들도 큰 보탬이 되었다.

이 책은 항상 차분하고 든든한 인물인 앨런 샘슨의 아이디어에서 출발했는데, 그는 지금까지 수년간 내 책을 출판한 와이덴펠드 앤드 니콜슨 출판사에 이 책의 출판을 의뢰했다. 하지만 그는 내가 원고를 완성했을 때 더 좋은 직장으로 떠나고 말았다. 이 책은 매디 프라이스가 열과 성의를 다해 훌륭하게 편집했다. 그녀와 함께 일하는 것은 즐거운 경험이었다. 루신다 맥닐은 부편집자로서 엄청난 역량을 보여줬다. 그리고 철두철미하게 꼼꼼한 교열 담당자 린든 로손을 만난 것은 무척 행운이었다.

내 대리인이자 좋은 친구인 조르지나 카펠은 아무리 칭찬해도 부족한 사람이다. 힘겨웠던 지난 2년 내내, 그녀는 늘 재치 있고 놀라울 만큼 넉넉한 태도로 나를 든든하게 뒷받침해줬다.

제시카 풀레이의 애정 어린 응원이 없었다면 이 책을 쓰기 시작하지도, 집필을 계속하지도 못했을 것이다. 중유럽에 대한 그녀의 열정, 그리고 명쾌한 시야와 상상력 넘치는 세계관은 늘 그랬듯이 이 작업을 진행하는 동안에도 값어치를 따질 수 없을 만큼 귀중했다. 그녀에게 크나큰 마음의 빚을 지고 있다.

화보 출처

1 위 로마 시대의 "부다페스트" (Alamy Stock Photo/David Bagnall)
1 아래 헝가리의 초대 국왕 이슈트반에게 헌정된 부다페스트의 조각상 (Alamy Stock Photo/Michael Wald)

2 왼쪽 위 까마귀왕 마차시 (Alamy Stock Photo/Maidun Collection)
2 오른쪽 위 라코치 페렌츠 2세 (PAINTING)
2 아래 술레이만 대제 (Alamy Stock Photo/Niday Picture Library)

3 위 코슈트 러요시 (Alamy Stock Photo/INTERFOTO)
3 왼쪽 아래 엘리자베트 황후 "시시" (Alamy Stock Photo/EDR Archives)
3 오른쪽 아래 프란츠 요제프 (Alamy Stock Photo/EDR Archives)

4 위 합스부르크 제국의 마지막 황제 카를 1세 (Alamy/IanDagnall Computing)
4 가운데 왼쪽 카로이 미하이 (Getty Images/ullstein bild Dtl)
4 가운데 오른쪽 키로이 커틴커 (Alamy Stock Photo/Alpha Stock)
4 아래 쿤 벨러 (Alamy Stock Photo/UtCon Collection)

5 위 호르티 미클로시 (Alamy Stock Photo/World History Archive)
5 왼쪽 아래 아돌프 아이히만 (Alamy Stock Photo/Shim Harno)
5 오른쪽 아래 예술가 퍼우에르 줄러의 신발 조각상 (Alamy Stock Photo/GL Archive)

6 부다페스트 포위전 (Alamy Stock Photo/Sueddeutsche Zeitung Photo)

7 위 라코시 마차시 (Getty Images/Keystone-France)
7 가운데 너지 임레 (Getty Images/Bettmann)
7 아래 쓰러진 스탈린 동상 (Getty Images/Hulton Archive)

8 위 너지 임레의 이장 의식 (Getty Images/Thierry Orban)
8 아래 부다페스트 전경 (Alamy Stock/PhotoZGPhotography)

인명 색인

갈레노스 Claudios Galenos 41
거르버이 Garbai Sándor 388
게뢰(언드라시) Gerö András 280
게뢰(에르뇌) Gerö Ernö 495, 519, 532
게르게이 Gergely Ágnes 531
게르첸 Gértsen, Aleksándr 220
게저 대공 Prince Géza 57-58
고르바초프 Gorbachyov, Mikhail 548, 550
고터르디 Gotthardi Ferenc 171
골드베르게르 Goldberg Bertold 259
골드베르그(페렌츠) Goldberg Ferenc 256
괴르게이 Görgei Artúr 240, 245
굄뵈시 Gömbös Gyula 413
귈 바바 Gül Baba 109-111
그로브 Grove, Andy 428, 432
그로스 Grósz Károly 550, 557
그륀벌드 Grünwald Béla 304, 357
글렘버이 Glembay Károlyi 239
기젤라 Gisela 58, 62

나이마 Naima, Mustafa 132
너지(임레) Nagy Imre 513-517, 519, 521, 523-524, 526, 528, 532-542, 545, 549, 551-555, 561

너지바녀이(호르티) Nagybányai Horthy Miklós 254, 392-428, 434-439, 442-443, 446-447, 464, 466, 482, 486, 559
네메트(라슬로) Németh László 174
네메트(미클로시) Németh Miklós 548, 557
노르더우 Nordau Max 337
놀 Noll, Reinhard 454
니컬슨 Nicolson, Harold 442
니콜라이 1세 Nikolai I 247

달마타 Dalmata, Giovanni 96
대처 Thatcher, Margaret 545
더라니 Darányi Kálmán 414
데그레 Degré Alajos 217
데른슈밤 Dernschwam, Hans 114
데리 Déry Tibor 488
데쇠 Deseö László 459
데아크(이슈트반) Deák István 395, 398, 416, 441
데아크(페렌츠) Deák Ferenc 282-283, 286, 294-295, 297, 300
데카노조프 Dekanozov, Vladimir 468
도저 Dózsa György 101-102

두카스 Doukas 85
드 종헤 Countess De Jonghe 273
디츠 Dietz, Johann 129, 137-138

라데츠키 Joseph Radetzky von Radetz 249
라슬로 4세 László IV 76-77
라슬로 5세 László V 85-86
라코시(마차시) Rákosi Mátyás 385, 481, 485-495, 499-501, 505-507, 510-513, 515, 517-519, 524, 528, 538
라코시(예뇌) Rákosi Jenö 322, 357
라코치 2세 II. Rákóczi Ferenc 143, 147-151
란치 Lánczy Leó 267, 335
람베르크 Lamberg, Franz 237, 239
람베크 Lambeck, Peter 111
러드노티 Radnóti Miklós 433-434
러요시 1세 Lajos I 80-82
러요시 2세 Lajos II 101, 103-104, 107
러이너이 Rajnay Gábor 325-326
러이크(라슬로) Rajk László 504-509, 516, 518-519, 539, 546
러이크(엔드레) Rajk Endre 453-454
러치코비치 Laczkovics János 168
런데레르 Landerer Lajos 215, 224, 227
레기노 Regino 48
레버이(미클로시) Révai Miklós 177
레버이(요제프) Révai József 484, 497
레버이(칼만) Révay Kálmán 509
레비 Levi, Primo 431
레오 Leó Festetics 202
레오 10세 Leo X 101
레오폴트 Leopold, Alexander 170
레오폴트 1세 Leopold I 130, 134, 144, 147
레오폴트 2세 Leopold II 171
레치네르(러요시) Lechner Lajos 308
레치네르(외된) Lechner Ödön 328
레하르 Lehár Antal 399-400
렌트파이 Lendvai, Paul 380, 410
렐 공작 Prince Lél 57
로이드 조지 Lloyd George, David 394
(토레마조레의)로제르 Roger of Torre Maggiore 73
(나탄)로트실트 Rothschild, Nathan 190
(살로몬)로트실트 Rothschild, Salomon 186
뢰브(어레) Löw Aare 337
뢰브(어비) Löw Aabbi 251
뢰체이 Löcsei István 452
루돌프 황태자 Rudolf Franz Karl Joseph 25, 294, 338, 353
루이 14세 Louis XIV 149, 151, 408
루츠 Lutz, Carl 440, 445, 452, 461-463, 468
루카치(야노시) Lukács János 23, 146, 176, 309, 551
루카치(죄르지) Lukács György 515
뤼거 Lueger, Karl 335
리벤트로프 Ribbentrop, Joachim von 435
리스트 Liszt, Franz von 43, 196, 201-205, 261, 271-272, 315-317, 525
리에시 Ries István 476
리처즈 Richards, Jacob 131, 133, 136
리트키르헨 Riedkirchen, Ramming von 243

마니오키 Mányoki Ádám 147
마러이 Márai Sándor 307, 424, 466, 470, 481, 497
마르크스 Marx, Karl 219, 230, 253, 351
마리아 테레지아 Maria Theresia 77, 159-163, 169, 178

만 Mann, Golo 253
말라셴코 Malashenko, Evgeniy 529
말러 Mahler, Gustav 22, 311-315
말리놉스키 Malinovsky, Rodion 442, 469, 474
머로치 Maróthy Károlyi 449
머르톤 Márton Diósy 181
머르티노비치 Martinovics Ignác 168, 170-172
머일라트 Majláth János 237, 281
머크 Makk Károly 522
메레이 Mérei Ferenc 544
메사로시 Mészáros Lörinc 102
메테르니히 Metternich, Klemens von 13, 168, 174, 183, 190, 192, 194, 210, 222, 224, 227
메흐메드 2세 Mehmed II 83
메흐메드 4세 Mehmed IV 130
멘델 Mendel, Jakob 89, 92
몬터규 Montagu, Mary Wortley 128
몬테쿠콜리 Montecuccoli, Raimondo 123
몰나르(미클로시) Molnár Miklós 438, 449, 496
몰나르(페렌츠) Molnár Ferenc 327, 366, 375
무질 Musil, Robert 299
무함마드 Muḥammad 83, 100, 136
미코얀 Mikoyan, Anastas 532
미하일 7세 Michael VII 63
믹사트 Mikszáth Kálmán 300, 349
민드센치 Mindszenty Jozséf 494, 506, 535

바샤르헤이 Vásárhelyi Miklós 526, 552-553
바조니 Vázsonyi Vilmos 414
바토리 Báthori Istvan 127
바투 Batu 70-72
바흐 Bach, Alexander von 285
반피 Bánffy Dezsö 25-26, 356
발레리 Valerie, Marie 291
발렌베리 Wallenberg, Raoul 461-462
밴홀츠 Bandholtz, Harry Hill 390
버르토크 Bartók Béla 17, 316, 404, 419
버비치 Babits Mihály 373, 404
버이치질린스키 Bajcsy-Zsilinszky Endre 427
버줄 Vazul 61, 65
버차니(라슬로) Batthyány László 273
버차니(러요시) Batthyány Lajos 218, 230, 232, 247-248, 519
버차니(야노시) Batsányi János 169
버차니(엘레메르) Batthyány Elemér 273
버초 Bacsó Béla 401
버흐르먼 Wahrmann Moritz 306
벌코 Walko Éva 511, 534
베네피 Benefi Géza 478
베렌가리우스 1세 Berengarius I 56
베롤리노 Verolino, Gennaro 457
베르제비치 Berzeviczy Gergely 156-157
베르털런 Bertalan Szemere 244
베리야 Beriya, Lavrenty 512-513, 515
베빌러크부어보르쇼디 Bevilaqua-Borsodi Béla 320
베셰네이 Bessenyei György 177
베셸레니 Wesselényi Miklós 197-199, 227
(아라곤의)베아트리체 Beatrice d'Aragona 91-92, 107
베이시 Weiss Manfred 335, 476
베틀렌 Bethlen István 345, 420, 490
벤케 Benke Valéria 524-525

벨러 3세 Béla III 67, 297
벨러 4세 Béla IV 70-75, 221
벰 Bem, József 240, 242
보로실로프 Voroshilov, Kliment 483-484
보리어드네르 Woriadner Mór 267
본 베니츠키 von Beniczky, Ferenc 313-314
본피니 Bonfini, Antonio 88, 90-92, 94-95
뵈뢰슈머르치 Vörösmarty Mihály 199, 232, 247, 261
불추 Bulcsú 57
브러햄 Braham, Randolph 445
브레이스 Brace, Charles Loring 251
브로델 Braudel, Fernand 49
(크베어푸르트의)브루노 Bruno of Querfurt 59
비보 Bibó István 421
비보라다 Wiborada 47-48
비엘킨 Bielkin, Fyodor 507
비오 2세 Pius II 83
비진체이 Vizinczey, Stephen 527
빅스 Vyx, Fernand 381
빈디슈그레츠 Windisch-Grätz, Alfred 239
빌헬름 1세 Wilhelm I 248, 270, 276
빌헬름 2세 Wilhelm II 368, 372

살러시 Szálasi Ferenc 438, 443, 446-447, 449, 452-453
색마이스터 Sakmyster, Thomas 435
생시몽 Saint-Simon, de Rouvroy 149
샤르쾨지 Sárközi Mátyás 327, 518
샤를 7세 Charles VII 83
서무에이 Szamuely Tibor 388
서파리(줄러) Szapáry Gyula 315
서포여이 Szapolyai János 102, 110
세르브 Szerb Antal 174, 305, 404, 433
세체니(이슈트반) Széchenyi István 183-195, 197, 205, 218-220, 223, 225-228, 233, 235, 238, 254, 287
세체니(페렌츠) Széchenyi Ferenc 189
세프 Szép Ernö 328
섹퓌 Szekfü Gyula 144, 334
센드레이 Szendrey Júlia 211
센트머리여이 Szentmarjay Ferenc 168
센트키라이 Szentkirályi Mór 306
셉티미우스 세베루스 Septimius Severus 41, 43
셜커하지 Salkaházi Sára 464
셰레디 Serédi Jusztinián 434, 452
소모지 Szomogyi Béla 401
솔티 Solti, Georg 401
쇼이모시 Solymosi Eszter 331-332
수슬로프 Suslov, Mikhail 532
수어드 Seward, William Henry 13
술레이만 1세 I. Süleyman 99, 103-107, 109-112, 126-127, 129
쉬치 Szücs Jenö 98, 157
슈바이처 Schweitzer, Eduard von 336
슈출호프 Schulhof Izsák 137
슈치토브스키 Scitovszky János 260
슈코르체니 Skorzeny, Otto 437
슈테인들 Steindl Imre 343-344
슈테판 대공 Archduke Stephen 236
슈트로블 Strobl Kisfaludi 559-560
슈허르프 Sharf Móricz 332
슐러치터 Slachta Margit 463-464
스탈린 Stalin, Iosif 390, 422, 444, 467, 474, 481-482, 485, 488-489, 492, 505-508, 511-512, 517, 560
스테파니 대공비 Archduchess Stéphanie 25
스토야이 Sztojáy Döme 428

시가니 Sighani 107
시그러이 Sigray Jakab 168
시너 Sina György 164, 186, 280
시르테스 Szirtes, George 16, 180
시모르 Simor János 271
시턴왓슨 Seton-Watson, R. W. 358
식스토 4세 Sixtus IV 94
신코비치 Sinkovits Imre 554
(레오)실라르드 Szilard, Leo 32, 379, 404
(테클러)실라르드 Szilard, Tekla 32
실라지(미하이) Szilágyi Mihály 86-87
실라지(에르제베트) Szilágyi Erzsébet 86
실베스테르 2세 Sylvester II 60

아거이 Ágai Adolf 307
아노니무스 노타리우스(페테르) Anonymus Notarius(Péter) 54
아노시 Arnothy, Christine 472
아르파드 Árpád 21, 24, 53-55, 57-58, 61, 442
아메리기 Amerighi, Paolo 137
아이히만 Eichmann, Karl Adolf 429-431, 448, 458
아일리아 Aelia Sabina 42-43
아일리우스 트리키아누스 Aelius Triccianus 43
아흐메드 3세 Ahmed III 151
안데르센 Andersen, Hans Christian 16, 343
안드로포프 Andropov, Yuri 537
알노흐 Allnoch, Alois 240
알렉산드르 1세 Aleksandr I 190
압두라만 Abdurrahman 132, 136
앙투아네트 Antoinette, Marie 169
야시 Jászi Oszkár 350, 358, 381
얀 3세 소비에스키 Jan III Sobieski 130

어들레르 Adler Erzsébet 258
어디 Ady Endre 169, 256, 268, 319, 349, 360, 404
어러니 Arany János 79, 214
어버 Aba Sámuel 65
어첼 Aczél György 544
어포니 Apponyi Albert 313, 359, 395
언드라시(줄러) Andrássy Gyula 271, 282, 286-296, 300-301, 303, 307-308, 334
언드라시 1세 András I(버줄 언드라시 Vazul András) 65
언드라시 2세 András II 67-68
(줄러)언드라시 2세 Gyula Andrássy II 359
얼파르 Alpár Ignác 22-23
에드워드 7세 Edward VII 324, 341
에스테르하지(미클로시) Esterházy Miklós 125
에스테르하지(팔) Esterházy Pál 144, 349, 369, 474
에프라임 Ephraim Kishon 479
에케하르트 2세 Ekkehard II 47-48
엔겔먼 Engelmann Pál 351
엘라가발루스 Heliogabalus 44
엘리자베트 폰 바이에른("시시") Elisabeth von Bayern 24-26, 27, 258, 270-297, 301-302, 309, 338
엘주비에타 Elżbieta 79
엥겔스 Engels, Friedrich 194, 219, 230, 351
여로시 Jaross Andor 429
오고타이 Ögedei 70, 72
오르반 Orbán Viktor 14, 64, 410, 439, 555-556
오르사그흐 Országh Sándor 347
오르세올로 Orseolo Peter 61, 65

오르치 Orczy József 265
오소브스키 Ossowski, Stanisław 492
오스만 Haussmann, George-Eugène 308
오토 1세 Otto I 56
올러흐 Olah Miklós 96-97, 107
외트뵈시(카로이) Eötvös Károlyi 333
요시프 Josip Jelačić 235
요제프(그뢰스) József Grösz 475
요제프(어틸러) József Attila 13, 75, 341, 460
요제프 대공 Archduke Joseph 226
요제프 2세 Joseph II 160, 178
요커이 Jókai Mór 21, 209, 213-214, 217, 234, 275, 279, 286, 297, 301, 362
욜란 Jolán Simon 501
울먼 Ullmann Móric 267
워 Waugh, Evelyn 16
위젤 Wiesel, Elie 412, 423
이그노투시 Ignotus Pál 167, 211, 243, 382, 399, 500, 502, 509
이리니 Irinyi János 213, 215
이브라힘 Ibrahim 107
이븐 케말 Ibn Kemal 104-105
이블 Ybl Miklós 311, 346
이슈토치 Istóczy Győző 329, 339-340
이슈트반(스테파노) István(Stepheno) 58-61, 64, 68
이슈트반 5세 István V 76
이예시 Illyés Gyula 343
이포이 Ipolyi Arnold 347
인노켄티우스 11세 Innocentius XI 130-131
일레슈하지 Illésházy István 121
임레디 Imrédy Béla 423-424

자롤타 Sarolta Amália 148

자이틀러 Seidler, Tobias 125
자일레른 Seilern, Crescence 192
조르제 Đorđe Stratimirović 234
조피 대공비 Sophie, Erzherzogin von Österreich 242, 277, 279, 286
죄르피 Györffy György 73
죌드 Zöld Sándor 510
즈리니 Zrínyi Miklós 125-126
지그몬드 Zsigmond 84-85, 119
지치(게저) Zichy Géza 314-315
지치(외된) Zichy Ödön 273
진데이 Zsindely Sándor 510
질라스 Djilas, Milovan 474

체르니 Czerny József 388
체르머니크 Czermanik János 538
첼레비 Çelebi, Evliya 111, 118
초린 Chorin Ferenc 335, 418
초브니츠 Chownitz Julian 232
치라키 Cziráky 188
칭기즈 칸 Chingiz Khan 70

카녀 Kánya Emilia 251
카다르 Kádár János 382, 484, 532, 536-550, 553, 555-556
카라파 Caraffa, Antonio 145
카로이 Károlyi Julius 342
카로이(미하이) Károlyi Mihály 369-370-372, 374-375, 377-383
카로이 "커틴커"(언드라시 커틴커) Károlyi "Katinka" Catherine 345, 349
카로이 1세 Károly I 77, 79-80
카로이마리아 Károly-Mária Kertbeny 195
카롤루스 마그누스 Carolus Magnus 50
카를 1세 Karl I 337, 376, 378, 398-400
카를 5세 Karl V 100, 103, 123, 175

(로트링겐 공작)카를 5세 Karl V Leopold 131, 134-135, 138
카를 6세 Karl VI 150, 159
카미차 Camicia, Chimenti 93-94
카시우스 디오 Cassius Dio 43
카이우스 셉티미우스 카스티누스 Caius Septimius Castinus 43
카파 Capa, Robert 466
칼러이 Kállay Miklós 426
칼만 Kálmán 66-67
커라치 Karács Teréz 207
커린치 Karinthy Frigyes 321
커진치 Kazinczy Ferenc 167, 173-177
커티즈 Curtiz, Michael 326, 365, 405-406
케르테스 Kertész Imre 421
케메니(가보르) Kemény Gábor 447
케메니(지그몬드) Kemény Zsigmond 219
켄데피 Kendefy Katinka 288
켈네르 Kellner Sándor 325, 407
켐니체르 Kemnitzer, Johann 166
켐프 Kempf, Franz Xavier 259-260
코다이 Kodály Zoltán 17, 43, 317, 404, 419-420
코르너이 Kornai János 495
코르닐로바 Kornilova, Fenya Feodorovna 487
코르더 Korda Sándor 325-326, 405-407
코른펠드 Kornfeld Zsigmond 335
코바치(마리어) Kovács Mária 552
코바치(벨러) Kovács Béla 491
코바치(임레) Kovács Imre 475
코벌로브스키 Kovalovszky Miklós 444
코보르 Kóbor Tamás 329
코슈트 Kossuth Lajos 183, 218-245, 249, 252-256, 285, 287, 297, 303-305, 361-362, 395, 495
코스톨라니 Kosztolányi Dezsö 326
코파니 Koppány 58-59
코파치 Kopácsi Sándor 525-527
코흔 Kohn Samuel 336, 339
콘라드 Konrád György 263, 414, 417, 419, 425, 432, 438, 458, 498
콜로니치 Kollonitsch, Leopold Karl von 145
콜마이어 Kohlmayer, Samuel 179
쾨니크제그 Königsegg, Pauline von 282-283
쾨슬러 Kösztler, Artúr 30, 56, 254, 367, 383-384, 401, 416, 507-508, 559
쾰체이 Kölcsey Ferenc 319
쿠르산 Kurszán 55
쿠비니 Kubinyi Ágoston 216
쿤(언드라시) Kun András 452
쿤(벨러) Kun Béla 381, 385, 400, 482, 486
쿨차르 Kultsár István 177
크랭크쇼 Crankshaw, Edward 254
크레네빌레 Crenneville, Franz Folliot de 291
크루디 Krúdy Gyula 28, 33, 188, 310, 323, 371, 375
크류츠코프 Kryuchkov, Vladimir 550
크리슈토피 Kristóffy József 358
크리스티안 1세 Christian I 83
(스콧 애덤)클라크 Clark, Scot Adam 186
(윌리엄 티어니)클라크 Clark, William Tierney 186
클레망소 Clemenceau, Georges 409
클레멘스 2세 Clemens II 47
키라이 Király Béla 525

키시 Kiss 527
키시(요제프) Kiss József 264

타로 Tharaud, Jérôme 348
타운슨 Townson, Robert 164, 166
탄치치 Táncsics Mihály 217, 235, 303, 305, 350, 360
(스팔라토의)터마시 Spalatói Tamás 71-72
터마시 2세 Tamási II 77
텔러 Teller, Edward 384-385, 404
텔레키(게저) Teleki Géza 474
텔레키(팔) Teleki Pál 413, 422
텔레피 Telepy Károly 273
토거이 Togay Can 460
토논조버 Thononzoba 57
트라야누스 Traianus 39
트레포르트 Trefort Ágoston 23, 356
트루먼 Truman, Harry 439
티서(이슈트반) Tisza István 349, 369, 373-374, 378
티서(칼만) Tisza Kálmán 300, 316, 334, 343, 347, 356
티토 Tito, Josip Broz 505, 541

파도 Pardoe, Julia 157, 191, 199, 202
파머스턴 경 Viscount Palmerston 244-245, 252
파스케비치 Paskevich, Ivan 242, 246
파이 Fáy András 206
파즈마니 Pázmány Péter 123
파타이 Patai, Raphael 333
팔피(미클로시) Pálffy Miklós 341
팔피(야노시) Pálffy János 146
팔피(얼베르트) Pálffy Albert 232
퍼르가시 Fargás Judit 447
페르모 Fermor, Patrick Leigh 348

퍼제커시 Fazekas Gyula 504
펄루디 Faludy György 403, 465, 467, 477-478, 502
펄크 Falk Max ("Miksa") 282-283, 296
페뇨 Fenyö Miksa 432
페렌치(샨도르) Ferenczi Sándor 176, 378, 416-417
페렌치(이더) Ferenczy Ida 281-282, 289, 292
페르디난트 1세 Ferdinand I 200, 210, 218, 230, 236, 238
페슈테티치 Festetics Marie 276-277
페슬 Feszl Frigyes 260
페젠마이어 Veesenmayer, Edmund 443, 462
페터 Peter Nigri 89
페테르 Péter Gábor 500-501, 512
페퇴피 Petőfi Sándor 15-16, 74, 93, 210-219, 242-243, 275
페트뢰치 Petróczy István 124
페퍼빌덴브루흐 Pfeffer-Wildenbruch, Karl 443, 448, 457
펠리치안 Felicián 79
(슈바르첸베르크의)펠릭스 Felix zu Schwarzenberg 238, 247-248, 250
폰그라츠 Pongrátz Gergely 531
폴가르 Polgár Alfred 318
폴러츠크 Pollack Mihály 346
폴츠 Polcz Alaine 472-473
푀르스터 Förster, Ludwig 260
푸블리우스 아일리우스 하드리아누스 Publius Aelius Hadrianus 39
퓌르스텐베르크 중령 Lieutenant-Colonel Fürstenberg 135
프란츠 요제프 Franz Joseph 24-27, 238, 242-243, 247, 258, 261, 263, 268, 271-272, 276-281, 286-287,

291, 293-295, 297, 301, 310, 336, 339, 358, 361, 366, 369, 376, 395-398, 405
프란츠 페르디난트 Franz Ferdinand 366, 368
프란츠 1세 Franz I 170-171, 190, 192
프로너이 Prónay Pál 400-401
프로이트 Freud, Sigmund 176, 378, 416-417
프로하스커 Prohászka Ottokár 341, 404, 433
프르치브람 Przibram, Ludwig von 272
프리드리히 2세 Friedrich II 69
프리드리히 3세 Friedrich III 87
프리에드먼 Friedman Mór 338
프린츠 Prinz Gyula 501-502, 512
피슈헤르 Fisher Sámuel 263
피츠제임스 FitzJames, James 131
(펠쇠의)필리포 Philip of Felsö 76

하만 Hamman, Brigette 292
하이 Háy Gyula 487, 515
하이나우 Haynau, Ludwig von 247-251, 257, 285
하이네 Heine, Heinrich 201, 204, 219, 246, 278, 335
하인리히(헨치) Heinrich Hentzi 240, 361
하인리히 2세 Heinrich II 58
하인리히 3세 Heinrich III 62, 65
허러스티 Haraszti Miklós 407, 546-547, 550
허우스먼 Hauszmann Alajos 323
허이노치 Hajnóczy József 168
허저이 Hazai Samu 336-337
헤게뒤시 Hegedüs András 528
헤르더 Herder, Johann Gottfried von 177
(니더알타이히의)헤르만 Hermann of Niederaltaich 69
헤르만디 Hermándy Iván 450
헤르츨 Herzl, Theodor 331, 337, 340
헤베시 Hevesi Lajos 266
헤스 Hess András 90
헨리 3세 Henry III 69
헬터이(페렌치) Heltai Ferenc 337
헬터이(예뇌) Heltai Jenö 407
호네커 Honecker, Erich 557
호도시 Hódosy Pál 449
호르바트 Horvát István 207-208
호르티 미클로시 2세("미키") Horthy Miklós Jnr 436-438
호모키 신부 Father Homoky 281
홀러 Hohler, Thomas 403
회스 Höss, Rudolf 430
후녀디(라슬로) Hunyadi László 87
후녀디(마차시) Hunyadi Mátyás 77
후녀디(야노시) Hunyadi János 83-87, 103, 106, 395
훈펄비 Hunfalvy Pál 251
휘브너 Hübner, Joseph 289
흐루쇼프 Khrushchyov, Nikita 518, 532, 537, 540, 542
히르슈칠레르 Hirschler Ignác 262
힌디 Hindy Iván 455-456